The Ticker
Symbol Book

Other Standard & Poor's Books:

Standard & Poor's Stock and Bond Guide

Standard & Poor's 500 Guide

Standard & Poor's Midcap 400 Guide

Standard & Poor's Smallcap 600 Guide

Standard & Poor's Sector Investing

Standard & Poor's 401(K) Planning Guide

The Ticker Symbol Book

1999 Edition

Standard & Poor's

McGraw-Hill

New York   San Francisco   Washington, D.C.   Auckland   Bogotá
Caracas   Lisbon   London   Madrid   Mexico City   Milan
Montreal   New Delhi   San Juan   Singapore
Sydney   Tokyo   Toronto

McGraw-Hill

A Division of The **McGraw·Hill** Companies

Standard & Poor's

1 2 3 4 5 6 7 8 9 0   DOC/DOC   9 0 3 2 1 0 9 8

ISBN 0-07-134514-0

For Standard & Poor's:
  Frank LoVaglio, *Associate Publisher, Guide Services*

For McGraw-Hill:
  Susan Barry, *Sponsoring Editor*
  Patricia V. Amoroso, *Editing Supervisor*
  Tina Cameron, *Production Supervisor*

Printed and bound by R. R. Donnelley & Sons.

This publication is designed to provide accurate and authoritative information in regard to the subject matter covered. It is sold with the understanding that the publisher is not engaged in rendering legal, accounting, or other professional service. If legal advice or other expert assistance is required, the services of a competent professional person should be sought.
                   —From a declaration of principles jointly adopted by a committee
                   of the American Bar Association and a committee of publishers.

This book is printed on recycled, acid-free paper containing a minimum of 50% recycled, de-inked fiber.

Contents

Introduction

The truism *is* true: We live in an age of information. Faxes, modems, e-mail, smart phones, laptops—all the paraphernalia of modern communications technology—spread information about companies and their stocks more rapidly than our forebears around the buttonwood tree could have imagined. Successful investors need immediate access to that information if for no other reason than this: Everyone else has it.

That makes ticker symbols an increasingly powerful and essential tool for amateur investors as well as professional ones. The symbols offer fingertip access to a growing array of facts about the more than 11,000 publicly traded companies in the United States. Timely access to those facts can make the difference between investment success and failure. "Investors need accurate information right away," says Brett Rodda, who keeps tabs on ticker symbols for the Nasdaq Stock Market. "Ticker symbols help them get it."

One sign of ticker symbols' increasing importance is their sheer ubiquity. Open a newspaper or turn on your television or check your mail. Tickers are thicker than black flies in May. They appear next to the name of each company listed on the stock tables of newspapers such as *Barron's* and *The Wall Street Journal.* They roll across the bottom of the television screen during CNN's *Headline News* or CNBC broadcasts. Investment newsletters and brokerage reports are littered with ticker symbols. But if you don't know which ticker symbols belong to which firms, none of this means much to you.

Meanwhile, investors who use software and home computers to monitor or manage their portfolios are finding ticker symbols indispensable. We now use computers and the Internet to access information about stocks and companies' finances that were once limited exclusively to traders, brokers, and other Wall Street mavens. For instance, say it's 11:00 A.M. and you're dying to check how shares of General Electric are doing. If you've got access to America Online, Compuserve, financial software such as StreetSmart, or numerous Web sites, simply type the ticker symbol (in this case, it's GE), and you've got your price. (Some programs offer real-time quotes, while others quote prices with 15-minute delays.) And you'll need a ticker symbol if you want to check out an Internet news group on your favorite stock. A wealth of information is available to the smallest of investors armed with a home computer—but you've got to know the ticker symbols.

In short, the time has come for a book that does just what this one does: *The Ticker Symbol Book* alphabetically lists all the companies found in the three major U.S. stock exchanges—the New York Stock Exchange (NYSE); the American Stock Exchange (AMEX); and the Nasdaq Exchanges: Nasdaq National Market (NNM) and Nasdaq Small Cap (NSC)—and their corresponding ticker symbols. Selected stocks from these regional and international exchanges are included as well: Boston (BO); Bulletin Board (BB); Emerging Company Marketplace (ECM); Montreal (MS); Over-the-Counter (OTC); Pacific (PC); Toronto (TS); and Vancouver (VS).

The first section of the book lists the companies by their ticker symbols; that way, you can translate the tickers you read on the television screen or elsewhere. If you need to know a company's ticker, go to the second section of this book, look up the firm's name, and you're in business.

That's all you need to know to use this book. But there are more things you might like to know anyway—the kind of information that might make it easier to read the ticker tape on your television screen, or perhaps to make life just a little more interesting. The fact is, the history of ticker symbols is intertwined with the history of investing in this country.

First, some basic facts: Ticker symbols are letters assigned by stock exchanges to abbreviate the full names of companies, making it quicker and easier to trade the firms' stocks. For instance, AT&T's symbol is "T." Stroll into the visitor's center at the New York Stock Exchange and listen for awhile. You might hear traders yelling, "Give me some T!" If you're lucky, you won't hear some of the other things they yell.

Companies listed on the NYSE or AMEX have ticker symbols of one to three letters. Nasdaq issues feature mostly four-letter ticker symbols. Some of the most actively traded stocks on these exchanges are Philip Morris (NYSE ticker symbol: MO), Hasbro (AMEX: HAS) and Microsoft (Nasdaq: MSFT).

Many investors know ticker symbols through business newspapers and television, such as the electronic ticker seen on CNBC and CNN. The figures that flow rapidly across your TV screen may seem like a jumble of letters and numbers, but the ticker tape's message is easy to decipher if you know the code.

Here it is: The top row of figures on the ticker tape you see on your television features information about stocks listed on the NYSE and AMEX, while the bottom level tells the story on Nasdaq stocks. A typical ticker entry includes the company's ticker symbol followed by the most recent price of that company's stock—that is, what the stock's price was 15 minutes before. If the price was arrived at in a trade of 10,000 or more shares, the share volume of the trade often will be indicated next to the stock's price.

Ticker tapes at brokerage firms and on the trading floor of each exchange show up-to-the-second prices. (Vendors such as Bloomberg or Reuters will sell you a terminal that displays "real-time" prices and other data—but be prepared to shell out truly big bucks.)

Tickers usually flow across the screen alphabetically, typically followed by summaries of various financial benchmarks—the Dow Jones Industrial Average, the Dow Jones Transportation Average, the Standard & Poor's 500 stock index, the 30-year bond, the NYSE, AMEX, and Nasdaq indices. The tape also shows the ratio of stocks that have advanced in price to stocks that have declined.

Like wheelbarrows, chairs, and other modest implements, ticker symbols have an interesting history. They date to 1844, when Samuel Morse built his first land telegraph, which ran between Washington and Baltimore. Morse started the Magnetic Telegraph Company the same year. It operated a line from New York to Philadelphia (the two largest markets for stock trading at the time). Before the hookup, communication between the two cities took days. The telegraph reduced that time to 15 seconds.

Stock brokers took note immediately. By 1860, New York's Wall Street market was connected by telegraph to every major American city. Newspapers throughout the country began quoting Wall Street prices, which became the standard for determining what a stock was worth at any given moment.

Seven years later, in 1867, Edward A. Calahan, an operator for the American Telegraph Company, patented the first version of the ticker—a machine that printed out lists of ticker symbols and prices. That summer, Calahan helped form the Gold and Stock Telegraph Company, which manufactured and leased the ticker machines to brokerages for $6 a week. The machines sent out prices from the floors of the New York, Gold, and other exchanges directly to brokers around the country.

In the years that followed, the ticker machine got better. Thomas Edison's glass-domed ticker, a widely recognized symbol of Wall Street, was used by brokers until the 1940s, when the exchanges began to send prices electronically to brokers. The New York Stock Exchange fully automated data transmission from the floor in December 1966. Now, of course, ticker symbols show up on Quotrons and other terminals in brokers' offices: There is no more ticker tape.

Ticker symbols came soon after Morse started selling telegraph service to businesses. Anonymous telegraph operators made up short abbreviations of the firms' names, reserving one-letter symbols for the most actively traded stocks to conserve wire space.

During the 1800s, these single-letter symbols went to railroad companies: Atchison, Topeka & Santa Fe was "A," Brooklyn Rapid Transit was "B," and so on. As railroads' importance diminished, those symbols were assigned elsewhere. However, a few of the early symbols are still in use today: Sears, Roebuck is still "S," American Telephone and Telegraph has kept its "T," and Woolworth remains "Z." Don't look for a company with the ticker symbol "Q"; that letter is used as a prefix for companies in bankruptcy.

A company's ticker symbol often is an easy-to-decipher abbreviation of its name—"GM" for General Motors or "XON" for Exxon. When assigning a ticker symbol, the exchange asks the company to propose three alternative symbols in order of preference, then uses the first one that is available. The Nasdaq can assign a fifth letter to designate issues that are not common or capital shares, or that are subject to special restrictions or conditions. Only Nasdaq can give out these fifth letters.*

Do ticker symbols matter? Corporate managers seem to think so. "Many corporations treat their symbols like personalized license plates," says Nasdaq's Brett Rodda. "They choose the symbols very carefully, and they are reluctant to change them." Case in point: A Pennsylvania-based computer company almost filed a lawsuit against one exchange after the exchange delisted the firm and assigned it a new ticker symbol. The old symbol was given to a health-care management corporation. "A ticker symbol represents a company. Changing it unexpectedly is dangerous," groused the computer company's president when I called him. "Our shareholders were very confused and disappointed."

Psychologists say a catchy ticker symbol can foster the same kind of brand loyalty that products with easy-to-remember names have. Linda Barbanel, a New York psychotherapist, believes that ticker symbols are an important part of a company's marketing strategy. "Visibility is the name of the game," she says. "Smart

---

* The Nasdaq can apply a fifth letter to any of its ticker symbols to signify a stock's special situation. The information that follows is also printed each day in the C section of *The Wall Street Journal:* A = Class A. B = Class B. C = Exempt from Nasdaq listing qualifications for a limited period. D = New issues of an existing stock. E = Delinquent in required filings with the SEC, as determined by the NASD. F = Foreign. G = First convertible bond. H = Second convertible bond, same company. I = Third convertible company, same company. J = Voting. K = Nonvoting. L = Miscellaneous situations, including second-class units, third-class of warrants, or sixth-class of preferred stock. M = Fourth preferred, same company. N = Third preferred, same company. O = Second preferred, same company. P = First preferred, same company. Q = In bankruptcy proceedings. R = Rights. S = Shares of beneficial interest. T = With warrants or rights. U = Units. V = When issued and when distributed. W = Warrants. Y = American Depository Receipt (ADR). Z = Miscellaneous situations, including second class of warrants, fifth class of preferred stock and any unit, receipt, or certificate representing a limited partnership interest.

companies should do everything they can to stand out from the crowd."

Lately, investors have come across new stock offerings from BUNZ (Schlotzsky's Inc., a sourdough bun-and-sandwich chain), WIKD (Pete's Brewing Company, maker of Pete's Wicked Ale); and GRR (Asia Tigers, an investment company). Other examples are RARE (Bugaboo Creek Steak House), SUIT (Men's Warehouse), LOUD (New Ear, a hearing aid company), RAYS (Sunglass Hut), and GUSH (Fountain Oil). The list goes on, but I won't.

Tickers have a delightfully seamy side, too. Remember comedian George Carlin's list of things you can't say on TV? Meet Nasdaq's "restricted list" of 25 or so four-letter symbols that you'll never run across in *The Wall Street Journal.* They showed me the list. You don't want to see it. There are no hard and fast rules about which symbols make the list. Following Senator Jesse Helms's definition of obscenity ("I know it when I see it"), the Nasdaq can refuse any symbol it deems inappropriate.

Problems also arise when different companies' ticker symbols are too much alike. Each stock exchange keeps its eye on the others; thus, the NYSE's symbol for Bass (BAS) won't be used for a company whose shares trade on the AMEX. Still, some investors almost certainly have bought shares of MFS Technology (MFST) thinking they were scooping up shares of Microsoft (MSFT). Tough luck for them.

If only they'd had this book.

How to use this book:

It's easy to find the information you're looking for in *The Ticker Symbol Book.* For instance, if you're watching CNBC and you notice that shares of ABIO closed up $2, simply find the ticker symbol ABIO in the first section of the book. You'll find that the company that had the good day is Applied Biometrics. You'll also see that the company is listed on the Nasdaq Small-Cap market.

But say it's 10:00 P.M. and you're itching to know how shares of that European company your friend recommended are holding up. Your computer can help—if you punch in the correct ticker symbol. But you can't remember it, and it's certainly not going to flash across the screen on CNN's *Headline News*. Grab this book and find Alaska Air Group. You'll find its ticker (ALK) and its exchange (NYS).

The Editors

The Ticker
Symbol Book

Securities
By
Ticker

Ticker	Issue	Exchange
A	Astra AB'A' ADS	NYS
AA	Aluminum Co of Amer	NYS
AA Pr	Alum Co Amer $3.75 Pfd	ASE
AAB	Astra AB'B' ADS	NYS
AABC	Access Anytime Bancorp	NSC
AAC	Arcadia Financial Ltd	NYS
AACE	Ace Cash Express	NNM
AAFC	Amer Artists Film	BB
AAFG	All Amer Food Grp	BB
AAG	Amer Annuity Group	NYS
AAG PrT	Amer Annuity Cap Tr I 9.25%'TOPrS'	NYS
AAGIY	Anglo Am Gold Inv ADR	NSC
AAGP	Active Apparel Group	NNM
AAHS	Children's Broadcasting	NNM
AAII	Applied Analytical Industries	NNM
AAIR	AirTran Hldgs	NNM
AALA	Ameralia Inc	NSC
AAM	Aames Financial	NYS
AAME	Atlantic American	NNM
AAN	ABN AMRO Holding ADS	NYS
AANB	Abigail Adams Natl Bancorp	NNM
AAON	AAON Inc	NNM
AAP	Amway Asia Pacific	NYS
AAPC	Amer Architectural Prod	BB
AAPL	Apple Computer	NNM
AAS	AmeriSource Health'A'	NYS
AASI	Advanced Aerodyn & Structures'	NNM
AASIU	Advanced Aero/Structure Unit	NSC
AASIW	Advanced Aero/Struct Wrrt'A'	NNM
AASIZ	Advanced Aero/Struct Wrrt'B'	NNM
AAT	All-American Term Trust	NYS
AATI	Analysis & Technology	NNM
AATK	Amer Access Technologies	BB
AATT	Aavid Thermal Technologies	NNM
AAV	Avatex Corp	NYS
AAV Pr	Avatex Corp $5 Cv Pfd	NYS
AAV PrA	Avatex Corp $4.20 Ex'A'Pfd	NYS
AB	Cannon Express	ASE
ABA	Abaddon Resources	VS
ABACF	Abacan Resource	NNM
ABAG	Safety Components Intl	NNM
ABAN	Amer Bancshares	NNM
ABANP	ABI Cap Tr 8.50% Pfd	NNM
ABAX	Abaxis Inc	NNM
ABB	Abitibi Mining Corp	VS
ABBBY	ABB AB ADR	NSC
ABBK	Abington Bancorp	NNM
ABBKP	Abington Bancorp Cap Tr 8.25%	NNM
ABCB	ABC Bancorp	NNM
ABCC	ABC Dispensing Tech	NSC
ABCL	Alliance Bancorp	NNM
ABCO	Amer Buildings	NNM
ABCR	ABC Rail Products	NNM
ABCW	Anchor Bancorp Wisc	NNM
ABD	AutoBond Acceptance	ASE
ABD PrA	Autobond Acceptance 15% cm Pfd	ASE
ABDR	Abacus Direct	NNM
ABE	Agate Bay Resources	VS
ABE	Armor Holdings	ASE
ABERF	Aber Resources Ltd	NSC

Ticker	Issue	Exchange
ABF	Airborne Freight	NYS
ABFG	Amer Benefits Grp	BB
ABFI	Amer Business Finl Svcs	NNM
ABFS	Arkansas Best	NNM
ABFSP	Arkansas Best $2.875 'A' Pfd	NNM
ABG	Groupe AB ADS	NYS
ABGX	Abgenix Inc	NNM
ABH	Amer Bank Note Holographics	NYS
ABI	Amer Bankers Insur Grp	NYS
ABI PrB	Amer Bankers Ins $3.125 Pfd'B'	NYS
ABIO	Applied Biometrics	NSC
ABIX	Abatix Environmental	NSC
ABJ	Alabama Pwr 7.00% Sr Notes'C'	NYS
ABK	Ambac Financial Group	NYS
ABL	Amer Biltrite	ASE
ABM	ABM Industries Inc	NYS
ABMC	Amer Bio Medica	NSC
ABMD	ABIOMED, Inc	NNM
ABN	Amer Banknote	NYS
ABP	Amer Bullion Minerals	TS
ABP	Amer Business Prod	NYS
ABPA	Ambassador Bank of Commwlth	NSC
ABPCA	Au Bon Pain'A'	NNM
ABR	Atlantic Premium Brands	ASE
ABRI	Abrams Industries	NNM
ABRX	ABR Information Services	NNM
ABS	Albertson's, Inc	NYS
ABSC	Aurora Biosciences	NNM
ABT	Abbott Laboratories	NYS
ABTC	ABT Building Products	NNM
ABTE	Able Telcom Holding	NNM
ABTG	Ambient Corp	BB
ABTI	Alpha-Beta Technology	NNM
ABTX	AgriBioTech Inc	NNM
ABX	Barrick Gold	NYS
ABY	Abitibi-Consolidated	NYS
ABYT	Alpha Bytes	BB
AC	Air Canada	TS
AC	Alliance Cap Mgmt L.P.	NYS
ACA	Alabama Pwr 7.00% Sr Notes	NYS
ACA	Ashton Mining Canada	TS
ACAD	Acadia Natl Health Sys	BB
ACAI	Atlantic Coast Airlines Hldgs	NNM
ACAJ	Pacific Coast Apparel	BB
ACAM	Autocam Corp	NNM
ACAP	Amcor Capital	NSC
ACAS	Amer Capital Strategies	NNM
ACAT	Arctic Cat	NNM
ACB	Van Kam Am Cap Bd	NYS
ACCOB	Coors (Adolph)Cl'B'	NNM
ACCR	Access Power	BB
ACCS	Access Health	NNM
ACCT	Argent Capital	NSC
ACD	Van Kam Am Cap Inc Tr	NYS
ACE	Acme Electric	NYS
ACEC	ACE COMM Corp	NNM
ACEI	Amer Champion Entertainment	NSC
ACEIW	Amer Champion Ent'mt Wrrt	NSC
ACEL	Alfacell Corp	NSC
ACEP	Parts Source	NSC

Ticker	Issue	Exchange
ACES	Amer Vantage	NSC
ACET	Aceto Corp	NNM
ACF	AmeriCredit Corp	NYS
ACG	ACM Gvt Income Fund	NYS
ACH.	Alexander Haagen Properties	ASE
ACHI	American Country Hldgs	NSC
ACHIW	American Country Hldgs Wrrt	NSC
ACI	Arch Coal	NYS
ACIT	ACI Telecentrics	NSC
ACK	Acktion Corp	TS
ACK	Armstrong World Indus	NYS
ACL	ACE Limited	NYS
ACLE	Accel Intl	NNM
ACLNF	A.C.L.N. Ltd	NNM
ACLR	Accent Color Sciences	NNM
ACLY	Accelr8 Technology	NNM
ACMI	AccuMed Intl	NSC
ACMR	A.C. Moore Arts & Crafts	NNM
ACMTA	ACMAT Corp'A'	NNM
ACN	Acuson Corp	NYS
ACNAF	Air Canada'A'	NNM
ACNTF	Accent Software Intl	NSC
ACNUF	Accent Software Intl Unit	NSC
ACO.X	ATCO Ltd Cl I	TS
ACO.Y	ATCO Ltd Cl II	TS
ACOL	AMCOL Intl	NNM
ACOR	AutoCorp Equities	BB
ACP	Amer R.E.Ptnrs L.P.	NYS
ACP Pr	Amer R.E. Ptnrs 5%'PIK'Pfd	NYS
ACR	Amer Retirement	NYS
ACRG	ACR Group	NSC
ACRI	Acacia Research	NNM
ACRN	Acorn Products	NNM
ACRO	Acrodyne Communications	NSC
ACRT	Actrade Intl Ltd	NNM
ACS	Van Kam Am Cap Cv Sec	NYS
ACSC	Advanced Communications Sys	NNM
ACSEF	A.C.S. Electronics	NSC
ACSY	ACSYS Inc	NNM
ACTC	Applied Cellular Technology	NNM
ACTI	Applied Computer Tech	NSC
ACTIW	Applied Computer Tech 'Wrrt'	NSC
ACTL	Actel Corp	NNM
ACTM	ACT Manufacturing	NNM
ACTN	Action Performance Cos	NNM
ACTT	Act Teleconferencing	NSC
ACTTW	Act Teleconferencing Wrrt	NSC
ACTU	Actuate Software	NNM
ACTYF	Applied Carbon Technology	NNM
ACU	Acme United	ASE
ACV	Alberto-Culver Cl'B'	NYS
ACV.A	Alberto-Culver Cl'A'	NYS
ACVC	Active Voice	NNM
ACX	ACX Technologies	NYS
ACXM	Acxiom Corp	NNM
ACY	Aerocentury Corp	ASE
ACYT	AutoCyte Inc	NNM
AD	ADVO Inc	NYS
ADAC	ADAC Laboratories	NNM
ADAM	A.D.A.M. Software	NNM

Ticker	Issue	Exchange
ADAX	Applied Digital Access	NNM
ADBE	Adobe Systems	NNM
ADBS	ABS Group	BB
ADC	Agree Realty	NYS
ADCC	Andean Development	NNM
ADCCW	Andean Development Wrrt	NNM
ADCO	Amer Resources & Dev	BB
ADCT	ADC Telecommunications	NNM
ADDM	ADDvantage Media Group	NSC
ADECY	Adecco S.A. ADS	NNM
ADEF	Advanced Definition Systems	BB
ADEX	ADE Corp	NNM
ADF	ACM Managed Dollar Income	NYS
ADG	Advanced Communications Grp	NYS
ADGO	Adams Golf	NNM
ADI	Analog Devices	NYS
ADIC	Advanced Digital Info	NNM
ADK	Adikann Goldfields	VS
ADK	Allied Digital Tech	ASE
ADLAC	Adelphia Communic'A'	NNM
ADLI	Amer Dental Technologies	NNM
ADLRF	Adrian Resources	NSC
ADLT	Advanced Lighting Technol	NNM
ADM	Archer-Daniels-Midland	NYS
ADMG	Advanced Matls Group	NSC
ADMR	Admor Memory Corp	BB
ADMS	Advanced Marketing Svcs	NNM
ADMT	ADM Tronics Unlimited	NSC
ADP	Allied Products	NYS
ADPI	Amer Dental Partners	NNM
ADPT	Adaptec Inc	NNM
ADRN	Adrenalin Interactive	NSC
ADRNW	Adrenalin Interactive Wrrt	NSC
ADRX	Andrx Corp	NNM
ADSC	Atlantic Data Svcs	NNM
ADSI	Amer Disposal Svcs	NNM
ADSK	Autodesk, Inc	NNM
ADSN	Advanced Systems Intl	BB
ADSO	Adaptive Solutions	NSC
ADSP	Ariel Corp	NNM
ADTC	Advanced Deposition Tech	NSC
ADTI	Advance Display Tech	BB
ADTK	Adept Technology	NNM
ADTN	Adtran Inc	NNM
ADV	Advest Group	NYS
ADVH	Advanced Health	NNM
ADVNA	ADVANTA Corp Cl'A'	NNM
ADVNB	ADVANTA Corp Cl'B'	NNM
ADVNZ	ADVANTA Corp 6.75% Dep Shrs	NNM
ADVP	Advance Paradigm	NNM
ADVR	Advanced Viral Research	BB
ADVS	Advent Software	NNM
ADX	Adams Express	NYS
AE	Adams Res & Energy	ASE
AEC	Associated Estates Realty	NYS
AEC PrA	Assoc Estates Rlty 9.75% Dep P	NYS
AED	Banco de A Edwards ADS	NYS
AEE	Ameren Corp	NYS
AEG	AEGON N.V. Ord	NYS
AEH	Allegiance Corp	NYS

5

Ticker	Issue	Exchange
AEHCF	Asia Electronics Hldg	NNM
AEHR	Aehr Test Systems	NNM
AEIC	Air Express Intl	NNM
AEIS	Advanced Energy Industries	NNM
AEK	Amer Comstock Expl	VS
AEM	Agnico Eagle Mines	NYS
AEN	AMC Entertainment	ASE
AEOS	Amer Eagle Outfitters	NNM
AEP	Amer Electric Pwr	NYS
AEPI	AEP Industries	NNM
AER	Aegis Realty	ASE
AERL	Aerial Communications	NNM
AERN	AER Energy Resources	NNM
AERS	Aero Sys Engr	NSC
AERTA	Advanced Environ Recyl'A'	NSC
AES	AES Corp	NYS
AES PrT	AES Tr I $2.6875'TECONS'(50)	NYS
AESCW	AES Corp Wrrt	NSC
AESP	Advanced Elect Support Pds	NSC
AESPW	Advanced Elect Support Wrrt	NSC
AET	Aetna Inc	NYS
AET PrA	Aetna Capital 9.50%'MIPS'	NYS
AET PrC	Aetna Inc 6.25%'C'Cv Pfd	NYS
AETC	Applied Extrusion Tech	NNM
AETG	Amer Entertainment Grp	BB
AF	Argentina Fund	NYS
AFA	Affiliated Computer Services'A	NYS
AFBC	Advance Finl Bancorp	NSC
AFC	Allmerica Financial	NYS
AFCI	Advanced Fibre Communic	NNM
AFCO	Applied Films Corp	NNM
AFCX	AFC Cable Systems	NNM
AFED	AFSALA Bancorp	NNM
AFF	Morgan Stanley Africa Inv Fd	NYS
AFFI	Affinity Technology Gp	NNM
AFFX	Affymetrix Inc	NNM
AFG	Amer Finl Group	NYS
AFG PrT	Amer Finl Cap Tr I 9.125%'TOPr	NYS
AFIN	Agri-Foods Intl	BB
AFIS	Printrak Intl	NNM
AFL	AFLAC Inc	NYS
AFLX	ADFlex Solutions	NNM
AFO	AfriOre Ltd	VS
AFP	United Capital Corp	ASE
AFPC	AFP Imaging	NSC
AFRI	African Resources	BB
AFS	Associates First Capital'A'	NYS
AFSC	Anchor Financial	NNM
AFTXZ	Amer First Tax Exempt Mtg L.P.	NNM
AFWY	Amer Freightways	NNM
AG	AGCO Corp	NYS
AGAI	AG Associates	NNM
AGAM	Acres Gaming	NSC
AGBG	Ag-Bag Intl Ltd	NSC
AGC	Amer General	NYS
AGC PrC	Amer Gen'l Del LLC 6% Cv'MIPS'	NYS
AGC PrD	Amer Genl 7% Cv Pfd	NYS
AGC PrM	Amer Genl 8.45% 'MIPS'	NYS
AGC PrN	Amer Genl 8.125% 'MIPS'	NYS
AGCH	Ag-Chem Equipment	NNM

6

Ticker	Issue	Exchange
AGCR	Agiss Corp	BB
AGD	Alarmguard Hldgs	ASE
AGDM	Americana Gold&Diamond Hldgs	NSC
AGE	Edwards(AG)Inc	NYS
AGH	Atlantis Plastics	ASE
AGI	Alpine Group	NYS
AGI	Alta Genetics	TS
AGII	Argonaut Group	NNM
AGIS	Aegis Communications Group	NNM
AGL	Angelica Corp	NYS
AGLF	Atlantic Gulf Communities	NNM
AGLFL	Atlantic Gulf Comm Wrrt'C'	NNM
AGLFP	Atlantic Gulf Cmts Cv Pfd'B'	NNM
AGLFW	Atlantic Gulf Comm Wrrt'A'	NNM
AGLFZ	Atlantic Gulf Comm Wrrt'B'	NNM
AGN	Allergan, Inc	NYS
AGNU	Agri-Nutrition Group	NNM
AGP	Amer Pad & Paper	NYS
AGPH	Agouron Pharmaceuticals	NNM
AGR	AGRA Inc	TS
AGR	Corporacion Banc Espana ADS	NYS
AGR PrA	Argentaria Pfd Cap 7.80% Pref'	NYS
AGRPA	Associated Group 'A'	NNM
AGRPB	Associated Group 'B'	NNM
AGS	Software AG Systems	NYS
AGTC	Amer Gilsonite	BB
AGTI	Advanced Gaming Tech	BB
AGTO	Agritope Inc	NSC
AGTX	Applied Graphics Tech	NNM
AGU	Agrium Inc	NYS
AGU Pr	Agrium Inc 8% 'COPrS'	NYS
AGX	Agribrands Intl	NYS
AGY	Argosy Gaming	NYS
AHAA	Alpha Indus	NNM
AHB	AmerUs Life Hldgs 7% 'ACES'	NYS
AHB	Athabaska Gold Resources	TS
AHC	Amerada Hess	NYS
AHCI	Ambanc Holding	NNM
AHE	Amer Health Prop	NYS
AHE PrB	Amer Hlth 8.60% Dep Pfd	NYS
AHEPZ	Amer Health Prop Dep Pfd	NNM
AHG	Apria Healthcare Grp	NYS
AHI	Allied Holdings	NYS
AHIC	Amer HealthChoice	NSC
AHL	Amer Heritage Life	NYS
AHL Prl	Amer Heritage Life 8.50%'PRIDES	NYS
AHLS	AHL Services	NNM
AHM	Ahmanson(H F) & Co	NYS
AHO	Ahold Ltd ADR	NYS
AHOM	Amer HomePatient	NNM
AHP	Amer Home Products	NYS
AHP Pr	Amer Home Prod,$2 Cv Pfd	NYS
AHPI	Allied Healthcare Prod	NNM
AHR	Anthracite Capital	NYS
AHSIW	Ages Health Svcs Wrrt	NSC
AI	Arrow Automotive Indus	ASE
AIA	Amer Ins Mtge Inv L.P.	ASE
AIB	Allied Irish Banks ADS	NYS
AIC	Asset Investors Corp	NYS
AICX	Applied Imaging	NNM

7

Ticker	Issue	Exchange
AIDA	Aid Auto Stores	NSC
AIDAW	Aid Auto Stores Wrrt	NSC
AIEE	Atlantic Intl Entertainment	BB
AIF	Acceptance Insur Cos	NYS
AIF PrT	AICI Cap Tr 9% Pfd	NYS
AIFC	Amer Indem/Finl	NNM
AIFP	Amer-Intl Food	BB
AIG	Amer Intl Group	NYS
AIHC	AmeriStar Intl Holdings	BB
AII	Amer Ins Mtge Inv Ser 85	ASE
AIII	Autologic Information Intl	NNM
AIJ	Amer Ins Mtge Inv Ser 86	ASE
AIK	Amer Ins Mtge Inv Ser 88	ASE
AILP	ALPNET, Inc	NSC
AIM	Aerosonic Corp	ASE
AIME	Amer Interactive Media	BB
AIMM	AutoImmune Inc	NNM
AIMS	AIM Smart	BB
AIN	Albany Intl 'A'	NYS
AIND	Arnold Indus	NNM
AINN	Applied Innovation	NNM
AIOD	Apollo Intl Delaware	BB
AIP	Amer Israeli Paper Ord	ASE
AIPN	Amer Intl Petroleum	NNM
AIR	AAR Corp	NYS
AIRM	Air Methods	NNM
AIRP	Air Packaging Technol	BB
AIRS	Amer Aircarriers Support	NNM
AIRT	Air Transportation Hldgs	NSC
AIS	Ampal-Amer Israel'A'	ASE
AIS.A.WS	Ampal-Amer Israel Wrrt	ASE
AIT	Ameritech Corp	NYS
AIV	Apartment Investment & Mgmt'A'	NYS
AIV PrC	Apartm't Inv&Mgmt 9% Pfd'C'	NYS
AIV PrD	Apartm't Inv&Mgmt 8.75% Pfd'D'	NYS
AIV PrG	Apartm't Inv&Mgmt9.375% Pfd 'G	NYS
AIX	AIC Intl Resources	VS
AIZ	Amcast Industrial	NYS
AJ	Arthurs-Jones Inc	TS
AJA	Appalachian Pwr 8.00% Jr Debs	NYS
AJAYD	Ajay Sports(New)	NSC
AJAYP	Ajay Sports 10% Cv Pfd	NSC
AJB	Appalachian Pwr 7.20% Sr Notes	NYS
AJC	Appalachian Pwr 7.30% Sr Notes	NYS
AJG	Gallagher(Arthur J.)	NYS
AJL	Amway Japan Ltd ADS	NYS
AJP	AJL PepsTrust	NYS
AJX	Standard Automotive	ASE
AJX Pr	Standard Auto 8.50% Cv Pfd	ASE
AK	Ackerley Group	NYS
AKB	Ambac Finl Grp 7.08% Debs	NYS
AKIS	Amer Kiosk	BB
AKLM	Acclaim Entertainment	NNM
AKO.A	Embotelladora Andina ADS	NYS
AKO.B	Embotelladora Andina'B'ADS	NYS
AKR	Acadia Realty Trust	NYS
AKRN	Akorn Inc	NNM
AKS	AK Steel Holding	NYS
AKSEF	Arakis Energy	NNM
AKSY	Aksys Ltd	NNM

Ticker	Issue	Exchange
AKZOY	Akzo Nobel N.V. ADS	NNM
AL	Alcan Aluminium Ltd	NYS
ALA	Alcatel Alsthom ADS	NYS
ALAB	Alabama Natl Bancorp	NNM
ALAN	Alanco Environmental Res	NSC
ALB	Albemarle Corp	NYS
ALBC	Albion Banc Corp	NSC
ALBK	ALBANK Finl	NNM
ALC	Algoma Central	TS
ALC	Alltrista Corp	NYS
ALCD	Alcide Corp	NNM
ALCH	Alchemy Holdings	BB
ALCI	Allcity Insurance	NNM
ALCO	Alico, Inc	NNM
ALCRY	Atlantic Caspian Resources ADS	BB
ALD	AlliedSignal Inc	NYS
ALDA	Aldila Inc	NNM
ALDNF	Aladdin Knowledge Systems	NNM
ALDV	Allied Devices Corp	NSC
ALEX	Alexander & Baldwin	NNM
ALF	Assisted Living Concepts	ASE
ALFA	Alfa Corp	NNM
ALFC	ALLIED Life Financial	NNM
ALFN	Alottafun Inc	BB
ALG	Alamo Group	NYS
ALGI	Amer Locker Group	NNM
ALGO	Algos Pharmaceutical	NNM
ALGSF	Algoma Steel	NNM
ALGX	Allegiance Telecom	NNM
ALHY	Alpha Hospitality	NSC
ALI	Alternative Living Services	ASE
ALJ	Allstate Cp 7.125% 'QUIBS'	NYS
ALK	Alaska Air Group	NYS
ALKS	Alkermes Inc	NNM
ALKSP	Alkermes Inc $3.25 cv Exch Pfd	NSC
ALL	Allstate Corp	NYS
ALL PrA	Allstate Fin I 7.95%'QUIPS'	NYS
ALLB	Greater Del Valley Svgs	NSC
ALLC	Allied Capital	NNM
ALLE	Allegiant Bancorp	NNM
ALLIF	Alliance Communic 'B'	NNM
ALLN	Allin Communications	NNM
ALLP	Alliance Pharmaceutical	NNM
ALLS	Allstar Systems	NNM
ALLY	Alliance Gaming	NNM
ALM	Allmerica Sec Tr	NYS
ALMI	Alpha Microsystems	NNM
ALN	Allen Telecom	NYS
ALNK	AmeriLink Corp	NNM
ALNT	Aliant Communications	NNM
ALO	ALPHARMA Inc 'A'	NYS
ALO.WS	ALPHARMA Inc Wrrt	NYS
ALOG	Analogic Corp	NNM
ALOT	Astro-Med	NNM
ALP PrB	Alabama Pwr 6.80% 'A' Pfd	NYS
ALP PrC	Alabama Pwr 6.40% 'A' Pfd	NYS
ALP PrD	Alabama Pwr Adj Rt'A"93 Sr	NYS
ALP PrQ	Ala Pwr Cap I 7.375% Tr Pfd Se	NYS
ALP PrR	Ala Pwr Cap II 7.60% 'TOPrS'	NYS
ALPH	AlphaNet Solutions	NNM

Ticker	Issue	Exchange
ALR	Allied Research Corp	ASE
ALRC	Alternative Resources	NNM
ALREF	Annuity & Life Re (Holdings)	NNM
ALRM	Protection One	NNM
ALRN	Altron Inc	NNM
ALRS	Alaris Medical	NNM
ALS	ALSTOM ADS	NYS
ALSC	Alliance Semiconductor	NNM
ALSI	Advantage Learning Systems	NNM
ALSM	Atlas Mining	BB
ALT	Allegheny Teledyne	NYS
ALTA	Alta Gold Co	NNM
ALTIF	Altair International	NNM
ALTM	Alternate Marketing Networks	NSC
ALTN	Alteon Inc	NNM
ALTR	Altera Corp	NNM
ALTS	Altris Software	BB
ALU	Allou Health&Beauty'A'	ASE
ALV	Autoliv Inc	NYS
ALX	Alexander's, Inc	NYS
ALXN	Alexion Pharmaceuticals	NNM
ALYD	Alydaar Software	NNM
ALYN	Alyn Corp	NNM
ALZ	Alabama Pwr 7.125% Sr Notes	NYS
ALZAW	ALZA Corp Wrrt	NNM
AM	Amer Greetings Cl'A'	NYS
AMAC	Amer Medical Alert	NSC
AMAR	Amarillo Bioscience	NSC
AMAT	Applied Materials	NNM
AMB	AMB Property	NYS
AMB PrA	AMB Property 8.50% Pfd	NYS
AMBC	Amer Bancorp Ohio	NNM
AMBCP	Amer Bancorp Cap Tr % Pfd	NNM
AMBI	AMBI Inc	NNM
AMBK	AMBANC Corp	NNM
AMC	Abacus Minerals Corp	VS
AMCC	Applied Micro Circuits	NNM
AMCE	Amer Claims Evaluation	NNM
AMCN	Amer Coin Merchandising	NNM
AMCRY	Amcor Limited ADR	NNM
AMCT	AMRESCO Capital Tr	NNM
AMCV	Amer Classic Voyages	NNM
AMD	Advanced Micro Dev	NYS
AME	AME Resource Capital	VS
AME	AMETEK, Inc	NYS
AMEDE	AMEDISYS Inc	NNM
AMEN	Didax Inc	NSC
AMENW	Didax Inc Wrrt	NSC
AMEP	Amer Educational Prd	NSC
AMEPW	Amer Educational Prd Wrrt	NSC
AMES	Ames Department Stores	NNM
AMESW	Ames Dept Stores Wrrt 'C'	NNM
AMF	ACM Managed Income Fund	NYS
AMFC	AMB Financial	NNM
AMFI	Amcore Financial	NNM
AMFM	Chancellor Media Corp	NNM
AMG	ADEX Mining	TS
AMG	Affiliated Managers Grp	NYS
AMGN	Amgen Inc	NNM
AMH	AmerUs Life Holdings'A'	NYS

Ticker	Issue	Exchange
AMH.	Almaden Resources	VS
AMHC	Amer Healthcorp	NNM
AMHD	Ammonia Hold	BB
AMI	Acme Metals	NYS
AMIE	Ambassadors Intl	NNM
AMK	Amer Techl Ceramics	ASE
AMKR	Amkor Technology	NNM
AML	Amli Residential Prop	NYS
AMLJ	AML Communications	NNM
AMLN	Amylin Pharmaceuticals	NNM
AMMB	AMRESCO INC	NNM
AMN	Ameron Intl	NYS
AMO	Alliance All-Mkt Adv Fd	NYS
AMP	AMP Inc	NYS
AMPBB	Amer Pacific Bank	NSC
AMPD	Amplidyne Inc	NSC
AMPDW	Amplidyne Inc Wrrt	NSC
AMPH	Amer Physicians Svc Gr	NNM
AMPI	Amplicon, Inc	NNM
AMPLP	Ampal-Amer Israel 6.50% Pfd	NSC
AMQC	American Quantum Cycles	BB
AMR	AMR Corp	NYS
AMRN	Amerin Corp	NNM
AMRSW	AmerUS Life Holdings Wrrt	NSC
AMS	Amer Shared Hosp Sv	ASE
AMSC	Amer Superconductor	NNM
AMSE	America's Senior Fin'l Svcs	BB
AMSFF	Amer Safety Ins Grp	NNM
AMSGA	AmSurg Corp'A'	NNM
AMSGB	AmSurg Corp'B'	NNM
AMSI	APACHE Medical Sys	NNM
AMSO	Advantage Marketing Sys	NSC
AMSOW	Advantage Mktg Sys Wrrt	NSC
AMST	Amer Stone Industries	BB
AMSWA	Amer Software'A'	NNM
AMSY	Amer Mgmt Systems	NNM
AMT	Amer Tower'A'	NYS
AMTA	Amistar Corp	NNM
AMTC	Amtech Corp	NNM
AMTD	AmeriTrade Holding'A'	NNM
AMTK	Amer Materials & Technologies	NSC
AMTR	Amtran, Inc	NNM
AMTZ	AmerTranz Worldwide Hldg	BB
AMU	ACM Muni Securities Income	NYS
AMVC	Advanced Mach Vision Cl'A'	NSC
AMVP	AmeriVest Properties	NSC
AMVPW	AmeriVest Properties Wrrt	NSC
AMW	Amwest Insur Group	ASE
AMWD	Amer Woodmark	NNM
AMXI	AMNEX Inc	NSC
AMXX	AMX Corp	NNM
AMZN	Amazon.Com	NNM
AN	Amoco Corp	NYS
ANA	Acadiana Bancshares	ASE
ANAD	ANADIGICS Inc	NNM
ANAT	Amer Natl Insur	NNM
ANB PrA	Abbey Natl Sr'A' Pref ADS	NYS
ANBC	ANB Corp	NNM
ANCO	Anacomp Inc	NNM
ANCR	Ancor Communications	NSC

Ticker	Issue	Exchange
AND	Andrea Electronics	ASE
ANDA	Andataco Inc Cl'A'	NSC
ANDB	Andover Bancorp	NNM
ANDE	Andersons Inc	NNM
ANDR	Andersen Group	NNM
ANDW	Andrew Corp	NNM
ANE	Alliance Bancorp New England	ASE
ANEN	Anaren Microwave	NNM
ANET	ACT Networks	NNM
ANF	Abercrombie & Fitch Co'A'	NYS
ANGLY	Anglo Amer So Afr ADR	NSC
ANGN	Angeion Corp	NNM
ANH	Anworth Mortgage Asset	ASE
ANI	Audio Communications Network	ASE
ANIC	Anicom Inc	NNM
ANIK	Anika Therapeutics	NNM
ANK	Atlantic Tele-Network	ASE
ANLG	Analogy Inc	NNM
ANLT	Analytical Surveys	NNM
ANLY	Analysts Intl	NNM
ANM	Angeles Mtge Inv L.P.	ASE
ANN	AnnTaylor Stores	NYS
ANNB	Annapolis Natl Bancorp	NNM
ANRG	Anergen Inc	NNM
ANS	Ainsworth Lumber	TS
ANS	AirNet Systems	NYS
ANSI	Advanced Neuromodulation Sys	NNM
ANSR	AnswerThink Consulting Grp	NNM
ANSS	ANSYS Inc	NNM
ANST	Ansoft Corp	NNM
ANTC	ANTEC Corp	NNM
ANTP	Antenna Products	NSC
ANTX	Antex Biologies	BB
ANV	Aeroquip-Vickers Inc	NYS
ANZ	Antares Mining & Exploration	TS
ANZ	Australia & N.Z. Bk ADS	NYS
ANZ Pr	Aust&N.ZealandBk9.125%Pfd(25)	NYS
AO PrA	AMERCO Sr'A'Pfd	NYS
AO.A	Algo Group'A'	TS
AOC	Aon Corp	NYS
AOF	ACM Gvt Opportunity Fd	NYS
AOG	Alberta Energy	NYS
AOI	Apple Orthodontix'A'	ASE
AOL	America Online	NYS
AOR	Aurora Foods	NYS
AORGB	Allen Organ Cl'B'	NNM
AORI	Amer Oncology Res	NNM
AOS	Smith (A.O.)	NYS
AOV	Annova Business Grp	VS
AP	Allegro Property	VS
AP	Ampco-Pittsburgh	NYS
APA	APAC Telecommunications	VS
APA	Apache Corp	NYS
APAC	APAC TeleServices	NNM
APAGF	Apco Argentina	NSC
APAT	APA Optics	NSC
APB	Asia Pacific Fund	NYS
APC	Anadarko Petroleum	NYS
APCC	Amer Power Conversion	NNM
APCFY	Atlas Pacific ADR	NSC

Ticker	Issue	Exchange
APCO	Automobile Protection-APCO	NNM
APD	Air Products & Chem	NYS
APEX	Apex PC Solutions	NNM
APF	Morgan Stanley Asia-Pac Fund	NYS
APFC	Amer Pacific	NNM
APGC	Palmer(Arnold)Golf	BB
APGR	Arch Communications Group	NNM
APH	Amphenol Corp'A'	NYS
APHT	Aphton Corp	NNM
API	Advanced Photonix'A'	ASE
APII	Action Products Intl	NSC
APJ	Appalachian Pwr 8.25% Jr Debs	NYS
APJ	Auspex Mineals	VS
APLX	Applix Inc	NNM
APM	Applied Magnetics	NYS
APMC	Applied Microsystems	NNM
APN	Aquapenn Spring Water	NYS
APOG	Apogee Enterprises	NNM
APOL	Apollo Group'A'	NNM
APOS	Advanced Polymer Sys	NNM
APP	MorganStanDW 6%Appl Mat'PERQS'	ASE
APPB	Applebee's Intl	NNM
APPM	Amer Physician Partners	NNM
APQCF	Asia Pacific Resources Ltd	NSC
APR	Amer Precision Indus	NYS
APROZ	Amer First Aptmt Investors	NNM
APSG	Applied Signal Technology	NNM
APSIQ	APS Holding 'A'	BB
APSO	Apple South	NNM
APSOP	Apple SoFin$3.50'TECONS'	NNM
APT	Starwood Financial Tr'A'SBI	ASE
APTD	Alpha Pro Tech	BB
APTR	Appletree Art Publishers	BB
APTX	Apparel Technologies	BB
APU	AmeriGas Partners L.P.	NYS
APW	Applied Power Cl'A'	NYS
APWD	Applewoods Inc	NSC
APWR	AstroPower Inc	NNM
APX	Apex Muni Fund	NYS
APZ	Applied Indus Technologies	NYS
AQB	Aqua 1 Beverage	VS
AQCR	Aqua Care Systems	NSC
AQLA	Aquila Biopharmaceuticals	NNM
AQM	QMS Inc	NYS
AQP	Aquila Gas Pipeline	NYS
AQSE	Aquasearch Inc	BB
AQUX	Aquagenix Inc	BB
AR	ASARCO Inc	NYS
ARA	Aracruz CeluloseS.A.ADS	NYS
ARB	Amer Realty Tr SBI	NYS
ARB	Aranlee Resources	VS
ARC	Atlantic Richfield	NYS
ARC PrA	Atlantic Rich $3 Cv Pref	NYS
ARC PrC	Atlantic Rich,$2.80 Cv Pref	NYS
ARCAF	Arcadis N.V.	NNM
ARCI	Appliance Recycling Ctrs Amer	NSC
ARDM	Aradigm Corp	NNM
ARDNA	Arden Group Cl'A'	NNM
ARDT	ARDENT Software	NNM
ARE	Alexandria R.E. Equities	NYS

Ticker	Issue	Exchange
AREA	Area Bancshares	NNM
AREC	Americomm Resources	BB
ARG	Airgas Inc	NYS
ARGNA	Amerigon Inc'A'	NSC
ARGNW	Amerigon Inc Wrrt'A'	NSC
ARGX	Arguss Holdings	NSC
ARH	Asia Pac Resources Intl'A'	NYS
ARI	Arden Realty	NYS
ARIA	ARIAD Pharmaceuticals	NNM
ARIAW	Ariad Pharmaceuticals Wrrt	NNM
ARINA	Arista Investors Corp'A'	NSC
ARIS	ARI Network Services	NNM
ARK	Senior High Income Portfolio	NYS
ARKR	Ark Restaurants	NNM
ARLCF	Arel Comm & Software	NNM
ARLWF	Arel Comm & Software Wrrt'A'	NNM
ARM	ARM Financial Grp 'A'	NYS
ARM Pr	ARM Fin'l 9.50% Pfd	ASE
ARMF	Armanino Foods Distinction	NSC
ARMHY	ARM Holdings ADS	NNM
ARMXF	Aramex Intl	NNM
ARN PrA	Amer Re Capital 8.50% 'QUIPS'	NYS
ARNX	Aronex Pharmaceuticals	NNM
AROW	Arrow Financial	NNM
ARP PrQ	Arizona Pub SvAdj Rt Q Pfd	NYS
ARP PrW	Arizona Pub Svc $1.8125 Pfd	NYS
ARQL	ArQule Inc	NNM
ARRO	Arrow International	NNM
ARS	Amer Residential Services	NYS
ARSC	ARIS Corp	NNM
ARSCW	ARIS Corp Wrrt	NNM
ARSD	Arabian Shield Dev	NNM
ART	ACNielsen Corp	NYS
ARTC	ArthroCare Corp	NNM
ARTE	Artecon Inc	NNM
ARTI	Artisan Components	NNM
ARTL	Aristotle Corp	NSC
ARTNA	Artesian Resources 'A'	NNM
ARTS	Media Arts Group	NNM
ARTT	Advanced Radio Telecom	NNM
ARTW	Art's Way Mfg	NNM
ARV	Arvin Indus	NYS
ARVX	Aerovox Inc	NNM
ARW	Arrow Electronics	NYS
ARWM	Arrow-Magnolia Intl	NSC
ARX	Aeroflex Inc	NYS
ARXA	Arxa Intl Energy	BB
ARZ	Aurizon Mines	TS
AS	Armco Inc	NYS
AS Pr	Armco Inc,$2.10 Cv Pfd	NYS
AS PrA	Armco $4.50 Cv B Pfd	NYS
AS PrB	Armco $3.625 Cv A Pfd	NYS
ASA	ASA Ltd	NYS
ASAA	ASA Intl Ltd	NSC
ASAI	ASA Holdings	NNM
ASAM	ASAHI/America	NNM
ASB	Salomon SB Hldg Eq Nts 2005	ASE
ASBC	Associated Banc-Corp	NNM
ASBI	Ameriana Bancorp	NNM
ASBP	ASB Financial	NNM

Ticker	Issue	Exchange
ASC	Amer Stores	NYS
ASCA	Ameristar Casinos	NNM
ASCP	Assisted Care	BB
ASCT	Ascent Pediatrics	NNM
ASD	Amer Standard	NYS
ASDG	ASD Group	NSC
ASDV	Aspect Development	NNM
ASE	Amer Science & Engr	ASE
ASEC	Aseco Corp	NNM
ASF	Administaff Inc	NYS
ASFC	Astoria Financial	NNM
ASFI	Asta Funding	NSC
ASFN	Allstate Financial	NNM
ASFT	Artisoft Inc	NNM
ASG	Liberty ALL-STAR Growth Fd	NYS
ASGN	On Assignment	NNM
ASGR	Amer Service Group	NNM
ASH	Ashland Inc	NYS
ASHA	ASHA Corp	NSC
ASHE	Aasche Transportation Svcs	NNM
ASHW	Ashworth Inc	NNM
ASI	AccuStaff Inc	NYS
ASIC	Access Solutions Intl	BB
ASIGF	Ansaldo Signal NV	NNM
ASII	Airport Systems Intl	NNM
ASIL	Alcohol Sensors Intl	BB
ASIPY	Anangel-Amer Shiphldgs ADS	NNM
ASIS	ASI Solutions	NNM
ASL	Ashanti Goldfields Ltd GDS	NYS
ASM	Authentic Fitness	NYS
ASMIF	ASM Intl N.V.	NNM
ASMLF	ASM Lithography Hldg NV	NNM
ASN	Archstone Communities Tr	NYS
ASN PrA	Archstone Communities Cv'A'Pfd	NYS
ASN PrB	Archstone Communities Sr'B'Pfd	NYS
ASN PrC	Archstone Comm'ties8.625%'C'Pf	NYS
ASND	Ascend Communications	NNM
ASNI	Atlantic Syndication	BB
ASNT	Asante Technologies	NNM
ASO	AmSouth Bancorp	NYS
ASP	Amer Strategic Inc Portfolio	NYS
ASPC	Aspec Technology	NNM
ASPN	Aspen Exploration	BB
ASPT	Aspect Telecommunications	NNM
ASPX	Auspex Systems	NNM
ASTE	Astec Industries	NNM
ASTI	Allergan Specialty Therapeutic	NNM
ASTM	Aastrom Biosciences	NNM
ASTN	Ashton Tech Group	NSC
ASTNW	Ashton Tech Group'Wrrt'	NSC
ASTSF	ASE Test Ltd	NNM
ASTX	Applied Science & Tech	NNM
ASV	Ag Services of America	NYS
ASVI	A S V Inc	NNM
ASW	Anglo Swiss Resources	MS
ASW	Audits & Surveys Worldwide	ASE
ASYCF	Architel Systems	NNM
ASYM	Asymetrix Learning Sys	NNM
ASYS	Amtech Systems	NSC
ASYSW	Amtech Sys Wrrt	NSC

Ticker	Issue	Exchange
ASYT	Asyst Technologies	NNM
AT	ALLTEL Corp	NYS
AT Pr	ALLTEL Corp $2.06 Cv Pfd	NYS
ATA	Artra Group	NYS
ATA	ATS Automation Tooling Sys	TS
ATAC	Aftermarket Technology	NNM
ATC	AmTec Inc	ASE
ATCH	Arthur Treacher's	NSC
ATCI	Autonomous Tech	NNM
ATCO	Amer Technology	BB
ATE Pr	Atlantic Cap I 8.25% 'QUIPS'	NYS
ATEA	Astea Intl	NNM
ATEC	ATEC Group	NSC
ATECW	ATEC Group Wrrt	NSC
ATEG	Amer Technologies	BB
ATEL	Amer Telecasting	NSC
ATEN	@ Entertainment Inc	NNM
ATF	Equity Income Fund	ASE
ATG	AGL Resources	NYS
ATGC	ATG Inc	NNM
ATGI	Alpha Technologies Grp	NNM
ATHM	At Home Corp'A'	NNM
ATI	AirTouch Communications	NYS
ATI	Altai Resources	TS
ATI PrB	AirTouch Commun 6.00% Cv Pfd	NYS
ATI PrC	AirTouch Commun 4.25% Cv Pfd	NYS
ATIS	Advanced Tissue Sciences	NNM
ATJ	AT Plastics	ASE
ATK	Alliant Techsystems	NYS
ATL	Atalanta/Sosnoff Capital	NYS
ATLB	Atlantic Bank & Trust	NNM
ATLC	Atlantic Pharmaceuticals	NSC
ATLCU	Atlantic Pharma'l Units 2000	NSC
ATLCW	Atlantic Pharm'l Wrrt 2000	NSC
ATLI	ATL Ultrasound	NNM
ATLPA	ATL Products	NNM
ATLRS	Atlantic Realty Trust	NSC
ATM	Amtelecom Group	TS
ATMI	ATMI Inc	NNM
ATML	Atmel Corp	NNM
ATMS	Tidel Technologies	NSC
ATMT	Auto Metreks	BB
ATN	Atna Resources	TS
ATO	Atmos Energy Corp	NYS
ATPC	Athey Products	NNM
ATPX	Advanced Technical Products	NNM
ATR	AptarGroup Inc	NYS
ATRC	Atria Communities	NNM
ATRI	Atrion Corp	NNM
ATRM	Aetrium Inc	NNM
ATRO	Astronics Corp	NNM
ATRX	Atrix Laboratories	NNM
ATS	APT Satellite Hldg Ltd ADS	NYS
ATSB	AmTrust Capital	BB
ATSI	ATS Medical	NNM
ATSM	ATS Money Systems	BB
ATSN	Artesyn Technologies	NNM
ATV	ARC Intl	ASE
ATVI	Activision Inc	NNM
ATW	Atwood Oceanics	NYS

Ticker	Issue	Exchange
ATX.A	Cross (A.T.) Cl'A'	ASE
ATXI	Atrix International	NSC
ATY	ATI Technologies	TS
ATY	Grupo Casa Autrey ADS	NYS
AU	Anglogold Ltd ADS	NYS
AU	Ariel Resources	TS
AU PrB	Amax Gold $3.75 Sr'B'Cv Pfd	NYS
AUBN	Auburn Natl Bancorp	NSC
AUD	Automatic Data Proc	NYS
AUGI	Amer United Global	BB
AUGR	Auto-Graphics Inc	BB
AULT	Ault Inc	NNM
AURA	Aura Systems Inc	NNM
AVAN	Avant Immunotherapeutics	NNM
AVB	Avalon Bay Communities	NYS
AVB PrC	Avalon Bay 8.50%Sr'C'cm Pfd	NYS
AVB PrD	Avalon Bay 8.00% Sr'D'cm Pfd	NYS
AVB PrF	Avalon Bay 9% Sr'F'Pfd	NYS
AVB PrG	Avalon Bay 8.96% Sr'G'Pfd	NYS
AVC	Advocat Inc	NYS
AVCC	Acorn Holding	NSC
AVCO	AVTEL Communications	NSC
AVD	Amer Vanguard	ASE
AVDL	Avondale Industries	NNM
AVEC	Avecor Cardiovascular	NNM
AVEI	Arterial Vascular Engineering	NNM
AVGE	Aviation General	NSC
AVGN	Avigen Inc	NNM
AVGP	Aviation Group	NSC
AVGPW	Aviation Group Wrrt	NSC
AVI	Avis Rent A Car	NYS
AVID	Avid Technology	NNM
AVII	AntiVirals Inc	NNM
AVIIW	AntiVirals Inc Wrrt	NNM
AVIR	Aviron	NNM
AVIT	Avitar Inc	BB
AVL	Avalon Ventures	VS
AVL	Aviall Inc	NYS
AVM	Advanced Magnetics	ASE
AVN	Adventure Electronics	TS
AVND	Avondale Financial	NNM
AVNT	Avant Corp	NNM
AVP	Avon Products	NYS
AVRI	Applied Voice Recognition	BB
AVRT	Avert Inc	NNM
AVS	Aviation Sales	NYS
AVT	Avnet, Inc	NYS
AVTC	AVT Corp	NNM
AVTM	AVTEAM Inc 'A'	NNM
AVTR	Avatar Hldgs	NNM
AVV	Aviva Petroleum Dep	ASE
AVX	AVX Corp	NYS
AVXT	AVAX Technologies	NSC
AVY	Avery Dennison Corp	NYS
AVZ	AMVESCAP PLCADS	NYS
AWA	America West Holdings'B'	NYS
AWA.WS	America West Airlines Wrrt	NYS
AWC	Asia Pacific Wire & Cable	NYS
AWF	Alliance World Dollar Gvt Fd I	NYS
AWG	Alliance World Dollar Gvt Fd	NYS

Ticker	Issue	Exchange
AWIN	Allied Waste Ind	NNM
AWK	Amer Water Works	NYS
AWK PrA	Amer Water Wks 5%Pref	NYS
AWK PrB	Amer Water Wks,5% Pfd	NYS
AWR	Amer States Water	NYS
AWRD	Award Software Intl	NNM
AWRE	Aware Inc	NNM
AWS	Alba-Waldensian	ASE
AWT	Air & Water Tech'A'	ASE
AWT.WS	Air & Water Tech Wrrt	ASE
AWTE	Allwest Systems Intl	BB
AWX	Avalon Holdings'A'	ASE
AXA	Alexa Ventures Inc	TS
AXA	AXA-UAPADS	NYS
AXAS	Abraxas Petroleum	NNM
AXB	Allelix Biopharmaceutical	TS
AXC	Alpine Exploration	VS
AXC	Ampex Corp'A'	ASE
AXE	Anixter Intl	NYS
AXG.U	Axogen Ltd Units	ASE
AXHM	Axiohm Transaction Sol'ns	NNM
AXIM	Axiom Inc	NNM
AXL	Anderson Exploration	TS
AXLE	T.J.T. Inc	NSC
AXLEW	T.J.T. Inc Wrrt	NSC
AXM	Apex Mortgage Capital	NYS
AXN	Axion Communications	VS
AXNT	AXENT Technologies	NNM
AXP	Amer Express	NYS
AXP	Axcan Pharma	TS
AXP PrA	Amer Express Cap Tr 7.00%'QUIP	NYS
AXPH	AxyS Pharmaceuticals	NNM
AXR	AMREP Corp	NYS
AXSI	AXCESS Inc	NSC
AXT	Amer Muni Term Trust	NYS
AXTI	Amer Xtal Technology	NNM
AXXS	Axxess Inc	BB
AXYS	Axsys Technologies	NNM
AYD	Aydin Corp	NYS
AYE	Allegheny Energy	NYS
AZA	ALZA Corp	NYS
AZC	Azco Mining	ASE
AZD	Arizona Pub Svc 10%'MIDS'	NYS
AZIC	Arizona Instrument	NSC
AZL	Arizona Land Income'A'	ASE
AZNT	Amazon Natural Treasures	BB
AZO	AutoZone Inc	NYS
AZPN	Aspen Technology	NNM
AZR	Aztar Corp	NYS
AZTC	Aztec Technology Partners	NNM
AZTKF	Aztek Technologies	BB
AZUR	Azurel Ltd	NSC
AZURW	Azurel Ltd Wrrt	NSC
AZZ	Aztec Mfg Co	NYS
B	Barnes Group	NYS
BA	Boeing Co	NYS
BAANF	Baan Co NV	NNM
BAAT	B.A.T. Intl	BB
BAB	British Airways ADS	NYS
BAC	BankAmerica Corp	NYS

Ticker	Issue	Exchange
BAC PrY	BankAmer Cap IV 7%'TOPrS'	NYS
BAC PrZ	BankAmer Cap I 7.75%'TOPrS'	NYS
BAE	Buenos Aires Embotell'aADS	NYS
BAGL	BAB Holdings	NSC
BAL	Balanced Care	ASE
BAMM	Books-A-Million	NNM
BANC	BankAtlantic Bancorp'B'	NNM
BANCP	BBC Cap Tr I cm Tr Pfd	NNM
BANF	BancFirst Corp	NNM
BAP	Credicorp Ltd	NYS
BAR	Banner Aerospace	NYS
BARI	Bank Rhode Island	NNM
BARR	Barringer Tech	NNM
BARRW	Barringer Technologies'Wrrt'	NNM
BARZ	BARRA Inc	NNM
BAS	Bass ADS	NYS
BASEA	Base Ten Sys Cl'A'	NNM
BASI	Bioanalytical Systems	NNM
BAT	BlackRock Advantage Term	NYS
BATS	Batteries Batteries	NNM
BATSW	Batteries Batteries Wrrt	NNM
BAU	Bacou USA	NYS
BAX	Baxter International	NYS
BAY	Bay Networks	NYS
BAYB	Bay Bancshares	NNM
BB	Banco BHIF ADS	NYS
BBA	Bombay Company	NYS
BBAR	Balance Bar	NNM
BBBY	Bed Bath & Beyond	NNM
BBC	Bergen Brunswig 'A'	NYS
BBD.A	Bombardier Inc Cl'A'	TS
BBD.B	Bombardier Inc Cl'B'	TS
BBDC	Brantley Capital	NNM
BBG	Bull & Bear U.S. Gvt Sec Fd	ASE
BBHF	Barbers,Hairstyling Men&Women	NNM
BBII	Boston Biomedica	NNM
BBIOY	British Biotech plc ADS	NNM
BBK	BB&T Corp	NYS
BBM	Bull & Bear Muni Income Fd	ASE
BBOX	Black Box Corp	NNM
BBQZY	Barbeques Galore ADS	NNM
BBR	Butler Mfg	NYS
BBRC	Burr-Brown Corp	NNM
BBSI	Barrett Business Svcs	NNM
BBT	BlackRock 1998 Term Tr	NYS
BBTK	BroadBand Technologies	NNM
BBUC	Big Buck Brewery&Steakhse	NSC
BBUCU	Big Buck Brewery&Steakhse Unit	NSC
BBUCW	Big Buck Brew&Steakhse Wrrt'A'	NSC
BBV	Banco Bilbao Vizcaya ADS	NYS
BBX	BankAtlantic Bancorp 'A'	NYS
BBY	Best Buy	NYS
BBZ	Bull & Bear Global Income Fd	ASE
BC	Brunswick Corp	NYS
BCAM	BCAM International	NSC
BCAML	BCAM Intl Wrrt'B'	NSC
BCAMZ	BCAM Intl Wrrt'E'	NSC
BCB Pr	Barclays Bk E1/E2 UnitADS	NYS
BCB PrC	Barclays Bk Cl/C2Unit ADS	NYS
BCB PrD	Barclays Bk D1/D2Unit ADS	NYS

Ticker	Issue	Exchange
BCC	Boise Cascade	NYS
BCE	BCE Inc	NYS
BCF	Burlington Coat Factory	NYS
BCG	BC Gas	TS
BCGI	Boston Communications Grp	NNM
BCH	Banco Cent Hispanoamer ADS	NYS
BCHE	BioChem Pharma	NNM
BCICF	Bell Canada Intl	NNM
BCII	Bone Care Intl	NNM
BCIS	Bancinsurance Corp	NNM
BCL	BLC Financial Svcs	ASE
BCM	Canadian Imperial Bk Commerce	NYS
BCMD	Brush Creek Mining/Dvlp	NSC
BCOM	Bank of Commerce	NNM
BCORY	Biacore Intl ADS	NNM
BCP	Balchem Corp	ASE
BCPO	BancPro Inc	BB
BCR	Bard (C.R.)	NYS
BCRX	BioCryst Pharm'l	NNM
BCS	Barclays plc ADS	NYS
BCSB	BCSB Bankcorp	NNM
BCST	broadcast.com	NNM
BCT	BC TELECOM	TS
BCT	BlackRock Broad Inv Gr 2009	ASE
BCTI	BCT International	NNM
BCU	Borden Chem/Plastics L.P.	NYS
BCV	Bancroft Convertible Fd	ASE
BCX	BCE Mobile Communic	NYS
BD	Budget Group'A'	NYS
BDC	Ballad Enterprises	VS
BDCO	Blue Dolphin Energy	NSC
BDE	Brilliant Digital Entertain't	ASE
BDF	1838 Bond-Deb Trad'g	NYS
BDG	Bandag, Inc	NYS
BDG A	Bandag Inc 'A'	NYS
BDI	Bayard Drilling Technologies	ASE
BDJ	Mor StaDW DJ 2004'BRIDGES'	NYS
BDJI	First Fed Bancorp(MN)	NSC
BDK	Black & Decker Corp	NYS
BDL	Flanigan's Enterprises	ASE
BDLS	Boundless Corp	NSC
BDMS	Birner Dental Mgmt Svcs	NNM
BDN	Brandywine Rlty Trust SBI	NYS
BDOG	Big Dog Holdings	NNM
BDR	Blonder Tongue Labs	ASE
BDRY	Caring Products Intl	NSC
BDRYW	Caring Products Intl Wrrt	NSC
BDT	Breed Technologies	NYS
BDW	Broadwater Developments	VS
BDX	Becton, Dickinson	NYS
BDY	Bindley Western Indus	NYS
BE	Benguet Corp Cl'B'	NYS
BEAM	Summit Technology	NNM
BEAN	Brothers Gourmet Coffees	NNM
BEAR	Vermont Teddy Bear	NSC
BEAS	BEA Systems	NNM
BEAV	BE Aerospace	NNM
BEBE	bebe Stores	NNM
BEC	Beckman Coulter	NYS
BED	Bedford Prop Investors	NYS

Ticker	Issue	Exchange
BEDS	Bridgestreet Accommodations	NNM
BEEF	Western Beef Inc	NNM
BEERF	Big Rock Brewery	NNM
BEI	Berg Electronics	NYS
BEIQ	BEI Technologies	NNM
BEL	Bell Atlantic Corp	NYS
BELFA	Bel Fuse Inc'A'	NNM
BELFB	Bel Fuse Inc'B'	NNM
BELM	Bell Microproducts	NNM
BELW	Bellwether Exploration	NNM
BEM	Bergstrom Capital	ASE
BEN	Franklin Resources	NYS
BERW	Beringer Wine Estates 'B'	NNM
BESIF	BE Semiconductor Indus	NNM
BEST	Best Software	NNM
BET	Bethlehem Corp	ASE
BETM	Amer Wagering	NNM
BEV	Beverly Enterprises	NYS
BEXP	Brigham Exploration	NNM
BEYE	Bolle Inc	NNM
BEZ	Baldor Electric	NYS
BF Pr	Brown-Forman Inc 4% Pfd	NYS
BF.A	Brown-Forman'A'	NYS
BF.B	Brown-Forman Cl'B'	NYS
BFAM	Bright Horizons Family Sol	NNM
BFC	BlackRock CA Ins Muni 2008 Tr	NYS
BFCI	Braun's Fashions	NNM
BFD	BostonFed Bancorp	ASE
BFEN	BF Enterprises	NNM
BFFC	Big Foot Fin'l	NNM
BFI	Browning-Ferris Indus	NYS
BFO	Bestfoods	NYS
BFOH	BancFirst Ohio Corp	NNM
BFR	Banco Frances del Rio ADS	NYS
BFS	Saul Centers	NYS
BFSB	Bedford Bancshares	NNM
BFSC	Bingham Financial Svcs	NSC
BFT	Bally Total Fitness Holding	NYS
BFX	BFX Hospitality Group	ASE
BG	Brandon gold	VS
BG	Brown Group	NYS
BGA	Banco Ganadero ADS	NYS
BGA Pr	Banco Ganadero 'C'Pref ADS	NYS
BGALY	Banc Galicia-Buenos AiresADR	NNM
BGAS	Berkshire Gas	NNM
BGC	Bay State Gas	NYS
BGE	Baltimore Gas & El	NYS
BGE PrA	BGE Cap Tr 7.16%'TOPrS'	NYS
BGEN	Biogen Inc	NNM
BGF	Big Flower Holdings	NYS
BGG	Briggs & Stratton	NYS
BGI.EC	Besicorp Group	ECM
BGL	Brooke Group Ltd	NYS
BGLSQ	Manhattan Bagel	NSC
BGMR	Bigmar Inc	NSC
BGO	Bema Gold	ASE
BGP	Borders Group	NYS
BGP	Britannia Gold	VS
BGR	Bangor Hydro Electric	NYS
BGRH	Berger Holdings Ltd	NSC

Ticker	Issue	Exchange
BGS	Morgan StanDW 2003'BRIDGES'	NYS
BGT	BlackRock Strategic Term	NYS
BH	Bristol Hotel & Resorts	NYS
BHA	Biscayne Apparel	ASE
BHAG	BHA Group	NNM
BHAL	Bernard Haldane Assoc	BB
BHB	Bar Harbor Bankshares	ASE
BHC	BHC Communications'A'	ASE
BHE	Benchmark Electronics	NYS
BHI	Baker Hughes Inc	NYS
BHIKF	BHI Corp	NNM
BHO	B&H Ocean Carriers	ASE
BHP	Broken Hill Prop ADR	NYS
BHQU	Brake Headquarters USA	NSC
BHQUW	Brake Headquarters U.S.A. Wrrt	NSC
BHW	Bell & Howell	NYS
BHWK	Black Hawk Gaming & Dvlp	NNM
BHWKW	Black Hawk Gaming Wrrt 'A'	NNM
BI	Bell Industries	NYS
BIAC	BI Inc	NNM
BIB	Bibb Co	ASE
BICO	Biocontrol Technology	NSC
BICR	BioCoral Inc	BB
BID	Sotheby's Hldgs Cl'A'	NYS
BIGC	Big City Bagels	NSC
BIGCW	Big City Bagels Wrrt	NSC
BIGE	Big Entertainment'A'	NSC
BIGF	Fine Air Svcs	NNM
BIGX	Excelsior-Henderson Motorcycle	NNM
BIKE	Cannondale Corp	NNM
BIKR	Bikers Dream	NSC
BILL	Billing Concepts	NNM
BIME	Biomune Systems	NSC
BIN	Binks Sames	ASE
BINC	Biospherics	NNM
BING	Bingo & Gaming Intl	BB
BINX	Bionx Implants	NNM
BIO.A	Bio-Rad Labs Cl'A'	ASE
BIO.B	Bio-Rad Labs Cl'B'	ASE
BIOC	Biocircuits Corp	BB
BIOI	BioSource Intl	NNM
BIOMF	Biomira Inc	NNM
BIORY	Biora AB ADR	NNM
BIPL	Biopool Intl	NSC
BIPN	Bio-Preserve Intl	BB
BIR	Birmingham Steel	NYS
BIRM	Birmingham Utils	NNM
BIS	Barrister Info Sys	ASE
BISA	Baltic Intl USA	NSC
BISAW	Baltic Intl USA Wrrt	NSC
BISN	Biosonics Inc	BB
BITI	Bio Imaging Tech	NSC
BITS	Bitstream Inc	NNM
BJ	BJ's Wholesale Club	NYS
BJCT	Bioject Medl Technologies	NNM
BJICA	Ben & Jerry's Cl'A'	NNM
BJS	BJ Services	NYS
BJS.WS	BJ Services Wrrt	NYS
BK	Bank of New York	NYS
BK PrC	BNY CapII Sr'C'7.80% Pfd	NYS

Ticker	Issue	Exchange
BK PrD	BNY Cap III 7.05%Sr'D'Pfd	NYS
BKB	BankBoston Corp	NYS
BKBK	Britton & Koontz Capital	NSC
BKC	Amer Bank, Conn	ASE
BKCT	Bancorp Connecticut	NNM
BKE	Buckle Inc	NYS
BKF	Baker,Fentress & Co	NYS
BKFR	BankFirst Corp	NNM
BKH	Black Hills Corp	NYS
BKI	Buckeye Technologies	NYS
BKLA	Bank of Los Angeles	NNM
BKLY	Berkley (W.R.)	NNM
BKLYZ	Berkley(W.R.)7.375% Dep'A'Pfd	NNM
BKN	BlackRock Inv Qual Muni Tr	NYS
BKNG	Banknorth Group	NNM
BKR	Baker (Michael)	ASE
BKR.	Berkshire Intl Mining	VS
BKS	Barnes & Noble	NYS
BKSC	Bank South Carolina	NSC
BKST	Brookstone Inc	NNM
BKT	BlackRock Income Trust	NYS
BKU PrA	Bank United Pfd(26.25)	NYS
BKU PrB	Bank United 9.60% 'B' Pfd	NYS
BKUNA	BankUnited Financial'A'	NNM
BKUNZ	BankUnited Cap II 9.60% TrPfd	NNM
BL	Blair Corp	ASE
BLC	Belo (A.H.)Cl'A'	NYS
BLCA	Borel Bank & Trust	NNM
BLCI	Brookdale Living Cmtys	NNM
BLD	Baldwin Technology'A'	ASE
BLDPF	Ballard Power Systems	NNM
BLK	BlackRock 2001 Term Trust	NYS
BLL	Ball Corp	NYS
BLM	Blimpie Int'l	ASE
BLMT	Belmont Bancorp	NSC
BLN	BlackRock NY Ins Muni 2008 Tr	NYS
BLOCA	Block Drug'A'non-vtg	NNM
BLPG	Boron LePore & Assoc	NNM
BLRK	Black Rock Golf	BB
BLS	BellSouth Corp	NYS
BLSC	Bio-Logic Systems	NNM
BLSI	Boston Life Sciences	NSC
BLT.A	Blount Intl Cl'A'	NYS
BLT.B	Blount Intl Cv'B'	NYS
BLTD	Beverly Hills Limited	BB
BLTI	BIOLASE Technology	NSC
BLU	Blue Chip Value Fund	NYS
BLUD	Immucor Inc	NNM
BLUE	Frederick Brewing	NSC
BLWT	Blowout Entertainment	NSC
BLX	Banco Latinoamer de Export'E'	NYS
BMA	BMA Mining	VS
BMAN	Birman Managed Care	NNM
BMC	BMC Industries	NYS
BMCC	Bando McGlocklin Capital	NNM
BMCCP	Bando McGlocklin Adj Rt'A'Pfd	NNM
BMCS	BMC Software	NNM
BMED	BEI Medical Systems	NNM
BMET	Biomet, Inc	NNM
BMG	Battle Mtn Gold	NYS

Ticker	Issue	Exchange
BMG Pr	Battle Mtn Gold $3.25 Cv Pfd	NYS
BMHC	Building Materials Hldg	NNM
BMI	Badger Meter	ASE
BMLS	Burke Mills	NSC
BMN	BlackRock Muni Target Term	NYS
BMO	Bank ofMontreal	NYS
BMP	Ballard Medical Prod	NYS
BMRA	Biomerica Inc	NSC
BMS	Bemis Co	NYS
BMT	BlackRock Ins Muni Term	NYS
BMTC	Bryn Mawr Bank	NNM
BMTR	Bonded Motors	NNM
BMV	BMD Enterprises	VS
BMY	Bristol-Myers Squibb	NYS
BMY Pr	Bris-Myr Squibb,$2 Cv Pfd	NYS
BNA	BlackRock No Amer Gvt Inc	NYS
BNBC	Broad Natl Bancorp	NNM
BNBGA	Bull & Bear Group 'A'	NSC
BNC	BFC Construction	ASE
BNC	Bioniche Inc	TS
BNCC	BNCCORP Inc	NNM
BNCM	BNC Mortgage	NNM
BNDCY	Bandai Co ADS	BB
BNE	Bowne & Co	ASE
BNEK	Back & Neck Mgmt	BB
BNG	Benetton Group ADS	NYS
BNGO	Amer Bingo & Gaming	NSC
BNHN	Benihana Inc	NNM
BNHNA	Benihana Inc'A'	NNM
BNI	Burlington Northn Santa Fe	NYS
BNK	CNB Bancshares	NYS
BNK PrA	CNB Cap Tr 6.00% Tr'SPuRS'	NYS
BNKU	Bank United 'A'	NNM
BNN	BlackRock 1999 Term Tr	NYS
BNO	Benton Oil & Gas	NYS
BNP	Boddie-Noell Properties	ASE
BNRX	Bionutrics Inc	NSC
BNS	Bank of Nova Scotia	TS
BNS	Brown & Sharpe Mfg'A'	NYS
BNSC	Bank of Santa Clara	NNM
BNSOF	Bonso Electronics Intl	NNM
BNSWF	Bonso Electrs Intl Wrrt	NNM
BNT	Bentley Pharmaceuticals	ASE
BNT	Brandselite Intl	TS
BNT.WS.A	Bentley Pharma Cl'A' Wrrt	ASE
BNTA	Banta Corp	NNM
BNTI	Braintech Inc	BB
BNTNW	Benton Oil & Gas Wrrt	NSC
BNTT	Barnett Inc	NNM
BNV	Benckiser N.V.'B'	NYS
BNYN	Banyan Systems	NNM
BOA	Bush Boake Allen	NYS
BOB	Merrill Lyn 7.875%'STRYPES'	NYS
BOBE	Bob Evans Farms	NNM
BOBJY	Business Objects ADS	NNM
BOBS	Brazil Fast Food	NSC
BOBSW	Brazil Fast Food Wrrt'A'	NSC
BOBSZ	Brazil Fast Food Wrrt'B'	NSC
BOC	Beard Co	ASE
BOCB	Buffets Inc	NNM

Ticker	Issue	Exchange
BOCI	Boca Research	NNM
BOG	Belco Oil & Gas	NYS
BOG Pr	Belco Oil & Gas 6.50% Cv Pfd	NYS
BOGN	Bogen Communic Intl	NNM
BOGNW	Bogen Communic Intl Wrrt	NNM
BOH	Pacific Century Finl	NYS
BOKF	BOK Financial	NNM
BOL	Bausch & Lomb	NYS
BOLD	Bolder Tech	NNM
BOM	Bowmar Instrument	ASE
BOM Pr	Bowmar Instr $3.00 Cv Pfd	ASE
BONL	Bonal Intl	BB
BONS	BMJ Medical Mgmt	NNM
BONT	Bon-Ton Stores	NNM
BONZ	Interpore Intl	NNM
BOOL	Boole & Babbage	NNM
BOOM	Dynamic Materials	NNM
BOOT	LaCrosse Footwear	NNM
BOP	Boise Cascade Office Products	NYS
BOR	Borg-Warner Security	NYS
BORAY	Boral Ltd ADS	NNM
BOS	Airboss Of America(New)	TS
BOS	Boston Celtics L.P.(New)	NYS
BOSA	Boston Acoustics	NNM
BOSCF	B.O.S. Better Online Solutions	NSC
BOST	Boston Chicken	NNM
BOSWF	B.O.S. Better Online Sol Wrrt	NSC
BOTX	Bontex Inc	NSC
BOW	Bowater, Inc	NYS
BOW PrC	Bowater Inc'C'8.40% Dep Pfd	NYS
BOWE	Bowles Fluidics	BB
BOX	BOC Group ADS	NYS
BOY	Boykin Lodging	NYS
BOYD	Boyd Bros.Transport'n	NNM
BOYL	BYL Bancorp	NNM
BP	British Petrol ADS	NYS
BPAO	Baldwin Piano & Organ	NNM
BPC	Banco Coml Portugues ADS	NYS
BPC PrA	BCP Intl 8% Exch Pref	NYS
BPF	BPI Financial	TS
BPFH	Boston Private Finl Hldgs	NSC
BPI	BA Merchant Services'A'	NYS
BPL	Buckeye Ptnrs L.P.	NYS
BPLS	Bank Plus Corp	NNM
BPLX	Bio-Plexus Inc	NSC
BPMI	Badger Paper Mills	NNM
BPOP	Popular Inc	NNM
BPOPP	Popular 8.35% Mthly Inc Pfd	NNM
BPP	Burnham Pacific Prop	NYS
BPR	BPI Industries	VS
BPRX	Bradley Pharmaceuticals'A'	NNM
BPT	BP Prudhoe Bay Royalty	NYS
BPT.A	BGR Precious Metals 'A'	TS
BPTM	Bridgeport Machines	NNM
BQT	BlackRock Inv Qual Term Tr	NYS
BR	Burlington Resources	NYS
BRAI	Boston Restaurant Assoc	NSC
BRAIW	Boston Restaurant Assoc Wrrt	NSC
BRBI	Blue River Bancshares	NSC
BRBK	Brenton Banks	NNM

Ticker	Issue	Exchange
BRCM	Broadcom Corp 'A'	NNM
BRCOA	Brady Corporation 'A'	NNM
BRCP	BRC Holdings	NNM
BRD	Ragan (Brad)	ASE
BRE	BRE Properties Cl'A'	NYS
BREL	BioReliance Corp	NNM
BREW	Rock Bottom Restaurants	NNM
BREY	Blue Ridge Energy	BB
BRF	BlackRock Fl Ins Muni 2008 Tr	NYS
BRG	BG plc ADS	NYS
BRGP	Business Resource Group	NNM
BRH	Comp Cervejaria Brahma Pfd ADS	NYS
BRH.C	Comp Cervejaria Brahma Com ADS	NYS
BRI	Berkshire Realty	NYS
BRI.WS	Berkshire Realty Wrrt	NYS
BRID	Bridgford Foods	NNM
BRIOF	Brio Industries	NSC
BRK	Bracknell Corp	TS
BRK.A	Berkshire Hathaway'A'	NYS
BRK.B	Berkshire Hathaway'B'	NYS
BRKL	Brookline Bancorp	NNM
BRKS	Brooks Automation	NNM
BRKT	Brooktrout Technology	NNM
BRL	Barr Laboratories	NYS
BRLI	Bio-Reference Labs	NSC
BRLIW	Bio-Reference Labs Wrrt'A'	NSC
BRLIZ	Bio-Reference Labs Wrrt'B'	NSC
BRLSC	Borealis Technology	NSC
BRM	BlackRock Ins Muni 2008 Tr	NYS
BRN	Barnwell Indus	ASE
BROD	Broderbund Software	NNM
BRR	Barrett Resources	NYS
BRR	Bruncor Inc	TS
BRS	Banco Rio De La Plata ADS	NYS
BRT	BRT Realty Trust SBI	NYS
BRTL	Bristol Retail Solutions	NSC
BRTLW	Bristol Retail Solutions Wrrt	NSC
BRU	Burlington Res CoalSeaGasRty	NYS
BRX	Mor StaDW DJ Euro 2004'BRIDGES	NYS
BRY	Berry Petroleum'A'	NYS
BRYO	Brio Technology	NNM
BRZS	Brazos Sportswear	NNM
BS	Bethlehem Steel	NYS
BS Pr	Bethlehem Steel $5 cm Cv Pfd	NYS
BS PrB	Bethlehem Steel$2.50cmCv Pfd	NYS
BSB	Banco Santander-Chile ADS	NYS
BSBN	BSB Bancorp	NNM
BSC	Bear Stearns Cos	NYS
BSC PrA	Bear Stearns Adj Rt A Pfd	NYS
BSC PrE	Bear Stearns 6.15% Dep Pfd	NYS
BSC PrF	Bear Stearns 5.72% Dep Pfd	NYS
BSC PrG	Bear Stearns 5.49% Sr'G'Dep	NYS
BSC PrZ	Bear Stearns Fin LLC'EPICS'	NYS
BSE	BEC Energy	NYS
BSEP	BioSepra Inc	NNM
BSET	Bassett Furniture	NNM
BSF PrA	Santander Fin Pref'A'(25.92)	NYS
BSF PrB	Santander Fin Pref'B'	NYS
BSF PrC	Santander Fin Pref'C'	NYS
BSF PrD	Santander Fin Pref'D'	NYS

Ticker	Issue	Exchange
BSF PrE	Santander Fin Pref'E'	NYS
BSF PrF	Santander Fin Pref'F'	NYS
BSF PrG	Santander Fin Pref'G'	NYS
BSF PrH	Santander Fin Pref'H'	NYS
BSF PrJ	Santander Fin Pref 'J'	NYS
BSH	Bush Indus Cl'A'	NYS
BSI	Blue Square-Israel ADS	NYS
BSIS	Broadway & Seymour Inc	NNM
BSMT	Filene's Basement	NNM
BSNX	Basin Exploration	NNM
BSP	Amer Strategic Inc Portfolio I	NYS
BSRTS	Banyan Strategic Realty Tr	NNM
BSRVD	BrewServ Corp(New)	BB
BST	British Steel ADS	NYS
BSTC	BioSpecifics Technologies	NNM
BSTE	Biosite Diagnostic	NNM
BSTW	Bestway Inc	NSC
BSX	Boston Scientific	NYS
BSXT	Bank of Essex	NSC
BSY	British Sky Bdcstg Gp ADS	NYS
BSYS	BISYS Group	NNM
BT	Bankers Trust	NYS
BT PrA	BT Preferred Cp Tr I 8.125%Pfd	NYS
BT PrQ	Bankers Tr Adj Dep'Q'Pfd	NYS
BT PrR	Bankers Tr Adj Dep'R'Pfd	NYS
BT PrS	Bankers Tr 7.75% Dep'S'Pfd	NYS
BTA PrA	Totta & Acores Fin 8.875% Pref	NYS
BTBTY	BT Shipping Ltd ADR	NNM
BTC	BancTec,Inc	NYS
BTE.A	Baytex Energy 'A'	TS
BTE.B	Baytex Energy 'B'	TS
BTEK	Baltek Corp	NNM
BTF	BT Office Prod Intl	NYS
BTFC	BT Financial	NNM
BTGC	Bio-Technology Genl	NNM
BTGCL	Bio Technology Gen Wrrt'A'	NNM
BTGI	BTG Inc	NNM
BTH	Blyth Industries	NYS
BTHI	Butte Highlands Mining	BB
BTHS	Benthos Inc	NSC
BTI	B.A.T.Indus Ord ADR	ASE
BTIC	Brunswick Technologies	NNM
BTIM	BioTime Inc	NNM
BTIOF	Battery Technologies	BB
BTJ	Bolt Technology	ASE
BTL	BetzDearborn	NYS
BTN	Ballantyne of Omaha	NYS
BTO	John Hancock Bk/Thrift Opp	NYS
BTR	Bradley Real Estate	NYS
BTR PrA	Bradley R.E. 8.40% Cv Pfd 'A'	NYS
BTRN	Bio Transplant Inc	NNM
BTRY	Buttrey Food & Drug Stores	NNM
BTSR	Brightstar Info Technology Grp	NNM
BTT	BlackRock Target Term	NYS
BTUI	BTU International	NNM
BTWS	Bitwise Designs	NSC
BTY	British Telecommn ADR	NYS
BTZ	Berlitz International	NYS
BUCK	Buckhead America	NNM
BUD	Anheuser-Busch Cos	NYS

Ticker	Issue	Exchange
BUDS	Sun Cut Floral Network	BB
BUF	Buffalo Mines	VS
BUF PrC	BankUnited Cap III 9.00%Tr Pfd	NYS
BUII	BusinessNet Intl	BB
BUKS	Butler Natl	NSC
BULH	Bullhide Liner	BB
BULL	Bull Run	NNM
BUNZ	Schlotzsky's Inc	NNM
BUR	Burlington Industries	NYS
BURCA	Burnham Corp 'A'	BB
BURMY	Burmah Castrol plc ADR	NSC
BUS	Greyhound Lines	ASE
BUTI	BeautiControl Cosmetics	NNM
BUTL	Butler International	NNM
BUYR	Consolidation Capital	NNM
BVAS	Bio-Vascular Inc	NNM
BVB	Bridge View Bancorp	ASE
BVCC	Bay View Capital	NNM
BVEW	BindView Development	NNM
BVF	Biovail Corp Intl	NYS
BVG Pr	BancoBilbaoVizcaya9.75% ADS	NYS
BVG PrB	Banco Bilbao Vizcaya 9% ADS	NYS
BVG PrC	BancoBilbaoVizcaya8.00%ADS	NYS
BVG PrE	BancoBilbaoVizcaya8.00% ADS	NYS
BVN	Comp de Minas Buenaventura ADS	NYS
BVR	BOVAR Inc	TS
BVRTF	BVR Tech Ltd	NSC
BVSI	Brite Voice Systems	NNM
BVSN	BroadVision Inc	NNM
BW	Brush Wellman	NYS
BWA	Borg-Warner Automotive	NYS
BWC	Belden Inc	NYS
BWCF	BWC Financial	NNM
BWD	Botswana Diamondfields	VS
BWE	BWI Resources	VS
BWFC	Bank West Financial	NNM
BWG	Bouygues Offshore ADS	NYS
BWINA	Baldwin & Lyons Cl'A'	NNM
BWINB	Baldwin & Lyons Cl'B'	NNM
BWL.A	Bowl America Cl'A'	ASE
BWN	Bowlin Outdoor Adv/Travel	ASE
BWP	Banco Wiese ADS	NYS
BWR	Breakwater Resources	TS
BWSI	Blue Wave Systems	NNM
BWT	BriteSmile Inc	ASE
BWY.WS	Broadway Stores Wrrt	NYS
BXG	Bluegreen Corp	NYS
BXH	Box Hill Systems	NYS
BXM	Biomatrix Inc	NYS
BXP	Boston Properties	NYS
BXS	BancorpSouth	NYS
BXS	Bomax Resource	VS
BXT	Amer Muni Term Trust II	NYS
BY	BWAY Corp	NYS
BYBI	Back Yard Burgers	NSC
BYCL	Fremont Corp	NSC
BYD	Boyd Gaming	NYS
BYDSQ	Boyds Wheels	BB
BYFC	Broadway Financial	NSC
BYH	Beijing Yanhua Petrochem'H'ADS	NYS

Ticker	Issue	Exchange
BYL	Brylane Inc	NYS
BYND	software.net	NNM
BYS	Bay State Bancorp	ASE
BYX	Bayou Steel'A'	ASE
BZ	Bairnco Corp	NYS
BZET	Biofield Corp	NNM
BZF	Brazil Fund	NYS
BZG	Benz Energy	VS
BZH	Beazer Homes USA	NYS
BZH PrA	Beazer HomesUSA$2.00CvExPfd	NYS
BZL	Brazilian Equity Fund	NYS
C	Chrysler Corp	NYS
CA	Canadian Airlines	TS
CA	Computer Assoc Intl	NYS
CAB	Cameron Ashley Bldg Prod	NYS
CABL	Cable Michigan	NNM
CAC	Camden National	ASE
CACB	Cascade Bancorp	NSC
CACC	Credit Acceptance	NNM
CACH	Cache, Inc	NNM
CACI	CACI Int'l	NNM
CACOA	Cato Corp'A'	NNM
CACS	Carrier Access	NNM
CADA	CAM Data Systems	NSC
CADE	Cade Industries	NNM
CAE	CAE Inc	TS
CAE	Cascade Corp	NYS
CAER	Caere Corp	NNM
CAFC	Carolina First Corp	NNM
CAFE	Host America	NSC
CAFEW	Host America Wrrt	NSC
CAFI	Camco Financial	NNM
CAG	ConAgra Inc	NYS
CAG PrA	ConAgra Cap L.C. 9% Pfd	NYS
CAG PrB	ConAgra Cap L.C.Adj Pfd'B'	NYS
CAG PrC	ConAgra Cap L.C.9.35% Pfd	NYS
CAGI	Carnegie Intl Corp	BB
CAGU	Castle Group	BB
CAH	Cardinal Health	NYS
CAI.A	Contl Airlines'A'	NYS
CAI.B	Contl Airlines'B'	NYS
CAII	Capital Associates	NNM
CAIR	Corsair Communications	NNM
CAKE	Cheesecake Factory	NNM
CAL PrB	Calif Fed'l Bk10.625%'B'Pfd	NYS
CAL PrC	Cal Fed Bk 11.50% Pfd	NYS
CALC	Calif Coastal Communities	NNM
CALGL	Calif Fed Bk FSB	NNM
CALM	Cal-Maine Foods	NNM
CALP	Calif Pro Sports	NSC
CALPW	California Pro Sports Wrrt	NSC
CALVF	Caledonia Mining	NNM
CALY	Calypte Biomedical	NSC
CAM	Camco International	NYS
CAMD	Calif Micro Devices	NNM
CAMH	Cambridge Heart	NNM
CAMP	Calif Amplifier	NNM
CAND	Candies Inc	NNM
CANI	Carreker-Antinori	NNM
CANNY	Canon Inc ADR	NNM

Ticker	Issue	Exchange
CANR	Canisco Resources	NSC
CAO	Cara Operations Ltd	TS
CAO	CSK Auto	NYS
CAO.A	Cara Operations Ltd 'A'	TS
CAP.EC	Creative Computer Appl	ECM
CAPF	Capital Factors Holdings	NNM
CAPR	Caprius Inc	NSC
CAR	Carter-Wallace	NYS
CARL	Carleton Corp	NNM
CARN	Carrington Laboratories	NNM
CARS	Capital Automotive REIT	NNM
CARY	Carey Intl	NNM
CAS	Cascades Inc	TS
CAS	Castle (A.M.)	ASE
CASA	Casa Ole-Restaurants	NNM
CASB	Cascade Financial Corp	NSC
CASC	CASCO Intl	NSC
CASCW	Casco Intl Wrrt'A'	NSC
CASH	First Midwest Financial	NNM
CASL	Castle Dental Centers	NNM
CASS	Cass Commercial	NNM
CAST	Citation Corp	NNM
CASY	Casey's Genl Stores	NNM
CAT	Caterpillar Inc	NYS
CAT	Cathedral Gold	TS
CATA	Capitol Transamerica	NNM
CATB	Catskill Financial	NNM
CATH	Catherines Stores	NNM
CATP	Cambridge Technology Ptnrs	NNM
CATX	C.ATS Software	NNM
CATY	Cathay Bancorp	NNM
CAU	Canyon Resources	ASE
CAV	Cavalier Homes	NYS
CAVB	Cavalry Bancorp	NNM
CAVR	Carver Corp	NNM
CAWS	CAI Wireless Systems	BB
CAWW	CulturalAccessWorldwide	NNM
CAX	Commercial Assets	ASE
CAYN	Cayenne Software	NNM
CB	Chubb Corp	NYS
CBA	Brilliance China Automotive	NYS
CBAK	Creative Bakeries	NSC
CBAN	Colony Bankcorp	NNM
CBBI	CB Bancshares	NNM
CBC	Centura Banks	NYS
CBCF	Citizens Banking	NNM
CBCI	Calumet Bancorp	NNM
CBCL	Capitol Bancorp Ltd	NNM
CBCLP	Capitol Tr 8.50% Pfd	NNM
CBD	Companhia Brasileira ADS	NYS
CBE	Cooper Indus	NYS
CBES	CBES Bancorp	NSC
CBEV	Capital Beverage	NSC
CBEVW	Capital Beverage Wrrt'A'	NSC
CBF	Canbra Foods	TS
CBF	Chase Capital V 7.03% Cp Sec'E	NYS
CBG	Cambridge Shopping Centres	TS
CBG	CB Richard Ellis Svcs	NYS
CBH	Commerce Bancorp	NYS
CBH PrT	Commerce Cap Tr I 8.75% Pfd	NYS

Ticker	Issue	Exchange
CBHD	Cyberia Holdings	BB
CBHI	Brewer,C Homes'A'	NNM
CBI	Chicago Bridge & Iron N.V.	NYS
CBII	China Basic Industries	BB
CBIN	Community Bank Shares(Ind)	NSC
CBIV	Community Bankshares	NNM
CBIZ	Century Business Svcs	NNM
CBJ	Cambior Inc	ASE
CBK	Canadian Bank Note	TS
CBK	Citizens First Finl	ASE
CBKN	Capital Bank (NC)	NSC
CBL	CBL & Associates Prop	NYS
CBL PrA	CBL & Assoc Prop 9.00% Pfd	NYS
CBLI	Chesapeake Bio Labs'A'	NNM
CBLK	Cable Link	BB
CBM	Cambrex Corp	NYS
CBMD	Columbia Bancorp	NNM
CBMI	Creative BioMolecules	NNM
CBN	Cornerstone Bank	ASE
CBNY	Commercial Bank of New York	NNM
CBR	CIBER Inc	NYS
CBRB	CBR Brewing'A'	BB
CBRL	Cracker Brl Old Ctry	NNM
CBRNA	Canandaigua BrandsCl'A'	NNM
CBRNB	Canandaigua Brands Cl'B'	NNM
CBRYA	Northland Cranberries'A'	NNM
CBS	CBS Corp	NYS
CBSA	Coastal Bancorp	NNM
CBSAP	Coastal Bancorp 9% 'A' pfd	NNM
CBSH	Commerce Bancshares	NNM
CBSI	Complete Business Solutions	NNM
CBSS	Compass Bancshares	NNM
CBST	Cubist Pharmaceuticals	NNM
CBT	Cabot Corp	NYS
CBTE	Commonwealth Biotechnologies	NSC
CBTSY	CBT Group ADS	NNM
CBU	Cobre Mining	TS
CBU	Community Bank System	NYS
CBUK	Cutter & Buck	NNM
CBXC	Cybex Computer Products	NNM
CBZ	Cort Business Services	NYS
CC	Circuit City Strs-CrctCtyGrp	NYS
CCA	Cogeco Cable	TS
CCA	Corrections Corp Amer	NYS
CCAM	CCA Industries	NNM
CCAR	CCAIR Inc	NSC
CCB	CCB Financial	NYS
CCB	Con-Space Comomunications Ltd	VS
CCBG	Capital City Bank Grp	NNM
CCBL	C-COR Electrs	NNM
CCBN	Central Coast Bancorp	NNM
CCBP	Comm Bancorp	NNM
CCBT	Cape Cod Bank & Trust	NNM
CCC	Calgon Carbon	NYS
CCCFF	Chai-Na-Ta Corp	NNM
CCCG	CCC Information Svcs	NNM
CCCI	Contl Choice Care	NNM
CCCIW	Continental Choice Care Wrrt	NNM
CCD	Connecticut Development Corp	VS
CCE	Coca-Cola Enterprises	NYS

Ticker	Issue	Exchange
CCEE	Computer Concepts	NSC
CCEL	Cryo-Cell Intl	NSC
CCF	Chase Corp	ASE
CCFH	CCF Holding	NSC
CCG	Chelsea GCA Realty	NYS
CCGI	ComTech Consolidation	BB
CCH	Campbell Resources	NYS
CCH.WS	Campbell Resources Wrrt	NYS
CCHE	CliniChem Dvlp'A'	NNM
CCHM	CombiChem Inc	NNM
CCI	Citicorp	NYS
CCI PrF	Citicorp 7.50% Dep Pfd	NYS
CCI PrG	Citicorp Adj Rt Dep Pfd	NYS
CCI PrH	Citicorp Adj Rt Dep'H'Pfd	NYS
CCI PrI	Citicorp 8.30% Dep Pfd	NYS
CCI PrJ	Citicorp 8.50% Dep Pfd	NYS
CCI PrK	Citicorp 7.75% Dep Sr 22 Pfd	NYS
CCIL	Cellular Commun Intl	NNM
CCJ	Cameco Corp	NYS
CCK	Crown Cork & Seal	NYS
CCK Pr	Crown Cork&Seal 4.50% Cv Pfd	NYS
CCL	Carnival Corp	NYS
CCL	Celanese Canada	TS
CCLNF	Commodore Holdings	NNM
CCLR	Collaborative Clinical Resh	NNM
CCLWF	Commodore Holdings Wrrt	NNM
CCM	Canarc Resource	TS
CCM Pr	Carlton Commun'X-CAPS'(26)	NYS
CCMC	Concentra Managed Care	NNM
CCN	Canadian Conquest Explor	TS
CCN	Chris-Craft Indus	NYS
CCN PrA	Chris-Craft Ind,$1 Pr Pfd	NYS
CCN PrB	Chris-Craft Ind,$1.40 Cv Pfd	NYS
CCOM	Colonial Commercial Corp	NSC
CCOMP	Colonial Comml Cv Pfd	NSC
CCON	Circon Corp	NNM
CCOW	Capital Corp of the West	NNM
CCP PrA	Chevy Chase 10.375% Ex Cap Pfd	NYS
CCR	Countrywide Credit Indus	NYS
CCRD	Concord Communications	NNM
CCRI	Colorado Casino Resorts	NSC
CCRO	ClinTrials Research	NNM
CCS	Castle & Cooke Inc	NYS
CCSE	Community Care Svcs	NSC
CCSEW	Community Care Svcs Wrrt	NSC
CCSI	Chromatics Color Sciences	NSC
CCT	Capstone Capital	NYS
CCT PrA	Capstone Cap 8.875% Pfd	NYS
CCTC	Communications Technology Cos.	BB
CCTVY	Carlton Communic ADS	NNM
CCU	Clear Channel Commun	NYS
CCUR	Concurrent Computer	NNM
CCUUY	Compania Cervecerias ADS	NNM
CCVD	Cardiovascular Dynamics	NNM
CCWW	Cable & Co Worldwide	BB
CD	Cendant Corp	NYS
CD PrG	Cendant Growth 'PRIDES'	NYS
CD PrI	Cendant 7.50% Inc'PRIDES'	NYS
CDA	Cordal Resources Ltd	VS
CDA	Cordiant Communic GrpADS	NYS

Ticker	Issue	Exchange
CDC	Carey Diversified LLC	NYS
CDCO	CIDCO Inc	NNM
CDCY	CompuDyne Corp	BB
CDD	Cordant Technologies	NYS
CDE	Coeur d'Alene Mines	NYS
CDE Pr	Coeur D'Alene Mines 'MARCS'	NYS
CDEN	Coast Dental Services	NNM
CDF	Cadillac Fairview	NYS
CDG	Cliffs Drilling	NYS
CDGD	Cambridge Holdings Ltd	BB
CDI	CDI Corp	NYS
CDIC	CardioDynamics Intl	NSC
CDIK	Coronado Industries	BB
CDIR	Concepts Direct	NNM
CDIS	Cal Dive Intl	NNM
CDL	Citadel Holding	ASE
CDL.A	Corby Distilleries Ltd	TS
CDL.B	Corby Distilleries Ltd'B'	TS
CDLI	Consol Delivery & Logistics	NNM
CDMS	Cadmus Communication	NNM
CDN	Cadence Design Sys	NYS
CDNO	Consolidated Capital N.A.	BB
CDNW	CDnow Inc	NNM
CDO	Comdisco, Inc	NYS
CDP	Consolidated Papers	NYS
CDRD	CD Radio Inc	NNM
CDRH	CD-Rom Yearbook	BB
CDRM	Preiss Byron Multimedia	NSC
CDRMW	Preiss Byron Multimedia Wrrt	NSC
CDSC	Cumetrix Data Systems	NSC
CDT	Cable Design Technologies	NYS
CDTS	Conductus Inc	NNM
CDWC	CDW Computer Centers	NNM
CDWI	CD Warehouse	NSC
CDWN	Colonial Downs Hld'A'	NNM
CDX	Canadex Resources	TS
CDX	Catellus Development	NYS
CE	CalEnergy Co	NYS
CEA	China Eastern Airlines ADS	NYS
CEAT	Controlled Enviro Aquacltr Tec	BB
CEBC	Centennial Bancorp	NNM
CEBK	Central Co-operative Bank	NNM
CEC	CEC Entertainment	NYS
CECE	Ceco Environmental	NSC
CECI	CEC Properties	BB
CECO	Career Education	NNM
CECX	Castle Energy Corp	NNM
CEDC	Central European Dstr	NNM
CEDR	Cedar Income Fund	NSC
CEE	Central European Eq Fd	NYS
CEF	Central Fund,Cda'A'	ASE
CEFT	Concord EFS	NNM
CEGE	Cell Genesys	NNM
CEI	Co-Steel Inc	TS
CEI	Crescent Real Estate Eq	NYS
CEI PrA	Crescent R.E. Eq 6.75%'A'Cv Pf	NYS
CEL	Grupo Iusacell S.A.'L'ADS	NYS
CEL.D	Grupo Iusacell S.A.'D'ADS	NYS
CELG	Celgene Corp	NNM
CELL	Brightpoint Inc	NNM

Ticker	Issue	Exchange
CELS	CommNet Cellular	NNM
CELT	Celtic Investment	NSC
CEM	ChemFirst Inc	NYS
CEMX	CEM Corp	NNM
CEN	Ceridian Corp	NYS
CENB	Century Bancorp	NSC
CENI	Conestoga Enterprises	NNM
CENT	Central Garden & Pet	NNM
CENX	Century Aluminum	NNM
CEON	Cerion Technologies	NNM
CEPH	Cephalon Inc	NNM
CER	CILCORP, Inc	NYS
CER Pr	Central Ill Lt 4 1/2% cm Pfd	NYS
CERB	CERBCO Inc	NNM
CERN	Cerner Corp	NNM
CERS	Cerus Corp	NNM
CES	Commonwealth Energy Sys	NYS
CESH	CE Software Hldgs	NSC
CET	Central Securities	ASE
CET PrD	Central Sec$2cmCv D Pfd(27.50)	ASE
CETV	Central Euro Media Enter'A'	NNM
CEU	Concept Indutries	VS
CEXP	Corporate Express	NNM
CF	Crestar Financial	NYS
CFA	Chemfab Corp	NYS
CFAC	Central Finl Acceptance	NNM
CFB	Commercial Federal	NYS
CFB Pr	CFC Preferred Tr 9.375% Pfd Se	NYS
CFBC	Community First Banking	NNM
CFBX	Community First Bankshares	NNM
CFBXL	CFB Capital I 8.875%Cv Pfd	NNM
CFBXZ	CFB Cap II 8.20% Pfd	NNM
CFCI	CFC Intl	NNM
CFCM	Chief Consol Mining	NSC
CFCP	Coastal Finl Corp	NSC
CFD	Conseco Strategic Inc Fund	NYS
CFFC	Community Financial	NSC
CFFI	C&F Financial	NNM
CFGI	Community Finl Group	NNM
CFGIW	Community Finl Group Wrrt	NSC
CFI	Crestbrook Forest Indus Ltd	TS
CFI	Culp Inc	NYS
CFIC	Community Financial (IL)	NNM
CFIM	CFI Mortgage	NSC
CFK	CE Franklin Ltd	ASE
CFKY	Columbia Finl of Kentucky	NNM
CFMT	CFM Technologies	NNM
CFN	ContiFinancial Corp	NYS
CFNC	Carolina Fincorp	NNM
CFNL	Cardinal Financial	NSC
CFON	C-Phone Corp	NNM
CFP	Calif Fed'l Pref Cap 9.125% Pfd	NYS
CFR	Cullen/Frost Bankers	NYS
CFS	Comforce Corp	ASE
CFS	CT Finl Services	TS
CFSB	CFSB Bancorp	NNM
CFTN	Clifton Mining	BB
CFTP	Community Federal Bancorp	NNM
CFW	Computron Software	ASE
CFWC	CFW Communications	NNM

Ticker	Issue	Exchange
CFWY	Consolidated Freightways	NNM
CG	CaribGold Resources	TS
CG	Columbia Energy Group	NYS
CGAM	Concorde Gaming	BB
CGC	Cascade Natural Gas	NYS
CGC	Consumers Packaging	TS
CGCA	Cogeneration Corp of America	NNM
CGCO	Commerce Group Corp	NSC
CGCP	CardioGenesis Corp	NNM
CGE	Centris Group	NYS
CGEN	Collagen Aesthetics	NNM
CGF	Carr-Gottstein Foods	NYS
CGG PrT	Canadian Genl Cp 9.125%'TOPrS'	NYS
CGGI	Carbide/Graphite Group	NNM
CGI	Canadian General Investments	TS
CGI	Commerce Group Inc	NYS
CGII	Cunningham Graphics Intl	NNM
CGIX	Carnegie Group	NNM
CGL.A	Cagle's Inc 'A'	ASE
CGM	Congoleum Corp 'A'	NYS
CGN	Cognitronics Corp	ASE
CGNC	Caltag Laboratories	BB
CGNX	Cognex Corp	NNM
CGO	Atlas Air	NYS
CGO	Cogeco Inc	TS
CGP	Coastal Corp	NYS
CGP PrA	Coastal Corp,$1.19 Cv A Pfd	NYS
CGP PrB	Coastal Corp,$1.83 Cv B Pfd	NYS
CGP PrT	Coastal Fin I 8.375%'TOPrS'	NYS
CGPI	CollaGenex Pharmaceuticals	NNM
CGR	Cooker Restaurant	NYS
CGRM	Centigram Communications	NNM
CGS	CEC Resources	ASE
CGUL	Margate Industries	NSC
CGW	Cristalerias de Chile ADS	NYS
CGX	Consolidated Graphics	NYS
CGZ	Cotelligent Group	NYS
CH	Chile Fund Inc	NYS
CHA	Champion Intl	NYS
CHAI	Life Med Sciences	NNM
CHAIW	Life Med Sciences Wrrt'A'	NNM
CHAIZ	Life Med Sciences Wrrt'B'	NNM
CHANF	Chandler Insurance Ltd	NNM
CHAP	Chartwell Intl	BB
CHAR	Chaparral Resources	NSC
CHAS	Chastain Capital	NNM
CHAT	ChatCom Inc	BB
CHB	Champion Enterprises	NYS
CHC	Charter Muni Mtg Acceptance	ASE
CHCL	China Continental	BB
CHCO	City Holding	NNM
CHCS	Chico's FAS	NNM
CHD	Church & Dwight	NYS
CHDN	Churchill Downs	NSC
CHDX	U.S.-China Indl Exchange	NNM
CHDXW	U.S.-China Indl Exchange Wrrt'A'	NSC
CHDXZ	U.S.-China Indl Exchange Wrrt'B'	NSC
CHE	Chemed Corp	NYS
CHEFC	Chefs International	NSC
CHERA	Cherry Corp 'A'	NNM

Ticker	Issue	Exchange
CHERB	Cherry Corp'B'	NNM
CHEX	Cheniere Energy	NSC
CHEZ	Suprema Specialties	NNM
CHF	Chock Full O'Nuts	NYS
CHFC	Chemical Financial	NNM
CHG	China Energy Resources	ASE
CHGO	Chicago Pizza & Brewery	NSC
CHGOW	Chicago Pizza& Brewery Wrrt	NSC
CHH	Choice Hotels Intl	NYS
CHI	Chapleau Resources Ltd	VS
CHI	Furr's/Bishop's Inc	NYS
CHIF	China Food & Beverage	BB
CHIR	Chiron Corp	NNM
CHK	Chesapeake Energy	NYS
CHKE	Cherokee Inc	NNM
CHKPF	Check Point Software Tech	NNM
CHKR	Checkers Drive-In Restr	NNM
CHKRW	Checkers Drive-In Rest Wrrt	NNM
CHL	Champion Resources	VS
CHL	China Telecom(Hong Kong)ADS	NYS
CHLN	Chalone Wine Group	NNM
CHM	Specialty Chemical Res	ASE
CHMD	Chronimed Inc	NNM
CHMP	Champion Industries	NNM
CHN	China Fund	NYS
CHNA	China Pacific	NSC
CHNG	Cash Technologies	NSC
CHNL	Channell Commercial	NNM
CHP	C&D Technologies	NYS
CHR	Gener S.A. ADS	NYS
CHRB	China Resource Dvlmt	NSC
CHRI	COHR Inc	NNM
CHRS	Charming Shoppes	NNM
CHRW	C.H. Robinson Worldwide	NNM
CHRX	ChiRex Inc	NNM
CHRZ	Computer Horizons	NNM
CHS	Chaus (Bernard) Inc	NYS
CHST	Creative Host Svcs	NSC
CHT	Chart House Enterpr	NYS
CHTL	Chantal Pharmaceutical	BB
CHTT	Chattem Inc	NNM
CHUX	O'Charley's Inc	NNM
CHV	Chevron Corp	NYS
CHX	Pilgrim's Pride'B'	NYS
CHY	Chyron Corp	NYS
CHZ	Chittenden Corp	NYS
CI	CIGNA Corp	NYS
CIA	Citizens Inc'A'	ASE
CIAO	Ciao Cucina	BB
CIB	Bancolombia S.A. Pref ADS	NYS
CIBI	Community Investors Bancorp	NSC
CIBN	Calif Indep Bancorp	NNM
CIC	Carson Inc'A'	NYS
CICG	Continental Investment Corp	BB
CICI	Communic Intelligence	NSC
CICS	Citizens Bancshares	NNM
CID	Chieftain Intl	ASE
CIEN	CIENA Corp	NNM
CIF	Colonial Interm Hi Income	NYS
CIF.A	Cinar Films	TS

Ticker	Issue	Exchange
CIG	Consolidated Cigar Hldgs'A'	NYS
CIGR	Caribbean Cigar	NSC
CIGRW	Caribbean Cigar Wrrt	NSC
CIH PrA	Citicorp Cap III 7.10%'TruPS'	NYS
CII	Cryopak Industries	VS
CILV	Siler Assets Inc	BB
CIM	CIM High Yield Sec	ASE
CIMA	CIMA Labs	NNM
CIMTF	Cimatron Ltd	NNM
CIN	CINergy Corp	NYS
CIN PrA	Cincinnati G & E,4% Pfd	NYS
CIN PrB	PSI Energy,4.16%cmPfd(25)vtg	NYS
CIN PrC	PSI Energy, 4.32% Pfd	NYS
CIN PrJ	PSI Energy 6.875% Pfd	NYS
CINF	Cincinnati Financial	NNM
CINRF	Cinar Films Cl'B'	NNM
CIR	Circus Circus Enterp	NYS
CIRQF	Cirque Energy	NSC
CIRR	Ciro International	BB
CIS	Concord Fabrics Cl'A'	ASE
CIS.B	Concord Fabrics Cl'B' Cv	ASE
CISC	Contl Information Sys	NSC
CIT	CIT Group 'A'	NYS
CITA	CITATION Computer Sys	NNM
CITC	Citadel Communications	NNM
CITI	Canterbury Info Tech	NNM
CITY	Avalon Community Svcs'A'	NSC
CITZ	CFS Bancorp	NNM
CIV	Conectiv Inc	NYS
CIV.A	Conectiv Inc 'A'	NYS
CIVC	Civic Bancorp	NNM
CIX	CompX Intl 'A'	NYS
CJA	Columbus SoPwr 7.92% Sub Db	NYS
CKC	Collins & Aikman	NYS
CKE	Carmike Cinemas'A'	NYS
CKEYF	CrossKeys Systems	NNM
CKFB	CKF Bancorp	NSC
CKFR	Checkfree Holdings	NNM
CKH	SEACOR Smit	NYS
CKKC	Chicken Kitchen	BB
CKP	Checkpoint Sys	NYS
CKR	CKE Restaurants	NYS
CKSG	CKS Group	NNM
CKU	CKD Ventures Ltd	VS
CL	Colgate-Palmolive	NYS
CL Pr	Colgate-Palmolive,$4.25 Pfd	NYS
CLAS	Classic Bancshares	NSC
CLB	Core Laboratories N.V.	NYS
CLBK	Commercial Bankshares	NNM
CLBR	Caliber Learning Network	NNM
CLC	CLARCOR Inc	NYS
CLCDF	Clearly Canadian Beverage	NNM
CLCI	Cadiz Land	NNM
CLCK	Columbia Capitl Corp	BB
CLCP	CalComp Technology	NNM
CLCR	Clinicor Inc	BB
CLCX	Computer Learning Ctrs	NNM
CLDN	Celadon Group	NNM
CLE	Claire's Stores	NYS
CLEC	US LEC Corp'A'	NNM

Ticker	Issue	Exchange
CLEV	Cleveland Indians Baseball'A'	NNM
CLF	Cleveland-Cliffs	NYS
CLFY	Clarify Inc	NNM
CLG	Colonial Gas	NYS
CLGY	Cellegy Pharmaceuticals	NNM
CLGYW	Cellegy Pharmaceuticals Wrrt	NNM
CLH	MuniHoldings Cal Insured Fund	NYS
CLHB	Clean Harbors	NNM
CLI	Mack-Cali Realty	NYS
CLIX	Cardiovascular Laboratories	BB
CLKB	Clark/Bardes Holdings	NNM
CLM	Clemente Global Gr	NYS
CLME	Colmena Corp	BB
CLN	Coleman Co	NYS
CLNTF	Clearnet Communic 'A'	NNM
CLP	Colonial Properties Tr	NYS
CLP PrA	Colonial Properties Tr 8.75% P	NYS
CLQ	Cold Metal Products	NYS
CLR	Clarion Commercial Hldgs'A'	NYS
CLRT	Celerity Systems	NSC
CLS	Celestica Inc	NYS
CLSI	Clancy Systems Intl	BB
CLSR	Closure Medical	NNM
CLST	CellStar Corp	NNM
CLT	Cominco Ltd	ASE
CLTDF	Computalog Ltd	NNM
CLTK	Celeritek Inc	NNM
CLTR	Coulter Pharmaceutical	NNM
CLTT	Cluster Technology Corp	BB
CLTX	Collateral Therapeutics	NNM
CLTY	Celerity Solutions	NSC
CLTYW	Celerity Solutions Wrrt'A'	NSC
CLV	Clearview Cinema Grp	ASE
CLVE	ClassicVision Entertainment	BB
CLWTF	Euro Tech Holdings	NSC
CLWWF	Euro Tech Hlds Wrrt	NSC
CLWY	Calloway's Nursery	NNM
CLX	Clorox Co	NYS
CLXX	Cellex Biosciences	NSC
CLXXZ	Cellex Biosciences Wrrt 2000	NSC
CLYC	Catalyst Communications	BB
CLYS	Catalyst Intl	NNM
CLZR	Candela Corp	NNM
CLZRW	Candela Corp Wrrt	NNM
CM	Coles Myer Ltd ADR	NYS
CMA	Comerica Inc	NYS
CMAG	Casino Magic	NNM
CMAN	Chapman Holdings	NSC
CMB	Chase Manhattan	NYS
CMB Pr	Chase Preferred Cap 8.10% Pfd	NYS
CMB PrA	Chase Manhattan 10 1/2%'A'Pfd	NYS
CMB PrB	Chase Manhattan 9.76%'B'Pfd	NYS
CMB PrC	Chase Manhattan 10.84%'C'Pfd	NYS
CMB PrG	Chase Manhattan 10.96% Pfd	NYS
CMB PrL	Chase Manhattan Adj Rt'L'Pfd	NYS
CMB PrN	Chase Manhattan Adj N Pfd	NYS
CMC	Commercial Metals	NYS
CMCAF	Comcast UK Cable Partners'A'	NNM
CMCI	CMC Industries	NNM
CMCO	Columbus McKinnon	NNM

Ticker	Issue	Exchange
CMCSA	Comcast Cl'A'	NNM
CMCSK	Comcast Cl'A'Spl(non-vtg)	NNM
CMCY	Commanche Energy	BB
CMD	CareMatrix Corp	ASE
CMDA	Cam Designs	NSC
CMDAW	Cam Designs Wrrt	NSC
CMDL	Comdial Corp	NNM
CME	Core Materials	ASE
CMED	Colorado Medtech	NNM
CMETS	Contl Mtg & Eq Tr SBI	NNM
CMFI	Country Maid Foods	BB
CMGI	CMG Info Services	NNM
CMGT	Chapman Cap Mgmt Hldgs	NSC
CMH	Clayton Homes	NYS
CMHI	Cemara Health	BB
CMI	Complete Management	NYS
CMIC	Calif Microwave	NNM
CMIN	Commonwealth Industries	NNM
CMIV	IVI Checkmate	NNM
CMK	Colonial InterMkt Inc Tr I	NYS
CML	CML Group	NYS
CMLS	Cumulus Media 'A'	NNM
CMM	CRIIMI MAE	NYS
CMM PrB	CRIIMI MAE 10.875% Cv Pfd	NYS
CMMD	Command Security	NSC
CMMI	Consol Medical Mgmt	BB
CMN	CompAs Electronics	TS
CMND	Command Systems	NNM
CMNT	Computer Network Technology	NNM
CMO	Capstead Mortgage	NYS
CMO PrA	Capstead Mtge $1.60cm Cv Pfd	NYS
CMO PrB	Capstead Mtge $1.26 cm Cv Pfd	NYS
CMOS	Credence Systems	NNM
CMP	Canadian Medical Legacy	VS
CMP	Comprehensive Care	NYS
CMPC	CompuCom Systems	NNM
CMPD	CompuMed Inc	NSC
CMPOQ	Campo Electr Appliances/Comp	BB
CMPS	Compass Intl Svcs	NNM
CMPTE	Computone Corp	NSC
CMPX	CMP Media 'A'	NNM
CMRN	Cameron Financial	NNM
CMRO	Comarco Inc	NNM
CMS	C-MAC Indus	TS
CMS	CMS Energy	NYS
CMS PrA	Consumers Egy $4.16 Pfd	NYS
CMS PrB	Consumers Egy $4.50 Pfd	NYS
CMS PrI	Consumers Egy $2.08'A'Pfd	NYS
CMS PrJ	Consum Egy Fin I 8.36%'TOPrS'	NYS
CMS PrK	Consum Energy Fin II 8.20%'TOP	NYS
CMSB	Commonwealth Bancorp	NNM
CMSI	Cryomedical Sciences	NSC
CMSS	Credit Mgmt Solutions	NNM
CMSV	Community Svgs Bankshrs	NNM
CMSX	Computer Mgmt Sciences	NNM
CMT	CMAC Investment	NYS
CMTI	Community Med Trans	NSC
CMTIW	Community Med Trans Wrrt	NSC
CMTL	Comtech Telecommns	NNM
CMTO	Com21 Inc	NNM

Ticker	Issue	Exchange
CMU	Colonial Muni Inc Tr	NYS
CMV	Chase Capital IV 7.34% Cp Sec'	NYS
CMV	Consolidated Magna Ventures	VS
CMVT	Comverse Technology	NNM
CMW	Canadian Marconi	ASE
CMWL	Complete Wellness Centers	NSC
CMWLW	Complete Wellness Centers Wrrt	NSC
CMX	CMI Corp Cl'A'	NYS
CMXX	Cimetrix Inc	BB
CMZ	Cincinnati Milacron	NYS
CN	Call-Net Enterprises	TS
CN	Calton,Inc	ASE
CNA	CNA Financial	NYS
CNAF	Commercial Natl Finl	NNM
CNB	Colonial BancGroup	NYS
CNBA	Chester Bancorp	NNM
CNBC	Center Bancorp	NNM
CNBF	CNB Financial(NY)	NNM
CNBI	CN Biosciences	NNM
CNBKA	Century Bancorp(MA)	NNM
CNBKP	Century BancorpCapTr 8.30%Pfd	NNM
CNC	Conseco Inc	NYS
CNC PrE	Conseco Inc 7%'PRIDES'	NYS
CNC PrF	Conseco 7% FELINE 'PRIDES'	NYS
CNC PrT	Conseco Fin Tr I 9.16%'TOPrS'	NYS
CNCT	Connetics Corp	NNM
CNCX	Concentric Network	NNM
CNDL	Candlewood Hotel	NNM
CNDO	Crescendo Pharmaceuticals'A'	NNM
CNDR	Condor Tech Solutions	NNM
CNDS	CellNet Data Systems	NNM
CNDSP	CellNet Funding 7.0% Exch Pfd	NNM
CNE	Connecticut Energy	NYS
CNEBF	Call-Net Enterprises'B'	NNM
CNET	COMNET Corp	NNM
CNF	Canadian Maple Leaf Finl 'A'	TS
CNF	CNF Transportation	NYS
CNF PrT	CNF Trust I$2.50'TECONS'	NYS
CNFL	Citizens Finl Kentucky	NSC
CNG	Concert Industries Ltd	MS
CNG	Consolidated Nat Gas	NYS
CNGG	Cambridge Energy	BB
CNGL	Continental Natural Gas	NNM
CNGR	Crown Group	NSC
CNH	Central Hudson Gas&El	NYS
CNI	Canadian Natl Railway	NYS
CNIT	Cenit Bancorp	NNM
CNJ	Cole National	NYS
CNK	Crompton & Knowles	NYS
CNKT	Connect Inc	NNM
CNL	Cleco Corp	NYS
CNLG	Conolog Corp	NSC
CNLGW	Conolog Corp Wrrt'A'	NSC
CNM	Canmark Intl Resources	VS
CNMD	Conmed Corp	NNM
CNMX	Canmax Inc	BB
CNN	CNA Income Shares	NYS
CNNG	Conning Corp	NNM
CNNG	Corning Natural Gas	BB
CNO	Cornerstone Propane Ptnrs L.P.	NYS

Ticker	Issue	Exchange
CNOW	Call Now	BB
CNP.A	Crown Centl Pet 'A'	ASE
CNP.B	Crown Central Cl'B'	ASE
CNPGF	Cornucopia Resources Ltd	NSC
CNQ	Canadian Natural Resources	TS
CNRD	Conrad Industries	NNM
CNRMF	Cinram Intl	TS
CNRS	Cornerstone Internet Solutions	NSC
CNS	Consolidated Stores	NYS
CNSB	CNS Bancorp	NSC
CNSI	Cambridge NeuroScience	NNM
CNSO	Conso Products	NNM
CNSP	Central Sprinkler	NNM
CNT	CenterPoint Prop TrSBI	NYS
CNT PrA	CenterPoint Prop Tr 8.48% Pfd'	NYS
CNTBY	Cantab Pharmaceuticals ADS	NNM
CNTI	Century Industries 'A'	BB
CNTL	Cantel Industries	NNM
CNTO	Centocor Inc	NNM
CNTR	Centura Software	NSC
CNTY	Century Casinos	NSC
CNU	Continucare Corp	ASE
CNV	CVF Corp	ASE
CNVLZ	City Investing Liq Trust	NSC
CNWK	CNET Inc	NNM
CNXS	CNS Inc	NNM
CNY	Carver Bancorp	ASE
CO	Corrpro Co	NYS
COA	Coachmen Indus	NYS
COB	Columbia Gold Mines Ltd	VS
COB	Columbia Laboratories	ASE
COBH	Commerce Bank/Harrisburg	NSC
COBR	Cobra Electronics	NNM
COBZ	Colorado Business Banksh	NNM
COCN	CoCensys Inc	NNM
COD	Condor Intl Resources	VS
CODE	Concord Energy	NSC
CODI	Compu-Dawn Inc	NSC
CODY	Cafe Odyssey	NSC
CODYU	Cafe Odyssey Unit	NSC
CODYW	Cafe Odyssey Wrrt	NSC
COE	Cone Mills	NYS
COF	Capital One Financial	NYS
COFI	Charter One Finl	NNM
COG	Cabot Oil & Gas 'A'	NYS
COGE	Compare Generiks	NSC
COGEW	Compare Generiks Wrrt'A'	NSC
COGIF	COGNICASE Inc	NNM
COGNF	Cognos Inc	NNM
COH PrM	Commonwealth Genl LLC'MIPS'	NYS
COHO	Coho Energy	NNM
COHR	Coherent, Inc	NNM
COHT	Cohesant Technologies	NSC
COHTW	Cohesant Technologies Wrrt	NSC
COHU	Cohu Inc	NNM
COKE	Coca-Cola Bott Consol	NNM
COL	Columbia/HCA Hlthcare	NYS
COLB	Columbia Banking System	NNM
COLL	Collins Industries	NNM
COLM	Columbia Sportswear	NNM

Ticker	Issue	Exchange
COLO	Colonel's Intl	NSC
COLTY	COLT Telecom Group ADS	NNM
COM	Crowley, Milner & Co	ASE
COMM	CoreComm Inc	NNM
COMR	Comair Holdings	NNM
COMS	3Com Corp	NNM
COMT	Coda Music Tech	NSC
COMX	Comtrex Systems	NSC
CONW	Consumers Water	NNM
COO	Cooper Cos	NYS
COOK	Calif Culinary Academy	NNM
COOL	Cyberian Outpost	NNM
COOP	Cooperative Bankshares	NNM
COP	Consolidated Products	NYS
COPI	Crescent Operating	NNM
COPY	CopyTele Inc	NNM
COR	Crystal Oil	ASE
CORE	CORE Inc	NNM
CORR	Cor Therapeutics	NNM
CORS	CORUS Bankshares	NNM
CORX	Cortex Pharmaceuticals	NSC
COSC	Cosmetic Center 'C'	NNM
COSE	Costilla Energy	NNM
COSFF	Corel Corp	NNM
COSI	Computer Outsourcing Svcs	NNM
COST	Costco Cos	NNM
COT	Coltec Industries	NYS
COTTF	Cott Corp	NNM
COU	Courtaulds, plc ADR	ASE
COVB	CoVest Bancshares	NNM
COVN	Coventry Industries	NSC
COVR	Cover-All Technologies	NSC
COX	Cox Communications'A'	NYS
COY	Corporate High Yield Fund	NYS
COYT	Coyote Sports	NSC
CP	Canadian Pac,Ord	NYS
CPAK	CPAC Inc	NNM
CPAQ	Computer Access Intl	BB
CPB	Campbell Soup	NYS
CPBI	CPB Inc	NNM
CPC	Central Parking	NYS
CPCF	CPC of America	BB
CPCI	Ciprico Inc	NNM
CPCL	C.P. Clare	NNM
CPD	Carolina Pwr & Lt 8.55%'QUICS'	NYS
CPDN	CompDent Corp	NNM
CPE	Callon Petroleum	NYS
CPE PrA	Callon Petroleum Cv Exch 'A' P	NYS
CPG	CMS Energy Cl'G'	NYS
CPH	Capital Pacific Hldgs	ASE
CPI	Capital Properties	ASE
CPIA	CPI Aerostructures	NSC
CPJ	Chateau Communities	NYS
CPK	Chesapeake Utilities	NYS
CPL	Carolina Pwr & Lt	NYS
CPL Pr	Carol P&L,$5 cm Pfd	ASE
CPLNY	Concordia Paper Holdings ADS	NNM
CPLY	Copley Pharmaceutical	NNM
CPM PrA	CL&P Capital L.P.9.30%'MIPS'	NYS
CPMNY	Central Pac Minerals ADS	NSC

Ticker	Issue	Exchange
CPN	Calpine Corp	NYS
CPO	Corn Products Intl	NYS
CPP	Cornerstone Properties	NYS
CPQ	Compaq Computer	NYS
CPRKV	CapRock Communications	NNM
CPRO	CellPro Inc	NNM
CPRT	Copart Inc	NNM
CPS	ChoicePoint Inc	NYS
CPSS	Consumer Portfolio Svcs	NNM
CPT	Camden Property Trust	NYS
CPT PrA	Camden Property Tr $2.25'A' Pf	NYS
CPTI	Compass Plastics & Technologie	NNM
CPTL	CTC Communications	NNM
CPTS	Conceptus Inc	NNM
CPU	CompUSA Inc	NYS
CPV	Correctional Properties Tr	NYS
CPWM	Cost Plus	NNM
CPWR	Compuware Corp	NNM
CPWY	Cardiac Pathways	NNM
CPY	CPI Corp	NYS
CPZ PrA	CPL Cap I 8%'QUIPS'	NYS
CQ	Comsat Corp	NYS
CQ PrA	COMSAT Capital I 8.125%'MIPS'	NYS
CQB	Chiquita Brands Intl	NYS
CQB PrA	Chiquita Br Intl $2.875 Cv'A'P	NYS
CQB PrB	Chiquita Br Intl $3.75 Cv'B'Pf	NYS
CQMT	Chequemate Intl	BB
CQS	Chase Resource	TS
CR	Crane Co	NYS
CRAI	Charles River Assoc	NNM
CRAN	Crown-Andersen	NNM
CRB	Capstar Broadcasting'A'	NYS
CRBO	Carbo Ceramics	NSC
CRC	Chromcraft Revington	NYS
CRCL	Circle International Group	NNM
CRCS	CoreCare Systems	BB
CRD.A	Crawford&Co Cl'A'non-vtg	NYS
CRD.B	Crawford & Co Cl'B'	NYS
CRDM	Cardima Inc	NNM
CRDN	Ceradyne Inc	NNM
CRDT	Creditrust Corp	NNM
CRE	CarrAmerica Realty	NYS
CRE PrB	CarrAmerica Realty 8.57% Pfd	NYS
CRE PrC	CarrAmerica Realty 8.55% Dep P	NYS
CRE PrD	CarrAmerica Realty 8.45% Dep P	NYS
CREAF	Creative Technology	NNM
CRED	CREDO Petroleum	NSC
CREE	Cree Research	NNM
CREN	Corporate Renaissance Group	NSC
CRESY	Cresud S.A.C.I.F. y A. ADR	NNM
CRF	Central European Value Fd	NYS
CRFT	Craftmade Intl	NNM
CRG	Craig Corp	NYS
CRG Pr	Craig Corp Cl'A'	NYS
CRGN	CuraGen Corp	NNM
CRGO	Motor Cargo Industries	NNM
CRGR	Cragar Industries	NSC
CRGRW	Cragar Industries Wrrt	NSC
CRH	Coram Healthcare	NYS
CRHCY	CRH plc ADS	NNM

Ticker	Issue	Exchange
CRII	Cell Robotics Intl	BB
CRJ	Claude Resources	TS
CRK	Comstock Resources	NYS
CRL	Carlyle Ind	NYS
CRLC	Central Reserve Life	NNM
CRLI	Circuit Research Labs	BB
CRLS	Chrysalis Intl	NNM
CRM	Corimon ADS	NYS
CRN	Cornell Corrections	ASE
CRN	Cross Lake Minerals Ltd	VS
CRNCD	Chronicle Communications	BB
CRNR	Cornerstone Imaging	NNM
CRNSF	Cronos Group	NNM
CRO	Crown Pac Partners L.P.	NYS
CROE	Crown Energy Corp	BB
CRON	Cronus Corp	BB
CROS	Crossmann Communities	NNM
CRPB	Cerprobe Corp	NNM
CRR	Consolidated Rambler Mines	TS
CRRB	Carrollton Bancorp	NNM
CRRC	Courier Corp	NNM
CRRR	Captec Net Lease Realty	NNM
CRRS	Crown Resources Corp	NNM
CRS	Carpenter Technology	NYS
CRS	Crestar Energy	TS
CRSB	Crusader Holding	NNM
CRSE	Corrections Services	BB
CRT	Cross Timbers Royalty Tr	NYS
CRTN	Certron Corp	BB
CRTQ	Cortech Inc	BB
CRUS	Cirrus Logic	NNM
CRUZ	Growth Industries	BB
CRV	Coast Distribution Sys	ASE
CRVL	CorVel Corp	NNM
CRW	Crown Crafts	NYS
CRWF	CRW Financial	NSC
CRWNQ	Crown Books	NNM
CRXA	Corixa Corp	NNM
CRY	CryoLife Inc	NYS
CRYSF	Crystal Systems Solutions	NNM
CRZO	Carrizo Oil & Gas	NNM
CRZY	Crazy Woman Creek Bncp	NSC
CS	Cabletron Systems	NYS
CSA.A	CSA Management Inc	TS
CSAR	Caraustar Industries	NNM
CSB	ComSouth Bankshares	ASE
CSBF	CSB Financial	NSC
CSBI	Century South Banks	NNM
CSBK	Carolina Southern Bank SC	NSC
CSC	Computer Sciences	NYS
CSCO	Cisco Systems	NNM
CSCQ	Correctional Services	NNM
CSCQW	Correctional Svcs Wrrt	NNM
CSD PrA	Cadbury Schwep LP 8.625%'QUIPS	NYS
CSDS	Casino Data Systems	NNM
CSE	Case Corp	NYS
CSEP	Consep Inc	NNM
CSG	Cadbury Schweppes ADS	NYS
CSGG	Concorde Strategies Group	BB
CSGI	Consygen Inc	BB

Ticker	Issue	Exchange
CSGS	CSG Systems Intl	NNM
CSI	Chase Industries	NYS
CSII	Communic Sys	NNM
CSIM	Consilium Inc	NNM
CSIS	CSI Computer Specialists	BB
CSISW	CSI Computer Specialists Wrrt'	BB
CSJ	Columbus SoPwr 8.375% Sub Db	NYS
CSK	Chesapeake Corp	NYS
CSKKY	CSK Corp ADS	NSC
CSL	Carlisle Cos	NYS
CSLI	Cotton States Life Ins	NNM
CSLMF	Consolidated Mercantile	NSC
CSLR	Consulier Engineering	NSC
CSLXC	CSL Lighting Mfg	NSC
CSMA	Coconino S.M.A.	BB
CSN	Cincinnati Bell	NYS
CSNO	Casino America	NNM
CSNR	Casino Resource	NNM
CSNRW	Casino Resource Wrrt 'A'	NNM
CSON	Cohesion Technologies	NNM
CSP	Amer Strategic Inc Portfol III	NYS
CSPI	CSP Inc	NNM
CSPLF	Canada South'n Petrol	NSC
CSR	Central & So. West	NYS
CSRE	Comshare, Inc	NNM
CSS	CSS Industries	NYS
CST	Christiana Cos	NYS
CSTL	Castelle	NNM
CSTM	Global Motorsport Group	NNM
CSTR	Coinstar Inc	NNM
CSTW	Central Steel & Wire	BB
CSU	Capital Senior Living	NYS
CSV	Carriage Services 'A'	NYS
CSV	ConSil Corp	VS
CSWC	Capital Southwest	NNM
CSX	CSX Corp	NYS
CSYI	Circuit Systems	NNM
CT	Capital Trust 'A'	NYS
CTAC	1-800 Contacts	NNM
CTAL	Catalytica Inc	NNM
CTAS	Cintas Corp	NNM
CTB	Cooper Tire & Rubber	NYS
CTBC	CTB Intl	NNM
CTBI	Community Trust Bncp	NNM
CTBIP	CTBI Cap Tr 9.0% Cm Pfd	NNM
CTBP	Coast Bancorp	NNM
CTC	Compania de Telecom Chile ADS	NYS
CTCO	Commonwealth Tel Enterp(New)	NNM
CTCOB	Commonwealth Tel Enterp'B'	NSC
CTCQ	Check Technology	NNM
CTDI	Cyclodextrin Tech Devlpm't	BB
CTDY	Catadyne Corp	BB
CTE	Cardiotech Intl	ASE
CTEA	Celestial Seasonings	NNM
CTEC	Cholestech Corp	NNM
CTEK	Compositech Ltd	NSC
CTEKW	Compositech Ltd Wrrt	NSC
CTEN	Centennial Healthcare	NNM
CTF	CVS Corp $4.23'TRACES'	NYS
CTG	CTG Resources	NYS

Ticker	Issue	Exchange
CTGI	Capital Title Group	BB
CTHR	C3 Inc	NNM
CTI	Chart Industries	NYS
CTIB	CTI Industries	NSC
CTIC	Cell Therapeutics	NNM
CTII	CytoTherapeutics Inc	NNM
CTIM	Childtime Learning Centers	NNM
CTIX	Conversion Tech Intl	NSC
CTIXW	Conversion Tech Intl Wrrt'A'	NSC
CTIXZ	Conversion Tech Intl Wrrt'B'	NSC
CTK	Comptek Research Inc	ASE
CTL	Century Tel Enterp	NYS
CTLG	Specialty Catalog	NNM
CTND	Caretenders Healthcorp	NNM
CTO	Consolidated Tomoka Land	ASE
CTP	Central Maine Power	NYS
CTP Pr	Central Maine Pwr,3 1/2% Pfd	ASE
CTR ₁	Cabot Industrial Tr	NYS
CTR.A	Canadian Tire'A'	TS
CTRA	Concentra Corp	NNM
CTRIS	CleveTrust Realty SBI	BB
CTRX	Celtrix Pharmaceuticals	NNM
CTRY	Century Bancshares	NNM
CTS	CTS Corp	NYS
CTSC	Cellular Technical Svcs	NNM
CTSH	Cognizant Tech Solutions'A'	NNM
CTSI	CardioThoracic Systems	NNM
CTT	Competitive Technologies	ASE
CTU	Chad Therapeutics	ASE
CTV	Commscope Inc	NYS
CTWO	C2i Solutions	NSC
CTWOW	C2i Solutions Wrrt	NSC
CTWS	Connecticut Wtr Svc	NNM
CTX	Centex Corp	NYS
CTX	Consoltex Group Inc	TS
CTXS	Citrix Systems	NNM
CTY	Calian Technology	TS
CTY	Community Banks (PA)	ASE
CTYA	Century Communic'ns'A'	NNM
CTYE	City Auto Resource Svcs	BB
CTZ	Chicago Title	NYS
CU	Canadian Utilities'A'	TS
CU.X	Canadian Utilities'B'	TS
CUB	Cubic Corp	ASE
CUBE	C-Cube Microsystems	NNM
CUCO	Cucos Inc	NSC
CUI	Coach USA	NYS
CUIS	Cuisine Solutions	NNM
CULS	Cost-U-Less Inc	NNM
CUM	Cummins Engine	NYS
CUMB	Cumberland Tech	NSC
CUNO	CUNO Inc	NNM
CUO	Contl Materials	ASE
CUR	Current Inc Shares	NYS
CURE	Curative Health Svcs	NNM
CUSIF	Cusac Gold Mines	BB
CUTC	CutCo Indus	BB
CUV	Curion Ventures Corp	VS
CUZ	Cousins Properties	NYS
CV	Central VT Pub Svc	NYS

Ticker	Issue	Exchange
CVAL	Chester Valley Bancorp	NNM
CVAN	Crown Vantage	NNM
CVAS	Corvas International	NNM
CVB	CVB Financial	ASE
CVBK	Central VA Bankshares	NNM
CVC	Cablevision Sys'A'	ASE
CVC Pr	CSC Holdings 8.50% Dep Cv Ex	ASE
CVCLF	CityView Energy	NSC
CVD	Covance Inc	NYS
CVDE	CVD Equipment	BB
CVDI	Cardiovascular Diagnostics	NNM
CVE	Cabo Exploration Ventures	VS
CVE	Converse Inc	NYS
CVF	Castle Convert Fund	ASE
CVG	Convergys Corp	NYS
CVGR	Covalent Group	NSC
CVH	Cavanaughs Hospitality	NYS
CVI	CV REIT	NYS
CVLY	Codorus Valley Bancorp	NNM
CVOL	Covol Technologies	NNM
CVP.A	Carma Corp 'A'	TS
CVR	Chicago Rivet & Mach	ASE
CVS	CVS Corp	NYS
CVSN	ChromaVision Medical System	NNM
CVT	TCW Conv Sec Fund	NYS
CVTI	Covenant Transport 'A'	NNM
CVTX	CV Therapeutics	NNM
CVTY	Coventry Health Care	NNM
CVUS	CellularVision USA	NNM
CVX Pr	ClevelandElec $7.40 cm A Pfd	NYS
CVX PrB	Cleveland Elec Ill $7.56 Pfd	NYS
CVX PrL	Cleveland Elec Ill Adj L Pfd	NYS
CVX PrT	Cleveland Elec Ill'93 Sr'A'Dep	NYS
CW	Curtiss-Wright	NYS
CWBC	Community West Bancshares	NNM
CWC	Caribiner International	NYS
CWCOF	Cayman Water Co Ltd	NSC
CWD	Consolidated Envirowaste Indus	VS
CWE PrC	Commonwealth Ed, $1.90 Pref	NYS
CWE PrD	Commonwealth Ed, $2.00 Pref	NYS
CWE PrE	Commonwealth Ed,$7.24 Pref	NYS
CWE PrF	Commonwealth Ed,$8.40 Pref	NYS
CWE PrI	Commonwealth Ed $8.38 Pref	NYS
CWE PrJ	Commonwealth Ed $8.40 Pref	NYS
CWE PrK	Commonwealth Ed,$2.425 Pref	NYS
CWE PrT	ComEd Financing 1 8.48%'TOPrS'	NYS
CWEI	Clayton Williams Energy	NNM
CWF	Chartwell Div & Inc Fund	NYS
CWG	CanWest Global Commun	NYS
CWII	Communications World Intl	NSC
CWL	Chartwell Re	NYS
CWLZ	Cowlitz Bancorporation	NNM
CWN	Crown Amer Realty Tr	NYS
CWN PrA	Crown Amer Rlty Tr 11% Pfd	NYS
CWOV	Crown Ventures	BB
CWP	Cable & Wireless ADS	NYS
CWRC	Country World Casinos	BB
CWST	Casella Waste Sys 'A'	NNM
CWT	Calif Water Svc Grp	NYS
CWTR	Coldwater Creek	NNM

Ticker	Issue	Exchange
CWZ	Cable&Wireless Communic ADS	NYS
CXB	Salomon SB 6.25%'DECS'2001	NYS
CXE	Colonial High Income Muni	NYS
CXH	Colonial Inv Grade Muni	NYS
CXI	Commodore Applied Tech	ASE
CXI.WS	Commodore Applied Tech Wrrt	ASE
CXIL	Chem Intl	NSC
CXILW	Chem Intl Wrrt	NSC
CXIM	Criticare Systems	NNM
CXIPY	Coflexip ADS	NNM
CXOT	Commodore Separation Tech	NSC
CXOTP	Commodore Separat'n Tech 10% Pfd	NSC
CXOTW	Commodore Separat'n Tech Wrrt	NSC
CXP	Centex Construction Prod	NYS
CXR	Cox Radio 'A'	NYS
CXSNF	Counsel Corp	NNM
CXT	Amer Muni Term Trust III	NYS
CXW	Cooper Ind 6.00%'DECS'1998	NYS
CXY	Canadian Occ Petrol	ASE
CY	Cypress Semiconductor	NYS
CYAN	Cyanotech Corp	NNM
CYB	Cybex Intl	ASE
CYBE	CyberOptics Corp	NNM
CYBG	CyberGuard Corp	NNM
CYBR	CyberMedia Inc	NNM
CYBX	Cyberonics Inc	NNM
CYCH	CyberCash Inc	NNM
CYCL	Centennial Cellular 'A'	NNM
CYD	China Yuchai Intl	NYS
CYDS	Cygne Designs	BB
CYE	Corporate High Yield Fd III	NYS
CYFS	Cypress Financial Svcs	BB
CYGN	Cygnus Inc	NNM
CYI	Cycomm Intl	ASE
CYL	Cassidy's Ltd	TS
CYL	Community Capital	ASE
CYLK	Cylink Corp	NNM
CYM	Cyprus Amax Minerals	NYS
CYMI	Cymer Inc	NNM
CYN	City National	NYS
CYP	Cypress Minerals Corp	VS
CYP	Cypros Pharmaceutical	ASE
CYPB	Cypress Bioscience	NSC
CYPBZ	Cypress Bioscience Wrrt	NSC
CYPH	Cytoclonal Pharmaceutics	NSC
CYPHW	Cytoclonal Pharm Wrrt'C'	NSC
CYPHZ	Cytoclonal Pharm Wrrt'D'	NSC
CYRK	Cyrk Inc	NNM
CYSP	Cybershop Intl	NNM
CYSR	Cyberstar Computer	BB
CYT	Cytec Industries	NYS
CYTC	Cytyc Corp	NNM
CYTL	Cytel Corp	NNM
CYTO	Cytogen Corp	NNM
CYTR	CytRx Corp	NNM
CYX	Colony Pacific Expl Ltd	TS
CZB	Cansib Energy	VS
CZC	Citizens Corp	NYS
CZM	CalMat Co	NYS
CZN	Citizens Util	NYS

Ticker	Issue	Exchange
CZN Pr	Citiz Util Tr 5%'EPPICS'(50)	NYS
D	Dominion Resources	NYS
DA	Groupe Danone ADS	NYS
DACG	DA Consulting Group	NNM
DAFL	DuArt Film Labs	BB
DAGR	Green(Daniel) Co	NSC
DAHX	DeCrane Aircraft Hlds	NNM
DAI	Daimler-Benz AktiengADS	NYS
DAIEY	Daiei Inc ADS	NSC
DAIO	Data I/O	NNM
DAJ	Daimler-Benz 5.75% Sub Notes	NYS
DAKT	Daktronics Inc	NNM
DAL	Delta Air Lines	NYS
DALY	Dailey Intl 'A'	NNM
DAN	Daniel Indus	NYS
DANB	Dave & Buster's	NNM
DANKY	Danka Business Systems ADR	NNM
DAOU	DAOU Systems	NNM
DAP	Discount Auto Parts	NYS
DAR	Darling International	ASE
DASTY	Dassault Systems ADS	NNM
DASY	Datalink Systems	BB
DATC	Datatec Systems	NSC
DATM	Datum Inc	NNM
DATX	Data Translation	NSC
DAVE	Famous Dave's of America	NNM
DAVL	Davel Communications Grp	NNM
DAVX	Davox Corp	NNM
DAWK	Daw Technologies	NNM
DAY	Dayton Mining	ASE
DAYR	Day Runner	NNM
DBC.A	Dundee Bancorp Cl'A'	TS
DBC.B	Dundee Bancorp Cl'B'	TS
DBCC	Data Broadcasting	NNM
DBCOQ	Dominion Bridge	NNM
DBD	Diebold, Inc	NYS
DBG	Dyersburg Corp	NYS
DBII	Digital Biometrics	NNM
DBLE	Double Eagle Pet & Mng	NSC
DBLEW	Double Eagle Pet & Mng Wrrt	NSC
DBOT	Demeter Biotechnologies	BB
DBR	Dobrana Resources	VS
DBRN	Dress Barn	NNM
DBRSY	DeBeers Consol Mines ADR	NSC
DBS	Debt Strategies Fund	NYS
DBSS	DBS Industries	BB
DBT	DBT Online	NYS
DBU	Debt Strategies Fund III	NYS
DC	Datametrics Corp	ASE
DCAI	Dialysis Corp Amer	NSC
DCAIW	Dialysis Corp Amer Wrrt	NSC
DCBI	Delphos Citizens Bancorp	NNM
DCBK	Desert Community Bank	NNM
DCGR	DCGR Intl Hldgs	BB
DCI	Donaldson Co	NYS
DCLK	DoubleClick Inc	NNM
DCM	Double Creek Mining	VS
DCM	Dreyfus Cal Muni Income	ASE
DCN	Dana Corp	NYS
DCO	Ducommun Inc	NYS

Ticker	Issue	Exchange
DCOM	Dime Community Bancshares	NNM
DCPCF	Dransfield China Paper	NSC
DCPI	dick clark productions	NNM
DCR	Duff & Phelps Credit Rating	NYS
DCRN	Diacrin Inc	NNM
DCRNW	Diacrin Inc Wrrt	NNM
DCRNZ	Diacrin Inc Unit	NNM
DCS	DONCASTERS plc ADS	NYS
DCSR	DISC Inc	NSC
DCTI	DataMark Holding	NNM
DCTM	Documentum Inc	NNM
DD	duPont(EI)deNemours	NYS
DD PrA	du Pont(E.I.),$3.50 Pfd	NYS
DD PrB	du Pont(E.I.),$4.50 Pfd	NYS
DDC	Detroit Diesel	NYS
DDDDF	New Dimension Software	NNM
DDF	Delaware Grp Dividend Income	NYS
DDIM	Data Dimensions	NNM
DDL	DDL Electronics	NYS
DDR	Developers Diversified Rlty	NYS
DDR PrA	Developers Div Rlty 9.50% Pfd	NYS
DDR PrB	Developers Div Rlty 9.44% Pfd	NYS
DDR PrC	Developers Div Rlty 8.375% Pfd	NYS
DDRX	Diedrich Coffee	NNM
DDS	Dillard's Inc'A'	NYS
DDT	Dillard's Cap Tr 7.50% Cap Sec	NYS
DE	Deere & Co	NYS
DEAR	Dearborn Bancorp	NSC
DEBS	Deb Shops	NNM
DEC PrA	Digital Equip 8.875% Dep'A'Pfd	NYS
DECAF	Decoma Intl 'A'	NNM
DECC	D&E Communications	NNM
DECK	Deckers Outdoor	NNM
DECO	Decora Industries	NNM
DEFI	Defiance Inc	NNM
DEH	Denninghouse Inc	TS
DEL	Deltic Timber	NYS
DELI	Jerry's Famous Deli	NNM
DELL	Dell Computer Corp	NNM
DEMP	Drug Emporium	NNM
DEN	DenAmerica Corp	ASE
DENHY	Denison Intl ADS	NNM
DENT	Dental Care Alliance	NNM
DEO	Diageo plcADS	NYS
DEPCC	DEP Corp	NSC
DEPO	DepoTech Inc	NNM
DER	De Rigo ADS	NYS
DERM	Penederm Inc	NNM
DES	Desc S.A. ADS	NYS
DESI	Designs Inc	NNM
DET	DECS Trust 8.50% 2000	NYS
DETC	Detection Systems	NNM
DEVC	Devcon International	NNM
DEW PrA	Delmarva Pwr Fin I 8.125% Pfd	NYS
DEX	Dexter Corp	NYS
DF	Dean Foods	NYS
DFAX	Diversifax Inc	NSC
DFC	Delta Financial	NYS
DFCO	Destron Fearing	NSC
DFF	Dominick's Supermarkets	NYS

Ticker	Issue	Exchange
DFG	Delphi Fin'l Group 'A'	NYS
DFIN	Damen Financial	NNM
DFNL	Definition Ltd	BB
DFS	Department 56	NYS
DFS	Dofasco, Inc	TS
DFX	Direct Focus	TS
DG	Dollar General	NYS
DGAS	Delta Natural Gas	NNM
DGE	Dessauer Global Equity Fund	NYS
DGF	Delaware Grp Global Div & Inc	NYS
DGIC	Donegal Group	NNM
DGII	Digi International	NNM
DGIT	Digital Generation Systems	NNM
DGJLF	D.G. Jewellery Canada	NSC
DGJWF	D.G. Jewellery Canada Wrrt	NSC
DGN	Data General	NYS
DGS	Dollar Gen'l 8.50%'STRYPES'	NYS
DGSI	Digital Solutions	NSC
DGTC	Del Global Technologies	NNM
DGTT	Digitec 2000	BB
DGX	Quest Diagnostics	NYS
DH	Dayton Hudson	NYS
DHBT	DHB Capital Grp	BB
DHC	Danielson Holding	ASE
DHC.A	Donohue Inc'A'	TS
DHF	Dreyfus High Yield Strategies	NYS
DHI	D.R.Horton	NYS
DHMG	D.H. Marketing & Consult'g	BB
DHMS	Diamond Home Svcs	NNM
DHOM	Dominion Homes	NNM
DHP	Durkin Hayes Publishing Ltd	TS
DHR	Danaher Corp	NYS
DHSM	Diagnostic Health Svcs	NNM
DHTI	Dynamic Healthcare Tech	NNM
DHULZ	Dorchester Hugoton	NNM
DHY	DLJ High Yield Bond Fund	NYS
DI	Dresser Industries	NYS
DIA	DIAMONDS Trust,Series 1	ASE
DIAC	Diapulse Corp Amer	BB
DIAGF	Spectral Diagnostics	NNM
DIALY	Dialog CorpADS	NNM
DIAN	Dianon Systems	NNM
DIDA	Digital Data Network	BB
DIEG	Diehl Graphsoft	NSC
DIEM	Control Chief Hldgs	NSC
DIGE	Digene Corp	NNM
DIGI	DSC Communications	NNM
DIGL	Digital Lightwave	NNM
DII	Decorator Indus	ASE
DIIBF	Dorel Industries'B'	NNM
DIIG	DII Group	NNM
DIMD	Diamond Multimedia Systems	NNM
DIN	Consorcio G Grupo Dina ADS	NYS
DIN.L	Consorcio G Grupo Dina'L'ADS	NYS
DINE	Advantica Restaurant Grp	NNM
DINWV	Advantica Restaurant Wrrt	NNM
DIO	Diodes, Inc	ASE
DIPL	Diplomat Corp	NSC
DIPLW	Diplomat Corp Wrrt	NSC
DIS	Disney (Walt) Co	NYS

Ticker	Issue	Exchange
DISH	EchoStar Communications'A'	NNM
DISHP	EchoStar Comm6.75% CvPfd'C'	NNM
DISK	Image Entertainment	NNM
DISS	Diversified Senior Svcs	NSC
DIST	AMCON Distributing	NSC
DITI	Diatide Inc	NNM
DIV	John Hancock Patr Sel Div Tr	NYS
DIYH	D.I.Y. Home Warehouse	NNM
DIYS	DiaSys Corp	NSC
DJ	Dow Jones & Co	NYS
DJCO	Daily Journal	NSC
DJM	Merr Lyn Dow Jones'MITTS'2002	NYS
DJT	Trump Hotels & Casino Res	NYS
DK	Donna Karan Intl	NYS
DKB	DEKALB Genetics'B'	NYS
DKEY	Datakey Inc	NNM
DKIN	Drucker Industries	BB
DKTH	Dakotah Inc	NNM
DKWD	D & K Healthcare Resources	NNM
DL	Dial Corp	NYS
DLA	Dole Food $2.7475'TRACES'	ASE
DLC	Develcon Electrs Ltd	TS
DLGC	Dialogic Corp	NNM
DLI	Del Laboratories	ASE
DLIA	dELiAs Inc	NNM
DLJ	Donaldson,Lufkin&Jenrette	NYS
DLJ Pr T	DLJ Cap Trust I 8.42% Pfd	NYS
DLJ PrA	Donald,Luf,Jen Fixed/Adj Pfd'A	NYS
DLJ PrB	Donald,Luf,Jen Fixed/Adj Pfd'B	NYS
DLNK	Digital Link	NNM
DLOV	Daleco Resources	NSC
DLP	Delta and Pine Land	NYS
DLPH	Delphi Info Sys	NSC
DLS.EC	Dallas Gold&Silver Exchange	ECM
DLTDF	Delphi Intl	NNM
DLTK	Deltek Systems	NNM
DLTR	Dollar Tree Stores	NNM
DLVRY	Cortecs plc ADS	NNM
DLW	Delta Woodside Ind	NYS
DLX	Deluxe Corp	NYS
DLX	Dylex Ltd	TS
DM	Dames & Moore Group	NYS
DMC.A	Dairy Mart Conven Str'A'	ASE
DMC.B	Dairy Mart Conven Str'B'	ASE
DMDS	Dental/Medical Diagnostic Sys	NSC
DMDSW	Dental/Medical Diagnostic Wrrt	NSC
DME	Dime Bancorp	NYS
DMED	Diametrics Medical	NNM
DMES	Demarco Energy Sys of Amer	BB
DMF	Dreyfus Muni Income	ASE
DMIC	Digital Microwave	NNM
DMIF	DMI Furniture	NSC
DMM.A	Dia Met Minerals'A'	ASE
DMM.B	Dia Met Minerals'B'	ASE
DMMC	DM Management	NNM
DMN	DiMon Inc	NYS
DMRE	DeMert & Dougherty	BB
DMRK	Damark International'A'	NNM
DMSC	Dispatch Management Svcs	NNM
DMW	Diamondworks Ltd	TS

Ticker	Issue	Exchange
DNAP	DNAP Holding	NNM
DNB	Dun & Bradstreet	NYS
DNCC	Dunn Computer	NNM
DNET	EDnet Inc	BB
DNEX	Dionex Corp	NNM
DNFC	D&N Finl Corp	NNM
DNFCP	D&N Cap 9%Non-Cm Exch Pfd	NNM
DNKY	Donnkenny Inc	NNM
DNLI	Denali Inc	NNM
DNM	Dreyfus N.Y. Muni Income	ASE
DNP	Duff/Phelps Util Income	NYS
DNR	Denbury Resources	NYS
DNY	Donnelley(RR)& Sons	NYS
DO	Diamond Offshore Drilling	NYS
DOBQ	Doughtie's Foods	NSC
DOCC	DocuCorp Intl	NNM
DOCDF	DOCdata N.V.	NNM
DOCI	DecisionOne Holdings	NNM
DOCSF	PC DOCS Gp Intl	NNM
DOCU	DocuCon Inc	NSC
DOCX	Document Sciences	NNM
DOL	Dole Food Co	NYS
DOM	Dominion Res Black Warrior Tr	NYS
DOM.A	Doman Industries Cl'A'	TS
DOM.B	Doman Industries Cl'B'	TS
DOMZ	Dominguez Services	NNM
DON	Donnelly Corp Cl'A'	NYS
DOR	Endorex Corp	ASE
DORL	Doral Financial	NNM
DOSE	PharMerica Inc	NNM
DOTX	Dotronix Inc	NNM
DOV	Dover Corp	NYS
DOW	Dow Chemical	NYS
DOX	Amdocs Ltd	NYS
DP	Diagnostic Products	NYS
DPAC	Dense-Pac Microsystems	NNM
DPL	DPL Inc	NYS
DPMD	Depomed Inc	NSC
DPMDW	Depomed Inc Wrrt	NSC
DPMI	DuPont Photomasks	NNM
DPRC	Data Processing Resources	NNM
DPS	Dawson Production Svcs	NYS
DPS	Digital Processing Sys	TS
DPTR	Delta Petroleum	NSC
DPU	DePuy Inc	NYS
DPW	Digital Power	ASE
DPW.WS	Digital Power Wrrt	ASE
DQ PrA	Duquesne Cap L.P.8.375%'MIPS'	NYS
DQE	DQE	NYS
DQU PrA	Duquesne Lt $2.10 Pfd(51.84)	NYS
DQU PrB	Duquesne Lt 3.75% Pfd	NYS
DQU PrC	Duquesne Lt 4% Pfd	NYS
DQU PrD	Duquesne Lt,4.10% Pfd	NYS
DQU PrE	Duquesne Lt 4.15% Pfd	NYS
DQU PrG	Duquesne Lt 4.20% Pfd	NYS
DQZ	Duquesne Light 7.375% Bonds	NYS
DR	Coastal Physician Grp	NYS
DRAI	Data Research Associates	NNM
DRAXF	Draxis Health	NNM
DRC	Dain Rauscher	NYS

Ticker	Issue	Exchange
DRCO	Dynamics Research	NNM
DRD	Duane Reade	NYS
DRE	Duke Realty Inv	NYS
DRE PrA	Duke Rlty 9.10% Dep Pfd	NYS
DREV	Dragon Environmental	BB
DRF	Dan River 'A'	NYS
DRFNY	Driefontein Consol ADR	NSC
DRH	Driver-Harris	ASE
DRI	Darden Restaurants	NYS
DRI	Drug Royalty	TS
DRIV	Digital River	NNM
DRKH	Drake Holding	BB
DRKN	Durakon Industries	NNM
DRMD	Duramed Pharmaceutical	NNM
DROOY	Durban Roodepoort Deep ADR	NNM
DROV	Drovers Bancshares	NNM
DRQ	Dril-Quip Inc	NYS
DRRA	Dura Automotive Sys'A'	NNM
DRRAP	Dura AutoSys Cap 7.50% Cv Pfd	NNM
DRS	DRS Technologies	ASE
DRTE	Dendrite International	NNM
DRTK	GTS Duratek	NNM
DRV	Dravo Corp	NYS
DRXR	Drexler Technology	NNM
DRYR	Dreyer's Gr Ice Cr	NNM
DS	Dallas Semiconductor	NYS
DSA	Dalsa Corp	TS
DSCI	Derma Sciences	NSC
DSCO	Discovery Laboratories	NSC
DSCOU	Discovery Laboratories'Unit'	NSC
DSCOW	Discovery Laboratories Wrrt'A'	NSC
DSCOZ	Discovery Laboratories Wrrt'B'	NSC
DSCP	Datascope Corp	NNM
DSCS	Discas Inc	NSC
DSCSW	Discas Inc Wrrt	NSC
DSD	Dayton Superior'A'	NYS
DSET	DSET Corp	NNM
DSFT	Delsoft Consulting	BB
DSGIF	DSG International Ltd	NNM
DSGR	Disc Graphics	NNM
DSGRW	Disc Graphics Wrrt	NSC
DSH PrA	Designer FinTr 6%Cv'TOPrS'(51.	NYS
DSI	Dreyfus Strategic Gvts	NYS
DSIT	DSI Toys	NSC
DSL	Downey Financial	NYS
DSLGF	Discreet Logic	NNM
DSM	Desert Sun Mining	VS
DSM	Dreyfus Strategic Muni Bd Fd	NYS
DSP	DSP Communications	NYS
DSPG	DSP Group	NNM
DSPT	DSP Technology	NNM
DSSI	Data Systems & Software	NNM
DST	DST Systems	NYS
DSTM	Datastream Systems	NNM
DSTR	DualStar Technologies	NNM
DSTRW	DualStar Technologies Wrrt'A'	NNM
DSU	Debt Strategies Fund II	NYS
DSW	Southwest'n Bell Tel 6.78% Deb	NYS
DSWLF	Deswell Industries	NNM
DSWT	Duraswitch Indus	BB

Ticker	Issue	Exchange
DSYS	Data Sys Network Corp	BB
DT	Deutsche Telekom ADS	NYS
DTA	Detroit Edison 7.625% 'QUIDS'	NYS
DTAGY	Digital Telekabel ADR	NSC
DTB	Detroit Edison 7.54%'QUIDS'	NYS
DTC	Domtar, Inc	NYS
DTD	Detroit Edison 8.50% 'QUIDS'	NYS
DTE	DTE Energy	NYS
DTE PrF	Detroit Edison 7.74% Dep Pfd	NYS
DTF	Duff/Phelps Util Tax-Free Inc	NYS
DTG	Dollar Thrifty Auto Grp	NYS
DTII	D T Industries	NNM
DTL	Dal-Tile Intl	NYS
DTLN	Data Transmission Ntwk	NNM
DTM	Dataram Corp	ASE
DTMC	DTM Corp	NNM
DTPI	Diamond Tech Partners'A'	NNM
DTPT	Datapoint Corp	BB
DTPTP	Datapoint $1 cm Pfd	BB
DTRX	Detrex Corporation	NNM
DTSI	Datron Systems	NNM
DTSX	Digital Transmission Sys	NSC
DTSXU	Digital Transmission Sys Unit	NSC
DTSXW	Digital Transmission Sys Wrrt	NSC
DTV	DataWave Systems	VS
DUC	Duff/Phelps Util & Cp Bd Tr	NYS
DUCK	Duckwall-Alco Stores	NNM
DUK	Duke Energy	NYS
DUK PrA	Duke Energy 6.375%'A'Pfd	NYS
DUK PrQ	Duke EnCapTrl 7.20%'QUIPS'	NYS
DUK PrT	Duke Cap Fin 7.375%'TOPrS'	NYS
DUNE	Dunes Hotels & Casinos	BB
DUP.A	duPont of Canada Cl'A'	TS
DURA	Dura Pharmaceuticals	NNM
DUSA	DUSA Pharmaceuticals	NNM
DV	DeVry Inc	NYS
DVD	Dover Downs Entertainment	NYS
DVI	Dover Industries Ltd	TS
DVI	DVI Inc	NYS
DVID	Digital Video Systems	NNM
DVIDU	Digital Video Sys Unit	NSC
DVIDW	Digital Video Sys Wrrt'A'	NNM
DVIDZ	Digital Video Sys Wrrt'B'	NNM
DVIN	Diversified Investors	BB
DVLG	DeVlieg-Bullard Inc	NNM
DVN	Devon Energy	ASE
DVNTF	Diversinet Corp	NSC
DW	Drew Industries	ASE
DWCH	Datawatch Corp	NNM
DWEB	DynamicWeb Enterprises	BB
DWL	DeWolfe Cos	ASE
DWRX	DataWorks Corp	NNM
DWSN	Dawson Geophysical	NNM
DWTI	Dataware Technologies	NNM
DWYR	Dwyer Group	NNM
DX	Dynex Capital	NYS
DXCPN	Dynex Cap cm Cv'C'Pfd	NNM
DXCPO	Dynex Cap cm Cv'B'Pfd	NNM
DXCPP	Dynex Cap 9.75% Cv'A'Pfd	NNM
DXO	Disco S.A. ADS	NYS

Ticker	Issue	Exchange
DXPE	DXP Enterprises	NNM
DXR	Daxor Corp	ASE
DXT	Dixon Ticonderoga	ASE
DXYN	Dixie Group	NNM
DY	Dycom Industries	NYS
DYAS	Dynamics Assoc 'A'	BB
DYGN	DynaGen Inc	NSC
DYGNW	DynaGen Inc Wrrt	NSC
DYHM	Dynamic Homes	NSC
DYII	Dynacq Intl	NSC
DYMTF	DynaMotive Technologies	NSC
DYMX	Dynamex Inc	NNM
DYN	Dynegy Inc	NYS
DYNIU	Dynamic Intl	BB
DYNT	Dynatronics Corp	NSC
DYNX	Dynatec Intl	NSC
DYOLF	Dynamic Oil Ltd	NSC
DYPR	Drypers Corp	NNM
DYS	Distribucion y Servicio ADS	NYS
DZTK	Daisytek Intl	NNM
E	ENI S.p.A. ADS	NYS
E.WS	WEBS,Singapore(Free)Index Seri	ASE
EACO	EA Engr Science/Tech	NNM
EAGL	Eagle Hardware & Garden	NNM
EAI PrA	Entergy Ark Cap I 8.50%'QUIPS'	NYS
EAII	Engineering Animation	NNM
EAIN	EA Industries	BB
EAR	HEARx Ltd	ASE
EASI	Engineered Support Sys	NNM
EASTE	Eastbrokers Intl	NSC
EASWE	Eastbrokers Intl Wrrt'A'	NSC
EAT	Brinker Intl	NYS
EATS	Eateries Inc	NNM
EBC	Edperbrascan Corp'A'	ASE
EBF	Ennis Business Forms	NYS
EBI	Equality Bancorp	ASE
EBS Pr	EBI Cap Tr I 8.50% Pfd	ASE
EBSC	Elder-Beerman Stores	NNM
EBSI	Eagle Bancshares	NNM
EBY	Elsag Bailey Process Auto N.V.	NYS
EC	Engelhard Corp	NYS
ECA	Encal Energy	NYS
ECC	ECC International	NYS
ECCS	ECCS, Inc	NSC
ECF	Ellsworth Cv Growth/Income	ASE
ECGC	Essex County Gas	NNM
ECGOF	Amer Eco	NNM
ECH	Enerchem Intl	TS
ECHO	Electronic Clearing House	NSC
ECHTA	EchoCath Inc'A'	NSC
ECHTU	EchoCath Inc Unit	NSC
ECHTW	EchoCath Inc Wrrt'A'	NSC
ECHTZ	EchoCath Inc Wrrt 'B'	NSC
ECI	EXCEL Communications	NYS
ECILF	ECI Telecom Ltd	NNM
ECIN	EMCEE Broadcast Products	NNM
ECL	Ecolab Inc	NYS
ECLP	Eclipsys Corp	NNM
ECM	El Callao Mining	VS
ECM	Emerging Communications	ASE

Ticker	Issue	Exchange
ECO	Echo Bay Mines	ASE
ECOL	Amer Ecology	NNM
ECOS	ECOS Group	BB
ECP	Central Newspapers 'A'	NYS
ECRE	Ecological Recycling	BB
ECSC	EcoScience Corp	NSC
ECSGY	ECsoft Group ADR	NNM
ECSI	Endocardial Solutions	NNM
ECT	Lauder(Estee)Co 6.25%'TRACES'	NYS
ECTL	Elcotel Inc	NNM
ECTLW	Elcotel Inc 99'Wrrt	NNM
ED	Consolidated Edison	NYS
ED PrA	Consol Ed NY,$5 Pfd	NYS
ED PrC	Consol Ed NY,4.65% C Pfd	NYS
EDAC	Edac Technologies	NNM
EDAPY	EDAP TMS S.A. ADS	NNM
EDBR	Edison Bros Stores	NNM
EDBRW	Edison Bros Strs Wrrt	NSC
EDCO	Edison Control	NNM
EDE	Empire Dist Elec	NYS
EDE PrA	Empire Dist El,4 3/4% Pfd	NYS
EDE PrB	Empire Dist El,5% Pfd	NYS
EDEL	Edelbrock Corp	NNM
EDF	Emerging Mkts Income Fund II	NYS
EDFY	Edify Corp	NNM
EDGE	Visual Edge Systems	NSC
EDGEW	Visual Edge Sys Wrrt	NSC
EDIN	Educational Insights	NNM
EDIX	Electronic Designs	NSC
EDL	Consolidated Ed 7.75%'QUICS'	NYS
EDMC	Education Management	NNM
EDMD	Educational Medical	NNM
EDO	EDO Corp	NYS
EDP	EDP-Electricidade Portugal ADS	NYS
EDS	Electronic Data Systems	NYS
EDUC	Educational Development	NNM
EDUSF	Edusoft Ltd	NNM
EDUT	EduTrek Intl 'A'	NNM
EDYN	EnvirodyneIndustries	NSC
EE	El Paso Electric	ASE
EEC	Environmental Elements	NYS
EECN	Ecogen Inc	NNM
EEE	Canadian 88 Energy	ASE
EEFT	Euronet Services	NNM
EEI	Ecology/Environment'A'	ASE
EEM	Mer Lyn Maj 11 Intl'MITTS'2002	ASE
EESI	Eastern Environmental Svc	NNM
EEX	EEX Corp	NYS
EF	Europe Fund	NYS
EFBC	Empire Federal Bancorp	NNM
EFBI	Enterprise Federal Bancorp	NNM
EFC	EFC Bancorp	ASE
EFCX	Electric Fuel	NNM
EFIC	EFI Electronics	NSC
EFII	Electronics For Imaging	NNM
EFL	Emerging Mkts Fltg Rt Fd	NYS
EFS	Enhance Financial Svcs Grp	NYS
EFTC	EFTC Corp	NNM
EFTX	Eftek Corp	BB
EFU	Eastern Enterprises	NYS

Ticker	Issue	Exchange
EFX	Equifax Inc	NYS
EGAS	Energy Search	NSC
EGASW	Energy Search Wrrt	NSC
EGEO	Eagle Geophysical	NNM
EGG	EG&G Inc	NYS
EGGS	Egghead.com Inc	NNM
EGHT	8X8 Inc	NNM
EGLB	Eagle BancGroup	NSC
EGLE	Eagle Food Centers	NNM
EGLS	Electroglas Inc	NNM
EGN	Energen Corp	NYS
EGNS	Egan Systems	BB
EGP	EastGroup Properties Inc	NYS
EGP PrA	Eastgroup Prop 9.00%'A'Pfd	NYS
EGPT	Eagle Point Software	NNM
EGR	Earthgrains Co	NYS
EGRP	E Trade Group	NNM
EGS PrA	Enter Gulf St Cp I 8.75%'QUIPS	NYS
EGX	Engex Inc	ASE
EGY	Columbus Energy	ASE
EI	EnergyNorth Inc	NYS
EIDSY	Eidos PLC ADR	NNM
EIL	Electrochemical Ind(1952)	ASE
EILL	Elegant Illusions	NSC
EIN	Echelon International	NYS
EIS	Excelsior Inc Shares	NYS
EISI	EIS International	NNM
EIX	Edison Intl	NYS
EK	Eastman Kodak	NYS
EKC	Ek Chor China Motorcycle	NYS
EKFG	Elk Associates Funding	NSC
EKO	Ekco Group	NYS
EKP Pr	A/S Eksportfinans 8.70% Pfd(25	NYS
EKT	Grupo Elektra GDS	NYS
EL	Lauder (Estee) Co	NYS
EL.X	Electrohome Ltd	TS
ELAMF	Elamex S.A.de C.V. Cl I	NNM
ELBO	Electronics Boutique Hldgs	NNM
ELBTF	Elbit Ltd	NNM
ELCO	Elcom Intl	NNM
ELE	Endesa SAADS	NYS
ELET	Ellett Brothers	NNM
ELF	Elf Aquitaine ADS	NYS
ELGT	Electric & Gas Technology	NNM
ELI	Eli Eco Logic Inc	TS
ELIX	Electric Lightwave'A'	NNM
ELK	Elcor Corp	NYS
ELM	Empresas La Moderna SA ADS	NYS
ELMG	Electromagnetic Sci	NNM
ELMS	Elmer's Restaurants	NSC
ELN	Elan Corp ADS	NYS
ELNK	Earthlink Network	NNM
ELNT	Elantec Semiconductor	NNM
ELO PrA	Entergy London Cap 8.625%'QUIP	NYS
ELON	Echelon Corp	NNM
ELP	Comp Paranaense Energia'B'ADS	NYS
ELRC	Electro Rent	NNM
ELRNF	Elron Electr Ind Ord	NNM
ELRWF	Elron Electr Ind Wrrt	NNM
ELSE	Electro-Sensors	NSC

Ticker	Issue	Exchange
ELSI	Electrosource Inc	NSC
ELST	Electronic Systems Technology	BB
ELT	Elscint Ltd(New)	NYS
ELTKF	ELTEK Ltd	NNM
ELTN	Eltron Intl	NNM
ELTX	Eltrax Systems	NSC
ELUXY	Electrolux AB Cl'B'ADR	NNM
ELXS	ELXSI Corp	NNM
ELY	Callaway Golf	NYS
EMAK	Equity Marketing	NNM
EMBR	Embryo Development	NSC
EMBU	EMB Corp	BB
EMBX	Embrex Inc	NNM
EMC	Ecuadarian Minerals Corp	TS
EMC	EMC Corp	NYS
EMCB	EMC Group	BB
EMCC	European Micro Hlds	NNM
EMCG	EMCOR Group	NNM
EMCI	EMC Insurance Group	NNM
EMCO	Engineering Measure't	NNM
EMD	Emerging Mkts Income Fund	NYS
EMD	Empyrean Diagnostics	BB
EME	Foreign/Colon'l Emg MidEast Fd	NYS
EMF	Templeton Emerg Mkts	NYS
EMFP	Emergency Filtration	BB
EMG	Emerging Mkts Infrastructure	NYS
EMIS	Emisphere Technologies	NNM
EMITF	Elbit Medical Imaging	NNM
EMJ	EMJ Data Systems Ltd	TS
EMKR	EMCORE Corp	NNM
EML	Eastern Co	ASE
EMLD	Emerald Finl Corp	NNM
EMLTF	Emco Ltd	NNM
EMLX	Emulex Corp	NNM
EMMS	Emmis Communications'A'	NNM
EMN	Eastman Chemical	NYS
EMON	Emons Transportation Group	NSC
EMP	Empire of Carolina	ASE
EMP PrA	Empire of Carolina Cv'A'Pfd	ASE
EMP.A	Empire Ltd Cl'A'	TS
EMP.WS	Empire of Carolina Wrrt	ASE
EMPI	Empi Inc	NNM
EMR	Emerson Electric	NYS
EMR	Emgold Mining	VS
EMSI	Effective Mgmt Systems	NNM
EMSIW	Effective Mgmt Sys'Wrrt'	NNM
EMT	Mandorin Goldfields	VS
EMU	Emultek Ltd	ASE
EN	Euro-Nevada Mining	TS
ENBC	Energy BioSystems	NNM
ENBX	Einstein/Noah Bagel	NNM
ENC	Enesco Group	NYS
ENCD	ENCAD Inc	NNM
ENCP	Enercorp Inc	NSC
ENDG	Endogen Inc	NSC
ENDO	ENDOcare Inc	NSC
ENE	Enron Corp	NYS
ENE PrA	Enron Cap Res 9% 'A' Pfd	NYS
ENE PrC	Enron Capital LLC'MIPS'	NYS
ENE PrJ	Enron $10.50 Cv 2nd Pfd	NYS

Ticker	Issue	Exchange
ENE PrR	Enron Cap Tr II 8.125%'TOPrS'	NYS
ENE PrT	Enron Cap Tr I 8.30%'TOPrS'	NYS
ENER	Energy Conv Devices	NNM
ENET	EqualNet Communications	NNM
ENEX	ENEX Resources	BB
ENGEF	Engel General Developers	NNM
ENGL	Engle Homes	NNM
ENGSY	Energis PLC ADS	NNM
ENI	Enersis S.A. ADS	NYS
ENL	Elsevier NV ADS	NYS
ENMC	Encore Medical	NNM
ENMCW	Encore Medical Wrrt	NNM
ENMD	EntreMed Inc	NNM
ENML	Enamelon Inc	NNM
ENN	Equity Inns	NYS
ENN PrA	Equity Inns 9.50%'A'Pfd	NYS
ENP	Kinder Morgan Egy Ptnrs L.P.	NYS
ENPT	En Pointe Tech	NNM
ENQ	Amer Media Cl'A'	NYS
ENR	Envirotest Systems'A'	ASE
ENS PrF	ENSERCH Dep Adj cm'F'Pfd	NYS
ENSC	Ensec Intl	BB
ENSI	EnergySouth Inc	NNM
ENSO	EnviroSource Inc	NNM
ENSR	ENStar Inc	NNM
ENSW	Enterprise Software	NNM
ENT	EQUANT N.V. ADS	NYS
ENTS	Physicians' Specialty	NNM
ENTU	Entrust Technologies	NNM
ENV	CET Environmental Svcs	ASE
ENVG	Envirogen Inc	NSC
ENVY	Envoy Corp	NNM
ENZ	Enzo Biochem	ASE
ENZN	ENZON Inc	NNM
EOC	Empresa Nac'l De El(Chile)ADS	NYS
EOG	Enron Oil & Gas	NYS
EOL PrA	Elf Overseas Ltd 8.50%Pfd'A'	NYS
EOL PrB	Elf Overseas Ltd 7.625% Pfd'B'	NYS
EOP	Equity Office Properties Tr	NYS
EOP PrA	Equity Office Prop 8.98% Pfd	NYS
EOT	EOTT Energy Partners L.P.	NYS
EOV	Econ Ventures	VS
EPD	Enterprise Products Partners	NYS
EPEX	Edge Petroleum	NNM
EPG	El Paso Energy	NYS
EPG Pr	El Paso Tenn 8.25% Jr'A' Pfd	NYS
EPG PrC	El Paso Energy Cap Tr4.75%Cv'C	NYS
EPIE	Eskimo Pie	NNM
EPII	Eagle Pacific Indus	NSC
EPIQ	Electronic Processing	NNM
EPIX	EPIX Medical	NNM
EPLTF	Electrocon Intl	NSC
EPMD	EP MedSystems	NNM
EPR	Entertainment Properties Tr	NYS
EPTG	EPL Technologies	NNM
EPTO	Epitope Inc	NNM
EQ	Equitable Cos	NYS
EQNX	Equinox Systems	NNM
EQR	Equity Residential Prop Tr	NYS
EQR PrA	Equity Res Pr Tr 9.375%'A'Pfd	NYS

Ticker	Issue	Exchange
EQR PrB	Equity Res Pr Tr 9.125%'B'Pfd	NYS
EQR PrC	Equity Res Prop Tr 9.125% Pfd	NYS
EQR PrD	Equity Res Pr Tr8.60%Dep Pfd	NYS
EQR PrE	Equity Res Prop'E'Cv Pfd	NYS
EQR PrF	Equity Res Prop Tr 9.65% Pfd	NYS
EQR PrG	Equity Res Prop Tr 7.25% Dep P	NYS
EQS	Equus II Inc	NYS
EQSB	Equitable Fed Svgs Bank	NNM
EQT	Equitable Resources	NYS
EQTL	Equitech Intl	BB
EQTX	Equitex Inc	NSC
EQTY	Equity Oil	NNM
EQU	Equity Corp Intl	NYS
EQUI	Equivest Finance	NSC
EQUUS	Equus Gaming LP	NSC
EQY	Equity One	NYS
ER	Eastmain Resources	TS
ER	Executive Risk	NYS
ERAW	Erawest Inc	BB
ERC	Energy Research	ASE
ERCI	ERC Industries	NSC
ERE	Equitable Resources Cap Tr 7.3	NYS
ERGO	Ergo Science	NNM
ERGV	Ergovision Inc	BB
ERHC	Environmentaal Remediation Hld	BB
ERICY	Ericsson(LM)Tel'B'ADS	NNM
ERICZ	Ericcson(LM)Tel'A'ADS	NSC
ERIE	Erie Indemnity 'A'	NNM
ERLYE	ERLY Indus	NNM
EROX	Human Pheromone Sciences	NSC
ERS	Enertec Resource Services	TS
ERSI	Electronic Retailing Sys	NNM
ERTH	EarthShell Corp	NNM
ERTS	Electronic Arts	NNM
ESA	Extended Stay Amer	NYS
ESAT	Esat Telecom Group ADS	NNM
ESB PrA	Espirito Santo Oversecs 8.50%	NYS
ESBF	ESB Financial	NNM
ESBFP	Pennfirst Cap Tr 8.625% cm Pfd	NNM
ESBK	Elmira Savings Bank	NSC
ESC	Emeritus Corp	ASE
ESCA	Escalade Inc	NNM
ESCC	Evans&Sutherl'd Computer	NNM
ESCI	Earth Sciences	NSC
ESCMF	ESC Medical Systems	NNM
ESCO	Easco Inc	NNM
ESCP	Electroscope Inc	NNM
ESE	ESCO Electronics	NYS
ESF	Espirito Santo Finl ADS	NYS
ESFT	eSoft Inc	NSC
ESH	Scheib (Earl)	ASE
ESI	ITT Educational Svcs	NYS
ESIO	Electro Scientific Ind	NNM
ESL	Esterline Technologies	NYS
ESLTF	Elbit Systems	NNM
ESMC	Escalon Medical Corp	NNM
ESMCL	Escalon Med Corp Wrrt'B'	NNM
ESMCW	Escalon Med Corp Wrrt'A'	NNM
ESNJ	Esenjay Exploration	NSC
ESNJZ	Esenjay Exploration Wrrt'B'	NSC

Ticker	Issue	Exchange
ESOL	Employee Solutions	NNM
ESON	Endosonics Corp	NNM
ESP	Espey Mfg & Electr	ASE
ESPI	e.spire Communications	NNM
ESPRY	Esprit Telecom Grp ADR	NNM
ESQS	Esquire Communications	NSC
ESREF	ESG Re Ltd	NNM
ESRX	Express Scripts 'A'	NNM
ESS	Essex Property Trust	NYS
ESSF	ESSEF Corp	NNM
ESSI	Eco Soil Systems	NNM
ESST	ESS Technology	NNM
ESTI	Eclipse Surgical Tech	NNM
ESTO	Eastco Industrial Safety	NSC
ESTOZ	Eastco Indust'l Safety Wrrt'B'	NSC
ESV	ENSCO Intl	NYS
ESVS	Enhanced Services	NSC
ESX	Essex Bancorp	ASE
ETC	Environmental Tectonics	ASE
ETCIA	Electronic Tele Comm'A'	NSC
ETEC	Etec Systems	NNM
ETEL	E-Net Inc	NSC
ETF	Emerging Mkts Telecommun Fd	NYS
ETFS	East Texas Financial Svcs	NNM
ETH	Ethan Allen Interiors	NYS
ETHCY	Ethical Holdings Ltd ADS	NNM
ETKA	Ethika Corp	BB
ETMP	Eventemp Corp	BB
ETN	Eaton Corp	NYS
ETP	Enterprise Oil ADS	NYS
ETP PrB	Enterprise Oil Pref 'B' ADS	NYS
ETR	Entergy Corp	NYS
ETRC	Equitrac Corp	NNM
ETT	ElderTrust SBI	NYS
ETTIE	EcoTyre Technologies	NSC
ETW	E'town Corp	NYS
ETZ	Etz Lavud Ltd Ord	ASE
ETZ.A	Etz Lavud Ltd 'A'	ASE
EUA	Eastern Util Assoc	NYS
EUFA	Eufaula BancCorp	NSC
EUPH	Euphonix Inc	NNM
EUSA	Eagle USA Airfreight	NNM
EV	Eaton Vance	NYS
EVAN	Evans Inc	NNM
EVBS	Eastern Virginia Bankshares	NSC
EVEN	EV Environmental	BB
EVER	Evergreen Resources	NNM
EVGN	Evergreen Bancorp	NNM
EVI	EVI Weatherford	NYS
EVMD	Everest Medical	NSC
EVN	Even Resources	VS
EVOL	Evolving Systems	NNM
EVR	EVEREN Capital	NYS
EVRE	Enviro-Recovery	BB
EVSI	Evans Systems	NNM
EVSNF	Elbit Vision Systems	NNM
EVT	Economic Investment Tr Ltd	TS
EVTC	Environmental Technologies	NNM
EVV	Environmental Safeguards	ASE
EWA	WEBS,Australia Index Series	ASE

Ticker	Issue	Exchange
EWB	E.W. Blanch Holdings	NYS
EWC	WEBS,Canada Index Series	ASE
EWD	WEBS,Sweden Index Series	ASE
EWEB	Euroweb International	NSC
EWF	European Warrant Fund	NYS
EWG	WEBS,Germany Index Series	ASE
EWH	WEBS,Hong Kong Index Series	ASE
EWI	WEBS,Italy Index Series	ASE
EWJ	WEBS,Japan Index Series	ASE
EWK	WEBS,Belgium Index Series	ASE
EWL	WEBS,Switzerland Index Series	ASE
EWM	WEBS,Malaysia(Free)Index Serie	ASE
EWN	WEBS,Netherlands Index Series	ASE
EWNDC	Eastwind Group	NSC
EWO	WEBS,Austria Index Series	ASE
EWP	WEBS,Spain Index Series	ASE
EWQ	WEBS,France Index Series	ASE
EWST	Energy West	NNM
EWU	WEBS,U.K. Index Series	ASE
EWW	WEBS,Mexico(Free)Index Series	ASE
EX	Exide Corp	NYS
EXAC	Exactech Inc	NNM
EXAR	Exar Corp	NNM
EXBT	Exabyte Corp	NNM
EXC	Excel Industries	NYS
EXCA	Excalibur Technologies	NNM
EXCO	EXCO Resources	BB
EXDS	Exodus Communications	NNM
EXE.A	Extendicare Inc	NYS
EXEC	Execustay Corp	NNM
EXG	Enron Cp 6.25% Exch Nts'98	NYS
EXGN	Exogen Inc	NNM
EXM	Excel Maritime Carriers(New)	ASE
EXPD	Expeditors Intl,Wash	NNM
EXPO	Exponent Inc	NNM
EXR	Expatriate Resources	VS
EXTI	Exten Industries	BB
EXTL	Executive Telecard Ltd	NNM
EXX.A	EXX Inc 'A'	ASE
EXX.B	EXX Inc 'B'	ASE
EY	Ethyl Corp	NYS
EYEM	Eyemakers Inc	BB
EYES	Vision Twenty-One	NNM
EZCOF	Ezcony Interamerica	BB
EZM.A	E-Z EM Inc'A'	ASE
EZM.B	E-Z EM Inc 'B'	ASE
EZPW	EZCORP Inc'A'	NNM
F	Ford Motor	NYS
F PrB	Ford Motor Dep'B'Pfd	NYS
F PrT	Ford Mtr Cap Tr I 9.00%'TOPrS'	NYS
FA	Fairchild Corp 'A'	NYS
FAB	FirstFed Amer Bancorp	ASE
FACO	First Alliance 'A'	NNM
FACT	First Albany Cos	NNM
FAE	Fidelity Advisor Emer'g Asia	NYS
FAF	First Amer Finl	NYS
FAHC	First Amer Hlth Concepts	NNM
FAI	FAI Insurances Ltd ADS	NYS
FAIR	Renaissance Entertainment	NSC
FAIRW	Renaissance Entmt Wrrt'A'	NSC

Ticker	Issue	Exchange
FAIRZ	Renaissance Entmt Wrrt'B'	NSC
FAJ	Frontier Adjusters of Amer	ASE
FAK	Fidelity Advisor Korea Fund	NYS
FAL	Fall River Gas	ASE
FAM	First Amer (Tenn)	NYS
FAMCA	Federal Agricultural Mtge'A'	NSC
FAMCK	Federal Agricultural Mtge'C'	NNM
FAME	Flamemaster Corp	NNM
FARC	Farr Co	NNM
FARL	Farrel Corp	NNM
FARM	Farmer Bros	NNM
FARO	FARO Technologies	NNM
FASI	Fields Aircraft Spares	NSC
FAST	Fastenal Co	NNM
FATS	Firearms Training Sys'A'	NNM
FAUX	Premier Concepts	NSC
FAUXW	Premier Concepts Wrrt	NSC
FAVS	First Aviation Svcs	NNM
FAX	Alphanet Telecom	TS
FAX	First Australia Prime	ASE
FAXX	FaxSav Inc	NNM
FBA	First Banks America	NYS
FBA PrT	First America Cap Tr 8.50% Pfd	NYS
FBAN	FNB Corp (PA)	NNM
FBANP	FNB Corp 7.5% Cv'B' Pfd	NSC
FBAR	Family Bargain	NSC
FBARP	Family Bargain 9.5% Cv'A'Pfd	NSC
FBAYF	Frisco Bay Industries	NNM
FBBC	First Bell Bancorp	NNM
FBCG	First Banking S.E. Georgia	NNM
FBCI	Fidelity Bancorp	NNM
FBCV	1st Bancorp (IN)	NSC
FBER	1st Bergen Bancorp	NNM
FBF	BEA Income Fd	NYS
FBG	Friedman Billings Ramsey Gp'A'	NYS
FBHC	Fort Bend Hldg	NNM
FBI	BEA Strategic Global Inc Fd	NYS
FBKP	First Bk Philadelphia PA	NSC
FBN	Furniture Brands Intl	NYS
FBNC	First Bancorp (NC)	NNM
FBNKO	First Preferred Cap Tr 9.25% P	NNM
FBNW	FirstBank Corp	NNM
FBP	FirstBank Puerto Rico	NYS
FBR	First Brands Corp	NYS
FBRK	Fallbrook Natl Bank	NSC
FBSI	First Bankshares	NNM
FBST	Fiberstars Inc	NNM
FBSWW	U.S. Bancorp Wrrt	NSC
FBTR	For Better Living	BB
FC	Franklin Covey	NYS
FCA.A	Fabri-Centers Amer'A'	NYS
FCA.B	Fabri-Centers Amer'B'	NYS
FCB	Falmouth Bancorp	ASE
FCBF	FCB Financial	NNM
FCBIA	First Commerce Bancshares'A'	NSC
FCBIB	First Commerce Bancshares 'B'	NSC
FCBK	First Coastal Bankshares	NNM
FCBS	First Community Bkg Svcs	NSC
FCC.A	Fletcher Challenge Cda'A'	TS
FCCN	Frontline Communications	NSC

Ticker	Issue	Exchange
FCCNW	Frontline Communicat'ns Wrrt	NSC
FCE.A	Forest City Enterp Cl'A'	NYS
FCE.B	Forest City Ent Cv Cl'B'	NYS
FCF	First Commonwealth Finl	NYS
FCFC	Firstcity Financial	NNM
FCFCP	Firstcity Finl 'B' Pfd	NNM
FCGH	Fidelity Capital/Grp Hlds	BB
FCGI	First Consulting Grp	NNM
FCH	FelCor Lodging Trust	NYS
FCH PrA	FelCor Lodging Tr $1.95 Pfd	NYS
FCH PrB	FelCor Lodging Tr 9% Dep Pfd	NYS
FCIN	Flour City Intl	NNM
FCME	First Coastal	NSC
FCN	First Chicago NBD	NYS
FCN PrB	First Chi NBD Adj Div'B'Pfd	NYS
FCN PrC	First Chi NBD Adj Div'C'Pfd	NYS
FCN PrU	First Chi NBD 7.5%PfdPurUnits	NYS
FCNB	FCNB Corp	NNM
FCNBP	FCNB Cap Tr 8.25% Pfd	NNM
FCNCA	First Citizens BancShares'A'	NNM
FCO	First Commonwealth Fund	NYS
FCO	Formation Capital	TS
FCP	Falcon Products	NYS
FCPY	Factory Card Outlet	NNM
FCSE	Focus Enhancements	NSC
FCSM	Fun Cosmetics	BB
FCTR	First Charter Corp	NNM
FCVL	First Colonial Ventures	BB
FCWI	First Commonwealth	NNM
FCX	Freep't McMoRan Copper&Gold'B'	NYS
FCX PrA	Freept-McMo Cp/Gld'A'Dep Pfd	NYS
FCX PrB	Freept-McMo Cp/Gld'B'Dep Pfd	NYS
FCX PrC	Freept-McMo Cp/Gld'C'Dep Pfd	NYS
FCX PrD	Freept-McMo Cp/Slvr'D'Dep Pfd	NYS
FCX.A	Freep't-McMoRan Copper&Gold'A'	NYS
FCY	Furon Co	NYS
FD	Federated Dept Stores	NYS
FD.WS.C	Federated Dept Strs 'C' Wrrt	NYS
FD.WS.D	Federated Dept Strs 'D' Wrrt	NYS
FDC	First Data	NYS
FDCC	Factual Data	NSC
FDCCW	Factual Data Wrrt	NSC
FDEF	First Defiance Fin'l	NNM
FDGT	Fluor Daniel/GTI	NNM
FDIR	Fronteer Finl Hldgs	NSC
FDJA	Faroudja Inc	NNM
FDLNA	Food Lion Inc Cl'A'	NNM
FDLNB	Food Lion Inc Cl'B'	NNM
FDO	Family Dollar Stores	NYS
FDOT	fine.com Intl	NNM
FDP	Fresh Del Monte Produce	NYS
FDPC	FDP Corp	NNM
FDS	FactSet Research Systems	NYS
FDTR	Federal Trust Corp	NSC
FDX	FDX Corp	NYS
FDY	Atchison Casting	NYS
FDYMF	First Dynasty Mines	BB
FE	FirstEnergy Corp	NYS
FECPF	Farm Energy	BB
FED	FirstFed Financial	NYS

Ticker	Issue	Exchange
FEET	Just For Feet	NNM
FEG	Fletcher Challenge Ener ADS	NYS
FEI	Frequency Electrs	ASE
FEIC	FEI Co	NNM
FELE	Franklin Electric	NNM
FEN	Forcenergy Inc	NYS
FEP	Franklin Electronic Pub	NYS
FERO	Ferrofluidics Corp	NNM
FESX	First Essex Bancorp	NNM
FEY	Fortune Energy	TS
FF	First Financial Fund	NYS
FFA	Franchise Finance Cp Amer	NYS
FFBC	First Finl Bancorp(OH)	NNM
FFBH	First Fed Bancshares (AR)	NNM
FFBI	First Finl Bancorp	BB
FFBZ	First Fed Bancorp	NNM
FFC	Fund Amer Enterpr Hldgs	NYS
FFCH	First Finl Hldgs	NNM
FFD	Fairfield Communities	NYS
FFD	Fairfield Minerals	TS
FFDB	FirstFed Bancorp	NSC
FFDF	FFD Financial	NNM
FFED	Fidelity Fed Bancorp	NNM
FFES	First Fed S & L (CT)	NNM
FFEX	Frozen Food Express	NNM
FFFD	North Central Bancshares	NNM
FFFL	Fidelity Bankshares	NNM
FFFLP	Fidelity Cap Tr 8.375% Pfd	NNM
FFG	FBL Financial Group 'A'	NYS
FFH	Farm Family Holdings	NYS
FFHH	FSF Financial	NNM
FFHS	First Franklin Corp	NNM
FFIC	Flushing Financial	NNM
FFIN	First Financial Bankshares	NNM
FFKT	Farmers Capital Bank	NSC
FFKY	First Fed Finl (KY)	NNM
FFLC	FFLC Bancorp	NNM
FFOH	Fidelity Finl Ohio	NNM
FFP	FFP Partners L.P.	ASE
FFPB	First Palm Beach Bancorp	NNM
FFS	Fletcher Challenge Forest ADS	NYS
FFSL	First Independence Del	NSC
FFSX	First Fed Svgs Bk Siouxland	NSC
FFSY	Fortune Financial Sys	BB
FFTI	4 Front Technologies	NNM
FFWC	FFW Corp	NSC
FFWD	Wood Bancorp	NSC
FFYF	FFY Financial	NNM
FGCI	Family Golf Centers	NNM
FGHC	First Georgia Holding	NNM
FGII	Friede Goldman Intl	NNM
FGL	Forzani Group Ltd	TS
FGLFD	Renaissance Golf Products	BB
FGP	Ferrellgas Partners L.P.	NYS
FHC	Female Health	ASE
FHCC	First Health Group	NNM
FHRI	Full House Resorts	NSC
FHS	Foundation Health Systems'A'	NYS
FHT	Fingerhut Companies	NYS
FHWN	First Hawaiian	NNM

Ticker	Issue	Exchange
FIA	Fiat SpA ADR	NYS
FIA Pr	Fiat SpA Preference ADR	NYS
FIA PrA	Fiat SpA Savings ADR	NYS
FIBC	Financial Bancorp	NNM
FIBR	Osicom Technologies Inc	NSC
FIC	Fair Isaac & Co	NYS
FIF	Financial Federal	NYS
FIFS	First Investors Finl Svcs Grp	NNM
FIG PrA	Farmers Grp Cap 8.45%'QUIPS'	NYS
FIG PrB	Farmers Grp Cap II 8.25%'QUIPS	NYS
FII	Federated Investors 'B'	NYS
FILE	FileNet Corp	NNM
FILM	Hollywood Productions	NSC
FILMW	Hollywood Productions Wrrt	NSC
FIMG	Fischer Imaging	NNM
FIN	PetroFina S.A. ADS	NYS
FIN.WS	PetroFina S.A. Wrrt	NYS
FINE	Fine Host	BB
FINL	Finish Line 'A'	NNM
FIRM	Firstmark Corp	NSC
FISB	First Indiana Corp	NNM
FISV	Fiserv Inc	NNM
FIT	Fab Indus	ASE
FITB	Fifth Third Bancorp	NNM
FIX	Comfort Systems USA	NYS
FIXC	Fix-Corp Intl	BB
FIZ	Natl Beverage	ASE
FJ	Fort James	NYS
FJA	Fedders Corp'A'	NYS
FJC	Fedders Corp	NYS
FKAN	First Kansas Finl	NNM
FKCM	Franklin Consol Mining	NSC
FKFS	First Keystone Financial	NNM
FKKY	Frankfort First Bancorp	NNM
FKL	Franklin Capital	ASE
FKLN	Franklin Ophthalmic Instrument	NSC
FL	Falconbridge Ltd	TS
FLA	Florida East Coast Indus	NYS
FLAG	Flag Financial	NNM
FLB	Fletcher Challenge Bldg ADS	NYS
FLBK	Florida Banks	NNM
FLC	R&B Falcon	NYS
FLCHF	Fletcher's Fine Foods	NNM
FLCI	Firstlink Communications	NSC
FLCIW	Firstlink Communicat'ns Wrrt	NSC
FLDR	Flanders Corp	NNM
FLE	Fleetwood Enterpr	NYS
FLEXF	Flextronics Intl	NNM
FLFC	First Liberty Fin'l	NNM
FLGS	Flagstar Bancorp	NNM
FLGSP	Flagstar Cap 8.50%'A'Pfd	NNM
FLH	Fila Holdings ADS	NYS
FLIC	First Long Island	NSC
FLIR	FLIR Systems	NNM
FLKY	First Lancaster Bancshrs	NSC
FLM	Fleming Cos	NYS
FLMK	Foilmark Inc	NNM
FLMLY	Flamel Technologies ADS	NNM
FLO	Flowers Indus	NYS
FLOW	Flow International	NNM

Ticker	Issue	Exchange
FLP	Fletcher Challenge Paper ADS	NYS
FLPB	First Leesport Bancorp	NSC
FLR	Fluor Corp	NYS
FLS	Flowserve Corp	NYS
FLSC	Florsheim Group	NNM
FLSHF	M-Sys Flash Disk Pioneers Ltd	NNM
FLT	Fleet Financial Group	NYS
FLT PrE	Fleet Fin'l 9.35% Dep Pfd	NYS
FLT PrF	Fleet Fin'l 7.25% Dep Pfd	NYS
FLT PrG	Fleet Fin'l 6.75% Dep Pfd	NYS
FLT PrH	Fleet Cap Tr I 8.00%'TOPrS'	NYS
FLT PrI	Fleet Cap Tr III 7.05%'TOPrS'	NYS
FLT PrJ	Fleet Cap Tr IV 7.17%'TOPrS'	NYS
FLT.WS	Fleet Fin'l Grp Wrrt	NYS
FLVR	Signature Brands(Nev)	BB
FLWR	Celebrity Inc	NNM
FLXI	FlexiInternational Software	NNM
FLXS	Flexsteel Indus	NNM
FLY	Airlease Ltd L.P.	NYS
FLYAF	CHC Helicopter Cl'A'	NNM
FLYR	Navigant Intl	NNM
FLYT	Interactive Flight Tech'A'	NNM
FM	First Quantum Minerals	VS
FM	Foodmaker Inc	NYS
FMA	Fracmaster Ltd	NYS
FMAR	First Mariner Bancorp	NNM
FMARP	Mariner Cap Tr Pfd	NNM
FMAX	Franchise Mtge Acceptance	NNM
FMB Pr	First Maryland Banc 7.875% Pfd	NYS
FMBD	First Mutual Bancorp	NNM
FMBI	First Midwest Bancorp	NNM
FMBK	F&M Bancorporation, Inc	NNM
FMBN	F&M Bancorp	NNM
FMC	FMC Corp	NYS
FMCO	FMS Financial	NNM
FMDAY	Futuremedia PLC ADS	NSC
FMER	FirstMerit Corp	NNM
FMFC	First M&F Corp	NNM
FMFK	First Montauk Financial	BB
FMI	Franklin Multi-Income Tr	NYS
FMK	FiberMark Inc	NYS
FMM	FFP Marketing	ASE
FMM	First Maritime Mining	TS
FMN	F&M National Corp	NYS
FMO	Federal-Mogul	NYS
FMR	Freeport McMoRan O/G Rlty	NYS
FMRX	FemRx Inc	NNM
FMS	Fresenius Medical AG ADS	NYS
FMS Pr	Fresenius Medl AG Pref ADS	NYS
FMS.A	First Marathon 'A'	TS
FMS.C	First Marathon 'C'	TS
FMSB	First Mutual Svgs (WA)	NNM
FMST	FinishMaster Inc	NNM
FMT	Fremont Genl	NYS
FMT Pr	Fremont Genl Fin I 9%'TOPrS'	NYS
FMXI	Foamex International	NNM
FMY	Meyer (Fred) Inc	NYS
FN	Franco-Nevada Mining	TS
FNBF	FNB Financial Svcs	NNM
FNBN	FNB Corp(NC)	NNM

Ticker	Issue	Exchange
FNBP	FNB Corp	NNM
FNBR	FNB Rochester Corp	NNM
FNC	First National Corp	ASE
FNCE	First Intl Bancorp	NNM
FNCLY	Formulab Neuronetics ADR	NSC
FNCO	Funco Inc	NNM
FNDTF	Fundtech Ltd	NNM
FNET	FutureNet Inc	BB
FNF	Fidelity Natl Finl	NYS
FNGB	First Northern Capital	NNM
FNHC	Finet Holdings	NSC
FNIN	Financial Industries	NSC
FNL	Fansteel Inc	NYS
FNLY	Finlay Enterprises	NNM
FNM	Fancamp Resources	VS
FNM	Federal Natl Mtge	NYS
FNM PrA	Federal Natl Mtge 6.41% Pfd	NYS
FNM PrB	Federal Natl Mtge 6.50% Pfd	NYS
FNM PrC	Federal Natl Mtge 6.45% Pfd	NYS
FNV	Falcon Ventures	VS
FNV	FINOVA Group	NYS
FNV PrA	FINOVA Fin Tr 5.50%Cv'TOPrS'	NYS
FO	Fortune Brands	NYS
FO PrA	Fortune Brands $2.67 Cv Pfd	NYS
FOBBA	First Oak Brook Bancshrs'A'	NNM
FOBC	Fed One Bancorp	NNM
FOCL	Focal Inc	NNM
FOCS	FiberChem Inc	BB
FODX	Food Extrusion	BB
FOE	Ferro Corp	NYS
FOM	Foremost Corp,Amer	NYS
FON	Fonorola Inc	TS
FON	Sprint Corp	NYS
FON Pr	Sprint Corp $1.50 Cv Ser 1 Pfd	NYS
FON PrA	Sprint Corp $1.50 Cv Ser 2 Pfd	NYS
FON.A	Fonorola Inc	TS
FONE	Intellicell Corp	NSC
FONR	FONAR Corp	NSC
FONX	Fonix Corp	NSC
FOOD	Fresh Foods	NNM
FOOT	Foothill Independent Banc	NNM
FOR	Fortis Securities	NYS
FOR	Franc-Or Resources	TS
FORD	Forward Industries(NY)	NSC
FORE	FORE Systems	NNM
FORL	Foreland Corp	NSC
FORMF	JetForm Corp	NNM
FORR	Forrester Research	NNM
FORSF	Forsoft Ltd	NNM
FORTY	Formula Systems(1985)ADR	NNM
FOSL	Fossil Inc	NNM
FOTO	Seattle FilmWorks	NNM
FOUR	Four Media	NNM
FP	FIRSTPLUS Finl Grp	NYS
FPB	First Philson Finl	ASE
FPC	Florida Progress	NYS
FPF	First Philippine Fund	NYS
FPGP	First Priority Grp	NSC
FPIC	FPIC Insurance Grp	NNM
FPL	FPL Group	NYS

Ticker	Issue	Exchange
FPU	Florida Public Utilities	ASE
FPWR	Fountain Powerboat Ind	NNM
FPX	Fortune Natural Res	ASE
FPX.WS	Fortune Natural Res Wrrt	ASE
FR	First Industrial Rlty Tr	NYS
FR PrA	First Indl Rlty Tr 9.50% Pfd	NYS
FR PrB	First Indl Rlty Tr 8.75% Dep P	NYS
FR PrC	First Indl Rlty Tr 8.625% Dep	NYS
FR PrD	First Indl Rlty Tr 7.95%Dep Pf	NYS
FR PrE	First Indl Rlty Tr7.90%Dep Pfd	NYS
FRAG	French Fragrances	NNM
FRBK	Republic First Bancorp(PA)	NNM
FRC	First Republic Bank	NYS
FRD	Friedman Indus	ASE
FRDM	Friedman's Inc'A'	NNM
FRE	Federal Home Loan	NYS
FRE PrA	Fed'l Home Ln Mtg 6.72% Pfd	NYS
FRE PrB	Fed'l Home Ln Mtg Var Rt Pfd	NYS
FRE PrC	Fed'l Home Ln Mtg 6.125% Pfd	NYS
FRE PrD	Fed'l Home Ln Mtg 6.14% Pfd	NYS
FRE PrF	Freddie Mac 5% non-cm Pfd	NYS
FRED	Fred's Inc 'A'	NNM
FREEY	Freepages Group ADR	NNM
FRES	Fresh America	NNM
FRF	France Growth Fund	NYS
FRG	Emerging Germany Fund	NYS
FRGB	First Regional Bancorp	NNM
FRIZ	Frisby Technologies	NSC
FRK	Florida Rock Indus	NYS
FRL	Forum Retirem't Ptnrs	ASE
FRME	First Merchants Corp	NNM
FRNC	Fortune Natl	BB
FRND	Friendly Ice Cream	NNM
FRNT	Frontier Airlines	NSC
FRO	Frontier Corp	NYS
FRONY	Frontline Ltd ADS	NNM
FRPP	FRP Properties	NNM
FRS	Frisch's Restaurants	ASE
FRSH	Fresh Juice	NSC
FRT	Federal Rlty Inv Tr SBI	NYS
FRT PrA	Fed'l Rlty Inv Tr 7.95%'A'Pfd	NYS
FRTE	Forte Software	NNM
FRTG	Fortress Group	NNM
FRTZ	Fritz Companies	NNM
FRW	First Wash Realty Trust	NYS
FRW Pr	First Wash Rlty 9.75% Cv Pfd	NYS
FRX	Forest Labs	ASE
FRYA	Tasty Fries Inc	BB
FS	Four Seasons Hotels	NYS
FSA	Financial Sec Assurance Hldg	NYS
FSACF	First South Africa	NNM
FSAWF	First South Africa Wrrt'A'	NSC
FSAZF	First South Africa Wrrt'B'	NSC
FSBI	Fidelity Bancorp (PA)	NNM
FSBIP	FB Cap 9.75% cm Pfd	NNM
FSC	Freeport McMoRan Sulphur	NYS
FSCO	First Security	NNM
FSCR	Federal Screw Works	NSC
FSD	Finl Sec Assurance 7.375%Sr'QU	NYS
FSFF	First SecurityFed Finl	NNM

Ticker	Issue	Exchange
FSFH	First Sierra Finl	NNM
FSFT	Fourth Shift	NNM
FSH	Fisher Scientific Intl(New)	NYS
FSI	Freedom Securities	NYS
FSII	FSI International	NNM
FSLA	First Source Bancorp	NNM
FSLB	First Sterling Banks	NNM
FSM	Foodarama Supermkts	ASE
FSN	Franklin Select Realty Tr	ASE
FSNJ	Bayonne Bancshares	NNM
FSNM	First State Bancorporation	NNM
FSON	Fusion Medical Technologies	NNM
FSPT	FirstSpartan Financial	NNM
FSR	First Silver Reserve	VS
FSR	Firstar Corp	NYS
FSRVF	FirstService Corp (Vtg)	TS
FSS	Federal Signal	NYS
FSS	Future Shop Ltd	TS
FST	Forest Oil	NYS
FSTC	First Citizens Cp	NNM
FSTH	First Southern Bancshares	NNM
FSTR	Foster (LB)	NNM
FSTW	Firstwave Technologies	NNM
FSVB	Franklin Bank N.A.	NNM
FSVBP	Franklin Finance 8.70% Pfd 'A'	NNM
FSVC	Freshstart Venture Capital	NSC
FSVP	FIND/SVP Inc	NSC
FT	Franklin Universal Tr	NYS
FTBK	Frontier Finl	NNM
FTCG	First Colonial Group	NNM
FTCN	Freight Connection	BB
FTD	Fort Dearborn Inc Sec	NYS
FTE	France Telecom ADS	NYS
FTEC	Firetector Inc	NSC
FTEKF	Fuel Tech N.V.	NSC
FTEN	First Tenn Natl	NNM
FTET	First Entertainment Holding	BB
FTF	Texarkana First Financial	ASE
FTFC	First Federal Capital	NNM
FTFN	First Financial	NNM
FTG	Farmstead Tel Group	ASE
FTG.WS	Farmstead Tel Group Wrrt	ASE
FTG.WS.A	Farmstead Tel Grp Wrrt'A'	ASE
FTG.WS.B	Farmstead Tel Grp Wrrt'B'	ASE
FTGX	FiberNet Telecom Grp	BB
FTHR	Featherlite Inc	NNM
FTIC	FTI Consulting	NNM
FTL	Fruit of The Loom'A'	NYS
FTMTF	Fantom Technologies	NNM
FTNB	Fulton Bancorp	NNM
FTO	Frontier Oil	NYS
FTR	Frontier Insurance Gr	NYS
FTRN	First Amer Railways	BB
FTS	Footstar Inc	NYS
FTS	Fortis Inc	TS
FTSB	Fort Thomas Finl	NSC
FTSP	First Team Sports	NNM
FTSW	Qualix Group	NNM
FTT	Finning Intl	TS
FTU	First Union Corp	NYS

Ticker	Issue	Exchange
FUEL	Streicher Mobile Fueling	NSC
FUELW	Streicher Mobile Fueling Wrrt	NSC
FUJIY	Fuji Photo Film ADR	NSC
FULL	Fuller (HB)	NNM
FULT	Fulton Financial	NNM
FUN	Cedar Fair L.P.	NYS
FUNC	First United Corp	NNM
FUND	Royce Global Trust	NNM
FUR	First Union RE EqSBI	NYS
FUR PrA	First Union RE Eq/Mtg Sr'A'Pfd	NYS
FUSA	Fotoball USA Inc	NNM
FUSAW	Fotoball USA Wrrt	NNM
FUSE	Fuisz Technologies	NNM
FUTR	IFX Corp	NSC
FVB	First Virginia Banks	NYS
FVCX	FVC.com Inc	NNM
FVH	Fahnestock Viner Hldgs'A'	NYS
FVHI	First Virtual Hlds	NNM
FVNB	First Victoria Natl Bank	NNM
FWAE	Fairway Enteprises	BB
FWBI	First Western Bancorp	NNM
FWC	Foster Wheeler	NYS
FWG	FREDDIE MAC 6.688%'98 Debs	NYS
FWGO	Fischer-Watt Gold	BB
FWJ	Merr Lyn Dep 7.75% 'STEERS','9	NYS
FWRD	Forward Air	NNM
FWRX	Fieldworks Inc	NNM
FWV	First West Virginia Bancorp	ASE
FWWB	First Washington Bancorp	NNM
FXEN	FX Energy Inc	NNM
FXN	Sprint Corp 8.25%'DECS' 2000	NYS
FYII	F.Y.I. Inc	NNM
G	Gillette Co	NYS
GA	Genl Automation	ASE
GAAY	Triangle Broadcasting	BB
GAB	Gabelli Equity Trust	NYS
GAB Pr	Gabelli Eq Tr 7.25%Tax Adv Pfd	NYS
GABC	German Amer Bancorp	NNM
GAC	Geac Computer	TS
GAC	Gulfstream Aerospace	NYS
GADZ	Gadzooks Inc	NNM
GAEO	Galileo Corp	NNM
GAF	GA Financial	ASE
GAI	Global-Tech Appliances	NYS
GAIT	Langer Biomechanics Grp	NSC
GAL	Galoob Toys	NYS
GALTF	Galileo Technology	NNM
GALX	Galaxy Foods	NSC
GAM	Genl Amer Investors	NYS
GAM Pr	Genl Amer Inv Tax-Adv 7.20% Pf	NYS
GAN	Garan Inc	ASE
GAP	Great Atl & Pac Tea	NYS
GART	Gartner Group'A'	NNM
GAS	NICOR Inc	NYS
GASS	Amer Resources Delaware	NSC
GATEC	GateField Corp	NSC
GATT	Grand Adventures Tour & Travel	NSC
GBBK	Greater Bay Bancorp	NNM
GBBKP	GBB Cap9.75% Trust Pfd	NNM
GBCB	GBC Bancorp	NNM

Ticker	Issue	Exchange
GBCI	Glacier Bancorp	NNM
GBCOA	Greif Bros Cl'A'	NNM
GBCOB	Greif Bros 'B'	NNM
GBCS	Global Casinos	NSC
GBE	Grubb & Ellis	NYS
GBFC	GB Foods	NSC
GBFE	Golden Books Family Ent	NNM
GBGLF	Great Basin Gold	NSC
GBI	Bufete Industrial S.A. ADS	NYS
GBIT	Global Intellicom	NSC
GBIX	Globix Corp	NSC
GBIZ	Grow Biz International	NNM
GBL	Gamma Biologicals	ASE
GBLX	Global Crossing Ltd	NNM
GBND	Genl Binding	NNM
GBNK	Gaston Federal Bancorp	NNM
GBOT	Garden Botanika	NNM
GBP	Gables Residential Trust	NYS
GBP PrA	Gables Residential Tr 8.30% Pf	NYS
GBR	Greenbriar Corp	ASE
GBSE	Gibbs Construction	NSC
GBSEW	Gibbs Construction Wrrt	NSC
GBTVK	Granite Broadcasting	NNM
GBTVP	Granite Brdcst $1.9375 Cv Pfd	NNM
GBUR	Gardenburger Inc	NNM
GBX	Greenbrier Cos	NYS
GCABY	Genl Cable plc ADS	NNM
GCG	Genl Chemical Group	NYS
GCH	Greater China Fund	NYS
GCHI	Giant Cement Holding	NNM
GCI	Gannett Co	NYS
GCLI	Grand Court Lifestyles	NNM
GCM	Greenwich Street CA Muni Fd	ASE
GCN	Genl Cable	NYS
GCO	Genesco Inc	NYS
GCOM	Globecomm Systems	NNM
GCR	Gaylord Container'A'	ASE
GCR.WS	Gaylord Container Wrrt	ASE
GCS	Gray Communications Systems	NYS
GCS.B	Gray Communic Sys'B'	NYS
GCTI	Genesys Telecommunications	NNM
GCTY	GeoCities	NNM
GCV	Gabelli Conv Securities Fd	NYS
GCV Pr	Gabelli Conv Sec Fd 8% Pfd	NYS
GCW	Gerber Childrenswear	NYS
GCX	GC Companies	NYS
GD	Genl Dynamics	NYS
GDC	Genl DataComm Ind	NYS
GDCOF	Genesis Dev & Constr'A'	NSC
GDCUF	Genesis Dev & Constr Unit	NSC
GDCWF	Genesis Dev & Constr Wrrt'A'	NSC
GDCZF	Genesis Dev & Constr Wrrt'B'	NSC
GDF	Global Partners Income Fd	NYS
GDI	Gardner Denver	NYS
GDP	Goodrich Petroleum	NYS
GDPAP	Goodrich Petrol 8% Cv'A'Pfd	NSC
GDS.A	Gendis Inc	TS
GDSA	Goldstate Corp	BB
GDT	Guidant Corp	NYS
GDW	Golden West Finl	NYS

Ticker	Issue	Exchange
GDX.A	Genovese Drug Str'A'	ASE
GDYS	Goody's Family Clothing	NNM
GE	Genl Electric	NYS
GEAR	Golfgear Intl	BB
GECM	Genicom Corp	NNM
GEER	Geerlings & Wade	NNM
GEGP	Golden Eagle Group	NSC
GEGPW	Golden Eagle Group Wrrt	NSC
GEHL	Gehl Co	NNM
GEL	Genesis Energy L.P.	NYS
GELX	GelTex Pharmaceuticals	NNM
GEM	Pepsi-Gemex S.A.	NYS
GEMS	Glenayre Technologies	NNM
GEN	GenRad, Inc	NYS
GENBB	Genesee Corp'B'	NNM
GEND	Genesis Direct	NNM
GENE	Genome Therapeutics	NNM
GENS	Genisys Reservation Sys	NSC
GENSW	Genisys Reservat'n Sys Wrrt'A'	NSC
GENSZ	Genisys Reservat'n Wrrt'B'	NSC
GENXY	Genset ADR	NNM
GENZ	Genzyme Corp-Genl Div	NNM
GENZL	Genzyme Corp-Tissue Repair	NNM
GEO	Geomaque Explorations	TS
GEOC	GeoTel Communications	NNM
GEOI	GeoResources Inc	NSC
GEOW	GeoWaste, Inc	NSC
GER	Germany Fund	NYS
GERN	Geron Corp	NNM
GES	Guess Inc	NYS
GET	Gaylord Entertainment	NYS
GETY	Getty Images	NNM
GF	New Germany Fund	NYS
GFCO	Glenway Fin'l	NNM
GFD	Guilford Mills	NYS
GFED	Guaranty Fedl Bancshares	NNM
GFF	Griffon Corp	NYS
GFI	Graham-Field Health	NYS
GFIO	Golf Innovations	BB
GFLS	Greater Community Bancorp	NNM
GFLSP	GCB Cap Trust 10% Pfd	NNM
GFS.A	Giant FoodCl'A'	ASE
GG.A	Goldcorp Inc 'A'	NYS
GG.B	Goldcorp Inc 'B'	NYS
GGC	Georgia Gulf Corp	NYS
GGEN	GalaGen Inc	NNM
GGG	Graco Inc	NYS
GGGI	Granite Golf Group	BB
GGGO	Golden Genesis	NSC
GGNS	Genus Inc	NNM
GGO	Getchell Gold	ASE
GGP	Genl Growth Properties	NYS
GGP PrA	Genl Growth Prop 7.25%Dep Pfd	NYS
GGT	Gabelli Global Multimedia Tr	NYS
GGT Pr	Gabelli Global Multimedia 7.92	NYS
GGTI	GTI Corp	NNM
GGUY	Good Guys Inc	NNM
GGY	Compagnie Genl Geophy ADS	NYS
GHI	Global High Inc Dollar Fd	NYS
GHM	Graham Corp	ASE

Ticker	Issue	Exchange
GHS	Invesco Global Health Sci	NYS
GHV	Genesis Hlth Ventures	NYS
GHW	Genl Housewares	NYS
GI	Giant Industries	NYS
GIBG	Gibson Greetings	NNM
GIC	Genl Instrument	NYS
GICOF	Gilat Communications	NNM
GID	Grupo Indl Durango ADS	NYS
GIFH	Golden Isles Finl Hldg	NSC
GIFI	Gulf Island Fabrication	NNM
GIGA	Giga-tronics Inc	NNM
GIGX	Giga Information Grp	NNM
GIII	G-III Apparel Group	NNM
GIIS	Guardian Intl	BB
GIL	Gildan Activewear'A'	ASE
GILD	Gilead Sciences	NNM
GILTF	Gilat Satellite Networks	NNM
GIM	Templeton Global Income	NYS
GIS	Genl Mills	NYS
GISH	Gish Biomedical	NNM
GISX	Global Imaging Sys	NNM
GIX	Global Industrial Tech	NYS
GKI	GK Intelligent Sys	ASE
GKRVF	Golden Knight Resources	NSC
GKSRA	G & K Services Cl'A'	NNM
GL	Great Lakes REIT	NYS
GLAR	Glas-Aire Indus Grp Ltd	NSC
GLB	Glenborough Realty Trust	NYS
GLB PrA	Glenborough Realty Tr 7.75% Cv	NYS
GLBE	Globe Business Resources	NNM
GLBK	GLB Bancorp	NSC
GLBL	Global Industries	NNM
GLBM	Global Maintech	BB
GLC	Galileo Intl	NYS
GLCCF	Gaming Lottery	NNM
GLCO	Global Connections	BB
GLCT	Greenlight Communications	BB
GLDB	Gold Banc	NNM
GLDBP	GBCI Cap Tr 8.75% Pfd	NNM
GLDC	Golden Enterprises	NNM
GLDFY	Gold Fields S.Africa ADR	NSC
GLDI	Group Long Distance	NSC
GLDIW	Group Long Distance Wrrt	NSC
GLDR	Gold Reserve	NSC
GLE	Gleason Corp	NYS
GLF PrA	GTE Fla $1.25 Pfd	NYS
GLF PrB	GTE Fla $1.30cm B Pfd	NYS
GLFD	Guilford Pharmaceuticals	NNM
GLFN	McHenry Metals Golf	BB
GLG	Glamis Gold Ltd	NYS
GLGC	Gene Logic	NNM
GLH	Gallaher Group ADS	NYS
GLIA	Gliatech Inc	NNM
GLK	Great Lakes Chemical	NYS
GLM	Global Marine	NYS
GLMA	Glassmaster Co	NSC
GLO	Global Ocean Carriers	ASE
GLOB	Global Med Technologies	BB
GLP	Globelle Corp	TS
GLPC	Global Pharmaceutical	NSC

Ticker	Issue	Exchange
GLR	G & L Realty Corp	NYS
GLR PrA	G&L Realty 10.25% Cm Pfd	NYS
GLR PrB	G&L Realty 9.80%cm Pfd	NYS
GLT	Glatfelter (P. H.)	ASE
GLUXC	Great Lakes Aviation	NSC
GLW	Corning Inc	NYS
GLW PrM	Corning Del L.P. 6%'MIPS'(51.8	NYS
GLX	Glaxo Wellcome plc ADR	NYS
GLYT	Genlyte Group Inc	NNM
GLZ	Great Lakes Power	TS
GM	Genl Motors	NYS
GM PrD	General Motors 7.92% Dep Pfd	NYS
GM PrG	General Motors 9.12% Dep Pfd	NYS
GM PrQ	General Motors 9.125% Dep Pfd	NYS
GM PrX	Gen Motors Cap Tr 8.67%'TOPrS'	NYS
GM PrY	Gen Motors Cap Tr 9.87%'TOPrS'	NYS
GMAI	Greg Manning Auctions	NSC
GMCC	Genl Magnaplate	NNM
GMCH	Gourmet's Choice Coffee	BB
GMCR	Green Mountain Coffee	NNM
GMD	Grupo Mex de Desarrollo'L'ADS	NYS
GMD.B	Grupo Mex Desarr 'B'ADS	NYS
GMED	GeneMedicine Inc	NNM
GMGC	Genl Magic	NNM
GMH	Genl Motors Cl'H'	NYS
GMHC	Grease Monkey Hldg	BB
GML	Global DirectMail	NYS
GMP	Green Mountain Pwr	NYS
GMRK	GulfMark Offshore	NNM
GMSTF	Gemstar Intl	NNM
GMT	GATX Corp	NYS
GMT Pr	GATX Corp,$2.50 Cv Pfd	NYS
GMTC	GameTech International	NNM
GMTI	Greenman Technologies	NSC
GMTIW	GreenMan Technologies'Wrrt'	NSC
GMW	Genl Microwave	ASE
GNA	Gainsco Inc	NYS
GNBA	Groen Bros Aviation	BB
GNCI	Genl Nutrition	NNM
GNCMA	Genl Communication'A'	NNM
GNCNF	Goran Capital	NNM
GND	Gennum Corp	TS
GND	Grand Casinos	NYS
GNE	Genentech Inc	NYS
GNET	go2net Inc	NSC
GNI	Great North'n Iron Ore	NYS
GNII	GlobeNet Intl	BB
GNK	Globalink Inc	ASE
GNL	Galey & Lord Inc	NYS
GNLB	Genelabs Technologies	NNM
GNRL	Genl Bearing	NSC
GNSA	Gensia Sicor	NNM
GNSM	Gensym Corp	NNM
GNSSF	Genesis Microchip	NNM
GNTA	Genta Inc	NSC
GNTIY	Gentia SoftwareADS	NNM
GNTL	Gentle Dental Svc	NSC
GNTX	Gentex Corp	NNM
GNTY	Guaranty Bancshares	NNM
GNU	Golden Rule Resources	TS

Ticker	Issue	Exchange
GNV	Geneva Steel Co 'A'	NYS
GNWR	Genesee & Wyoming'A'	NNM
GOAL	Ascent Entertainment Grp	NNM
GOGO	Global One Distr & Merch	BB
GOLDF	Silverado Gold Mines	BB
GOLF	S2 Golf	NSC
GON	Geon Co	NYS
GOSB	GSB Financial	NNM
GOSHA	Oshkosh B'Gosh Cl'A'	NNM
GOT	Gottschalks Inc	NYS
GOTH	Gothic Energy	NSC
GOTHZ	Gothic Energy Wrrt	NSC
GOTKQ	Geotek Communications	BB
GOU	Gulf Canada Resources	NYS
GOU PrA	Gulf Can ResAdjcm Ser 1 Pref	NYS
GOYL	Gargoyles Inc	BB
GP	Georgia-Pacific (Ga-Pac Grp)	NYS
GPC	Genuine Parts	NYS
GPD	Georgia Power 6.875%'PINES'	NYS
GPE PrL	Georgia Pwr Adj'A'Pfd(2nd'93Sr	NYS
GPE PrM	Georgia Pwr Cap 9%'MIPS'	NYS
GPE PrT	Georgia Pwr Cap Tr I 7.75% Pfd	NYS
GPE PrU	Georgia Pwr Cap Tr II 7.60% Pf	NYS
GPE PrV	Georgia Pwr CapTr III 7.75%'QU	NYS
GPFI	Grand Premier Financial	NNM
GPI	Group 1 Automotive	NYS
GPIP	C/Grip Inc	BB
GPM	Getty Petroleum Mktg	NYS
GPO	GIANT Group	NYS
GPS	Gap Inc	NYS
GPSI	Great Plains Software	NNM
GPT	GreenPoint Finl	NYS
GPTX	Global Payment Tech	NNM
GPU	GPU Inc	NYS
GPX	GP Strategies	NYS
GPXM	Golden Phoenix Mineral	BB
GQM	Golden Queen Mining	TS
GQRVF	Consolidated Golden Quail Res	NSC
GR	Goodrich (B.F.)	NYS
GR PrA	BFGoodrich Capital 8.30%'QUIPS	NYS
GRA	Grace (W.R.) & Co	NYS
GRAN	Bank of Granite	NNM
GRB	Gerber Scientific	NYS
GRC	Gorman-Rupp	ASE
GRC	Gresham Resources	VS
GRCO	Gradco Systems	NNM
GRDG	Garden Ridge	NNM
GRDL	Gradall Industries	NNM
GRDN	Guardian Technologies Intl	NSC
GRDNW	Guardian Technologies Wrrt	NSC
GRERF	Greenstone Resources Ltd	NNM
GREY	Grey Advertising	NNM
GRH	GRC International	NYS
GRI	Gristede's Sloan's	ASE
GRIF	Griffin Land & Nurseries	NNM
GRIL	Grill Concepts	NSC
GRIN	Grand Toys Intl	NSC
GRL	Gulf Indonesia Resources	NYS
GRLL	Roadhouse Grill	NNM
GRM PrA	Grand Met Del L.P. 9.42% Pfd	NYS

Ticker	Issue	Exchange
GRN	Genl Re Corp	NYS
GRNO	Green Oasis Environmental	BB
GRO	Mississippi Chemical	NYS
GROW	U.S. Global Investors'A'	NSC
GRP	ALLIED Group	NYS
GRPV	Group V Corp	BB
GRR	Asia Tigers Fund	NYS
GRT	Glimcher Realty Trust	NYS
GRT PrB	Glimcher Realty Tr 9.25% Pfd	NYS
GRTS	Gart Sports	NNM
GRW	LandCARE USA	NYS
GRYP	Gryphon Holdings	NNM
GSA	GS Finl Prd LP E-SIGNS 2002	NYS
GSB	Golden State Bancorp	NYS
GSB PrA	Golden State Bcp Cv'A'Pfd	NYS
GSBC	Great Southern Bancorp	NNM
GSBI	Granite State Bankshares	NNM
GSBNW	Golden State Bcp Wrrt	NSC
GSBNZ	Golden St Bncrp Litigation Wrr	NNM
GSCI	GeoScience Corp	NNM
GSCN	Genl Scanning	NNM
GSE	Gundle/SLT Environmental	NYS
GSES	GSE Systems	NNM
GSF	ACM Gvt Securities	NYS
GSFC	Green Street Financial	NNM
GSG	Global Small Cap Fund	ASE
GSH	Guangshen Railway ADS	NYS
GSI	Greenwich Street Muni Fund	NYS
GSII	Genl Surgical Innovations	NNM
GSIT	Ginsite Materials	BB
GSLA	GS Financial	NNM
GSLC	Guaranty Financial	NNM
GSLM	Grand Central Silver Mines	NSC
GSMI	Northeast Digital Networks	NSC
GSMIW	Northeast Digital Ntwks Wrrt'A	NSC
GSNX	GaSonics International	NNM
GSOF	Group 1 Software	NNM
GSP	Growth Fund of Spain	NYS
GSPT	Global Sports	NSC
GSR	Golden Star Resources	ASE
GSS Pr	Chieftain Intl Fd $1.8125 Cv P	ASE
GSTD	Gold Standard	NSC
GSTRF	Globalstar Telecommunications	NNM
GSTX	GST Telecommunications	NNM
GSU Pr	Entergy Gulf States $1.75 Pref	NYS
GSU PrB	Entergy Gulf States $4.40 Pfd	NYS
GSU PrD	Entergy Gulf States Dep Adj'B'	NYS
GSU PrE	Entergy Gulf States $5.08 Pfd	NYS
GSU PrG	Entergy Gulf States $4.52 Pfd	NYS
GSU PrK	Entergy Gulf States $8.80 Pfd	NYS
GSW.A	GSW Inc'A'	TS
GSX	Genl Signal	NYS
GSY	Guest Supply	NYS
GT	Goodyear Tire & Rub	NYS
GTA	Gentra Inc	TS
GTA	Golf Trust of America	ASE
GTAX	Gilman & Ciocia Inc	NNM
GTAXW	Gilman & Ciocia Wrrt	NSC
GTBX	GT Bicycles	NNM
GTCMY	Great Central Mines NL ADS	NSC

Ticker	Issue	Exchange
GTE	GTE Corp	NYS
GTE PrY	GTE Delaware L.P.'B"MIPS'	NYS
GTE PrZ	GTE Delaware L.P.'A"MIPS'	NYS
GTELN	GTE Calif 5% cm Pfd	NSC
GTELO	GTE Calif 4.50% cm Pfd	NSC
GTELP	GTE Calif 4.50% cm Pfd	NSC
GTF	AIM Eastern Europe Fd SBI	NYS
GTII	Golden Triangle Ind	NSC
GTIM	Good Times Restaurants	NSC
GTIMW	Good Times Restaur Wrrt 'A'	NSC
GTIMZ	Good Times Restaurants Wrrt'B'	NSC
GTIS	GT Interactive Software	NNM
GTK	GTECH Holdings	NYS
GTNR	Gentner Communications	NSC
GTOS	Gantos Inc	NNM
GTPS	Great American Bancorp	NNM
GTR	Grupo Tribasa S.A. ADS	NYS
GTRC	Guitar Center	NNM
GTRN	Great Train Store	NNM
GTSG	Global TeleSystems Grp	NNM
GTSI	Government Technology Svcs	NNM
GTST	Global Telecomm Solutions	NSC
GTSTW	Global Tele Solutions Wrrt	NSC
GTSX	Golf Training Systems	BB
GTSXU	Golf Training Systems'Unit'	NSC
GTTIF	GrandeTel Technologies	NNM
GTW	Gateway 2000	NYS
GTY	Getty Realty	NYS
GTY PrA	Getty Realty $1.775 Cv Pfd	NYS
GUAR	Guarantee Life Cos	NNM
GUC	Gucci Group N.V.	NYS
GUL	Gull Laboratories	ASE
GULF	Gulfwest Oil	NSC
GUMM	GumTech Intl	NSC
GUP PrA	Gulf Pwr Cap Tr I 7.625%'QUIPS	NYS
GUP PrB	Gulf Pwr Cap Tr II 7.00% 'QUIP	NYS
GUPB	GFSB Bancorp	NSC
GUSH	CanArgo Energy	NNM
GV	Goldfield Corp	ASE
GVA	Granite Construction	NYS
GVE	Grove Property Trust	ASE
GVG	Global Vacation Grp	NYS
GVT	Dean Witter Gvt Income SBI	NYS
GW	Grey Wolf	ASE
GWBK	Gulf West Banks	NNM
GWF PrT	Great Westn Fin I 8.25%'TOPrS'	NYS
GWO	Great West Lifeco	TS
GWOX	Goodheart-Willcox	BB
GWRX	Geoworks Corp	NNM
GWW	Grainger (W.W.)	NYS
GX	Gencor Indus	ASE
GY	GenCorp	NYS
GYD	Grayd Resource Corp	VS
GYM	Sport Supply Group	NYS
GYM.WS	Sport Supply Grp Wrrt	ASE
GYMB	Gymboree Corp	NNM
GYRO	Gyrodyne Company America	NSC
GZEA	GZA GeoEnvironmental Tech	NNM
GZM.UN	Gaz Metropolitain L.P.	TS
GZTC	Genzyme Transgenics	NNM

Ticker	Issue	Exchange
H	Harcourt General	NYS
H PrA	Harcourt Genl'A'cm CvStk	NYS
HA	Hawaiian Airlines	ASE
HABC	Habersham Bancorp	NNM
HABK	Hamilton Bancorp	NNM
HACH	Hach Co	NNM
HACHA	Hach Co 'A'	NNM
HAE	Haemacure Corp	TS
HAE	Haemonetics Corp	NYS
HAF.EC	Hallmark Finl Svcs	ECM
HAHI	Help At Home	NSC
HAHIW	Help At Home Wrrt	NSC
HAHN	Hahn Automotive Warehouse	NNM
HAHO	Harmony Holdings	NSC
HAI	Hampton Indus	ASE
HAIN	Hain Food Group	NNM
HAKI	Hall, Kinion & Assoc	NNM
HAL	Halliburton Co	NYS
HALL	Hallmark Capital	NNM
HAMP	Hampshire Group Ltd	NNM
HAMS	Smithfield Cos	NSC
HAN	Hanson plc ADR	NYS
HANS	Hansen Natural	NSC
HAR	Harman International	NYS
HARB	Harbor Florida Bancshares	NNM
HARL	Harleysville Savings Bank	NNM
HARS	Harris Financial	NNM
HART	Heartland Wireless Commun	NNM
HARY	Harry's Farmers Market	NNM
HAS	Hasbro Inc	ASE
HAST	Hastings Entertainment	NNM
HAT	Hatteras Income Sec	NYS
HATH	Hathaway Corp	NNM
HAUP	Hauppauge Digital	NNM
HAUS	Hauser Inc	NNM
HAVN	Haven Bancorp	NNM
HAWK	Hawks Industries	NSC
HAYZ	Hayes Corp	NNM
HAZ	Hayes Lemmerz Intl	NYS
HB	Hillenbrand Indus	NYS
HBAN	Huntington Bancshares	NNM
HBBI	Home Building Bancorp	BB
HBC	Hudson's Bay Co	TS
HBC Pr	Harris Pfd Cap 7.375%ExchPfd'A	NYS
HBCCA	Heftel Broadcasting'A'	NNM
HBCO	Hungarian Broadcasting	NSC
HBCOW	Hungarian Broadcasting Wrrt	NSC
HBEI	Home Bancorp Elgin	NNM
HBFW	Home Bancorp	NNM
HBHC	Hancock Holding	NNM
HBI	HomeBase Inc	NYS
HBIX	Hagler Bailly	NNM
HBNK	Highland Bancorp	NNM
HBOC	HBO & Co	NNM
HBS	Haywood Bancshares	ASE
HBSC	Heritage Bancorp	NNM
HBVA	Heritage Bank	NSC
HBW	Wolf (Howard B)	ASE
HBW.A	Harrowston Inc	TS
HC	Hanover Compressor	NYS

Ticker	Issue	Exchange
HCAPE	HomeCapital Investment	NSC
HCAR	Hometown Auto Retailers'A'	NNM
HCBB	HCB Bancshares	NNM
HCBC	High Country Bancorp	NSC
HCC	HCC Insurance Hldgs	NYS
HCFC	Home City Financial	NSC
HCFP	HealthCare Finl Partners	NNM
HCH	Health-Chem	ASE
HCIA	HCIA Inc	NNM
HCL Pr	BCH Capital 10.50% Pref	NYS
HCL PrB	BCH Capital 9.43% Pref	NYS
HCM	Hanover Capital Mtg	ASE
HCM.U	Hanover Capital Mtg Unit	ASE
HCM.WS	Hanover Capital Mtg Wrrt	ASE
HCN	Health Care REIT	NYS
HCN PrB	HealthCare REIT 8.875% Pfd'B'	NYS
HCO	Huntco Inc'A'	NYS
HCOM	Homecom Communications	NSC
HCORE	Healthcor Holdings	NSC
HCOW	Horizon Organic Hldg	NNM
HCP	Health Care Prop Inv	NYS
HCP PrA	Hlth Care Prop 7.875%'A'Pfd	NYS
HCR	Health Care & Retirement	NYS
HCRC	Hallwood Consolidated Res.	NNM
HCRI	Healthcare Recoveries	NNM
HCSG	Healthcare Svcs Group	NNM
HCT	Hector Communications	ASE
HCTLF	Healthcare Tech Ltd	NSC
HD	Home Depot	NYS
HDCO	Hadco Corp	NNM
HDG	Halsey Drug	ASE
HDI	Harley-Davidson	NYS
HDIE	Healthdyne Info Enterprises	NNM
HDII	Hypertension Diagnostics	NSC
HDIIU	Hypertens'n Diagnostic Unit	NSC
HDIIW	Hypertension Diag Wrrt 'A'	NSC
HDL	Handleman Co	NYS
HDLD	Headlands Mortgage	NNM
HDNG	Hardinge Inc	NNM
HDS	Hills Stores	NYS
HDS Pr	Hills Stores Sr'A' Cv Pfd	NYS
HDSK	HealthDesk Corp	NSC
HDSKW	HealthDesk Corp Wrrt	NSC
HDSN	Hudson Technologies	NNM
HDVS	H.D.Vest	NNM
HDWY	Headway Corporate Res	NSC
HE	Hawaiian Elec Indus	NYS
HE PrQ	HECO Cap I 8.05%'QUIPS'	NYS
HE PrS	Hawaii El Cap Trl 8.36%'TOPrS'	NYS
HEAL	HealthWatch Inc	NSC
HEAT	Petroleum Heat & Pwr'A'	NNM
HEB	Hemispherx BioPharma	ASE
HEB.WS	Hemispherx Biopharma Wrrt'A'	ASE
HEC	Harken Energy	ASE
HEI	HEICO Corp	ASE
HEI.A	HEICO Corp 'A'	ASE
HEII	HEI Inc	NNM
HELE	Helen of Troy Ltd	NNM
HELI	Helisys Inc	BB
HELO	Hello Direct	NNM

Ticker	Issue	Exchange
HELPU	Helpmate Robotics Unit	BB
HELX	Helix Technology	NNM
HEMA	HemaCare Corp	NSC
HEMT	HF Bancorp	NNM
HENL	Henley Healthcare	NSC
HEP	Hallwood Energy Ptnrs L.P.	ASE
HEP.C	Hallwood Energy Ptnrs L.P.'C'	ASE
HEPH	Hollis-Eden Pharmaceuticals	NSC
HERBA	Herbalife Intl'A'	NNM
HERBB	Herbalife Intl'B'	NNM
HERBL	Herbalife Intl DECS 2001	NNM
HERC	H.E.R.C. Products	NSC
HERZ	Hertz Technology Group	NSC
HERZW	Hertz Technology Group Wrrt 'A	NSC
HET	Harrah's Entertainment	NYS
HF	Heller Financial 'A'	NYS
HF PrA	Heller Finl 8.125% Sr'A' Pfd	NYS
HFBC	HopFed Bancorp	NNM
HFD	Host Funding 'A'	ASE
HFFB	Harrodsburg First Finl Bancorp	NNM
HFFC	HF Financial	NNM
HFGI	Harrington Fin'l Grp	NNM
HFIT	Hlth Fitness Corp	NSC
HFNC	HFNC Financial	NNM
HFSA	Hardin Bancorp	NSC
HFWA	Heritage Financial	NNM
HGA	Heritage U.S.Govt Income Fd	NYS
HGC	Hudson General	ASE
HGFN	HomeGold Financial	NNM
HGGR	Haggar Corp	NNM
HGIC	Harleysville Group	NNM
HGMCY	Harmony Gold Mining ADR	NNM
HGPI	Horizon Grp Properties	NSC
HGR	Hanger Orthopedic Grp	ASE
HGSI	Human Genome Sciences	NNM
HH	Hooper Holmes	ASE
HHCA	Home Health Corp of Amer	NNM
HHFC	Harvest Home Finl	NSC
HHGP	Harris & Harris Group	NNM
HHH	Helm Capital	ASE
HHHH	Irwin Naturals/4Health	NNM
HHLAAF	HurricaneHydrocarbons'A'	TS
HHS	Harte-Hanks Inc	NYS
HI	Household Intl	NYS
HI PrJ	Houshld 7.35% cm Dep Pfd	NYS
HI PrM	Household Intl,5% Pfd	NYS
HI PrN	Household Intl,$4.50 Pfd	NYS
HI PrO	Household Intl,$4.30 Pfd	NYS
HI PrP	Houshld Cap Tr 7.25% Tr Pfd	NYS
HI PrT	Househld Cap Tr 8.25% 'TOPrS'	NYS
HI PrY	Househld Cap Tr 8.70% Trust Pf	NYS
HI PrZ	Household 8.25% cm Dep Pfd	NYS
HIB	Hibernia Corp Cl'A'	NYS
HIBB	Hibbett Sporting Goods	NNM
HIBNY	Hibernia Foods plc ADS	NSC
HIBUF	Hibernia Foods 'Unit'	NSC
HIBWF	Hibernia Foods Wrrt'C'	NSC
HIBZF	Hibernia Foods Wrrt'D'	NSC
HIC	Highlands Insurance Group	NYS
HICKA	Hickok Inc 'A'	NSC

Ticker	Issue	Exchange
HIF	Salomon Bros High Income Fd	NYS
HIFS	Hingham Instn For Savings	NNM
HIG	Hartford Finl Svcs Gp	NYS
HIG PrB	Hartford Cap II 8.35%'QUIPS'	NYS
HIG PrQ	Hartford Cap I 7.70% 'QUIPS'	NYS
HIHOF	Highway Holdings	NNM
HIHWF	Highway Holdings Wrrt	NNM
HILI	Hilite Industries	NNM
HIO	High Income Opp Fd	NYS
HIPC	High Plains Corp	NNM
HIR	Diversified Corp Resources	ASE
HIRI	Hi-Rise Recycling Sys	NSC
HIRL	Hirel Holdings	BB
HIS	CIGNA High Income Shs	NYS
HISS	Healthcare Imaging Services	NNM
HIST	Gallery of History	NSC
HIT	Hitachi,Ltd ADR	NYS
HITK	Hi-Tech Pharmacal	NNM
HIV	Cel-Sci Corp	ASE
HIV.WS.A	Cel-Sci Wrrt'A'	ASE
HIVX	Bioquest Inc	BB
HIW	Highwoods Properties	NYS
HIW PrB	Highwoods Properties 8% Sr'B'	NYS
HIW PrD	Highwoods Properties 8.0% Dep	NYS
HIWDF	Highwood Resources Ltd	NSC
HIX	Salomon Bros High Income Fd II	NYS
HKF	Hancock Fabrics	NYS
HKID	Happy Kids	NNM
HKT	Hong Kong Telecom ADR	NYS
HL	Hecla Mining	NYS
HL PrB	Hecla Mining Sr'B'Cv Pfd	NYS
HLB	Hillsborough Resources	TS
HLD	Harold's Stores	ASE
HLFC	Home Loan Finl	NNM
HLGCF	Hollinger Inc Retract Cm Shs	NNM
HLI	Hartford Life 'A'	NYS
HLI PrA	Hartford Life Cap 7.20%'TruPS'	NYS
HLIT	Harmonic Lightwaves	NNM
HLM	Helmstar Group	ASE
HLMD	HLM Design	NSC
HLP	Holophane Corp	NYS
HLR	Hollinger Intl'A'	NYS
HLR PrP	Hollinger Intl 9.75% Dep'PRIDE	NYS
HLRT	HealthRite Inc	NSC
HLT	Hilton Hotels	NYS
HLT PrP	Hilton Hotels 8% 'PRIDES'	NYS
HLX	Halter Marine Group	ASE
HLY	Haley Industries	TS
HLYW	Hollywood Entertainment	NNM
HM	Homestake Mining	NYS
HMA	Health Management Assoc	NYS
HMAR	Hvide Marine 'A'	NNM
HMAT	Harmart Organization	BB
HMC	Honda Motor ADR	NYS
HMCH	Home Choice Hldgs	NNM
HME	Home Properties of NY	NYS
HMF	Hastings Mfg	ASE
HMG	HMG/Courtland Prop	ASE
HMGC	HMG Worldwide	NSC
HMGN	Hemagen Diagnostics	NSC

Ticker	Issue	Exchange
HMGNW	Hemagen Diagnostics Wrrt	NSC
HMII	HMI Industries	NNM
HMK	HA-LO Industries	NYS
HML	Hemosol Inc	TS
HMLD	Homeland Holding	NNM
HMLK	Hemlock Federal Fin'l	NNM
HMN	Horace Mann Educators	NYS
HMNF	HMN Financial	NNM
HMPS	Horizon Medical Products	NNM
HMS	Host Marriott Services	NYS
HMSC	HumaScan Inc	NSC
HMSI	Healthcore Med Solutions'A'	NSC
HMSIW	Healthcore Med Solut'ns Wrrt'A	NSC
HMSK	Homeseekers.com	BB
HMSR	HemaSure Inc	BB
HMSY	Health Management Systems	NSC
HMT	Host Marriott	NYS
HMTT	HMT Technology	NNM
HMX	Hartmarx Corp	NYS
HMY	Heilig-Meyers	NYS
HNBC	Harleysville Natl	NNM
HNCS	HNC Software	NNM
HNI	HON Indus	NYS
HNP	Huaneng Power Intl ADS	NYS
HNV	Hanover Direct	ASE
HNWC	Hawaiian Natural Water	NSC
HNWCW	Hawaiian Natural Water Wrrt	NSC
HNZ	Heinz (H.J.)	NYS
HNZ Pr	Heinz $1.70 cm Cv Pfd	NYS
HOC	Holly Corp	ASE
HOE	Hoechst AG ADS	NYS
HOEN	Hoenig Group	NNM
HOFC	Homeowners Financial	NSC
HOFCW	Homeowners Finl Wrrt	NSC
HOFF	Horizon Offshore	NNM
HOLO	HoloPak Technologies	NNM
HOLT	Holts Cigar Holdings	NNM
HOLX	Hologic Inc	NNM
HOMEF	Home Centers	NNM
HOMF	Home Fed Bancorp	NNM
HON	Honeywell, Inc	NYS
HOO	Glacier Water Services	ASE
HOO PrA	Glacier Water Tr 9.0625%cm Pfd	ASE
HOOK	Redhook Ale Brewery	NNM
HORC	Horizon Health Corp	NNM
HORT	Hines Horticulture	NNM
HOST	Amerihost Properties	NNM
HOT	Starwood Hotels & Resorts	NYS
HOTT	Hot Topic	NNM
HOU	Houston Indus	NYS
HOU PrA	HL&P Cap Tr I 8.125% Pfd	NYS
HOV	Hovnanian Enterpr Cl'A'	ASE
HOWT	Howtek Inc	NSC
HP	Helmerich & Payne	NYS
HPAC	Hawker Pacific Aerospace	NNM
HPBC	Home Port Bancorp	NNM
HPC	Hercules, Inc	NYS
HPC.X	Hyal Pharmaceutical	TS
HPFC	High Point Finl	NNM
HPG	Heritage Propane Ptnrs L.P.	NYS

Ticker	Issue	Exchange
HPH	Harnischfeger Indus	NYS
HPII	Home Products Intl	NNM
HPK	Hollywood Park	NYS
HPLX	Healthplex Inc	BB
HPN Pr	BCH Intl-Puerto Rico9.875%'MIP	NYS
HPP	Healthy Planet Prod	ASE
HPRT	Heartport Inc	NNM
HPS	HealthPlan Services	NYS
HPSC	HPSC Inc	NNM
HPT	Hospitality Properties Trust	NYS
HPWR	Health Power	NNM
HQ	Hambrecht & Quist Group	NYS
HQH	H&Q Healthcare Inv	NYS
HQL	H&Q Life Sciences Investors	NYS
HR	Healthcare Realty Tr	NYS
HRB	Block (H & R)	NYS
HRBC	Harbinger Corp	NNM
HRBF	Harbor Federal Bancorp	NNM
HRBT	Hudson River Bancorp	NNM
HRC	Harmac Pacific	TS
HRC	HEALTHSOUTH Corp	NYS
HRD	Hannaford Bros	NYS
HRDG	Harding Lawson Assoc Grp	NNM
HRG	High River Gold Mines	TS
HRH	Hilb,Rogal & Hamilton	NYS
HRL	Hormel Foods	NYS
HRLY	Herley Industries	NNM
HRLYW	Herley Indus Wrrt	NNM
HRMI	Health Risk Management	NNM
HRMN	Harmon Indus	NNM
HRNT	H&R Enterprises	BB
HRP	HRPT Properties Tr SBI	NYS
HRS	Harris Corp	NYS
HRSH	Hirsch Intl Corp'A'	NNM
HRT	Arrhythmia Research Tech	ASE
HRVE	Harvey Electronics	NSC
HRVEW	Harvey Electronics Wrrt	NSC
HRVY	Harvey Entertainment	NNM
HRY	Hallwood Rlty Ptnrs L.P.(New)	ASE
HRZ	Hertz Corp'A'	NYS
HRZB	Horizon Financial	NNM
HS	CHS Electronics	NYS
HSB	HSB Group	NYS
HSC	Harsco Corp	NYS
HSC	Hawker Siddeley Cda	TS
HSD	Homestead Village	NYS
HSDC	Health Systems Design	NNM
HSE	HS Resources	NYS
HSI	Home Security Intl	ASE
HSIC	Schein (Henry)	NNM
HSKA	Heska Corp	NNM
HSKL	Haskel Intl 'A'	NNM
HSM	Hussman Intl	NYS
HSMIU	HealthCore Medical Solut'ns Un	NSC
HSNR	Halstead Energy	NSC
HSOG	Home State Oil & Gas	NSC
HSR	Hi-Shear Technology	ASE
HST	Heist(C.H.)Corp	ASE
HSTD	Homestead Bancorp	NSC
HSTR	Amer Homestar	NNM

Ticker	Issue	Exchange
HSVLY	Highveld Steel & VanadiumADR	NSC
HSY	Hershey Foods	NYS
HTB	Hyperion 2002 Term Trust	NYS
HTBK	Heritage Commerce	NNM
HTC	Hartco Enterprises	TS
HTC	Hungarian Tel & Cable	ASE
HTCH	Hutchinson Technology	NNM
HTCO	Hickory Tech	NNM
HTD	Huntingdon LifeSciences ADR	NYS
HTEC	Hydron Technologies	NNM
HTEI	H.T.E. Inc	NNM
HTEK	Hytek Microsystems	NSC
HTHR	Hawthorne Finl	NNM
HTI	HeartlandTechnology	ASE
HTL	Heartland Partners L.P. 'A'	ASE
HTLD	Heartland Express	NNM
HTN	Houghton Mifflin	NYS
HTO	Hyperion 2005 Inv Grd Oppt Tr	NYS
HTR	Hyperion Total Return Fd	NYS
HTT	Hyperion 1999 Term Trust	NYS
HTV	Hearst-Argyle Television 'A'	NYS
HTXA	Hitox Corp	NSC
HUB.A	Hubbell Cl'A'	NYS
HUB.B	Hubbell Inc Cl'B'	NYS
HUBC	HUBCO Inc	NNM
HUBG	Hub Group 'A'	NNM
HUBS	Pubbs Worldwide	BB
HUDS	Hudson Hotels	NNM
HUF	Huffy Corp	NYS
HUG	Hughes Supply	NYS
HUM	Humana Inc	NYS
HUMCF	Hummingbird Communications	NNM
HUMP	Humphrey Hospitality Tr Inc	NSC
HUMT	HumaTech Inc	BB
HUN	Hunt Corp	NYS
HURC	Hurco Companies	NNM
HVGO	Hanover Gold	NSC
HVNV	Horizontal Ventures	NSC
HVT	Haverty Furniture	NYS
HVT.A	Haverty Furniture'A'	NYS
HVY	Harveys Casino Resorts	NYS
HWCC	Hollywood Casino'A'	NNM
HWEN	Home Finl Bancorp	NNM
HWG	Hallwood Group	NYS
HWK	Hawk Corp 'A'	NYS
HWKN	Hawkins Chemical	NNM
HWL	Howell Corp	NYS
HWLD	Healthworld Corp	NNM
HWLLP	Howell Corp $3.50 Cv'A'Pfd	NSC
HWM	Howmet International	NYS
HWP	Hewlett-Packard	NYS
HWS	Hospitality Worldwide Svcs	ASE
HWY	Huntway Refining	NYS
HWYM	HighwayMaster Communic	NNM
HX	Halifax Corp	ASE
HXL	Hexcel Corp	NYS
HXT	Houston Industries 7% 'ACES'	NYS
HYALF	Hyal Pharmaceutical	NNM
HYB	New Amer Hi Income Fd	NYS
HYBD	Hycor Biomedical	NNM

Ticker	Issue	Exchange
HYBRE	Hybrid Networks	NNM
HYC	Hypercom Corp	NYS
HYDI	Hydromer Inc	BB
HYF	Managed High Yield Plus Fd	NYS
HYI	High Yield Income Fd	NYS
HYP	High Yield Plus Fund	NYS
HYPR	HyperMedia Communications	NSC
HYPT	Hyperion Telecommunications'A'	NNM
HYSL	Hyperion Solutions	NNM
HYSQ	Hyseq Inc	NNM
HYU	Lilly CtgntPymt Units	ASE
HZFS	Horizon Financial Svcs	NSC
HZO	MarineMax Inc	NYS
HZP	Horizon Pharmacies	ASE
HZWV	Horizon Bancorp(WV)	NNM
IAABY	Indigo Aviation ADS	NNM
IAAC	Intl Assets Holding	NSC
IAAI	Insurance Auto Auctions	NNM
IAC	Irvine Apartment Communities	NYS
IAC PrA	IAC Cap Tr 8.25% 'TOPrS'	NYS
IACI	Industrial Acoustics	NNM
IACO	Informat'n Advantage Software	NNM
IACP	IA Corp	NNM
IAD	Inland Steel Indus	NYS
IAF	First Australia Fund	ASE
IAF	Intl Aqua Foods	TS
IAIC	Information Analysis	NNM
IAIS	Intl Aircraft Investors	NNM
IAL	Intl Aluminum	NYS
IAM	Altos Hornos de Mexico ADS	NYS
IART	Integra LifeSciences	NNM
IATA	IAT Multimedia	NNM
IATV	ACTV Inc	NSC
IBA	Industrias Bachoco ADSUnit	NYS
IBC	Interstate Bakeries	NYS
IBCA	Intervest Bancshares'A'	NSC
IBCO	Independence Brewing	NSC
IBCOW	Independence Brewing Wrrt	NSC
IBCP	Independent Bank	NNM
IBCPP	Independent Bank 9.25% TrPfd	NNM
IBF	Scudder Spain&Portugal Fund	NYS
IBHVF	Intl Briquettes Hldg	NNM
IBI	Intimate Brands 'A'	NYS
IBIS	Ibis Technology	NNM
IBK	Independent Bankshares	ASE
IBM	Intl Bus. Machines	NYS
IBM PrA	Intl Bus.Mach 7 1/2% Dep Pfd	NYS
IBOC	Intl Bancshares	NNM
IBP	IBP, Inc	NYS
IBSDF	Intl Business Schools	NSC
IBSX	IBS Interactive	NSC
IBUY	Shopping.com	BB
IBX	Ralston Purina 7.0%'SAILS'	NYS
IC	Intl Curator Resources	TS
ICA	Empresas ICA Sociedad ADS	NYS
ICAR	Intercargo Corp	NNM
ICB	InterCapital Inc Sec	NYS
ICBC	Independence Community Bank	NNM
ICCA	InterAmericas Communications	NSC
ICCC	ImmuCell Corp	NSC

Ticker	Issue	Exchange
ICCN	Integrated Carbonics	BB
ICE	Versacold Corp	TS
ICF	ICF Kaiser International	NYS
ICG	InterCept Group	ASE
ICGN	ICC Technologies	NNM
ICGX	ICG Communications	NNM
ICH	IMPAC Commercial Hldgs	ASE
ICHR	ICHOR Corp	NSC
ICHRW	ICHOR Corp Wrrt	NSC
ICI	Imperial Chem Ind ADR	NYS
ICII	Imperial Credit	NNM
ICIQ	Intl CompuTex	NNM
ICIX	Intermedia Communications	NNM
ICL	Intellicall Inc	NYS
ICLRY	ICON Plc ADS	NNM
ICM	Internacional De Ceramica ADS	NYS
ICMI	Imperial Credit Comm'l Mtg	NNM
ICMT	Icon CMT	NNM
ICN	ICN Pharmaceuticals	NYS
ICNT	Incomnet Inc	NSC
ICO	InaCom Corp	NYS
ICOC	ICO Inc	NNM
ICOCZ	ICO Inc 6.75% Cv Dep Pfd	NNM
ICOGF	ICO Global Communications	NNM
ICOM	Intelect Communications	NNM
ICOR	ISOCOR	NNM
ICOS	ICOS Corp	NNM
ICP	Intl Comfort Products	ASE
ICS	InterCapital Ins Cal Muni Sec	NYS
ICST	Integrated Circuit Sys	NNM
ICTG	ICT Group	NNM
ICTSF	ICTS Intl NV	NNM
ICUB	Intl Integration	NNM
ICUI	ICU Medical	NNM
IDA	Idaho Power	NYS
IDBEF	ID Biomedical	NSC
IDC	Interdigital Communications	ASE
IDCP	Natl Datacomputer	NSC
IDEA	Innovasive Devices	NNM
IDG	Industrial Distribution Grp	NYS
IDGB	IDG Books Worldwide'A'	NNM
IDII	Intl Diversified Industries	BB
IDL	Security Assoc Intl	ASE
IDMC	IDM Environmental	NNM
IDMCW	IDM Environmental Wrrt'A'	NNM
IDPH	IDEC Pharmaceuticals	NNM
IDR	Intrawest Corp	NYS
IDS	Industrial Data Systems	ASE
IDSA	Industrial Svcs America	NSC
IDTC	IDT Corp	NNM
IDTI	Integrated Device Tech	NNM
IDX	Identix Inc	ASE
IDXC	IDX Systems	NNM
IDXX	IDEXX Laboratories	NNM
IDYN	InnerDyne Inc	NNM
IEC	PEC Israel Economic	NYS
IECE	IEC Electronics	NNM
IEE	Integrated Electrical Svcs	NYS
IEGP	Immediate Entertainment Grp	BB
IEI	Indiana Energy	NYS

Ticker	Issue	Exchange
IEIB	Intl Electronics	NSC
IELSF	Interactive Entertainment	NSC
IEM	Merrill Lynch & Co'MITTS'2007	NYS
IEU	IES Util 7.875%JrSubDebs	NYS
IEX	IDEX Corp	NYS
IF	Indonesia Fund	NYS
IFCI	Intl Fibercom Inc	NSC
IFF	Intl Flavors/Fragr	NYS
IFIN	Investors Finl Svcs	NNM
IFIT	Heuristic Development Grp	NSC
IFITU	Heuristic Dvp Grp Unit	NSC
IFITW	Heuristic Dvp Grp Wrrt'A'	NSC
IFITZ	Heuristic Dvp Grp Wrrt'B'	NSC
IFLI	800 Travel Systems	NSC
IFLIW	800 Travel Sys Wrrt	NSC
IFLO	I-Flow Corp	NSC
IFM	Mpact Immedia	TS
IFMX	Informix Corp	NNM
IFN	India Fund	NYS
IFNY	Infinity Inc	NSC
IFRS	IFR Systems	NNM
IFS	Insignia Financial Grp'A'	NYS
IFSB	Independence Fed Svgs Bk	NSC
IFSC	Interferon Sciences	NNM
IFSIA	Interface Inc'A'	NNM
IFT	Income Opportunities Fd 2000	NYS
IFTI	Ionic Fuel Technology	NSC
IFTIW	Ionic Fuel Technology Wrrt'A'	NSC
IFTIZ	Ionic Fuel Technology Wrrt'B'	NSC
IG	IGI Inc	ASE
IGC	Interstate Genl L.P.	ASE
IGCA	Innovative Gaming Corp Amer	NNM
IGCO	Intergold Corp	BB
IGEN	IGEN Intl	NNM
IGF	India Growth Fund	NYS
IGI	Investors Group	TS
IGL	IMC Global	NYS
IGL.WS	IMC Global Wrrt	NYS
IGLC	Intek Global	NSC
IGPFF	Imperial Ginseng Prod	NNM
IGR	Integra Inc	ASE
IGT	Intl Game Technology	NYS
IGTI	Image Guided Tech	NSC
IH	ICH Corp	ASE
IHCC	Intensiva Healthcare	NNM
IHF	Intl Home Foods	NYS
IHHI	In Home Health Inc	NNM
IHI	Information Holdings	NYS
IHII	Industrial Holdings	NNM
IHIIL	Industrial Hlds Wrrts 'C'	NNM
IHIIW	Industrial Holdings Wrrt'D'	NNM
IHIIZ	Industrial Hldgs Wrrt'B'	NNM
IHK	Imperial Holly Corp	ASE
IHNI	Iatros Health Network	NSC
IHOP	IHOP Corp	NNM
IHS	Integrated Health Svcs	NYS
IHSC	InSight Health Svcs	NSC
II	Intersystems Inc	ASE
II.WS	Intersystems Inc Wrrt	ASE
IIC	InterCapital Cal Ins Muni Inc	NYS

Ticker	Issue	Exchange
IICR	IIC Industries	NSC
IIF	Morgan Stanley India Inv Fd	NYS
III	Insteel Industries Inc	NYS
IIM	InterCapital Ins Muni Income	NYS
IIN	ITT Industries	NYS
IINT	Indus Intl	NNM
IIR	IRI International	NYS
IIS	INA Investment Sec	NYS
IISLF	I.I.S. Intelligent Info	NNM
IIT	Perusahaan PT IndoSat ADS	NYS
IIVI	II-VI Inc	NNM
IIXC	IXC Communications	NNM
IJL	Interstate/Johnson Lane	NYS
IK	Interlake Corp	NYS
IKN	Ikon Office Solutions	NYS
IKN PrB	Ikon Office Solutions $5.04 Cv	NYS
IKOS	IKOS Systems	NNM
IKT PrA	INTRUST Cap Tr 8.24% cm Pfd	ASE
ILABY	Instrumentation Lab ADR	NNM
ILCO	Intercontl Life	NSC
ILDCY	Israel Land Dvlp ADS	NNM
ILFO	IL Fornaio (America)	NNM
ILI	Interlott Technologies	ASE
ILN	Illinova Corp	NYS
ILNK	I-Link Inc	NSC
ILOGY	ILOG S.A. ADR	NNM
ILX	ILX Resorts	ASE
ILXO	ILEX Oncology	NNM
IM	Ingram Micro'A'	NYS
IMAA	Information Mgmt Assoc	NNM
IMAG	ImageMax Inc	NNM
IMAL	i-Mall Inc	NSC
IMAT	Imatron Inc	NNM
IMAXF	Imax Corp	NNM
IMB	InterCapital Ins Muni Bd Fd	NYS
IMC	Intl Multifoods	NYS
IMCC	IMC Mortgage	NNM
IMCI	Infinite Machines	NSC
IMCIW	Infinite Machines Wrrt	NSC
IMCL	ImClone Systems	NNM
IMCO	IMPCO Technologies	NNM
IMCX	ImageMatrix Corp	NSC
IMCXW	ImageMatrix Corp Wrrt	NSC
IMEC	Imatec Ltd	NNM
IMEF	Intl Mining & Exploration	BB
IMG	Intermagnetics Genl	ASE
IMGK	Interactive Magic	NNM
IMGN	ImmunoGen Inc	NNM
IMH	IMPAC Mtge Hldgs	ASE
IMI	Ican Minerals	TS
IMI	Istituto Mobiliare Ital ADS	NYS
IMIC	Industri-Matematik Intl	NNM
IMII	Intelligent Med'l Imaging	NNM
IMJ	Indiana Mich Pwr 8%JrSubDebs	NYS
IMK	Indiana Mich Pwr7.60%JrSubebs	NYS
IMKE	Inmark Enterprises	NSC
IMKTA	Ingles Markets'A'	NNM
IML	Merrill Lyn 6.25%'STRYPES'	NYS
IMMU	Immunomedics Inc	NNM
IMN	Imation Corp	NYS

Ticker	Issue	Exchange
IMN	Inmet Mining	TS
IMNI	Interactive Multimedia	BB
IMNR	Immune Response	NNM
IMNT	IMNET Systems	NNM
IMNX	Immunex Corp	NNM
IMO	Imperial Oil Ltd	ASE
IMP	Imperial Bancorp	NYS
IMPH	Impath Inc	NNM
IMPN	Titan Energy	BB
IMPX	IMP, Inc	NNM
IMR	IMCO Recycling	NYS
IMRI	Integrated Medical Resources	NNM
IMRS	Information Mgmt Resources	NNM
IMS	Imasco Ltd	TS
IMS	InterCapital Ins Muni Sec	NYS
IMSC	Integrated Measurement Sys	NNM
IMSG	Image Systems	NSC
IMSI	Intl Microcomputer Sltwr	NNM
IMSX	Intl Manufacturing Services'A'	NNM
IMT	InterCapital Ins Muni Tr	NYS
IMTC	Imtec Inc	NSC
IMTI	Imagyn Medical Tech'A'	NSC
IMTKA	Information Mgmt Tech'A'	NNM
IMTKW	Information Mgmt Tech Wrrt'A'	NSC
IMTN	Iron Mountain	NNM
IMUL	ImmuLogic Pharmaceutical	NNM
IMUTF	Imutec Pharma	NSC
IMXN	IMX Corp	BB
IMY	Grupo Imsa ADS	NYS
INAI	IntelliCorp Inc	NSC
INAO	InAmerica Corp	BB
INB	Community Independent Bank	ASE
INB	Intl Thunderbird Gaming	TS
INBC	InnoPet Brands	BB
INBI	Industrial Bancorp	NNM
INC	INFOCURE Corp	ASE
INCC	Internet Communications	NSC
INCL	InControl Inc	NNM
INCY	INCYTE Pharmaceuticals	NNM
IND	Amer Industrial Prop	NYS
INDB	Independent Bank(MA)	NNM
INDBP	Independent Cap Tr 9.28% CmPfd	NNM
INDGF	Indigo N.V.	NNM
INDI	Individual Investor Group	NNM
INDX	Indo-Pacific Energy	BB
INDYY	Independent Energy Hldgs ADS	NNM
INEI	Insituform East	NNM
INET	Intrenet Inc	NSC
INFD	Infodata Systems	NSC
INFM	Infinium Software	NNM
INFO	Infonautics Inc'A'	NNM
INFR	Inference Corp 'A'	NNM
INFS	In Focus Systems	NNM
INFU	Infu-Tech, Inc	NNM
ING	ING Groep ADS	NYS
INGR	Intergraph Corp	NNM
INHL	Inhale Therapeutic Sys	NNM
INHM	Inco Homes	NSC
INHO	Independence Hldg	NNM
INIS	Intl Isotopes	NSC

Ticker	Issue	Exchange
INKP	Inkine Pharmaceutical	NSC
INKT	Inktomi Corp	NNM
INLD	Inland Entertainment	NNM
INLK	Interlink Computer Sciences	NNM
INLN	Inland Resources	NSC
INLQ	INTERLINQ Software	NNM
INMD	IntegraMed America	NNM
INMRY	Instrumentarium 'B' ADR	NSC
INMT	Intermet Corp	NNM
INNO	Innovo Group	NSC
INOC	Innotrac Corp	NNM
INOD	Innodata Corp	NSC
INPH	Interphase Corp	NNM
INPR	Inprise Corp	NNM
INR	Interaction Resources	TS
INRB	Industrial Rubber Products	NSC
INRS	IntraNet Solutions	NSC
INS	Intelligent Systems	ASE
INSGY	Insignia Solutions ADS	NNM
INSI	INSCI Corp	NSC
INSL	Insilco Holding	BB
INSO	INSO Corp	NNM
INSR	Integrated Sensor Solutions	NNM
INSS	Intl Network Svcs	NNM
INST	IPI Inc	NSC
INSUA	Insituform Technol'A'	NNM
INT	World Fuel Services	NYS
INTAF	Intasys Corp	NSC
INTC	Intel Corp	NNM
INTD	InteliData Technologies	NNM
INTF	Interface Systems	NNM
INTG	Intergroup Corp	NNM
INTK	INOTEK Technologies	BB
INTL	Inter-Tel Inc	NNM
INTO	Initio Inc	NSC
INTS	Integrated Systems Inc	NNM
INTT	inTest Corp	NNM
INTU	Intuit Inc	NNM
INTV	InterVoice	NNM
INTXA	Interiors Inc 'A'	NSC
INTXL	Interiors Inc Wrrt 'C'	NSC
INTXP	Interiors Inc Cv'A' Pfd	NSC
INTXZ	Interiors Inc Wrrt'B'	NSC
INUS	Innovus Corp	BB
INV	Amer Residential Inv Trust	NYS
INVA	Innova Corp	NNM
INVN	InVision Technologies	NNM
INVR	Innovir Laboratories	NSC
INVX	Innovex Inc	NNM
INZ	Istituto Nazionale ADS	NYS
IO	Input/Output Inc	NYS
IOF	Income Opportunities Fd 1999	NYS
IOI	Integrated Orthopaedics	ASE
IOM	Iomega Corp	NYS
IOMT	Isomet Corp	NSC
ION	Ionics Inc	NYS
IONAY	IONA Technologies ADR	NNM
IONCY	Ionica Group ADS	NNM
IOT	Income Opportunity Rlty	ASE
IOX	Iomed Inc	ASE

Ticker	Issue	Exchange
IP	Inca Pacific Resources	VS
IP	Intl Paper	NYS
IPAC	Integrated Packaging Assembly	NNM
IPC PrA	Illinois Pwr 4.08% Pfd	NYS
IPC PrB	Illinois Pwr 4.20% Pfd	NYS
IPC PrC	Illinois Pwr 4.26% Pfd	NYS
IPC PrD	Illinois Pwr 4.42% Pfd	NYS
IPC PrE	Illinois Pwr 4.70% Pfd	NYS
IPC PrM	Illinois Pwr Cap 9.45%'MIPS'	NYS
IPC PrT	Illinois Pwr Fin I 8% 'TOPrS'	NYS
IPCRF	IPC Holdings	NNM
IPEC	Integrated Process Equipment	NNM
IPG	Interpublic Grp Cos	NYS
IPI	IPC Information Sys	ASE
IPIC	Interneuron Pharmaceuticals	NNM
IPJ	Intl Pursuit	TS
IPL	IPALCO Enterprises	NYS
IPLY	Interplay Entertainment	NNM
IPM	Imperial Metals	TS
IPPIF	IPL Energy	NNM
IPS	IPSCO Inc	NYS
IPSW	Ipswich Svgs Bk Mass	NNM
IPX	Interpool, Inc	NYS
IQC	InterCapital Cal Qual Muni Sec	NYS
IQI	InterCapital Qual Muni Income	NYS
IQIQ	Applied Intelligence Group	NSC
IQIQW	Applied Intelligence Grp Wrrt	NSC
IQM	InterCapital Qual Muni Sec	NYS
IQN	InterCapital N.Y.Qual Muni Sec	NYS
IQST	IntelliQuest Info Group	NNM
IQSW	IQ Software	NNM
IQT	InterCapital Qual Muni Inv	NYS
IR	Ingersoll-Rand	NYS
IR PrG	Ingersoll-Rand Growth 'PRIDES'	NYS
IR Prl	Ingersoll-Rand 6.75% Inc'PRIDE	NYS
IRATA	Irata Inc'A'	NSC
IRD.A	Intl Road Dynamics 'A'	VS
IRE	Bank of Ireland(Governor&Co)AD	NYS
IREG	Information Res Engineering	NNM
IRETS	Investors Real Estate Tr SBI	NSC
IREX	Irex Corp	BB
IRF	Intl Rectifier	NYS
IRI	Intl Remote Imaging	ASE
IRIC	Information Resources	NNM
IRIDF	Iridium World Communications'A	NNM
IRIX	IRIDEX Corp	NNM
IRL	Irish Investment Fund	NYS
IROQ	Iroquois Bancorp	NNM
IRS	IRSA Inversiones y Rep GDS	NYS
IRSN	Irvine Sensors	NSC
IRT	IRT Property	NYS
IRWN	Irwin Finl	NNM
IRWNP	Irwin Finl Cum Tr 9.25% Pfd	NNM
IS	Interim Services	NYS
ISA	Santa Isabel ADS	NYS
ISAC	I.C. Isaacs & Co	NNM
ISB	Interchange Finl Svcs	ASE
ISBF	ISB Financial	NNM
ISCA	Intl Speedway 'A'	NNM
ISCG	Integrated Sys Consulting Gp	NNM

Ticker	Issue	Exchange
ISCO	Illinois Superconductor	NNM
ISCX	Industrial Scientific	NNM
ISDI	Information Storage Devices	NNM
ISEE	Sterling Vision	NNM
ISER	InnoServ Technologies	NNM
ISFEA	Infosafe Systems'A'	NSC
ISFEU	Infosafe Sys Units'99	NSC
ISFEW	Infosafe Sys Wrrt'A'	NSC
ISFEZ	Infosafe Sys Wrrt'B'	NSC
ISGTF	I.S.G. Technologies	NNM
ISH	Intl Shipholding	NYS
ISIG	Insignia Systems	NSC
ISIP	Isis Pharmaceuticals	NNM
ISKO	Isco Inc	NNM
ISL	First Israel Fund	NYS
ISLI	INTERSOLV	NNM
ISN	Instron Corp	ASE
ISNS	Image Sensing Systems	NSC
ISOL	IMAGE Software	NSC
ISP	Intl Specialty Products(New)	NYS
ISRL	Isramco Inc	NSC
ISRLW	Isramco Inc Wrrt'A'	NSC
ISRLZ	Isramco Inc Wrrt'B'	NSC
ISSI	Integrated Silicon Solution	NNM
ISSSC	Integrated Spatial Info	NSC
ISSX	ISS Group	NNM
IST	ISPAT Intl 'A'	NYS
ISTN	Interstate Natl Dealer Svcs	NNM
ISV	InSite Vision	ASE
ISWI	Intl Sports Wagering	NSC
ISWIW	Intl Sports Wagering Wrrt	NSC
ISYS	Integral Systems	NSC
ITA	Italy Fund	NYS
ITC.EC	Intelligent Controls	ECM
ITCC	ITC Learning	NNM
ITCD	ITC DeltaCom	NNM
ITDS	Intl Telecomm Data Systems	NNM
ITEL	Wavetech Intl	NSC
ITEQ	ITEQ Inc	NNM
ITEX	ITEX Corp	NSC
ITGI	Investment Tech Group	NNM
ITGR	Integrity Inc'A'	NNM
ITH	Integrated Technology USA	ASE
ITH.WS	Integrated Tech USA Wrrt	ASE
ITIC	Investors Title Co	NNM
ITIG	Intelligroup Inc	NNM
ITII	ITI Technologies	NNM
ITLA	ITLA Capital	NNM
ITN	InterTan Inc	NYS
ITP	Intertape Polymer Group	ASE
ITRC	Intercardia Inc	NNM
ITRI	Itron Inc	NNM
ITRO	Itronics Inc	BB
ITSI	Intl Lottery & Totalizator	NNM
ITSW	Intl Total Services	NNM
ITVU	InterVU Inc	NNM
ITW	Illinois Tool Works	NYS
ITWO	i2 Technologies	NNM
ITX	Intl Technology	NYS
ITX Pr	Intl Tech 7% Cv Exch Dep Pfd	NYS

Ticker	Issue	Exchange
IUBC	Indiana United Bancorp	NNM
IUBCP	IUB Cap Tr 8.75% Pfd	NNM
IUSAA	infoUSA Inc'A'	NNM
IUSAB	infoUSA Inc'B'	NNM
IV	Mark IV Industries	NYS
IVA.A	Ivaco Inc'A'	TS
IVA.B	Ivaco Inc'B'	TS
IVAC	Intevac Inc	NNM
IVBK	Intervisual Books'A'	NNM
IVCO	IVC Industries	NSC
IVCOW	IVC Industries Wrrt	NSC
IVCR	Invacare Corp	NNM
IVISF	ICOS Vision Sys	NNM
IVPN	Intelispan Inc	BB
IVTC	Innovative Valve Tech	NNM
IVTX	Innovative Tracking Solutions	BB
IVX	IVAX Corp	ASE
IWAX	Intl Wellness Assn	BB
IWBK	InterWest Bancorp	NNM
IWHM	Interwest Home Medical	NSC
IWL	Intl Wallcoverings	TS
IWRK	Iwerks Entertainment	NNM
IWT	Irwin Toy	TS
IWT.A	Irwin Toy'A'	TS
IXP.U	Intelligent Polymers Unit	ASE
IXX	Ivex Packaging	NYS
IYCOY	Ito Yokado Ltd ADR	NNM
IZZI	Integrated Security Sys	NSC
J	Jackpot Enterprises	NYS
JA	John Alden Financial	NYS
JACCQ	Jayhawk Acceptance	NNM
JACO	Jaco Electronics	NNM
JAGI	Janus Amer Group	NSC
JAII	Johnstown America Indus	NNM
JAKK	JAKKS Pacific	NNM
JAMS	Jameson Inns	NNM
JAMSP	Jameson Ins 9.25%cm'A'Pfd	NNM
JANNF	Jannock Ltd	NNM
JAPNY	Japan Airlines Co Ltd ADR	NSC
JASN	Jason Inc	NNM
JAX	J. Alexander's Corp	NYS
JBAK	Baker(J.) Inc	NNM
JBHT	Hunt(JB)Transport	NNM
JBL	Jabil Circuit	NYS
JBM	Jan Bell Marketing	ASE
JBM.WS	Jan Bell Marketing Wrrt	ASE
JBOH	JB Oxford Holdings	NSC
JBRD	J.Bird Music Grp	BB
JBSS	Sanfilippo,John B & Son	NNM
JC	Jenny Craig	NYS
JCBS	Jacobson Stores	NNM
JCC	Jilin Chemical Ind ADS	NYS
JCI	Johnson Controls	NYS
JCOR	Jacor Communications	NNM
JCORM	Jacor Communic Wrrt	NNM
JCORZ	Jacor Communic Wrrt	NNM
JCP	Penney (J.C.)	NYS
JCTCF	Jewett-Cameron Trading	NSC
JDAS	JDA Software Group	NNM
JDEC	J D Edwards	NNM

Ticker	Issue	Exchange
JDN	JDN Realty	NYS
JDX	Jordex Resources	TS
JEAN	Jean Philippe Fragrances	NNM
JEC	Jacobs Engr Group	NYS
JEF	Jefferies Group	NYS
JEFF	JeffBanks Inc	NNM
JEFFP	JBI Cap Tr I 9.25% Pfd	NNM
JEM	Merrill Lyn Nikkei'MITTS'2002	NYS
JEMG	Jagged Edge Mtn Gear	BB
JENS	Jenson Intl	BB
JEQ	Japan Equity Fund	NYS
JET	Jetronic Indus	ASE
JEVC	Jevic Transportation	NNM
JEWLF	IWI Holdings Ltd	NSC
JFBC	Jeffersonville Bancorp	NSC
JFC	Jardine Fleming China Reg Fd	NYS
JFI	Jardine Fleming India Fund	NYS
JGCI	Just Great Coffee	BB
JGF	Jakarta Growth Fund	NYS
JGIN	JG Industries	NSC
JH	Harland (John H.)	NYS
JHI	John Hancock Inv Tr	NYS
JHPC	JLM Couture	NSC
JHS	John Hancock Inc Sec	NYS
JII	Johnston Industries	NYS
JIT	Pentacon Inc	NYS
JJSC	Jefferson Smurfit	NNM
JJSF	J & J Snack Foods	NNM
JKHY	Henry(Jack) & Assoc	NNM
JL	J & L Specialty Steel	NYS
JLG	JLG Indus	NYS
JLHCC	Just Like Home	BB
JLK	JLK Direct Distribution'A'	NYS
JLMI	JLM Industries	NNM
JLN	Jaclyn, Inc	ASE
JLNY	Jenna Lane	NNM
JLNYW	Jenna Lane Wrrt	NNM
JLT	Jalate Ltd	ASE
JM	Johns Manville Corp	NYS
JMAR	JMAR Technologies	NNM
JMARW	JMAR Technologies Wrrt	NNM
JMCG	JMC Group	NNM
JMED	JONES PHARMA	NNM
JNC	John Nuveen 'A'	NYS
JNJ	Johnson & Johnson	NYS
JNKN	Jenkon Intl	NSC
JNS	Chic by H.I.S. Inc	NYS
JNY	Jones Apparel Group	NYS
JOB	Genl Employ Enterpr	ASE
JOE	St. Joe Co	NYS
JOF	Japan OTC Equity Fund	NYS
JOIN	Jones Intercable	NNM
JOINA	Jones Intercable Cl'A'	NNM
JOL	Joule Inc	ASE
JOS	Jostens Inc	NYS
JOSB	Jos.A. Bank Clothiers	NNM
JP	Jefferson-Pilot	NYS
JPEI	JPE Inc	BB
JPM	Morgan (J.P.)	NYS
JPM PrA	Morgan(JP) Adj Rt'A'Pfd	NYS

Ticker	Issue	Exchange
JPM PrH	Morgan(JP)6.625% Dep'H'Pfd	NYS
JPMX	JPM Co	NNM
JPO	Morgan J.P. Index Fd 2.50%'Com	ASE
JPR	JP Realty	NYS
JPSP	JPS Packaging	NNM
JPST	JPS Textile Group	NNM
JQH	Hammons(John Q)Hotels'A'	NYS
JRBK	James River Bankshares	NNM
JRC	Journal Register	NYS
JRJR	800-JR Cigar	NNM
JRL	Cincinnati G&E8.28%Jr SubDebs	NYS
JRM	McDermott (J.Ray) S.A.	NYS
JS	Jefferson Smurfit Grp ADS	NYS
JSB	JSB Financial	NYS
JSBA	Jefferson Savings Bancorp	NNM
JSI	JumboSports Inc	NYS
JST	Jinpan Intl	ASE
JSTN	Justin Indus	NNM
JTFX	JetFax Inc	NNM
JTL	Joutel Resources	TS
JTSR	J.T.'s Restaurants	BB
JTWO	J2 Communications	NSC
JUDG	Judge Group	NNM
JUNI	Juniper Group	NSC
JUNO	Juno Lighting	NNM
JUST	Just Toys	NNM
JVLN	Javelin Systems	NSC
JW.A	Wiley(John)Sons 'A'	NYS
JW.B	Wiley(John)Sons 'B'	NYS
JWAIA	Johnson Worldwide'A'	NNM
JWG	JWGenesis Financial	ASE
JXSB	Jacksonville Svgs Bank	NSC
JXVL	Jacksonville Bancorp	NNM
JYP Pr	Jersey Cent P&L 4%cmPfd	NYS
JYP PrE	Jersey Cent P&L 7.88% Pfd	NYS
JYP PrZ	JCP&L Cap L.P.8.56%'MIPS'	NYS
K	Kellogg Co	NYS
KAB	Kaneb Services	NYS
KAB PrA	Kaneb Svcs Adj Rt'A'Pfd	NYS
KAHI	Kaire Holdings	BB
KAMNA	Kaman Corp Cl'A'	NNM
KARE	Koala Corp	NNM
KARR	Karrington Health	NSC
KASP	Kasper A.S.L. Ltd	NNM
KAYE	Kaye Group	NNM
KBA	Kleinwort Benson Aus	NYS
KBALB	Kimball Intl Cl'B'	NNM
KBH	Kaufman & Broad Home	NYS
KBH PrG	Kaufman & Broad Gwth'PRIDES'	NYS
KBH PrI	Kaufman & Broad 8.0% Inc'PRIDE	NYS
KBK	KBK Capital	ASE
KBL	Keebler Foods	NYS
KCLI	Kansas City Life Ins	NSC
KCP	Kenneth Cole Productions'A'	NYS
KCS	KCS Energy Inc	NYS
KDN	Kaydon Corp	NYS
KDUS	Cadus Pharmaceutical	NNM
KDX	Klondex Mines Ltd	VS
KE	Koger Equity	ASE
KEA	Keane Inc	ASE

Ticker	Issue	Exchange
KEF	Korea Equity Fund	NYS
KEG	Key Energy Group	NYS
KEI	Keithley Instruments	NYS
KELL	Kellstrom Industries	NNM
KELYA	Kelly Services'A'	NNM
KELYB	Kelly Services'B'	NNM
KENT	Kent Financial Svcs	NSC
KEP	Korea Electric Power ADS	NYS
KEQU	Kewaunee Scientific	NNM
KERA	KeraVision Inc	NNM
KES	Keystone Consol Ind	NYS
KESI	Kentucky Electric Steel	NNM
KEST	Kestrel Energy	NSC
KEX	Kirby Corp	NYS
KEY	Key Anacon Mines	TS
KEY	KeyCorp	NYS
KEYS	Keystone Automotive Industries	NNM
KF	Korea Fund	NYS
KFBI	Klamath First Bancorp	NNM
KFI	Krause's Furniture	ASE
KFX	KFX Inc	ASE
KG	Klondike Gold	VS
KGC	Kinross Gold	NYS
KGT	Kemper Interm Gvt Tr	NYS
KHD	Canadian Hydro Developers	TS
KHI	Kemper High Income	NYS
KICK	Master Glaziers Karate Intl	BB
KIDD	First Years	NNM
KIDE	4 Kids Entertainment	NNM
KIDQ	New Horizon Kids Quest	NSC
KIDS	Children's Comp Svcs	NNM
KIF	Korean Investment Fund	NYS
KILN	Kirlin Holding	NSC
KIM	Kimco Realty	NYS
KIM PrA	Kimco Rlty 7.75% Sr'A' Dep Pfd	NYS
KIM PrB	Kimco Rlty 8.50% Sr'B'Dep Pfd	NYS
KIM PrC	Kimco Rlty 8.375% Sr'C'Dep	NYS
KIM PrD	Kimco Realty 7.5%Cv Dep Pfd	NYS
KIN	Kinark Corp	ASE
KING	King Pharmaceuticals	NNM
KINN	Kinnard Investments	NNM
KINT	Karts Intl	NSC
KINTW	Karts Intl Wrrt	NSC
KIT	Kit Mfg	ASE
KITS	Meridian Diagnostics	NNM
KK	Continental Energy Corp	VS
KKRO	Koo Koo Roo	NNM
KLAC	KLA-Tencor Corp	NNM
KLB	Audio Book Club	ASE
KLIC	Kulicke & Soffa Ind	NNM
KLLM	KLLM Transport Sv	NNM
KLM	KLM Royal Dutch Air	NYS
KLOC	Kushner-Locke	NNM
KLOCZ	Kushner-Locke Wrrt	NNM
KLT	Kansas City Pwr & Lt	NYS
KLT PrA	Kansas City P&L 3.80% Pfd	NYS
KLT PrD	Kansas City P&L 4.35% Pfd	NYS
KLT PrE	Kansas City P&L 4.50% Pfd	NYS
KLT PrT	KCPL Financing I 8.30%'TOPrS'	NYS
KLU	Kaiser Aluminum	NYS

Ticker	Issue	Exchange
KM	K mart	NYS
KM Pr	Kmart Fin I 7.75% Tr Cv Pfd	NYS
KMAG	Komag Inc	NNM
KMB	Kimberly-Clark	NYS
KMET	KEMET Corp	NNM
KMG	Kerr-McGee	NYS
KMGB	KMG Chemicals	NSC
KML	Carmel Container Sys	ASE
KMM	Kemper Multi-Mkt Income	NYS
KMT	Kennametal, Inc	NYS
KMX	Circuit City Strs-CarMaxGrp	NYS
KNAP	Knape & Vogt Mfg	NNM
KNBWY	Kirin Brewery ADS	NSC
KNDL	Kendle Intl	NNM
KNE	KN Energy	NYS
KNGT	Knight Transportation	NNM
KNIC	Knickerbocker (L.L.)	NNM
KNK	Kankakee Bancorp	ASE
KNL	Knoll Inc	NYS
KNSY	Kensey Nash	NNM
KNT	Kent Electronics	NYS
KNTK	Kentek Information Sys	NNM
KNUR	Knox Nursery	BB
KO	Coca-Cola Co	NYS
KOB	Kookaburra Resources	TS
KOF	Coca-Cola FEMSA ADS	NYS
KOFX	Kofax Image Products	NNM
KOGC	Kelley Oil & Gas	NNM
KOGCP	Kelley O&G $2.625 Cv Ex Pfd	NNM
KOL	Kollmorgen Corp	NYS
KOOL	THERMOGENESIS Corp	NSC
KOPN	Kopin Corp	NNM
KOR	Koor Indus Ltd ADS	NYS
KOSP	KOS Pharmaceuticals	NNM
KOSS	Koss Corp	NNM
KP	Key Production	NYS
KPA	Innkeepers USA Trust	NYS
KPC	Kentucky Pwr 8.72% Sr'A'Debs	NYS
KPG	Consol Pine Channel Gold	VS
KPG	King Power Intl	ASE
KPI	Killearn Properties	ASE
KPLNF	Optomedic Med Technologies	NSC
KPLNWF	Optomedic Med Tech Wrrt	NSC
KPN	Royal PTT Nederland ADS	NYS
KPP	Kaneb Pipe Line Ptnrs L.P.	NYS
KPT	Konover Property	NYS
KR	Kroger Co	NYS
KRA	Cora Resources Ltd	VS
KRB	MBNA Corp	NYS
KRB PrA	MBNA Corp 7.50% Sr'A'Pfd	NYS
KRB PrB	MBNA Corp Adj Rt'B'Pfd	NYS
KRB PrC	MBNA Capital C 8.25%'TOPrS'	NYS
KRC	Kilroy Realty	NYS
KRE	Capital Re	NYS
KRE PrL	Capital Re LLC'MIPS'	NYS
KREN	Kings Road Entmt	NSC
KRG	KRUG International	ASE
KRHC	Rich Coast Inc	NSC
KRI	Knight-Ridder Inc	NYS
KROG	Kroll-O'Gara Co	NNM

Ticker	Issue	Exchange
KRON	Kronos Inc	NNM
KRR	Kettle River Resources	TS
KRSC	Kaiser Ventures	NNM
KRSL	Kreisler Mfg	NSC
KRT	Kranzco Realty Trust	NYS
KRT Pr	Kranzco Realty Tr B-1 9.75%CvP	NYS
KRT PrD	Kranzco Realty Tr 9.50% Pfd	NYS
KRUZ	Europa Cruises	NSC
KRY	Crystallex Intl	ASE
KS	Kafus Environmental Indus	ASE
KSBK	KSB Bancorp	NSC
KSF	Quaker State Corp	NYS
KSH	Cash Resources Ltd	VS
KSM	Kemper Strategic Muni Tr	NYS
KSS	Kohl's Corp	NYS
KST	Kemper Strategic Income	ASE
KSTN	Keystone Financial	NNM
KSU	Kansas City So. Ind	NYS
KSU Pr	Kansas City So. Ind 4% Pfd	NYS
KSWS	K Swiss Inc 'A'	NNM
KT	Katy Indus	NYS
KTCC	Key Tronic Corp	NNM
KTCO	Kenan Transport	NNM
KTEC	Key Technology	NNM
KTEL	K-Tel International	NNM
KTF	Kemper Muni Income	NYS
KTI	Kelman Technologies	TS
KTIC	Kaynar Technologies	NNM
KTIE	KTI Inc	NNM
KTII	K-Tron Intl	NNM
KTN	Cotton Valley Resources	ASE
KTO	K2 Inc	NYS
KTTY	Kitty Hawk	NNM
KTWO	K2 Design	NSC
KTWOW	K2 Design Wrrt	NSC
KTZ	Katz Digital Technologies	ASE
KUAL	Kuala Healthcare	NSC
KUB	Kubota Corp ADR	NYS
KUH	Kuhlman Corp	NYS
KV.A	K-V Pharmaceutical Cl'A'	ASE
KV.B	K-V Pharmaceutical Cl'B'	ASE
KVCO	Kevco Inc	NNM
KVHI	KVH Industries	NNM
KVN	Kimmins Corp	NYS
KWD	Kellwood Co	NYS
KWIC	Kennedy-Wilson Inc	NNM
KWNDZ	KENETECH Cp 8.25% Cv Dep Pfd	NNM
KWP	King World Prod'ns	NYS
KWR	Quaker Chemical Corporation	NYS
KYF	Kentucky First Bancorp	ASE
KYO	Kyocera Corp ADR	NYS
KYT	Corporate High Yield Fd II	NYS
KYZN	Kyzen Corp 'A'	NSC
KYZNW	Kyzen Corp Wrrt'A'	NSC
L	Liberty Financial Cos	NYS
L	Loblaw Cos	TS
LABH	Lab Holdings	NNM
LABL	Multi-Color Corp	NNM
LABN	Lake Ariel Bancorp	NNM
LABS	LabOne Inc	NNM

Ticker	Issue	Exchange
LABZ	Laboratory Specialists Amer	NSC
LACI	Latin Amer Casinos	NNM
LACIW	Latin Amer Casinos Wrrt	NNM
LADF	LADD Furniture	NNM
LAF	Lafarge Corp	NYS
LAIX	Lamalie Associates	NNM
LAKE	Lakeland Indus	NNM
LAM	Laramide Resources	TS
LAM	Latin America Inv Fd	NYS
LAMN	La-Man Corp	NSC
LAMR	Lamar Advertising 'A'	NNM
LAMT	Laminating Technologies	NSC
LAMTW	Laminating Technologies Wrrt'A	NSC
LAN	Lancer Corp	ASE
LANC	Lancaster Colony	NNM
LANPF	Plaintree Systems	NNM
LANV	LanVision Systems	NNM
LANZ	Lancer Orthodontics	NSC
LAORF	La Teko Resources Ltd	NSC
LAP	LaSalle Partners	NYS
LAQ	Latin America Equity Fd	NYS
LARK	Landmark Bancshares	NNM
LARL	Laurel Cap Group	NSC
LARS	Larscom Inc'A'	NNM
LASE	Lasersight Inc	NNM
LATXW	Latex Resources Wrrt	NSC
LAW	Lawter Intl	NYS
LAWS	Lawson Products	NNM
LAYN	Layne Christensen Co	NNM
LAZR	Laser Storm	BB
LAZRU	Laser Storm 'Unit'	NSC
LB	LaBarge Inc	ASE
LB	Laurentian Bank, Canada	TS
LBC	Laboratorio Chile ADS	NYS
LBF	Scudder Global Hi Inc Fd	NYS
LBFC	Long Beach Finl	NNM
LBI	Liberte Investors	NYS
LBOR	Labor Ready	NNM
LBTYA	Tele-Comm Inc 'A' Liberty Medi	NNM
LBTYB	Tele-Comm'B'Liberty Media	NNM
LBY	Libbey Inc	NYS
LC	Liberty Corp	NYS
LCAV	LCA-Vision	NSC
LCBM	Lifecore Biomedical	NNM
LCCI	LCC Intl'A'	NNM
LCE	Lone Star Indus	NYS
LCE.WS	Lone Star Indus Wrrt	NYS
LCEHC	LEC Tech Wrrt'C'	NSC
LCLD	Laclede Steel	NNM
LCOS	Lycos Inc	NNM
LCP	Loews Cineplex Entertain't	NYS
LCRY	LeCroy Corp	NNM
LCSI	LCS Industries	NNM
LCUT	Lifetime Hoan	NNM
LD	Louis Dreyfus Natural Gas	NYS
LDAKA	LIDAK Pharmaceuticals'A'	NNM
LDDI	Long Distance Direct Hldgs	BB
LDF	Latin American Discovery Fd	NYS
LDG	Longs Drug Stores	NYS
LDII	Larson Davis	NNM

Ticker	Issue	Exchange
LDL	Lydall, Inc	NYS
LDMK	Landmark Systems	NNM
LDR	Landauer Inc	ASE
LDRY	Landry's Seafood Restaurants	NNM
LDSH	Ladish Co	NNM
LDW	Laidlaw Inc	NYS
LE	Lands' End	NYS
LEA	Lear Corp	NYS
LEAD	Leadville Corp	BB
LEAF	Interleaf Inc	NNM
LEAK	Leak-X Environmental	BB
LEAP	Leap Group	NNM
LEAS	Pride Automotive Gp	NSC
LEASW	Pride Automotive Gp'Wrrt'	NSC
LEBC	Letchworth Indep Bancshares	NSC
LECEC	LEC Technologies	NSC
LECH	Lechters Inc	NNM
LECIC	LEC Tech Wrrt'D'	NSC
LECO	Lincoln Electric Hldgs	NNM
LECPC	LEC Tech cm Cv'A'Pfd	NSC
LECT	LecTec Corp	NNM
LEE	Lee Enterprises	NYS
LEG	Leggett & Platt	NYS
LEH	Lehman Br Holdings	NYS
LEH PrC	Lehman Br Hldg 5.94%Dep Pfd	NYS
LEH PrD	Lehman Br Hldg 5.67%Dep Pfd	NYS
LEIX	Lowrance Electronics	NNM
LEN	Lennar Corp	NYS
LEND	Credit Depot	NSC
LENS	Concord Camera	NNM
LEO	Dreyfus Strategic Municipals	NYS
LEP	Leopardus Resources	VS
LEPI	Leading Edge Packaging	NNM
LEQ	Lehman Br Hldg 8.30%'QUICS'	NYS
LEV	Leviathan Gas PL Ptnrs LP	NYS
LEV.P	Leviathan Gas PL Ptnrs LP	NYS
LEVL	Level One Communications	NNM
LEXI	Lexington Healthcare	NSC
LEXIW	Lexington Healthcare Wrrt	NSC
LFB	Longview Fibre	NYS
LFBI	Little Falls Bancorp	NNM
LFCO	Life Financial	NNM
LFED	Leeds Federal Bankshares	NNM
LFG	Landamerica Financial Grp	NYS
LFL	Lan Chile ADS	NYS
LFPT	LifePoint Inc	BB
LFST	Lifestream Technologies	BB
LFT	Lexford Residential Tr SBI	NYS
LFUS	LittelFuse Inc	NNM
LFUSW	Littelfuse Inc Wrrt'A'	NNM
LFZA	LaForza Automotibles	BB
LG	Laclede Gas	NYS
LGAM	Lexington Global Assets Mgrs	NNM
LGASP	Louisville G&E 5% Pfd	NSC
LGCB	Long Island Comm Bank	NNM
LGCY	Legacy Software	NSC
LGE	LG&E Energy	NYS
LGL	Lynch Corp	ASE
LGM	LG Technologies Group	TS
LGMTA	LogiMetrics Inc 'A'	BB

Ticker	Issue	Exchange
LGND	Ligand Pharmaceuticals 'B'	NNM
LGNOW	Ligand Pharmaceuticals Wrrt	NNM
LGPT	Log Point Technologies	BB
LGT.A	Logistec Corp	TS
LGT.B	Logistec Corp Cl 'B'	TS
LGTK	Logitek Inc	BB
LGTO	Legato Systems	NNM
LGTY	Logility Inc	NNM
LH	Laboratory Corp Amer Hldgs	NYS
LH PrA	Laboratory Corp8.50%Sr'A'CvExc	NYS
LH PrB	LaboratoryCorp8.50%Sr'B'Cv'PIK	NYS
LH.WS	Laboratory Corp Am Hldgs Wrrt	NYS
LHO	LaSalle Hotel Properties	NYS
LHP	Lakehead Pipe Line Ptnrs L.P.	NYS
LHSG	LHS Group	NNM
LHSPF	Lernout & Hauspie Speech Pds	NNM
LI	Lilly Industries'A'	NYS
LIBB	Liberty Bancorp	NNM
LIBHA	Liberty Homes Cl'A'	NNM
LIBHB	Liberty Homes Cl'B'	NNM
LIBT	Liberty Technologies	NNM
LIBY	Liberty Mint	BB
LIFC	LifeCell Corp	NNM
LIFE	Lifeline Systems	NNM
LIFF	Lifschultz Industries	NSC
LIHRY	Lihir Gold ADS	NNM
LIN	Linens'n Things	NYS
LIND	Lindberg Corp	NNM
LINK	Interlink Electronics	NNM
LION	Fidelity National	NNM
LIPO	Liposome Co	NNM
LIQB	Liqui-Box Corp	NNM
LIQWF	Liquidation World	NNM
LISB	Long Island Bancorp	NNM
LIT	Litton Indus	NYS
LIT PrB	Litton Indus,$2 B Pfd	NYS
LITE	Vari-lite Intl	NNM
LIZ	Liz Claiborne	NYS
LJLB	LJL Biosystems	NNM
LJPC	La Jolla Pharmaceutical	NNM
LJPCW	La Jolla Pharmaceutical Wrrt	NNM
LKFN	Lakeland Financial	NNM
LKFNP	Lakeland Cap Tr Pfd	NNM
LKI	Lazare Kaplan Intl	ASE
LKOM	Linkon Corp	BB
LKST	LeukoSite Inc	NNM
LLB	Computrac Inc	ASE
LLF	Latin America Smaller Cos Fd	NYS
LLL	L-3 Communications Hldgs	NYS
LLTC	Linear Technology Corp	NNM
LLY	Lilly (Eli)	NYS
LM	Legg Mason Inc	NYS
LMAR	Lamaur Corp	NNM
LMIA	LMI Aerospace	NNM
LMLAF	Leisureways Mktg Ltd	NSC
LMM	Laser Mortgage Mgmt	NYS
LMR	Laminco Resources	TS
LMS	Lamson & Sessions	NYS
LMT	Lockheed Martin	NYS
LMTR	Lithia Motors'A'	NNM

Ticker	Issue	Exchange
LNC	Lincoln Natl Corp	NYS
LNC Pr	Lincoln Natl $3.00 Cv Pfd	NYS
LNC PrG	Lincoln Natl Growth'PRIDES'	NYS
LNC PrI	LincolnNatl 7.75% Inc'PRIDES'	NYS
LNC PrX	Lincoln Natl Cp I 8.75%'QUIPS'	NYS
LNC PrY	Lincoln Natl Cp II 8.35%'TOPrS'	NYS
LNC PrZ	Lincoln Natl 7.40%'TOPrS'	NYS
LNCC	LINC Capital	NNM
LNCE	Lance, Inc	NNM
LNCR	Lincare Holdings	NNM
LND	Lincoln Natl Income Fd	NYS
LNDC	Landec Corp	NNM
LNDL	Lindal Cedar Homes	NNM
LNET	LodgeNet Entertainment	NNM
LNF	Leon's Furniture	TS
LNK	Clublink Corp	TS
LNM	Lumen Technologies	NYS
LNN	Lindsay Mfg	NYS
LNOPF	LanOptics Ltd	NNM
LNR	Linamar Corp	TS
LNR	LNR Property	NYS
LNST	Lone Star Intl Energy	BB
LNT	Interstate Energy	NYS
LNUS	Lion Industries (USA)	BB
LNV	Lincoln Natl Cv Sec	NYS
LO	Local Financial	ASE
LOAN	Genl Credit	NSC
LOANW	Genl Credit Wrrt	NSC
LOCK	Saf T Lock	NSC
LODE	Comstock Bancorp	NSC
LODG	ShoLodge Inc	NNM
LOEH	Loehmann's Inc	NNM
LOGC	Logic Devices	NNM
LOGIY	Logitech Intl ADR	NNM
LOGLF	Logal Educational Softwr&Sys	NNM
LOGN	Logansport Financial	NSC
LOJN	LoJack Corp	NNM
LONDY	London Intl Group plc ADS	NNM
LONF	London Financial	BB
LOR	Loral Space Communications	NYS
LORX	Loronix Info Systems	NNM
LOW	Lowe's Cos	NYS
LPAC	Laser-Pacific Media	NSC
LPGLY	London Pacific Grp ADS	NNM
LPL PrB	Entergy Louis Cp I 9% 'QUIPS'	NYS
LPTHA	LightPath Technologies 'A'	NSC
LPTHU	LightPath Technologies Unit	NSC
LPTHW	LightPath Technol Wrrt 'A'	NSC
LPTHZ	LightPath Technol Wrrt 'B'	NSC
LPWR	Laser Power	NNM
LPX	Louisiana Pacific	NYS
LQ	Quinenco S.A. ADS	NYS
LQMD	LifeQuest Medical	NSC
LQU	Quilmes Ind(Quinsa) ADS	NYS
LRCX	Lam Research	NNM
LRE	Life Re	NYS
LRI	LeaRonal Inc	NYS
LRN	Life Re Cap Tr II 6% Eq Sec	NYS
LRT	LL&E Royalty Tr UBI	NYS
LRY	Liberty Property Trust	NYS

Ticker	Issue	Exchange
LRY PrA	Liberty Property Tr 8.80% Pfd	NYS
LSB	LSB Industries	NYS
LSB PrC	LSB Ind $3.25 Cv Exch Pfd	NYS
LSBI	LSB Financial	NNM
LSBX	Lawrence Savings Bank	NNM
LSCC	Lattice Semiconductor	NNM
LSCO	LESCO Inc	NNM
LSCP	Laserscope	NNM
LSER	Laser Corp	NSC
LSGTE	Lasergate Systems	NSC
LSH	LaSalle Re Holdings	NYS
LSH PrA	LaSalle Re Hldg 8.75% Pfd	NYS
LSI	LSI Logic	NYS
LSKI	Liuski International	NNM
LSN	Leasing Solutions	NYS
LSO	LASMO plc ADS	NYS
LSO PrA	LASMO plc Sr'A'Pref ADS	NYS
LSON	Lason Inc	NNM
LSR	Laser Technology	ASE
LSS	Lone Star Technologies	NYS
LSTR	Landstar System	NNM
LSVI	Little Switzerland	NNM
LTBG	Lightbridge Inc	NNM
LTC	LTC Properties	NYS
LTC PrA	LTC Properties 9.50%'A'Pfd	NYS
LTC PrB	LTC Properties 9.0% 'B'Pfd	NYS
LTCH	Litchfield Financial	NNM
LTCW	Let's Talk Cellular/Wireless	NNM
LTD	Limited Inc	NYS
LTEK	Life Technologies	NNM
LTG	Catalina Lighting	NYS
LTGL	Liteglow Industries	BB
LTR	Loews Corp	NYS
LTRE	Learning Tree Intl	NNM
LTT	Liberty Term Trust-1999	NYS
LTUS	Garden Fresh Restaurant	NNM
LTV	Leitch Technology	TS
LTV	LTV Corp	NYS
LTXX	LTX Corp	NNM
LU	Lucent Technologies	NYS
LUB	Luby's Cafeterias	NYS
LUBR	Granatelli(J.T.)Lubricants	BB
LUCK	Lady Luck Gaming'A'	NNM
LUCR	Lucor Inc 'A'	NSC
LUCY	Lucille Farms	NSC
LUFK	Lufkin Industries	NNM
LUK	Leucadia National	NYS
LUKN	Lukens Medical	NSC
LUM	Lumonics Inc	TS
LUMI	Lumisys Inc	NNM
LUND	Lund International	NNM
LUNR	Lunar Corp	NNM
LUSA	Life USA Holdings	NNM
LUTH	Luther Medical Products	NSC
LUV	Southwest Airlines	NYS
LUX	Luxottica Group ADS	NYS
LUXY	CinemaStar Luxury Theaters	NSC
LUXYW	CinemaStar Lux Theaters Wrrt	NSC
LUXYZ	CinemaStar Lux Theaters Wrrt'B'	NSC
LVA	LucasVarity PLC ADS	NYS

Ticker	Issue	Exchange
LVB	Steinway Musical Instruments	NYS
LVC	Lillian Vernon	ASE
LVCI	Laser Vision Centers	NNM
LVDG	Las Vegas Disct Golf/Tennis	NSC
LVEL	Level 8 Systems	NNM
LVEN	Las Vegas Entmt Ntwk	NSC
LVL	Levelland Energy & Resources	VS
LVLT	Level 3 Communications	NNM
LVMHY	LVMH Moet Henn Lou Vttn ADS	NNM
LVNTE	Livent Inc	NNM
LVSB	Lakeview Financial	NNM
LWAY	Lifeway Foods	NSC
LWN	Loewen Group	NYS
LWN Pr	Loewen Group Cap Ser'A' 'MIPS'	NYS
LXBK	LSB Bancshares(NC)	NNM
LXK	Lexmark Intl Group'A'	NYS
LXMO	Lexington B&L Finl	NSC
LXP	Lexington Corporate Prop Tr	NYS
LXR	LXR Biotechnology	ASE
LXTO	LEX2000 Inc	BB
LXU.EC	Luxtec Corp	ECM
LYNX	Lynx Therapeutics	NNM
LYO	Lyondell Chemical	NYS
LYS	Lysander Gold	VS
LYTS	LSI Industries	NNM
LZ	Lubrizol Corp	NYS
LZB	La-Z Boy	NYS
LZRCF	TLC The Laser Center	NNM
MAA	Mid-Amer Apart Communities	NYS
MAA PrA	Mid-Am Apt Comm'ties 9.5% Pfd	NYS
MAA PrB	Mid-Am Apt Comm'ties 8.875% Pf	NYS
MAA PrC	Mid-Am Apt Comm'ties 9.375% Pf	NYS
MAB	Mid-America Bancorp	ASE
MABG	Mid-Atlantic Commty BankGp	NSC
MABXA	Amer Biogenetic Sciences'A'	NNM
MAC	Macerich Co	NYS
MACC	MACC Private Equities	NNM
MACE	Mace Security Intl	NNM
MACR	Macromedia Inc	NNM
MAD	Madeco S.A. ADS	NYS
MADB	Madison Bancshares Group	NSC
MADGF	Madge Networks N.V.	NNM
MAENF	Miramar Mining	NNM
MAF	Municipal Advantage Fund	NYS
MAFB	MAF Bancorp	NNM
MAG	MagneTek Inc	NYS
MAGN	Magainin Pharmaceuticals	NNM
MAGR	Master Graphics	NNM
MAGSF	Magal Security Systems Ltd	NNM
MAH	Hanna(M.A.)Co	NYS
MAHI	Monarch Avalon	NSC
MAI	Medical Assurance	NYS
MAII	Medical Alliance	NNM
MAIN	Main St. & Main	NNM
MAIR	Mesaba Holdings	NNM
MAJ	Michael Anthony Jewelers	ASE
MAK	Group Maintenance Amer	NYS
MAL	Malan Realty Investors	NYS
MALB	Malibu Inc	BB
MALL	Creative Computers	NNM

Ticker	Issue	Exchange
MALT	Lion Brewery	NNM
MAM	Maxxim Medical	NYS
MAMAW	Mama Tish's Italian Spcl's Wrr	NSC
MAME	Mobile America	NNM
MAN	Manpower Inc	NYS
MANA	Manatron Inc	NSC
MANC	Manchester Equipment	NNM
MANH	Manhattan Associates	NNM
MANS	Mansur Industries	NSC
MANU	Manugistics Group	NNM
MAP	Maine Public Service	ASE
MAPS	MapInfo Corp	NNM
MAPX	MAPICS Inc	NNM
MAR	Marriott Intl 'A'	NYS
MARC	M/A/R/C Inc	NNM
MARG	Market Guide	NSC
MARK	Market-America	BB
MARN	Marion Capital Holdings	NNM
MARPS	Marine Petrol Tr	NSC
MARQ	Marquette Medical Systems	NNM
MARSA	Marsh Supermkts'A'	NNM
MARSB	Marsh Supermkts'B'	NNM
MARY	St. Mary Land Exploration	NNM
MAS	Masco Corp	NYS
MASB	MASSBANK Corp	NNM
MASK	Align-Rite Intl	NNM
MAST	Mastech Corp	NNM
MAT	Mattel, Inc	NYS
MAT Pr	Mattel Inc$0.4125Dep'C'Cv Pfd	NYS
MATE	Matewan BancShares	NNM
MATEP	Matewan Bancshrs 7.5% Cv'A'Pfd	NNM
MATH	MathSoft Inc	NSC
MATK	Martek Biosciences	NNM
MATR	Matria Healthcare	NNM
MATT	Matthews Studio Equip Group	NNM
MATVY	Matav-Cable Sys ADS	NNM
MATW	Matthews Intl 'A'	NNM
MATX	Matrix Pharmaceutical	NNM
MAV	Mavesa, S.A. ADS	NYS
MAVK	Maverick Tube	NNM
MAX	Mercury Air Group	ASE
MAXC	Maxco Inc	NNM
MAXE	Max & Erma's Restaurants	NNM
MAXF	Maxcor Finl Group	NNM
MAXI	Maxicare Health Plans	NNM
MAXS	Maxwell Shoe'A'	NNM
MAXX	Imark Technologies	NSC
MAXXW	Imark Technologies Wrrt	NSC
MAY	May Dept Stores	NYS
MAYS	Mays (JW)	NNM
MAZL	Mazel Stores	NNM
MB	Molecular Biosystems	NYS
MBAI	M.B.A. Holdings	BB
MBBC	Monterey Bay Bancorp	NNM
MBE	Malibu Entmt Intl	ASE
MBHC	Mortgage Bankers Hldg	BB
MBHI	Midwest Banc Hlds	NNM
MBI	MBIA Inc	NYS
MBIA	Merchants Bancorp	NNM
MBIO	Megabios Corp	NNM

Ticker	Issue	Exchange
MBJI	Marks Bros Jewelers	NNM
MBK	Bank of Tokyo-MitsubishiADS	NYS
MBLA	Natl Mercantile Bancorp	NSC
MBLAP	Natl Mercantile Bancorp 6.50%	NSC
MBLF	MBLA Financial	NNM
MBN	Middlefield Bancorp	TS
MBNK	Main Street Bancorp	NNM
MBNY	Merchants NY Bancorp	NNM
MBOC	Middle Bay Oil	NSC
MBP	Mid Penn Bancorp	ASE
MBRK	Meadowbrook Rehab Grp'A'	NNM
MBRS	MemberWorks Inc	NNM
MBRW	Minnesota Brewing	NSC
MBSI	Miller Building Sys	NNM
MBSP	Mitchell Bancorp	NSC
MBTA	Transmedia Asia Pacific	NSC
MBTE	Transmedia Europe Inc	BB
MBVT	Merchants Bancshares (VT)	NNM
MC	Matsushita El Ind ADR	NYS
MCA	MuniYield CA Insured Fund II	NYS
MCAR	MedCare Technologies	NSC
MCBN	Mid-Coast Bancorp	NSC
MCC	Mestek Inc	NYS
MCCL	McClain Industries	NNM
MCCO	Monaco Coach	NNM
MCCRK	McCormick & Co	NNM
MCD	McDonald's Corp	NYS
MCDE	Microcide Pharmaceuticals	NNM
MCDY	Microdyne Corp	NNM
MCE	MCN Egy 8.75%'PRIDES'	NYS
MCEM	Monarch Cement	BB
MCFR	Microframe Inc	NSC
MCGR	McGowen Resources	BB
MCH	Millennium Chemicals	NYS
MCHM	MacroChem Corp	NNM
MCHP	Microchip Technology	NNM
MCI	MassMutual Corp Inv	NYS
MCIC	MCI Communications Corp	NNM
MCICP	MCI Cap I 8%'QUIPS'	NNM
MCJ	McDonald's Cp 7.50% Sub Deb	NYS
MCK	McKesson Corp	NYS
MCL	Moore Corp Ltd	NYS
MCLD	McLeodUSA Inc'A'	NNM
MCLL	Metrocall Inc	NNM
MCM	Controladora Comer'l Mex GDS	NYS
MCM	Memotec Communications	TS
MCMC	McM Corp	NSC
MCN	MCN Energy Gp	NYS
MCN PrA	MCN Financing I 8.625% 'TOPrS'	NYS
MCN PrI	MCN Egy 8.00% FELINE'PRIDES'	NYS
MCN PrT	MCN Mich L.P. 9.375% Pfd	NYS
MCO	Merrill Lyn 6.00%'STRYPES'	NYS
MCOM	Metricom Inc	NNM
MCON	EMCON	NNM
MCR	MFS Charter Income Tr	NYS
MCRE	MetaCreations Corp	NNM
MCRI	Monarch Casino & Resort	NNM
MCRL	Micrel Inc	NNM
MCRS	MICROS Systems	NNM
MCS	Marcus Corp	NYS

Ticker	Issue	Exchange
MCS	McChip Resources	TS
MCSC	Miami Computer Supply	NNM
MCSI	Mark Solutions	NSC
MCSX	Managed Care Solutions	NNM
MCTI	Micro Component Tech	NNM
MCTL	Microtel Intl	NSC
MCW	McDonald's Cp 7.50% Jr Sub Deb	NYS
MCX	MC Shipping	ASE
MCY	Mercury General	NYS
MDAN	Maid Aide	BB
MDB	Professional Bancorp	ASE
MDBK	Medford Bancorp	NNM
MDC	M.D.C. Hldgs	NYS
MDCC	Molecular Devices	NNM
MDCD	Meridian Data	NNM
MDCE	MediaConcepts Inc	BB
MDCI	Medical Action Industries	NNM
MDCL	MedicalControl Inc	NNM
MDD	McDonald & Co Invest	NYS
MDDS	Monarch Dental	NNM
MDE PrA	McDermott Inc $2.20 cm Cv A Pf	NYS
MDEA	Media 100	NNM
MDERF	Med-Emerg International	NSC
MDEWF	Med-Emerg Intl Wrrt	NSC
MDG	Meridian Gold	NYS
MDII	Mechanical Dynamics	NNM
MDIXC	Medix Resources	BB
MDKI	Medicore,Inc	NNM
MDLK	Medialink Worldwide	NNM
MDM	MedPartners Inc	NYS
MDMD	Medirisk Inc	NNM
MDN	Meridian Industrial Trust	NYS
MDN PrD	Meridian Ind'l Tr 8.75% Pfd	NYS
MDN.WS	Meridian Indl Tr Wrrt	ASE
MDP	Meredith Corp	NYS
MDPA	Metropolitan Health Networks	NSC
MDPAW	Metropolitan Health Ntwk Wrrt	NSC
MDPO	Maintenance Depot	BB
MDQ	MDC Communications Cl'A'	ASE
MDR	Mansfield Minerals	VS
MDR	McDermott Intl	NYS
MDRX	Medicis Pharmaceutical 'A'	NNM
MDS	Midas Inc	NYS
MDSIF	MDSI Mobile Data Solutions	NNM
MDSLF	Medis El Ltd	NSC
MDSN	Madison Gas & Elec	NNM
MDT	Medtronic, Inc	NYS
MDU	MDU Resources Group	NYS
MDV	Medeva ADR	NYS
MDWV	Medwave Inc	NSC
MDWY	Midway Airlines	NNM
MDX	MedPartners 6.50% 'TAPS'	NYS
MDXR	Medar Inc	NNM
MDY	Standard & Poor's MidCap Dep R	ASE
MDYN	Molecular Dynamics	NNM
ME PrA	Mission Capital 9.875%'MIPS'	NYS
ME PrB	Mission Capital 8.50% 'MIPS'	NYS
MEA	Mead Corp	NYS
MEAD	Meade Instruments	NNM
MEC	MidAmerican Energy Hldg	NYS

Ticker	Issue	Exchange
MEC PrA	MidAmer Energy Fin I 7.98%'QUI	NYS
MECH	MECH Financial	NNM
MECK	Mecklermedia Corp	NNM
MECN	Mecon Inc	NNM
MEDA	Medaphis Corp	NNM
MEDC	Med-Design Corp	NSC
MEDI	MedImmune Inc	NNM
MEDJ	Medi-Ject Corp	NNM
MEDM	MedAmicus Inc	NSC
MEDP	MedPlus Ohio	NNM
MEDQ	MedQuist Inc	NNM
MEDRF	MedEra Life Science	NSC
MEDS	Medstone Intl	NNM
MEDW	Mediware Information Sys	NSC
MEDX	Medarex Inc	NNM
MEDY	Medical Dynamics	NSC
MEE	Merrill Lyn Euro 'MITTS' '99	NYS
MEF	Emerging Mexico Fund	NYS
MEG.A	Media General Cl'A'	ASE
MEGO	Mego Financial	NNM
MEH	Midwest Express Holdings	NYS
MEI	Matrix Energy	VS
MEL	Mellon Bank Corp	NYS
MELI	Melita Intl	NNM
MEM	Mer Lyn Maj8 Eur Ind'MITTS'200	ASE
MEMCF	Memco Software	NNM
MEMO	Voice It Worldwide	BB
MEN	MuniEnhanced Fund	NYS
MENJ	Menley & James Inc	NSC
MENS	K&G Men's Center	NNM
MENT	Mentor Graphics	NNM
MEOHF	Methanex Corp	NNM
MER	Merrill Lynch	NYS
MER PrA	Merrill Lynch 9% Sr'A'Dep Pfd	NYS
MER PrB	Merr Lyn Cap Tr I 7.75%'TOPrS'	NYS
MER PrC	Mer Lyn Pref Cp TrII 8%'TOPrS'	NYS
MER PrD	Mer LynPrefCpTrIII 7%'TOPrS'	NYS
MER PrE	Mer LynPrefCpTrIV7.12%'TOPrS'	NYS
MERB	Merrill Merchants Banchrs	NNM
MERCS	Mercer Intl SBI	NNM
MERQ	Mercury Interactive	NNM
MERX	Merix Corp	NNM
MESA	Mesa Air Group	NNM
MESQ	Amarillo Mesquite Grill	BB
MET	Metalore Resources	TS
META	Metatec Corp	NNM
METB	MetroBanCorp	NSC
METF	Metropolitan Finl	NNM
METFP	Metropolitan Cap Tr 8.60% Pfd	NNM
METG	META Group	NNM
METHA	Methode Electronics'A'	NNM
METHB	Methode Electronics'B'	NNM
METLF	Metallica Resources	NSC
METNF	MetroNet Communications 'B'	NNM
METZ	Metzler Group	NNM
MEXP	Miller Exploration	NNM
MF	Malaysia Fund	NYS
MFA	America First Mtg Investments	NYS
MFAC	Market Facts	NNM
MFBC	MFB Corp	NNM

Ticker	Issue	Exchange
MFC PrA	MB Capital I 8.75% cm Pfd	ASE
MFCB	Michigan Finl Corp	NNM
MFCO	Microwave Filter	NSC
MFCV	Marathon Finl	NNM
MFFC	Milton Federal Financial	NNM
MFI	Maple Leaf Foods	TS
MFIC	Microfluidics International	NNM
MFITQ	Main Street AC	BB
MFL	MuniHoldings Fla Insured Fund	NYS
MFLR	Mayflower Cooperative Bank	NNM
MFM	MFS Municipal Inc Tr	NYS
MFMI	Media Forum Intl	BB
MFNX	Metromedia Fiber Network'A'	NNM
MFP	MFP Technology Svcs	TS
MFRI	MFRI, Inc	NNM
MFSL	Maryland Fed Bancorp	NNM
MFT	MuniYield FL Insured Fund	NYS
MFUN	Morgan Funshares	NSC
MFV	MFS Special Value Trust	NYS
MFW	M&FWorldwide	NYS
MG	Morgan Group	ASE
MGA	Magna Intl Cl'A'	NYS
MGAM	Multimedia Games	NSC
MGAMW	Multimedia Games Wrrt'A'	NSC
MGAMZ	Multimedia Games Wrrt'B'	NSC
MGAS	Marcum Natural Gas Svcs	NNM
MGB	Morgan Stan Global Opt Bd Fd	NYS
MGC	Morgan Grenfell Smallcap	NYS
MGCC	Medical Graphics	NSC
MGCX	MGC Communications	NNM
MGF	MFS Gvt Mkts Income Tr	NYS
MGG	MGM Grand	NYS
MGI	MGI Properties	NYS
MGICF	Magic Software Enterprises	NNM
MGJ	Major Genl Resources	VS
MGL	Magellan Health Svcs	NYS
MGLCF	Misty Mountain Gold	NSC
MGM	Metro-Goldwyn-Mayer	NYS
MGMA	Metro Global Media	NSC
MGN	Morgan Products Ltd	NYS
MGNB	Mahoning Natl Bancorp	NNM
MGO	Mishibishu Gold	VS
MGP	Merchants Group	ASE
MGP	Mirage Resource	TS
MGR	Mongolia Gold Resources	VS
MGRC	McGrath RentCorp	NNM
MGS	MetroGas S.A. Cl'B'ADS	NYS
MGX	Mossimo Inc	NYS
MGXI	Micrografx Inc	NNM
MHC	Manufactured Home Communities	NYS
MHCO	Moore-Handley,Inc	NNM
MHD	MuniHoldings Fund	NYS
MHE	Mass Hlth & Edu Tax-Exempt Tr	ASE
MHF	Municipal High Income Fd	NYS
MHG.A	MDS Inc 'A'	TS
MHG.B	MDS Inc 'B'	TS
MHI	Morrison Health Care	NYS
MHK	Mohawk Industries	NYS
MHMY	M.H.Meyerson & Co	NNM
MHMYW	M H Meyerson & Co Wrrt	NNM

Ticker	Issue	Exchange
MHN	MuniHoldings N.Y. Insured Fund	NYS
MHO	M/I Schottenstein Homes	NYS
MHP	McGraw-Hill Companies	NYS
MHR	Magnum Hunter Resources	ASE
MHTX	Manhattan Scientifics	BB
MHX	MeriStar Hospitality	NYS
MHY	Managed High Inc Portfolio	NYS
MI	Marshall Indus	NYS
MIAM	Mid Am Inc	NNM
MIB PrA	Midland Bank A1/A2 UnitADS	NYS
MIB PrB	Midland Bank B1/B2 Unit ADS	NYS
MIB PrC	Midland Bank C1/C2 Unit ADS	NYS
MIB PrD	Midland Bank D1/D2 Unit ADS	NYS
MIC	MuniYield CA Insured Fund	NYS
MICA	MicroAge Inc	NNM
MICCF	Millicom Intl Cellular S.A.	NNM
MICG	Microfield Graphics	NSC
MICN	Micrion Corp	NNM
MICTF	Microcell Telecomm'B'	NNM
MIDD	Middleby Corp	NNM
MIF	MuniInsured Fund	ASE
MIFC	Mid-Iowa Financial	NSC
MIFGY	Micro Focus Grp ADS	NNM
MIG	Meadowbrook Insurance Grp	NYS
MIGI	Meridian Insurance Gp	NNM
MII	Morton International	NYS
MIKE	Michaels Stores	NNM
MIKL	Michael Foods	NNM
MIKN	Mikohn Gaming	NNM
MIKR	Mikron Instrument	NSC
MIL	Millipore Corp	NYS
MILB	Millbrook Press	NSC
MILK	Broughton Foods	NNM
MILM	Millennium Electronics	NSC
MILT	Miltope Group	NNM
MIM	Merrill Lynch & Co'MITTS'2002	NYS
MIMS	MIM Corp	NNM
MIN	MFS Interm Income SBI	NYS
MIND	Mitcham Indus	NNM
MINI	Mobile Mini	NNM
MINT	Micro-Integration	NSC
MIOA	Medical Ind of America	NSC
MIPS	MIPS Technologies	NNM
MIR	Mirage Resorts	NYS
MISI	Metro Information Svcs	NNM
MITK	Mitek Systems	NSC
MITSY	Mitsui & Co ADR	NNM
MITY	Mity-Lite Inc	NNM
MIVI	Mississippi View Holding	BB
MIX	Merrill Lynch & Co'MITTS'2001	NYS
MIY	MuniYield MI Insured Fund	NYS
MJI	MuniYield NJ Insured Fund	NYS
MJK	Magicworks Entertainment	ASE
MK	Morrison Knudsen	NYS
MK.WS	Morrison Knudsen Wrrt	NYS
MKA	Metrika Systems	ASE
MKAU	MK Gold	NNM
MKFCF	Mackenzie Financial	NNM
MKG	Mallinckrodt Inc	NYS
MKG Pr	Mallinckrodt Inc 4% Pfd	NYS

Ticker	Issue	Exchange
MKIE	Mackie Designs	NNM
MKL	Markel Corp	NYS
MKRS	Mikros Systems	BB
MKS	Mikasa Inc	NYS
MKTAY	Makita Corp ADS	NNM
MKY	Milkway Networks	TS
MLA	Midland Co	ASE
MLAB	Mesa Laboratories	NNM
MLB	Merrill Lyn 7.25%'STRYPES'	NYS
MLC	Merrill Lyn Gl Tel'MITTS' '98	NYS
MLCH	MLC Holdings	NNM
MLD	Midland Resources	ASE
MLD.WS	Midland Res Inc Wrrt	ASE
MLDS	Million Dollar Saloon	BB
MLF	Merrill Lynch & Co'MITTS'2005	ASE
MLG	Musicland Stores	NYS
MLH	Merrill Lyn Hlt/Bio'MITTS'2001	ASE
MLHR	Miller (Herman)	NNM
MLI	Mueller Industries	NYS
MLIN	Micro Linear	NNM
MLK	Matlack Systems	NYS
MLM	Martin Marietta Materials	NYS
MLNM	Millennium Pharmaceuticals	NNM
MLOG	Microlog Corp	NNM
MLP	Maui Land & Pineapple	ASE
MLR	Miller Industries	NYS
MLRC	Mallon Resources	NNM
MLS	Mills Corp	NYS
MLS	Milltronics Ltd	TS
MLT	Mitel Corp	NYS
MLTNQ	Molten Metal Technology	BB
MM	Mutual Risk Management	NYS
MMA	Muni Mtge & Equity L.L.C.	NYS
MMAC	MultiMedia Access	NSC
MMACW	MultiMedia Access Wrrt	NSC
MMAN	Minuteman Int'l	NNM
MMBLF	MacMillan-Bloedel	NNM
MMC	Marsh & McLennan	NYS
MMC	Marshall Minerals	TS
MMCN	MMC Networks	NNM
MMD	Moore Medical Corp	ASE
MME	Mid Atlantic Medical Svcs	NYS
MMG	Metromedia Intl Grp	ASE
MMG Pr	Metromedia Intl Grp 7.25% Cv Pfd	ASE
MMGC	Mego Mortgage	NNM
MMGR	Medical Manager	NNM
MMH	Meristar Hotels & Resorts	NYS
MMI	MMI Companies	NYS
MMM	Minnesota Min'g/Mfg	NYS
MMO	Monarch Machine Tool	NYS
MMP	Maxim Pharmaceuticals	ASE
MMP.WS	Maxim Pharma'l Wrrt	ASE
MMS	MAXIMUS Inc	NYS
MMSI	Merit Medical Systems	NNM
MMSY	Marine Management Sys	NSC
MMSYW	Marine Mgmt Sys Wrrt	NSC
MMT	MFS Multimkt Income	NYS
MMU	Managed Muni Portfolio	NYS
MMWW	Metamor Worldwide	NNM
MMX	Maxx Petroleum(New)	ASE

Ticker	Issue	Exchange
MN	Marketspan Corp	NYS
MN PrA	Marketspan Corp 7.95% Pfd	NYS
MNA	Minnesota Muni Term Trust	NYS
MNB	Minnesota Muni Term Tr-II	ASE
MNBB	MNB Bancshares	NSC
MND.A	Mitchell Energy/Dev'A'	NYS
MND.B	Mitchell Energy/Dev'B'	NYS
MNES	Mine Safety Appl	NNM
MNHC	Marin Holdings	BB
MNI	McClatchy Co 'A'	NYS
MNI	Meridian Technologies	TS
MNMD	MiniMed Inc	NNM
MNOC	Monocacy Bancshares	NNM
MNP	Madison Enterprises	VS
MNP	Municipal Partners Fund	NYS
MNR	Manor Care	NYS
MNRCY	Minorco ADR	NSC
MNRO	Monro Muffler Brake	NNM
MNRTA	Monmouth R.E. Inv Cl'A'	NNM
MNS	MacNeal-Schwendler	NYS
MNT	Mirtronics Inc	TS
MNT	Montedison S p A ADS	NYS
MNT Pr	Montedison Bearer Svg Pfd ADS	NYS
MNTG	MTR Gaming Group	NSC
MNTR	Mentor Corp	NNM
MNTX	Minntech Corp	NNM
MNX	Nextel $1.015 STRYPES Trust	ASE
MNYC	IFS Intl	NSC
MNYCW	IFS Intl Wrrt'A'	NSC
MNYPV	IFS Intl Cv Pfd'A'	NSC
MO	Philip Morris Cos	NYS
MOAK	Oak Tree Medical Systems	BB
MOB	Mobil Corp	NYS
MOBI	Mobius Management Sys	NNM
MOBV	MobileVest Inc	BB
MOCO	Modern Controls	NNM
MODA	ModaCAD Inc	NNM
MODI	Modine Mfg	NNM
MODM	Modern Medl Modalities	NSC
MODMW	Modern Med Modalities Wrrt'A'	NSC
MODT	Modtech Inc	NNM
MODU	Mod-U-Kraf Homes	BB
MOF	Moffat Communications	TS
MOFN	MovieFone Cl'A'	NNM
MOG.A	Moog Cl'A'	ASE
MOG.B	Moog, Inc Cl'B'	ASE
MOGN	MGI PHARMA, Inc	NNM
MOIL	Maynard Oil	NNM
MOKA	Coffee People	NSC
MOL.A	Molson Cos Cl'A'	TS
MOL.B	Molson Cos Cl'B'	TS
MOLX	Molex Inc	NNM
MOLXA	Molex Inc'A'	NNM
MOND	Mondavi(Robert)'A'	NNM
MONFA	Monaco Finance'A'	NNM
MONM	Monmouth Capital	NSC
MONT	Montgomery Financial	NSC
MOOR	Chadmoore Wireless Group	BB
MOR	Morgan Keegan Inc	NYS
MOR.V	Molycor Gold	VS

Ticker	Issue	Exchange
MORP	Moore Products	NNM
MOSX	Mosaix Inc	NNM
MOT	Motorola, Inc	NYS
MOTO	Moto Photo	NSC
MOTR	Motor Club of Amer	NNM
MOVA	Movado Group	NNM
MOVE	Cinema Ride Inc	BB
MOVI	Movie Gallery	NNM
MOXY	McMoRan Oil & Gas	NNM
MOYC	Moyco Technologies	NNM
MP PrB	Mississippi Pwr 6.65% Dep Pfd	NYS
MP PrC	Mississippi Pwr 6.32% Dep Pfd	NYS
MP PrD	Miss Pwr Cp Tr I 7.75%'TOPrS'	NYS
MPA	MuniYield Pennsylvania Fund	NYS
MPAA	Motorcar Parts & Accessories	NNM
MPARY	Multicanal Participacoes ADS	NNM
MPDI	Microwave Power Devices	NNM
MPET	Magellan Petroleum	NSC
MPH	Championship Auto Racing	NYS
MPL	Minnesota Power	NYS
MPL Pr	MP&L Cap I 8.05% 'QUIPS'	NYS
MPL PrA	Minn Power 5% cm Pfd	ASE
MPML	MPM Technologies	NSC
MPN	Mariner Post-AcuteNetwork	NYS
MPN PrA	Monongahela Pwr 4.4% Pfd	ASE
MPN PrC	Monongah Power 4.50%cm C Pfd	ASE
MPO	MotivePower Indus	NYS
MPP	Genl Cigar 'A'	NYS
MPQ	Morgan StanDW'PEEQS'	ASE
MPR	Met-Pro Corp	NYS
MPRS	MicroProse Inc	NNM
MPSI	MPSI Systems	NSC
MPT	Municipal Partners Fund II	NYS
MPTBS	Meridian Point Rlty Tr 83	NSC
MPV	MassMutual Part'n Inv	NYS
MPVIF	Mountain Province Mining	NSC
MPWG	MPW Industrial Svcs	NNM
MQI	Malette Quebec	TS
MQT	MuniYield Quality Fund II	NYS
MQY	MuniYield Quality Fund	NYS
MR	Morgan's Foods	ASE
MRA	Meritor Automotive	NYS
MRBK	Mercantile Bankshares	NNM
MRCF	Martin Color-Fi	NNM
MRCM	Marcam Solutions	NNM
MRCY	Mercury Computer Sys	NNM
MRD	MacDermid, Inc	NYS
MRE	Medco Research	ASE
MRET	Merit Holding	NNM
MRF	Mentor Income Fund	NYS
MRG	Morton's Restaurant Group	NYS
MRGE	Merge Technologies	NSC
MRGO	Margo Caribe	NSC
MRI.A	McRae Indus'A'	ASE
MRI.B	McRae Indus Cv 'B'	ASE
MRII	Medical Resources	NNM
MRIS	Marshall & Ilsley	NNM
MRK	Merck & Co	NYS
MRKF	Market Financial	NSC
MRKR	Marker Intl	NNM

Ticker	Issue	Exchange
MRL	Marine Drilling	NYS
MRLL	Merrill Corp	NNM
MRM	Merrimac Industries	ASE
MRMC	Medical Resources Mgmt	BB
MRO	USX-Marathon Grp	NYS
MRR	Mid-Atlantic Realty Trust SBI	NYS
MRRW	Morrow Snowboards	NNM
MRS	Midcoast Energy Resources	ASE
MRSA	Marisa Christina	NNM
MRSIQ	MRS Technology	NNM
MRT	Marquee Group	ASE
MRTN	Marten Transport	NNM
MRU.A	Metro-Richelieu Inc'A'	TS
MRVC	MRV Communications	NNM
MRVT	Miravant Medical Technologies	NNM
MRY	Merry Land & Invest	NYS
MRY Pr	Merry Land & Inv Sr'A'Cv Pfd	NYS
MRY PrC	Merry Land & Inv Sr'C'Cv Pfd	NYS
MRY PrE	Merry Land & Invest 7.625%'E'P	NYS
MS	Milestone Scientific	ASE
MSB	Mesabi Tr Ctfs SBI	NYS
MSBC	MainStreet Financial	NNM
MSBF	MSB Financial	NSC
MSBK	Mutual Savings Bank	NNM
MSC	Material Sciences	NYS
MSCA	M.S. Carriers	NNM
MSCC	Microsemi Corp	NNM
MSD	Morgan Stanley Emer'g Mkt Debt	NYS
MSD	Mosaid Technologies	TS
MSDX	Mason-Dixon Bancshares	NNM
MSDXO	Mason Dixon Cap Tr 8.40%Pfd	NNM
MSDXP	Mason-Dixon Cap Tr10.07% Pfd	NNM
MSE	Morgan Stan Fin 8.40% Cp Uts	NYS
MSEL	Merisel, Inc	NNM
MSEX	Middlesex Water	NNM
MSF	Morgan Stanley Emerging Mkt	NYS
MSFT	Microsoft Corp	NNM
MSFTP	Microsoft Cp 2.75% Cv Ex Pfd'A	NNM
MSGI	Marketing Services Group	NSC
MSI	Movie Star Inc	ASE
MSIX	Mining Services Intl	NNM
MSK	Grupo Indl Maseca ADS	NYS
MSL	MidSouth Bancorp	ASE
MSL Pr	MidSouth Bancorp Sr'A'Cv Pfd	ASE
MSM	MSC Industrial Direct'A'	NYS
MSN	Emerson Radio	ASE
MSNO	Mason Oil	BB
MSON	Misonix Inc	NSC
MSP	Morgan Stan Fin 8.20% Cp Uts	NYS
MSPG	MindSpring Enterprises	NNM
MSPT	Millennium Sports Mgmt	NSC
MSPTW	Millennium Sports Mgmt Wrrt'A'	NSC
MSR	MSR Exploration	ASE
MSS	Measurement Specialties	ASE
MSS	Microstar Software	TS
MSSI	Medical Science Sys	NSC
MSTG	Mustang Software	NNM
MSTI	Medical Sterilization	BB
MSTR	MicroStrategy Inc'A'	NNM
MSU	Morgan Stan Fin 7.82% Cp Uts	NYS

Ticker	Issue	Exchange
MSV	Morgan Stan Fin 9% Cp Uts	NYS
MSW	Mission WestProp	ASE
MSX	MascoTech, Inc	NYS
MSY	Morgan Stanley Hi Yld Fd	NYS
MSZ	Morgan Stan Fin 7.80% Cp Uts	NYS
MT	Meditrust Corp(Unit)	NYS
MT Pr	Meditrust Corp 9.00% Dep Pfd	NYS
MTA	Magyar Tavkozlesi ADS	NYS
MTB	M&T Bank	NYS
MTC	Monsanto Co	NYS
MTD	Mettler-Toledo Intl	NYS
MTE	Meteor Industries	ASE
MTE.WS	Meteor Industries Wrrt	ASE
MTEC	Meridian Medical Tech	NNM
MTG	MGIC Investment	NYS
MTH	Monterey Homes	NYS
MTI	Multigraphics Inc	ASE
MTIC	MTI Technology	NNM
MTIN	Martin Industries	NNM
MTIX	Micro Therapeutics	NNM
MTL	Mercantile Bancorp	NYS
MTLC	Metalclad Corp	NSC
MTLG	Metrologic Instruments	NNM
MTLL	Mactell Corp	BB
MTLM	Metal Management	NNM
MTLX	Marine Transport	NNM
MTM	Mitec Telecom	TS
MTMC	Micros To Mainframes	NNM
MTMS	Made2Manage Systems	NNM
MTN	Vail Resorts	NYS
MTNT	Metro Networks	NNM
MTON	Metro One Telecommun	NNM
MTP	Montana Power	NYS
MTP PrA	Montana Pwr Cap I 8.45%'QUIPS'	NYS
MTR	Mesa Royalty Tr UBI	NYS
MTRA	Metra Biosystems	NNM
MTRN	Metrotrans Corp	NNM
MTRO	Metro Tel Corp	NSC
MTRS	Metris Cos	NNM
MTRX	Matrix Service	NNM
MTS	Montgomery St Inc Sec	NYS
MTSC	MTS Systems	NNM
MTSI	MicroTouch Systems	NNM
MTSLF	MER Telemanagement Solutions	NNM
MTSN	Mattson Technology	NNM
MTST	Microtest Inc	NNM
MTT	Maritime Tel & Tel	TS
MTT	Mer Lyn Top Ten Yld'MITTS'2006	ASE
MTT PrZ	Met-Ed Capital L.P.'MIPS'	NYS
MTU	Managed Muni Portfolio II	NYS
MTV	Multivision Communications	VS
MTW	Manitowoc Company	NYS
MTWKF	Metrowerks Inc	NNM
MTX	Minerals Technologies	NYS
MTXC	Matrix Capital	NNM
MTY	Marlton Technologies	ASE
MTZ	MasTec Inc	NYS
MU	Micron Technology	NYS
MUA	MuniAssets Fund	NYS
MUC	MuniHoldings Cal Insured Fund	NYS

Ticker	Issue	Exchange
MUEI	Micron Electronics	NNM
MUEL	Mueller (Paul) Co	NNM
MUF	MuniHoldings Fla Insured Fund	NYS
MUH	MuniHoldings Fund II	NYS
MUI	Metals USA	NYS
MUJ	MuniHoldings N.J. Insured Fund	NYS
MUK PrA	MEPC Intl Cap 9.125%'QUIPS'	NYS
MUN	MuniHoldings N.Y. Fund	NYS
MUO	Pioneer Interest Shs	NYS
MUR	Murphy Oil	NYS
MURC	Murdock Communications	BB
MUS	MuniHoldings Insured Fund	NYS
MUSE	Micromuse Inc	NNM
MVAC	MotorVac Technologies	NSC
MVBI	Mississippi Valley Bancshares	NNM
MVBIP	MVBI Cap Trust Flt Rt Pfd	NNM
MVCO	Meadow Valley	NNM
MVCOW	Meadow Valley 'Wrrt'	NNM
MVF	MuniVest Fund	ASE
MVII	Mark VII	NNM
MVIS	Microvision Inc	NNM
MVISW	Microvision Inc Wrrt	NNM
MVJ	MuniVest NJ Fund	NYS
MVM	MuniVest MI Insured Fund	NYS
MVP	MuniVest PA Insured Fund	NYS
MVPHD	MVP Holdings	BB
MVS	MuniVest Florida Fund	NYS
MVSI	MVSI Inc	NNM
MVSN	Macrovision Corp	NNM
MVT	MuniVest Fund II	NYS
MWAR	Microware Systems	NNM
MWAV	M-Wave Inc	NSC
MWB	Moneysworth & Best Shoe Care	TS
MWBI	Midwest Bancshares	NSC
MWBX	MetroWest Bank	NNM
MWC	MSDW CapTr I 7.10%Cap Sec	NYS
MWD	Morgan Stan Dean Witter	NYS
MWD PrD	Mor Sta Dean Wit 7.375% Dep Pf	NYS
MWD PrE	Mor Sta Dean Wit 7.75% Dep Pfd	NYS
MWD PrF	Mor Sta Dean Wit Dep Adj'A'Pfd	NYS
MWDS	Med/Waste Inc	NSC
MWGP	Midwest Grain Products	NNM
MWH	Baycorp Holdings	ASE
MWHS	Micro Warehouse	NNM
MWHX	MarkWest Hydrocarbon	NNM
MWI	Meadowcraft Inc	NYS
MWI	Midland Walwyn	TS
MWL	Mail-Well Inc	NYS
MWRK	Mothers Work	NNM
MWSI	Mercury Waste Solutions	NSC
MWT	McWhorter Technologies	NYS
MWY	Midway Games	NYS
MXA	Minnesota Muni Inc Portfolio	ASE
MXAM	Maxam Gold Corp	BB
MXBIF	MFC Bancorp	NNM
MXC	MATEC Corp(New)	ASE
MXE	Mexico Eqty & Income Fd	NYS
MXF	Mexico Fund	NYS
MXG	Maxim Group	NYS
MXICY	Macronix Intl ADR	NNM

Ticker	Issue	Exchange
MXIM	Maxim Integrated Prod	NNM
MXM	MAXXAM Inc	ASE
MXON	Maxxon Inc	BB
MXS PrA	Maxus Energy $2.50 Pfd	NYS
MXTR	Maxtor Corp	NNM
MXWL	Maxwell Technologies	NNM
MYC	MuniYield California Fund	NYS
MYCO	Mycogen Corp	NNM
MYD	MuniYield Fund	NYS
MYE	Myers Indus	ASE
MYF	MuniYield Florida Fund	NYS
MYG	Maytag Corp	NYS
MYGN	Myriad Genetics	NNM
MYI	MuniYield Insured Fund	NYS
MYJ	MuniYield New Jersey Fund	NYS
MYL	Mylan Labs	NYS
MYLX	Mylex Corp	NNM
MYM	MuniYield Michigan Fund	NYS
MYN	MuniYield NY Insured Fund	NYS
MYR	MYR Group	NYS
MYS	Masisa S.A.ADS	NYS
MYST	Mystic Financial	NNM
MYSW	MySoftware Co	NNM
MYT	MuniYield NY Insured Fund II	NYS
MZA	MuniYield Arizona Fund	ASE
MZON	Multiple Zones Intl	NNM
N	Inco Ltd	NYS
N PrE	Inco Ltd 5.50% Cv'E' Pfd	NYS
NA	Nabisco Holdings'A'	NYS
NA	Natl Bk of Canada	TS
NAB	Natl Australia Bk ADR	NYS
NABC	NAB Asset Corp	NSC
NABI	NABI	NNM
NACT	NACT Telecommunications	NNM
NADX	Natl Dentex	NNM
NAE PrT	NorAm Fin I 6.25% Cv'TOPrS'	NYS
NAFC	Nash Finch Co	NNM
NAFIE	Natl Auto Finance	NNM
NAH	New Amer Healthcare	NYS
NAIG	Natl Information Group	NNM
NAII	Natural Alternatives Intl	NNM
NAMC	NAM Corp	NSC
NAMCW	NAM Corp Wrrt	NSC
NANO	Nanometrics Inc	NNM
NANX	Nanophase Technologies	NNM
NAP	Natl Processing	NYS
NARA	Nara Bank Natl Assoc	NNM
NASB	NASB Financial	BB
NASI	North Amer Scientific	NNM
NAT	Nordic Amer Tanker Shipping	ASE
NATH	Nathan's Famous	NNM
NATI	Natl Instruments	NNM
NATK	North Amer Technologies Group	NSC
NATL	NAI Technologies	NNM
NATLW	NAI Tech Wrrt	NSC
NATR	Nature's Sunshine Prod	NNM
NATS	Olympic Cascade Finl	NSC
NATW	Natural Wonders	NNM
NATX	Natex Corp	BB
NAU	NatlAustr Bk7.875%ExCaps	NYS

Ticker	Issue	Exchange
NAUT	Nautica Enterprises	NNM
NAV	Navistar Intl	NYS
NAV PrD	Navistar Intl Cv Jr D Pref	NYS
NAVG	Navigators Group	NNM
NAVR	Navarre Corp	NNM
NAZ	Nuveen AZ Prem Inc Muni Fd	NYS
NB	NationsBank Corp	NYS
NB PrA	NB Capital Tr I 7.84%'TOPrS'	NYS
NBAK	Natl Bancorp(AK)	NNM
NBCP	Niagara Bancorp	NNM
NBD	NB Capital 8.35% Dep Pfd	NYS
NBIX	Neurocrine Biosciences	NNM
NBL	Noble Affiliates	NYS
NBM	Nations Bal Target Mat Fd	NYS
NBN	Northeast Bancorp	ASE
NBOC	Northern Bank Commerce	NSC
NBP	Northern Border Ptnrs L.P.	NYS
NBR	Nabors Industries	ASE
NBS PrA	New South Cap Tr 8.50% Pfd	ASE
NBSC	New Brunswick Scient	NNM
NBSI	North Bancshares	NNM
NBT	Natl Bancshares Texas	ASE
NBTB	NBT Bancorp	NNM
NBTY	NBTY Inc	NNM
NBX	Jefferson-Pilot 7.25% 'ACES'	NYS
NC	NACCO Indus Cl'A'	NYS
NCA	Nuveen CA Muni Val Fd	NYS
NCBC	Natl Commerce Bancorp	NNM
NCBE	Natl City Bancshares	NNM
NCBEP	NCBE Cap Tr I 8.25% Pfd	NNM
NCBH	North County Bancorp	NNM
NCBM	Natl City Bancorp'n	NNM
NCC	Natl City Corp	NYS
NCC.A	Newfoundland Cap'A'	TS
NCC.B	Newfoundland Cap'B'	TS
NCDI	Network Computing Devices	NNM
NCE	New Century Energies	NYS
NCEB	North Coast Energy	NSC
NCEN	New Century Fin'l	NNM
NCES	NovaCare Employee Svcs	NNM
NCG	North Carolina Nat Gas	NYS
NCH	NCH Corp	NYS
NCL	Nuveen Ins CA Prem Inc Muni 2	NYS
NCLIP	North Coast Life Ins Cv'A'Pfd	NSC
NCO	Nuveen CA Muni Mkt Oppt	NYS
NCOG	NCO Group	NNM
NCOME	News Communications	NSC
NCP	Nuveen CA Perf Plus Muni	NYS
NCR	NCR Corp	NYS
NCS	NCI Building Systems	NYS
NCSS	NCS Healthcare 'A'	NNM
NCT	Newcourt Credit Group	NYS
NCTI	Noise Cancellation Tech	NNM
NCU	Nuveen CA Prem Inc Muni	ASE
NCX	NOVA Corp(Cda) (New)	NYS
NDB	Natl Discount Brokers Grp	NYS
NDC	Natl Data	NYS
NDE	IndyMac Mortgage Hldgs	NYS
NDN	99(Cents) Only Stores	NYS
NDSN	Nordson Corp	NNM

Ticker	Issue	Exchange
NE	Noble Drilling Corp	NYS
NEB	New England Bus Svc	NYS
NECB	New England Comm Bancorp'A'	NNM
NECSY	NetCom Systems AB ADR	NNM
NEDI	Nobel Education Dynamics	NNM
NEF	Scudder New Europe Fund	NYS
NEG	Energy East	NYS
NEGX	Natl Energy Group	NNM
NEIB	Northeast Indiana Bancorp	NNM
NEIC	North East Insurance	NSC
NEIP	NEI WebWorld	NSC
NEIPW	NEI WebWorld Wrrt	NSC
NEL	NewTel Enterprises	TS
NEM	Newmont Mining	NYS
NEMA	Nematron Corp	NNM
NEO	Neopharm Inc	ASE
NEOG	Neogen Corp	NNM
NEOM	NeoMedia Technologies	NSC
NEON	New Era of Networks	NNM
NEOP	Neoprobe Corp	NNM
NEOT	NeoTherapeutics Inc	NNM
NEOTW	NeoTherapeutics Wrrt	NNM
NEP	Northeast Pennsylvania Finl	ASE
NERAY	Nera AS ADS	NNM
NERIF	Newstar Resources	NNM
NERX	NeoRx Corp	NNM
NERXP	NeoRx $2.4375 Cv Exch Pfd	NSC
NES	New England El Sys	NYS
NESC	National Environmental Svc	NSC
NESI	Network Systems Intl	NSC
NET	North Europn Oil Rty Tr	NYS
NETA	Network Associates	NNM
NETE	Netegrity Inc	NSC
NETG	NetGravity Inc	NNM
NETLC	NetLive Communications	NSC
NETM	NetManage Inc	NNM
NETN	Networks North	NSC
NETS	Network Event Theater	NSC
NETT	Netter Digital Entertainment	NSC
NETTW	Netter Digital Entm't Wrrt	NSC
NETVA	NetVantage Inc 'A'	NNM
NETVU	NetVantage Inc 'Unit'	NSC
NETWC	NetLive Communications Wrrt	NSC
NEV	Nuevo Energy	NYS
NEV PrT	Nuevo Fin I$2.875'TECONS'	NYS
NEW	Nvest L.P.	NYS
NEWC	Newcor Inc	NNM
NEWH	New Horizons Worldwide	NNM
NEWI	New West Eyeworks	NSC
NEWP	Newport Corp	NNM
NEWRZ	New England Rlty Assoc L.P.	NSC
NEWZ	NewsEdge Corp	NNM
NEXR	Nexar Technologies	NNM
NEXT	NextHealth Inc	NNM
NF	Noranda Forest	TS
NFB	North Fork Bancorp	NYS
NFC	NFC plc ADS	ASE
NFF	Neff Corp'A'	NYS
NFG	Natl Fuel Gas	NYS
NFI	NovaStar Financial	NYS

Ticker	Issue	Exchange
NFL	Nuveen Ins FL Prem Inc Muni	NYS
NFLD	Northfield Laboratories	NNM
NFLI	Nutrition For Life Intl	NNM
NFLIW	Nutrition For Life Intl Wrrt	NNM
NFM	Northfield Minerals	TS
NFO	NFO Worldwide	NYS
NFS	Nationwide Finl Svcs'A'	NYS
NFX	Newfield Exploration	NYS
NGASF	Daugherty Resources	NSC
NGC	Newmont Gold	NYS
NGE Pr	N.Y. State E&G, 3.75% Pfd	NYS
NGE PrD	N.Y. State E&G Adj Rt B Pfd	NYS
NGE PrE	N.Y. State E&G 7.40% Pfd	NYS
NGEN	Nanogen Inc	NNM
NGF	Nations Gvt Inc Term Tr 2004	NYS
NGI	Nations Gvt Inc Term Tr 2003	NYS
NGI	Norwall Group	TS
NGL	Needler Group	TS
NGPSF	NovAtel Inc	NNM
NGT	Eastern AmerNatlGasTr'SPERs'	NYS
NGX	Northgate Explor	NYS
NH	New Holland N.V.	NYS
NHAN	NHancement Technologies	NSC
NHC	Natl Healthcare	ASE
NHCH	Newmark Homes	NNM
NHCI	Natl Home Centers	NNM
NHG	Newhawk Gold Mines	TS
NHHC	Natl Home Health Care	NNM
NHI	Natl Health Investors	NYS
NHI Pr	Natl Hlth Inv 8.50%Cv Pfd	NYS
NHL	Newhall Land/Farming	NYS
NHMCF	Natl Healthcare Mfg	NSC
NHP	Nationwide Health Prop	NYS
NHR	Natl Health Realty	ASE
NHTB	New Hampshire Thrift	NNM
NHTC	Natural Health Trends	NSC
NHY	Norsk Hydro A.S. ADS	NYS
NI	NIPSCO Industries	NYS
NI Pr	North'n Ind Pub Sv,4 1/4%cmPfd	ASE
NI PrA	North'n Ind Pub Sv Adj Rt A Pf	NYS
NIAG	Niagara Corp	NNM
NIC	NIPSCO Cap Mkt 7.75% Debt Sec	NYS
NICEY	NICE-Systems ADR	NNM
NICH	Nitches Inc	NSC
NICKF	Nicholas Financial	NSC
NIF	Nuveen Prem Insured Muni Inc	NYS
NIL	Noble International	ASE
NIM	Nuveen Select Maturities Muni	NYS
NIN	Nine West Group	NYS
NINE	Number Nine Visual Tech	NNM
NIO	Nuveen Ins Muni Oppt Fd	NYS
NIPNY	NEC Corp ADR	NNM
NIRTS	Natl Inc Rlty Tr SBI	NNM
NIS	NOVA Corp	NYS
NITE	Knight/Trimark Grp'A'	NNM
NJP	N.J. Eco Dvl Auth 7.6% Bonds	NYS
NJR	New Jersey Resources	NYS
NKE	NIKE, Inc Cl'B'	NYS
NKID	Noodle Kidoodle	NNM
NKOT	Nu-kote Holding'A'	NNM

Ticker	Issue	Exchange
NL	NL Industries, Inc	NYS
NLC	Nalco Chemical	NYS
NLCS	Natl Computer Sys	NNM
NLG	Natl Gas & Oil	ASE
NLP	Natl Realty L.P.	ASE
NLY	Annaly Mortgage Mgmt	NYS
NM	Natl Media Corp	NYS
NMA	Nuveen Muni Advantage Fd	NYS
NMA.A	Noma Industries 'A'	TS
NMA.B	Noma Industries'B'	TS
NMBT	NMBT Corp	NSC
NMC	Numac Energy	ASE
NMCOF	Namibian Minerals	NNM
NMD	NetMed Inc	ASE
NMED	Nutrition Medical	NSC
NMFS	Natl Medical Finl Svcs	NSC
NMG	Neiman-Marcus Group	NYS
NMGC	NeoMagic Corp	NNM
NMI	Nuveen Muni Income Fd	NYS
NMK	Niagara Mohawk Pwr	NYS
NMK Pr	Niagara Moh Pwr Adj Rt A Pfd	NYS
NMK PrA	Niag Moh Pwr 3.40% Pfd	NYS
NMK PrB	Niag Moh Pwr 3.60% Pfd	NYS
NMK PrC	Niag Moh Pwr 3.90% Pfd	NYS
NMK PrD	Niag Moh Pwr 4.10% Pfd	NYS
NMK PrE	Niag Moh Pwr 4.85% Pfd	NYS
NMK PrG	Niag Moh Pwr 5.25% Pfd	NYS
NMK PrH	Niag Moh Pwr 6.10% Pfd	NYS
NMK PrI	Niag Moh Pwr 7.72% Pfd	NYS
NMK PrK	Niagara Mohawk Pwr Adj C Pfd	NYS
NMK PrM	Niagara Moh Pwr 9.50% Pfd	NYS
NMO	Nuveen Muni Mkt Oppt	NYS
NMP	Nuveen MI Prem Inc Muni	NYS
NMPC	NutraMax Products	NSC
NMPS	Matritech Inc	NNM
NMR	Nielsen Media Research(New)	NYS
NMRX	Numerex Corp	NNM
NMSB	NewMil Bancorp	NNM
NMSCA	Nutrition Mgmt Svcs'A'	NSC
NMSS	Natural Microsystems	NNM
NMT	Nuveen MA Prem Inc Muni Fd	NYS
NMTI	Nitinol Medical Tech	NNM
NMTX	Novametrix Med Sys	NNM
NMTXZ	Novametrix Med Sys Wrrt'B'	NNM
NMY	Nuveen MD Prem Inc Muni Fd	NYS
NN	Newbridge Networks	NYS
NNBR	NN Ball & Roller	NNM
NNC	Nuveen NC Prem Inc Muni	NYS
NNF	Nuveen Ins NY Prem Inc Muni	NYS
NNJ	Nuveen NJ Prem Inc Muni	NYS
NNN	Commercial Net Lease Rlty	NYS
NNO	Northern Orion Explorations	TS
NNP	Nuveen NY Perform Plus Muni	NYS
NNS	Newport News Shipbuilding	NYS
NNY	Nuveen NY Muni Val Fd	NYS
NOB	Norwest Corp	NYS
NOBE	Nordstrom, Inc	NNM
NOBH	Nobility Homes	NNM
NOBLF	Nobel Insurance	NNM
NOC	Northrop Grumman	NYS

Ticker	Issue	Exchange
NOEL	Noel Group	NNM
NOGAF	Noga Electro-Mechanical	NSC
NOGWF	Noga Electro-Mech Wrrt	NSC
NOI	Natl-Oilwell Inc	NYS
NOIZ	Micronetics Wireless	NSC
NOK.A	Nokia Corp ADS	NYS
NOLD	Noland Co	NNM
NOM	Nuveen MO Prem Inc Muni	ASE
NOOF	New Frontier Media	NSC
NOOFW	New Frontier Media Wrrt	NSC
NOP PrA	Newscp Overseas Ltd Pref	NYS
NOP PrB	Newscp Overseas Ltd Adj Pref	NYS
NOPT	NorthEast Optic Network	NNM
NOR	Noranda Inc	TS
NOR	Northwestern Corp	NYS
NOR PrA	NWPS Cap Fin 8.125% Tr Sec 1	NYS
NORA	North Carolina Railroad	BB
NORPF	Nord Pac Ltd	NNM
NORT	Norton Drilling Svcs	NSC
NOV	NovaCare	NYS
NOVB	North Valley Bancorp	NNM
NOVI	Novitron Intl	NNM
NOVL	Novell Inc	NNM
NOVN	Noven Pharmaceuticals	NNM
NOVT	Novoste Corp	NNM
NOW	MAI Systems	ASE
NOX	Novavax Inc	ASE
NP	Natl Power PLC ADS	NYS
NPBC	Natl Penn Bancshares	NNM
NPBCP	NPB Cap Trust 9% Pfd	NNM
NPC	Nuveen Ins CA Prem Inc Muni	NYS
NPCI	NPC Intl	NNM
NPET	Nicollet Process Engr	BB
NPF	Nuveen Prem Muni Income	NYS
NPG	Nuveen GA Prem Inc Muni	ASE
NPI	Nuveen Prem Income Muni	NYS
NPIX	Network Peripherals	NNM
NPK	Natl Presto Indus	NYS
NPL	Natl Propane Partners L.P.	NYS
NPM	Nuveen Prem Income Muni 2	NYS
NPP	Newport Petroleum	TS
NPP	Nuveen Perform Plus Muni	NYS
NPPI	Norwood Promotional Prd	NNM
NPR	New Plan Rlty Tr SBI	NYS
NPRMW	Neopharm Inc Wrrt	NSC
NPRO	NaPro BioTherapeutics	NNM
NPSI	North Pittsburgh Systems	NNM
NPSP	NPS Pharmaceuticals	NNM
NPT	Nuveen Prem Income Muni 4	NYS
NPTH	Neopath Inc	NNM
NPV	Nuveen VA Prem Inc Muni Fd	NYS
NPW	Nuveen WA Prem Inc Muni Fd	ASE
NPX	Nuveen Ins Prem Inc Muni 2	NYS
NPY	Nuveen PA Prem Inc Muni 2	NYS
NQC	Nuveen CA Inv Qual Muni	NYS
NQF	Nuveen FL Inv Qual Muni	NYS
NQI	Nuveen Ins Quality Muni	NYS
NQJ	Nuveen NJ Inv Qual Muni	NYS
NQL.A	NQL Drilling Tools'A'	TS
NQM	Nuveen Inv Quality Muni	NYS

Ticker	Issue	Exchange
NQN	Nuveen NY Inv Qual Muni	NYS
NQP	Nuveen PA Inv Qual Muni	NYS
NQS	Nuveen Select Qual Muni	NYS
NQU	Nuveen Qual Income Muni Fd	NYS
NR	Newpark Resources	NYS
NRC	NAC Re Corp	NYS
NRCI	Natl Research	NNM
NRD	Nord Resources	NYS
NRES	Nichols Research	NNM
NRGN	Neurogen Corp	NNM
NRI	Nationsrent Inc	NYS
NRID	Natl Registry	NSC
NRIM	Northrim Bank	NNM
NRL	Norrell Corp	NYS
NRLD	Norland Medical Systems	NNM
NRMI	Natl Record Mart	NNM
NRRD	Norstan, Inc	NNM
NRT	Nortel Inversora 10%'MEDS'	NYS
NRTI	Nooney Realty Trust	NNM
NRTY	Norton McNaughton	NNM
NRU	Natl Rural Util Co-Op 8%'QUICS	NYS
NRV	Natl Rural Util Co-Op7.65%'QUI	NYS
NRVH	Natl R.V.Holdings	NNM
NS	Natl Steel 'B'	NYS
NSA	New South Africa Fund	NYS
NSAI	NSA International	BB
NSANY	Nissan Motor Co ADR	NSC
NSATF	NII Norsat Intl	NSC
NSBC	NewSouth Bancorp	NNM
NSC	Norfolk Southern	NYS
NSCC	NSC Corp	NNM
NSCF	Northstar Computer Forms	NNM
NSCP	Netscape Communications	NNM
NSD	Natl-Standard	NYS
NSDB	NSD Bancorp	NNM
NSEC	Natl Security Group	NNM
NSFC	Northern States Finl	NSC
NSH	Nashua Corp	NYS
NSI	Natl Service Indus	NYS
NSI	Nova Scotia Power	TS
NSIT	Insight Enterprises	NNM
NSIX	Neuromedical Systems	NNM
NSLB	NS&L Bancorp	NSC
NSM	Natl Semiconductor	NYS
NSO	nSTOR Technologies	ASE
NSOL	Network Solutions 'A'	NNM
NSP	Natl Sea Products	TS
NSP	Northern States Pwr	NYS
NSP PrA	No'n St Pwr Minn,$3.60 Pfd	NYS
NSP PrB	No'n St Pwr Minn,$4.08 Pfd	NYS
NSP PrC	No'n St Pwr Minn,$4.10 Pfd	NYS
NSP PrD	No'n St Pwr Minn,$4.11 Pfd	NYS
NSP PrE	No'n St Pwr Minn,$4.16 Pfd	NYS
NSP PrG	No'n St Pwr Minn,$4.56 Pfd	NYS
NSP PrT	NSP Financing I 7.875%'TOPrS'	NYS
NSPK	NetSpeak Corp	NNM
NSPR	INSpire Insurance Solutions	NNM
NSR Pr	NorfolkSo'nRy$2.60cmPfd	NYS
NSRGY	Nestle S.A. ADS	BB
NSS	NS Group	NYS

Ticker	Issue	Exchange
NSSC	Napco Security Sys	NNM
NSSY	NSS Bancorp	NNM
NSTA	Anesta Corp	NNM
NSTK	Nastech Pharmaceutical	NNM
NSV	Natl Equipment Svcs	NYS
NSYS	Nortech Systems	NNM
NT	Northern Telcm Ltd	NYS
NTAIF	Nam Tai Electronics	NNM
NTAP	Network Appliance	NNM
NTAWF	Nam Tai Electronics Wrrt	NNM
NTBK	Net.B@nk Inc	NSC
NTC	Nuveen CT Prem Inc Muni	NYS
NTEC	Neose Technologies	NNM
NTEG	Integ Inc	NNM
NTFY	Notify Corp	NSC
NTFYU	Notify Corp Unit	NSC
NTFYW	Notify Corp Wrrt	NSC
NTI	Northern Technol Intl	ASE
NTK	Nortek Inc	NYS
NTKI	N2K Inc	NNM
NTL	Nortel Inversora Sr'B'Pfd ADS	NYS
NTLI	NTL Inc	NNM
NTMG	Nutmeg Fedl Svgs & Loan	NSC
NTMGP	Nutmeg Fedl S&L 8% CvPfd'B'	NSC
NTN	NTN Communications	ASE
NTN.WS	NTN Communications Wrrt	ASE
NTOL	Natrol Inc	NNM
NTPA	Netopia Inc	NNM
NTPL	Netplex Group	NSC
NTRL	Neutral Posture Ergonomics	NNM
NTRS	Northern Trust	NNM
NTRX	Netrix Corp	NNM
NTSC	Natl Technical Sys	NNM
NTST	Netsmart Tech	NSC
NTSTW	Netsmart Tech Wrrt'A'	NSC
NTT	Nippon Tel & Tel ADS	NYS
NTV	Nelvana Ltd	TS
NTX	Nuveen TX Qual Income Muni	NYS
NTZ	Industrie Natuzzi ADS	NYS
NU	Northeast Utilities	NYS
NUC	Nuveen CA Qual Income Muni	NYS
NUCO	NuCo2 Inc	NNM
NUE	Nucor Corp	NYS
NUEP	Net 1 UEPS Technologies	BB
NUF	Nuveen FL Qual Income Muni	NYS
NUHC	Nu Horizons Electronics	NNM
NUI	NUI Corp	NYS
NUM	Nuveen MI Qual Income Muni	NYS
NUMD	NuMED Home Hlth Care	NSC
NUN	Nuveen NY Qual Income Muni	NYS
NUO	Nuveen OH Qual Income Muni	NYS
NUOA	NuOasis Resorts	BB
NURTF	NUR Macroprinters	NNM
NUS	Nu Skin Enterprises'A'	NYS
NUT	Mauna Loa Macadamia'A'	NYS
NUTR	Nutraceutical Intl	NNM
NUV	Nuveen Muni Value Fd	NYS
NUZA	N.U. Pizza Holding	BB
NVAL	Natl Vision Associates	NNM
NVB	Inco Ltd Cl'VBN' Shrs	NYS

Ticker	Issue	Exchange
NVC	Nuveen CA Select Qual Muni	NYS
NVDC	Navidec Inc	NSC
NVDCW	Navidec Inc Wrrt	NSC
NVDM	Novadigm Inc	NNM
NVIC	N-Viro International	NSC
NVLDF	Novel Denim Holdings	NNM
NVLS	Novellus Systems	NNM
NVN	Nuveen NY Select Qual Muni	NYS
NVO	Novo-Nordisk A/S ADR	NYS
NVP	Nevada Power	NYS
NVP Pr	NVP Cap I 8.20%'QUIPS'	NYS
NVR	NVR Inc	ASE
NVSN	n-Vision Inc	NSC
NVSNW	n-Vision Inc Wrrt	NSC
NVST	NevStar Gaming	NSC
NVSTW	NevStar Gaming Wrrt	NSC
NVTKU	Novatek Intl 'Unit'	NSC
NVUE	nVIEW Corp	NNM
NVX	North American Vaccine	ASE
NVYL	New Valley	BB
NW	Natl Westminster ADS	NYS
NW PrA	Natl Westminster Pref'A' ADS	NYS
NW PrB	Natl Westminster Pref'B'ADS	NYS
NW PrC	Natl Westminster Pref'C'ADS	NYS
NWAC	Northwest Airlines	NNM
NWCA	NewCare Health	NSC
NWCI	New World Coffee & Bagels	NNM
NWCM	Newcom Inc	NSC
NWCMW	Newcom Inc Wrrt	NSC
NWEQ	Northwest Equity Corp	NSC
NWFI	Northway Financial	NNM
NWFL	Norwood Financial	NNM
NWI	Nuinsco Resources Ltd	TS
NWIR	Natl Wireless Hldgs	NSC
NWK	Network Equip Tech	NYS
NWL	Newell Co	NYS
NWLIA	Natl Western Life Ins'A'	NNM
NWML	New Millennium Communic	BB
NWNG	Northwest Natural Gas	NNM
NWPX	Northwest Pipe	NNM
NWRD	Newriders Inc	BB
NWRE	Neoware Systems	NNM
NWREW	Neoware Systems Wrrt	NNM
NWS	News Corp Ltd ADS	NYS
NWS Pr	News Corp Ltd Pfd ADS	NYS
NWSB	Northwest Bancorp	NNM
NWSS	Network Six	NNM
NWST	NewStar Media	NSC
NWSW	Northwestern Steel & Wire	NNM
NWTL	Northwest Teleproductions	BB
NWX PrA	Natl Westminster Bk Ex Cap Sec	NYS
NX	Quanex Corp	NYS
NXA	Siem Industries	ASE
NXC	Nuveen Ins CA Sel Tax-Free Inc	NYS
NXLK	NEXTLINK Communications'A'	NNM
NXN	Nuveen Ins NY Sel Tax-Free Inc	NYS
NXP	Nuveen Select Tax-Free Inc	NYS
NXQ	Nuveen Select Tax-Free Inc 2	NYS
NXR	Nuveen Select Tax-Free Inc 3	NYS
NXS	Salomon SB Nikkei'MITTS'2002	NYS

Ticker	Issue	Exchange
NXTL	NEXTEL Communic'ns'A'	NNM
NXTR	NeXstar Pharmaceuticals	NNM
NXUSF	Nexus Telecomm Sys Ltd	NSC
NYBS	N.Y. Bagel Enterprises	NNM
NYE	Nycomed Amersham ADS	NYS
NYER	Nyer Medical Group	NSC
NYHC	New York Health Care	NSC
NYM	NYMAGIC, Inc	NYS
NYMXF	Nymox Pharmaceutical	NNM
NYT	New York Times Cl'A'	NYS
NZ	New Mexico/Ariz Land	ASE
NZSKY	Sky Network Television ADS	NNM
NZT	Telecom Corp New Zealand ADS	NYS
NZTPP	Telecom Cp N.Zealand Install ADS	NYS
NZYM	Synthetech Inc	NNM
O	Realty Income	NYS
OAC	Ocwen Asset Investment	NYS
OAK	Oak Indus	NYS
OAKC	Oakhurst Co	BB
OAKF	Oak Hill Financial	NNM
OAKT	Oak Technology	NNM
OAOT	OAO Technology Solutions	NNM
OAR	Ohio Art	ASE
OAT	Quaker Oats	NYS
OATS	Wild Oats Markets	NNM
OBCI	Ocean Bio-Chem	NSC
OBIE	Obie Media	NSC
OBJS	ObjectShare Inc	NNM
OC	Orion Capital	NYS
OCA	Orthodontic Centers of Amer	NYS
OCAD	OrCAD Inc	NNM
OCAL	Ocal Inc	NNM
OCAS	Ohio Casualty	NNM
OCCF	Optical Cable	NNM
OCE.A	Ocelot Energy'A'	TS
OCE.B	Ocelot Energy'B'	TS
OCENY	Oce NV ADR	NNM
OCFC	Ocean Financial	NNM
OCGT	OCG Technology	BB
OCIS	Oacis Healthcare Hldgs	NNM
OCLI	Optical Coating Lab	NNM
OCLR	Ocular Sciences	NNM
OCN	Ocwen Financial	NYS
OCOM	Objective Communications	NNM
OCQ	Oneida Ltd	NYS
OCR	Omnicare, Inc	NYS
ODC	Oil Dri Amer Cl'A'	NYS
ODETA	Odetics,Inc'A'	NNM
ODETB	Odetics,Inc'B'	NNM
ODFL	Old Dominion Freight Line	NNM
ODIS	Object Design	NNM
ODP	Office Depot	NYS
ODSI	ODS Networks	NNM
ODWA	Odwalla Inc	NNM
OE	Orbital Engine ADS	NYS
OEA	OEA Inc	NYS
OEC PrA	Ohio Edison 3.90% Pfd	NYS
OEC PrB	Ohio Edison, 4.40% Pfd	NYS
OEC PrC	Ohio Edison 4.44% Pfd	NYS
OEC PrM	Ohio Edison 7.75% Cl'A'Pfd	NYS

Ticker	Issue	Exchange
OEC PrT	Ohio Edison Fin Tr 9.00% Pfd	NYS
OECC	OEC Compression	NSC
OEI	Ocean Energy	NYS
OERC PrD	Ohio Edison 4.56% Pfd	NYS
OFC	Corporate Office Prop Tr SBI	NYS
OFCP	Ottawa Financial	NNM
OFG	Oriental Finl Group	NYS
OFIS	U.S. Office Products	NNM
OFIXF	Orthofix International	NNM
OFLDF	Officeland Inc	NSC
OFLUF	Officeland Inc Wrrt	NSC
OFPI	Organic Food Products	NSC
OG	Ogden Corp	NYS
OG Pr	Ogden Corp $1.875 cm Cv Pfd	NYS
OGE	OGE Energy	NYS
OGGI	Old Guard Group	NNM
OGLE	Oglebay Norton	NNM
OGNB	Orange Natl Bancorp	NNM
OH	Oakwood Homes	NYS
OHB	Orleans Homebuilders	ASE
OHC.A	Oriole HomesCv'A'	ASE
OHC.B	Oriole Homes 'B'	ASE
OHI	Omega Healthcare Investors	NYS
OHI PrA	Omega Healthcare 9.25%'A' Pfd	NYS
OHI PrB	Omega Healthcare 8.625%'B'Pfd	NYS
OHRI	Occupational Health & Rehab	NSC
OHSI	Omega Health Systems	NNM
OHSL	OHSL Financial	NNM
OI	Owens-Illinois	NYS
OI PrA	Owens-Illinois $2.375 Cv Pfd	NYS
OIA	Municipal Income Opp Tr	NYS
OIB	Municipal Income Opp Tr II	NYS
OIC	Municipal Income Opp Tr III	NYS
OICO	O.I. Corp	NNM
OII	Oceaneering Intl	NYS
OIL	Triton Energy	NYS
OILYF	Odyssey Petroleum Cp	NSC
OISI	Ophthalmic Imaging Sys	BB
OJ	Orange-Co	NYS
OJA	Ohio Power 7.92% Jr Sub Debs	NYS
OJB	Ohio Power 7.375% Sr Notes	NYS
OKE	ONEOK Inc	NYS
OKEN	Old Kent Finl	NNM
OKP	O'okiep CopperADR	ASE
OKSB	Southwest Bancorp(OK)	NNM
OKSBO	SBI Cap Tr 9.30% Cm Pfd	NNM
OKSBP	Southwest Bcp 9.2% cm 'A'Pfd	NNM
OLAB	OraLabs Holdings	NSC
OLCMF	Olicom A/S	NNM
OLCWF	Olicom A/S Wrrt	NNM
OLDB	Old Natl Bancorp(Ind)	NNM
OLGC	OrthoLogic Corp	NNM
OLGR	Oilgear Co	NNM
OLN	Olin Corp	NYS
OLOG	Offshore Logistics	NNM
OLP	One Liberty Properties	ASE
OLP Pr	One Liberty Prop $1.60 Cv Pfd	ASE
OLS	Olsten Corp	NYS
OLS	Orleans Resources	MS
OLSAY	OLS Asia Hlds ADS	NNM

Ticker	Issue	Exchange
OLSWF	OLS Asia Hlds ADS Wrrt	NNM
OMC	Omnicom Group	NYS
OME	Omega Protein	NYS
OMED	Oxboro Medical Intl	NSC
OMEF	Omega Financial	NNM
OMGA	Omega Research	NNM
OMI	Owens & Minor	NYS
OMKT	Open Market	NNM
OMM	OMI Corp(New)	NYS
OMNI	OMNI Energy Svcs	NNM
OMNS	OMNIS Technology	BB
OMP	OM Group	NYS
OMPT	Omnipoint Corp	NNM
OMQP	OmniQuip Intl	NNM
OMS	Oppenheimer Multi-Sector	NYS
OMTL	Omtool Ltd	NNM
OMX	OfficeMax Inc	NYS
ONC	ONCOR Inc	ASE
ONCO	On Command	NNM
ONCOW	On Command Wrrt'A'	NNM
ONCOZ	On Command Wrrt'B'	NNM
ONDI	Ontrack Data Intl	NNM
ONE	Banc One Corp	NYS
ONE	Current Technology	VS
ONEL	OneLink Communications	BB
ONHN	OnHealth Network	NSC
ONM	OncorMed Inc	ASE
ONPR	One Price Clothing Strs	NNM
ONPT	On-Point Technology Sys	NNM
ONSL	ONSALE Inc	NNM
ONSS	On-Site Sourcing	NSC
ONSSU	On-Site Sourcing Unit	NSC
ONSSW	On-Site Sourcing Wrrt	NSC
ONST	On Stage Entertainment	NSC
ONSTW	On Stage Entertainm't Wrrt	NSC
ONTC	ON Technology	NNM
ONTR	Ontro Inc	NSC
ONTRW	Ontro Inc Wrrt	NSC
ONX	Onix Systems	ASE
ONXX	ONYX Pharmaceuticals	NNM
ONYX	Onyx Acceptance	NNM
OO	Oakley Inc	NYS
OPC	Q C Optics	ASE
OPC.WS	Q C Optics Wrrt	ASE
OPDWS	Ophidian Pharm'l Wrrt	NSC
OPEN	OpenROUTE Networks	NNM
OPG	Mer Lyn Oracle'ProGros'2003	ASE
OPHD	Ophidian Pharmaceuticals	NSC
OPJ	Ohio Power 8.16% Jr Sub Debs	NYS
OPMRF	Optimal Robotics'A'	NNM
OPMX	Optimax Industries	BB
OPPCF	Optima Petroleum	NNM
OPR PrD	Santander Overseas Bk 'D'Pfd	NYS
OPSC	Optical Security Group	NSC
OPSI	Optical Sensors	NNM
OPTC	Optelecom Inc	NSC
OPTI	OPTi Inc	NNM
OPTK	Optika Imaging Sys	NNM
OPTLF	OptiSystems Solutions	NNM
OPTN	OPTION CARE	NNM

Ticker	Issue	Exchange
OPTQ	Ocean Optique Dstr	NSC
OPTS	Opta Food Ingredients	NNM
OPTT	Optek Technology	NNM
OPTWF	OptiSystems Solutions Wrrt	NNM
ORAL	Orthalliance Inc'A'	NNM
ORB	Orbital Sciences Corp	NYS
ORBKF	Orbotech Ltd Ord	NNM
ORBT	Orbit International	NNM
ORCI	Opinion Research	NNM
ORCL	Oracle Corp	NNM
ORCTF	Orckit Communications	NNM
OREX	Isolyser Co	NNM
ORFR	ORBIT/FR Inc	NNM
ORG	Organogenesis Inc	ASE
ORI	Old Republic Intl	NYS
ORLY	O'Reilly Automotive	NNM
ORNGY	Orange PLC ADR	NNM
OROA	OroAmerica Inc	NNM
ORPH	Orphan Medical Inc	NNM
ORPK	Orient Packaging Hlds	BB
ORTC	Ortec Intl	NSC
ORTCZ	Ortec Intl Wrrt'B'	NSC
ORTH	Omega Orthodontics	NSC
ORTHW	Omega Orthodontics Wrrt	NSC
ORTL	Ortel Corp	NNM
ORU	Orange/Rockland Util	NYS
ORVX	OraVax Inc	NNM
ORX	Oryx Energy Co	NYS
ORYX	Oryx Technology	NSC
ORYXW	Oryx Technology Wrrt	NSC
OS	Oregon Steel Mills	NYS
OSBC	Old Second Bancorp	NNM
OSFG	Overseas Filmgroup	BB
OSFT	ObjectSoft Corp	NSC
OSFTW	ObjectSoft Corp Wrrt	NSC
OSG	Overseas Shiphldg	NYS
OSH	Oshman's Sporting Gds	ASE
OSH.A	Oshawa Grp Cl'A'	TS
OSHSF	Oshap Technologies Ltd	NNM
OSI	Outdoor Systems	NYS
OSII	Objective Sys Integrators	NNM
OSIP	OSI Pharmaceuticals	NNM
OSIS	OSI Systems	NNM
OSIX	OutSource Intl	NNM
OSKY	Mahaska Investment	NNM
OSL	O'Sullivan Corp	ASE
OSM	Osmonics, Inc	NYS
OSSI	Outback Steakhouse	NNM
OST	Austria Fund	NYS
OSTE	Osteotech Inc	NNM
OSTX	Ostex Intl	NNM
OSU	O'Sullivan Industries Hldg	NYS
OTCM	Royce Micro-Cap Tr	NNM
OTEXF	Open Text	NNM
OTF	Oxford Tax Exempt Fund II LP	ASE
OTFC	Oregon Trail Finl	NNM
OTIX	Orthodontix Inc	NSC
OTL	Octel Corp	NYS
OTMN	O.T. Mining	BB
OTRKB	Oshkosh Truck	NNM

Ticker	Issue	Exchange
OTRX	OTR Express	NNM
OTTR	Otter Tail Power	NNM
OUSA	OMNI U.S.A.	NSC
OUTL	Outlook Group	NNM
OV	One Valley Bancorp	NYS
OVBC	Ohio Valley Banc Corp	NNM
OVID	Ovid Technologies	NNM
OVON	OIS Optical Imaging Sys	NSC
OVRL	Overland Data	NNM
OWAV	OneWave Inc	NNM
OWC	Owens-Corning	NYS
OWLD	OneWorld Systems	NNM
OWN	Sunterra Corp	NYS
OWOS	Owosso Corp	NNM
OWWI	Omega Worldwide	NNM
OXE	OEC Medical Sys	NYS
OXGN	OXiGENE Inc	NNM
OXGNW	Oxigene Inc Wrrt	NNM
OXHP	Oxford Health Plans	NNM
OXIS	OXIS International	NNM
OXM	Oxford Indus	NYS
OXY	Occidental Petrol'm	NYS
OXY PrA	Occidental Petr $3 Cv Pfd	NYS
OYOG	OYO Geospace	NNM
OYP	O&Y Properties	TS
OZEMY	OzEmail Ltd ADR	NNM
OZON	Cyclo3pss Corp	NSC
OZRK	Bank of the Ozarks	NNM
P	Phillips Petroleum	NYS
P PrC	Phillips 66 Cap I 8.24%'TOPrS'	NYS
PA	PIMCO Advisors Hldgs L.P.	NYS
PAASF	Pan Amer Silver	NNM
PAB	PAB Bankshares	ASE
PABN	Pacific Capital Bancorp	NNM
PAC PrT	Pac Telesis Fin I 7.56%'TOPrS'	NYS
PAC PrU	Pac Telesis Fin II 8.50%'TOPrS	NYS
PACC	Pilgrim Amer Capital	NNM
PACE	Ampace Corp	NNM
PACI	Precision Auto Care	NNM
PACK	Gibraltar Packaging Group	NNM
PAG	Pacific Gulf Properties	NYS
PAGE	Paging Network	NNM
PAH	Patriot Amer Hospitality(New)	NYS
PAI	Pacific Am'n Inc Shrs	NYS
PAIR	PairGain Technologies	NNM
PAKR	Pacrim Information Sys	BB
PALT	Pallet Management Sys	BB
PALX	PalEx Inc	NNM
PAM	Pamida Holdings	ASE
PAMM	PacificAmerica Money Center	NNM
PAMX	Pancho's Mexican Buffet	NNM
PAN	Pan American Resources	MS
PANA	PANACO Inc	NNM
PANL	Univl Display	NSC
PANLW	Universal Display Wrrt	NSC
PANRA	Panhandle Royalty	NSC
PAP	Asia Pulp & Paper ADS	NYS
PAP.A	Paulin (H) & Co	TS
PAP.B	Paulin (H) & Co	TS
PAPA	Back Bay Restaurant Grp	NNM

Ticker	Issue	Exchange
PAR	Coastcast Corp	NYS
PARA	Paramount Financial	NSC
PARF	Paradise Inc	BB
PARL	Parlux Fragrances	NNM
PARS	Pharmos Corp	NSC
PATH	Ameripath Inc	NNM
PATI	Patient Infosystems	NNM
PATK	Patrick Indus	NNM
PAUH	Paul Harris Stores	NNM
PAW	Florida Panthers Hlds	NYS
PAWN	First Cash	NNM
PAX	Paxson Communications 'A'	ASE
PAY	SPS Transaction Services	NYS
PAYX	Paychex,Inc	NNM
PB	Panamerican Beverages'A'	NYS
PBCI	Pamrapo Bancorp	NNM
PBCT	People's Bank	NNM
PBFI	Paris Corp	NSC
PBHC	Pathfinder Bancorp	NSC
PBI	Pitney Bowes	NYS
PBI Pr	Pitney Bowes $2.12 Cv Pref	NYS
PBIOW	Perkin-Elmer Wrrt G	NSC
PBIX	Patriot Bank	NNM
PBKB	People's Bancshares	NNM
PBKBP	People's Bancshrs Cap Tr 9.76%	NNM
PBKS	Provident Bankshares	NNM
PBMI	Pacific Biometrics	NSC
PBMIW	Pacific Biometrics Wrrt	NSC
PBNK	Prime Bancorp	NNM
PBOC	PBOC Holdings	NNM
PBR	Poe & Brown	NYS
PBSF	Pacific Bank N.A.	NNM
PBSIA	Precept Business Svcs'A'	NSC
PBSWV	Precept Business Svcs Wrrt'A'	NSC
PBT	Permian Basin Rty Tr	NYS
PBTC	Peoples Banctrust	NSC
PBTK	Pathobiotek Diagnostics	BB
PBTX	Prime Bancshares	NNM
PBY	Pep Boys-Man,Mo,Ja	NYS
PBYP	Play-By-Play Toys&Novelties	NNM
PCA	Putnam Cal Inv Grade Muni	ASE
PCAI	PCA Intl	BB
PCAR	PACCAR Inc	NNM
PCBC	Perry County Financial	NSC
PCBM	Pinnacle Business Mgmt	BB
PCC	PMC Commercial Tr	ASE
PCCC	PC Connection	NNM
PCCG	PCC Group	NSC
PCCI	Pacific Crest Capital	NNM
PCCIP	PCC Cap I 9.375% cm Tr Pfd	NNM
PCDI	PCD Inc	NNM
PCES	PACE Health Mgmt	BB
PCF	Putnam Hi Income Cv/Bd Fd	NYS
PCFC	Pioneer Commercial Fdg	NSC
PCFCW	Pioneer Commercial Fdg Wrrt	NSC
PCFR	PC411 Inc	NSC
PCFRU	PC411 Inc Unit	NSC
PCFRW	PC411 Wrrt	NSC
PCG	PG&E Corp	NYS
PCG PrA	Pacific Gas & El 6% Pfd	ASE

Ticker	Issue	Exchange
PCG PrB	Pacific Gas & El 5 1/2% Pfd	ASE
PCG PrC	Pacific Gas & El 5% Pfd	ASE
PCG PrCA	PG&E Cap I 7.90%'QUIPS'	ASE
PCG PrD	Pacific Gas & El 5% Pfd	ASE
PCG PrE	Pac G&E 5%cmRed1stA Pfd	ASE
PCG PrG	Pacific Gas & El 4.80% Pfd	ASE
PCG PrH	Pacific Gas & El 4.50% Pfd	ASE
PCG PrI	Pacific Gas & El 4.36% Pfd	ASE
PCG PrU	Pacific Gas & El 7.04% Pfd	ASE
PCG PrY	Pacific Gas & El 6.57% Pfd	ASE
PCG PrZ	Pacific Gas & El 6.30% Pfd	ASE
PCH	Potlatch Corp	NYS
PCHM	PharmChem Laboratories	NNM
PCIG	Premium Cigars Intl	NSC
PCIT	Point of Care Technologies	BB
PCL	Plum Creek Timber L.P.	NYS
PCLE	Pinnacle Systems	NNM
PCM	PIMCO Comml Mtg Sec Tr	NYS
PCMS	P-COM Inc	NNM
PCN	Pameco Corp'A'	NYS
PCNA	Publishing Co North Amer	NSC
PCO	Phoenix Canada Oil	TS
PCO	Playcore Inc	ASE
PCOL	Protocol Systems	NNM
PCOP	Pharmacopeia Inc	NNM
PCP	PanCanadian Petroleum	TS
PCP	Precision Castparts	NYS
PCQ	PacifiCorp 8.375% 'QUIDS'	NYS
PCR	Pacific Amber Resources	VS
PCR	Perini Corp	ASE
PCR Pr	Perini Corp Dep Cv Exch Pfd	ASE
PCRV	PowerCerv Corp	NNM
PCSN	Precision Standard	NSC
PCSS	PC Service Source	NNM
PCT	Property Cap Tr	ASE
PCTH	Pacific Aerospace & Elect	NNM
PCTHW	Pacific Aerospace & Elect Wrrt	NNM
PCTL	PictureTel Corp	NNM
PCTV	People's Choice TV	BB
PCTY	Party City	NNM
PCU	Southern Peru Copper	NYS
PCV	Putnam Cv Opp Inc Tr	NYS
PCW	PortaCom Wireless	VS
PCX	PacifiCorp 8.55%'QUIDS'	NYS
PCYC	Pharmacyclics Inc	NNM
PCZ	Petro-Canada Variable Vtg	NYS
PD	Phelps Dodge	NYS
PDB	Piedmont Bancorp	ASE
PDC	Presley Cos 'A'	NYS
PDCO	Patterson Dental	NNM
PDE	Pride International	NYS
PDEN	Pet Quarters	BB
PDER	Pardee Resources	BB
PDEX	Pro-Dex Inc	NSC
PDF	John Hancock Patr Prem Dv Fd	NYS
PDG	Placer Dome Inc	NYS
PDG PrA	Placer Dome 8.625% 'COPrS'	NYS
PDI	Putnam Dividend Income	NYS
PDII	Professional Detailing	NNM
PDKL	PDK Labs Inc	NSC

Ticker	Issue	Exchange
PDKLP	PDK Labs $0.49 Cv'A'Pfd	NSC
PDL.A	Presidential Rlty Cl'A'	ASE
PDL.B	Presidential Rlty Cl'B'	ASE
PDLI	Protein Design Labs	NNM
PDLPY	Pacific Dunlop Ltd ADR	NNM
PDM	Pitt-DesMoines Inc	ASE
PDMC	Princeton Dental Mgmt	NSC
PDMCW	Princeton Dental Mgmt Wrrt	NSC
PDQ	Prime Hospitality	NYS
PDR	Pandora Industries	VS
PDR	Pendaries Petroleum	ASE
PDS	Precision Drilling	NYS
PDSE	Paradise Music & Entertainment	NSC
PDSEW	Paradise Music & Entertnmt wrr	NSC
PDSF	PDS Financial	NNM
PDSFW	PDS Financial Wrrt	NNM
PDT	John Hancock Patr Prem Dv II	NYS
PDX	Pediatrix Medical Group	NYS
PE	PECO Energy	NYS
PE PrA	PECO Energy,$3.80 Pfd	NYS
PE PrB	PECO Energy, $4.30 Pfd	NYS
PE PrC	PECO Energy,$4.40 Pfd	NYS
PE PrD	PECO Energy,$4.68 Pfd	NYS
PE PrX	Peco En Cap Trll8.00%'QUIPS'	NYS
PE PrZ	PECO Energy L.P. MIPS'A'	NYS
PEAKF	Peak Intl	NNM
PEBK	Peoples Bank (NC)	NNM
PEBO	Peoples Bancorp	NNM
PEC PrZ	Penelec Capital L.P. 'MIPS'	NYS
PECX	Photoelectron Corp	NNM
PEDE	Great Pee Dee Bancorp	NNM
PEEK	Peekskill Financial	NNM
PEG	Public Svc Enterpr	NYS
PEG PrA	Pub Sv E&G 4.08% Pfd	NYS
PEG PrC	Pub Sv E&G 4.30% Pfd	NYS
PEG PrD	Pub Sv E&G 5.05% Pfd	NYS
PEG PrE	Pub Sv E&G 5.28% Pfd	NYS
PEG PrR	Enterprise Cap Tr III 7.25%'TO	NYS
PEG PrS	Enterprise Cap Tr I 7.44%'TOPr	NYS
PEG PrT	PSE&G Cap Tr II 8.125%'QUIPS'	NYS
PEG PrU	PSE&G Cap Tr I 8.625%'QUIPS'	NYS
PEG PrW	Pub Sv E&G 5.97% Pfd	NYS
PEG PrX	Public Svc E&G Cap 8.00%'MIPS'	NYS
PEG PrY	Pub Sv E&G 6.75% Pfd	NYS
PEG PrZ	Public Svc E&G Cap 9.375% 'MIP	NYS
PEGA	Pegasystems Inc	NNM
PEGI	Preferred Employers Hlds	NSC
PEGS	Pegasus Systems	NNM
PEI	Pennsylvania RE Inv Tr SBI	NYS
PELP	Pelican Properties Intl	BB
PELRY	Pelsart Resources ADR	NSC
PEN	Pentegra Dental Group	ASE
PENC	Pen Interconnect	NNM
PENCW	Pen Interconnect Wrrt	NNM
PENG	Prima Energy	NNM
PENN	Penn National Gaming	NNM
PENX	Penford Corp	NNM
PEO	Petroleum & Resources	NYS
PEP	PepsiCo Inc	NYS
PEQ	Potomac Edison 8.00% 'QUIDS'	NYS

Ticker	Issue	Exchange
PERC	Perclose Inc	NNM
PERF	PerfectData Corp	NSC
PERI	Periphonics Corp	NNM
PERLF	Perle Systems	NSC
PERM	Permanent Bancorp	NNM
PESC	Pool Energy Services	NNM
PESI	Perma Fix Enviro Svcs	NSC
PESIZ	Perma-Fix Envir'l Svcs Wrrt'B'	NSC
PET PrA	Pacific Ent $4.36 Pfd	ASE
PET PrB	Pacific Ent $4.40 Pfd	ASE
PET PrC	Pacific Ent $4.50 Pfd	ASE
PET PrD	Pacific Ent $4.75 Pfd	ASE
PETC	Petco Animal Supplies	NNM
PETD	Petroleum Development	NNM
PETM	PETsMART Inc	NNM
PETR	PetroCorp	NNM
PFA	Alliance Forest Prod	NYS
PFACP	Pro-Fac Co-op 'A' Pfd	NNM
PFBI	Premier Finl Bancorp	NNM
PFBIP	PFBI Cap Trust 9.75% Pfd	NNM
PFC	PMCC Financial	ASE
PFCO	Paula Financial	NNM
PFD	Preferred Income Fund	NYS
PFDC	Peoples Bancorp(IN)	NNM
PFE	Pfizer, Inc	NYS
PFED	Park Bancorp	NNM
PFFB	PFF Bancorp	NNM
PFFC	Peoples Financial	NNM
PFG	PennCorp Financial Group	NYS
PFG Pr	PennCorp Finl $3.375 Pfd	NYS
PFGC	Performance Food Group	NNM
PFGI	Provident Financial Group	NNM
PFINA	P&F Indus'A'	NNM
PFM	Preferred Income Mgmt Fund	NYS
PFNC	Progress Finl	NNM
PFNT	Preferred Networks	NNM
PFO	Pentland Firth Ventures	TS
PFO	Preferred Income Oppt Fd	NYS
PFP	Premier Farnell PLC ADS	NYS
PFP Pr	Premier Farnell $1.35 Pref ADS	NYS
PFSB	PennFed Financial Svcs	NNM
PFSBP	PennFed Cap Tr I 8.90%cmPfd	NNM
PFSCF	Positron Fiber Sys	NNM
PFSL	Pocahontas Bancorp	NNM
PFT	Proffitt's Inc	NYS
PG	Procter & Gamble	NYS
PGA	Personnel Group of America	NYS
PGB	Portland Genl Elec 8.25% 'QUID	NYS
PGD	John Hancock Patr Gl Div Fd	NYS
PGD	Pangea Goldfields	TS
PGDA	Piercing Pagoda	NNM
PGE	Pan-Global Enterprises	VS
PGE	Prime Group Realty Tr	NYS
PGE PrB	Prime Grp Realty Tr 9.0% Pfd	NYS
PGEI	Petroglyph Energy	NNM
PGEN	Progenitor Inc	NNM
PGENW	Progenitor Wrrt	NNM
PGEX	Pacific Gateway Exchange	NNM
PGF	Portugal Fund	NYS
PGI	Polymer Group	NYS

Ticker	Issue	Exchange
PGL	Peoples Energy	NYS
PGLAF	Progen Industries	NSC
PGLD	Phoenix Gold Intl	NNM
PGM	Putnam Inv Grade Muni Tr	NYS
PGNS	PathoGenesis Corp	NNM
PGNX	Progenics Pharmaceuticals	NNM
PGO	Petroleum Geo-Svcs A/S ADS	NYS
PGP	Pacific Gateway Prop	ASE
PGR	Progressive Corp,Ohio	NYS
PGS	Public Svc No Car	NYS
PGT	Mer Lyn Telebras'ProGroS'2005	ASE
PGTV	Pegasus Communications'A'	NNM
PGTZ	Praegitzer Industries	NNM
PGV	Provigo Inc	TS
PGWCZ	P G Energy $2.25 Dep Pfd	NSC
PH	Parker-Hannifin	NYS
PHA	Pacific Pharmaceuticals	ASE
PHB	Pioneer Hi-Bred Intl	NYS
PHBK	Peoples Heritage Finl Gr	NNM
PHC	Peoples Holding	ASE
PHCC	Priority Healthcare 'B'	NNM
PHEL	Petroleum Helicopters (Vtg)	NSC
PHELK	Petroleum Helicopters	NSC
PHF	Pacholder Fund	ASE
PHFC	Pittsburgh Home Finl	NNM
PHFCP	Pittsburgh Home Cap Tr 8.56% P	NNM
PHG	Philips ElectronicsNV	NYS
PHHM	Palm Harbor Homes	NNM
PHI	Philippine Long D Tel ADS	NYS
PHI PrA	Philippine L-D Tel Pfd GDS	NYS
PHL	Planet Hollywood Intl'A'	NYS
PHLI	PacificHealth Laboratories	NSC
PHLY	Philadelphia Consol Hldg	NNM
PHLYL	Phil Consol/PCHC Fin Gr'PRIDES	NNM
PHLYZ	Phil Consol/PCHC Fin Inc'PRIDE	NNM
PHM	Pulte Corp	NYS
PHMX	PhyMatrix Corp	NNM
PHN	PhoneTel Technologies	ASE
PHO	Peoples Telephone Co	ASE
PHOC	Photo Control	NSC
PHON	Choicetel Communications	NSC
PHONW	Choicetel Commun Wrrt	NSC
PHR	Philips Intl Realty	NYS
PHRX	Photomatrix Inc	NSC
PHSB	Peoples Home Savings Bank	NNM
PHSE	Pharmhouse Corp	NSC
PHSYA	PacifiCare Health Sys'A'	NNM
PHSYB	PacifiCare Health Sys'B'	NNM
PHT	Managed High Yield Fd	NYS
PHTN	Photon Dynamics	NNM
PHV	Philip Services	NYS
PHX	Phoenix Intl Life Sciences'A'	TS
PHXX	Phoenix Intl	NNM
PHY	Prospect Street Hi Income(New)	NYS
PHYC	PhyCor Inc	NNM
PHYN	Physician Reliance Network	NNM
PHYS	Physio-Control Intl	NNM
PHYX	Physiometrix Inc	NNM
PI	Premdor Inc	NYS
PIA	Municipal Prem Income Tr	NYS

Ticker	Issue	Exchange
PIAM	PIA Merchandising Svcs	NNM
PIC	Piccadilly Cafeterias	NYS
PICM	Professionals Group	NNM
PICO	PICO Hldgs	NNM
PIF	Insured Muni Income Fd	NYS
PIFI	Piemonte Foods	NSC
PIHC	PHC Inc'A'	NSC
PIHCW	PHC Inc Wrrt	NSC
PII	Polaris Industries	NYS
PILL	ProxyMed Inc	NNM
PILT	Pilot Network Svcs	NNM
PIM	Putnam Master Interm Income	NYS
PIN	AMF Bowling	NYS
PINN	Pinnacle Banc Group	NNM
PIO	Pioneer Electron ADR	NYS
PIOG	Pioneer Group	NNM
PIONA	Pioneer Cos 'A'	NNM
PIOS	Pioneer Std Electr	NNM
PIR	Pier 1 Imports	NYS
PIX	Avenue Entertainment Grp	ASE
PIXR	Pixar	NNM
PIXT	PixTech Inc	NNM
PJAM	PJ America	NNM
PJTV	Projectavision Inc	NSC
PKA	Polk Audio	ASE
PKD	Parker Drilling	NYS
PKE	Park Electrochemical	NYS
PKF	Pakistan Investment Fd	NYS
PKI	Parkland Industries Ltd	TS
PKN	Perkin-Elmer	NYS
PKOH	Park-Ohio Holdings	NNM
PKS	Premier Parks	NYS
PKS PrA	Premier Parks 7.50%Cv'PIES'	NYS
PKT	Pinkerton's Inc	NYS
PKT.A	Peak Technologies 'A'	VS
PKX	Pohang Iron & Steel ADS	NYS
PKY	Parkway Properties	NYS
PKY PrA	Parkway Properties 8.75%'A'Pfd	NYS
PL	Protective Life Corp	NYS
PL PrM	PLC Capital LLC 'A' 'MIPS'	NYS
PL PrP	Protective Life 6.5% 'PRIDES'	NYS
PL PrT	PLC Cap 8.25% 'TOPrS'	NYS
PLA	Playboy Enterprises Cl'B'	NYS
PLAA	Playboy Enterprises'A'(vtg)	NYS
PLAB	Photronics, Inc	NNM
PLAN	Open Plan Systems	NNM
PLAT	PLATINUM technology	NNM
PLAY	Players International	NNM
PLB	Amer Italian Pasta'A'	NYS
PLC	PLC Systems	ASE
PLCC	Paulson Capital	NSC
PLCE	Children's Place Retail Stores	NNM
PLCM	Polycom Inc	NNM
PLD	ProLogis Trust	NYS
PLD PrA	ProLogis Trust 9.40% Pfd	NYS
PLD PrB	ProLogis Trust 7% Cv Pfd	NYS
PLD PrD	ProLogis Trust 9.00% Pfd	NYS
PLDI	PLD TeleKom	NNM
PLE	Pinnacle Bancshares	ASE
PLFC	Pulaski Furniture	NNM

Ticker	Issue	Exchange
PLFE	Presidential Life	NNM
PLG	PolyGram N.V.	NYS
PLH	Pierce Leahy	NYS
PLI	PolyVision Corp	ASE
PLL	Pall Corp	NYS
PLLL	Parallel Petroleum	NNM
PLM	PLM International	ASE
PLNK	Para-Link Inc	BB
PLNR	Planar Systems	NNM
PLP	Phosphate Res Ptnrs LP	NYS
PLPT	PulsePoint Communications	NNM
PLR.A	Plymouth Rubber'A'vtg	ASE
PLR.B	Plymouth Rubber Cl'B'	ASE
PLS	Paracelsus Healthcare	NYS
PLSAE	Premier Laser Systems'A'	NNM
PLSK	Pulaski Savings Bank	NSC
PLSS	Peerless Group	NNM
PLSZE	Premier Laser Systems Wrrt'B'	NNM
PLT	Plantronics Inc	NYS
PLTN	Palatin Technologies	NSC
PLU	Pluma Inc	NYS
PLUS	Room Plus	NSC
PLUSW	Room Plus Wrrt	NSC
PLX	Plains Resources	ASE
PLXS	Plexus Corp	NNM
PLY	Polyphase Corp	ASE
PM	PolyMedica Corp	ASE
PMA	PMI Group	NYS
PMB	Premier Bancshares	ASE
PMB Pr	Premier Cap Tr I 9.00% cm Pfd	ASE
PMC	PMC Capital	ASE
PMCO	ProMedCo Management	NNM
PMCP	Prime Capital	NSC
PMCS	PMC-Sierra Inc	NNM
PMD	Palmer Resources	VS
PMD	Psychemedics Corp	ASE
PME	Penton Media	NYS
PMED	Paradigm Medical Industries	NSC
PMEDW	Paradigm Medical Ind Wrrt	NSC
PMFG	Peerless Mfg	NNM
PMFRA	Penn Manufacturers'A'	NNM
PMG	Putnam Inv Grade Muni Tr II	NYS
PMGIF	Princeton Media Group	NSC
PMH	Putnam Tax-Free Hlth Care Fd	NYS
PMI	Premark Intl	NYS
PMID	Pyramid Breweries	NNM
PMIS	PREMIS Corp	BB
PMK	Primark Corp	NYS
PML	Putnam Inv Grade Muni Tr III	ASE
PMM	Putnam Managed Muni Income	NYS
PMN	Putnam NY Inv Grade Muni	ASE
PMO	Putnam Muni Opport Tr	NYS
PMOR	Phar-Mor Inc	NNM
PMRP	PMR Corp	NNM
PMRT	Pawnmart Inc	NSC
PMRTW	Pawnmart Inc Wrrt'A'	NSC
PMRTZ	Pawnmart Inc Wrrt'B'	NSC
PMRX	Pharmaceutical Mktg Svcs	NNM
PMRY	Pomeroy Computer Resources	NNM
PMS	Policy Mgmt Systems	NYS

Ticker	Issue	Exchange
PMSI	Prime Medical Services	NNM
PMT	Putnam Master Income Tr	NYS
PMTC	Parametric Technology	NNM
PMTI	Palomar Med Tech	NSC
PMTS	PMT Services	NNM
PMWI	PageMart Wireless 'A'	NNM
PNA	Panterra Minerals	VS
PNB	Premier National Bancorp	ASE
PNBC	Princeton Natl Bancorp	NNM
PNBF	PNB Financial Grp	NNM
PNBK	Patriot Natl Bk	NSC
PNC	PNC Bank Corp	NYS
PNC PrC	PNC Bank Cp $1.60 Cv C Pfd	NYS
PNC PrD	PNC Bank Cp $1.80 Cv D Pfd	NYS
PNCL	Pinnacle Micro	BB
PNDA	Panda Project	NNM
PNDR	Ponder Industries	NSC
PNDS	Pinnacle Data Systems	BB
PNF	Penn Traffic	NYS
PNG	Penn-America Group	NYS
PNM	Public Svc New Mexico	NYS
PNN	Penn Engr & Mfg	NYS
PNN.A	Penn Engr & Mfg'A'	NYS
PNP	Pan Pacific Retail Prop	NYS
PNR	Pentair, Inc	NYS
PNRG	PrimeEnergy Corp	NSC
PNT	Pennsylvania Enterpr	NYS
PNTE	Pointe Financial	NNM
PNTGF	Petromet Resources	NNM
PNTK	Pentech International	NNM
PNU	Pharmacia & Upjohn	NYS
PNW	Pinnacle West Capital	NYS
PNY	Piedmont Natural Gas	NYS
POC	Poco Petroleums	TS
POCC	Penn Octane	NSC
POCI	Precision Optics	NSC
POG	Patina Oil & Gas	NYS
POG Pr	Patina Oil & Gas 7.125% Pfd	NYS
POG.WS	Patina Oil & Gas Wrrt	NYS
POLXF	Polydex Pharmaceuticals	NSC
POLY	Planet Polymer Technologies	NSC
POM	Potomac Electric Pwr	NYS
POM PrT	Potomac El Pwr Tr 7.375%'TOPrS	NYS
POOL	SCP Pool	NNM
POOR	Poore Brothers	NSC
POP	Pope & Talbot	NYS
POPEZ	Pope Resources L.P.	NNM
POS	Catalina Marketing	NYS
POSIF	Point of Sale	NNM
POSO	Prosoft I-Net Solutions	NSC
POSS	Possis Medical	NNM
POT	Potash Corp Saskatchewan	NYS
POU	Paramount Resources Ltd	TS
POVT	PROVANT Inc	NNM
POW	Power Corp of Canada	TS
POWI	Power Integrations	NNM
POWL	Powell Indus	NNM
POWR	Environmental Power	NSC
PP	Prentiss Properties Trust	NYS
PPAR	Paging Partners	NSC

Ticker	Issue	Exchange
PPARW	Paging Partners Wrrt	NSC
PPCCP	People's Pfd Cap 9.75% Sr'A'Pf	NNM
PPCOV	Penwest Pharmaceuticals	NNM
PPD	Pre-Paid Legal Svcs	ASE
PPDI	Pharmaceutical Product Devlpmt	NNM
PPF	John Hancock Patr Pfd Div Fd	NYS
PPG	PPG Indus	NYS
PPH	PHP Healthcare	NYS
PPI	Pico Products	ASE
PPK	Polyair Inter Pak	TS
PPL	PP&L Resources	NYS
PPL PrA	PP&L Inc 4.40% Pfd	NYS
PPL PrB	PP&L Inc 4.50% Pfd	NYS
PPL PrC	PP&L Cap 8.20%'TOPrS'	NYS
PPL PrD	PP&L Cap Tr II 8.10%'TOPrS'	NYS
PPLS	Peoples Bank Indianapolis	NNM
PPM	Investment Grade Muni Inc	NYS
PPO	Pepsi-Cola Puerto Rico Bott'B'	NYS
PPOD	Peapod Inc	NNM
PPP	Pogo Producing	NYS
PPR	Pilgrim America Prime Rt	NYS
PPRT	PharmaPrint Inc	NNM
PPS	Post Properties	NYS
PPS PrA	Post Properties 8.50% Sr'A'	NYS
PPS PrB	Post Properties 7.625%Sr'B'	NYS
PPS PrC	Post Properties 7.625% Sr 'C'	NYS
PPT	Putnam Premier Income Tr	NYS
PPTI	Protein Polymer Tech	NSC
PPTIW	Protein Polymer Technol Wrrt	NSC
PPTV	PPT Vision	NNM
PPW	PacifiCorp	NYS
PPW Pr	PacifiCorp 5% Pfd	ASE
PPW PrA	PacifiCorp Cap I 8.25%'A"QUIP	NYS
PPW PrB	PacifiCorp Cap II 7.70% Tr Pfd	NYS
PQB	Quebecor Cl'A'	ASE
PQT	PC Quote	ASE
PR	Price Communications	ASE
PRAB	Prab Inc	BB
PRAC	Productivity Technologies	NSC
PRAN	Piranha Interactive Publish'g	NSC
PRANU	Piranha Interactive Publ Unit	NSC
PRANW	Piranha Interactive Publ Wrrt	NSC
PRAV	Paradigm Advanced Tech	BB
PRBC	Prestige Bancorp	NNM
PRBZ	ProBusiness Services	NNM
PRCC	Pollution Research & Control	NSC
PRCM	Procom Technology	NNM
PRCN	Percon Inc	NNM
PRCP	Perceptron Inc	NNM
PRCT	Procept Inc	NSC
PRCY	ProCyte Corp	NNM
PRD	Polaroid Corp	NYS
PRDM	Paradigm Technology	NSC
PRDQE	Paradise Holdings	NSC
PRE	PartnerRe Ltd	NYS
PRE PrA	PartnerRe Ltd 8% cm Pfd	NYS
PRED	Orlando Predators Enter'mt	NSC
PREDW	Orlando Predators Enter'mt Wrrt	NSC
PREN	Price Enterprises	NNM
PRENP	Price Enter 8.75% Pfd	NNM

Ticker	Issue	Exchange
PRES	Prema Systems	BB
PREZ	President Casinos	NNM
PRFM	Perfumania Inc	NNM
PRFN	Prestige Financial	NNM
PRG	Peerless Carpet	TS
PRG	Physicians Resource Group	NYS
PRG PrB	Pub Sv E&G 4.18% Pfd	NYS
PRGN	Peregrine Systems	NNM
PRGO	Perrigo Co	NNM
PRGS	Progress Software	NNM
PRGX	Profit Recovery Grp Intl	NNM
PRH	Promus Hotel	NYS
PRHC	Province Healthcare	NNM
PRIA	PRI Automation	NNM
PRK	Park National Corp	ASE
PRKR	ParkerVision Inc	NNM
PRL	Prolong International	ASE
PRLN	Paracelsian Inc	NSC
PRLNW	Paracelsian Inc Wrrt	NSC
PRLS	Peerless Systems	NNM
PRLX	Parlex Corp	NNM
PRM	PRIMEDIA Inc	NYS
PRMA	Primadonna Resorts	NNM
PRMS	Premisys Communications	NNM
PRMX	Primex Technologies	NNM
PRN	Puerto Rican Cement	NYS
PRO.EC	Professional Dental Tech	ECM
PROA	Polymer Research America	NSC
PROG	Programmer's Paradise	NNM
PROI	CFI ProServices	NNM
PROV	Provident Finl Hldg	NNM
PROX	Proxim Inc	NNM
PRR	Petrorep Resources	TS
PRRC	Precision Response	NNM
PRRR	Pioneer Railcorp	NSC
PRST	Presstek Inc	NNM
PRT	Prime Retail	NYS
PRT PrA	Prime Retail 10.50%cm'A'Pfd	NYS
PRT PrB	Prime Retail 8.5%Ptc Cv'B'Pfd	NYS
PRTG	PRT Group	NNM
PRTK	Profile Technologies	NSC
PRTL	Primus Telecomm Grp	NNM
PRTW	Printware Inc	NNM
PRU	Prime Resources Grp	ASE
PRW	Quebecor Printing	NYS
PRWW	Premier Research Worldwide	NNM
PRX	Pharmaceutical Resources	NYS
PRXL	PAREXEL Intl	NNM
PRY	Pittway Corp	NYS
PRY.A	Pittway Corp'A'	NYS
PRZM	Prism Solutions	NNM
PSA	Public Storage	NYS
PSA PrA	Public Storage 10% cm'A'Pfd	NYS
PSA PrB	Public Storage 9.20%cm'B'Pfd	NYS
PSA PrC	Public Storage Adj Rt'C'Pfd	NYS
PSA PrD	Public Storage 9.50%'D'Pfd	NYS
PSA PrE	Public Storage 10%'E'Pfd	NYS
PSA PrF	Public Storage 9.75% 'F' Pfd	NYS
PSA PrG	Public Storage 8.875% Dep Pfd	NYS
PSA PrH	Public Storage 8.45%'H'Dep Pfd	NYS

Ticker	Issue	Exchange
PSA Prl	Public Storage 8.625%'l'Dep Pf	NYS
PSA PrJ	Public Storage 8.0% 'J' Dep Pf	NYS
PSAI	Pediatric Services of Amer	NNM
PSB	PS Business Parks	ASE
PSBI	PSB Bancorp	NNM
PSC	Phila Suburban	NYS
PSCK	PlayStar Corp	BB
PSCO	ProtoSource Corp	NSC
PSCOW	ProtoSource Corp Wrrt	NSC
PSCX	PSC Inc	NNM
PSD	Puget Sound Energy	NYS
PSD PrA	Puget Sound Egy 8.50%Sr III Pf	NYS
PSD PrB	Puget Sound Egy Adj Rt'B'Pfd	NYS
PSD PrC	Puget Sound Egy 7.45%Sr II Pfd	NYS
PSDI	Project Software & Dvlp	NNM
PSEM	Pericom Semiconductor	NNM
PSFC	Peoples-Sidney Fin'l	NNM
PSFI	PS Financial	NNM
PSFT	PeopleSoft Inc	NNM
PSG	PS Group Holdings	NYS
PSI	Porta Systems	ASE
PSIX	PSINet Inc	NNM
PSJ	Petsec Energy ADS	NYS
PSMT	PriceSmart Inc	NNM
PSNRY	PT Pasifik Sat Nusantara ADS	NNM
PSO	Penobscot Shoe	ASE
PSON	Paul-Son Gaming	NNM
PSQL	Platinum Software	NNM
PSR PrC	PSCO Cap Tr I 7.60%'TOPrS'	NYS
PSRC	PrimeSource Corp	NNM
PSS	Payless ShoeSource	NYS
PSSI	PSS World Medical	NNM
PST PrA	PSO Cap 8.00%'TOPrS'	NYS
PSTA	Monterey Pasta	NNM
PSTFY	Professional Staff ADS	NNM
PSTV	PST Vans	NNM
PSUN	Pacific Sunwear of Calif	NNM
PSWT	PSW Technologies	NNM
PSYS	Precision Systems	NSC
PT	Portugal Telecom ADS	NYS
PTAC	Penn Treaty American	NNM
PTB	Paragon Trade Brands	NYS
PTC	PAR Technology	NYS
PTCH	Pacer Technology	NSC
PTE	Proactive Technologies	ASE
PTEC	Phoenix Technologies	NNM
PTEK	Premiere Technologies	NNM
PTEL	Powertel Inc	NNM
PTEN	Patterson Energy	NNM
PTET	Platinum Entertainment	NNM
PTHR	Panther Resources	BB
PTHW	Pathways Group	BB
PTI	Paymentech Inc	NYS
PTII	PTI Holding	NSC
PTIS	Plasma Therm	NNM
PTIX	Performance Technologies	NNM
PTM	Putnam Managed Hi Yield Tr	NYS
PTN	Petersen Cos 'A'	NYS
PTNX	Printronix Inc	NNM
PTRN	Photran Corp	NNM

Ticker	Issue	Exchange
PTRO	Petrominerals Corp	NSC
PTRS	Potters Financial	NSC
PTSI	P.A.M. Transportation Svcs	NNM
PTT	Peak Trends Tr'TrENDS'2001	ASE
PTUS	Peritus Software Services	NNM
PTVL	Preview Travel	NNM
PTX	Pillowtex Corp	NYS
PTZ	Pulitzer Publishing	NYS
PUBO	Pubco Corp	NSC
PUBSF	Elephant & Castle Group	NSC
PUFF	Grand Havana Enterprises	NSC
PUFFW	Grand Havana Ent Wrrt'A'	NSC
PUFFZ	Grand Havana Ent Wrrt 'B'	NSC
PULB	Pulaski Bank	NSC
PULS	Pulse Bancorp	NNM
PUMA	Puma Technology	NNM
PURE	Innovative Med'l Svcs	NSC
PUREW	Innovative Medl Svcs Wrrt 'A'	NSC
PURS	Purus Inc	BB
PURW	Pure World Inc	NNM
PUTT	Divot Golf Corp	NSC
PV	Pfeiffer Vacuum Technol ADS	NYS
PVA	Penn Virginia	NYS
PVAT	Paravant Computer Sys	NNM
PVATW	Paravant Computer Sys Wrrt	NNM
PVCC	PVC Container Corp	NNM
PVD	Administradora de Fondos ADS	NYS
PVF	Paramount Ventures & Fin 'A'	VS
PVFC	PVF Capital Corp	NSC
PVH	Phillips-Van Heusen	NYS
PVI	Panavision Inc(New)	NYS
PVII	Princeton Video Image	NNM
PVM	Pacific Vangold Mines	VS
PVN	Providian Financial	NYS
PVSA	Parkvale Financial	NNM
PVSW	Pervasive Software	NNM
PVT	Provident Companies	NYS
PVTR	Pivot Rules	NSC
PVTRW	Pivot Rules Wrrt	NSC
PVY	Providence Energy	NYS
PW	Pitts & W Va RR SBI	ASE
PWA	Premiumwear Inc	NYS
PWAV	Powerwave Technologies	NNM
PWBK	Pennwood Bancorp	NSC
PWCC	Point West Capital	NNM
PWER	Power-One	NNM
PWF	Power Financial	TS
PWG	PowerGen PLC ADS	NYS
PWHS	Paper Warehouse	NNM
PWJ	Paine Webber Group	NYS
PWJ PrA	PWG Capital Tr I 8.30% Pfd	NYS
PWJ PrB	PWG Capital Tr II 8.08% Pfd	NYS
PWN	Cash Amer Intl	NYS
PWR	Quanta Services	NYS
PWRH	Powerhouse Technologies	NNM
PWT	Penn West Petroleum	TS
PWX	Providence & Worcester RR	ASE
PX	Praxair Inc	NYS
PXD	Pioneer Natural Res	NYS
PXE	Pacific Res & Engineering	ASE

Ticker	Issue	Exchange
PXE.WS	Pac Res & Engineering Wrrt	ASE
PXP	Phoenix Investment Partners	NYS
PXR	Paxar Corp	NYS
PXT	PXRE Corp	NYS
PXXI	Prophet 21 Inc	NNM
PY	Pechiney ADS	NYS
PYM	Putnam Hi Yield Muni	NYS
PYOL	Pyramid Oil	BB
PYTV	TV Filme	NNM
PYX	Playtex Products	NYS
PZA	Provena Foods	ASE
PZB	Pittston Brinks Grp	NYS
PZL	Pennzoil Co.	NYS
PZM	Pittston Minerals Group	NYS
PZN	CCA Prison Realty Tr	NYS
PZN PrA	CCA Prison Rlty Tr 8.0% Pfd	NYS
PZX	Pittston BAX Group	NYS
PZZ	Pan Smak Pizza	VS
PZZA	Papa John's Intl	NNM
PZZI	Pizza Inn	NNM
QADI	QAD Inc	NNM
QBR.B	Quebecor Cl'B'	TS
QCBC	Quaker City Bancorp	NNM
QCFB	QCF Bancorp	NNM
QCHI	Quad City Hldgs	NSC
QCOM	QUALCOMM Inc	NNM
QCSB	Queens County Bancorp	NNM
QDEK	Quarterdeck Corp	NNM
QDEL	Quidel Corp	NNM
QDELW	Quidel Corp Wrrt	NNM
QDIN	Quality Dining	NNM
QDRMY	Banca QuadrumADS	NNM
QDRXQ	Quadrax Corp	BB
QEKG	Q-Med Inc	NSC
QEPC	Q.E.P. Co	NNM
QFAB	Quaker Fabric	NNM
QGENF	QIAGEN N V	NNM
QGLY	Quigley Corp	NNM
QHGI	Quorum Health Group	NNM
QIXXF	Quest Intl Res	NSC
QKTN	Quickturn Design Sys	NNM
QLGC	Qlogic Corp	NNM
QLTIF	QLT Phototherapeutics	NNM
QMDC	QuadraMed Corp	NNM
QMRK	QualMark Corp	NSC
QNTM	Quantum Corp	NNM
QPIX	Quik Pix	BB
QRSI	QRS Corp	NNM
QRSM	QRS Music	BB
QSII	Quality Systems	NNM
QSNDF	QSound Labs	NSC
QSRI	Queen Sand Resources	NSC
QSRTF	QSR Ltd	NSC
QSYS	Quad Systems Corp	NNM
QTEC	QuesTech Inc	NSC
QTEL	Quintel Entertainment	NNM
QTG	Quebec Tel Group	TS
QTRN	Quintiles Transnational	NNM
QUAL	Quality Semiconductor	NNM
QUES	Questa Oil & Gas	NSC

Ticker	Issue	Exchange
QUIP	Quipp Inc	NNM
QUIX	Quixote Corp	NNM
QUIZ	Quizno's Corp	NSC
QUOB	QueryObject Systems	NSC
QUST	Questron Technology	NSC
QUSTW	Questron Tech Ser IV Wrrt	NSC
QWST	Qwest Communications	NNM
R	Ryder System	NYS
RA	Reckson Associates Realty	NYS
RA PrA	Reckson Assoc Rlty 7.625%Cv'A'	NYS
RAA	BlackRock CA Inv Qual Muni	ASE
RACCQ	Reliance Acceptance Gp	BB
RACE	Data Race	NNM
RACN	Racing Champions	NNM
RACNW	Racing Champions Wrrt	NNM
RACO	Racotek Inc	NNM
RAD	Rite Aid	NYS
RADAF	Radica Games	NNM
RADIF	Rada Electronics Industries	NNM
RADS	Radiant Systems	NNM
RAGS	Rag Shops	NNM
RAH	Ralcorp Holdings	NYS
RAIL	RailAmerica Inc	NNM
RAIN	Rainforest Cafe	NNM
RAL	Ralston-Purina Group	NYS
RAM	Royal Appliance Mfg	NYS
RAND	Rand Capital	NSC
RANGY	Randgold & Exploration ADR	NNM
RANKY	Rank Group plc ADR	NSC
RARB	Raritan Bancorp	NNM
RARE	Rare Hospitality Intl	NNM
RAS	Resource Asset Invstmt	ASE
RATL	Rational Software	NNM
RAVE	Rankin Automotive Grp	NNM
RAVN	Raven Indus	NNM
RAWA	Rent-A-Wreck America	NSC
RAWL	Rawlings Sporting Goods	NNM
RAY	Rayrock Yellowknife Res	TS
RAY	Raytech Corp	NYS
RAYS	Sunglass Hut Intl	NNM
RAZR	Amer Safety Razor	NNM
RBA	Ritchie Bros Auctioneers	NYS
RBBR	R-B Rubber Products	NSC
RBC	Regal Beloit	ASE
RBCAA	Republic Bancorp 'A'	NNM
RBCF	Republic Banking Corp(Fla)	NNM
RBD	Rubbermaid, Inc	NYS
RBDS	Roberds Inc	NNM
RBIN	R & B Inc	NNM
RBK	Reebok Intl	NYS
RBMG	Resource Bancshares Mtg Gp	NNM
RBN	Robbins & Myers	NYS
RBNC	Republic Bancorp	NNM
RBO	RiboGene Inc	ASE
RBOT	Computer Motion	NNM
RBOW	Rainbow Rentals	NNM
RBPAA	Royal Bancshares(PA)'A'	NNM
RBS PrB	Royal Bk Scotland Pfd'B'ADS	NYS
RBS PrC	Royal Bk Scotland Pfd'C'ADS	NYS
RBS PrD	Royal Bk Scotland Pfd'D' ADS	NYS

Ticker	Issue	Exchange
RBS PrE	Royal Bk Scotland Pfd'E'ADS	NYS
RBS PrF	Royal Bk Scotland Pfd'F' ADS	NYS
RBS PrG	Royal Bk Scotland Pfd'G'ADS	NYS
RBS PrX	Royal Bk Scotland Ex Cap Sec	NYS
RBV	Resource Bankshares	ASE
RC	Grupo Radio Centro ADS	NYS
RCBK	Richmond County Financial	NNM
RCCC	Rural Cellular 'A'	NNM
RCCK	Rock Financial	NNM
RCGI	Renal Care Group	NNM
RCHI	Risk Capital Holdings	NNM
RCHY	Richey Electronics	NNM
RCI.A	Rogers Commun Cl'A'	TS
RCII	Renters Choice	NNM
RCKY	Rocky Shoes & Boots	NNM
RCL	Royal Caribbean Cruises	NYS
RCL Pr	Royal Carib Cru $3.625 Cv Pfd	NYS
RCMT	RCM Technologies	NNM
RCN	Rogers Cantel MobComm'B'	NYS
RCNC	RCN Corp	NNM
RCO	Ramco Energy ADS	ASE
RCOM	Racom Systems	NSC
RCOMU	Racom Systems Unit	NSC
RCOMW	Racom Systems Wrrt	NSC
RCOT	Recoton Corp	NNM
RCS	RCM Strategic Global Gvt Fund	NYS
RD	Royal Dutch Petrol	NYS
RDA	Reader's Digest Assn'A'	NYS
RDB	Reader's Digest Assn'B'	NYS
RDC	Rowan Cos	NYS
RDCMF	RADCOM Ltd	NNM
RDGE	Reading Entertainment	NNM
RDHS	Logan's Roadhouse	NNM
RDK	Ruddick Corp	NYS
RDMMF	Real del Monte Mining	NSC
RDO	RDO Equipment'A'	NYS
RDOC	Integrated Surgical Systems	NSC
RDOCW	Integrated Surgical Sys Wrrt	NSC
RDRT	Read-Rite Corp	NNM
RDT	Reader's Digest $1.93'TRACES'	NYS
RDUS	Radius Inc	NSC
RE	Everest Reinsurance Hldgs	NYS
REA	Amer Real Estate Investment	ASE
REAL	Reliability Inc	NNM
REB	Redwood Empire Bancorp	ASE
RECT	Reflectix Inc	BB
RECY	Recycling Industries	NNM
REDB	Red Brick Systems	NNM
REF	REFAC Technology Develop	ASE
REFN	Regency Bancorp	NNM
REFR	Research Frontiers	NNM
REG	Regency Realty	NYS
REGI	Renaissance Worldwide	NNM
REGN	Regeneron Pharmaceuticals	NNM
REHB	Rehabilicare Inc	NNM
REIN	Recovery Engineering	NNM
REK	Reko Intl Group	TS
REL	Reliance Group Hldgs	NYS
RELEF	Ariely Advertising Ltd	BB
RELI	Reliance Bancshares	NSC

Ticker	Issue	Exchange
RELL	Richardson Electronics	NNM
RELM	RELM Wireless	NNM
RELV	Reliv' International	NNM
RELY	Reliance Bancorp	NNM
REMC	REMEC Inc	NNM
REMX	RemedyTemp Inc 'A'	NNM
RENEF	Intercorp Excelle	NSC
RENG	Research Engineers	NNM
RENN	Renaissance Cap Growth & Inc F	NNM
RENO	Reno Air	NNM
RENOP	Reno Air Sr'A'CvExchPfd	NNM
RENT	Rentrak Corp	NNM
RENWF	Intercorp Excelle Wrrt	NSC
RENX	Renex Corp	NNM
REP	Repsol S.A. ADS	NYS
REP PrA	Repsol Intl Cap Ltd 7.45% Pref	NYS
REPB	Republic Bancshares	NNM
REPBP	RBI Cap Tr I 9.10% Pfd	NNM
REPS	Republic Engineered Steels	NNM
REPT	Reptron Electronics	NNM
RERT	Resort World Enterprises	BB
RES	Renaissance Energy	TS
RES	RPC Inc	NYS
RESC	Roanoke Electric Steel	NNM
RESM	ResMed Inc	NNM
RESP	Respironics Inc	NNM
RESR	Research Inc	NNM
RESY	Reconditioned Systems	NSC
RET	Reitmans Canada	TS
REV	Revlon Inc'A'	NYS
REX	Rexx Environmental	ASE
REXI	Resource America'A'	NNM
REXL	Rexhall Indus	NNM
REXMY	Rexam Plc ADR	NSC
REY	Reynolds & Reynolds'A'	NYS
RFA	BlackRock Fl Inv Qual Muni	ASE
RFGI	Rushmore Financial Grp	NSC
RFH	Richfood Hldgs	NYS
RFHWV	Richfood Holdings Wrrt	NSC
RFI	Cohen & Steers Total Rt Rty Fd	NYS
RFIL	RF Industries	NSC
RFMD	RF Micro Devices	NNM
RFMI	RF Monolithics	NNM
RFP	RF Power Products	ASE
RFP	Riverside Forest Pds	TS
RFR	Redfern Resources	TS
RFS	RFS Hotel Investors	NYS
RG	Rogers CommunCl'B'	NYS
RGA	Reinsurance Group of Amer	NYS
RGA.A	Reinsurance Group of Amer'A'	NYS
RGB	Barry (R.G.)	NYS
RGBK	Regions Financial	NNM
RGC	Republic Group	NYS
RGCO	Roanoke Gas	NNM
RGEN	Repligen Corp	NNM
RGFC	R & G Financial 'B'	NNM
RGI.EC	Randers Group	ECM
RGIS	Regis Corp	NNM
RGL Pr	Royce Global Tr 7.45% Pfd	ASE
RGLD	Royal Gold Inc	NNM

Ticker	Issue	Exchange
RGNT	Regent Assisted Living	NNM
RGO	Ranger Oil Ltd	NYS
RGR	Sturm Ruger	NYS
RGS	Rochester Gas & El	NYS
RGTC	Real Goods Trading	NSC
RH	Rottlund Co	ASE
RHA	Rhodia ADS	NYS
RHBC	RehabCare Group	NNM
RHC	Rio Hotel & Casino	NYS
RHCI	Ramsay Health Care	NNM
RHCS	Red Hot Concepts	NSC
RHD	R.H. Donnelley(New)	NYS
RHEM	Rheometric Scientific	BB
RHH	Robertson-Ceco Corp	NYS
RHI	Robert Half Intl	NYS
RHPS	Phillips (R.H.) Inc	NNM
RHPSW	Phillips(R.H.)Inc'Wrrt'	NNM
RHT	Richton Intl	ASE
RI	Ruby Tuesday	NYS
RIBI	Ribi ImmunoChem Res	NNM
RIC	Richmont Mines	ASE
RICA	Rica Foods	NSC
RICK	Rick's Cabaret Intl	NSC
RICKW	Rick's Cabaret Intl'Wrrt'	NSC
RICQE	Amer Rice	NSC
RIDE	Ride Inc	NNM
RIDG	Ridgeview Inc	NNM
RIDL	Riddell Sports	NNM
RIF	Cohen & Steers Rlty Inc Fd	ASE
RIFL	Royal Precision	NNM
RIG	Transocean Offshore	NYS
RIGN	RIGL Corp	BB
RIGS	Riggs Natl Corp	NNM
RIGX	Realty Information Grp	NNM
RII	Republic Industries	NYS
RIMG	Rimage Corp	NNM
RIMS	Robocom Systems	NNM
RINO	Blue Rhino	NSC
RINT	Reality Interactive	BB
RIPE	CCA Companies	NSC
RIT	RightCHOICE Managed Care'A'	NYS
RITTF	RIT Technologies	NNM
RIV	Riviera Holdings	ASE
RIVL	Rival Co	NNM
RIVR	River Valley Bancorp	NSC
RJF	Raymond James Finl	NYS
RJI	Reeds Jewelers	ASE
RJL	Rigel Energy	TS
RKT	Rock-Tenn 'A'	NYS
RL	Polo Ralph Lauren'A'	NYS
RLC	Rollins Truck Leasing	NYS
RLCO	Realco Inc	NNM
RLCOW	Realco Inc Wrrt	NNM
RLG	Royal LePage	TS
RLI	RLI Corp	NYS
RLLY	Rally's Hamburgers	NNM
RLLYW	Rally's Hamburgers Wrrt	NNM
RLM	Reynolds Metals	NYS
RLR	ReliaStar Financial	NYS
RLR PrA	ReliaStar Fin I 8.20%'TOPrS'	NYS

Ticker	Issue	Exchange
RLR PrB	ReliaStar Fin II 8.10%'TOPrS'	NYS
RLT	RELTEC Corp	NYS
RMA	Rauma Oy ADS	NYS
RMAG	Registry Magic	NSC
RMBS	Rambus Inc	NNM
RMCF	Rocky Mtn Choc Factory	NNM
RMCI	Right Mgmt Consultants	NNM
RMDY	Remedy Corp	NNM
RMG	Ragen Mackenzie Grp	NYS
RMHT	RMH Teleservices	NNM
RMI	Rotonics Manufacturing	ASE
RMII	Rocky Mountain Internet	NSC
RMIIW	Rocky Mountain Internet Wrrt	NSC
RML	Russell Corp	NYS
RMOC	Rutherford-Moran Oil	NNM
RMPO	Ramapo Financial	NNM
RMTI	Rockwell Medical Tech	NSC
RMTIW	Rockwell Medical Tech Wrrt	NSC
RMTR	Ramtron Int'l	NNM
RMY	Delco Remy Intl'A'	NYS
RN	RJR Nabisco Holdings	NYS
RN PrB	RJR Nabisco Sr'B'Dep Pfd	NYS
RN PrT	RJR Nabisco 10% 'TOPrS'	NYS
RNB	Republic New York	NYS
RNB PrD	Republic NY Adj Rt Dep Pfd	NYS
RNB PrE	Republic NY $1.8125 cm Pfd	NYS
RNB PrF	Republic NY $2.8575 cm Pfd	NYS
RNBO	Rainbow Technologies	NNM
RND	Rand A Technology	TS
RNE	Morgan Stan Russia/New Eur Fd	NYS
RNET	Recovery Network	NSC
RNETW	Recovery Network Wrrt	NSC
RNIC	Robinson Nugent	NNM
RNJ	BlackRock NJ Inv Qual Muni	ASE
RNR	RenaissanceRe Holdings	NYS
RNT	Aaron Rents	NYS
RNT.A	Aaron Rents Cl'A'	NYS
RNTK	Rentech Inc	NSC
RNWK	RealNetworks Inc	NNM
RNY	BlackRock NY Inv Qual Muni	ASE
ROAC	Rock of Ages'A'	NNM
ROAD	Roadway Express	NNM
ROBOF	Eshed Robotec 1982 Ltd	NSC
ROBV	Robotic Vision Sys	NNM
ROC	R.O.C. Taiwan Fund SBI	NYS
ROC	Rothmans Inc	TS
ROCF	Rockford Industries	NNM
ROCK	Gibralter Steel	NNM
ROCLF	Royal Olympic Cruise Line	NNM
ROCM	Rochester Medical	NNM
ROG	Rogers Corp	ASE
ROH	Rohm & Haas	NYS
ROHHY	Roche Holdings ADS	BB
ROHN	ROHN Industries	NNM
ROILA	Remington Oil & Gas 'A'	NNM
ROILB	Remington Oil & Gas 'B'	NNM
ROIX	Response Oncology	NNM
ROK	Rockwell Intl	NYS
ROL	Rollins Inc	NYS
ROLL	Rollerball Intl	NSC

Ticker	Issue	Exchange
ROM	Rio Algom Ltd	ASE
ROM Pr	Rio Algom Ltd9.375%'COPrS'	NYS
ROMC	Romac Intl	NNM
ROMN	Film Roman	NNM
ROMT	RomTech	NSC
RON	Cooper Cameron	NYS
RONC	Ronson Corp	NSC
ROP	Roper Industries	NYS
ROS	Rostelecom Telecommun ADS	NYS
ROSDF	Rosedale Decorative Pds	NSC
ROSE	T R Financial	NNM
ROSI	U.S.A. Floral Products	NNM
ROSS	Ross Systems	NNM
ROST	Ross Stores	NNM
ROTI	Harvest Restaurant Grp	NSC
ROTIP	Harvest Restaurant Grp Cv Pfd	NSC
ROTIW	Harvest Restaurant Grp Wrrt	NSC
ROTIZ	Harvest Restaurant Grp Wrrt	NSC
ROU	Rouge Industries 'A'	NYS
ROV	Rayovac Corp	NYS
ROW	Rowe Furniture	NYS
ROY Pr	Royce Micro-Cap Tr7.75% Pfd	ASE
ROYL	Royale Energy	NNM
RP	Rhone-Poulenc ADR	NYS
RP.WS	Rhone-Poulenc ADR Wrrts	NYS
RPA	Morgan StanDW10%AdMcrPERQS	ASE
RPC	Roberts Pharmaceutical	ASE
RPCLF	Revenue Properties Ltd	NNM
RPI	Roberts Realty Investors	ASE
RPIA	Resurgence Properties	NSC
RPII	Research Partners Intl	NNM
RPL	Adrien Arpel	ASE
RPM	RPM, Inc	NYS
RPO PrA	Rhone-Poul Overseas 8.125%Pref	NYS
RPT	Ramco-Gershenson Prop Tr	NYS
RRC	Range Resources	NYS
RRF	Realty Refund SBI	NYS
RRI	Red Roof Inns	NYS
RRK	Redaurum Ltd	TS
RS	Reliance Steel & Aluminum	NYS
RSC	Rex Stores	NYS
RSCR	Res-Care Inc	NNM
RSE	Rouse Co	NYS
RSE PrB	Rouse Co 6.00% Cv Pfd	NYS
RSE PrZ	Rouse Capital 9.25%'QUIPS'	NYS
RSFC	Republic Security Finl	NNM
RSG	Republic Services 'A'	NYS
RSGIC	Riverside Group, Inc	NSC
RSHX	Rockshox Inc	NNM
RSIS	RSI Systems	NSC
RSLCF	RSL Communications 'A'	NNM
RSLN	Roslyn Bancorp	NNM
RSND	Resound Corp	NNM
RSPN	Response USA	NSC
RSPNW	Response USA Wrrt'A'	NSC
RSPNZ	Response USA Wrrt'B'	NSC
RSTI	Rofin-Sinar Technologies	NNM
RSTO	Restoration Hardware	NNM
RSV	Rental Service	NYS
RSYS	RadiSys Corp	NNM

Ticker	Issue	Exchange
RT	Ryerson Tull'A'	NYS
RTC	Riviera Tool	ASE
RTEC	Ross Technology	BB
RTEL	Raytel Medical	NNM
RTEX	RailTex Inc	NNM
RTI	RMI Titanium	NYS
RTIIC	RTI, Inc	NSC
RTN.A	Raytheon Co 'A'	NYS
RTN.B	Raytheon Co'B'	NYS
RTO	RTO Enterprises	TS
RTP	Rio Tintoplc ADS	NYS
RTR	Auto Com ExSecTrll6.5%'TRACES'	NYS
RTRK	Restrac Inc	NNM
RTRO	Retrospettiva Inc	NNM
RTROW	Retrospettiva Inc Wrrt	NNM
RTRSY	Reuters Group ADS	NNM
RTST	Right Start	NNM
RTWI	RTW Inc	NNM
RUK	Reed Intl P.L.C. ADS	NYS
RUM	Merrill Lynch & Co'MITTS'2004	ASE
RUNI	Reunion Industries	NSC
RURL	Rural/Metro Corp	NNM
RUS	Russ Berrie & Co	NYS
RUSH	Rush Enterprises	NNM
RUSMF	Russell Metals	TS
RVEE	Holiday RV Superstores	NNM
RVFD	Riviana Foods	NNM
RVMI	RVM Industries	BB
RVSB	Riverview Bancorp	NNM
RVT	Royce Value Trust	NYS
RVT Pr	Royce Value Tr 8.00% Pfd	NYS
RVT PrA	Royce Value Tr 7.30% Pfd	NYS
RWAV	Rogue Wave Software	NNM
RWAY	Rent-Way	NNM
RWDT	RWD Technologies	NNM
RWKS	Railworks Corp	NNM
RWNYD	Rivendell Winery N.Y.	BB
RWT	Redwood Trust	NYS
RWT PrB	Redwood Trust 9.74% Cv Pfd	NYS
RX	IMS Health	NYS
RXSD	Rexall Sundown	NNM
RY	Royal BankCanada	NYS
RYAAY	Ryanair Holdings ADS	NNM
RYAN	Ryan's Family Stk Hse	NNM
RYC	Raychem Corp	NYS
RYD	DECS Trust II 6.875% 2000	NYS
RYFL	Family Steak Houses Fla	NNM
RYG	Royal Group Tech	NYS
RYL	Ryland Group	NYS
RYN	Rayonier Inc	NYS
RYN	Ryan Energy Tech	TS
RYO	Royal Oak Mines	ASE
RZT	ResortQuest Intl	NYS
RZYM	Ribozyme Pharmaceuticals	NNM
S	Sears,Roebuck	NYS
SA	Stage II Apparel	ASE
SAA	Strategia Corp	ASE
SAB	Saba Petroleum	ASE
SABB	Santa Barbara Bancorp	NNM
SABC	South Alabama Bancorp	NSC

Ticker	Issue	Exchange
SABI	Swiss Army Brands	NNM
SAC Pr	So.Carolina E&G 5%cmPfd	NYS
SAC PrT	SCE&G Trust I 7.55% Pfd	NYS
SACM	SAC Technologies	NSC
SAE	Super-Sol Ltd ADS	NYS
SAESY	SAES Getters S.p.A ADS	NNM
SAF	Scudder New Asia Fd	NYS
SAFC	SAFECO Corp	NNM
SAFE	Invivo Corp	NNM
SAFM	Sanderson Farms	NNM
SAFS	SafeScience Inc	NSC
SAFT	Safety 1st Inc	NNM
SAGC	Saint Andrews Golf	NSC
SAGCW	Saint Andrews Golf Wrrt	NSC
SAH	Sonic Automotive'A'	NYS
SAI	SunAmerica Inc	NYS
SAI PrE	SunAmerica Dep'E'Pfd	NYS
SAI PrV	SunAmer Cap II 8.35% 'TOPrS'	NYS
SAI PrW	SunAmer Cap III 8.30% 'TOPrS'	NYS
SAJ	St. Joseph Lt & Pwr	NYS
SAL	Salisbury Bancorp	ASE
SALD	Fresh Choice	NNM
SALT	Salton/Maxim Housewares	NNM
SALVD	Saliva Diagnostic Systems	BB
SAM	Boston Beer 'A'	NYS
SAMC	Samsonite Corp	NNM
SAN	Banco SantiagoADS	NYS
SAND	Sandata Inc	NSC
SANG	SangStat Medical	NNM
SANM	Sanmina Corp	NNM
SANYY	SANYO Electric Ltd ADS	NSC
SAO	San Andreas Resources	TS
SAP	SAP Aktiengesellschaft ADS	NYS
SAPE	Sapient Corp	NNM
SASOY	Sasol Ltd ADR	NSC
SASR	Sandy Spring Bancorp	NNM
SAT	Asia Satellite Telecom ADS	NYS
SATC	SatCon Technology	NNM
SATH	Shop at Home	NSC
SAV PrB	Savannah El & Pwr 6.64% Pfd	NYS
SAVB	Savannah Bancorp	NNM
SAVE	Electronic Fuel Control	BB
SAVLY	Saville Systems ADS	NNM
SAVO	Schultz Sav-O Stores	NNM
SAVRF	Savanna Resources	BB
SAWS	Sawtek Inc	NNM
SB PrG	SI Fin Tr I 9.50%'TRUPS'Units	NYS
SBA	Sbarro Inc	NYS
SBAN	SouthBanc Shares	NNM
SBAS	Starbase Corp	NSC
SBB	Sussex Bancorp	ASE
SBC	SBC Communications	NYS
SBCFA	Seacoast Banking FL'A'	NNM
SBCM	Security Bank	NSC
SBCO	Southside Bancshares	NSC
SBEI	SBE Inc	NNM
SBF	Salomon Bros Fund	NYS
SBFL	Finger Lakes Financial	NSC
SBG	Salomon Bros 2008 WW Dlr Gvt	NYS
SBGA	Summit Bank	NNM

Ticker	Issue	Exchange
SBGI	Sinclair Broadcast Group'A'	NNM
SBGIP	Sinclair Broadcast$3.00'D'CvPf	NNM
SBH	SmithKline Beecham ADS	NYS
SBHC	Security Bank Hldg	NNM
SBI	Smith Barney Inter Muni Fd	ASE
SBIB	Sterling Bancshares	NNM
SBIBP	Sterling Bancshs Cap Trl 9.28%	NNM
SBID	SBI Communications	BB
SBIG	Seibels Bruce Group	NNM
SBIO	Synbiotics Corp	NNM
SBIT	Summit Bancshares	NNM
SBL	Symbol Technologies	NYS
SBLI	Staff Builders 'A'	NNM
SBM	SBM Industries	ASE
SBN PrA	Southern Cap Tr 8.25% Pfd	ASE
SBNK	Suburban Bancshares	NSC
SBR	Sabine Royalty Tr UBI	NYS
SBSE	SBS Technologies	NNM
SBSI	Southside Bancshares Inc	NNM
SBSIP	Southside Cap Tr 8.50% Pfd	NNM
SBT	Smith Barney Muni Fund	ASE
SBTK	Sabratek Corp	NNM
SBTVF	Scandinavian Broadcstg Sys	NNM
SBUX	Starbucks Corp	NNM
SBW	Salomon Bros W W Income Fd	NYS
SC	Shell Transp/Trad ADR	NYS
SCAI	Sanchez Computer Assoc	NNM
SCB	Community Bankshares S.C.	ASE
SCBHF	Stirling Cooke Brown Hlds	NNM
SCBI	SCB Computer Technology	NNM
SCBS	Southern Community Bancshs	NSC
SCC	Sears Canada	TS
SCCB	South Carolina Cmnty Banc	NSC
SCCO	Smith Corona	NSC
SCCX	SCC Communications	NNM
SCD	Schneider Corp(New)	TS
SCE PrB	South'n Cal Ed 4.08% Pfd	ASE
SCE PrC	South'n Cal Ed 4.24% Pfd	ASE
SCE PrD	So'n Cal Ed 4.32% cm Pfd	ASE
SCE PrE	South'n Cal Ed 4.78% Pfd	ASE
SCE.Q	So Cal Edison 8.375%'QUIDS'	ASE
SCES	Successories Inc	NNM
SCF	Samoth Capital	TS
SCF	Scandinavia Co	ASE
SCG	Santa Cruz Gold	TS
SCG	SCANA Corp	NYS
SCH	Schwab(Chas)Corp	NYS
SCHI	Simione Central Hlds	NNM
SCHK	Schick Technologies	NNM
SCHL	Scholastic Corp	NNM
SCHN	Schnitzer Steel Ind'A'	NNM
SCHR	Scherer Healthcare	NNM
SCHS	School Specialty	NNM
SCI	SCI Systems	NYS
SCIO	Scios Inc	NNM
SCIXF	Scitex Corp, Ord	NNM
SCL	Stepan Co	NYS
SCL Pr	Stepan Co 5.50% Cv Pfd	NYS
SCLN	SciClone Pharmaceuticals	NNM
SCMM	SCM Microsystems	NNM

Ticker	Issue	Exchange
SCNG	Scan-Graphics	NSC
SCNI	Specialty Care Network	NNM
SCNYA	Saucony Inc'A'	NNM
SCNYB	Saucony Inc'B'	NNM
SCO	SCOR ADS	NYS
SCOC	Santa Cruz Operation	NNM
SCON	Superconductor Technologies	NNM
SCOR	Syncor Int'l	NNM
SCOT	Scott/Stringfellow Finl	NNM
SCP	Scope Indus	ASE
SCPI	Scoop Inc	BB
SCR B	Sea Containers Ltd Cl'B'	NYS
SCRA	Sea Containers Ltd Cl'A'	NYS
SCS	Steelcase Inc'A'	NYS
SCSAY	Stolt Comex Seaway ADR	NNM
SCSC	ScanSource Inc	NNM
SCSCW	ScanSource Inc Wrrt	NSC
SCSWF	Stolt Comex Seaway	NNM
SCT	Scotsman Industries	NYS
SCTC	Systems & Computer Tech	NNM
SCTR	Specialty Teleconstructors	NNM
SCTTA	Scott Technologies Cl'A'	NNM
SCTTB	Scott Technologies Cl'B'	NNM
SCUR	Secure Computing	NNM
SCV.A	Scania AB'A'ADS	NYS
SCV.B	Scania AB'B'ADS	NYS
SCVL	Shoe Carnival	NNM
SCX	Starrett (L.S.)'A'	NYS
SCY	Sports Club	ASE
SCZ.A	Security Capital Grp'A'	NYS
SCZ.B	Security Capital Grp'B'	NYS
SCZ.WS	Security Capital Grp Wrrt	NYS
SDC	Santa Fe Intl	NYS
SDCO	Spiros Dvlp Corp II Units	NNM
SDG	Sofamor/Danek Group	NYS
SDH	Sodexho Marriott Svcs	NYS
SDII	Special Devices	NNM
SDIX	Strategic Diagnostics	NNM
SDLI	SDL Inc	NNM
SDNI	Scottsdale Technologies	BB
SDO PrA	San Diego G&E 5% Pfd	ASE
SDO PrB	San Diego G&E 4.50% Pfd	ASE
SDO PrC	San Diego G&E 4.40% Pfd	ASE
SDO PrH	San Diego Gas & El $1.82 Pref	ASE
SDP	SunSource Inc	NYS
SDP Pr	SunSource Cap 11.60% Trust Pfd	NYS
SDQ	Saturn Solutions	TS
SDR	Stroud Resources	TS
SDRC	Structural Dynamics Res	NNM
SDS	SunGard Data Systems	NYS
SDTI	Security Dynamics Technologies	NNM
SDW	Southdown, Inc	NYS
SE	Sterling Commerce	NYS
SEA	Storage Trust Realty	NYS
SEAC	SeaChange Intl	NNM
SEB	Seaboard Corp	ASE
SEBL	Siebel Systems	NNM
SEC	Senvest Capital	TS
SECD	Second Bancorp	NNM
SECM	Secom General	NNM

Ticker	Issue	Exchange
SECT	Sector Communications	NSC
SECX	SED Intl Holdings	NNM
SED	Sedgwick Group ADS	NYS
SEE	Sealed Air	NYS
SEE PrA	Sealed Air $2.00 Cv Pfd 'A'	NYS
SEEC	SEEC Inc	NNM
SEEK	Infoseek Corp	NNM
SEEQ	SEEQ Technology	NNM
SEER	Seer Tech	NNM
SEFC	Second Natl Financial	NSC
SEG	Seagate Technology	NYS
SEGU	Segue Software	NNM
SEH	Spartech Corp	NYS
SEHI	Southern Energy Homes	NNM
SEI	Seitel Inc	NYS
SEIC	SEI Investments	NNM
SEL	Seligman Select Muni Fund	NYS
SELAY	Select Appointments ADR	NNM
SELB	Sel-Leb Marketing	NSC
SELBW	Sel-Leb Marketing Wrrt	NSC
SEM	Genl Semiconductor	NYS
SEMD	SeaMED Corp	NNM
SEMI	All Amer Semiconductor	NNM
SEMX	SEMX Corp	NNM
SENEA	Seneca Foods Cl'A'	NNM
SENEB	Seneca Foods Cl'B'	NNM
SEP Pr	AB Svensk Exp Cap Sec	NYS
SEP PrA	AB Svensk Exp Cap Sec Pfd'B'	NYS
SEPCE	Seiler Pollution Ctl Sys	NSC
SEPR	Sepracor Inc	NNM
SEQU	SEQUUS Pharmaceuticals	NNM
SER	Servico Inc	NYS
SERO	Serologicals Corp	NNM
SESI	Superior Energy Svcs	NNM
SEV	Seven Seas Petroleum	ASE
SEVL	7th Level Inc	NNM
SEVN	Sevenson Enviro Svcs	NNM
SEW	Singer Co N.V.	NYS
SEWY	Seaway Food Town	NNM
SEYE	Signature Eyewear	NNM
SF	Stifel Financial	NYS
SFA	Scientific-Atlanta	NYS
SFAM	Speedfam Intl	NNM
SFBC	Slade's Ferry Bancorp	NSC
SFC	Southern Pacific Funding	NYS
SFDS	Smithfield Foods	NNM
SFE	Safeguard Scientifics	NYS
SFED	SFS Bancorp	NNM
SFEF	Santa Fe Financial	NSC
SFF	Santa Fe EnergyTr 'SPERs'	NYS
SFFB	Southern Finl Bancorp	NNM
SFFC	StateFed Financial	NSC
SFGD	Safeguard Health Enterpr	NNM
SFIN	Statewide Financial	NNM
SFLX	Smartflex Systems	NNM
SFN	Grupo Financiero Serfin ADS	NYS
SFNB	Security First Network Bank	NNM
SFNCA	Simmons First Natl	NNM
SFNCP	Simmons First Cap Tr9.12%cmPfd	NNM
SFO	Sonic Foundry	ASE

Ticker	Issue	Exchange
SFO.WS	Sonic Foundry Wrrt	ASE
SFR	Santa Fe Energy Res	NYS
SFSK	Safeskin Corp	NNM
SFSL	Security First Corp	NNM
SFSW	State Financial Svcs'A'	NNM
SFT	Stratesec Inc	ASE
SFTH	Safetech Industries	BB
SFTW	ENlighten Software Sol	NNM
SFUN	Standard Fdg Corp	NSC
SFXE	SFX Entertainment'A'	NNM
SFY	Swift Energy	NYS
SG	Scientific Games Hldgs	NYS
SGA	Saga Communications'A'	ASE
SGB	Southwest Georgia Finl	ASE
SGC	South China Indus(Cda)	TS
SGC	Superior Uniform Group	ASE
SGD	Scott's Liquid Gold	NYS
SGDE	Sportsman's Guide	NNM
SGE	Stage Stores	NYS
SGF	Singapore Fund	NYS
SGG	SGL Carbon AG ADS	NYS
SGI	Silicon Graphics	NYS
SGIC	Silicon Gaming	NNM
SGK	Schawk Inc'A'	NYS
SGL	Strategic Global Income Fd	NYS
SGM	Santa Fe Gaming	ASE
SGM Pr	Santa Fe Gaming 8% Ex Pfd	ASE
SGMA	Sigmatron International	NNM
SGNC	Sanguine Corp	BB
SGNL	Signal Corp	NNM
SGNLO	Signal Corp 6.5% Cv'B' Pfd	NSC
SGNS	Signature Inns	NNM
SGNSP	Signature Inns $1.70 Pfd'A'	NNM
SGO	Seagull Energy	NYS
SGOLY	St. Helena Gold Mines ADR	NSC
SGP	Schering-Plough	NYS
SGPH	SIGA Pharmaceuticals	NSC
SGR	Shaw Group	NYS
SGT.EC	Soligen Technologies	ECM
SGU	Star Gas Ptnrs L.P.	NYS
SGVB	SGV Bancorp	NNM
SGY	Stone Energy	NYS
SH	Shandong Huaneng Pwr ADS	NYS
SHBK	Shore Financial	NNM
SHC	Shell Canada'A'vtg	TS
SHCR	Sheridan Healthcare	NNM
SHD	Sherwood Brands 'A'	ASE
SHD.WS	Sherwood Brands Wrrt	ASE
SHDN	Sheridan Energy	NSC
SHEL	Sheldahl, Inc	NNM
SHFL	Shuffle Master	NNM
SHG	Sun Healthcare Group	NYS
SHI	Shanghai Petrochemical ADS	NYS
SHLD	Sun Holding	BB
SHLL	Shells Seafood Restaurants	NNM
SHLM	Schulman (A.)	NNM
SHLO	Shiloh Industries	NNM
SHLR	Schuler Homes	NNM
SHM	Sheffield Pharmaceuticals	ASE
SHMN	Shaman Pharmaceuticals	NNM

Ticker	Issue	Exchange
SHN	Shoney's Inc	NYS
SHO	Showpower Inc	ASE
SHOE	Shoe Pavilion	NNM
SHOO	Madden (Steven) Ltd	NNM
SHOWE	Showscan Entertainment	NNM
SHP	Schein Pharmaceutical	NYS
SHPE	Storm High Performance Sound	BB
SHPGY	Shire Pharmaceuticals ADS	NNM
SHPI	Specialized Health Prods Intl	NSC
SHRP	Sharper Image	NNM
SHS	Sauer Inc	NYS
SHSE	Summit Holding Southeast	NNM
SHU	Shurgard Storage Centers	NYS
SHU PrB	Shurgard Storage 8.80% Pfd'B'	NYS
SHUF	Schuff Steel	NNM
SHVA	Shiva Corp	NNM
SHW	Sherwin-Williams	NYS
SHX	Shaw Indus	NYS
SI	ACM Gvt Spectrum Fund	NYS
SIA	Signal Apparel	NYS
SIAL	Sigma-Aldrich	NNM
SIB	Staten Island Bancorp	NYS
SIBI	SIBIA Neurosciences	NNM
SID	Comp Siderurgica Nacional ADS	NYS
SIDE	Associated Materials	NNM
SIDT	SI Diamond Technology	BB
SIDY	Science Dynamics	NSC
SIE	Sierra Health Services	NYS
SIEB	Siebert Finl	NSC
SIF	SIFCO Indus	ASE
SIFI	Starlog Franchise	NSC
SIG	SIGCORP, Inc	NYS
SIGC	Symons Intl Group	NNM
SIGI	Selective Insurance Gr	NNM
SIGM	Sigma Designs	NNM
SIGYY	Signet Group ADR	NNM
SIH	Sun Intl Hotels Ord	NYS
SIHS	S.I. Handling Sys	NNM
SII	Smith Intl	NYS
SIII	S3 Inc	NNM
SIL	Apex Silver Mines	ASE
SIL	Silcorp Ltd	TS
SILCF	Silicom Ltd	NSC
SILI	Siliconix Inc	NNM
SILVW	Sunshine Mng & Refining Wrrt	NNM
SILVZ	Sunshine Mining & Refining Wrrt	NNM
SIM	Grupo Simec ADS	ASE
SIMA	Sonics & Materials	NSC
SIMAW	Sonics & Materials Wrrt	NSC
SIMC	Spacetec IMC	NNM
SIMN	Simon Transportation Svcs'A'	NNM
SIMS	SIMS Communications	NSC
SIMU	Simulations Plus	NSC
SIMWF	Simware Inc	NNM
SIND	Synthetic Industries	NNM
SIP	SunAmerica 8.5%'PERCS'Units	NYS
SIPX	SIPEX Corp	NNM
SIR	Sirrom Capital	NYS
SIRC	Sirco Intl	NSC
SIRN	Sirena Apparel Group	NNM

Ticker	Issue	Exchange
SIS	Paine Webber Gp Stk Index Sec	ASE
SISB	SIS Bancorp	NNM
SISGF	ISG Intl Software Group	NNM
SISI	S I Technologies	NSC
SIVB	Silicon Valley Bancshrs	NNM
SIVBP	SVB Cap I 8.25% Pfd	NNM
SIXR	Six Rivers Natl Bank	NNM
SIZ	Sizeler Property Inv	NYS
SIZL	Galveston's Steakhouse	NSC
SJI	South Jersey Indus	NYS
SJI PrT	SJG Cap Tr 8.35% Pfd	NYS
SJK	St. John Knits	NYS
SJM.A	Smucker (J.M.) Cl'A'	NYS
SJM.B	Smucker (J.M.) Cl'B'	NYS
SJNB	SJNB Financial	NNM
SJR	Shaw Communications	NYS
SJR PrA	Shaw Communic 8.45% 'COPrS'	NYS
SJR PrB	Shaw Communications 8.50%'COPr	NYS
SJT	San Juan Basin Rty Tr	NYS
SJW	SJW Corp	ASE
SK	Safety-Kleen Corp	NYS
SKAN	Skaneateles Bancorp	NNM
SKBO	First Carnegie Deposit	NSC
SKC	Consoliated SamarKand Res	VS
SKD	Stackpole Ltd	TS
SKFB	S & K Famous Brands	NNM
SKFRY	SKF AB ADR	NNM
SKI	Amer Skiing	NYS
SKK	Spinnaker Industries	ASE
SKK.A	Spinnaker Industries'A'	ASE
SKL	Second Cup	TS
SKM	SK Telecom ADS	NYS
SKML	Scantek Medical	BB
SKO	Shopko Stores	NYS
SKP	SCPIE Holdings	NYS
SKRI	Striker Industries	NSC
SKS	Saks Holdings	NYS
SKT	Tanger Factory Outlet Ctrs	NYS
SKT PrA	Tanger Fac Outlt Cv Dep Pfd	NYS
SKV	Sentry Technology	ASE
SKV PrA	Sentry Technology 5%'A'Pfd	ASE
SKY	Skyline Corp	NYS
SKYC	Amer Mobile Satellite	NNM
SKYEY	SkyePharma PLC ADS	NNM
SKYL	Skyline Multimedia Entmt	NSC
SKYM	SkyMall Inc	NNM
SKYT	SkyTel Communications	NNM
SKYW	SkyWest Inc	NNM
SL	SL Industries	NYS
SLA	Amer Select Portfolio	NYS
SLAM	Suburban Lodges America	NNM
SLB	Schlumberger Ltd	NYS
SLCM	Southland Corp	NNM
SLCTY	SELECT Software Tools ADR	NNM
SLE	Sara Lee Corp	NYS
SLEU	Isleuth Com	BB
SLF	Selfcare Inc	ASE
SLFC	Shoreline Financial	NNM
SLFI	Sterling Financial	NNM
SLG	SL Green Realty	NYS

Ticker	Issue	Exchange
SLG PrA	SL Green Realty 8.00% 'PIERS'	NYS
SLGN	Silgan Holdings	NNM
SLHN	Stearns & Lehman Inc	NSC
SLI	SLI Inc	NYS
SLIC	Semiconductor Laser Intl	NSC
SLICW	Semiconductor Laser Wrrt	NSC
SLM	SLM Holding	NYS
SLM PrA	Student Ln Mktg Adj Rt A Pfd	NYS
SLMD	SpaceLabs Medical	NNM
SLNK	SpectraLink Corp	NNM
SLOT	Anchor Gaming	NNM
SLP	Sun Energy Ptnrs L.P.	NYS
SLPT	SoloPoint Inc	NSC
SLR	Solectron Corp	NYS
SLR	Solitario Resources	TS
SLS	Selas Corp of Amer	ASE
SLT	Salant Corp	NYS
SLTI	Surgical Laser Tech	NNM
SLTS	Salient Systems	BB
SLV	Silverado Foods	ASE
SLVM	S L Ventures Inc	BB
SLVN	Sylvan Learning Systems	NNM
SLVR	Silver Diner	NNM
SM	Sulzer Medica ADS	NYS
SMAN	Standard Management	NNM
SMBC	Southern Missouri Bancorp	NNM
SMC.A	Smith (A.O.) Cl'A'	ASE
SMCC	SMC Corp	NNM
SMCHD	Smart Choice Automotive Grp	NSC
SMCHW	Smart Choice Automotive Wrrt	NSC
SMCS	Star Multi Care Svcs	NNM
SMCX	Special Metals	NNM
SMD	Sunrise Medical	NYS
SME	Service Merchandise	NYS
SMEDF	SMED International	NNM
SMF	Smart & Final Inc	NYS
SMG	Scotts Co 'A'	NYS
SMGS	SEMCO Energy	NNM
SMI	Springs Industries'A'	NYS
SMID	Smith-Midland	NSC
SMIDW	Smith-Midland Wrrt	NSC
SMIN	Southern Mineral	NNM
SMIT	Schmitt Industries	NNM
SMMT	Summit Design	NNM
SMOD	SMART Modular Tech	NNM
SMP	Standard Motor Prod	NYS
SMPS	Simpson Indus	NNM
SMPX	Symphonix Devices	NNM
SMQ	Source One Mtg 9.375%'QUICS'	NYS
SMRT	Stein Mart	NNM
SMS	Shared Medical Sys	NYS
SMSC	Standard Microsystems	NNM
SMSI	Smith Micro Software	NNM
SMT	Summit Properties	NYS
SMTC	Semtech Corp	NNM
SMTK	SmarTalk TeleServices	NNM
SMTL	Semitool Inc	NNM
SMTR	SmarTire Systems	BB
SMTS	Somanetics Corp	NSC
SMU	Simula Inc	NYS

Ticker	Issue	Exchange
SMV.A	Smedvig Cl'A'ADS	NYS
SMV.B	Smedvig Cl'B' ADS	NYS
SMXC	Smithway Motor Xpress'A'	NNM
SNA	Snap-On Inc	NYS
SNAP	Synaptic Pharmaceutical	NNM
SNAX	Lincoln Snacks	NSC
SNB	Sunburst Hospitality	NYS
SNBC	Sun Bancorp (NJ)	NNM
SNBCP	Sun Cap Trust 9.85% Pfd	NNM
SNBJ	SNB Bancshares	NNM
SNBS	Sunbase Asia	NNM
SNC	Snyder Communications	NYS
SNDCF	Sand Technology Sys'A'	NNM
SNDK	SanDisk Corp	NNM
SNDS	Sands Regent	NNM
SNE	Sony Corp ADR	NYS
SNF	Spain Fund	NYS
SNFCA	Security Natl Finl 'A'	NNM
SNG	Southern New Eng Telecom	NYS
SNHY	Sun Hydraulics	NNM
SNIC	Sonic Solutions	NNM
SNKI	Swank Inc	NSC
SNMM	Starnet Commun Intl	BB
SNPS	Synopsys Inc	NNM
SNR	Sunair Electronics	ASE
SNRZ	Sunrise Assisted Living	NNM
SNS	Sundstrand Corp	NYS
SNSR	Control Devices	NNM
SNSTA	Sonesta Intl Hotels	NNM
SNT	Sonat, Inc	NYS
SNTC	Synetic Inc	NNM
SNTKY	Senetek Plc ADS	NSC
SNTL	Superior Natl Insurance Grp	NNM
SNTO	Sento Corp	NSC
SNTU	Starnet Intl	BB
SNTV	Sun Television & Appliances	NNM
SNUS	SONUS Pharmaceuticals	NNM
SNV	Synovus Financial	NYS
SNY	Snyder Oil Corp	NYS
SO	Southern Co	NYS
SO PrA	South'n Co Cap Tr III 7.75%'QU	NYS
SO PrB	Southern Co Cap Tr V 7.125%'TO	NYS
SOA	Southern Africa Fund	NYS
SOAP	Surrey Inc	NSC
SOAPW	Surrey Inc Wrrt	NSC
SOBI	Sobieski Bancorp	NSC
SOC	Sunbeam Corp	NYS
SOCC	Source Capital'A'	NSC
SOCR	Scan-Optics	NNM
SODK	Sodak Gaming	NNM
SOF	Softnet Systems	ASE
SOFT	SofTech Inc	NNM
SOI	Solutia Inc	NYS
SOL	Sola International	NYS
SOLP	Solomon-Page Group Ltd	NSC
SOLPW	Solomon-Page Grp Wrrt	NSC
SOLRC	Serengeti Eyewear	NSC
SOLWC	Serengeti Eyewear 'Wrrt'	NSC
SOM PrA	Source One Mtg 8.42%'A'Pfd	NYS
SOMN	Somnus Medical Tech	NNM

Ticker	Issue	Exchange
SOMR	Somerset Group	NNM
SON	Sonoco Products	NYS
SONC	Sonic Corp	NNM
SONO	SonoSight Inc	NNM
SOPN	First Savings Bancorp	NNM
SOR	Source Capital	NYS
SOR Pr	Source Capital $2.40 Pfd	NYS
SORC	Source Information Mgmt	NNM
SORT	Gunther Intl	NSC
SOS	Storage Computer	ASE
SOSS	SOS Staffing Svcs	NNM
SOTR	SouthTrust Corp	NNM
SP	Spelling Entertainment Grp	NYS
SPA	Sparton Corp	NYS
SPA	Spectra Grp of Great Rests	TS
SPA.A	Spectra Grp of Great Rests'A'	TS
SPAB	SPACEHAB Inc	NNM
SPAN	Span-America Med Sys	NNM
SPAR	Spartan Motors	NNM
SPAZ	Spatializer Audio Labs	NSC
SPBC	St. Paul Bancorp	NNM
SPC	St. Paul Cos	NYS
SPC PrM	St. Paul Cos LLC 6%Cv'MIPS'	NYS
SPCH	Sport Chalet	NNM
SPCO	Software Publ Corp Hldgs	NSC
SPCT	Spectrian Corp	NNM
SPD	Standard Products	NYS
SPDV	SpaceDev Inc	BB
SPEC	Spectrum Control	NNM
SPEH	May & Speh Inc	NNM
SPEQ	Specialty Equipment	NNM
SPF	Standard Pacific	NYS
SPFO	Sparta Foods	NSC
SPG	Simon DeBartolo Group	NYS
SPG PrB	Simon DeBartolo 8.75%'B'Pfd	NYS
SPGLA	Spiegel Cl'A'	NNM
SPH	Suburban Propane Ptnrs L.P.	NYS
SPI	Scottish Power ADS	NYS
SPI	St. Laurent Paperboard	TS
SPIR	Spire Corp	NNM
SPK	Spieker Properties	NYS
SPK PrB	Spieker Prop 9.45%'B' Pfd	NYS
SPK PrC	Spieker Prop $1.97'C'Pfd	NYS
SPK PrE	Spieker Prop 8.00%'E'Pfd	NYS
SPLH	Splash Technology Hldgs	NNM
SPLI	Spectra-Physics Lasers	NNM
SPLK	Spanlink Communications	NSC
SPLN	Sportsline USA	NNM
SPLS	Staples Inc	NNM
SPM.A	Saga Petroleum ADS'A'	NYS
SPM.B	Saga Petroleum ADS'B'	NYS
SPNC	Spectranetics Corp	NNM
SPNSF	Sapiens Intl N.V.	NNM
SPOR	Sport-Haley	NNM
SPOT	PanAmSat Corp	NNM
SPPR	Supertel Hospitality	NNM
SPPTY	Southern Pac Petrol ADS	NSC
SPR	Sterling Capital	ASE
SPRI	SPR Inc	NNM
SPRX	SpectRx Inc	NNM

Ticker	Issue	Exchange
SPS	Morgan StanDW 3%'CPS'2000	ASE
SPS PrT	Sowest'n Pub Sv Cap 7.85% 'TOP	NYS
SPSG	Sparta Surgical	BB
SPSI	SpectraScience Inc	NSC
SPSS	SPSS Inc	NNM
SPTA	Sparta Pharmaceuticals	NSC
SPTAL	Sparta Pharmaceuticals Wrrt'C'	NSC
SPTAW	Sparta Pharmaceuticals Wrrt'A'	NSC
SPTAZ	Sparta Pharmaceuticals Wrrt'B'	NSC
SPTR	SpecTran Corp	NNM
SPW	Speedware Corp	TS
SPW	SPX Corp	NYS
SPWY	Penske Motorsports	NNM
SPY	Standard & Poor's Dep Receipts	ASE
SPYG	Spyglass Inc	NNM
SPZ	Spar Aerospace	TS
SPZE	Spice Entertainment Cos	NSC
SPZN	Speizman Ind	NNM
SQA Pr	Sequa $5cm Cv Pfd	NYS
SQA.A	Sequa Corp Cl'A'	NYS
SQA.B	Sequa Corp'B'	NYS
SQF	Seligman Quality Muni Fd	NYS
SQLF	SQL Financials Intl	NNM
SQM	Sociedad Quimica Y Minera ADS	NYS
SQNT	Sequent Computer Sys	NNM
SR	Standard Register	NYS
SRA	Stratus Computer	NYS
SRCE	First Source Corp	NNM
SRCEO	1st Source Cp Tr II FltRt Pfd	NNM
SRCEP	1st Source CapTrl 9% Pfd	NNM
SRCL	Stericycle Inc	NNM
SRCM	Source Media	NNM
SRDX	SurModics Inc	NNM
SRE	Sempra Energy	NYS
SRGEV	Surge Components	NSC
SRGWV	Surge Components Wrrt	NSC
SRI	Stoneridge Inc	NYS
SRK	SeraCare Inc	ASE
SRM	Sensormatic Elect	NYS
SRMI	SWISSRAY Intl	NSC
SRN	Southern Banc(AL)	ASE
SRP	Sierra Pacific Resources	NYS
SRP PrT	Sierra Pac Pwr Cp 8.60%'TOPrS'	NYS
SRR	Stride Rite	NYS
SRRIF	Synergy Renewable Res	NSC
SRS	ARV Assisted Living	ASE
SRSL	SRS Labs	NNM
SRT	StarTek Inc	NYS
SRV	Service Corp Intl	NYS
SRW	Smith(Charles E.)Res Rlty	NYS
SRY	Surety Capital	ASE
SSA	Saatchi & Saatchi ADS	NYS
SSAX	System Software	NNM
SSB	Scotland Bancorp	ASE
SSC	Sunshine Mining & Refining	NYS
SSCT	Southern Scottish Inns	BB
SSD	Simpson Manufacturing	NYS
SSET	SSE Telecom	NNM
SSFC	South Street Finl	NNM
SSGI	Strategic Solutions Group	NSC

Ticker	Issue	Exchange
SSI	Sunstone Hotel Investors	NYS
SSII	Sound Source Interactive	NSC
SSIIW	Sound Source Interactive Wrrt	NSC
SSLI	Southern Security Life Ins	NSC
SSM	Sidus Systems	TS
SSM	Stone Street Bancorp	ASE
SSMK	Sportsstar Marketing	BB
SSN	Sonus Corp	ASE
SSNC	SS&C Technologies	NNM
SSOL	SmartServ Online	BB
SSP	Scripps(E.W.)'A'	NYS
SSPE	Software Spectrum	NNM
SSPIF	Spectrum Signal Processing	NNM
SSR	SSBH Cap I 7.20% 'TruPS'	NYS
SSRIF	Silver Standard Resources	NSC
SSS	Sovran Self Storage	NYS
SSSS	Stewart & Stevenson	NNM
SSTI	Silicon Storage Tech	NNM
SSW	Sterling Software	NYS
SSYS	Stratasys Inc	NNM
ST	SPS Technologies	NYS
STA	Starter Corp	NYS
STAA	STAAR Surgical	NNM
STAC	Stac Inc	NNM
STAF	StaffMark Inc	NNM
STAR	Lone Star Steakhouse/Saloon	NNM
STAT	i-STAT	NNM
STB	Star Banc Corp	NYS
STBA	S&T Bancorp	NNM
STBC	State Bancorp	NSC
STBI	STB Systems	NNM
STC	Stewart Information Sv	NYS
STCIA	Salient 3 Communic'A'	NNM
STCL	Shared Tech Cellular	NSC
STCR	Starcraft Corp	NNM
STD	Banco Santander ADS	NYS
STE.A	Stelco Inc'A'	TS
STEI	Stewart Enterprises'A'	NNM
STER	SteriGenics Intl	NNM
STFC	State Auto Financial	NNM
STFF	Staff Leasing	NNM
STFR	St. Francis Capital	NNM
STGA	Saratoga Brands	NSC
STGC	Startec Global Comm	NNM
STHLY	Stet Hellas Telecomm ADS	NNM
STI	SunTrust Banks	NYS
STII	Stanford Telecommun	NNM
STIM	Stimsonite Corp	NNM
STIZ	Scientific Technologies	NNM
STJ	St. Jude Medical	NYS
STK	Storage Technology	NYS
STKLF	Stake Technology	NSC
STKR	Stocker & Yale	NSC
STL	Sterling Bancorp	NYS
STLBY	Stolt-Nielsen S.A. ADS	NNM
STLD	Steel Dynamics	NNM
STLTF	Stolt-Nielsen S.A.	NNM
STLY	Stanley Furniture	NNM
STM	Southam Inc	TS
STM	STMicroelectronics N.V.	NYS

Ticker	Issue	Exchange
STMD	Stormedia 'A'	NNM
STMI	STM Wireless	NNM
STMT	Starmet Corp	NNM
STN	Station Casinos	NYS
STN Pr	Station Casinos $3.50 Cv Pfd	NYS
STNRF	Steiner Leisure	NNM
STO	Stone Container	NYS
STO PrE	Stone Container Cv Ex Pfd	NYS
STOSY	Santos Ltd ADR	NSC
STR	Questar Corp	NYS
STRA	Strayer Education	NNM
STRC	Sterile Recoveries	NNM
STRD	Strategic Distribution	NNM
STRL	STERIS Corp	NNM
STRN	Sutron Corp	BB
STRO	Strouds Inc	NNM
STRR	Star Technologies	BB
STRS	Stratus Properties	NNM
STRT	Strattec Security	NNM
STRX	STAR Telecommunications	NNM
STRZ	Star Buffet	NNM
STS	Supreme Industries'A'	ASE
STSA	Sterling Finl (WA)	NNM
STSAO	Sterling Cap Tr I 9.50% Pfd	NNM
STT	State Street Corp	NYS
STTX	Steel Technologies	NNM
STTZF	Sutton Resources	NNM
STU	Student Loan Corp	NYS
STVI	STV Group	NNM
STW	Standard Commercial	NYS
STX	Snyder Comm $1.68 'STRYPES'	NYS
STXD	South Texas Drilling & Explor	BB
STY	Spatial Technology	ASE
STY	Star Data Systems	TS
STYL	Styling Technology	NNM
STZ	Signal Technology	ASE
SU	Suncor Energy	NYS
SUB	Summit Bancorp	NYS
SUBI	Sun Bancorp	NNM
SUBK	Suffolk Bancorp	NNM
SUBM	SubMicron Systems	BB
SUBS	Miami Subs	NNM
SUF	SouthernEra Resources Ltd	TS
SUG	Southern Union	NYS
SUG PrA	So Union Financing 9.48%'TOPrS	NYS
SUGN	SUGEN Inc	NNM
SUI	Summit Resources Ltd	TS
SUI	Sun Communities	NYS
SUIT	Men's Wearhouse	NNM
SUL	Sulcus Hospitality Tech	ASE
SUMA	Summa Four	NNM
SUMI	Sumitomo Bank (CA)	NNM
SUMM	Summit Financial	NSC
SUMT	Summit Medical System	NNM
SUMX	Summa Industries	NNM
SUN	Sun Co	NYS
SUND	Sound Advice	NNM
SUNH	Sundance Homes	NNM
SUNL	Sunrise Intl Leasing	NNM
SUNP	SunPharm Corp	NSC

Ticker	Issue	Exchange
SUNQ	Sunquest Information Sys	NNM
SUNS	SunStar Healthcare	NSC
SUNW	Sun Microsystems	NNM
SUP	Superior Indus Intl	NYS
SUPC	Superior Consultant Hlds	NNM
SUPG	SuperGen Inc	NNM
SUPGW	SuperGen Inc Wrrt	NNM
SUPI	Supreme International	NNM
SUPR	Superior Services	NNM
SUPVA	Super Vision Intl'A'	NSC
SUPVW	Super Vision Intl Wrrt'A'	NSC
SUPVZ	Super Vision Intl Wrrt'B'	NSC
SUPX	Supertex Inc	NNM
SUR	CNA Surety	NYS
SUS	Storage USA	NYS
SUSQ	Susquehanna Bancshares	NNM
SUT	Superior Telecom	NYS
SVBF	SVB Financial Svcs	NNM
SVC Pr	Stokely-Van Camp 5% Pref	NYS
SVE	Service Experts	NYS
SVECF	ScanVec Co	NNM
SVG.A	Stevens Intl Cl'A'	ASE
SVG.B	Stevens Intl Cl'B'	ASE
SVGI	Silicon Valley Group	NNM
SVI	SVI Holdings	ASE
SVIN	Scheid Vineyards'A'	NNM
SVM	ServiceMaster Co	NYS
SVR	Silverleaf Resorts	NYS
SVRI	Silicon Valley Research	NNM
SVRN	Sovereign Bancorp	NNM
SVSR	Silver Star Intl	BB
SVT	Servotronics, Inc	ASE
SVTG	Savoir Technology Grp	NNM
SVU	Supervalu Inc	NYS
SW	Stone & Webster	NYS
SWBS	SierraWest Bancorp	NNM
SWBT	Southwest Bancorp	NNM
SWC	Stillwater Mining	ASE
SWCB	Sandwich Bancorp	NNM
SWD	Shorewood Packaging	NYS
SWEBF	SoftQuad Intl	NNM
SWFT	Swift Transportation	NNM
SWH	Spaghetti Warehouse	NYS
SWK	Stanley Works	NYS
SWKOY	Sawako Corp ADR	NNM
SWLDY	Smallworldwide ADS	NNM
SWM	Schweitzer-Mauduit Intl	NYS
SWMAY	Swedish Match AB ADR	NNM
SWN	Southward Energy	TS
SWN	Southwestern Energy	NYS
SWO PrA	SWEPCO Cap 7.875%Trust Pfd'A'	NYS
SWP.B	Saskatchewan Wheat Pool 'B'	TS
SWPA	Southwest National	NNM
SWR	Swisher International Grp 'A'	NYS
SWRX	SOFTWORKS Inc	NNM
SWS	Southwest Securities Grp	NYS
SWTX	Southwall Technologies	NNM
SWVA	Steel of West Virginia	NNM
SWW	SITEL Corp	NYS
SWWC	Southwest Water Co	NNM

Ticker	Issue	Exchange
SWX	Southwest Gas	NYS
SWX PrA	So West Gas Cap I 9.125%'TOPrS	NYS
SWY	Safeway Inc	NYS
SWZ	Swiss Helvetia Fund	NYS
SXC	Essex Intl	NYS
SXI	Standex Intl	NYS
SXI	Synex Intl	TS
SXNB	Success Bancshares	NNM
SXNBP	Success Cap Tr 8.95% Pfd	NNM
SXT	Lehman Br Gl Tel'SUNS' 2000	ASE
SXTN	Saxton Inc	NNM
SY	Shelby Williams Ind	NYS
SYB	Sybron Intl	NYS
SYBBF	SYNSORB Biotech	NNM
SYBR	Synergy Brands	NSC
SYBS	Sybase Inc	NNM
SYC	Sybron Chemicals	ASE
SYCM	Syscomm Intl	NNM
SYGRU	Synagro Technologies	NSC
SYI	S Y Bancorp	ASE
SYK	Stryker Corp	NYS
SYKE	Sykes Enterprises	NNM
SYLN	Sylvan Inc	NNM
SYM	Syms Corp	NYS
SYMBA	Symbollon Corp'A'	NSC
SYMC	Symantec Corp	NNM
SYMM	Symmetricom Inc	NNM
SYMX	Symix Systems	NNM
SYNC	Synalloy Corp	NNM
SYNL	Syntellect Inc	NNM
SYNM	Syntroleum Corp	NNM
SYNT	Syntel Inc	NNM
SYNX	Sync Research	NNM
SYPR	Sypris Solutions	NNM
SYQT	SyQuest Technology	NNM
SYS	CPS Systems	ASE
SYSF	SystemSoft Corp	NNM
SYTX	Synaptx Worldwide	BB
SYY	Sysco Corp	NYS
SZ	Sizzler International	NYS
SZA	Suiza Foods	NYS
SZB	SouthFirst Bancshares	ASE
SZS	Suzy Shier	TS
T	AT&T Corp	NYS
T	Telus Corp	TS
TA	TransAlta Corp	TS
TA	Transamerica Corp	NYS
TA PrA	Transamerica Del L.P.'MIPS'	NYS
TAC	Tandycrafts, Inc	NYS
TACK	TAC Inc	BB
TACO	Taco Cabana'A'	NNM
TACT	Transact Technologies	NNM
TACX	A Consulting Team	NNM
TAD	Tadiran Limited ADS	NYS
TAG	Tag-It Pacific	ASE
TAGS	Tarrant Apparel Group	NNM
TAI	Transamerica Inc Shrs	NYS
TAIT	Taitron Components'A'	NNM
TALK	Tel-Save Holdings	NNM
TALX	TALX Corp	NNM

Ticker	Issue	Exchange
TAM	TubosDeAceroMex ADR	ASE
TAMR	TAM Restaurants	NSC
TAMRW	TAM Restaurants Wrrt	NSC
TAN	Tandy Corp	NYS
TANK	TEI Inc	NNM
TANT	Tennant Co	NNM
TAP	Travelers Prop Casualty 'A'	NYS
TAP PrA	Travelers P&C Cap I 8.08% Pfd	NYS
TAP PrB	Travelers P&C Cap II 8.00% Pfd	NYS
TAR	Telefonica De Argentina ADS	NYS
TAROF	Taro Pharmaceutical Ind	NNM
TASA	Touchstone Applied Science	NSC
TATTF	TAT Technologies Ltd	NSC
TAVA	TAVA Technologies	NNM
TAVI	Thorn Apple Valley	NNM
TAXI	Medallion Financial	NNM
TAYD	Taylor Devices	NSC
TBA	Thermo BioAnalysis	ASE
TBAC	Tandy Brands Accessories	NNM
TBAE	TBA Entertainment	NNM
TBAEW	TBA Entertainment'Wrrt'	NNM
TBC	Tasty Baking	NYS
TBCC	TBC Corp	NNM
TBCOA	Triathlon Broadcasting 'A'	NNM
TBCOL	Triathlon Brdcst 9% Pfd	NNM
TBDI	TMBR/Sharp Drilling	NNM
TBFC	TeleBanc Financial	NNM
TBFCP	TeleBanc Cap Tr II 9.0% Pfd	NNM
TBH	Tele Brasil-Telebras Hldrs ADS	NYS
TBI	Tuboscope Inc	NYS
TBIT	Telebyte Technology	BB
TBL	Timberland Co Cl'A'	NYS
TBM	Morgan StanDW6%Telebras'PERQS'	ASE
TBP	Tab Products	ASE
TBR	Telecomun Brasil-Telebras ADS	NYS
TBRL	Timber Lodge Steakhouse	NSC
TBUS	Digital Recorders	NSC
TBUSW	Digital Recorders Wrrt	NSC
TBW	T B Wood's	NYS
TBY	TCBY Enterprises	NYS
TBZ	Toy Biz'A'	NYS
TC	Thai Capital Fund	NYS
TCA	Thermo Cardiosystems	ASE
TCAM	Transport Corp Amer	NNM
TCAT	TCA Cable TV	NNM
TCB	TCF Financial	NYS
TCBK	TriCo Bancshares	NNM
TCC	Trammell Crow	NYS
TCCC	3CI Complete Compliance	NSC
TCCO	Technical Communications	NNM
TCD Pr	Capita Preferred Tr 9.06%'TOPr	NYS
TCDN	Techdyne Inc	NNM
TCDNW	Techdyne Inc Wrrt	NNM
TCH	Templeton China World Fd	NYS
TCHL	Tech Laboratories	BB
TCI	Transcontinental Rlty	NYS
TCICP	TCI Communic 4.25% Exch Pfd	NNM
TCII	TCI Intl	NNM
TCIVA	Tele Commun-TCI Vent Gp'A'	NNM
TCIX	Total Containment	NNM

Ticker	Issue	Exchange
TCK	Thermo Ecotek	ASE
TCL	TeleClone Inc	TS
TCL Pr	TransCanada Cap 8.75%'TOPrS'	NYS
TCLBV	Tele Commun-TCI Vent Gp'B'	NNM
TCLN	Techniclone Corp	NSC
TCMM	Telecomm Industries	BB
TCMS	Transcoastal Marine Svcs	NNM
TCNJ	Trust Co of New Jersey	NNM
TCNOF	Tecnomatix Technologies Ltd	NNM
TCO	Taubman Centers	NYS
TCO PrA	Taubman Centers 8.30% Pfd	NYS
TCOMA	Tele-Communic'A'TCI Group	NNM
TCOMB	Tele-Communic'B'TCI Group	NNM
TCOMP	TeleComm TCI Grp 6% Exch Pfd	NNM
TCPI	Technical Chemicals & Products	NNM
TCPN	TCP Reliable	BB
TCPS	Total Control Products	NNM
TCR	Cornerstone Realty Income Tr	NYS
TCSI	TCSI Corp	NNM
TCT	Town & Country Trust	NYS
TCTV	Tel-Com Wireless Cable TV	NSC
TCXWF	Tracer Pete Wrrt	NSC
TCXXF	Tracer Petroleum	NSC
TD	Toronto-Dominion Bk	NYS
TDDDF	3D Labs	NNM
TDEO	Tadeo Holdings	NSC
TDEOW	Tadeo Holdings Wrrt'A'	NSC
TDF	Templeton Dragon Fd	NYS
TDFX	3Dfx Interactive	NNM
TDHC	Thermadyne Holdings	NNM
TDI	Twin Disc	NYS
TDK	TDK Corp ADS	NYS
TDP	Telefonica del Peru ADS	NYS
TDR	TRICOM SA ADR	NYS
TDR	Tudor Ltd	TS
TDRP	TearDrop Golf	NSC
TDS	Telephone & Data Sys	ASE
TDS PrA	TDS Capital I 8.50% 'TOPrS'	ASE
TDS PrB	TDS Cap II 8.04%'TOPrS'	ASE
TDSC	3D Systems	NNM
TDT	TCW/DW Term Trust 2000	NYS
TDW	Tidewater Inc	NYS
TDX	Thermedics Detection	ASE
TDXT	3DX Technologies	NNM
TDZ	Tridel Enterprises	TS
TE	TECO Energy	NYS
TE PrB	Toledo Edison 4 1/4% Pfd	ASE
TEA	Templeton Emerg Mkts Apprec	NYS
TEAM	Natl TechTeam Inc	NNM
TEC	Commercial Intertech	NYS
TECD	Tech Data Corp	NNM
TECH	Techne Corp	NNM
TECUA	Tecumseh Products Cl'A'	NNM
TECUB	Tecumseh Products Cl'B'	NNM
TED PrA	Toledo Edison 8.32% Pfd	ASE
TED PrC	Toledo Edison 7.76% Pfd	ASE
TED PrD	Toledo Edison 10% Pfd	ASE
TED PrE	Toledo Ed 8.84%cm Pfd(25)	NYS
TED PrF	Toledo Edison $2.365 Pfd	NYS
TED PrK	Toledo Edison Adj A Pfd	NYS

Ticker	Issue	Exchange
TED PrL	Toledo Edison Adj Rt B Pfd	NYS
TEE	Natl Golf Properties	NYS
TEF	Telefonica S.A. ADS	NYS
TEI	Templeton Emerg Mkts Income	NYS
TEK	Tektronix Inc	NYS
TEK.A	Teck Corp Cl'A'	TS
TEK.B	Teck Corp 'B'	TS
TEKC	Teknowledge Corp	BB
TEL	TCC Industries	NYS
TELC	Telco Systems	NNM
TELE	Tech Electro Industries	NSC
TELEU	Tech Electro Indus Unit	NSC
TELEW	Tech Electro Industries Wrrt	NSC
TELS	Tels Corp	NSC
TELT	Teltronics Inc	NSC
TELU	Total-Tel USA Communic	NNM
TELV	TeleVideo Inc	NNM
TEN	Tenneco Inc	NYS
TENT	Total Entain't Restaurant	NNM
TEO	Tel Argentina-France Tel'B'ADS	NYS
TEPUF	Trans-Orient Petroleum	BB
TER	Teradyne Inc	NYS
TERA	Tera Computer	NNM
TERN	Terayon Communications Sys	NNM
TESI	Tangram Enterprise Solutions	NSC
TESOF	Tesco Corp	NNM
TESS	TESSCO Technologies	NNM
TEVIY	Teva Pharm Indus ADR	NNM
TEX	Terex Corp	NYS
TEXM	Texas Micro	NNM
TEXP	Titan Exploration	NNM
TEXQ	Texas Equipment	BB
TFA	Municipal Income Trust	NYS
TFB	Municipal Income Trust II	NYS
TFC	Municipal Income Trust III	NYS
TFCE	TFC Enterprises	NNM
TFCO	Tufco Technologies	NNM
TFF	Tech Flavors & Fragrances	TS
TFG	Thermo Fibergen	ASE
TFH	Transfinancial Holdings	ASE
TFI Pr	TCI Commun Fin I 8.72%'TOPrS'	NYS
TFI PrA	TCI Commun Fin II 10% Tr Sec	NYS
TFI PrB	TCI Commun Fin IV 9.72% TrSec	NYS
TFN	Transnational Financial	ASE
TFONY	Telefonos de Mex'A'ADR	NSC
TFP	Taiga Forest Products	TS
TFR	Tefron Ltd	NYS
TFRC	TechForce Corp	NNM
TFS	Three-Five Systems	NYS
TFSM	24/7 Media	NNM
TFT	Thermo Fibertek	ASE
TFX	Teleflex Inc	NYS
TG	Tredegar Indus	NYS
TGAL	Tegal Corp	NNM
TGBRY	Trans-Global Resource NL ADR	NSC
TGCI	TGC Industries	NSC
TGCIP	TGC Indus 8% Cv Pfd	NSC
TGCIW	TGC Indus Wrrt	NSC
TGEN	Targeted Genetics	NNM
TGG	Templeton Global Gvts	NYS

Ticker	Issue	Exchange
TGH	Trigon Healthcare	NYS
TGI	Triumph Group	NYS
TGIC	Triad Guaranty	NNM
TGIS	Thomas Group	NNM
TGL	Triangle Bancorp	NYS
TGLEF	Transglobe Energy	NSC
TGN	Trigen Energy	NYS
TGNT	Teligent Inc 'A'	NNM
TGO	Teleglobe Inc	NYS
TGP	Georgia-Pacific (Timber Grp)	NYS
TGRP	Telegroup Inc	NNM
TGS	Transportadora De Gas ADS	NYS
TGSI	Trans Global Svcs	NSC
TGX	Theragenics Corp	NYS
THC	Tenet Healthcare	NYS
THD	Third Cdn Gen Invstmt	TS
THDO	3DO Company	NNM
THFF	First Finl Corp Ind	NNM
THI	Thermo Instrument Sys	ASE
THIS	Terrace Holdings	NSC
THISW	Terrace Holdings Wrrt	NSC
THK	Thackeray Corp	ASE
THM	Thermwood Corp	ASE
THMZD	Laminaire Corp	BB
THN	Thermo Remediation	ASE
THNK	THINK New Ideas	NNM
THO	Thor Industries	NYS
THOR	Thoratec Laboratories	NNM
THP	Thermo Power	ASE
THQI	THQ Inc	NNM
THR	Three Rivers Finl	ASE
THRD	TF Financial	NNM
THRNY	Thorn plc ADS	NNM
THRT	TheraTech Inc	NNM
THS	ThermoSpectra Corp	ASE
THT	Todhunter Intl	ASE
THTL	Thistle Group Hldgs	NNM
THW	Tag Heuer International ADS	NYS
THX	Houston Exploration	NYS
TI	Telecom Italia SpA Ord ADS	NYS
TI.A	Telecom Italia SpA Svg ADS	NYS
TIBB	TIB Financial	NNM
TIE	Titanium Metals	NYS
TIER	Tier Technologies 'B'	NNM
TIF	Tiffany & Co	NYS
TIG	TIG Holdings	NYS
TIH	Toromont Industries	TS
TII	Thomas Indus	NYS
TIII	TII Indus	NNM
TIM	FIRSTPLUS Finl 7.25%'TIMES'	ASE
TIM	Timminco Ltd	TS
TIMBZ	U.S. Timberlands LP Unit	NNM
TIN	Temple-Inland	NYS
TINTA	Tele-Communications Intl	NNM
TIR	China Tire Holdings Ltd	NYS
TISAF	Top Image Systems	NSC
TISWF	Top Image Svs Wrrt	NSC
TIWIF	Telesystem Intl Wireless	NNM
TJCI	Paramark Enterprises	BB
TJCO	T J International	NNM

Ticker	Issue	Exchange
TJS	Tenajon Resources	VS
TJX	TJX Companies	NYS
TJX PrE	TJX Co's $7.00 Cv'E'Pfd	NYS
TK	Teekay Shipping	NYS
TK	TKO Resources	VS
TKF	Turkish Investment Fund	NYS
TKGFA	Tekgraf Inc 'A'	NNM
TKGFW	Tekgraf Inc Wrrt	NNM
TKIOY	Tokio Marine/Fire ADR	NNM
TKLC	Tekelec	NNM
TKM	Merrill Lynch Tech'MITTS' 2001	NYS
TKN	Thermotrex Corp	ASE
TKOCF	Taseko Mines	NNM
TKR	Timken Co	NYS
TKS	Tomkins plc ADS	NYS
TKTL	Track 'n Trail	NNM
TKTX	Transkaryotic Therapies	NNM
TKV	Telekon Advanced Systems	MS
TL	Empresas Telex-Chile ADS	NYS
TLAB	Tellabs, Inc	NNM
TLB	Talbots Inc	NYS
TLC	Learning Co	NYS
TLCM	TelCom Semiconductor	NNM
TLD	Tele Danmark A/S ADS	NYS
TLDCF	Teledata Communication	NNM
TLDT	Telident Inc	NSC
TLF	Leather Factory	ASE
TLGD	Tollgrade Communications	NNM
TLGN	Telegen Corp	BB
TLK	P.T. Telekomunikasi ADS	NYS
TLL	Teletouch Communications(New)	ASE
TLL.WS	Teletouch Communicns Wrrt'A'	ASE
TLM	Talisman Energy	NYS
TLNOF	Trillion Resources	NSC
TLRNC	Tellurian Inc	NSC
TLRWC	Tellurian Inc Wrrt	NSC
TLS PP	Telstra Corp ADS	NYS
TLSIF	Telepanel Systems	NSC
TLSP	TeleSpectrum Worldwide	NNM
TLTN	Teltrend Inc	NNM
TLX	Trans-Lux	ASE
TLXAF	Toolex Intl NV	NNM
TLXN	Telxon Corp	NNM
TLZ	ThermoLase Corp	ASE
TLZ.U	ThermoLase Corp Unit	ASE
TM	Toastmaster Inc	NYS
TMA	Thornburg Mortgage Asset	NYS
TMA	Trimac Corp	TS
TMA PrA	Thornburg Mtg Asset 9.68% Pfd	NYS
TMAM	TEAM America	NNM
TMAN	Today's Man	NNM
TMANW	Today's Man Wrrt	NNM
TMAR	Trico Marine Svcs	NNM
TMAX	Toymax International	NNM
TMBR	Tom Brown	NNM
TMBS	Timberline Software	NNM
TMC	Times Mirror 'A'	NYS
TMCI	TM Century	BB
TMD	Thermedics Inc	ASE
TME	Times Mirror 4.25%'PEPS'2001	NYS

Ticker	Issue	Exchange
TMED	Trimedyne Inc	NNM
TMEI	TMCI Electronics	NSC
TMEIW	TMCI Electronics Wrrt	NSC
TMF	Thermo Opportunity Fd	ASE
TMG	TransMontaigne Inc	ASE
TMI	Team, Inc	ASE
TMK	Torchmark Corp	NYS
TMK PrM	Torchmark Capital 'MIPS'	NYS
TMM	Transportacion Maritima ADS	NYS
TMM.A	Transpt'n Marit Part Ctfs ADS	NYS
TMN	Transmedia Network	NYS
TMN	Trimin Capital	TS
TMO	Thermo Electron	NYS
TMO	Treminco Resources	TS
TMOT	Titan Motorcycle of Amer	BB
TMP	Tompkins Cty Trustco	ASE
TMPL	Template Software	NNM
TMPW	TMP Worldwide	NNM
TMQ	ThermoQuest Corp	ASE
TMR	Meridian Resource	NYS
TMRK	Trimark Holdings	NNM
TMSR	ThrustMaster Inc	NNM
TMSTA	Thomaston Mills'A'	NNM
TMSTB	Thomaston Mills'B'	NNM
TMT	TCW/DW Term Trust 2003	NYS
TMTV	Team Communications Grp	NSC
TMTX	Temtex Indus	NNM
TMX	Telefonos de Mex'L'ADS	NYS
TMXI	Thermatrix Inc	NNM
TN	Tarragon Oil & Gas	TS
TNA	Terra Nova (Bermuda)Hldg	NYS
TNB	Thomas & Betts	NYS
TNCX	Network Connection	NSC
TNFI	North Face	NNM
TNGI	Tenney Engineering 'B'	BB
TNGO	Tengasco Inc	BB
TNH	Terra Nitrogen Com L.P. Uts	NYS
TNK	Tenke Mining	TS
TNL	Technitrol Inc	NYS
TNM	Thomas Nelson	NYS
TNM.B	Thomas Nelson 'B'	NYS
TNO	True North Communicns	NYS
TNP	TNP Enterprises	NYS
TNR	TENERA Inc	ASE
TNRK	TNR Technical	BB
TNSI	Transaction Network Svcs	NNM
TNSU	Tanisys Technology	NSC
TNT	A.O.Tatneft ADS	NYS
TNTX	T-NETIX Inc	NNM
TNZRY	Tranz Rail Hlds ADS	NNM
TO	Tech/Ops Sevcon	ASE
TOC	Thermo Optek	ASE
TOC	Thomson Corp	TS
TOD	Todd Shipyards	NYS
TODDA	Todd-AO Corp'A'	NNM
TOF	Tofutti Brands	ASE
TOFF	Tatham Offshore	NNM
TOGA	Saratoga Beverage Group'A'	NSC
TOK	Tokheim Corp	NYS
TOL	Toll Brothers	NYS

Ticker	Issue	Exchange
TOM	Tommy Hilfiger	NYS
TOMM	Tomorrow's Morning	BB
TONSF	Novamerican Steel	NNM
TOPP	Topps Co	NNM
TOPS	Tops Appliance City	NNM
TOS	Tosco Corp	NYS
TOT	TOTAL 'B' ADS	NYS
TOTL	Total Research	NSC
TOW	Tower Realty Trust	NYS
TOWR	Tower Air	NNM
TOX	Medtox Scientific	ASE
TOY	Toys R Us	NYS
TOYOY	Toyota Motor Corp ADR	NSC
TPADA	TelePad Corp 'A'	NSC
TPADL	TelePad Corp Wrrt 'D'	NSC
TPADM	TelePad Corp Wrrt'C'	NSC
TPARY	Telepartner A/S ADS	NSC
TPAYW	Telepartner A/S Wrrt	NSC
TPC	Top Air Mfg	ASE
TPEG	Producers Entertainment Grp	NSC
TPEGP	Producers Entmt 8.50% Cv'A'Pfd	NSC
TPEGW	Producers Entmt Grp Wrrt'B'	NSC
TPEGZ	Producers Entertainm't Grp Wrr	NSC
TPI	PT. Tri Polyta Indonesia ADS	NYS
TPL	Texas Pac Ld Tr	NYS
TPMI	Personnel Management	NNM
TPNN	Torrey Pines Nevada	BB
TPNZ	Tappan Zee Fin'l	NNM
TPOA	Travel Ports Amer	NNM
TPP	Teppco Ptnrs L.P.	NYS
TPPPF	Triple P N.V.	NSC
TPR	TransPro Inc	NYS
TPS	Top Source Technol	ASE
TPY	Tipperary Corp	ASE
TQNT	TriQuint Semiconductor	NNM
TR	Tootsie Roll Indus	NYS
TRA	Terra Industries	NYS
TRAC	Track Data Corp	NNM
TRAK	Canterbury Pk Hldg Corp	NSC
TRAV	Intrav Inc	NNM
TRB	Tribune Co.	NYS
TRBD	Turbodyne Technologies	NSC
TRBO	TurboChef Technologies	NSC
TRBR	Trailer Bridge	NNM
TRBS	Texas Regional Banc'A'	NNM
TRC	Tejon Ranch	ASE
TRCD	Tricord Systems	NSC
TRCI	Technology Research	NNM
TRCR	Transcend Services	NNM
TRD	Tribune Co 6.25%'DECS' 2001	NYS
TRDT	Trident Intl	NNM
TRDX	Tridex Corp	NNM
TRE	Tremont Corp	NYS
TRED	Treadco Inc	NNM
TREN	Trenwick Group	NNM
TREV	TREEV Inc	NNM
TREVP	TREEV Inc $2.00 Cv Pfd	NNM
TREVW	TREEV Inc Wrrt	NNM
TREY	Treasury Intl	BB
TRF	Templeton Russia Fund	NYS

Ticker	Issue	Exchange
TRFDF	Tramford International	NNM
TRFWF	Tramford Intl Wrrt	NNM
TRGA	Trega Biosciences	NNM
TRGI	Trident Rowan Grp	NNM
TRGIW	Trident Rowan Grp Wrrt	NNM
TRGL	Toreador Royalty	NNM
TRGNY	TRANSGENE ADS	NNM
TRGP	Transit Group	NSC
TRGPW	Transit Group Wrrt	NSC
TRH	Transatlantic Holdings	NYS
TRI	TriNet Corporate Rlty Tr	NYS
TRI PrA	TriNet Cp Rlty Tr 9.375% Pfd	NYS
TRI PrB	TriNet Corp Rlty 9.2%'B' Pfd	NYS
TRI PrC	TriNet Cp Rlty 8.00%'C'Pfd	NYS
TRIBY	Trinity Biotech plc ADS	NSC
TRIC	Tri-County Bancorp	NSC
TRID	Trident Microsystems	NNM
TRIG	Triangle Imaging Grp	BB
TRIXY	Transcom Intl ADR	NSC
TRIZF	Trinity Biotech plc Wrrt'B'	NSC
TRK	Speedway Motorsports	NYS
TRKA	Trak Auto	NNM
TRKN	Trikon Technologies	NNM
TRL	Total Renal Care Hldgs	NYS
TRM	TCW/DW Term Trust 2002	NYS
TRM	Trimin Enterprises	TS
TRMB	Trimble Navigation Ltd	NNM
TRMK	Trustmark Corp	NNM
TRMM	TRM Copy Centers	NNM
TRMS	Trimeris Inc	NNM
TRN	Trinity Indus	NYS
TRND	Trend-Lines 'A' Inc	NNM
TRNI	Trans-Industries Inc	NNM
TRNS	Transmation, Inc	NNM
TRON	Trion Inc	NNM
TROW	T.Rowe Price Assoc	NNM
TRP	TransCanada P.L.	NYS
TRP PrC	TransCanada P.L.Ltd 8.50%'COPr	NYS
TRPS	Tripos Inc	NNM
TRR	TRC Cos	NYS
TRSEF	Rose Corp	NSC
TRSM	TRISM Inc	NNM
TRSN	Transnational Industries	BB
TRST	Trustco Bk Corp NY	NNM
TRTC	Trio-Tech Intl	NSC
TRU	Torch Energy Royalty Trust	NYS
TRUC	Professional Transportation Gr	NSC
TRUCW	Professional Trans Grp Wrrt	NSC
TRUV	Truevision Inc	NNM
TRV	Travelers Group	NYS
TRV PrE	Travelers Cap I 8.00% Tr Pfd	NYS
TRV PrF	Travelers Grp 6.365% Dep Pfd	NYS
TRV PrG	Travelers Grp 6.213% Dep Pfd	NYS
TRV PrH	Travelers Grp 6.231% Dep Pfd	NYS
TRV PrJ	Travelers Group 8.08% Dep Pfd	NYS
TRV PrK	Travelers Group 8.40% Dep Pfd	NYS
TRV PrM	Travelers Grp 5.864% Dep Pfd	NYS
TRV PrN	Travelers Cap IV 6.85%'TruPS'	NYS
TRVL	Travel Services Intl	NNM
TRVS	Travis Boats & Motors	NNM

Ticker	Issue	Exchange
TRW	TRW Inc	NYS
TRW PrB	TRW Inc,$4.40 Cv II Pref	NYS
TRW PrD	TRW Inc,$4.50 Cv II Pref	NYS
TRY	Triarc Cos Cl'A'	NYS
TS.B	Torstar Corp'B'	TS
TSA	Sports Authority	NYS
TSAI	Transaction Sys Architects'A'	NNM
TSAR	Tristar Corp	NSC
TSATA	TCI Satellite Entertainm't'A'	NNM
TSATB	TCI Satellite Entertainm't'B'	NNM
TSB	TSB Intl	TS
TSBK	Timberland Bancorp	NNM
TSBS	People's Bancorp	NNM
TSC	Stephan Co	ASE
TSCC	Technology Solutions	NNM
TSCN	Telescan Inc	NSC
TSCO	Tractor Supply	NNM
TSCP	Telscape Intl	NNM
TSEMF	Tower Semiconductor	NNM
TSFT	Telesoft Corp	NSC
TSFW	TSI Intl Software	NNM
TSG	SABRE Group Holdings'A'	NYS
TSH	Teche Holding	ASE
TSI	Trinitech Systems	ASE
TSIC	Tropical Sportswear Intl	NNM
TSII	TSI Inc	NNM
TSIM	Thinking Tools	NSC
TSIX	Transition Systems	NNM
TSK	Computer Task Group	NYS
TSM	Taiwan Semiconductor Mfg ADS	NYS
TSMAF	Tesma Intl 'A'	NNM
TSN	TecSyn International	TS
TSN	Tyson Foods Cl'A'	NYS
TSND	Transcend Therapeutics	NNM
TSNG	Tseng Labs	NNM
TSO	Tesoro Petroleum	NYS
TSO PrA	Tesoro Petroleum 7.25% Cv 'PIE	NYS
TSR	Thermo Sentron	ASE
TSRC	Technisource Inc	NNM
TSRG	Trans Energy	NSC
TSRGW	Trans Energy Wrrt	NSC
TSRI	TSR Inc	NNM
TSS	Total System Svcs	NYS
TSSS	Triple S Plastics	NNM
TSST	TesseracT Group	NNM
TSSW	TouchStone Software	NNM
TST	Media Logic	ASE
TSTI	TST/Impreso	NNM
TSX	Tristar Aerospace	NYS
TSY	Tech-Sym	NYS
TT	TransTechnology	NYS
TTC	Toro Co	NYS
TTE	Autotote Corp Cl'A'	ASE
TTEC	TeleTech Holdings	NNM
TTELF	Tadiran Telecomm	NNM
TTF	Thai Fund	NYS
TTG	TransTexas Gas	NYS
TTI	TETRA Technologies	NYS
TTILF	TTI Team Telecom Intl	NNM
TTL	Torotel, Inc	ASE

Ticker	Issue	Exchange
TTMT	Tower Tech	NSC
TTN	Titan Corp	NYS
TTN Pr	Titan Corp $1 cm Cv Pfd	NYS
TTNP	Titan Pharmaceuticals	NSC
TTNPU	Titan Pharmaceuticals Unit	NSC
TTR	2002 Target Term Trust	NYS
TTRIF	Thermo Tech Technologies	NSC
TTT	Thermo Terratech	ASE
TTV	Cabletel Communications	ASE
TTWO	Take-Two Interactive Software	NSC
TTWOW	Take-Two Interactive Sftwr Wrr	NSC
TTX	Tultex Corp	NYS
TUBY	Tubby's Inc	NSC
TUC	Mac-Gray Corp	NYS
TUE PrA	Texas Util Elec'A'Dep Pfd	NYS
TUE PrB	Texas Util Elec'B'Dep Pfd	NYS
TUE PrM	TU Electric Cap I 8.25%'TOPrS'	NYS
TUE PrO	TU Elec Cap III 8.00%'QUIPS'	NYS
TUFC	TuFco International	BB
TUG	Maritrans Inc	NYS
TUI	Transportation Components	NYS
TUNE	TCI Music'A'	NSC
TUP	Tupperware Corp	NYS
TUR	Turner Corp	ASE
TUSC	Tuscarora Inc	NNM
TUTR	TRO Learning	NNM
TUV	Trojan Technologies	TS
TV	Grupo Televisa S.A.GDS	NYS
TVA	Tenn Val Auth 8.00%'QUIDS'	NYS
TVB	Tenn Val Auth 7.50%'QUIDS'	NYS
TVC	Tenn Val Auth'PARRS' 'D'	NYS
TVCN	TV Communicat'n Network	BB
TVF	Templeton Vietnam&SE Asia Fd	NYS
TVGLF	TVG Technologies Wrrt'C'	NSC
TVGTF	TVG Technologies	NSC
TVGWF	TVG Technologies Wrrt'A'	NSC
TVGZF	TVG Technologies Wrrt'B'	NSC
TVL	Thermo Voltek	ASE
TVLI	Tivoli Indus Inc	NSC
TVX	TVX Gold	NYS
TW	20th Century Indus	NYS
TWA	Trans World Airlines	ASE
TWA.WS	Trans World Airlines Wrrt	ASE
TWFC	T&W Financial	NNM
TWG	Twin Gold	TS
TWHH	Transworld HealthCare	NNM
TWI	Titan Intl	NYS
TWIN	Twin City Bancorp	NSC
TWLB	Twinlab Corp	NNM
TWMC	Trans World Entertainment	NNM
TWN	Taiwan Fund	NYS
TWNE	Towne Services	NNM
TWOS	TeleData World Services	BB
TWR	Tower Automotive	NYS
TWRI	Trendwest Resorts	NNM
TWRS	Crown Castle Intl	NNM
TWSTY	Telewest Commun plc ADS	NNM
TWTR	Tweeter Home Entertainm't	NNM
TWX	Time Warner Inc	NYS
TWX PrT	Time War Cp I 8.78% Pfd Tr Sec	NYS

Ticker	Issue	Exchange
TX	Texaco Inc	NYS
TXB	Texas Biotechnology	ASE
TXB.WS	Texas Biotechnology Wrrt	ASE
TXC PrA	Texaco Capital LLC 'MIPS'	NYS
TXC PrB	Texaco Cap LLC'B'Adj MIPS	NYS
TXCC	TranSwitch Corp	NNM
TXCO	Exploration Co	NSC
TXF	Texfi Indus	NYS
TXHI	THT Inc	NSC
TXI	Texas Indus	NYS
TXI PrS	TXI Cap Tr I $2.75'SpuRS'	NYS
TXLI	Texoil Inc	NSC
TXM	Trex Medical	ASE
TXN	Texas Instruments	NYS
TXT	Textron, Inc	NYS
TXT PrA	Textron, $2.08 Cv A Pfd	NYS
TXT PrB	Textron, $1.40 Cv B Pfd	NYS
TXT PrT	Textron Cap I 7.92% Tr Sec	NYS
TXU	Texas Utilities	NYS
TXU PrG	Texas Utilities Growth'PRIDES'	NYS
TXU PrI	Texas Utilities Income'PRIDES'	NYS
TY	Tri-Continental	NYS
TY Pr	Tri-Continental, $2.50 Pfd	NYS
TYC	Tyco International	NYS
TYL	Tyler Corp	NYS
TYW	Taiwan Equity Fd	NYS
TZA	TV Azteca,S.A. ADS	NYS
TZH	TrizecHahn Corp	NYS
TZH.WS	TrizecHahn Wrrt'A'	NYS
U	US Airways Group	NYS
UACA	Union Acceptance'A'	NNM
UAG	United Auto Group	NYS
UAH	United Amer Healthcare	NYS
UAL	UAL Corp	NYS
UAL PrB	UAL Corp 12.25% Dep'B'Pfd	NYS
UAL PrT	UAL Cp Cap Tr I 13.25%'TOPrS'	NYS
UAM	United Asset Mgmt	NYS
UAP.A	UAP Inc 'A'	TS
UBAN	USBANCORP Inc (PA)	NNM
UBANP	USBANCORP Cap Tr 8.45% Pfd	NNM
UBB	Unibanco Banc/Unibanco HldGDS	NYS
UBCD	Union Bancorp	NNM
UBCP	United Bancorp Ohio	NSC
UBH	U.S.B. Holdings	ASE
UBI	Unity Bancorp	ASE
UBI.WS	Unity Bancorp Wrrt	ASE
UBIX	UBICS Inc	NNM
UBMT	United Financial	NNM
UBP	Urstadt Biddle Properties	NYS
UBP.A	Urstadt Biddle Properties'A'	NYS
UBS	U.S. Bioscience	ASE
UBSC	Union Bankshares Ltd	NNM
UBSH	Union Bankshares	NNM
UBSI	United Bankshares	NNM
UC	United Cos Financial	NYS
UCBC	Union Community Bancorp	NNM
UCC	Union Camp	NYS
UCFC	United Community Finl	NNM
UCFCP	United Cos Fin'l 6.75%'PRIDES'	NYS
UCIA	UCI Medical Affiliates	NSC

Ticker	Issue	Exchange
UCL	Unocal Corp	NYS
UCM	Unicom Corp	NYS
UCMP	UniComp Inc	NNM
UCOR	UroCor Inc	NNM
UCP	UniCapital Corp	NYS
UCR	UCAR International	NYS
UCTN	College Television Network	NSC
UCU	UtiliCorp United	NYS
UCU PrC	UtiliCorp Capital 8.875%'MIPS'	NYS
UDCI	United Dental Care	NNM
UDI	United Dominion Indus	NYS
UDR	United Dominion Rlty Tr	NYS
UDR PrA	Utd Dominion Rlty 9.25% 'A' Pf	NYS
UDR PrB	Utd Dominion Rlty 8.60%'B'Pfd	NYS
UDS	Ultramar Diamond Shamrock	NYS
UDS PrA	UDS Cap I 8.32% 'TOPrS'	NYS
UDYN	UNIDYNE Corp	NSC
UEIC	Univl Electronics	NNM
UEP PrA	Union Electric, $3.50 Pfd	NYS
UEP PrC	Union Electric, $4.00 Pfd	NYS
UEP PrD	Union Electric, $4.50 Pfd	NYS
UEP PrE	Union Electric, $4.56 Pfd	NYS
UFAB	UNIFAB Intl	NNM
UFBS	Union Financial Bancshares	NSC
UFC	Univl Foods	NYS
UFCS	United Fire & Casualty	NNM
UFD.A	United Foods Cl'A'	ASE
UFD.B	United Foods Cv Cl'B'	ASE
UFEMQ	Ultrafem Inc	BB
UFI	Unifi, Inc	NYS
UFMG	Univl Mfg	NSC
UFPI	Univl Forest Products	NNM
UFPT	UFP Technologies	NNM
UFRM	United Fedl Savings Bank	NSC
UFS	U.S. Foodservice	NYS
UFX	Uniflex Inc	ASE
UG	United-Guardian Inc	ASE
UGG	United Grain Growers Ltd	TS
UGI	UGI Corp	NYS
UGLY	Ugly Duckling	NNM
UGNE	Unigene Laboratories	NNM
UGS	Unigraphics Solutions'A'	NYS
UH	U.S. Home	NYS
UHAL	AMERCO	NNM
UHCI	Univl Standard Healthcare	NNM
UHCO	Universal Amer Finl	NNM
UHCOW	Universal Amer Finl Wrrt	NNM
UHCP	United Heritage Corp	NSC
UHG PrA	U.S. Home&Garden Tr 9.40%Pfd	ASE
UHLD	UniHolding Corp	NSC
UHS	Univl Health Svs Cl'B'	NYS
UHT	Univl Health Realty	NYS
UIBI	Universal Ice Blast	BB
UIC	United Industrial	NYS
UICI	UICI	NNM
UIF	USLIFE Income Fund	NYS
UIHIA	United Intl Hldgs'A'	NNM
UIL	United Illuminating	NYS
UIL PrA	Utd Cap Fd L.P.9.625% CapSec'A	NYS
UIRT	United Investors Realty Tr	NNM

Ticker	Issue	Exchange
UIS	Unisys Corp	NYS
UIS PrA	Unisys $3.75cm Cv A Pfd	NYS
UK	Union Carbide	NYS
UKH	United Keno Hill Mines Ltd	TS
UKM	United Kingdom Fund	NYS
UL	Unilever ADR	NYS
ULB	Unilab Corp	ASE
ULBI	Ultralife Batteries	NNM
ULGX	Urologix Inc	NNM
ULP	Ulster Petroleums	TS
ULTD	Ultradata Corp	NNM
ULTE	Ultimate Electronics	NNM
ULTI	Ultimate Software Grp	NNM
ULTK	Ultrak Inc	NNM
ULTR	UltraData Systems	NNM
UM	Utah Medical Products	NYS
UM PrB	MediaOne Fin Tr II 9.50%'TOPrS	NYS
UMBF	UMB Financial	NNM
UMED	Unimed Pharmaceuticals	NNM
UMG	MediaOne Group	NYS
UMG PrA	MediaOne Fin Tr I 9.30%'TOPrS'	NYS
UMG PrD	MediaOne Group CvSr'D'Pfd	NYS
UMG PrX	MediaOne Fin'A' 7.96%'TOPrS'	NYS
UMG PrY	MediaOne Fin'B' 8.25%'TOPrS'	NYS
UMH	United Mobile Homes	ASE
UMR	Unimar Indonesian Ptc Units	ASE
UMX	MediaOne Grp 6.25% 'PIES'	NYS
UN	Unilever N.V.	NYS
UNA	UNOVA Inc	NYS
UNAM	Unico American	NNM
UNBC	UnionBanCal Corp	NNM
UNBJ	United Natl Bancorp	NNM
UNCB	Uncle B's Bakery	BB
UND	UNUM Corp 8.80% 'MIDS'	NYS
UNDG	Unidigital Inc	NNM
UNEWY	United News & Media ADR	NNM
UNF	UniFirst Corp	NYS
UNF.A	Uniforet Inc'A'	TS
UNFI	United Natural Foods	NNM
UNFY	Unify Corp	NNM
UNH	Unihost Corp	TS
UNH	United Healthcare	NYS
UNI	Uni-Marts Inc	ASE
UNIB	University Bancorp	NSC
UNII	Unit Instruments	NNM
UNIQ	Unique Casual Restaurants	NNM
UNIT	Unitrin Inc	NNM
UNIV	Univl International	NNM
UNM	UNUM Corp	NYS
UNMG	Unimark Group	NNM
UNNL	Union Natl Bancorp	NSC
UNO	Uno Restaurant Corp	NYS
UNP	Union Pacific	NYS
UNPH	Uniphase Corp	NNM
UNR	Supermercados Unimarc ADS	NYS
UNRC	Unico Inc(NM)	NSC
UNS	Unisource Energy	NYS
UNSC	United Shields	BB
UNSRA	Uniservice Corp'A'	NSC
UNSRW	Uniservice Corp'A'Wrrt	NSC

Ticker	Issue	Exchange
UNT	Unit Corp	NYS
UNTD	First United Bancshrs	NNM
UNV	Unitel Video	ASE
UNVC	UNIVEC Inc	NSC
UNVCW	UNIVEC Inc Wrrt	NSC
UOBI	United Oklahoma Bankshares	BB
UOLP	UOL Publishing	NNM
UPC	Union Planters	NYS
UPCPO	Union Planters 8% Cv'E'Pfd	NNM
UPEN	Upper Peninsula Energy	NNM
UPFC	United PanAm Finl	NNM
UPK	United Park City Mns	NYS
UPR	Union Pacific Resources Group	NYS
UPUP	United Payors/United Providers	NNM
UPX	Unapix Entertainment	ASE
UQM	Unique Mobility	ASE
URB	Urban Shopping Centers	NYS
URBN	Urban Outfitters	NNM
URGI	United Retail Group	NNM
URI	United Rentals	NYS
URIX	Uranium Resources	NNM
URMD	UroMed Corp	NNM
UROQ	UroQuest Medical	NNM
URS	URS Corp	NYS
URSI	United Road Services	NNM
USA	Liberty ALL-STAR Eqty	NYS
USAB	USABancShares 'A'	NSC
USAD	USA Detergents	NNM
USAI	USA Networks	NNM
USAK	USA Truck	NNM
USAM	U.S. Automotive Mfg	NSC
USAP	Univl Stainless/Alloy Prods	NNM
USB	U.S. Bancorp	NYS
USB PrA	USB Cap II 7.20%'TOPrS'	NYS
USBGD	USABG Corp	NSC
USBN	United Sec Bancorp (WA)	NNM
USBR	USA Bridge Constr of N.Y.	NNM
USBRW	USA Bridge Constr of N.Y. Wrrt	NNM
USC	U.S. Can	NYS
USCM	USCI Inc	NNM
USCS	USCS Intl	NNM
USDC	USDATA Corp	NNM
USDL	U.S. Diagnostic Inc	NNM
USEC	Univl Security Instr	NSC
USEG	U.S. Energy	NNM
USEY	U.S. Energy Systems	NSC
USEYW	U.S. Energy Systems Wrrt	NSC
USF	U.S. Filter	NYS
USF.WS	Vita Food Products Wrrt	ASE
USFC	USFreightways	NNM
USFS	U.S. Franchise Systems'A'	NNM
USG	USG Corp	NYS
USGL	U.S. Gold Corp	NSC
USHG	U.S. Home & Garden	NNM
USHP	U-Ship Inc	NSC
USI	U.S. Industries	NYS
USL	U S Liquids	ASE
USLM	U.S. Lime & Minerals	NNM
USM	U.S. Cellular	ASE
USMC	Amer Image Motor	BB

Ticker	Issue	Exchange
USNA	USANA Inc	NNM
USNC	USN Communications	NNM
USO	US 1 Indus	NYS
USPH	U.S. Physical Therapy	NNM
USPL	U.S. Plastic Lumber	NSC
USPN	U.S. Pawn	NSC
USPTS	USP Real Est Inv Tr SBI	NSC
USR	U.S. Rentals	NYS
USRV	US SerVis	NNM
USS	U.S. Surgical	NYS
USSB	U.S. Satellite Broadcasting 'A	NNM
UST	UST Inc	NYS
USTB	UST Corp	NNM
USTC	U.S. Trust	NNM
USTL	UStel Inc	NSC
USTLW	Ustel Inc Wrrt	NSC
USTR	United Stationers	NNM
USTX	USTMAN Technologies	NSC
USU	USEC Inc	NYS
USV	U.S. Restaurant Properties	NYS
USV PrA	U.S. Restaurant Prop $1.93 Cv	NYS
USVI	U.S. Vision	NNM
USW	U S West	NYS
USWB	USWeb Corp	NNM
USWC	U.S. Wireless	NSC
USWI	US WATS	NSC
UTBI	United Tennessee Bankshares	NSC
UTCC	Ursus Telecom	NNM
UTCI	Uniroyal Technology	NNM
UTCIW	Uniroyal Technology Wrrt	NNM
UTDL	United Leisure Corp	NSC
UTEK	Ultratech Stepper	NNM
UTI	UTI Energy	ASE
UTIN	United Trust	NSC
UTL	UNITIL Corp	ASE
UTLX	UTILX Corp	NNM
UTOG	Unitog	NNM
UTR	Unitrode Corp	NYS
UTS	UTS Energy	TS
UTVI	United Television	NNM
UTX	United Technologies	NYS
UU	United Utilities ADS	NYS
UVBV	Universal Beverages Hldgs	BB
UVEW	uniView Technologies	NSC
UVN	Univision Communic 'A'	NYS
UVSGA	United Video Satellite Gp'A'	NNM
UVSL	Universal Automotive Inds	NSC
UVSLW	Universal Auto Ind Wrrt	NSC
UVV	Univl Corp	NYS
UVYZY	Uralsvyazinform Joint Stk ADR	BB
UWR	United Water Res	NYS
UWW	Unisource Worldwide	NYS
UWZ	United Wisconsin Svcs	NYS
UXL	Laidlaw One 5.75% Ex Nts 2000	NYS
UXP	U.S. Exploration	ASE
VA	Valmet Corp ADS	NYS
VAL	Valspar Corp	NYS
VALD	Valdor Corp	BB
VALE	Valley Systems	NSC
VALL	Valley Fair	BB

Ticker	Issue	Exchange
VALM	Valmont Indus	NNM
VALN	Vallen Corp	NNM
VALU	Value Line	NNM
VANS	Vans Inc	NNM
VAP	Van Kam Am Cap Adv PA Mun	NYS
VAR	Varian Associates	NYS
VARL	Vari-L Company	NNM
VASC	VASCO Corp	BB
VASO	Vasomedical Inc	NSC
VAZ	Voyageur Arizona Muni Income	ASE
VBAN	V Band Corp	BB
VBNJ	Vista Bancorp	NNM
VBNK	Village Bancorp	NSC
VC	Vencor Inc(New)	NYS
VCAI	Veterinary Ctrs of Amer	NNM
VCAM	Vincam Group	NNM
VCBK	Virginia Commerce Bank	NNM
VCD	Value City Dept Stores	NYS
VCELA	Vanguard Cellular Sys	NNM
VCF	Voyageur CO Ins Muni Income	ASE
VCI	Valassis Communications	NYS
VCLL	Thermacell Technologies	NSC
VCLLW	Thermacell Tech Wrrt	NSC
VCO	Vina Concha y Toro ADS	NYS
VCOM	VitalCom Inc	NNM
VCR	Go-Video	ASE
VCSI	Voice Control Systems	NNM
VCV	Van Kam Am Cap CA Val Mun	NYS
VDAT	Visual Data	NSC
VDATW	Visual Data Wrrt	NSC
VDC	VDC Corp	ASE
VDIM	VDI Media	NNM
VDNX	Videonics Inc	NNM
VDO	Videotron Group Ltd	TS
VDRY	Vacu-dry Co	NNM
VEA	Virginia El & Pwr 7.15% Sr Not	NYS
VEB	Veba Corp ADS	NYS
VECO	Veeco Instruments	NNM
VEIX	VAALCO Energy	NSC
VEL PrE	Virginia El & Pwr $5 Pfd	NYS
VEL PrT	Va Pwr Cap Tr 1 8.05% Pfd	NYS
VELCF	Velcro Indus NV	NSC
VENGF	Vengold Inc	NNM
VENT	Venturian Corp	NNM
VENX	Venus Exploration	NSC
VERA	Veramark Technologies	NNM
VERD	Verdant Brands	NNM
VERP	Viragen (Europe) Ltd	NSC
VES	Vestaur Securities	NYS
VESC	Vestcom Intl	NNM
VETX	Vertex Industries	BB
VF	Valley Forge	ASE
VFC	V.F. Corp	NYS
VFL	Voyageur FL Insured Muni Inc	ASE
VFLX	VariFlex Inc	NNM
VFM	Van Kam Am Cap FL Qual Mun	NYS
VFND	VirtualFund.com Inc	NNM
VFSC	Vermont Fin'l Svcs	NNM
VGCO	Virginia Gas	NNM
VGCOW	Virginia Gas Wrrt	NNM

Ticker	Issue	Exchange
VGHN	Vaughn Communications	NNM
VGINF	Visible Genetics	NNM
VGM	Van Kam Am Cap Inv Gr Mun	NYS
VGZ	Vista Gold	ASE
VHI	Valhi Inc	NYS
VHSN	VHS Network	BB
VIA	Viacom Inc Cl'A'	ASE
VIA.B	Viacom Inc Cl'B'	ASE
VIA.WS.E	Viacom Inc'99 Wrrt	ASE
VIAS	VIASOFT Inc	NNM
VIAX	ViaGrafix Corp	NNM
VIBC	VIB Corp	NNM
VIC	Van Kam Am Cap InvGr CA Mun	NYS
VICL	Vical Inc	NNM
VICR	Vicor Corp	NNM
VIDA	VidaMed Inc	NNM
VIDE	Video Display	NNM
VIFL	Food Technology Svc	NSC
VIG	Van Kam Am Cap Inv Grade	NYS
VII	Vicon Indus	ASE
VIM	Van Kam Am Cap Ins Muni	NYS
VINF	VISTA Info Solutions	NSC
VINT	Golden State Vintners'B'	NNM
VION	Vion Pharmaceuticals	NSC
VIONU	Vion Pharmaceuticals 'Unit'	NSC
VIONW	Vion Pharmaceuticals Wrrt'A'	NSC
VIONZ	Vion Pharmaceuticals Wrrt'B'	NSC
VIP	Open-Joint/Vimpel Commun ADS	NYS
VIPIS	Vinings Invstmt Prop	BB
VIPT	Tarragon Realty Investors	NSC
VIR	Virco Mfg	ASE
VIRGY	Virgin Express Hldgs ADS	NNM
VIRS	Triangle Pharmaceuticals	NNM
VIS	VSI Holdings	ASE
VISG	Viisage Technology	NNM
VISN	Sight Resource	NNM
VISNZ	Sight Resource Wrrt	NNM
VISNZ	Sight Resource Wrrt	NNM
VISX	VISX Inc	NNM
VIT	Van Kam Am Cap Hi Inc	NYS
VITK	Futurebiotics Inc	NSC
VITL	Vital Signs	NNM
VITX	V.I. Technologies	NNM
VIZ	Thermo Vision	ASE
VJV	Van Kam Am Cap NJ Val Mun	ASE
VKA	Van Kam Am Cap Adv Muni	NYS
VKC	Van Kam Am Cap CA Muni	ASE
VKI	Van Kam Am Cap Adv Mun II	ASE
VKL	Van Kam Am Cap Sel Sec Mun	ASE
VKQ	Van Kam Am Cap Mun Tr	NYS
VKS	Van Kam Am Cap Str Sec Mun	NYS
VKV	Van Kam Am Cap Value Muni	NYS
VL	Vlasic Foods Intl	NYS
VLAB	VideoLabs Inc	NSC
VLCCF	Knightsbridge Tankers	NNM
VLFG	Valley Forge Scientific	NSC
VLGEA	Village Super Market'A'	NNM
VLNC	Valence Technology	NNM
VLO	Valero Energy	NYS
VLSI	VLSI Technology	NNM

Ticker	Issue	Exchange
VLT	Van Kam Am Cap Hi Inc II	NYS
VLY	Valley Natl Bancorp	NYS
VMC	Vulcan Materials	NYS
VMM	Voyageur Minn Muni Income II	ASE
VMN	Voyageur Minn Muni Income	ASE
VMO	Van Kam Am Cap Muni Opp	NYS
VMRX	VIMRx Pharmaceuticals	NNM
VMRXW	VIMRx Pharmaceuticals Wrrt	NNM
VMSI	Ventana Medical Sys	NNM
VMT	Van Kam Am Cap Mun Inc	NYS
VMTI	Vista Medical Technologies	NNM
VMV	Van Kam Am Cap MA Val Mun	ASE
VNGI	Valley Natl Gases	NNM
VNM	Van Kam Am Cap NY Qual Mun	NYS
VNO	Vornado Realty Trust	NYS
VNO PrA	Vornado Rlty $3.25 Cv'A'Pfd	NYS
VNT	Compania Anonima Tele 'D'ADS	NYS
VNTV	Vantive Corp	NNM
VNV	Van Kam Am Cap NY Val Mun	NYS
VNWK	Visual Networks	NNM
VO	Seagram Co. Ltd	NYS
VOCLF	VocalTec Commun Ltd	NNM
VOD	Vodafone Group ADR	NYS
VOF	Van Kam Am Cap FL Mun Op	ASE
VOL	Volt Info Sciences	NYS
VOLVY	Volvo AB 'B' ADR	NNM
VONE	V-ONE Corp	NNM
VOQ	Van Kam Am Cap OH Qual Mun	NYS
VOT	Van Kam Am Cap Mun Opp II	NYS
VOV	Van Kam Am Cap OH Val Mun	ASE
VOX	Audiovox Cl'A'	ASE
VOXQE	Voxel	NSC
VOXW	Voxware Inc	NNM
VPHM	ViroPharma Inc	NNM
VPI	Vintage Petroleum	NYS
VPQ	Van Kam Am Cap PA Qual Mun	NYS
VPUR	Vermont Pure Hldgs Ltd	NSC
VPV	Van Kam Am Cap PA Val Mun	NYS
VQC	Van Kam Am Cap CA Qual Mun	NYS
VR	Valley Resources	ASE
VRBA	VRB Bancorp	NNM
VRC	Varco Int'l	NYS
VRES	VICORP Restaurants	NNM
VRGN	Viragen Inc	NNM
VRI	Vastar Resources	NYS
VRIO	Verio Inc	NNM
VRLK	Verilink Corp	NNM
VRLN	Varlen Corp	NNM
VRNTP	Vernitron $1.20 Exch Pfd	NSC
VRSN	Verisign Inc	NNM
VRTL	Vertel Corp	NNM
VRTS	VERITAS Software	NNM
VRTX	Vertex Pharmaceuticals	NNM
VRTY	Verity Inc	NNM
VS	Video Services	ASE
VSAT	ViaSat Inc	NNM
VSCI	Vision-Sciences Inc	NSC
VSEC	VSE Corp	NNM
VSEIF	Venture Seismic Ltd	NNM
VSF	Vita Food Products	ASE

Ticker	Issue	Exchange
VSH	Vishay Intertechnology	NYS
VSIN	VSI Enterprises	NSC
VSIO	Visio Corp	NNM
VSLF	Semele Group	NNM
VSNR	Visioneer Inc	NNM
VSNT	Versant Corp	NNM
VSR	Versar Inc	ASE
VST	Vanstar Corp	NYS
VSTN	Vistana Inc	NNM
VSTR	ValueStar Inc	BB
VSVR	VideoServer Inc	NNM
VTA	Ventra Group	TS
VTA	Vesta Insurance Group	NYS
VTCH	Vitech America	NNM
VTEK	Vodavi Technology	NNM
VTEL	Vtel Corp	NNM
VTEX	Vertex Communic'ns	NNM
VTF	Van Kam Am Cap InvGr FL Mun	NYS
VTIX	Venturi Tech Enterprises	BB
VTJ	Van Kam Am Cap InvGr NJ Mun	NYS
VTK	Vitalink Pharmacy	NYS
VTN	Van Kam Am Cap InvGr NY Mun	NYS
VTNAF	Vitran Corp	NNM
VTO	Vitro,Sociedad Anonima ADS	NYS
VTP	Van Kam Am Cap InvGr PA Mun	NYS
VTR	Ventas Inc	NYS
VTRAO	VBC Cap 9.5% Cm Pfd	NNM
VTS	Veritas DGC	NYS
VTSS	Vitesse Semiconductor	NNM
VUL	Vulcan Int'l Corp	ASE
VUPDA	Video Update	NNM
VUPDZ	Video Update Wrrt'B'	NNM
VUTK	View Tech Inc	NNM
VVI	Viad Corp	NYS
VVI Pr	Viad Corp $4.75 cm Pfd	NYS
VVID	Vivid Technologies	NNM
VVR	Van Kam Am Cap Sr Income	NYS
VVTV	ValueVision Intl'A'	NNM
VVUS	Vivus Inc	NNM
VWRX	VWR Scientific Products	NNM
VXWQE	Voxel Wrrt	NSC
VYM	Voyageur Minn Muni Income III	ASE
VYRX	Vyrex Corp	NSC
VYRXW	Vyrex Corp Wrrt	NSC
VYSI	Vysis Inc	NNM
VYTL	Viatel Inc	NNM
W	Westvaco Corp	NYS
WAB	Westinghouse Air Brake	NYS
WABC	Westamerica Bancorporation	NNM
WAC	Warnaco Group'A'	NYS
WACLY	Wacoal Corp ADS	NSC
WAG	Walgreen Co	NYS
WAIN	Wainwright Bank & Trust	NNM
WAK	Wackenhut Corp Cl'A'	NYS
WAK B	Wackenhut Corp'B'	NYS
WALB	Walbro Corp	NNM
WALBP	Walbro Capital Cv Tr 8%Pfd	NNM
WALK	Walker Interactive Sys	NNM
WALL	Wall Data	NNM
WALS	Walshire Assurance	NNM

Ticker	Issue	Exchange
WAMU	Washington Mutual	NNM
WAMUM	Washington Mutual 7.60% 'E' Pf	NNM
WANG	Wang Laboratories	NNM
WANGW	Wang Labs Wrrt	NNM
WARPF	Warp 10 Technologies	NSC
WASH	Washington Trust Bancorp	NNM
WAST	WasteMasters Inc	NSC
WAT	Waters Corp	NYS
WATFZ	Waterford Wedgwood plcADS	NNM
WATR	Tetra Tech	NNM
WAVE	NuWave Technologies	NSC
WAVEW	NuWave Technologies Wrrt	NSC
WAVO	WavePhore Inc	NNM
WAVT	Wave Technologies Intl	NNM
WAX	Waxman Indus	NYS
WAXS	World Access	NNM
WAYN	Wayne Svgs Bancshares	NSC
WB	Wachovia Corp	NYS
WBB	Webb (Del) Corp	NYS
WBC	Westbridge Capital	NYS
WBCO	Washington Banking	NNM
WBK	Westpac Banking ADS	NYS
WBKC	Westbank Corp	NNM
WBPR	Westernbank Puerto Rico	NNM
WBPRP	Western Puerto Rico 7.125%Pfd	NNM
WBST	Webster Financial	NNM
WBSTP	Webster Pfd Cap 8.625% Pfd'B'	NNM
WCAP	Winfield Capital	NSC
WCBI	Westco Bancorp	NNM
WCBO	West Coast Bancorp (OR)	NNM
WCCI	Western Country Clubs	NSC
WCEC	West Coast Entertainment	NNM
WCFB	Webster City Fed Svgs Bk	NSC
WCG	Willis Corroon GroupADS	NYS
WCII	Winstar Communications	NNM
WCLX	Wisconsin Central Trans	NNM
WCNX	Waste Connections	NNM
WCOM	WorldCom Inc	NNM
WCRXY	Warner Chilcott Lab ADS	NNM
WCS	Wallace Computer Svc	NYS
WCSTF	Wescast Industries 'A'	NNM
WDC	Western Digital	NYS
WDFC	W D-40 Co	NNM
WDHD	Woodhead Indus	NNM
WDN	Walden Residential Prop	NYS
WDN PrB	Walden Res Prop 9.16%'B' Pfd	NYS
WDN PrS	Walden Res Prop'S'9.20% Pfd	NYS
WDR	Waddell & Reed Fin'l 'A'	NYS
WDRY	Coinmach Laundry	NNM
WDV	Worldwide Dollarvest Fund	NYS
WE	Westcoast Energy	NYS
WEA	Westfield America	NYS
WEB	Webco Industries	ASE
WEBB	Online System Svcs	NSC
WEBBW	Online System Svcs Wrrt	NSC
WEBC	Western Bancorp	NNM
WEC	Wisconsin Energy Corp	NYS
WEFC	Wells Financial	NNM
WEHO	Westwood Homestead Finl	NNM
WEL	Boots&Coots Intl Well Control	ASE

Ticker	Issue	Exchange
WELL	WellCare Management Group	NSC
WEN	Wendy's Intl	NYS
WEN PrT	Wendy's Fin $2.50 'TECONS'	NYS
WERN	Werner Enterprises	NNM
WES	Westcorp, Inc	NYS
WEYS	Weyco Group	NNM
WFC	Wells Fargo	NYS
WFC PrB	Wells Fargo Adj Rt'B'Pfd	NYS
WFDS	Worthington Foods	NNM
WFI	Winton Financial	ASE
WFMI	Whole Foods Market	NNM
WFR	MEMC Electronic Materials	NYS
WFSG	Wilshire Finl Svcs	NNM
WFSI	WFS Financial	NNM
WFSL	Washington Federal	NNM
WG	Willbros Group	NYS
WGA	Wells-Gardner Electr	ASE
WGHI	Westmark Group Hldgs	NSC
WGL	Washington Gas Lt	NYS
WGNR	Wegener Corp	NSC
WGO	Winnebago Indus	NYS
WGOV	Woodward Governor	NNM
WGR	Western Gas Resources	NYS
WGR Pr	Western Gas Res$2.28 cm Pfd	NYS
WGR PrA	Western Gas Res $2.625 Cv Pfd	NYS
WGTI	Wandel & Goltermann Tech	NNM
WH	Whitman Corp	NYS
WHC	Wackenhut Corrections	NYS
WHCP	White Cap Industries	NNM
WHGB	WHG Bancshares	NSC
WHI	Washington Homes	NYS
WHIT	Whittman-Hart Inc	NNM
WHR	Whirlpool Corp	NYS
WHRTF	World Heart	NSC
WHX	WHX Corp	NYS
WHX Pr	WHX Corp'A'Cv Pfd	NYS
WHX PrB	WHX Corp'B'Cv Pfd	NYS
WIC	WICOR, Inc	NYS
WIDEF	WideCom Group	NSC
WIDWF	WideCom Group Wrrt	NSC
WIKS	Wickes Inc	NNM
WILM	Wilmington Trust Corp	NNM
WIM	William Resources	TS
WIN	Winn-Dixie Stores	NYS
WIND	Wind River Systems	NNM
WINIZ	Mobile Mini Wrrt'B'	NSC
WINS	SM&A Corp	NNM
WIR	Western Inv RE Tr SBI	ASE
WIRE	Encore Wire	NNM
WIRL	Wireless One	NNM
WIS Pr	Wisc Pwr/Lt 4 1/2cm Pfd(107)vt	ASE
WIT	Witco Corp	NYS
WIX	Whitman Education Group	ASE
WIZTF	Wiztec Solutions	NNM
WJ	Watkins-Johnson	NYS
WJCO	Wesley Jessen VisionCare	NNM
WJX	Wajax Ltd(New)	TS
WKGP	Workgroup Technology	NNM
WKR	Whittaker Corp	NYS
WKS	Weeks Corp	NYS

Ticker	Issue	Exchange
WKS PrA	Weeks Corp 8.00% cm'A'Pfd	NYS
WLA	Warner-Lambert	NYS
WLC	Wellco Enterprises	ASE
WLDA	World Airways	NNM
WLET	Winland Electronics	NSC
WLFC	Willis Lease Finance	NNM
WLFI	WinsLoew Furniture	NNM
WLHN	Wolohan Lumber	NNM
WLK	Waterlink Inc	NYS
WLL	Willamette Indus	NYS
WLM	Wellman Inc	NYS
WLMR	Wilmar Industries	NNM
WLP	Wellpoint Hlth Networks	NYS
WLPT	Wellington Properties Trust	NSC
WLRF	WLR Foods Inc	NNM
WLSN	Wilsons The Leather Experts	NNM
WLT	Walter Industries	NYS
WLV	Wolverine Tube	NYS
WMAR	West Marine	NNM
WMB	Williams Cos	NYS
WMC	WMC Ltd ADS	NYS
WMCO	Williams Controls	NNM
WMD	Wendt-Bristol Health Svcs	ASE
WMD.WS	Wendt-Bristol Health Wrrts	ASE
WME	Waste Mgmt Intl plcADS	NYS
WMED	Worldwide Medical	BB
WMFG	WMF Group	NNM
WMI	Waste Management(New)	NYS
WMK	Weis Markets	NYS
WMO	Wausau-Mosinee Paper	NYS
WMS	WMS Industries	NYS
WMSI	Williams Industries	NNM
WMT	Wal-Mart Stores	NYS
WN	Weston (George) Ltd	TS
WN	Wynn's Intl	NYS
WNC	Wabash National	NYS
WND	Windmere-Durable Hldgs	NYS
WNI	Weider Nutrition Intl'A'	NYS
WNMP	Westwood Corp	NSC
WNMX	Winmax Trading Group	BB
WNNB	Wayne Bancorp (OH)	NSC
WNS	Windsor Energy	ASE
WNUT	Walnut Financial Services	NNM
WOA	WorldCorp Inc	NYS
WOC	Wilshire Oil Texas	NYS
WOFC	Western Ohio Finl	NNM
WONE	Westwood One	NNM
WORK	Workflow Management	NNM
WOSI	World of Science	NNM
WOTD	Western Oil & Tire Dstr	BB
WPEC	Western Power & Equip	NNM
WPI	Watson Pharmaceuticals	NYS
WPIC	WPI Group	NNM
WPK	WBK 10%'STRYPES' Trust	NYS
WPNE	White Pine Software	NNM
WPO	Washington Post'B'	NYS
WPOG	Pease Oil & Gas	NSC
WPOGW	Pease Oil & Gas Wrrt'B'	NNM
WPPGY	WPP Group ADS	NNM
WPS	WPS Resources	NYS

Ticker	Issue	Exchange
WPS PrA	WPSR Cap Tr I 7.00% Pfd	NYS
WPSN	Westpoint Stevens	NNM
WQP	West Penn Pwr 8.00% 'QUIDS'	NYS
WR	Western Resources	NYS
WR PrA	Western Res Cap 7.875%'QUIPS'	NYS
WR PrB	Western Res Cap II 8.50% 'QUIP	NYS
WRA	Windarra Minerals	TS
WRC	World Color Press	NYS
WRE	Washington REIT SBI	ASE
WREI	Wilshire Real Estate Inv Tr	NNM
WRI	Weingarten Rlty SBI	NYS
WRI PrA	Weingarten Rlty Inv 7.44% Pfd	NYS
WRLD	World Acceptance	NNM
WRLS	Telular Corp	NNM
WRM	Wheaton River Minerals	TS
WRNB	Warren Bancorp	NNM
WRP	Wellsford Real Properties	ASE
WRPC	WRP Corp	NSC
WRS	Winston Resources	ASE
WRSI	Woodroast Systems	NSC
WS	Weirton Steel	NYS
WSB	Washington Savings Bank	ASE
WSBC	Wesbanco Inc	NNM
WSBI	Warwick Community Bancorp	NNM
WSC	Wesco Financial	ASE
WSCC	Waterside Capital	NSC
WSCI	Washington Scientific	NNM
WSDI	Wall Street Deli	NNM
WSFS	WSFS Financial	NNM
WSH	Western Star Trucks Hldg	ASE
WSII	Waste Systems Intl	NSC
WSKI	Winter Sports	BB
WSM	Williams-Sonoma	NYS
WSO	Watsco, Inc	NYS
WSO.B	Watsco Inc Cv Cl'B'	ASE
WSP Pr	West Penn Pwr 4 1/2%cmPfd	NYS
WST	West Co	NYS
WSTF	Western Staff Services	NNM
WSTL	Westell Technologies'A'	NNM
WSTNA	Weston(Roy F)'A'	NNM
WSTR	WesterFed Financial	NNM
WTBK	Westerbeke Corp	NSC
WTDI	WTD Industries	NNM
WTEC	Warrantech Corp	NNM
WTEK	Waste Technology	NSC
WTFC	Wintrust Financial	NNM
WTHG	Worthington Indus	NNM
WTLK	Worldtalk Communications	NNM
WTNY	Whitney Holding	NNM
WTR	Aquarion Co	NYS
WTRS	Waters Instruments	NNM
WTS	Watts Industries'A'	NYS
WTSC	West TeleServices	NNM
WTSLA	Wet Seal Cl'A'	NNM
WTT	Wireless Telecom	ASE
WTU	Williams Coal Seam Gas Rlty	NYS
WTW	Westower Corp	ASE
WTW.WS	Westower Corp Wrrt	ASE
WTX	Worldtex Inc	NYS
WTZRA	Weitzer Homebuilders 'A'	BB

Ticker	Issue	Exchange
WVFC	WVS Financial	NNM
WVQ	Monongahela Pwr 8% 'QUIDS'	NYS
WVVI	Willamette Vy Vineyards	NSC
WWCA	Western Wireless'A'	NNM
WWDE	Worldwide Equipment	BB
WWES	Worldwide Entertain't & Sports	NSC
WWESW	Worldwide Entertain't&Sports W	NSC
WWEUV	Worldwide Entertain't&Sports U	NSC
WWIN	Waste Industries	NNM
WWLI	Whitewing Labs	NSC
WWLIW	Whitewing Labs Wrrt	NSC
WWP	Washington Water Pwr	NYS
WWP PrA	Wash Wtr Pwr Cp I 7.875%'TOPrS	NYS
WWTR	Western Water	NNM
WWVY	Warwick Valley Telephone	NNM
WWW	Wolverine World Wide	NYS
WWY	Wrigley, (Wm) Jr	NYS
WXH	Winston Hotels	NYS
WXH PrA	Winston Hotels 9.25% cm'A'Pfd	NYS
WY	Weyerhaeuser Co	NYS
WYMN	Wyman-Gordon	NNM
WYNE	Wayne Bancorp (NJ)	NNM
WYNT	Wyant Corp	NNM
WZR	Wiser Oil	NYS
X	USX-U.S. Steel Group	NYS
X PrA	USX Corp 6.50% Cv Pfd	NYS
X PrZ	USX Cap I 6.75%Cv'QUIPS'	NYS
XAA	Amer Muni Income Portfolio	NYS
XATA	XATA Corp	NNM
XC	Cross-Continent Auto Retailers	NYS
XCED	X-Ceed Inc	NSC
XCIT	Excite Inc	NNM
XCL	X-Cal Resources	TS
XCL	XCL Ltd	ASE
XEIKY	Xeikon N.V. ADR	NNM
XEL	Excel Realty Trust	NYS
XEL PrA	Excel Rlty Tr 8.50% Cv Pfd	NYS
XEL PrB	Excel Rlty Tr 8.625%Dep Pfd	NYS
XENO	Xenometrix Inc	BB
XETA	XETA Corp	NNM
XGAG	XGA Golf Intl	BB
XGNT	Exigent Intl	BB
XICO	Xicor Inc	NNM
XION	Xionics Document Tech	NNM
XIOX	Xiox Corp	NSC
XIRC	Xircom Inc	NNM
XL	EXEL Limited'A'(New)	NYS
XLC Pr	USX Capital LLC 'MIPS'	NYS
XLNX	Xilinx Inc	NNM
XLSW	Excel Switching	NNM
XLTC	Excel Technology	NNM
XMX	Madoc Mining	VS
XNET	Xin Net	BB
XNVAY	Xenova Group ADS	NNM
XOMA	XOMA Corp	NNM
XOMD	Xomed Surgical Products	NNM
XON	Exxon Corp	NYS
XOXC	XOX Corp	BB
XPIE	Coastal Foods	BB
XPRSA	U.S. Xpress Enterprises'A'	NNM

Ticker	Issue	Exchange
XPRT	Expert Software	NNM
XRAY	DENTSPLY International	NNM
XRIT	X-Rite Inc	NNM
XRX	Xerox Corp	NYS
XSB	Salomon SB Hldg Eq Nts 2001	NYS
XSYS	XXsys Technologies	NSC
XTEL	XeTel Corp	NNM
XTND	Extended Systems	NNM
XTO	Cross Timbers Oil	NYS
XTO PrA	Cross Timbers Oil Sr'A'Cv Pfd	NYS
XTON	Executone Info Sys	NNM
XTR	XTRA Corp	NYS
XTRM	Brass Eagle	NNM
XTS	SBC Commun 7.75%'DECS' 2001	NYS
XTX	New York Tax Exempt Income	ASE
XYBR	Xybernaut Corp	NSC
XYBRU	Xybernaut Corp Unit	NSC
XYBRW	Xybernaut Corp Wrrt	NSC
XYLN	Xylan Corp	NNM
Y	Alleghany Corp	NYS
YANB	Yardville Natl Banc	NNM
YBM	YBM Magnex Intl	TS
YBTVA	Young Broadcasting'A'	NNM
YCS	Lehman Br Hldg 5.0%'YEELDS'	ASE
YCT	Yorkshire Cap Tr 8.08% TrSec	NYS
YDNT	Young Innovations	NNM
YELL	Yellow Corp	NNM
YES	Yankee Energy System	NYS
YESS	Yes Entertainment	NNM
YFCB	Yonkers Financial	NNM
YFED	York Financial	NNM
YFM	Big City Radio 'A'	ASE
YHOO	Yahoo Inc	NNM
YILD	YieldUP Intl	NSC
YILDZ	YieldUp Intl Wrrt'B'	NSC
YLD	High Income Advantage	NYS
YLF	Intl Airline Support Grp	ASE
YLH	High Income Advantage III	NYS
YLT	High Income Advantage II	NYS
YNR	Young & Rubicam	NYS
YOCM	Intl Yogurt	NSC
YORK	York Research	NNM
YPF	YPF Sociedad Anonima ADS	NYS
YRI	Yamana Resources	TS
YRK	York International	NYS
YRKG	York Group	NNM
YSII	Youth Services Int'l	NNM
YUM	Tricon Global Restaurants	NYS
YZC	Yanzhou Coal Mining ADS	NYS
Z	Venator Group	NYS
ZANAU	Zanart Entmt 'Unit'	NSC
ZAP	Zapata Corp	NYS
ZAPS	Cooper Life Sciences	NSC
ZBRA	Zebra Technologies'A'	NNM
ZCL	ZCL Composites	TS
ZCO	Ziegler Cos	ASE
ZD	Ziff-Davis Inc	NYS
ZEI	Zeigler Coal Holding	NYS
ZEN	Zeneca Group ADR	NYS
ZEN	Zenon Environmental	TS

Ticker	Issue	Exchange
ZEON	ZEON Corp	BB
ZEUS	Olympic Steel	NNM
ZF	Zweig Fund	NYS
ZHOM	Zaring National	NNM
ZICAF	Zi Corp	NSC
ZIF	Zenix Income Fund	NYS
ZIGO	Zygo Corp	NNM
ZILA	Zila Inc	NNM
ZING	Zing Technologies	NNM
ZION	Zions Bancorp	NNM
ZITL	Zitel Corp	NNM
ZLC	Zale Corp	NYS
ZMAX	ZMAX Corp	NSC
ZMTX	ZymeTx Inc	NNM
ZMX	Zemex Corp	NYS
ZNDTY	Zindart Ltd ADR	NNM
ZNH	China Southern Airlines'H'ADS	NYS
ZNRG	Zydeco Energy	NNM
ZNRGW	Zydeco Energy Wrrt	NNM
ZNT	Zenith Natl Insurance	NYS
ZOLL	Zoll Medical	NNM
ZOLT	Zoltek Co	NNM
ZOMX	Zomax Optical Media	NNM
ZONA	Zonagen Inc	NNM
ZOOM	Zoom Telephonics	NNM
ZQK	Quiksilver, Inc	NYS
ZRAN	Zoran Corp	NNM
ZSEV	Z Seven Fund	NNM
ZTR	Zweig Total Return Fd	NYS
ZULU	Zulu Tek	BB
ZVX	Zevex International	ASE

Securities
By
Company
Name

Issue	Ticker	Exchange
A Consulting Team	TACX	NNM
Aames Financial	AAM	NYS
AAON Inc	AAON	NNM
AAR Corp	AIR	NYS
Aaron Rents	RNT	NYS
Aaron Rents Cl'A'	RNT.A	NYS
Aasche Transportation Svcs	ASHE	NNM
Aastrom Biosciences	ASTM	NNM
Aavid Thermal Technologies	AATT	NNM
AB Svensk Exp Cap Sec	SEP Pr	NYS
AB Svensk Exp Cap Sec Pfd'B'	SEP PrA	NYS
Abacan Resource	ABACF	NNM
Abacus Direct	ABDR	NNM
Abacus Minerals Corp	AMC	VS
Abaddon Resources	ABA	VS
Abatix Environmental	ABIX	NSC
Abaxis Inc	ABAX	NNM
ABB AB ADR	ABBBY	NSC
Abbey Natl Sr'A' Pref ADS	ANB PrA	NYS
Abbott Laboratories	ABT	NYS
ABC Bancorp	ABCB	NNM
ABC Dispensing Tech	ABCC	NSC
ABC Rail Products	ABCR	NNM
Aber Resources Ltd	ABERF	NSC
Abercrombie & Fitch Co'A'	ANF	NYS
Abgenix Inc	ABGX	NNM
ABI Cap Tr 8.50% Pfd	ABANP	NNM
Abigail Adams Natl Bancorp	AANB	NNM
Abington Bancorp	ABBK	NNM
Abington Bancorp Cap Tr 8.25%	ABBKP	NNM
ABIOMED, Inc	ABMD	NNM
Abitibi Mining Corp	ABB	VS
Abitibi-Consolidated	ABY	NYS
Able Telcom Holding	ABTE	NNM
ABM Industries Inc	ABM	NYS
ABN AMRO Holding ADS	AAN	NYS
ABR Information Services	ABRX	NNM
Abrams Industries	ABRI	NNM
Abraxas Petroleum	AXAS	NNM
ABS Group	ADBS	BB
ABT Building Products	ABTC	NNM
A.C. Moore Arts & Crafts	ACMR	NNM
Acacia Research	ACRI	NNM
Acadia Natl Health Sys	ACAD	BB
Acadia Realty Trust	AKR	NYS
Acadiana Bancshares	ANA	ASE
Accel Intl	ACLE	NNM
Accelr8 Technology	ACLY	NNM
Accent Color Sciences	ACLR	NNM
Accent Software Intl	ACNTF	NSC
Accent Software Intl Unit	ACNUF	NSC
Acceptance Insur Cos	AIF	NYS
Access Anytime Bancorp	AABC	NSC
Access Health	ACCS	NNM
Access Power	ACCR	BB
Access Solutions Intl	ASIC	BB
Acclaim Entertainment	AKLM	NNM
AccuMed Intl	ACMI	NSC
AccuStaff Inc	ASI	NYS
Ace Cash Express	AACE	NNM

Issue	Ticker	Exchange
ACE COMM Corp	ACEC	NNM
ACE Limited	ACL	NYS
Aceto Corp	ACET	NNM
ACI Telecentrics	ACIT	NSC
Ackerley Group	AK	NYS
Acktion Corp	ACK	TS
A.C.L.N. Ltd	ACLNF	NNM
ACM Gvt Income Fund	ACG	NYS
ACM Gvt Opportunity Fd	AOF	NYS
ACM Gvt Securities	GSF	NYS
ACM Gvt Spectrum Fund	SI	NYS
ACM Managed Dollar Income	ADF	NYS
ACM Managed Income Fund	AMF	NYS
ACM Muni Securities Income	AMU	NYS
ACMAT Corp'A'	ACMTA	NNM
Acme Electric	ACE	NYS
Acme Metals	AMI	NYS
Acme United	ACU	ASE
ACNielsen Corp	ART	NYS
Acorn Holding	AVCC	NSC
Acorn Products	ACRN	NNM
ACR Group	ACRG	NSC
Acres Gaming	AGAM	NSC
Acrodyne Communications	ACRO	NSC
A.C.S. Electronics	ACSEF	NSC
ACSYS Inc	ACSY	NNM
ACT Manufacturing	ACTM	NNM
ACT Networks	ANET	NNM
Act Teleconferencing	ACTT	NSC
Act Teleconferencing Wrrt	ACTTW	NSC
Actel Corp	ACTL	NNM
Action Performance Cos	ACTN	NNM
Action Products Intl	APII	NSC
Active Apparel Group	AAGP	NNM
Active Voice	ACVC	NNM
Activision Inc	ATVI	NNM
Actrade Intl Ltd	ACRT	NNM
Actuate Software	ACTU	NNM
ACTV Inc	IATV	NSC
Acuson Corp	ACN	NYS
ACX Technologies	ACX	NYS
Acxiom Corp	ACXM	NNM
ADAC Laboratories	ADAC	NNM
A.D.A.M. Software	ADAM	NNM
Adams Express	ADX	NYS
Adams Golf	ADGO	NNM
Adams Res & Energy	AE	ASE
Adaptec Inc	ADPT	NNM
Adaptive Solutions	ADSO	NSC
ADC Telecommunications	ADCT	NNM
ADDvantage Media Group	ADDM	NSC
ADE Corp	ADEX	NNM
Adecco S.A. ADS	ADECY	NNM
Adelphia Communic'A'	ADLAC	NNM
Adept Technology	ADTK	NNM
ADEX Mining	AMG	TS
ADFlex Solutions	AFLX	NNM
Adikann Goldfields	ADK	VS
ADM Tronics Unlimited	ADMT	NSC
Administaff Inc	ASF	NYS

Issue	Ticker	Exchange
Administradora de Fondos ADS	PVD	NYS
Admor Memory Corp	ADMR	BB
Adobe Systems	ADBE	NNM
Adrenalin Interactive	ADRN	NSC
Adrenalin Interactive Wrrt	ADRNW	NSC
Adrian Resources	ADLRF	NSC
Adrien Arpel	RPL	ASE
Adtran Inc	ADTN	NNM
Advance Display Tech	ADTI	BB
Advance Finl Bancorp	AFBC	NSC
Advance Paradigm	ADVP	NNM
Advanced Aerodyn & Structures'	AASI	NNM
Advanced Aero/Struct Wrrt'A'	AASIW	NNM
Advanced Aero/Struct Wrrt'B'	AASIZ	NNM
Advanced Aero/Structure Unit	AASIU	NSC
Advanced Communications Grp	ADG	NYS
Advanced Communications Sys	ACSC	NNM
Advanced Definition Systems	ADEF	BB
Advanced Deposition Tech	ADTC	NSC
Advanced Digital Info	ADIC	NNM
Advanced Elect Support Pds	AESP	NSC
Advanced Elect Support Wrrt	AESPW	NSC
Advanced Energy Industries	AEIS	NNM
Advanced Environ Recyl'A'	AERTA	NSC
Advanced Fibre Communic	AFCI	NNM
Advanced Gaming Tech	AGTI	BB
Advanced Health	ADVH	NNM
Advanced Lighting Technol	ADLT	NNM
Advanced Mach Vision Cl'A'	AMVC	NSC
Advanced Magnetics	AVM	ASE
Advanced Marketing Svcs	ADMS	NNM
Advanced Matls Group	ADMG	NSC
Advanced Micro Dev	AMD	NYS
Advanced Neuromodulation Sys	ANSI	NNM
Advanced Photonix'A'	API	ASE
Advanced Polymer Sys	APOS	NNM
Advanced Radio Telecom	ARTT	NNM
Advanced Systems Intl	ADSN	BB
Advanced Technical Products	ATPX	NNM
Advanced Tissue Sciences	ATIS	NNM
Advanced Viral Research	ADVR	BB
ADVANTA Corp Cl'A'	ADVNA	NNM
ADVANTA Corp Cl'B'	ADVNB	NNM
ADVANTA Corp 6.75% Dep Shrs	ADVNZ	NNM
Advantage Learning Systems	ALSI	NNM
Advantage Marketing Sys	AMSO	NSC
Advantage Mktg Sys Wrrt	AMSOW	NSC
Advantica Restaurant Grp	DINE	NNM
Advantica Restaurant Wrrt	DINWV	NNM
Advent Software	ADVS	NNM
Adventure Electronics	AVN	TS
Advest Group	ADV	NYS
ADVO Inc	AD	NYS
Advocat Inc	AVC	NYS
Aegis Communications Group	AGIS	NNM
Aegis Realty	AER	ASE
AEGON N.V. Ord	AEG	NYS
Aehr Test Systems	AEHR	NNM
AEP Industries	AEPI	NNM
AER Energy Resources	AERN	NNM

Issue	Ticker	Exchange
Aerial Communications	AERL	NNM
Aero Sys Engr	AERS	NSC
Aerocentury Corp	ACY	ASE
Aeroflex Inc	ARX	NYS
Aeroquip-Vickers Inc	ANV	NYS
Aerosonic Corp	AIM	ASE
Aerovox Inc	ARVX	NNM
AES Corp	AES	NYS
AES Corp Wrrt	AESCW	NSC
AES Tr I $2.6875'TECONS'(50)	AES PrT	NYS
Aetna Capital 9.50%'MIPS'	AET PrA	NYS
Aetna Inc	AET	NYS
Aetna Inc 6.25%'C'Cv Pfd	AET PrC	NYS
Aetrium Inc	ATRM	NNM
AFC Cable Systems	AFCX	NNM
Affiliated Computer Services'A	AFA	NYS
Affiliated Managers Grp	AMG	NYS
Affinity Technology Gp	AFFI	NNM
Affymetrix Inc	AFFX	NNM
AFLAC Inc	AFL	NYS
AFP Imaging	AFPC	NSC
African Resources	AFRI	BB
AfriOre Ltd	AFO	VS
AFSALA Bancorp	AFED	NNM
Aftermarket Technology	ATAC	NNM
AG Associates	AGAI	NNM
Ag Services of America	ASV	NYS
Agate Bay Resources	ABE	VS
Ag-Bag Intl Ltd	AGBG	NSC
Ag-Chem Equipment	AGCH	NNM
AGCO Corp	AG	NYS
Ages Health Svcs Wrrt	AHSIW	NSC
Agiss Corp	AGCR	BB
AGL Resources	ATG	NYS
Agnico Eagle Mines	AEM	NYS
Agouron Pharmaceuticals	AGPH	NNM
AGRA Inc	AGR	TS
Agree Realty	ADC	NYS
AgriBioTech Inc	ABTX	NNM
Agribrands Intl	AGX	NYS
Agri-Foods Intl	AFIN	BB
Agri-Nutrition Group	AGNU	NNM
Agritope Inc	AGTO	NSC
Agrium Inc	AGU	NYS
Agrium Inc 8% 'COPrS'	AGU Pr	NYS
AHL Services	AHLS	NNM
Ahmanson(H F) & Co	AHM	NYS
Ahold Ltd ADR	AHO	NYS
AIC Intl Resources	AIX	VS
AICI Cap Tr 9% Pfd	AIF PrT	NYS
Aid Auto Stores	AIDA	NSC
Aid Auto Stores Wrrt	AIDAW	NSC
AIM Eastern Europe Fd SBI	GTF	NYS
AIM Smart	AIMS	BB
Ainsworth Lumber	ANS	TS
Air & Water Tech'A'	AWT	ASE
Air & Water Tech Wrrt	AWT.WS	ASE
Air Canada	AC	TS
Air Canada'A'	ACNAF	NNM
Air Express Intl	AEIC	NNM

Issue	Ticker	Exchange
Air Methods	AIRM	NNM
Air Packaging Technol	AIRP	BB
Air Products & Chem	APD	NYS
Air Transportation Hldgs	AIRT	NSC
Airborne Freight	ABF	NYS
Airboss Of America(New)	BOS	TS
Airgas Inc	ARG	NYS
Airlease Ltd L.P.	FLY	NYS
AirNet Systems	ANS	NYS
Airport Systems Intl	ASII	NNM
AirTouch Communications	ATI	NYS
AirTouch Commun 6.00% Cv Pfd	ATI PrB	NYS
AirTouch Commun 4.25% Cv Pfd	ATI PrC	NYS
AirTran Hldgs	AAIR	NNM
Ajay Sports(New)	AJAYD	NSC
Ajay Sports 10% Cv Pfd	AJAYP	NSC
AJL PepsTrust	AJP	NYS
AK Steel Holding	AKS	NYS
Akorn Inc	AKRN	NNM
Aksys Ltd	AKSY	NNM
Akzo Nobel N.V. ADS	AKZOY	NNM
Alabama Natl Bancorp	ALAB	NNM
Alabama Pwr 6.40% 'A' Pfd	ALP PrC	NYS
Alabama Pwr 6.80% 'A' Pfd	ALP PrB	NYS
Alabama Pwr 7.00% Sr Notes	ACA	NYS
Alabama Pwr 7.00% Sr Notes'C'	ABJ	NYS
Alabama Pwr 7.125% Sr Notes	ALZ	NYS
Alabama Pwr Adj Rt'A''93 Sr	ALP PrD	NYS
Ala Pwr Cap I 7.375% Tr Pfd Se	ALP PrQ	NYS
Ala Pwr Cap II 7.60% 'TOPrS'	ALP PrR	NYS
Aladdin Knowledge Systems	ALDNF	NNM
Alamo Group	ALG	NYS
Alanco Environmental Res	ALAN	NSC
Alaris Medical	ALRS	NNM
Alarmguard Hldgs	AGD	ASE
Alaska Air Group	ALK	NYS
ALBANK Finl	ALBK	NNM
Albany Intl 'A'	AIN	NYS
Alba-Waldensian	AWS	ASE
Albemarle Corp	ALB	NYS
Alberta Energy	AOG	NYS
Alberto-Culver Cl'A'	ACV.A	NYS
Alberto-Culver Cl'B'	ACV	NYS
Albertson's, Inc	ABS	NYS
Albion Banc Corp	ALBC	NSC
Alcan Aluminium Ltd	AL	NYS
Alcatel Alsthom ADS	ALA	NYS
Alchemy Holdings	ALCH	BB
Alcide Corp	ALCD	NNM
Alcohol Sensors Intl	ASIL	BB
Aldila Inc	ALDA	NNM
Alexa Ventures Inc	AXA	TS
Alexander & Baldwin	ALEX	NNM
Alexander Haagen Properties	ACH	ASE
Alexander's, Inc	ALX	NYS
Alexandria R.E. Equities	ARE	NYS
Alexion Pharmaceuticals	ALXN	NNM
Alfa Corp	ALFA	NNM
Alfacell Corp	ACEL	NSC
Algo Group'A'	AO.A	TS

Issue	Ticker	Exchange
Algoma Central	ALC	TS
Algoma Steel	ALGSF	NNM
Algos Pharmaceutical	ALGO	NNM
Aliant Communications	ALNT	NNM
Alico, Inc	ALCO	NNM
Align-Rite Intl	MASK	NNM
Alkermes Inc	ALKS	NNM
Alkermes Inc $3.25 cv Exch Pfd	ALKSP	NSC
All Amer Food Grp	AAFG	BB
All Amer Semiconductor	SEMI	NNM
All-American Term Trust	AAT	NYS
Allcity Insurance	ALCI	NNM
Alleghany Corp	Y	NYS
Allegheny Energy	AYE	NYS
Allegheny Teledyne	ALT	NYS
Allegiance Corp	AEH	NYS
Allegiance Telecom	ALGX	NNM
Allegiant Bancorp	ALLE	NNM
Allegro Property	AP	VS
Allelix Biopharmaceutical	AXB	TS
Allen Organ Cl'B'	AORGB	NNM
Allen Telecom	ALN	NYS
Allergan Specialty Therapeutic	ASTI	NNM
Allergan, Inc	AGN	NYS
Alliance All-Mkt Adv Fd	AMO	NYS
Alliance Bancorp	ABCL	NNM
Alliance Bancorp New England	ANE	ASE
Alliance Cap Mgmt L.P.	AC	NYS
Alliance Communic 'B'	ALLIF	NNM
Alliance Forest Prod	PFA	NYS
Alliance Gaming	ALLY	NNM
Alliance Pharmaceutical	ALLP	NNM
Alliance Semiconductor	ALSC	NNM
Alliance World Dollar Gvt Fd	AWG	NYS
Alliance World Dollar Gvt Fd I	AWF	NYS
Alliant Techsystems	ATK	NYS
Allied Capital	ALLC	NNM
Allied Devices Corp	ALDV	NSC
Allied Digital Tech	ADK	ASE
ALLIED Group	GRP	NYS
Allied Healthcare Prod	AHPI	NNM
Allied Holdings	AHI	NYS
Allied Irish Banks ADS	AIB	NYS
ALLIED Life Financial	ALFC	NNM
Allied Products	ADP	NYS
Allied Research Corp	ALR	ASE
Allied Waste Ind	AWIN	NNM
AlliedSignal Inc	ALD	NYS
Allin Communications	ALLN	NNM
Allmerica Financial	AFC	NYS
Allmerica Sec Tr	ALM	NYS
Allou Health&Beauty'A'	ALU	ASE
Allstar Systems	ALLS	NNM
Allstate Corp	ALL	NYS
Allstate Cp 7.125% 'QUIBS'	ALJ	NYS
Allstate Financial	ASFN	NNM
Allstate Fin I 7.95%'QUIPS'	ALL PrA	NYS
ALLTEL Corp	AT	NYS
ALLTEL Corp $2.06 Cv Pfd	AT Pr	NYS
Alltrista Corp	ALC	NYS

Issue	Ticker	Exchange
Allwest Systems Intl	AWTE	BB
Almaden Resources	AMH.	VS
Alottafun Inc	ALFN	BB
Alpha Bytes	ABYT	BB
Alpha Hospitality	ALHY	NSC
Alpha Indus	AHAA	NNM
Alpha Microsystems	ALMI	NNM
Alpha Pro Tech	APTD	BB
Alpha Technologies Grp	ATGI	NNM
Alpha-Beta Technology	ABTI	NNM
AlphaNet Solutions	ALPH	NNM
Alphanet Telecom	FAX	TS
ALPHARMA Inc 'A'	ALO	NYS
ALPHARMA Inc Wrrt	ALO.WS	NYS
Alpine Exploration	AXC	VS
Alpine Group	AGI	NYS
ALPNET, Inc	AILP	NSC
ALSTOM ADS	ALS	NYS
Alta Genetics	AGI	TS
Alta Gold Co	ALTA	NNM
Altai Resources	ATI	TS
Altair International	ALTIF	NNM
Alteon Inc	ALTN	NNM
Altera Corp	ALTR	NNM
Alternate Marketing Networks	ALTM	NSC
Alternative Living Services	ALI	ASE
Alternative Resources	ALRC	NNM
Altos Hornos de Mexico ADS	IAM	NYS
Altris Software	ALTS	BB
Altron Inc	ALRN	NNM
Aluminum Co of Amer	AA	NYS
Alum Co Amer $3.75 Pfd	AA Pr	ASE
Alydaar Software	ALYD	NNM
Alyn Corp	ALYN	NNM
ALZA Corp	AZA	NYS
ALZA Corp Wrrt	ALZAW	NNM
Amarillo Bioscience	AMAR	NSC
Amarillo Mesquite Grill	MESQ	BB
Amax Gold $3.75 Sr'B'Cv Pfd	AU PrB	NYS
Amazon Natural Treasures	AZNT	BB
Amazon.Com	AMZN	NNM
AMB Financial	AMFC	NNM
AMB Property	AMB	NYS
AMB Property 8.50% Pfd	AMB PrA	NYS
Ambac Financial Group	ABK	NYS
Ambac Finl Grp 7.08% Debs	AKB	NYS
AMBANC Corp	AMBK	NNM
Ambanc Holding	AHCI	NNM
Ambassador Bank of Commwlth	ABPA	NSC
Ambassadors Intl	AMIE	NNM
AMBI Inc	AMBI	NNM
Ambient Corp	ABTG	BB
AMC Entertainment	AEN	ASE
Amcast Industrial	AIZ	NYS
AMCOL Intl	ACOL	NNM
AMCON Distributing	DIST	NSC
Amcor Capital	ACAP	NSC
Amcor Limited ADR	AMCRY	NNM
Amcore Financial	AMFI	NNM
Amdocs Ltd	DOX	NYS

Issue	Ticker	Exchange
AME Resource Capital	AME	VS
AMEDISYS Inc	AMEDE	NNM
Amer Access Technologies	AATK	BB
Amer Aircarriers Support	AIRS	NNM
Amer Annuity Cap Tr I 9.25%'TOPrS'	AAG PrT	NYS
Amer Annuity Group	AAG	NYS
Amer Architectural Prod	AAPC	BB
Amer Artists Film	AAFC	BB
Amer Bancorp Ohio	AMBC	NNM
Amer Bancorp Cap Tr % Pfd	AMBCP	NNM
Amer Bancshares	ABAN	NNM
Amer Bank Note Holographics	ABH	NYS
Amer Bank, Conn	BKC	ASE
Amer Bankers Insur Grp	ABI	NYS
Amer Bankers Ins $3.125 Pfd'B'	ABI PrB	NYS
Amer Banknote	ABN	NYS
Amer Benefits Grp	ABFG	BB
Amer Biltrite	ABL	ASE
Amer Bingo & Gaming	BNGO	NSC
Amer Bio Medica	ABMC	NSC
Amer Biogenetic Sciences'A'	MABXA	NNM
Amer Buildings	ABCO	NNM
Amer Bullion Minerals	ABP	TS
Amer Business Finl Svcs	ABFI	NNM
Amer Business Prod	ABP	NYS
Amer Capital Strategies	ACAS	NNM
Amer Champion Entertainment	ACEI	NSC
Amer Champion Ent'mt Wrrt	ACEIW	NSC
Amer Claims Evaluation	AMCE	NNM
Amer Classic Voyages	AMCV	NNM
Amer Coin Merchandising	AMCN	NNM
Amer Comstock Expl	AEK	VS
Amer Dental Partners	ADPI	NNM
Amer Dental Technologies	ADLI	NNM
Amer Disposal Svcs	ADSI	NNM
Amer Eagle Outfitters	AEOS	NNM
Amer Eco	ECGOF	NNM
Amer Ecology	ECOL	NNM
Amer Educational Prd	AMEP	NSC
Amer Educational Prd Wrrt	AMEPW	NSC
Amer Electric Pwr	AEP	NYS
Amer Entertainment Grp	AETG	BB
Amer Express	AXP	NYS
Amer Express Cap Tr 7.00%'QUIP	AXP PrA	NYS
Amer Finl Cap Tr I 9.125%'TOPr	AFG PrT	NYS
Amer Finl Group	AFG	NYS
Amer First Aptmt Investors	APROZ	NNM
America First Mtg Investments	MFA	NYS
Amer First Tax Exempt Mtg L.P.	AFTXZ	NNM
Amer Freightways	AFWY	NNM
Amer General	AGC	NYS
Amer Genl 7% Cv Pfd	AGC PrD	NYS
Amer Genl 8.125% 'MIPS'	AGC PrN	NYS
Amer Genl 8.45% 'MIPS'	AGC PrM	NYS
Amer Gen'l Del LLC 6% Cv'MIPS'	AGC PrC	NYS
Amer Gilsonite	AGTC	BB
Amer Greetings Cl'A'	AM	NYS
Amer Health Prop	AHE	NYS
Amer Hlth 8.60% Dep Pfd	AHE PrB	NYS
Amer Health Prop Dep Pfd	AHEPZ	NNM

Issue	Ticker	Exchange
Amer HealthChoice	AHIC	NSC
Amer Healthcorp	AMHC	NNM
Amer Heritage Life	AHL	NYS
Amer Heritage Life 8.50%'PRIDES	AHL Prl	NYS
Amer Home Products	AHP	NYS
Amer Home Prod,$2 Cv Pfd	AHP Pr	NYS
Amer HomePatient	AHOM	NNM
Amer Homestar	HSTR	NNM
Amer Image Motor	USMC	BB
Amer Indem/Finl	AIFC	NNM
Amer Industrial Prop	IND	NYS
Amer Ins Mtge Inv L.P.	AIA	ASE
Amer Ins Mtge Inv Ser 85	AII	ASE
Amer Ins Mtge Inv Ser 86	AIJ	ASE
Amer Ins Mtge Inv Ser 88	AIK	ASE
Amer Interactive Media	AIME	BB
Amer Intl Group	AIG	NYS
Amer Intl Petroleum	AIPN	NNM
Amer Israeli Paper Ord	AIP	ASE
Amer Italian Pasta'A'	PLB	NYS
Amer Kiosk	AKIS	BB
Amer Locker Group	ALGI	NNM
Amer Materials & Technologies	AMTK	NSC
Amer Media Cl'A'	ENQ	NYS
Amer Medical Alert	AMAC	NSC
Amer Mgmt Systems	AMSY	NNM
Amer Mobile Satellite	SKYC	NNM
Amer Muni Income Portfolio	XAA	NYS
Amer Muni Term Trust	AXT	NYS
Amer Muni Term Trust II	BXT	NYS
Amer Muni Term Trust III	CXT	NYS
Amer Natl Insur	ANAT	NNM
Amer Oncology Res	AORI	NNM
America Online	AOL	NYS
Amer Pacific	APFC	NNM
Amer Pacific Bank	AMPBB	NSC
Amer Pad & Paper	AGP	NYS
Amer Physician Partners	APPM	NNM
Amer Physicians Svc Gr	AMPH	NNM
Amer Power Conversion	APCC	NNM
Amer Precision Indus	APR	NYS
Amer R.E.Ptnrs L.P.	ACP	NYS
Amer R.E. Ptnrs 5%'PIK'Pfd	ACP Pr	NYS
Amer Re Capital 8.50% 'QUIPS'	ARN PrA	NYS
Amer Real Estate Investment(Ne	REA	ASE
Amer Realty Tr SBI	ARB	NYS
Amer Residential Inv Trust	INV	NYS
Amer Residential Services	ARS	NYS
Amer Resources & Dev	ADCO	BB
Amer Resources Delaware	GASS	NSC
Amer Retirement	ACR	NYS
Amer Rice	RICQE	NSC
Amer Safety Ins Grp	AMSFF	NNM
Amer Safety Razor	RAZR	NNM
Amer Science & Engr	ASE	ASE
Amer Select Portfolio	SLA	NYS
Amer Service Group	ASGR	NNM
Amer Shared Hosp Sv	AMS	ASE
Amer Skiing	SKI	NYS
Amer Software'A'	AMSWA	NNM

Issue	Ticker	Exchange
Amer Standard	ASD	NYS
Amer States Water	AWR	NYS
Amer Stone Industries	AMST	BB
Amer Stores	ASC	NYS
Amer Strategic Inc Portfolio	ASP	NYS
Amer Strategic Inc Portfolio II	BSP	NYS
Amer Strategic Inc Portfol III	CSP	NYS
Amer Superconductor	AMSC	NNM
Amer Techl Ceramics	AMK	ASE
Amer Technologies	ATEG	BB
Amer Technology	ATCO	BB
Amer Telecasting	ATEL	NSC
Amer Tower'A'	AMT	NYS
Amer United Global	AUGI	BB
Amer Vanguard	AVD	ASE
Amer Vantage	ACES	NSC
Amer Wagering	BETM	NNM
Amer Water Works	AWK	NYS
Amer Water Wks,5% Pfd	AWK PrB	NYS
Amer Water Wks 5%Pref	AWK PrA	NYS
America West Airlines Wrrt	AWA.WS	NYS
America West Holdings'B'	AWA	NYS
Amer Woodmark	AMWD	NNM
Amer Xtal Technology	AXTI	NNM
America's Senior Fin'l Svcs	AMSE	BB
Amerada Hess	AHC	NYS
Ameralia Inc	AALA	NSC
AMERCO	UHAL	NNM
AMERCO Sr'A'Pfd	AO PrA	NYS
Ameren Corp	AEE	NYS
Ameriana Bancorp	ASBI	NNM
American Country Hldgs	ACHI	NSC
American Country Hldgs Wrrt	ACHIW	NSC
American Quantum Cycles	AMQC	BB
Americana Gold&Diamond Hldgs	AGDM	NSC
Americomm Resources	AREC	BB
AmeriCredit Corp	ACF	NYS
AmeriGas Partners L.P.	APU	NYS
Amerigon Inc'A'	ARGNA	NSC
Amerigon Inc Wrrt'A'	ARGNW	NSC
Amerihost Properties	HOST	NNM
AmeriLink Corp	ALNK	NNM
Amerin Corp	AMRN	NNM
Amer-Intl Food	AIFP	BB
Ameripath Inc	PATH	NNM
AmeriSource Health'A'	AAS	NYS
Ameristar Casinos	ASCA	NNM
AmeriStar Intl Holdings	AIHC	BB
Ameritech Corp	AIT	NYS
AmeriTrade Holding'A'	AMTD	NNM
AmeriVest Properties	AMVP	NSC
AmeriVest Properties Wrrt	AMVPW	NSC
Ameron Intl	AMN	NYS
AmerTranz Worldwide Hldg	AMTZ	BB
AmerUs Life Holdings'A'	AMH	NYS
AmerUS Life Holdings Wrrt	AMRSW	NSC
AmerUs Life Hldgs 7% 'ACES'	AHB	NYS
Ames Department Stores	AMES	NNM
Ames Dept Stores Wrrt 'C'	AMESW	NNM
AMETEK, Inc	AME	NYS

Issue	Ticker	Exchange
AMF Bowling	PIN	NYS
Amgen Inc	AMGN	NNM
Amistar Corp	AMTA	NNM
Amkor Technology	AMKR	NNM
AML Communications	AMLJ	NNM
Amli Residential Prop	AML	NYS
Ammonia Hold	AMHD	BB
AMNEX Inc	AMXI	NSC
Amoco Corp	AN	NYS
AMP Inc	AMP	NYS
Ampace Corp	PACE	NNM
Ampal-Amer Israel'A'	AIS	ASE
Ampal-Amer Israel Wrrt	AIS.A.WS	ASE
Ampal-Amer Israel 6.50% Pfd	AMPLP	NSC
Ampco-Pittsburgh	AP	NYS
Ampex Corp'A'	AXC	ASE
Amphenol Corp'A'	APH	NYS
Amplicon, Inc	AMPI	NNM
Amplidyne Inc	AMPD	NSC
Amplidyne Inc Wrrt	AMPDW	NSC
AMR Corp	AMR	NYS
AMREP Corp	AXR	NYS
AMRESCO Capital Tr	AMCT	NNM
AMRESCO INC	AMMB	NNM
AmSouth Bancorp	ASO	NYS
AmSurg Corp'A'	AMSGA	NNM
AmSurg Corp'B'	AMSGB	NNM
AmTec Inc	ATC	ASE
Amtech Corp	AMTC	NNM
Amtech Systems	ASYS	NSC
Amtech Sys Wrrt	ASYSW	NSC
Amtelecom Group	ATM	TS
Amtran, Inc	AMTR	NNM
AmTrust Capital	ATSB	BB
AMVESCAP PLCADS	AVZ	NYS
Amway Asia Pacific	AAP	NYS
Amway Japan Ltd ADS	AJL	NYS
Amwest Insur Group	AMW	ASE
AMX Corp	AMXX	NNM
Amylin Pharmaceuticals	AMLN	NNM
Anacomp Inc	ANCO	NNM
Anadarko Petroleum	APC	NYS
ANADIGICS Inc	ANAD	NNM
Analog Devices	ADI	NYS
Analogic Corp	ALOG	NNM
Analogy Inc	ANLG	NNM
Analysis & Technology	AATI	NNM
Analysts Intl	ANLY	NNM
Analytical Surveys	ANLT	NNM
Anangel-Amer Shiphldgs ADS	ASIPY	NNM
Anaren Microwave	ANEN	NNM
ANB Corp	ANBC	NNM
Anchor Bancorp Wisc	ABCW	NNM
Anchor Financial	AFSC	NNM
Anchor Gaming	SLOT	NNM
Ancor Communications	ANCR	NSC
Andataco Inc Cl'A'	ANDA	NSC
Andean Development	ADCC	NNM
Andean Development Wrrt	ADCCW	NNM
Andersen Group	ANDR	NNM

Issue	Ticker	Exchange
Anderson Exploration	AXL	TS
Andersons Inc	ANDE	NNM
Andover Bancorp	ANDB	NNM
Andrea Electronics	AND	ASE
Andrew Corp	ANDW	NNM
Andrx Corp	ADRX	NNM
Anergen Inc	ANRG	NNM
Anesta Corp	NSTA	NNM
Angeion Corp	ANGN	NNM
Angeles Mtge Inv L.P.	ANM	ASE
Angelica Corp	AGL	NYS
Anglo Am Gold Inv ADR	AAGIY	NSC
Anglo Amer So Afr ADR	ANGLY	NSC
Anglo Swiss Resources	ASW	MS
Anglogold Ltd ADS	AU	NYS
Anheuser-Busch Cos	BUD	NYS
Anicom Inc	ANIC	NNM
Anika Therapeutics	ANIK	NNM
Anixter Intl	AXE	NYS
Annaly Mortgage Mgmt	NLY	NYS
Annapolis Natl Bancorp	ANNB	NNM
Annova Business Grp	AOV	VS
AnnTaylor Stores	ANN	NYS
Annuity & Life Re (Holdings)	ALREF	NNM
Ansaldo Signal NV	ASIGF	NNM
Ansoft Corp	ANST	NNM
AnswerThink Consulting Grp	ANSR	NNM
ANSYS Inc	ANSS	NNM
Antares Mining & Exploration	ANZ	TS
ANTEC Corp	ANTC	NNM
Antenna Products	ANTP	NSC
Antex Biologies	ANTX	BB
Anthracite Capital	AHR	NYS
AntiVirals Inc	AVII	NNM
AntiVirals Inc Wrrt	AVIIW	NNM
Anworth Mortgage Asset	ANH	ASE
A.O.Tatneft ADS	TNT	NYS
Aon Corp	AOC	NYS
APA Optics	APAT	NSC
APAC Telecommunications	APA	VS
APAC TeleServices	APAC	NNM
Apache Corp	APA	NYS
APACHE Medical Sys	AMSI	NNM
Apartment Investment & Mgmt'A'	AIV	NYS
Apartm't Inv&Mgmt 8.75% Pfd'D'	AIV PrD	NYS
Apartm't Inv&Mgmt 9% Pfd'C'	AIV PrC	NYS
Apartm't Inv&Mgmt9.375% Pfd 'G	AIV PrG	NYS
Apco Argentina	APAGF	NSC
Apex Mortgage Capital	AXM	NYS
Apex Muni Fund	APX	NYS
Apex PC Solutions	APEX	NNM
Apex Silver Mines	SIL	ASE
Aphton Corp	APHT	NNM
Apogee Enterprises	APOG	NNM
Apollo Group'A'	APOL	NNM
Apollo Intl Delaware	AIOD	BB
Appalachian Pwr 7.20% Sr Notes	AJB	NYS
Appalachian Pwr 7.30% Sr Notes	AJC	NYS
Appalachian Pwr 8.00% Jr Debs	AJA	NYS
Appalachian Pwr 8.25% Jr Debs	APJ	NYS

Issue	Ticker	Exchange
Apparel Technologies	APTX	BB
Apple Computer	AAPL	NNM
Apple Orthodontix'A'	AOI	ASE
Apple SoFin$3.50'TECONS'(52.18	APSOP	NNM
Apple South	APSO	NNM
Applebee's Intl	APPB	NNM
Appletree Art Publishers	APTR	BB
Applewoods Inc	APWD	NSC
Appliance Recycling Ctrs Amer	ARCI	NSC
Applied Analytical Industries	AAII	NNM
Applied Biometrics	ABIO	NSC
Applied Carbon Technology	ACTYF	NNM
Applied Cellular Technology	ACTC	NNM
Applied Computer Tech	ACTI	NSC
Applied Computer Tech 'Wrrt'	ACTIW	NSC
Applied Digital Access	ADAX	NNM
Applied Extrusion Tech	AETC	NNM
Applied Films Corp	AFCO	NNM
Applied Graphics Tech	AGTX	NNM
Applied Imaging	AICX	NNM
Applied Indus Technologies	APZ	NYS
Applied Innovation	AINN	NNM
Applied Intelligence Group	IQIQ	NSC
Applied Intelligence Grp Wrrt	IQIQW	NSC
Applied Magnetics	APM	NYS
Applied Materials	AMAT	NNM
Applied Micro Circuits	AMCC	NNM
Applied Microsystems	APMC	NNM
Applied Power Cl'A'	APW	NYS
Applied Science & Tech	ASTX	NNM
Applied Signal Technology	APSG	NNM
Applied Voice Recognition	AVRI	BB
Applix Inc	APLX	NNM
Apria Healthcare Grp	AHG	NYS
APS Holding 'A'	APSIQ	BB
APT Satellite Hldg Ltd ADS	ATS	NYS
AptarGroup Inc	ATR	NYS
Aqua 1 Beverage	AQB	VS
Aqua Care Systems	AQCR	NSC
Aquagenix Inc	AQUX	BB
Aquapenn Spring Water	APN	NYS
Aquarion Co	WTR	NYS
Aquasearch Inc	AQSE	BB
Aquila Biopharmaceuticals	AQLA	NNM
Aquila Gas Pipeline	AQP	NYS
Arabian Shield Dev	ARSD	NNM
Aracruz CeluloseS.A.ADS	ARA	NYS
Aradigm Corp	ARDM	NNM
Arakis Energy	AKSEF	NNM
Aramex Intl	ARMXF	NNM
Aranlee Resources	ARB	VS
ARC Intl	ATV	ASE
Arcadia Financial Ltd	AAC	NYS
Arcadis N.V.	ARCAF	NNM
Arch Coal	ACI	NYS
Arch Communications Group	APGR	NNM
Archer-Daniels-Midland	ADM	NYS
Architel Systems	ASYCF	NNM
Archstone Communities Tr	ASN	NYS
Archstone Comm'ties8.625%'C'Pf	ASN PrC	NYS

Issue	Ticker	Exchange
Archstone Communities Cv'A'Pfd	ASN PrA	NYS
Archstone Communities Sr'B'Pfd	ASN PrB	NYS
Arctic Cat	ACAT	NNM
Arden Group Cl'A'	ARDNA	NNM
Arden Realty	ARI	NYS
ARDENT Software	ARDT	NNM
Area Bancshares	AREA	NNM
Arel Comm & Software	ARLCF	NNM
Arel Comm & Software Wrrt'A'	ARLWF	NNM
Argent Capital	ACCT	NSC
Argentaria Pfd Cap 7.80% Pref'	AGR PrA	NYS
Argentina Fund	AF	NYS
Argonaut Group	AGII	NNM
Argosy Gaming	AGY	NYS
Arguss Holdings	ARGX	NSC
ARI Network Services	ARIS	NNM
ARIAD Pharmaceuticals	ARIA	NNM
Ariad Pharmaceuticals Wrrt	ARIAW	NNM
Ariel Corp	ADSP	NNM
Ariel Resources	AU	TS
Ariely Advertising Ltd	RELEF	BB
ARIS Corp	ARSC	NNM
ARIS Corp Wrrt	ARSCW	NNM
Arista Investors Corp'A'	ARINA	NSC
Aristotle Corp	ARTL	NSC
Arizona Instrument	AZIC	NSC
Arizona Land Income'A'	AZL	ASE
Arizona Pub SvAdj Rt Q Pfd	ARP PrQ	NYS
Arizona Pub Svc $1.8125 Pfd	ARP PrW	NYS
Arizona Pub Svc 10%'MIDS'	AZD	NYS
Ark Restaurants	ARKR	NNM
Arkansas Best	ABFS	NNM
Arkansas Best $2.875 'A' Pfd	ABFSP	NNM
ARM Financial Grp 'A'	ARM	NYS
ARM Fin'l 9.50% Pfd	ARM Pr	ASE
ARM Holdings ADS	ARMHY	NNM
Armanino Foods Distinction	ARMF	NSC
Armco Inc	AS	NYS
Armco Inc,$2.10 Cv Pfd	AS Pr	NYS
Armco $3.625 Cv A Pfd	AS PrB	NYS
Armco $4.50 Cv B Pfd	AS PrA	NYS
Armor Holdings	ABE	ASE
Armstrong World Indus	ACK	NYS
Arnold Indus	AIND	NNM
Aronex Pharmaceuticals	ARNX	NNM
ArQule Inc	ARQL	NNM
Arrhythmia Research Tech	HRT	ASE
Arrow Automotive Indus	AI	ASE
Arrow Electronics	ARW	NYS
Arrow Financial	AROW	NNM
Arrow International	ARRO	NNM
Arrow-Magnolia Intl	ARWM	NSC
Artecon Inc	ARTE	NNM
Arterial Vascular Engineering	AVEI	NNM
Artesian Resources 'A'	ARTNA	NNM
Artesyn Technologies	ATSN	NNM
ArthroCare Corp	ARTC	NNM
Arthur Treacher's	ATCH	NSC
Arthurs-Jones Inc	AJ	TS
Artisan Components	ARTI	NNM

Issue	Ticker	Exchange
Artisoft Inc	ASFT	NNM
Artra Group	ATA	NYS
Art's Way Mfg	ARTW	NNM
ARV Assisted Living	SRS	ASE
Arvin Indus	ARV	NYS
Arxa Intl Energy	ARXA	BB
A/S Eksportfinans 8.70% Pfd(25)	EKP Pr	NYS
ASA Holdings	ASAI	NNM
ASA Intl Ltd	ASAA	NSC
ASA Ltd	ASA	NYS
ASAHI/America	ASAM	NNM
Asante Technologies	ASNT	NNM
ASARCO Inc	AR	NYS
ASB Financial	ASBP	NNM
Ascend Communications	ASND	NNM
Ascent Entertainment Grp	GOAL	NNM
Ascent Pediatrics	ASCT	NNM
ASD Group	ASDG	NSC
ASE Test Ltd	ASTSF	NNM
Aseco Corp	ASEC	NNM
ASHA Corp	ASHA	NSC
Ashanti Goldfields Ltd GDS	ASL	NYS
Ashland Inc	ASH	NYS
Ashton Mining Canada	ACA	TS
Ashton Tech Group	ASTN	NSC
Ashton Tech Group'Wrrt'	ASTNW	NSC
Ashworth Inc	ASHW	NNM
ASI Solutions	ASIS	NNM
Asia Electronics Hldg	AEHCF	NNM
Asia Pac Resources Intl'A'	ARH	NYS
Asia Pacific Fund	APB	NYS
Asia Pacific Resources Ltd	APQCF	NSC
Asia Pacific Wire & Cable	AWC	NYS
Asia Pulp & Paper ADS	PAP	NYS
Asia Satellite Telecom ADS	SAT	NYS
Asia Tigers Fund	GRR	NYS
ASM Intl N.V.	ASMIF	NNM
ASM Lithography Hldg NV	ASMLF	NNM
Aspec Technology	ASPC	NNM
Aspect Development	ASDV	NNM
Aspect Telecommunications	ASPT	NNM
Aspen Exploration	ASPN	BB
Aspen Technology	AZPN	NNM
Asset Investors Corp	AIC	NYS
Assisted Care	ASCP	BB
Assisted Living Concepts	ALF	ASE
Associated Banc-Corp	ASBC	NNM
Associated Estates Realty	AEC	NYS
Assoc Estates Rlty 9.75% Dep P	AEC PrA	NYS
Associated Group 'A'	AGRPA	NNM
Associated Group 'B'	AGRPB	NNM
Associated Materials	SIDE	NNM
Associates First Capital'A'	AFS	NYS
Asta Funding	ASFI	NSC
Astea Intl	ATEA	NNM
Astec Industries	ASTE	NNM
Astoria Financial	ASFC	NNM
Astra AB'A' ADS	A	NYS
Astra AB'B' ADS	AAB	NYS
Astro-Med	ALOT	NNM

Issue	Ticker	Exchange
Astronics Corp	ATRO	NNM
AstroPower Inc	APWR	NNM
A S V Inc	ASVI	NNM
Asymetrix Learning Sys	ASYM	NNM
Asyst Technologies	ASYT	NNM
@ Entertainment Inc	ATEN	NNM
At Home Corp'A'	ATHM	NNM
AT Plastics	ATJ	ASE
AT&T Corp	T	NYS
Atalanta/Sosnoff Capital	ATL	NYS
Atchison Casting	FDY	NYS
ATCO Ltd Cl I	ACO.X	TS
ATCO Ltd Cl II	ACO.Y	TS
ATEC Group	ATEC	NSC
ATEC Group Wrrt	ATECW	NSC
ATG Inc	ATGC	NNM
Athabaska Gold Resources	AHB	TS
Athey Products	ATPC	NNM
ATI Technologies	ATY	TS
ATL Products	ATLPA	NNM
ATL Ultrasound	ATLI	NNM
Atlantic American	AAME	NNM
Atlantic Bank & Trust	ATLB	NNM
Atlantic Cap I 8.25% 'QUIPS'	ATE Pr	NYS
Atlantic Caspian Resources ADS	ALCRY	BB
Atlantic Coast Airlines Hldgs	ACAI	NNM
Atlantic Data Svcs	ADSC	NNM
Atlantic Gulf Communities	AGLF	NNM
Atlantic Gulf Comm Wrrt'A'	AGLFW	NNM
Atlantic Gulf Comm Wrrt'B'	AGLFZ	NNM
Atlantic Gulf Comm Wrrt'C'	AGLFL	NNM
Atlantic Gulf Cmts Cv Pfd'B'	AGLFP	NNM
Atlantic Intl Entertainment	AIEE	BB
Atlantic Pharmaceuticals	ATLC	NSC
Atlantic Pharma'l Units 2000	ATLCU	NSC
Atlantic Pharm'l Wrrt 2000	ATLCW	NSC
Atlantic Premium Brands	ABR	ASE
Atlantic Realty Trust	ATLRS	NSC
Atlantic Richfield	ARC	NYS
Atlantic Rich,$2.80 Cv Pref	ARC PrC	NYS
Atlantic Rich $3 Cv Pref	ARC PrA	NYS
Atlantic Syndication	ASNI	BB
Atlantic Tele-Network	ANK	ASE
Atlantis Plastics	AGH	ASE
Atlas Air	CGO	NYS
Atlas Mining	ALSM	BB
Atlas Pacific ADR	APCFY	NSC
Atmel Corp	ATML	NNM
ATMI Inc	ATMI	NNM
Atmos Energy Corp	ATO	NYS
Atna Resources	ATN	TS
Atria Communities	ATRC	NNM
Atrion Corp	ATRI	NNM
Atrix International	ATXI	NSC
Atrix Laboratories	ATRX	NNM
ATS Automation Tooling Sys	ATA	TS
ATS Medical	ATSI	NNM
ATS Money Systems	ATSM	BB
Atwood Oceanics	ATW	NYS
Au Bon Pain'A'	ABPCA	NNM

Issue	Ticker	Exchange
Auburn Natl Bancorp	AUBN	NSC
Audio Book Club	KLB	ASE
Audio Communications Network	ANI	ASE
Audiovox Cl'A'	VOX	ASE
Audits & Surveys Worldwide	ASW	ASE
Ault Inc	AULT	NNM
Aura Systems Inc	AURA	NNM
Aurizon Mines	ARZ	TS
Aurora Biosciences	ABSC	NNM
Aurora Foods	AOR	NYS
Auspex Mineals	APJ	VS
Auspex Systems	ASPX	NNM
Australia & N.Z. Bk ADS	ANZ	NYS
Aust&N.ZealandBk9.125%Pfd(25)	ANZ Pr	NYS
Austria Fund	OST	NYS
Authentic Fitness	ASM	NYS
Auto Com ExSecTrII6.5%'TRACES'	RTR	NYS
Auto Metreks	ATMT	BB
AutoBond Acceptance	ABD	ASE
Autobond Acceptance 15% cm Pfd	ABD PrA	ASE
Autocam Corp	ACAM	NNM
AutoCorp Equities	ACOR	BB
AutoCyte Inc	ACYT	NNM
Autodesk, Inc	ADSK	NNM
Auto-Graphics Inc	AUGR	BB
AutoImmune Inc	AIMM	NNM
Autoliv Inc	ALV	NYS
Autologic Information Intl	AIII	NNM
Automatic Data Proc	AUD	NYS
Automobile Protection-APCO	APCO	NNM
Autonomous Tech	ATCI	NNM
Autotote Corp Cl'A'	TTE	ASE
AutoZone Inc	AZO	NYS
Avalon Bay Communities	AVB	NYS
Avalon Bay 8.00% Sr'D'cm Pfd	AVB PrD	NYS
Avalon Bay 8.50%Sr'C'cm Pfd	AVB PrC	NYS
Avalon Bay 8.96% Sr'G'Pfd	AVB PrG	NYS
Avalon Bay 9% Sr'F'Pfd	AVB PrF	NYS
Avalon Community Svcs'A'	CITY	NSC
Avalon Holdings'A'	AWX	ASE
Avalon Ventures	AVL	VS
Avant Corp	AVNT	NNM
Avant Immunotherapeutics	AVAN	NNM
Avatar Hldgs	AVTR	NNM
Avatex Corp	AAV	NYS
Avatex Corp $4.20 Ex'A'Pfd	AAV PrA	NYS
Avatex Corp $5 Cv Pfd	AAV Pr	NYS
AVAX Technologies	AVXT	NSC
Avecor Cardiovascular	AVEC	NNM
Avenue Entertainment Grp	PIX	ASE
Avert Inc	AVRT	NNM
Avery Dennison Corp	AVY	NYS
Aviall Inc	AVL	NYS
Aviation General	AVGE	NSC
Aviation Group	AVGP	NSC
Aviation Group Wrrt	AVGPW	NSC
Aviation Sales	AVS	NYS
Avid Technology	AVID	NNM
Avigen Inc	AVGN	NNM
Aviron	AVIR	NNM

Issue	Ticker	Exchange
Avis Rent A Car	AVI	NYS
Avitar Inc	AVIT	BB
Aviva Petroleum Dep	AVV	ASE
Avnet, Inc	AVT	NYS
Avon Products	AVP	NYS
Avondale Financial	AVND	NNM
Avondale Industries	AVDL	NNM
AVT Corp	AVTC	NNM
AVTEAM Inc 'A'	AVTM	NNM
AVTEL Communications	AVCO	NSC
AVX Corp	AVX	NYS
Award Software Intl	AWRD	NNM
Aware Inc	AWRE	NNM
AXA-UAPADS	AXA	NYS
Axcan Pharma	AXP	TS
AXCESS Inc	AXSI	NSC
AXENT Technologies	AXNT	NNM
Axiohm Transaction Sol'ns	AXHM	NNM
Axiom Inc	AXIM	NNM
Axion Communications	AXN	VS
Axogen Ltd Units	AXG.U	ASE
Axsys Technologies	AXYS	NNM
Axxess Inc	AXXS	BB
AxyS Pharmaceuticals	AXPH	NNM
Aydin Corp	AYD	NYS
Azco Mining	AZC	ASE
Aztar Corp	AZR	NYS
Aztec Mfg Co	AZZ	NYS
Aztec Technology Partners	AZTC	NNM
Aztek Technologies	AZTKF	BB
Azurel Ltd	AZUR	NSC
Azurel Ltd Wrrt	AZURW	NSC
B&H Ocean Carriers	BHO	ASE
B.A.T. Intl	BAAT	BB
B.A.T.Indus Ord ADR	BTI	ASE
B.O.S. Better Online Solutions	BOSCF	NSC
B.O.S. Better Online Sol Wrrt	BOSWF	NSC
BA Merchant Services'A'	BPI	NYS
Baan Co NV	BAANF	NNM
BAB Holdings	BAGL	NSC
Back & Neck Mgmt	BNEK	BB
Back Bay Restaurant Grp	PAPA	NNM
Back Yard Burgers	BYBI	NSC
Bacou USA	BAU	NYS
Badger Meter	BMI	ASE
Badger Paper Mills	BPMI	NNM
Bairnco Corp	BZ	NYS
Baker (Michael)	BKR	ASE
Baker Hughes Inc	BHI	NYS
Baker(J.) Inc	JBAK	NNM
Baker,Fentress & Co	BKF	NYS
Balance Bar	BBAR	NNM
Balanced Care	BAL	ASE
Balchem Corp	BCP	ASE
Baldor Electric	BEZ	NYS
Baldwin & Lyons Cl'A'	BWINA	NNM
Baldwin & Lyons Cl'B'	BWINB	NNM
Baldwin Piano & Organ	BPAO	NNM
Baldwin Technology'A'	BLD	ASE
Ball Corp	BLL	NYS

Issue	Ticker	Exchange
Ballad Enterprises	BDC	VS
Ballantyne of Omaha	BTN	NYS
Ballard Medical Prod	BMP	NYS
Ballard Power Systems	BLDPF	NNM
Bally Total Fitness Holding	BFT	NYS
Baltek Corp	BTEK	NNM
Baltic Intl USA	BISA	NSC
Baltic Intl USA Wrrt	BISAW	NSC
Baltimore Gas & El	BGE	NYS
Banc Galicia-Buenos AiresADR	BGALY	NNM
Banc One Corp	ONE	NYS
Banca QuadrumADS	QDRMY	NNM
BancFirst Corp	BANF	NNM
BancFirst Ohio Corp	BFOH	NNM
Bancinsurance Corp	BCIS	NNM
Banco BHIF ADS	BB	NYS
Banco Bilbao Vizcaya 9% ADS	BVG PrB	NYS
Banco Bilbao Vizcaya ADS	BBV	NYS
Banco Cent Hispanoamer ADS	BCH	NYS
Banco Coml Portugues ADS	BPC	NYS
Banco de A Edwards ADS	AED	NYS
Banco Frances del Rio ADS	BFR	NYS
Banco Ganadero ADS	BGA	NYS
Banco Ganadero 'C'Pref ADS	BGA Pr	NYS
Banco Latinoamer de Export'E'	BLX	NYS
Banco Rio De La Plata ADS	BRS	NYS
Banco Santander ADS	STD	NYS
Banco Santander-Chile ADS	BSB	NYS
Banco SantiagoADS	SAN	NYS
Banco Wiese ADS	BWP	NYS
BancoBilbaoVizcaya8.00% ADS	BVG PrE	NYS
BancoBilbaoVizcaya8.00%ADS	BVG PrC	NYS
BancoBilbaoVizcaya9.75% ADS	BVG Pr	NYS
Bancolombia S.A. Pref ADS	CIB	NYS
Bancorp Connecticut	BKCT	NNM
BancorpSouth	BXS	NYS
BancPro Inc	BCPO	BB
Bancroft Convertible Fd	BCV	ASE
BancTec,Inc	BTC	NYS
Bandag Inc 'A'	BDG A	NYS
Bandag, Inc	BDG	NYS
Bandai Co ADS	BNDCY	BB
Bando McGlocklin Capital	BMCC	NNM
Bando McGlocklin Adj Rt'A'Pfd	BMCCP	NNM
Bangor Hydro Electric	BGR	NYS
Bank of Commerce	BCOM	NNM
Bank of Essex	BSXT	NSC
Bank of Granite	GRAN	NNM
Bank of Ireland(Governor&Co)AD	IRE	NYS
Bank of Los Angeles	BKLA	NNM
Bank of Montreal	BMO	NYS
Bank of New York	BK	NYS
Bank of Nova Scotia	BNS	TS
Bank of Santa Clara	BNSC	NNM
Bank of the Ozarks	OZRK	NNM
Bank of Tokyo-MitsubishiADS	MBK	NYS
Bank Plus Corp	BPLS	NNM
Bank Rhode Island	BARI	NNM
Bank South Carolina	BKSC	NSC
Bank United 'A'	BNKU	NNM

Issue	Ticker	Exchange
Bank United Pfd(26.25)	BKU PrA	NYS
Bank United 9.60% 'B' Pfd	BKU PrB	NYS
Bank West Financial	BWFC	NNM
BankAmer Cap I 7.75%'TOPrS'	BAC PrZ	NYS
BankAmer Cap IV 7%'TOPrS'	BAC PrY	NYS
BankAmerica Corp	BAC	NYS
BankAtlantic Bancorp 'A'	BBX	NYS
BankAtlantic Bancorp'B'	BANC	NNM
BankBoston Corp	BKB	NYS
Bankers Trust	BT	NYS
Bankers Tr 7.75% Dep'S'Pfd	BT PrS	NYS
Bankers Tr Adj Dep'Q'Pfd	BT PrQ	NYS
Bankers Tr Adj Dep'R'Pfd	BT PrR	NYS
BankFirst Corp	BKFR	NNM
Banknorth Group	BKNG	NNM
BankUnited Cap II 9.60% TrPfd	BKUNZ	NNM
BankUnited Cap III 9.00%Tr Pfd	BUF PrC	NYS
BankUnited Financial'A'	BKUNA	NNM
Banner Aerospace	BAR	NYS
Banta Corp	BNTA	NNM
Banyan Strategic Realty Tr	BSRTS	NNM
Banyan Systems	BNYN	NNM
Bar Harbor Bankshares	BHB	ASE
Barbeques Galore ADS	BBQZY	NNM
Barbers,Hairstyling Men&Women	BBHF	NNM
Barclays Bk Cl/C2Unit ADS	BCB PrC	NYS
Barclays Bk D1/D2Unit ADS	BCB PrD	NYS
Barclays Bk E1/E2 UnitADS	BCB Pr	NYS
Barclays plc ADS	BCS	NYS
Bard (C.R.)	BCR	NYS
Barnes & Noble	BKS	NYS
Barnes Group	B	NYS
Barnett Inc	BNTT	NNM
Barnwell Indus	BRN	ASE
Barr Laboratories	BRL	NYS
BARRA Inc	BARZ	NNM
Barrett Business Svcs	BBSI	NNM
Barrett Resources	BRR	NYS
Barrick Gold	ABX	NYS
Barringer Tech	BARR	NNM
Barringer Technologies'Wrrt'	BARRW	NNM
Barrister Info Sys	BIS	ASE
Barry (R.G.)	RGB	NYS
Base Ten Sys Cl'A'	BASEA	NNM
Basin Exploration	BSNX	NNM
Bass ADS	BAS	NYS
Bassett Furniture	BSET	NNM
Batteries Batteries	BATS	NNM
Batteries Batteries Wrrt	BATSW	NNM
Battery Technologies	BTIOF	BB
Battle Mtn Gold	BMG	NYS
Battle Mtn Gold $3.25 Cv Pfd	BMG Pr	NYS
Bausch & Lomb	BOL	NYS
Baxter International	BAX	NYS
Bay Bancshares	BAYB	NNM
Bay Networks	BAY	NYS
Bay State Bancorp	BYS	ASE
Bay State Gas	BGC	NYS
Bay View Capital	BVCC	NNM
Bayard Drilling Technologies	BDI	ASE

Issue	Ticker	Exchange
Baycorp Holdings	MWH	ASE
Bayonne Bancshares	FSNJ	NNM
Bayou Steel'A'	BYX	ASE
Baytex Energy 'A'	BTE.A	TS
Baytex Energy 'B'	BTE.B	TS
BB&T Corp	BBK	NYS
BBC Cap Tr I cm Tr Pfd	BANCP	NNM
BC Gas	BCG	TS
BC TELECOM	BCT	TS
BCAM International	BCAM	NSC
BCAM Intl Wrrt'B'	BCAML	NSC
BCAM Intl Wrrt'E'	BCAMZ	NSC
BCE Inc	BCE	NYS
BCE Mobile Communic	BCX	NYS
BCH Capital 10.50% Pref	HCL Pr	NYS
BCH Capital 9.43% Pref	HCL PrB	NYS
BCH Intl-Puerto Rico9.875%'MIP	HPN Pr	NYS
BCP Intl 8% Exch Pref	BPC PrA	NYS
BCSB Bankcorp	BCSB	NNM
BCT International	BCTI	NNM
BE Aerospace	BEAV	NNM
BE Semiconductor Indus	BESIF	NNM
BEA Income Fd	FBF	NYS
BEA Strategic Global Inc Fd	FBI	NYS
BEA Systems	BEAS	NNM
Bear Stearns Cos	BSC	NYS
Bear Stearns 5.49% Sr'G'Dep	BSC PrG	NYS
Bear Stearns 5.72% Dep Pfd	BSC PrF	NYS
Bear Stearns 6.15% Dep Pfd	BSC PrE	NYS
Bear Stearns Adj Rt A Pfd	BSC PrA	NYS
Bear Stearns Fin LLC'EPICS'	BSC PrZ	NYS
Beard Co	BOC	ASE
BeautiControl Cosmetics	BUTI	NNM
Beazer Homes USA	BZH	NYS
Beazer HomesUSA$2.00CvExPfd	BZH PrA	NYS
bebe Stores	BEBE	NNM
BEC Energy	BSE	NYS
Beckman Coulter	BEC	NYS
Becton, Dickinson	BDX	NYS
Bed Bath & Beyond	BBBY	NNM
Bedford Bancshares	BFSB	NNM
Bedford Prop Investors	BED	NYS
BEI Medical Systems	BMED	NNM
BEI Technologies	BEIQ	NNM
Beijing Yanhua Petrochem'H'ADS	BYH	NYS
Bel Fuse Inc'A'	BELFA	NNM
Bel Fuse Inc'B'	BELFB	NNM
Belco Oil & Gas	BOG	NYS
Belco Oil & Gas 6.50% Cv Pfd	BOG Pr	NYS
Belden Inc	BWC	NYS
Bell & Howell	BHW	NYS
Bell Atlantic Corp	BEL	NYS
Bell Canada Intl	BCICF	NNM
Bell Industries	BI	NYS
Bell Microproducts	BELM	NNM
BellSouth Corp	BLS	NYS
Bellwether Exploration	BELW	NNM
Belmont Bancorp	BLMT	NSC
Belo (A.H.)Cl'A'	BLC	NYS
Bema Gold	BGO	ASE

Issue	Ticker	Exchange
Bemis Co	BMS	NYS
Ben & Jerry's Cl'A'	BJICA	NNM
Benchmark Electronics	BHE	NYS
Benckiser N.V.'B'	BNV	NYS
Benetton Group ADS	BNG	NYS
Benguet Corp Cl'B'	BE	NYS
Benihana Inc	BNHN	NNM
Benihana Inc'A'	BNHNA	NNM
Benthos Inc	BTHS	NSC
Bentley Pharmaceuticals	BNT	ASE
Bentley Pharma Cl'A' Wrrt	BNT.WS.A	ASE
Benton Oil & Gas	BNO	NYS
Benton Oil & Gas Wrrt	BNTNW	NSC
Benz Energy	BZG	VS
Berg Electronics	BEI	NYS
Bergen Brunswig 'A'	BBC	NYS
Berger Holdings Ltd	BGRH	NSC
Bergstrom Capital	BEM	ASE
Beringer Wine Estates 'B'	BERW	NNM
Berkley (W.R.)	BKLY	NNM
Berkley(W.R.)7.375% Dep'A'Pfd	BKLYZ	NNM
Berkshire Gas	BGAS	NNM
Berkshire Hathaway'A'	BRK.A	NYS
Berkshire Hathaway'B'	BRK.B	NYS
Berkshire Intl Mining	BKR.	VS
Berkshire Realty	BRI	NYS
Berkshire Realty Wrrt	BRI.WS	NYS
Berlitz International	BTZ	NYS
Bernard Haldane Assoc	BHAL	BB
Berry Petroleum'A'	BRY	NYS
Besicorp Group	BGI.EC	ECM
Best Buy	BBY	NYS
Best Software	BEST	NNM
Bestfoods	BFO	NYS
Bestway Inc	BSTW	NSC
Bethlehem Corp	BET	ASE
Bethlehem Steel	BS	NYS
Bethlehem Steel $5 cm Cv Pfd	BS Pr	NYS
Bethlehem Steel$2.50cmCv Pfd	BS PrB	NYS
BetzDearborn	BTL	NYS
Beverly Enterprises	BEV	NYS
Beverly Hills Limited	BLTD	BB
BF Enterprises	BFEN	NNM
BFC Construction	BNC	ASE
BFGoodrich Capital 8.30%'QUIPS	GR PrA	NYS
BFX Hospitality Group	BFX	ASE
BG plc ADS	BRG	NYS
BGE Cap Tr 7.16%'TOPrS'	BGE PrA	NYS
BGR Precious Metals 'A'	BPT.A	TS
BHA Group	BHAG	NNM
BHC Communications'A'	BHC	ASE
BHI Corp	BHIKF	NNM
BI Inc	BIAC	NNM
Biacore Intl ADS	BCORY	NNM
Bibb Co	BIB	ASE
Big Buck Brewery&Steakhse	BBUC	NSC
Big Buck Brew&Steakhse Wrrt'A'	BBUCW	NSC
Big Buck Brewery&Steakhse Unit	BBUCU	NSC
Big City Bagels	BIGC	NSC
Big City Bagels Wrrt	BIGCW	NSC

Issue	Ticker	Exchange
Big City Radio 'A'	YFM	ASE
Big Dog Holdings	BDOG	NNM
Big Entertainment'A'	BIGE	NSC
Big Flower Holdings	BGF	NYS
Big Foot Fin'l	BFFC	NNM
Big Rock Brewery	BEERF	NNM
Bigmar Inc	BGMR	NSC
Bikers Dream	BIKR	NSC
Billing Concepts	BILL	NNM
Bindley Western Indus	BDY	NYS
BindView Development	BVEW	NNM
Bingham Financial Svcs	BFSC	NSC
Bingo & Gaming Intl	BING	BB
Binks Sames	BIN	ASE
Bio Imaging Tech	BITI	NSC
Bio Technology Gen Wrrt'A'	BTGCL	NNM
Bio Transplant Inc	BTRN	NNM
Bioanalytical Systems	BASI	NNM
BioChem Pharma	BCHE	NNM
Biocircuits Corp	BIOC	BB
Biocontrol Technology	BICO	NSC
BioCoral Inc	BICR	BB
BioCryst Pharm'l	BCRX	NNM
Biofield Corp	BZET	NNM
Biogen Inc	BGEN	NNM
Bioject Medl Technologies	BJCT	NNM
BIOLASE Technology	BLTI	NSC
Bio-Logic Systems	BLSC	NNM
Biomatrix Inc	BXM	NYS
Biomerica Inc	BMRA	NSC
Biomet, Inc	BMET	NNM
Biomira Inc	BIOMF	NNM
Biomune Systems	BIME	NSC
Bioniche Inc	BNC	TS
Bionutrics Inc	BNRX	NSC
Bionx Implants	BINX	NNM
Bio-Plexus Inc	BPLX	NSC
Biopool Intl	BIPL	NSC
Bio-Preserve Intl	BIPN	BB
Bioquest Inc	HIVX	BB
Biora AB ADR	BIORY	NNM
Bio-Rad Labs Cl'A'	BIO.A	ASE
Bio-Rad Labs Cl'B'	BIO.B	ASE
Bio-Reference Labs	BRLI	NSC
Bio-Reference Labs Wrrt'A'	BRLIW	NSC
Bio-Reference Labs Wrrt'B'	BRLIZ	NSC
BioReliance Corp	BREL	NNM
BioSepra Inc	BSEP	NNM
Biosite Diagnostic	BSTE	NNM
Biosonics Inc	BISN	BB
BioSource Intl	BIOI	NNM
BioSpecifics Technologies	BSTC	NNM
Biospherics	BINC	NNM
Bio-Technology Genl	BTGC	NNM
BioTime Inc	BTIM	NNM
Biovail Corp Intl	BVF	NYS
Bio-Vascular Inc	BVAS	NNM
Birman Managed Care	BMAN	NNM
Birmingham Steel	BIR	NYS
Birmingham Utils	BIRM	NNM

Issue	Ticker	Exchange
Birner Dental Mgmt Svcs	BDMS	NNM
Biscayne Apparel	BHA	ASE
BISYS Group	BSYS	NNM
Bitstream Inc	BITS	NNM
Bitwise Designs	BTWS	NSC
BJ Services	BJS	NYS
BJ Services Wrrt	BJS.WS	NYS
BJ's Wholesale Club	BJ	NYS
Black & Decker Corp	BDK	NYS
Black Box Corp	BBOX	NNM
Black Hawk Gaming & Dvlp	BHWK	NNM
Black Hawk Gaming Wrrt 'A'	BHWKW	NNM
Black Hills Corp	BKH	NYS
Black Rock Golf	BLRK	BB
BlackRock 1998 Term Tr	BBT	NYS
BlackRock 1999 Term Tr	BNN	NYS
BlackRock 2001 Term Trust	BLK	NYS
BlackRock Advantage Term	BAT	NYS
BlackRock Broad Inv Gr 2009	BCT	ASE
BlackRock CA Ins Muni 2008 Tr	BFC	NYS
BlackRock CA Inv Qual Muni	RAA	ASE
BlackRock Fl Ins Muni 2008 Tr	BRF	NYS
BlackRock Fl Inv Qual Muni	RFA	ASE
BlackRock Income Trust	BKT	NYS
BlackRock Ins Muni 2008 Tr	BRM	NYS
BlackRock Ins Muni Term	BMT	NYS
BlackRock Inv Qual Muni Tr	BKN	NYS
BlackRock Inv Qual Term Tr	BQT	NYS
BlackRock Muni Target Term	BMN	NYS
BlackRock NJ Inv Qual Muni	RNJ	ASE
BlackRock No Amer Gvt Inc	BNA	NYS
BlackRock NY Ins Muni 2008 Tr	BLN	NYS
BlackRock NY Inv Qual Muni	RNY	ASE
BlackRock Strategic Term	BGT	NYS
BlackRock Target Term	BTT	NYS
Blair Corp	BL	ASE
BLC Financial Svcs	BCL	ASE
Blimpie Int'l	BLM	ASE
Block (H & R)	HRB	NYS
Block Drug'A'non-vtg	BLOCA	NNM
Blonder Tongue Labs	BDR	ASE
Blount Intl Cl'A'	BLT.A	NYS
Blount Intl Cv'B'	BLT.B	NYS
Blowout Entertainment	BLWT	NSC
Blue Chip Value Fund	BLU	NYS
Blue Dolphin Energy	BDCO	NSC
Blue Rhino	RINO	NSC
Blue Ridge Energy	BREY	BB
Blue River Bancshares	BRBI	NSC
Blue Square-Israel ADS	BSI	NYS
Blue Wave Systems	BWSI	NNM
Bluegreen Corp	BXG	NYS
Blyth Industries	BTH	NYS
BMA Mining	BMA	VS
BMC Industries	BMC	NYS
BMC Software	BMCS	NNM
BMD Enterprises	BMV	VS
BMJ Medical Mgmt	BONS	NNM
BNC Mortgage	BNCM	NNM
BNCCORP Inc	BNCC	NNM

Issue	Ticker	Exchange
BNY Cap III 7.05%Sr'D'Pfd	BK PrD	NYS
BNY CapII Sr'C'7.80% Pfd	BK PrC	NYS
Bob Evans Farms	BOBE	NNM
BOC Group ADS	BOX	NYS
Boca Research	BOCI	NNM
Boddie-Noell Properties	BNP	ASE
Boeing Co	BA	NYS
Bogen Communic Intl	BOGN	NNM
Bogen Communic Intl Wrrt	BOGNW	NNM
Boise Cascade	BCC	NYS
Boise Cascade Office Products	BOP	NYS
BOK Financial	BOKF	NNM
Bolder Tech	BOLD	NNM
Bolle Inc	BEYE	NNM
Bolt Technology	BTJ	ASE
Bomax Resource	BXS	VS
Bombardier Inc Cl'A'	BBD.A	TS
Bombardier Inc Cl'B'	BBD.B	TS
Bombay Company	BBA	NYS
Bonal Intl	BONL	BB
Bonded Motors	BMTR	NNM
Bone Care Intl	BCII	NNM
Bonso Electronics Intl	BNSOF	NNM
Bonso Electrs Intl Wrrt	BNSWF	NNM
Bontex Inc	BOTX	NSC
Bon-Ton Stores	BONT	NNM
Books-A-Million	BAMM	NNM
Boole & Babbage	BOOL	NNM
Boots&Coots Intl Well Control	WEL	ASE
Boral Ltd ADS	BORAY	NNM
Borden Chem/Plastics L.P.	BCU	NYS
Borders Group	BGP	NYS
Borealis Technology	BRLSC	NSC
Borel Bank & Trust	BLCA	NNM
Borg-Warner Automotive	BWA	NYS
Borg-Warner Security	BOR	NYS
Boron LePore & Assoc	BLPG	NNM
Boston Acoustics	BOSA	NNM
Boston Beer 'A'	SAM	NYS
Boston Biomedica	BBII	NNM
Boston Celtics L.P.(New)	BOS	NYS
Boston Chicken	BOST	NNM
Boston Communications Grp	BCGI	NNM
Boston Life Sciences	BLSI	NSC
Boston Private Finl Hldgs	BPFH	NSC
Boston Properties	BXP	NYS
Boston Restaurant Assoc	BRAI	NSC
Boston Restaurant Assoc Wrrt	BRAIW	NSC
Boston Scientific	BSX	NYS
BostonFed Bancorp	BFD	ASE
Botswana Diamondfields	BWD	VS
Boundless Corp	BDLS	NSC
Bouygues Offshore ADS	BWG	NYS
BOVAR Inc	BVR	TS
Bowater, Inc	BOW	NYS
Bowater Inc'C'8.40% Dep Pfd	BOW PrC	NYS
Bowl America Cl'A'	BWL.A	ASE
Bowles Fluidics	BOWE	BB
Bowlin Outdoor Adv/Travel	BWN	ASE
Bowmar Instrument	BOM	ASE

Issue	Ticker	Exchange
Bowmar Instr $3.00 Cv Pfd	BOM Pr	ASE
Bowne & Co	BNE	ASE
Box Hill Systems	BXH	NYS
Boyd Bros.Transport'n	BOYD	NNM
Boyd Gaming	BYD	NYS
Boyds Wheels	BYDSQ	BB
Boykin Lodging	BOY	NYS
BP Prudhoe Bay Royalty	BPT	NYS
BPI Financial	BPF	TS
BPI Industries	BPR	VS
Bracknell Corp	BRK	TS
Bradley Pharmaceuticals'A'	BPRX	NNM
Bradley Real Estate	BTR	NYS
Bradley R.E. 8.40% Cv Pfd 'A'	BTR PrA	NYS
Brady Corporation 'A'	BRCOA	NNM
Braintech Inc	BNTI	BB
Brake Headquarters USA	BHQU	NSC
Brake Headquarters U.S.A. Wrrt	BHQUW	NSC
Brandon gold	BG	VS
Brandselite Intl	BNT	TS
Brandywine Rlty Trust SBI	BDN	NYS
Brantley Capital	BBDC	NNM
Brass Eagle	XTRM	NNM
Braun's Fashions	BFCI	NNM
Brazil Fast Food	BOBS	NSC
Brazil Fast Food Wrrt'A'	BOBSW	NSC
Brazil Fast Food Wrrt'B'	BOBSZ	NSC
Brazil Fund	BZF	NYS
Brazilian Equity Fund	BZL	NYS
Brazos Sportswear	BRZS	NNM
BRC Holdings	BRCP	NNM
BRE Properties Cl'A'	BRE	NYS
Breakwater Resources	BWR	TS
Breed Technologies	BDT	NYS
Brenton Banks	BRBK	NNM
Brewer,C Homes'A'	CBHI	NNM
BrewServ Corp(New)	BSRVD	BB
Bridge View Bancorp	BVB	ASE
Bridgeport Machines	BPTM	NNM
Bridgestreet Accommodations	BEDS	NNM
Bridgford Foods	BRID	NNM
Briggs & Stratton	BGG	NYS
Brigham Exploration	BEXP	NNM
Bright Horizons Family Sol	BFAM	NNM
Brightpoint Inc	CELL	NNM
Brightstar Info Technology Grp	BTSR	NNM
Brilliance China Automotive	CBA	NYS
Brilliant Digital Entertain't	BDE	ASE
Brinker Intl	EAT	NYS
Brio Industries	BRIOF	NSC
Brio Technology	BRYO	NNM
Bristol Hotel & Resorts	BH	NYS
Bristol Retail Solutions	BRTL	NSC
Bristol Retail Solutions Wrrt	BRTLW	NSC
Bristol-Myers Squibb	BMY	NYS
Bris-Myr Squibb,$2 Cv Pfd	BMY Pr	NYS
Britannia Gold	BGP	VS
Brite Voice Systems	BVSI	NNM
BriteSmile Inc	BWT	ASE
British Airways ADS	BAB	NYS

Issue	Ticker	Exchange
British Biotech plc ADS	BBIOY	NNM
British Petrol ADS	BP	NYS
British Sky Bdcstg Gp ADS	BSY	NYS
British Steel ADS	BST	NYS
British Telecommn ADR	BTY	NYS
Britton & Koontz Capital	BKBK	NSC
Broad Natl Bancorp	BNBC	NNM
BroadBand Technologies	BBTK	NNM
broadcast.com	BCST	NNM
Broadcom Corp 'A'	BRCM	NNM
BroadVision Inc	BVSN	NNM
Broadwater Developments	BDW	VS
Broadway & Seymour Inc	BSIS	NNM
Broadway Financial	BYFC	NSC
Broadway Stores Wrrt	BWY.WS	NYS
Broderbund Software	BROD	NNM
Broken Hill Prop ADR	BHP	NYS
Brookdale Living Cmtys	BLCI	NNM
Brooke Group Ltd	BGL	NYS
Brookline Bancorp	BRKL	NNM
Brooks Automation	BRKS	NNM
Brookstone Inc	BKST	NNM
Brooktrout Technology	BRKT	NNM
Brothers Gourmet Coffees	BEAN	NNM
Broughton Foods	MILK	NNM
Brown & Sharpe Mfg'A'	BNS	NYS
Brown Group	BG	NYS
Brown-Forman'A'	BF.A	NYS
Brown-Forman Cl'B'	BF.B	NYS
Brown-Forman Inc 4% Pfd	BF Pr	NYS
Browning-Ferris Indus	BFI	NYS
BRT Realty Trust SBI	BRT	NYS
Bruncor Inc	BRR	TS
Brunswick Corp	BC	NYS
Brunswick Technologies	BTIC	NNM
Brush Creek Mining/Dvlp	BCMD	NSC
Brush Wellman	BW	NYS
Brylane Inc	BYL	NYS
Bryn Mawr Bank	BMTC	NNM
BSB Bancorp	BSBN	NNM
BT Financial	BTFC	NNM
BT Office Prod Intl	BTF	NYS
BT Preferred Cp Tr I 8.125%Pfd	BT PrA	NYS
BT Shipping Ltd ADR	BTBTY	NNM
BTG Inc	BTGI	NNM
BTU International	BTUI	NNM
Buckeye Ptnrs L.P.	BPL	NYS
Buckeye Technologies	BKI	NYS
Buckhead America	BUCK	NNM
Buckle Inc	BKE	NYS
Budget Group'A'	BD	NYS
Buenos Aires Embotell'aADS	BAE	NYS
Bufete Industrial S.A. ADS	GBI	NYS
Buffalo Mines	BUF	VS
Buffets Inc	BOCB	NNM
Building Materials Hldg	BMHC	NNM
Bull & Bear Global Income Fd	BBZ	ASE
Bull & Bear Group 'A'	BNBGA	NSC
Bull & Bear Muni Income Fd	BBM	ASE
Bull & Bear U.S. Gvt Sec Fd	BBG	ASE

Issue	Ticker	Exchange
Bull Run	BULL	NNM
Bullhide Liner	BULH	BB
Burke Mills	BMLS	NSC
Burlington Coat Factory	BCF	NYS
Burlington Industries	BUR	NYS
Burlington Northn Santa Fe	BNI	NYS
Burlington Res CoalSeaGasRty	BRU	NYS
Burlington Resources	BR	NYS
Burmah Castrol plc ADR	BURMY	NSC
Burnham Corp 'A'	BURCA	BB
Burnham Pacific Prop	BPP	NYS
Burr-Brown Corp	BBRC	NNM
Bush Boake Allen	BOA	NYS
Bush Indus Cl'A'	BSH	NYS
Business Objects ADS	BOBJY	NNM
Business Resource Group	BRGP	NNM
BusinessNet Intl	BUII	BB
Butler International	BUTL	NNM
Butler Mfg	BBR	NYS
Butler Natl	BUKS	NSC
Butte Highlands Mining	BTHI	BB
Buttrey Food & Drug Stores	BTRY	NNM
BVR Tech Ltd	BVRTF	NSC
BWAY Corp	BY	NYS
BWC Financial	BWCF	NNM
BWI Resources	BWE	VS
BYL Bancorp	BOYL	NNM
C&D Technologies	CHP	NYS
C&F Financial	CFFI	NNM
C.ATS Software	CATX	NNM
C.H. Robinson Worldwide	CHRW	NNM
C.P. Clare	CPCL	NNM
C/Grip Inc	GPIP	BB
C2i Solutions	CTWO	NSC
C2i Solutions Wrrt	CTWOW	NSC
C3 Inc	CTHR	NNM
Cable & Co Worldwide	CCWW	BB
Cable & Wireless ADS	CWP	NYS
Cable Design Technologies	CDT	NYS
Cable Link	CBLK	BB
Cable Michigan	CABL	NNM
Cable&Wireless Communic ADS	CWZ	NYS
Cabletel Communications	TTV	ASE
Cabletron Systems	CS	NYS
Cablevision Sys'A'	CVC	ASE
Cabo Exploration Ventures	CVE	VS
Cabot Corp	CBT	NYS
Cabot Industrial Tr	CTR	NYS
Cabot Oil & Gas 'A'	COG	NYS
Cache, Inc	CACH	NNM
CACI Int'l	CACI	NNM
Cadbury Schwep LP 8.625%'QUIPS	CSD PrA	NYS
Cadbury Schweppes ADS	CSG	NYS
Cade Industries	CADE	NNM
Cadence Design Sys	CDN	NYS
Cadillac Fairview	CDF	NYS
Cadiz Land	CLCI	NNM
Cadmus Communication	CDMS	NNM
Cadus Pharmaceutical	KDUS	NNM
CAE Inc	CAE	TS

Issue	Ticker	Exchange
Caere Corp	CAER	NNM
Cafe Odyssey	CODY	NSC
Cafe Odyssey Unit	CODYU	NSC
Cafe Odyssey Wrrt	CODYW	NSC
Cagle's Inc 'A'	CGL.A	ASE
CAI Wireless Systems	CAWS	BB
Cal Dive Intl	CDIS	NNM
CalComp Technology	CLCP	NNM
Caledonia Mining	CALVF	NNM
CalEnergy Co	CE	NYS
Calgon Carbon	CCC	NYS
Calian Technology	CTY	TS
Caliber Learning Network	CLBR	NNM
Calif Amplifier	CAMP	NNM
Calif Coastal Communities	CALC	NNM
Calif Culinary Academy	COOK	NNM
Calif Fed'l Bk10.625%'B'Pfd	CAL PrB	NYS
Cal Fed Bk 11.50% Pfd	CAL PrC	NYS
Calif Fed Bk FSB	CALGL	NNM
Calif Fed'l Pref Cap 9.125% Pfd	CFP	NYS
Calif Indep Bancorp	CIBN	NNM
Calif Micro Devices	CAMD	NNM
Calif Microwave	CMIC	NNM
Calif Pro Sports	CALP	NSC
California Pro Sports Wrrt	CALPW	NSC
Calif Water Svc Grp	CWT	NYS
Call Now	CNOW	BB
Callaway Golf	ELY	NYS
Call-Net Enterprises	CN	TS
Call-Net Enterprises'B'	CNEBF	NNM
Callon Petroleum	CPE	NYS
Callon Petroleum Cv Exch 'A' P	CPE PrA	NYS
Calloway's Nursery	CLWY	NNM
Cal-Maine Foods	CALM	NNM
CalMat Co	CZM	NYS
Calpine Corp	CPN	NYS
Caltag Laboratories	CGNC	BB
Calton,Inc	CN	ASE
Calumet Bancorp	CBCI	NNM
Calypte Biomedical	CALY	NSC
CAM Data Systems	CADA	NSC
Cam Designs	CMDA	NSC
Cam Designs Wrrt	CMDAW	NSC
Cambior Inc	CBJ	ASE
Cambrex Corp	CBM	NYS
Cambridge Energy	CNGG	BB
Cambridge Heart	CAMH	NNM
Cambridge Holdings Ltd	CDGD	BB
Cambridge NeuroScience	CNSI	NNM
Cambridge Shopping Centres	CBG	TS
Cambridge Technology Ptnrs	CATP	NNM
Camco Financial	CAFI	NNM
Camco International	CAM	NYS
Camden National	CAC	ASE
Camden Property Trust	CPT	NYS
Camden Property Tr $2.25'A' Pf	CPT PrA	NYS
Cameco Corp	CCJ	NYS
Cameron Ashley Bldg Prod	CAB	NYS
Cameron Financial	CMRN	NNM
Campbell Resources	CCH	NYS

Issue	Ticker	Exchange
Campbell Resources Wrrt	CCH.WS	NYS
Campbell Soup	CPB	NYS
Campo Electr Appliances/Comp	CMPOQ	BB
Canada South'n Petrol	CSPLF	NSC
Canadex Resources	CDX	TS
Canadian 88 Energy	EEE	ASE
Canadian Airlines	CA	TS
Canadian Bank Note	CBK	TS
Canadian Conquest Explor	CCN	TS
Canadian General Investments	CGI	TS
Canadian Genl Cp 9.125%'TOPrS'	CGG PrT	NYS
Canadian Hydro Developers	KHD	TS
Canadian Imperial Bk Commerce	BCM	NYS
Canadian Maple Leaf Finl 'A'	CNF	TS
Canadian Marconi	CMW	ASE
Canadian Medical Legacy	CMP	VS
Canadian Natl Railway	CNI	NYS
Canadian Natural Resources	CNQ	TS
Canadian Occ Petrol	CXY	ASE
Canadian Pac,Ord	CP	NYS
Canadian Tire'A'	CTR.A	TS
Canadian Utilities'A'	CU	TS
Canadian Utilities'B'	CU.X	TS
Canandaigua Brands Cl'B'	CBRNB	NNM
Canandaigua BrandsCl'A'	CBRNA	NNM
Canarc Resource	CCM	TS
CanArgo Energy	GUSH	NNM
Canbra Foods	CBF	TS
Candela Corp	CLZR	NNM
Candela Corp Wrrt	CLZRW	NNM
Candies Inc	CAND	NNM
Candlewood Hotel	CNDL	NNM
Canisco Resources	CANR	NSC
Canmark Intl Resources	CNM	VS
Canmax Inc	CNMX	BB
Cannon Express	AB	ASE
Cannondale Corp	BIKE	NNM
Canon Inc ADR	CANNY	NNM
Cansib Energy	CZB	VS
Cantab Pharmaceuticals ADS	CNTBY	NNM
Cantel Industries	CNTL	NNM
Canterbury Info Tech	CITI	NNM
Canterbury Pk Hldg Corp	TRAK	NSC
CanWest Global Commun	CWG	NYS
Canyon Resources	CAU	ASE
Cape Cod Bank & Trust	CCBT	NNM
Capita Preferred Tr 9.06%'TOPr	TCD Pr	NYS
Capital Associates	CAII	NNM
Capital Automotive REIT	CARS	NNM
Capital Bank (NC)	CBKN	NSC
Capital Beverage	CBEV	NSC
Capital Beverage Wrrt'A'	CBEVW	NSC
Capital City Bank Grp	CCBG	NNM
Capital Corp of the West	CCOW	NNM
Capital Factors Holdings	CAPF	NNM
Capital One Financial	COF	NYS
Capital Pacific Hldgs	CPH	ASE
Capital Properties	CPI	ASE
Capital Re	KRE	NYS
Capital Re LLC'MIPS'	KRE PrL	NYS

Issue	Ticker	Exchange
Capital Senior Living	CSU	NYS
Capital Southwest	CSWC	NNM
Capital Title Group	CTGI	BB
Capital Trust 'A'	CT	NYS
Capitol Bancorp Ltd	CBCL	NNM
Capitol Tr 8.50% Pfd	CBCLP	NNM
Capitol Transamerica	CATA	NNM
Caprius Inc	CAPR	NSC
CapRock Communications	CPRKV	NNM
Capstar Broadcasting'A'	CRB	NYS
Capstead Mortgage	CMO	NYS
Capstead Mtge $1.26 cm Cv Pfd	CMO PrB	NYS
Capstead Mtge $1.60cm Cv Pfd	CMO PrA	NYS
Capstone Capital	CCT	NYS
Capstone Cap 8.875% Pfd	CCT PrA	NYS
Captec Net Lease Realty	CRRR	NNM
Cara Operations Ltd	CAO	TS
Cara Operations Ltd 'A'	CAO.A	TS
Caraustar Industries	CSAR	NNM
Carbide/Graphite Group	CGGI	NNM
Carbo Ceramics	CRBO	NSC
Cardiac Pathways	CPWY	NNM
Cardima Inc	CRDM	NNM
Cardinal Financial	CFNL	NSC
Cardinal Health	CAH	NYS
CardioDynamics Intl	CDIC	NSC
CardioGenesis Corp	CGCP	NNM
Cardiotech Intl	CTE	ASE
CardioThoracic Systems	CTSI	NNM
Cardiovascular Diagnostics	CVDI	NNM
Cardiovascular Dynamics	CCVD	NNM
Cardiovascular Laboratories	CLIX	BB
Career Education	CECO	NNM
CareMatrix Corp	CMD	ASE
Caretenders Healthcorp	CTND	NNM
Carey Diversified LLC	CDC	NYS
Carey Intl	CARY	NNM
Caribbean Cigar	CIGR	NSC
Caribbean Cigar Wrrt	CIGRW	NSC
CaribGold Resources	CG	TS
Caribiner International	CWC	NYS
Caring Products Intl	BDRY	NSC
Caring Products Intl Wrrt	BDRYW	NSC
Carleton Corp	CARL	NNM
Carlisle Cos	CSL	NYS
Carlton Communic ADS	CCTVY	NNM
Carlton Commun'X-CAPS'(26)	CCM Pr	NYS
Carlyle Ind	CRL	NYS
Carma Corp 'A'	CVP.A	TS
Carmel Container Sys	KML	ASE
Carmike Cinemas'A'	CKE	NYS
Carnegie Group	CGIX	NNM
Carnegie Intl Corp	CAGI	BB
Carnival Corp	CCL	NYS
Carolina Fincorp	CFNC	NNM
Carolina First Corp	CAFC	NNM
Carolina Pwr & Lt	CPL	NYS
Carol P&L,$5 cm Pfd	CPL Pr	ASE
Carolina Pwr & Lt 8.55%'QUICS'	CPD	NYS
Carolina Southern Bank SC	CSBK	NSC

Issue	Ticker	Exchange
Carpenter Technology	CRS	NYS
CarrAmerica Realty	CRE	NYS
CarrAmerica Realty 8.45% Dep P	CRE PrD	NYS
CarrAmerica Realty 8.55% Dep P	CRE PrC	NYS
CarrAmerica Realty 8.57% Pfd	CRE PrB	NYS
Carreker-Antinori	CANI	NNM
Carr-Gottstein Foods	CGF	NYS
Carriage Services 'A'	CSV	NYS
Carrier Access	CACS	NNM
Carrington Laboratories	CARN	NNM
Carrizo Oil & Gas	CRZO	NNM
Carrollton Bancorp	CRRB	NNM
Carson Inc'A'	CIC	NYS
Carter-Wallace	CAR	NYS
Carver Bancorp	CNY	ASE
Carver Corp	CAVR	NNM
Casa Ole-Restaurants	CASA	NNM
Cascade Bancorp	CACB	NSC
Cascade Corp	CAE	NYS
Cascade Financial Corp	CASB	NSC
Cascade Natural Gas	CGC	NYS
Cascades Inc	CAS	TS
CASCO Intl	CASC	NSC
Casco Intl Wrrt'A'	CASCW	NSC
Case Corp	CSE	NYS
Casella Waste Sys 'A'	CWST	NNM
Casey's Genl Stores	CASY	NNM
Cash Amer Intl	PWN	NYS
Cash Resources Ltd	KSH	VS
Cash Technologies	CHNG	NSC
Casino America	CSNO	NNM
Casino Data Systems	CSDS	NNM
Casino Magic	CMAG	NNM
Casino Resource	CSNR	NNM
Casino Resource Wrrt 'A'	CSNRW	NNM
Cass Commercial	CASS	NNM
Cassidy's Ltd	CYL	TS
Castelle	CSTL	NNM
Castle & Cooke Inc	CCS	NYS
Castle (A.M.)	CAS	ASE
Castle Convert Fund	CVF	ASE
Castle Dental Centers	CASL	NNM
Castle Energy Corp	CECX	NNM
Castle Group	CAGU	BB
Catadyne Corp	CTDY	BB
Catalina Lighting	LTG	NYS
Catalina Marketing	POS	NYS
Catalyst Communications	CLYC	BB
Catalyst Intl	CLYS	NNM
Catalytica Inc	CTAL	NNM
Catellus Development	CDX	NYS
Caterpillar Inc	CAT	NYS
Cathay Bancorp	CATY	NNM
Cathedral Gold	CAT	TS
Catherines Stores	CATH	NNM
Cato Corp'A'	CACOA	NNM
Catskill Financial	CATB	NNM
Cavalier Homes	CAV	NYS
Cavalry Bancorp	CAVB	NNM
Cavanaughs Hospitality	CVH	NYS

Issue	Ticker	Exchange
Cayenne Software	CAYN	NNM
Cayman Water Co Ltd	CWCOF	NSC
CB Bancshares	CBBI	NNM
CB Richard Ellis Svcs	CBG	NYS
CBES Bancorp	CBES	NSC
CBL & Associates Prop	CBL	NYS
CBL & Assoc Prop 9.00% Pfd	CBL PrA	NYS
CBR Brewing'A'	CBRB	BB
CBS Corp	CBS	NYS
CBT Group ADS	CBTSY	NNM
CCA Companies	RIPE	NSC
CCA Industries	CCAM	NNM
CCA Prison Realty Tr	PZN	NYS
CCA Prison Rlty Tr 8.0% Pfd	PZN PrA	NYS
CCAIR Inc	CCAR	NSC
CCB Financial	CCB	NYS
CCC Information Svcs	CCCG	NNM
CCF Holding	CCFH	NSC
C-COR Electrs	CCBL	NNM
C-Cube Microsystems	CUBE	NNM
CD Radio Inc	CDRD	NNM
CD Warehouse	CDWI	NSC
CDI Corp	CDI	NYS
CDnow Inc	CDNW	NNM
CD-Rom Yearbook	CDRH	BB
CDW Computer Centers	CDWC	NNM
CE Franklin Ltd	CFK	ASE
CE Software Hldgs	CESH	NSC
CEC Entertainment	CEC	NYS
CEC Properties	CECI	BB
CEC Resources	CGS	ASE
Ceco Environmental	CECE	NSC
Cedar Fair L.P.	FUN	NYS
Cedar Income Fund	CEDR	NSC
Celadon Group	CLDN	NNM
Celanese Canada	CCL	TS
Celebrity Inc	FLWR	NNM
Celeritek Inc	CLTK	NNM
Celerity Solutions	CLTY	NSC
Celerity Solutions Wrrt'A'	CLTYW	NSC
Celerity Systems	CLRT	NSC
Celestial Seasonings	CTEA	NNM
Celestica Inc	CLS	NYS
Celgene Corp	CELG	NNM
Cell Genesys	CEGE	NNM
Cell Robotics Intl	CRII	BB
Cell Therapeutics	CTIC	NNM
Cellegy Pharmaceuticals	CLGY	NNM
Cellegy Pharmaceuticals Wrrt	CLGYW	NNM
Cellex Biosciences	CLXX	NSC
Cellex Biosciences Wrrt 2000	CLXXZ	NSC
CellNet Data Systems	CNDS	NNM
CellNet Funding 7.0% Exch Pfd	CNDSP	NNM
CellPro Inc	CPRO	NNM
CellStar Corp	CLST	NNM
Cellular Commun Intl	CCIL	NNM
Cellular Technical Svcs	CTSC	NNM
CellularVision USA	CVUS	NNM
Cel-Sci Corp	HIV	ASE
Cel-Sci Wrrt'A'	HIV.WS.A	ASE

Issue	Ticker	Exchange
Celtic Investment	CELT	NSC
Celtrix Pharmaceuticals	CTRX	NNM
CEM Corp	CEMX	NNM
Cemara Health	CMHI	BB
Cendant Corp	CD	NYS
Cendant 7.50% Inc'PRIDES'	CD Prl	NYS
Cendant Growth 'PRIDES'	CD PrG	NYS
Cenit Bancorp	CNIT	NNM
Centennial Bancorp	CEBC	NNM
Centennial Cellular 'A'	CYCL	NNM
Centennial Healthcare	CTEN	NNM
Center Bancorp	CNBC	NNM
CenterPoint Prop TrSBI	CNT	NYS
CenterPoint Prop Tr 8.48% Pfd'	CNT PrA	NYS
Centex Construction Prod	CXP	NYS
Centex Corp	CTX	NYS
Centigram Communications	CGRM	NNM
Centocor Inc	CNTO	NNM
Central & So. West	CSR	NYS
Central Coast Bancorp	CCBN	NNM
Central Co-operative Bank	CEBK	NNM
Central Euro Media Enter'A'	CETV	NNM
Central European Dstr	CEDC	NNM
Central European Eq Fd	CEE	NYS
Central European Value Fd	CRF	NYS
Central Finl Acceptance	CFAC	NNM
Central Fund,Cda'A'	CEF	ASE
Central Garden & Pet	CENT	NNM
Central Hudson Gas&El	CNH	NYS
Central Ill Lt 4 1/2% cm Pfd	CER Pr	NYS
Central Maine Power	CTP	NYS
Central Maine Pwr,3 1/2% Pfd	CTP Pr	ASE
Central Newspapers 'A'	ECP	NYS
Central Pac Minerals ADS	CPMNY	NSC
Central Parking	CPC	NYS
Central Reserve Life	CRLC	NNM
Central Securities	CET	ASE
Central Sec$2cmCv D Pfd(27.50)	CET PrD	ASE
Central Sprinkler	CNSP	NNM
Central Steel & Wire	CSTW	BB
Central VA Bankshares	CVBK	NNM
Central VT Pub Svc	CV	NYS
Centris Group	CGE	NYS
Centura Banks	CBC	NYS
Centura Software	CNTR	NSC
Century Aluminum	CENX	NNM
Century Bancorp	CENB	NSC
Century Bancorp(MA)	CNBKA	NNM
Century BancorpCapTr 8.30%Pfd	CNBKP	NNM
Century Bancshares	CTRY	NNM
Century Business Svcs	CBIZ	NNM
Century Casinos	CNTY	NSC
Century Communic'ns'A'	CTYA	NNM
Century Industries 'A'	CNTI	BB
Century South Banks	CSBI	NNM
Century Tel Enterp	CTL	NYS
Cephalon Inc	CEPH	NNM
Ceradyne Inc	CRDN	NNM
CERBCO Inc	CERB	NNM
Ceridian Corp	CEN	NYS

Issue	Ticker	Exchange
Cerion Technologies	CEON	NNM
Cerner Corp	CERN	NNM
Cerprobe Corp	CRPB	NNM
Certron Corp	CRTN	BB
Cerus Corp	CERS	NNM
CET Environmental Svcs	ENV	ASE
CFB Cap II 8.20% Pfd	CFBXZ	NNM
CFB Capital I 8.875%Cv Pfd	CFBXL	NNM
CFC Intl	CFCI	NNM
CFC Preferred Tr 9.375% Pfd Se	CFB Pr	NYS
CFI Mortgage	CFIM	NSC
CFI ProServices	PROI	NNM
CFM Technologies	CFMT	NNM
CFS Bancorp	CITZ	NNM
CFSB Bancorp	CFSB	NNM
CFW Communications	CFWC	NNM
Chad Therapeutics	CTU	ASE
Chadmoore Wireless Group	MOOR	BB
Chai-Na-Ta Corp	CCCFF	NNM
Chalone Wine Group	CHLN	NNM
Champion Enterprises	CHB	NYS
Champion Industries	CHMP	NNM
Champion Intl	CHA	NYS
Champion Resources	CHL	VS
Championship Auto Racing	MPH	NYS
Chancellor Media Corp	AMFM	NNM
Chandler Insurance Ltd	CHANF	NNM
Channell Commercial	CHNL	NNM
Chantal Pharmaceutical	CHTL	BB
Chaparral Resources	CHAR	NSC
Chapleau Resources Ltd	CHI	VS
Chapman Cap Mgmt Hldgs	CMGT	NSC
Chapman Holdings	CMAN	NSC
Charles River Assoc	CRAI	NNM
Charming Shoppes	CHRS	NNM
Chart House Enterpr	CHT	NYS
Chart Industries	CTI	NYS
Charter Muni Mtg Acceptance	CHC	ASE
Charter One Finl	COFI	NNM
Chartwell Div & Inc Fund	CWF	NYS
Chartwell Intl	CHAP	BB
Chartwell Re	CWL	NYS
Chase Capital IV 7.34% Cp Sec'	CMV	NYS
Chase Capital V 7.03% Cp Sec'E	CBF	NYS
Chase Corp	CCF	ASE
Chase Industries	CSI	NYS
Chase Manhattan	CMB	NYS
Chase Manhattan 10 1/2%'A'Pfd	CMB PrA	NYS
Chase Manhattan 10.84%'C'Pfd	CMB PrC	NYS
Chase Manhattan 10.96% Pfd	CMB PrG	NYS
Chase Manhattan 9.76%'B'Pfd	CMB PrB	NYS
Chase Manhattan Adj N Pfd	CMB PrN	NYS
Chase Manhattan Adj Rt'L'Pfd	CMB PrL	NYS
Chase Preferred Cap 8.10% Pfd	CMB Pr	NYS
Chase Resource	CQS	TS
Chastain Capital	CHAS	NNM
ChatCom Inc	CHAT	BB
Chateau Communities	CPJ	NYS
Chattem Inc	CHTT	NNM
Chaus (Bernard) Inc	CHS	NYS

Issue	Ticker	Exchange
CHC Helicopter Cl'A'	FLYAF	NNM
Check Point Software Tech	CHKPF	NNM
Check Technology	CTCQ	NNM
Checkers Drive-In Restr	CHKR	NNM
Checkers Drive-In Rest Wrrt	CHKRW	NNM
Checkfree Holdings	CKFR	NNM
Checkpoint Sys	CKP	NYS
Cheesecake Factory	CAKE	NNM
Chefs International	CHEFC	NSC
Chelsea GCA Realty	CCG	NYS
Chem Intl	CXIL	NSC
Chem Intl Wrrt	CXILW	NSC
Chemed Corp	CHE	NYS
Chemfab Corp	CFA	NYS
ChemFirst Inc	CEM	NYS
Chemical Financial	CHFC	NNM
Cheniere Energy	CHEX	NSC
Chequemate Intl	CQMT	BB
Cherokee Inc	CHKE	NNM
Cherry Corp 'A'	CHERA	NNM
Cherry Corp'B'	CHERB	NNM
Chesapeake Bio Labs'A'	CBLI	NNM
Chesapeake Corp	CSK	NYS
Chesapeake Energy	CHK	NYS
Chesapeake Utilities	CPK	NYS
Chester Bancorp	CNBA	NNM
Chester Valley Bancorp	CVAL	NNM
Chevron Corp	CHV	NYS
Chevy Chase 10.375% Ex Cap Pfd	CCP PrA	NYS
Chic by H.I.S. Inc	JNS	NYS
Chicago Bridge & Iron N.V.	CBI	NYS
Chicago Pizza & Brewery	CHGO	NSC
Chicago Pizza& Brewery Wrrt	CHGOW	NSC
Chicago Rivet & Mach	CVR	ASE
Chicago Title	CTZ	NYS
Chicken Kitchen	CKKC	BB
Chico's FAS	CHCS	NNM
Chief Consol Mining	CFCM	NSC
Chieftain Intl	CID	ASE
Chieftain Intl Fd $1.8125 Cv P	GSS Pr	ASE
Children's Broadcasting	AAHS	NNM
Children's Comp Svcs	KIDS	NNM
Children's Place Retail Stores	PLCE	NNM
Childtime Learning Centers	CTIM	NNM
Chile Fund Inc	CH	NYS
China Basic Industries	CBII	BB
China Continental	CHCL	BB
China Eastern Airlines ADS	CEA	NYS
China Energy Resources	CHG	ASE
China Food & Beverage	CHIF	BB
China Fund	CHN	NYS
China Pacific	CHNA	NSC
China Resource Dvlmt	CHRB	NSC
China Southern Airlines'H'ADS	ZNH	NYS
China Telecom(Hong Kong)ADS	CHL	NYS
China Tire Holdings Ltd	TIR	NYS
China Yuchai Intl	CYD	NYS
Chiquita Brands Intl	CQB	NYS
Chiquita Br Intl $2.875 Cv'A'P	CQB PrA	NYS
Chiquita Br Intl $3.75 Cv'B'Pf	CQB PrB	NYS

Issue	Ticker	Exchange
ChiRex Inc	CHRX	NNM
Chiron Corp	CHIR	NNM
Chittenden Corp	CHZ	NYS
Chock Full O'Nuts	CHF	NYS
Choice Hotels Intl	CHH	NYS
ChoicePoint Inc	CPS	NYS
Choicetel Communications	PHON	NSC
Choicetel Commun Wrrt	PHONW	NSC
Cholestech Corp	CTEC	NNM
Chris-Craft Indus	CCN	NYS
Chris-Craft Ind,$1 Pr Pfd	CCN PrA	NYS
Chris-Craft Ind,$1.40 Cv Pfd	CCN PrB	NYS
Christiana Cos	CST	NYS
Chromatics Color Sciences	CCSI	NSC
ChromaVision Medical System	CVSN	NNM
Chromcraft Revington	CRC	NYS
Chronicle Communications	CRNCD	BB
Chronimed Inc	CHMD	NNM
Chrysalis Intl	CRLS	NNM
Chrysler Corp	C	NYS
CHS Electronics	HS	NYS
Chubb Corp	CB	NYS
Church & Dwight	CHD	NYS
Churchill Downs	CHDN	NSC
Chyron Corp	CHY	NYS
Ciao Cucina	CIAO	BB
CIBER Inc	CBR	NYS
CIDCO Inc	CDCO	NNM
CIENA Corp	CIEN	NNM
CIGNA Corp	CI	NYS
CIGNA High Income Shs	HIS	NYS
CILCORP, Inc	CER	NYS
CIM High Yield Sec	CIM	ASE
CIMA Labs	CIMA	NNM
Cimatron Ltd	CIMTF	NNM
Cimetrix Inc	CMXX	BB
Cinar Films	CIF.A	TS
Cinar Films Cl'B'	CINRF	NNM
Cincinnati Bell	CSN	NYS
Cincinnati Financial	CINF	NNM
Cincinnati G & E,4% Pfd	CIN PrA	NYS
Cincinnati G&E8.28%Jr SubDebs	JRL	NYS
Cincinnati Milacron	CMZ	NYS
Cinema Ride Inc	MOVE	BB
CinemaStar Luxury Theaters	LUXY	NSC
CinemaStar Lux Theaters Wrrt	LUXYW	NSC
CinemaStar Lux Theaters Wrrt'B'	LUXYZ	NSC
CINergy Corp	CIN	NYS
Cinram Intl	CNRMF	TS
Cintas Corp	CTAS	NNM
Ciprico Inc	CPCI	NNM
Circle International Group	CRCL	NNM
Circon Corp	CCON	NNM
Circuit City Strs-CarMaxGrp	KMX	NYS
Circuit City Strs-CrctCtyGrp	CC	NYS
Circuit Research Labs	CRLI	BB
Circuit Systems	CSYI	NNM
Circus Circus Enterp	CIR	NYS
Ciro International	CIRR	BB
Cirque Energy	CIRQF	NSC

Issue	Ticker	Exchange
Cirrus Logic	CRUS	NNM
Cisco Systems	CSCO	NNM
CIT Group 'A'	CIT	NYS
Citadel Communications	CITC	NNM
Citadel Holding	CDL	ASE
CITATION Computer Sys	CITA	NNM
Citation Corp	CAST	NNM
Citicorp	CCI	NYS
Citicorp 7.50% Dep Pfd	CCI PrF	NYS
Citicorp 7.75% Dep Sr 22 Pfd	CCI PrK	NYS
Citicorp 8.30% Dep Pfd	CCI PrI	NYS
Citicorp 8.50% Dep Pfd	CCI PrJ	NYS
Citicorp Adj Rt Dep Pfd	CCI PrG	NYS
Citicorp Adj Rt Dep'H'Pfd	CCI PrH	NYS
Citicorp Cap III 7.10%'TruPS'	CIH PrA	NYS
Citizens Bancshares	CICS	NNM
Citizens Banking	CBCF	NNM
Citizens Corp	CZC	NYS
Citizens Finl Kentucky	CNFL	NSC
Citizens First Finl	CBK	ASE
Citizens Inc'A'	CIA	ASE
Citizens Util	CZN	NYS
Citiz Util Tr 5%'EPPICS'(50)	CZN Pr	NYS
Citrix Systems	CTXS	NNM
City Auto Resource Svcs	CTYE	BB
City Holding	CHCO	NNM
City Investing Liq Trust	CNVLZ	NSC
City National	CYN	NYS
CityView Energy	CVCLF	NSC
Civic Bancorp	CIVC	NNM
CKD Ventures Ltd	CKU	VS
CKE Restaurants	CKR	NYS
CKF Bancorp	CKFB	NSC
CKS Group	CKSG	NNM
CL&P Capital L.P.9.30%'MIPS'	CPM PrA	NYS
Claire's Stores	CLE	NYS
Clancy Systems Intl	CLSI	BB
CLARCOR Inc	CLC	NYS
Clarify Inc	CLFY	NNM
Clarion Commercial Hldgs'A'	CLR	NYS
Clark/Bardes Holdings	CLKB	NNM
Classic Bancshares	CLAS	NSC
ClassicVision Entertainment	CLVE	BB
Claude Resources	CRJ	TS
Clayton Homes	CMH	NYS
Clayton Williams Energy	CWEI	NNM
Clean Harbors	CLHB	NNM
Clear Channel Commun	CCU	NYS
Clearly Canadian Beverage	CLCDF	NNM
Clearnet Communic 'A'	CLNTF	NNM
Clearview Cinema Grp	CLV	ASE
Cleco Corp	CNL	NYS
Clemente Global Gr	CLM	NYS
ClevelandElec $7.40 cm A Pfd	CVX Pr	NYS
Cleveland Elec III $7.56 Pfd	CVX PrB	NYS
Cleveland Elec III Adj L Pfd	CVX PrL	NYS
Cleveland Elec III'93 Sr'A'Dep	CVX PrT	NYS
Cleveland Indians Baseball'A'	CLEV	NNM
Cleveland-Cliffs	CLF	NYS
CleveTrust Realty SBI	CTRIS	BB

Issue	Ticker	Exchange
Cliffs Drilling	CDG	NYS
Clifton Mining	CFTN	BB
CliniChem Dvlp'A'	CCHE	NNM
Clinicor Inc	CLCR	BB
ClinTrials Research	CCRO	NNM
Clorox Co	CLX	NYS
Closure Medical	CLSR	NNM
Clublink Corp	LNK	TS
Cluster Technology Corp	CLTT	BB
C-MAC Indus	CMS	TS
CMAC Investment	CMT	NYS
CMC Industries	CMCI	NNM
CMG Info Services	CMGI	NNM
CMI Corp Cl'A'	CMX	NYS
CML Group	CML	NYS
CMP Media 'A'	CMPX	NNM
CMS Energy	CMS	NYS
CMS Energy Cl'G'	CPG	NYS
CN Biosciences	CNBI	NNM
CNA Financial	CNA	NYS
CNA Income Shares	CNN	NYS
CNA Surety	SUR	NYS
CNB Bancshares	BNK	NYS
CNB Cap Tr 6.00% Tr'SPuRS'	BNK PrA	NYS
CNB Financial(NY)	CNBF	NNM
CNET Inc	CNWK	NNM
CNF Transportation	CNF	NYS
CNF Trust I$2.50'TECONS'(51.62	CNF PrT	NYS
CNS Bancorp	CNSB	NSC
CNS Inc	CNXS	NNM
Coach USA	CUI	NYS
Coachmen Indus	COA	NYS
Coast Bancorp	CTBP	NNM
Coast Dental Services	CDEN	NNM
Coast Distribution Sys	CRV	ASE
Coastal Bancorp	CBSA	NNM
Coastal Bancorp 9% 'A' pfd	CBSAP	NNM
Coastal Corp	CGP	NYS
Coastal Corp,$1.19 Cv A Pfd	CGP PrA	NYS
Coastal Corp,$1.83 Cv B Pfd	CGP PrB	NYS
Coastal Finl Corp	CFCP	NSC
Coastal Finl I 8.375%'TOPrS'	CGP PrT	NYS
Coastal Foods	XPIE	BB
Coastal Physician Grp	DR	NYS
Coastcast Corp	PAR	NYS
Cobra Electronics	COBR	NNM
Cobre Mining	CBU	TS
Coca-Cola Bott Consol	COKE	NNM
Coca-Cola Co	KO	NYS
Coca-Cola Enterprises	CCE	NYS
Coca-Cola FEMSA ADS	KOF	NYS
CoCensys Inc	COCN	NNM
Coconino S.M.A.	CSMA	BB
Coda Music Tech	COMT	NSC
Codorus Valley Bancorp	CVLY	NNM
Coeur d'Alene Mines	CDE	NYS
Coeur d'Alene Mines 'MARCS'	CDE Pr	NYS
Coffee People	MOKA	NSC
Coflexip ADS	CXIPY	NNM
Cogeco Cable	CCA	TS

Issue	Ticker	Exchange
Cogeco Inc	CGO	TS
Cogeneration Corp of America	CGCA	NNM
Cognex Corp	CGNX	NNM
COGNICASE Inc	COGIF	NNM
Cognitronics Corp	CGN	ASE
Cognizant Tech Solutions'A'	CTSH	NNM
Cognos Inc	COGNF	NNM
Cohen & Steers Rlty Inc Fd	RIF	ASE
Cohen & Steers Total Rt Rty Fd	RFI	NYS
Coherent, Inc	COHR	NNM
Cohesant Technologies	COHT	NSC
Cohesant Technologies Wrrt	COHTW	NSC
Cohesion Technologies	CSON	NNM
Coho Energy	COHO	NNM
COHR Inc	CHRI	NNM
Cohu Inc	COHU	NNM
Coinmach Laundry	WDRY	NNM
Coinstar Inc	CSTR	NNM
Cold Metal Products	CLQ	NYS
Coldwater Creek	CWTR	NNM
Cole National	CNJ	NYS
Coleman Co	CLN	NYS
Coles Myer Ltd ADR	CM	NYS
Colgate-Palmolive	CL	NYS
Colgate-Palmolive,$4.25 Pfd	CL Pr	NYS
Collaborative Clinical Resh	CCLR	NNM
Collagen Aesthetics	CGEN	NNM
CollaGenex Pharmaceuticals	CGPI	NNM
Collateral Therapeutics	CLTX	NNM
College Television Network	UCTN	NSC
Collins & Aikman	CKC	NYS
Collins Industries	COLL	NNM
Colmena Corp	CLME	BB
Colonel's Intl	COLO	NSC
Colonial BancGroup	CNB	NYS
Colonial Commercial Corp	CCOM	NSC
Colonial Comml Cv Pfd	CCOMP	NSC
Colonial Downs Hld'A'	CDWN	NNM
Colonial Gas	CLG	NYS
Colonial High Income Muni	CXE	NYS
Colonial Interm Hi Income	CIF	NYS
Colonial InterMkt Inc Tr I	CMK	NYS
Colonial Inv Grade Muni	CXH	NYS
Colonial Muni Inc Tr	CMU	NYS
Colonial Properties Tr	CLP	NYS
Colonial Properties Tr 8.75% Pfd	CLP PrA	NYS
Colony Bankcorp	CBAN	NNM
Colony Pacific Expl Ltd	CYX	TS
Colorado Business Bankshs	COBZ	NNM
Colorado Casino Resorts	CCRI	NSC
Colorado Medtech	CMED	NNM
COLT Telecom Group ADS	COLTY	NNM
Coltec Industries	COT	NYS
Columbia Bancorp	CBMD	NNM
Columbia Banking System	COLB	NNM
Columbia Capitl Corp	CLCK	BB
Columbia Energy Group	CG	NYS
Columbia Finl of Kentucky	CFKY	NNM
Columbia Gold Mines Ltd	COB	VS
Columbia Laboratories	COB	ASE

Issue	Ticker	Exchange
Columbia Sportswear	COLM	NNM
Columbia/HCA Hlthcare	COL	NYS
Columbus Energy	EGY	ASE
Columbus McKinnon	CMCO	NNM
Columbus SoPwr 7.92% Sub Db	CJA	NYS
Columbus SoPwr 8.375% Sub Db	CSJ	NYS
Com21 Inc	CMTO	NNM
Comair Holdings	COMR	NNM
Comarco Inc	CMRO	NNM
CombiChem Inc	CCHM	NNM
Comcast Cl'A'	CMCSA	NNM
Comcast Cl'A'Spl(non-vtg)	CMCSK	NNM
Comcast UK Cable Partners'A'	CMCAF	NNM
Comdial Corp	CMDL	NNM
Comdisco, Inc	CDO	NYS
ComEd Financing 1 8.48%'TOPrS'	CWE PrT	NYS
Comerica Inc	CMA	NYS
Comforce Corp	CFS	ASE
Comfort Systems USA	FIX	NYS
Cominco Ltd	CLT	ASE
Comm Bancorp	CCBP	NNM
Commanche Energy	CMCY	BB
Command Security	CMMD	NSC
Command Systems	CMND	NNM
Commerce Bancorp	CBH	NYS
Commerce Bancshares	CBSH	NNM
Commerce Bank/Harrisburg	COBH	NSC
Commerce Cap Tr I 8.75% Pfd	CBH PrT	NYS
Commerce Group Corp	CGCO	NSC
Commerce Group Inc	CGI	NYS
Commercial Assets	CAX	ASE
Commercial Bank of New York	CBNY	NNM
Commercial Bankshares	CLBK	NNM
Commercial Federal	CFB	NYS
Commercial Intertech	TEC	NYS
Commercial Metals	CMC	NYS
Commercial Natl Finl	CNAF	NNM
Commercial Net Lease Rlty	NNN	NYS
CommNet Cellular	CELS	NNM
Commodore Applied Tech	CXI	ASE
Commodore Applied Tech Wrrt	CXI.WS	ASE
Commodore Holdings	CCLNF	NNM
Commodore Holdings Wrrt	CCLWF	NNM
Commodore Separation Tech	CXOT	NSC
Commodore Separat'n Tech 10% Pfd	CXOTP	NSC
Commodore Separat'n Tech Wrrt	CXOTW	NSC
Commonwealth Bancorp	CMSB	NNM
Commonwealth Biotechnologies	CBTE	NSC
Commonwealth Ed $8.38 Pref	CWE PrI	NYS
Commonwealth Ed $8.40 Pref	CWE PrJ	NYS
Commonwealth Ed, $1.90 Pref	CWE PrC	NYS
Commonwealth Ed, $2.00 Pref	CWE PrD	NYS
Commonwealth Ed,$2.425 Pref	CWE PrK	NYS
Commonwealth Ed,$7.24 Pref	CWE PrE	NYS
Commonwealth Ed,$8.40 Pref	CWE PrF	NYS
Commonwealth Energy Sys	CES	NYS
Commonwealth Genl LLC'MIPS'	COH PrM	NYS
Commonwealth Industries	CMIN	NNM
Commonwealth Tel Enterp(New)	CTCO	NNM
Commonwealth Tel Enterp'B'	CTCOB	NSC

Issue	Ticker	Exchange
Commscope Inc	CTV	NYS
Communic Intelligence	CICI	NSC
Communic Sys	CSII	NNM
Communications Technology Cos.	CCTC	BB
Communications World Intl	CWII	NSC
Community Bank Shares(Ind)	CBIN	NSC
Community Bank System	CBU	NYS
Community Banks (PA)	CTY	ASE
Community Bankshares	CBIV	NNM
Community Bankshares S.C.	SCB	ASE
Community Capital	CYL	ASE
Community Care Svcs	CCSE	NSC
Community Care Svcs Wrrt	CCSEW	NSC
Community Federal Bancorp	CFTP	NNM
Community Financial	CFFC	NSC
Community Financial (IL)	CFIC	NNM
Community Finl Group	CFGI	NNM
Community Finl Group Wrrt	CFGIW	NSC
Community First Banking	CFBC	NNM
Community First Bankshares	CFBX	NNM
Community Independent Bank	INB	ASE
Community Investors Bancorp	CIBI	NSC
Community Med Trans	CMTI	NSC
Community Med Trans Wrrt	CMTIW	NSC
Community Svgs Bankshrs	CMSV	NNM
Community Trust Bncp	CTBI	NNM
Community West Bancshares	CWBC	NNM
COMNET Corp	CNET	NNM
Comp Cervejaria Brahma Com ADS	BRH.C	NYS
Comp Cervejaria Brahma Pfd ADS	BRH	NYS
Comp de Minas Buenaventura ADS	BVN	NYS
Comp Paranaense Energia'B'ADS	ELP	NYS
Comp Siderurgica Nacional ADS	SID	NYS
Compagnie Genl Geophy ADS	GGY	NYS
Companhia Brasileira ADS	CBD	NYS
Compania Anonima Tele 'D'ADS	VNT	NYS
Compania Cervecerias ADS	CCUUY	NNM
Compania de Telecom Chile ADS	CTC	NYS
Compaq Computer	CPQ	NYS
Compare Generiks	COGE	NSC
Compare Generiks Wrrt'A'	COGEW	NSC
CompAs Electronics	CMN	TS
Compass Bancshares	CBSS	NNM
Compass Intl Svcs	CMPS	NNM
Compass Plastics & Technologie	CPTI	NNM
CompDent Corp	CPDN	NNM
Competitive Technologies	CTT	ASE
Complete Business Solutions	CBSI	NNM
Complete Management	CMI	NYS
Complete Wellness Centers	CMWL	NSC
Complete Wellness Centers Wrrt	CMWLW	NSC
Compositech Ltd	CTEK	NSC
Compositech Ltd Wrrt	CTEKW	NSC
Comprehensive Care	CMP	NYS
Comptek Research Inc	CTK	ASE
CompuCom Systems	CMPC	NNM
Compu-Dawn Inc	CODI	NSC
CompuDyne Corp	CDCY	BB
CompuMed Inc	CMPD	NSC
CompUSA Inc	CPU	NYS

Issue	Ticker	Exchange
Computalog Ltd	CLTDF	NNM
Computer Access Intl	CPAQ	BB
Computer Assoc Intl	CA	NYS
Computer Concepts	CCEE	NSC
Computer Horizons	CHRZ	NNM
Computer Learning Ctrs	CLCX	NNM
Computer Mgmt Sciences	CMSX	NNM
Computer Motion	RBOT	NNM
Computer Network Technology	CMNT	NNM
Computer Outsourcing Svcs	COSI	NNM
Computer Sciences	CSC	NYS
Computer Task Group	TSK	NYS
Computone Corp	CMPTE	NSC
Computrac Inc	LLB	ASE
Computron Software	CFW	ASE
Compuware Corp	CPWR	NNM
CompX Intl 'A'	CIX	NYS
COMSAT Capital I 8.125%'MIPS'	CQ PrA	NYS
Comsat Corp	CQ	NYS
Comshare, Inc	CSRE	NNM
ComSouth Bankshares	CSB	ASE
Comstock Bancorp	LODE	NSC
Comstock Resources	CRK	NYS
ComTech Consolidation	CCGI	BB
Comtech Telecommns	CMTL	NNM
Comtrex Systems	COMX	NSC
Comverse Technology	CMVT	NNM
ConAgra Inc	CAG	NYS
ConAgra Cap L.C. 9% Pfd	CAG PrA	NYS
ConAgra Cap L.C.9.35% Pfd	CAG PrC	NYS
ConAgra Cap L.C.Adj Pfd'B'	CAG PrB	NYS
Concentra Corp	CTRA	NNM
Concentra Managed Care	CCMC	NNM
Concentric Network	CNCX	NNM
Concept Indutries	CEU	VS
Concepts Direct	CDIR	NNM
Conceptus Inc	CPTS	NNM
Concert Industries Ltd	CNG	MS
Concord Camera	LENS	NNM
Concord Communications	CCRD	NNM
Concord EFS	CEFT	NNM
Concord Energy	CODE	NSC
Concord Fabrics Cl'A'	CIS	ASE
Concord Fabrics Cl'B' Cv	CIS.B	ASE
Concorde Gaming	CGAM	BB
Concorde Strategies Group	CSGG	BB
Concordia Paper Holdings ADS	CPLNY	NNM
Concurrent Computer	CCUR	NNM
Condor Intl Resources	COD	VS
Condor Tech Solutions	CNDR	NNM
Conductus Inc	CDTS	NNM
Cone Mills	COE	NYS
Conectiv Inc	CIV	NYS
Conectiv Inc 'A'	CIV.A	NYS
Conestoga Enterprises	CENI	NNM
Congoleum Corp 'A'	CGM	NYS
Conmed Corp	CNMD	NNM
Connect Inc	CNKT	NNM
Connecticut Development Corp	CCD	VS
Connecticut Energy	CNE	NYS

Issue	Ticker	Exchange
Connecticut Wtr Svc	CTWS	NNM
Connetics Corp	CNCT	NNM
Conning Corp	CNNG	NNM
Conolog Corp	CNLG	NSC
Conolog Corp Wrrt'A'	CNLGW	NSC
Conrad Industries	CNRD	NNM
Conseco Fin Tr I 9.16%'TOPrS'	CNC PrT	NYS
Conseco Inc	CNC	NYS
Conseco 7% FELINE 'PRIDES'	CNC PrF	NYS
Conseco Inc 7%'PRIDES'	CNC PrE	NYS
Conseco Strategic Inc Fund	CFD	NYS
Consep Inc	CSEP	NNM
ConSil Corp	CSV	VS
Consilium Inc	CSIM	NNM
Conso Products	CNSO	NNM
Consol Delivery & Logistics	CDLI	NNM
Consolidated Edison	ED	NYS
Consolidated Ed 7.75%'QUICS'	EDL	NYS
Consol Ed NY,$5 Pfd	ED PrA	NYS
Consol Ed NY,4.65% C Pfd	ED PrC	NYS
Consol Medical Mgmt	CMMI	BB
Consol Pine Channel Gold	KPG	VS
Consoliated SamarKand Res	SKC	VS
Consolidated Capital N.A.	CDNO	BB
Consolidated Cigar Hldgs'A'	CIG	NYS
Consolidated Envirowaste Indus	CWD	VS
Consolidated Freightways	CFWY	NNM
Consolidated Golden Quail Res	GQRVF	NSC
Consolidated Graphics	CGX	NYS
Consolidated Magna Ventures	CMV	VS
Consolidated Mercantile	CSLMF	NSC
Consolidated Nat Gas	CNG	NYS
Consolidated Papers	CDP	NYS
Consolidated Products	COP	NYS
Consolidated Rambler Mines	CRR	TS
Consolidated Stores	CNS	NYS
Consolidated Tomoka Land	CTO	ASE
Consolidation Capital	BUYR	NNM
Consoltex Group Inc	CTX	TS
Consorcio G Grupo Dina ADS	DIN	NYS
Consorcio G Grupo Dina'L'ADS	DIN.L	NYS
Con-Space Comomunications Ltd	CCB	VS
Consulier Engineering	CSLR	NSC
Consumers Egy $2.08'A'Pfd	CMS Prl	NYS
Consumers Egy $4.16 Pfd	CMS PrA	NYS
Consumers Egy $4.50 Pfd	CMS PrB	NYS
Consum Egy Fin I 8.36%'TOPrS'	CMS PrJ	NYS
Consum Energy Fin II 8.20%'TOP	CMS PrK	NYS
Consumer Portfolio Svcs	CPSS	NNM
Consumers Packaging	CGC	TS
Consumers Water	CONW	NNM
Consygen Inc	CSGI	BB
ContiFinancial Corp	CFN	NYS
Contl Airlines'A'	CAI.A	NYS
Contl Airlines'B'	CAI.B	NYS
Contl Choice Care	CCCI	NNM
Continental Choice Care Wrrt	CCCIW	NNM
Continental Energy Corp	KK	VS
Contl Information Sys	CISC	NSC
Continental Investment Corp	CICG	BB

Issue	Ticker	Exchange
Contl Materials	CUO	ASE
Contl Mtg & Eq Tr SBI	CMETS	NNM
Continental Natural Gas	CNGL	NNM
Continucare Corp	CNU	ASE
Control Chief Hldgs	DIEM	NSC
Control Devices	SNSR	NNM
Controladora Comer'l Mex GDS	MCM	NYS
Controlled Enviro Aquacltr Tec	CEAT	BB
Convergys Corp	CVG	NYS
Converse Inc	CVE	NYS
Conversion Tech Intl	CTIX	NSC
Conversion Tech Intl Wrrt'A'	CTIXW	NSC
Conversion Tech Intl Wrrt'B'	CTIXZ	NSC
Cooker Restaurant	CGR	NYS
Cooper Cameron	RON	NYS
Cooper Cos	COO	NYS
Cooper Ind 6.00%'DECS'1998	CXW	NYS
Cooper Indus	CBE	NYS
Cooper Life Sciences	ZAPS	NSC
Cooper Tire & Rubber	CTB	NYS
Cooperative Bankshares	COOP	NNM
Coors (Adolph)Cl'B'	ACCOB	NNM
Copart Inc	CPRT	NNM
Copley Pharmaceutical	CPLY	NNM
CopyTele Inc	COPY	NNM
Cor Therapeutics	CORR	NNM
Cora Resources Ltd	KRA	VS
Coram Healthcare	CRH	NYS
Corby Distilleries Ltd	CDL.A	TS
Corby Distilleries Ltd'B'	CDL.B	TS
Cordal Resources Ltd	CDA	VS
Cordant Technologies	CDD	NYS
Cordiant Communic GrpADS	CDA	NYS
CORE Inc	CORE	NNM
Core Laboratories N.V.	CLB	NYS
Core Materials	CME	ASE
CoreCare Systems	CRCS	BB
CoreComm Inc	COMM	NNM
Corel Corp	COSFF	NNM
Corimon ADS	CRM	NYS
Corixa Corp	CRXA	NNM
Corn Products Intl	CPO	NYS
Cornell Corrections	CRN	ASE
Cornerstone Bank	CBN	ASE
Cornerstone Imaging	CRNR	NNM
Cornerstone Internet Solutions	CNRS	NSC
Cornerstone Propane Ptnrs L.P.	CNO	NYS
Cornerstone Properties	CPP	NYS
Cornerstone Realty Income Tr	TCR	NYS
Corning Del L.P. 6%'MIPS'	GLW PrM	NYS
Corning Inc	GLW	NYS
Corning Natural Gas	CNNG	BB
Cornucopia Resources Ltd	CNPGF	NSC
Coronado Industries	CDIK	BB
Corporacion Banc Espana ADS	AGR	NYS
Corporate Express	CEXP	NNM
Corporate High Yield Fd II	KYT	NYS
Corporate High Yield Fd III	CYE	NYS
Corporate High Yield Fund	COY	NYS
Corporate Office Prop Tr SBI	OFC	NYS

Issue	Ticker	Exchange
Corporate Renaissance Group	CREN	NSC
Correctional Properties Tr	CPV	NYS
Correctional Services	CSCQ	NNM
Correctional Svcs Wrrt	CSCQW	NNM
Corrections Corp Amer	CCA	NYS
Corrections Services	CRSE	BB
Corrpro Co	CO	NYS
Corsair Communications	CAIR	NNM
Cort Business Services	CBZ	NYS
Cortech Inc	CRTQ	BB
Cortecs plc ADS	DLVRY	NNM
Cortex Pharmaceuticals	CORX	NSC
CORUS Bankshares	CORS	NNM
Corvas International	CVAS	NNM
CorVel Corp	CRVL	NNM
Cosmetic Center 'C'	COSC	NNM
Cost Plus	CPWM	NNM
Costco Cos	COST	NNM
Co-Steel Inc	CEI	TS
Costilla Energy	COSE	NNM
Cost-U-Less Inc	CULS	NNM
Cotelligent Group	CGZ	NYS
Cott Corp	COTTF	NNM
Cotton States Life Ins	CSLI	NNM
Cotton Valley Resources	KTN	ASE
Coulter Pharmaceutical	CLTR	NNM
Counsel Corp	CXSNF	NNM
Country Maid Foods	CMFI	BB
Country World Casinos	CWRC	BB
Countrywide Credit Indus	CCR	NYS
Courier Corp	CRRC	NNM
Courtaulds, plc ADR	COU	ASE
Cousins Properties	CUZ	NYS
Covalent Group	CVGR	NSC
Covance Inc	CVD	NYS
Covenant Transport 'A'	CVTI	NNM
Coventry Health Care	CVTY	NNM
Coventry Industries	COVN	NSC
Cover-All Technologies	COVR	NSC
CoVest Bancshares	COVB	NNM
Covol Technologies	CVOL	NNM
Cowlitz Bancorporation	CWLZ	NNM
Cox Communications'A'	COX	NYS
Cox Radio 'A'	CXR	NYS
Coyote Sports	COYT	NSC
CPAC Inc	CPAK	NNM
CPB Inc	CPBI	NNM
CPC of America	CPCF	BB
C-Phone Corp	CFON	NNM
CPI Aerostructures	CPIA	NSC
CPI Corp	CPY	NYS
CPL Cap I 8%'QUIPS'	CPZ PrA	NYS
CPS Systems	SYS	ASE
Cracker Brl Old Ctry	CBRL	NNM
Craftmade Intl	CRFT	NNM
Cragar Industries	CRGR	NSC
Cragar Industries Wrrt	CRGRW	NSC
Craig Corp	CRG	NYS
Craig Corp Cl'A'	CRG Pr	NYS
Crane Co	CR	NYS

Issue	Ticker	Exchange
Crawford & Co Cl'B'	CRD.B	NYS
Crawford&Co Cl'A'non-vtg	CRD.A	NYS
Crazy Woman Creek Bncp	CRZY	NSC
Creative Bakeries	CBAK	NSC
Creative BioMolecules	CBMI	NNM
Creative Computer Appl	CAP.EC	ECM
Creative Computers	MALL	NNM
Creative Host Svcs	CHST	NSC
Creative Technology	CREAF	NNM
Credence Systems	CMOS	NNM
Credicorp Ltd	BAP	NYS
Credit Acceptance	CACC	NNM
Credit Depot	LEND	NSC
Credit Mgmt Solutions	CMSS	NNM
Creditrust Corp	CRDT	NNM
CREDO Petroleum	CRED	NSC
Cree Research	CREE	NNM
Crescendo Pharmaceuticals'A'	CNDO	NNM
Crescent Operating	COPI	NNM
Crescent Real Estate Eq	CEI	NYS
Crescent R.E. Eq 6.75%'A'Cv Pf	CEI PrA	NYS
Crestar Energy	CRS	TS
Crestar Financial	CF	NYS
Crestbrook Forest Indus Ltd	CFI	TS
Cresud S.A.C.I.F. y A. ADR	CRESY	NNM
CRH plc ADS	CRHCY	NNM
CRIIMI MAE	CMM	NYS
CRIIMI MAE 10.875% Cv Pfd	CMM PrB	NYS
Cristalerias de Chile ADS	CGW	NYS
Criticare Systems	CXIM	NNM
Crompton & Knowles	CNK	NYS
Cronos Group	CRNSF	NNM
Cronus Corp	CRON	BB
Cross (A.T.) Cl'A'	ATX.A	ASE
Cross Lake Minerals Ltd	CRN	VS
Cross Timbers Oil	XTO	NYS
Cross Timbers Oil Sr'A'Cv Pfd	XTO PrA	NYS
Cross Timbers Royalty Tr	CRT	NYS
Cross-Continent Auto Retailers	XC	NYS
CrossKeys Systems	CKEYF	NNM
Crossmann Communities	CROS	NNM
Crowley, Milner & Co	COM	ASE
Crown Amer Realty Tr	CWN	NYS
Crown Amer Rlty Tr 11% Pfd	CWN PrA	NYS
Crown Books	CRWNQ	NNM
Crown Castle Intl	TWRS	NNM
Crown Centl Pet 'A'	CNP.A	ASE
Crown Central Cl'B'	CNP.B	ASE
Crown Cork & Seal	CCK	NYS
Crown Cork&Seal 4.50% Cv Pfd	CCK Pr	NYS
Crown Crafts	CRW	NYS
Crown Energy Corp	CROE	BB
Crown Group	CNGR	NSC
Crown Pac Partners L.P.	CRO	NYS
Crown Resources Corp	CRRS	NNM
Crown Vantage	CVAN	NNM
Crown Ventures	CWOV	BB
Crown-Andersen	CRAN	NNM
Crusader Holding	CRSB	NNM
CRW Financial	CRWF	NSC

Issue	Ticker	Exchange
Cryo-Cell Intl	CCEL	NSC
CryoLife Inc	CRY	NYS
Cryomedical Sciences	CMSI	NSC
Cryopak Industries	CII	VS
Crystal Oil	COR	ASE
Crystal Systems Solutions	CRYSF	NNM
Crystallex Intl	KRY	ASE
CSA Management Inc	CSA.A	TS
CSB Financial	CSBF	NSC
CSC Holdings 8.50% Dep Cv Ex	CVC Pr	ASE
CSG Systems Intl	CSGS	NNM
CSI Computer Specialists	CSIS	BB
CSI Computer Specialists Wrrt'	CSISW	BB
CSK Auto	CAO	NYS
CSK Corp ADS	CSKKY	NSC
CSL Lighting Mfg	CSLXC	NSC
CSP Inc	CSPI	NNM
CSS Industries	CSS	NYS
CSX Corp	CSX	NYS
CT Finl Services	CFS	TS
CTB Intl	CTBC	NNM
CTBI Cap Tr 9.0% Cm Pfd	CTBIP	NNM
CTC Communications	CPTL	NNM
CTG Resources	CTG	NYS
CTI Industries	CTIB	NSC
CTS Corp	CTS	NYS
Cubic Corp	CUB	ASE
Cubist Pharmaceuticals	CBST	NNM
Cucos Inc	CUCO	NSC
Cuisine Solutions	CUIS	NNM
Cullen/Frost Bankers	CFR	NYS
Culp Inc	CFI	NYS
CulturalAccessWorldwide	CAWW	NNM
Cumberland Tech	CUMB	NSC
Cumetrix Data Systems	CDSC	NSC
Cummins Engine	CUM	NYS
Cumulus Media 'A'	CMLS	NNM
Cunningham Graphics Intl	CGII	NNM
CUNO Inc	CUNO	NNM
CuraGen Corp	CRGN	NNM
Curative Health Svcs	CURE	NNM
Curion Ventures Corp	CUV	VS
Current Inc Shares	CUR	NYS
Current Technology	ONE	VS
Curtiss-Wright	CW	NYS
Cusac Gold Mines	CUSIF	BB
CutCo Indus	CUTC	BB
Cutter & Buck	CBUK	NNM
CV REIT	CVI	NYS
CV Therapeutics	CVTX	NNM
CVB Financial	CVB	ASE
CVD Equipment	CVDE	BB
CVF Corp	CNV	ASE
CVS Corp	CVS	NYS
CVS Corp $4.23'TRACES'	CTF	NYS
Cyanotech Corp	CYAN	NNM
CyberCash Inc	CYCH	NNM
CyberGuard Corp	CYBG	NNM
Cyberia Holdings	CBHD	BB
Cyberian Outpost	COOL	NNM

Issue	Ticker	Exchange
CyberMedia Inc	CYBR	NNM
Cyberonics Inc	CYBX	NNM
CyberOptics Corp	CYBE	NNM
Cybershop Intl	CYSP	NNM
Cyberstar Computer	CYSR	BB
Cybex Computer Products	CBXC	NNM
Cybex Intl	CYB	ASE
Cyclo3pss Corp	OZON	NSC
Cyclodextrin Tech Devlpm't	CTDI	BB
Cycomm Intl	CYI	ASE
Cygne Designs	CYDS	BB
Cygnus Inc	CYGN	NNM
Cylink Corp	CYLK	NNM
Cymer Inc	CYMI	NNM
Cypress Bioscience	CYPB	NSC
Cypress Bioscience Wrrt	CYPBZ	NSC
Cypress Financial Svcs	CYFS	BB
Cypress Minerals Corp	CYP	VS
Cypress Semiconductor	CY	NYS
Cypros Pharmaceutical	CYP	ASE
Cyprus Amax Minerals	CYM	NYS
Cyrk Inc	CYRK	NNM
Cytec Industries	CYT	NYS
Cytel Corp	CYTL	NNM
Cytoclonal Pharmaceutics	CYPH	NSC
Cytoclonal Pharm Wrrt'C'	CYPHW	NSC
Cytoclonal Pharm Wrrt'D'	CYPHZ	NSC
Cytogen Corp	CYTO	NNM
CytoTherapeutics Inc	CTII	NNM
CytRx Corp	CYTR	NNM
Cytyc Corp	CYTC	NNM
D & K Healthcare Resources	DKWD	NNM
D T Industries	DTII	NNM
D&E Communications	DECC	NNM
D&N Cap 9%Non-Cm Exch Pfd	DNFCP	NNM
D&N Finl Corp	DNFC	NNM
D.G. Jewellery Canada	DGJLF	NSC
D.G. Jewellery Canada Wrrt	DGJWF	NSC
D.H. Marketing & Consult'g	DHMG	BB
D.I.Y. Home Warehouse	DIYH	NNM
D.R.Horton	DHI	NYS
DA Consulting Group	DACG	NNM
Daiei Inc ADS	DAIEY	NSC
Dailey Intl 'A'	DALY	NNM
Daily Journal	DJCO	NSC
Daimler-Benz 5.75% Sub Notes	DAJ	NYS
Daimler-Benz AktiengADS	DAI	NYS
Dain Rauscher	DRC	NYS
Dairy Mart Conven Str'A'	DMC.A	ASE
Dairy Mart Conven Str'B'	DMC.B	ASE
Daisytek Intl	DZTK	NNM
Dakotah Inc	DKTH	NNM
Daktronics Inc	DAKT	NNM
Daleco Resources	DLOV	NSC
Dallas Gold&Silver Exchange	DLS.EC	ECM
Dallas Semiconductor	DS	NYS
Dalsa Corp	DSA	TS
Dal-Tile Intl	DTL	NYS
Damark International'A'	DMRK	NNM
Damen Financial	DFIN	NNM

Issue	Ticker	Exchange
Dames & Moore Group	DM	NYS
Dan River 'A'	DRF	NYS
Dana Corp	DCN	NYS
Danaher Corp	DHR	NYS
Daniel Indus	DAN	NYS
Danielson Holding	DHC	ASE
Danka Business Systems ADR	DANKY	NNM
DAOU Systems	DAOU	NNM
Darden Restaurants	DRI	NYS
Darling International	DAR	ASE
Dassault Systems ADS	DASTY	NNM
Data Broadcasting	DBCC	NNM
Data Dimensions	DDIM	NNM
Data General	DGN	NYS
Data I/O	DAIO	NNM
Data Processing Resources	DPRC	NNM
Data Race	RACE	NNM
Data Research Associates	DRAI	NNM
Data Sys Network Corp	DSYS	BB
Data Systems & Software	DSSI	NNM
Data Translation	DATX	NSC
Data Transmission Ntwk	DTLN	NNM
Datakey Inc	DKEY	NNM
Datalink Systems	DASY	BB
DataMark Holding	DCTI	NNM
Datametrics Corp	DC	ASE
Datapoint Corp	DTPT	BB
Datapoint $1 cm Pfd	DTPTP	BB
Dataram Corp	DTM	ASE
Datascope Corp	DSCP	NNM
Datastream Systems	DSTM	NNM
Datatec Systems	DATC	NSC
Dataware Technologies	DWTI	NNM
Datawatch Corp	DWCH	NNM
DataWave Systems	DTV	VS
DataWorks Corp	DWRX	NNM
Datron Systems	DTSI	NNM
Datum Inc	DATM	NNM
Daugherty Resources	NGASF	NSC
Dave & Buster's	DANB	NNM
Davel Communications Grp	DAVL	NNM
Davox Corp	DAVX	NNM
Daw Technologies	DAWK	NNM
Dawson Geophysical	DWSN	NNM
Dawson Production Svcs	DPS	NYS
Daxor Corp	DXR	ASE
Day Runner	DAYR	NNM
Dayton Hudson	DH	NYS
Dayton Mining	DAY	ASE
Dayton Superior'A'	DSD	NYS
DBS Industries	DBSS	BB
DBT Online	DBT	NYS
DCGR Intl Hldgs	DCGR	BB
DDL Electronics	DDL	NYS
De Rigo ADS	DER	NYS
Dean Foods	DF	NYS
Dean Witter Gvt Income SBI	GVT	NYS
Dearborn Bancorp	DEAR	NSC
Deb Shops	DEBS	NNM
DeBeers Consol Mines ADR	DBRSY	NSC

Issue	Ticker	Exchange
Debt Strategies Fund	DBS	NYS
Debt Strategies Fund II	DSU	NYS
Debt Strategies Fund III	DBU	NYS
DecisionOne Holdings	DOCI	NNM
Deckers Outdoor	DECK	NNM
Decoma Intl 'A'	DECAF	NNM
Decora Industries	DECO	NNM
Decorator Indus	DII	ASE
DeCrane Aircraft Hlds	DAHX	NNM
DECS Trust 8.50% 2000	DET	NYS
DECS Trust II 6.875% 2000	RYD	NYS
Deere & Co	DE	NYS
Defiance Inc	DEFI	NNM
Definition Ltd	DFNL	BB
DEKALB Genetics'B'	DKB	NYS
Del Global Technologies	DGTC	NNM
Del Laboratories	DLI	ASE
Delaware Grp Dividend Income	DDF	NYS
Delaware Grp Global Div & Inc	DGF	NYS
Delco Remy Intl'A'	RMY	NYS
dELiAs Inc	DLIA	NNM
Dell Computer Corp	DELL	NNM
Delmarva Pwr Fin I 8.125% Pfd	DEW PrA	NYS
Delphi Fin'l Group 'A'	DFG	NYS
Delphi Info Sys	DLPH	NSC
Delphi Intl	DLTDF	NNM
Delphos Citizens Bancorp	DCBI	NNM
Delsoft Consulting	DSFT	BB
Delta Air Lines	DAL	NYS
Delta and Pine Land	DLP	NYS
Delta Financial	DFC	NYS
Delta Natural Gas	DGAS	NNM
Delta Petroleum	DPTR	NSC
Delta Woodside Ind	DLW	NYS
Deltek Systems	DLTK	NNM
Deltic Timber	DEL	NYS
Deluxe Corp	DLX	NYS
Demarco Energy Sys of Amer	DMES	BB
DeMert & Dougherty	DMRE	BB
Demeter Biotechnologies	DBOT	BB
Denali Inc	DNLI	NNM
DenAmerica Corp	DEN	ASE
Denbury Resources	DNR	NYS
Dendrite International	DRTE	NNM
Denison Intl ADS	DENHY	NNM
Denninghouse Inc	DEH	TS
Dense-Pac Microsystems	DPAC	NNM
Dental Care Alliance	DENT	NNM
Dental/Medical Diagnostic Sys	DMDS	NSC
Dental/Medical Diagnostic Wrrt	DMDSW	NSC
DENTSPLY International	XRAY	NNM
DEP Corp	DEPCC	NSC
Department 56	DFS	NYS
Depomed Inc	DPMD	NSC
Depomed Inc Wrrt	DPMDW	NSC
DepoTech Inc	DEPO	NNM
DePuy Inc	DPU	NYS
Derma Sciences	DSCI	NSC
Desc S.A. ADS	DES	NYS
Desert Community Bank	DCBK	NNM

Issue	Ticker	Exchange
Desert Sun Mining	DSM	VS
Designer FinTr 6%Cv'TOPrS'(51.	DSH PrA	NYS
Designs Inc	DESI	NNM
Dessauer Global Equity Fund	DGE	NYS
Destron Fearing	DFCO	NSC
Deswell Industries	DSWLF	NNM
Detection Systems	DETC	NNM
Detrex Corporation	DTRX	NNM
Detroit Diesel	DDC	NYS
Detroit Edison 7.54%'QUIDS'	DTB	NYS
Detroit Edison 7.625% 'QUIDS'	DTA	NYS
Detroit Edison 7.74% Dep Pfd	DTE PrF	NYS
Detroit Edison 8.50% 'QUIDS'	DTD	NYS
Deutsche Telekom ADS	DT	NYS
Devcon International	DEVC	NNM
Develcon Electrs Ltd	DLC	TS
Developers Diversified Rlty	DDR	NYS
Developers Div Rlty 8.375% Pfd	DDR PrC	NYS
Developers Div Rlty 9.44% Pfd	DDR PrB	NYS
Developers Div Rlty 9.50% Pfd	DDR PrA	NYS
DeVlieg-Bullard Inc	DVLG	NNM
Devon Energy	DVN	ASE
DeVry Inc	DV	NYS
DeWolfe Cos	DWL	ASE
Dexter Corp	DEX	NYS
DHB Capital Grp	DHBT	BB
Dia Met Minerals'A'	DMM.A	ASE
Dia Met Minerals'B'	DMM.B	ASE
Diacrin Inc	DCRN	NNM
Diacrin Inc Unit	DCRNZ	NNM
Diacrin Inc Wrrt	DCRNW	NNM
Diageo plcADS	DEO	NYS
Diagnostic Health Svcs	DHSM	NNM
Diagnostic Products	DP	NYS
Dial Corp	DL	NYS
Dialog CorpADS	DIALY	NNM
Dialogic Corp	DLGC	NNM
Dialysis Corp Amer	DCAI	NSC
Dialysis Corp Amer Wrrt	DCAIW	NSC
Diametrics Medical	DMED	NNM
Diamond Home Svcs	DHMS	NNM
Diamond Multimedia Systems	DIMD	NNM
Diamond Offshore Drilling	DO	NYS
Diamond Tech Partners'A'	DTPI	NNM
DIAMONDS Trust,Series 1	DIA	ASE
Diamondworks Ltd	DMW	TS
Dianon Systems	DIAN	NNM
Diapulse Corp Amer	DIAC	BB
DiaSys Corp	DIYS	NSC
Diatide Inc	DITI	NNM
dick clark productions	DCPI	NNM
Didax Inc	AMEN	NSC
Didax Inc Wrrt	AMENW	NSC
Diebold, Inc	DBD	NYS
Diedrich Coffee	DDRX	NNM
Diehl Graphsoft	DIEG	NSC
Digene Corp	DIGE	NNM
Digi International	DGII	NNM
Digital Biometrics	DBII	NNM
Digital Data Network	DIDA	BB

Issue	Ticker	Exchange
Digital Equip 8.875% Dep'A'Pfd	DEC PrA	NYS
Digital Generation Systems	DGIT	NNM
Digital Lightwave	DIGL	NNM
Digital Link	DLNK	NNM
Digital Microwave	DMIC	NNM
Digital Power	DPW	ASE
Digital Power Wrrt	DPW.WS	ASE
Digital Processing Sys	DPS	TS
Digital Recorders	TBUS	NSC
Digital Recorders Wrrt	TBUSW	NSC
Digital River	DRIV	NNM
Digital Solutions	DGSI	NSC
Digital Telekabel ADR	DTAGY	NSC
Digital Transmission Sys	DTSX	NSC
Digital Transmission Sys Unit	DTSXU	NSC
Digital Transmission Sys Wrrt	DTSXW	NSC
Digital Video Systems	DVID	NNM
Digital Video Sys Unit	DVIDU	NSC
Digital Video Sys Wrrt'A'	DVIDW	NNM
Digital Video Sys Wrrt'B'	DVIDZ	NNM
Digitec 2000	DGTT	BB
DII Group	DIIG	NNM
Dillard's Cap Tr 7.50% Cap Sec	DDT	NYS
Dillard's Inc'A'	DDS	NYS
Dime Bancorp	DME	NYS
Dime Community Bancshares	DCOM	NNM
DiMon Inc	DMN	NYS
Diodes, Inc	DIO	ASE
Dionex Corp	DNEX	NNM
Diplomat Corp	DIPL	NSC
Diplomat Corp Wrrt	DIPLW	NSC
Direct Focus	DFX	TS
Disc Graphics	DSGR	NNM
Disc Graphics Wrrt	DSGRW	NSC
DISC Inc	DCSR	NSC
Discas Inc	DSCS	NSC
Discas Inc Wrrt	DSCSW	NSC
Disco S.A. ADS	DXO	NYS
Discount Auto Parts	DAP	NYS
Discovery Laboratories	DSCO	NSC
Discovery Laboratories Wrrt'A'	DSCOW	NSC
Discovery Laboratories Wrrt'B'	DSCOZ	NSC
Discovery Laboratories'Unit'	DSCOU	NSC
Discreet Logic	DSLGF	NNM
Disney (Walt) Co	DIS	NYS
Dispatch Management Svcs	DMSC	NNM
Distribucion y Servicio ADS	DYS	NYS
Diversifax Inc	DFAX	NSC
Diversified Corp Resources	HIR	ASE
Diversified Investors	DVIN	BB
Diversified Senior Svcs	DISS	NSC
Diversinet Corp	DVNTF	NSC
Divot Golf Corp	PUTT	NSC
Dixie Group	DXYN	NNM
Dixon Ticonderoga	DXT	ASE
DLJ Cap Trust I 8.42% Pfd	DLJ PrT	NYS
DLJ High Yield Bond Fund	DHY	NYS
DM Management	DMMC	NNM
DMI Furniture	DMIF	NSC
DNAP Holding	DNAP	NNM

Issue	Ticker	Exchange
Dobrana Resources	DBR	VS
DOCdata N.V.	DOCDF	NNM
DocuCon Inc	DOCU	NSC
DocuCorp Intl	DOCC	NNM
Document Sciences	DOCX	NNM
Documentum Inc	DCTM	NNM
Dofasco, Inc	DFS	TS
Dole Food $2.7475'TRACES'	DLA	ASE
Dole Food Co	DOL	NYS
Dollar General	DG	NYS
Dollar Gen'l 8.50%'STRYPES'	DGS	NYS
Dollar Thrifty Auto Grp	DTG	NYS
Dollar Tree Stores	DLTR	NNM
Doman Industries Cl'A'	DOM.A	TS
Doman Industries Cl'B'	DOM.B	TS
Dominguez Services	DOMZ	NNM
Dominick's Supermarkets	DFF	NYS
Dominion Bridge	DBCOQ	NNM
Dominion Homes	DHOM	NNM
Dominion Res Black Warrior Tr	DOM	NYS
Dominion Resources	D	NYS
Domtar, Inc	DTC	NYS
Donaldson,Lufkin&Jenrette	DLJ	NYS
Donald,Luf,Jen Fixed/Adj Pfd'A	DLJ PrA	NYS
Donald,Luf,Jen Fixed/Adj Pfd'B	DLJ PrB	NYS
Donaldson Co	DCI	NYS
DONCASTERS plc ADS	DCS	NYS
Donegal Group	DGIC	NNM
Donna Karan Intl	DK	NYS
Donnelley(RR)& Sons	DNY	NYS
Donnelly Corp Cl'A'	DON	NYS
Donnkenny Inc	DNKY	NNM
Donohue Inc'A'	DHC.A	TS
Doral Financial	DORL	NNM
Dorchester Hugoton	DHULZ	NNM
Dorel Industries'B'	DIIBF	NNM
Dotronix Inc	DOTX	NNM
Double Creek Mining	DCM	VS
Double Eagle Pet & Mng	DBLE	NSC
Double Eagle Pet & Mng Wrrt	DBLEW	NSC
DoubleClick Inc	DCLK	NNM
Doughtie's Foods	DOBQ	NSC
Dover Corp	DOV	NYS
Dover Downs Entertainment	DVD	NYS
Dover Industries Ltd	DVI	TS
Dow Chemical	DOW	NYS
Dow Jones & Co	DJ	NYS
Downey Financial	DSL	NYS
DPL Inc	DPL	NYS
DQE	DQE	NYS
Dragon Environmental	DREV	BB
Drake Holding	DRKH	BB
Dransfield China Paper	DCPCF	NSC
Dravo Corp	DRV	NYS
Draxis Health	DRAXF	NNM
Dress Barn	DBRN	NNM
Dresser Industries	DI	NYS
Drew Industries	DW	ASE
Drexler Technology	DRXR	NNM
Dreyer's Gr Ice Cr	DRYR	NNM

Issue	Ticker	Exchange
Dreyfus Cal Muni Income	DCM	ASE
Dreyfus High Yield Strategies	DHF	NYS
Dreyfus Muni Income	DMF	ASE
Dreyfus N.Y. Muni Income	DNM	ASE
Dreyfus Strategic Gvts	DSI	NYS
Dreyfus Strategic Muni Bd Fd	DSM	NYS
Dreyfus Strategic Municipals	LEO	NYS
Driefontein Consol ADR	DRFNY	NSC
Dril-Quip Inc	DRQ	NYS
Driver-Harris	DRH	ASE
Drovers Bancshares	DROV	NNM
DRS Technologies	DRS	ASE
Drucker Industries	DKIN	BB
Drug Emporium	DEMP	NNM
Drug Royalty	DRI	TS
Drypers Corp	DYPR	NNM
DSC Communications	DIGI	NNM
DSET Corp	DSET	NNM
DSG International Ltd	DSGIF	NNM
DSI Toys	DSIT	NSC
DSP Communications	DSP	NYS
DSP Group	DSPG	NNM
DSP Technology	DSPT	NNM
DST Systems	DST	NYS
DTE Energy	DTE	NYS
DTM Corp	DTMC	NNM
duPont(EI)deNemours	DD	NYS
du Pont(E.I.),$3.50 Pfd	DD PrA	NYS
du Pont(E.I.),$4.50 Pfd	DD PrB	NYS
DualStar Technologies	DSTR	NNM
DualStar Technologies Wrrt'A'	DSTRW	NNM
Duane Reade	DRD	NYS
DuArt Film Labs	DAFL	BB
Duckwall-Alco Stores	DUCK	NNM
Ducommun Inc	DCO	NYS
Duff & Phelps Credit Rating	DCR	NYS
Duff/Phelps Util & Cp Bd Tr	DUC	NYS
Duff/Phelps Util Income	DNP	NYS
Duff/Phelps Util Tax-Free Inc	DTF	NYS
Duke Cap Fin 7.375%'TOPrS'	DUK PrT	NYS
Duke EnCapTrl 7.20%'QUIPS'	DUK PrQ	NYS
Duke Energy	DUK	NYS
Duke Energy 6.375%'A'Pfd	DUK PrA	NYS
Duke Realty Inv	DRE	NYS
Duke Rlty 9.10% Dep Pfd	DRE PrA	NYS
Dun & Bradstreet	DNB	NYS
Dundee Bancorp Cl'A'	DBC.A	TS
Dundee Bancorp Cl'B'	DBC.B	TS
Dunes Hotels & Casinos	DUNE	BB
Dunn Computer	DNCC	NNM
duPont of Canada Cl'A'	DUP.A	TS
DuPont Photomasks	DPMI	NNM
Duquesne Cap L.P.8.375%'MIPS'	DQ PrA	NYS
Duquesne Light 7.375% Bonds	DQZ	NYS
Duquesne Lt $2.10 Pfd(51.84)	DQU PrA	NYS
Duquesne Lt 3.75% Pfd	DQU PrB	NYS
Duquesne Lt 4% Pfd	DQU PrC	NYS
Duquesne Lt 4.15% Pfd	DQU PrE	NYS
Duquesne Lt 4.20% Pfd	DQU PrG	NYS
Duquesne Lt,4.10% Pfd	DQU PrD	NYS

Issue	Ticker	Exchange
Dura Automotive Sys'A'	DRRA	NNM
Dura AutoSys Cap 7.50% Cv Pfd	DRRAP	NNM
Dura Pharmaceuticals	DURA	NNM
Durakon Industries	DRKN	NNM
Duramed Pharmaceutical	DRMD	NNM
Duraswitch Indus	DSWT	BB
Durban Roodepoort Deep ADR	DROOY	NNM
Durkin Hayes Publishing Ltd	DHP	TS
DUSA Pharmaceuticals	DUSA	NNM
DVI Inc	DVI	NYS
Dwyer Group	DWYR	NNM
DXP Enterprises	DXPE	NNM
Dycom Industries	DY	NYS
Dyersburg Corp	DBG	NYS
Dylex Ltd	DLX	TS
Dynacq Intl	DYII	NSC
DynaGen Inc	DYGN	NSC
DynaGen Inc Wrrt	DYGNW	NSC
Dynamex Inc	DYMX	NNM
Dynamic Healthcare Tech	DHTI	NNM
Dynamic Homes	DYHM	NSC
Dynamic Intl	DYNIU	BB
Dynamic Materials	BOOM	NNM
Dynamic Oil Ltd	DYOLF	NSC
Dynamics Assoc 'A'	DYAS	BB
Dynamics Research	DRCO	NNM
DynamicWeb Enterprises	DWEB	BB
DynaMotive Technologies	DYMTF	NSC
Dynatec Intl	DYNX	NSC
Dynatronics Corp	DYNT	NSC
Dynegy Inc	DYN	NYS
Dynex Capital	DX	NYS
Dynex Cap 9.75% Cv'A'Pfd	DXCPP	NNM
Dynex Cap cm Cv'B'Pfd	DXCPO	NNM
Dynex Cap cm Cv'C'Pfd	DXCPN	NNM
E Trade Group	EGRP	NNM
e.spire Communications	ESPI	NNM
E.W. Blanch Holdings	EWB	NYS
EA Engr Science/Tech	EACO	NNM
EA Industries	EAIN	BB
Eagle BancGroup	EGLB	NSC
Eagle Bancshares	EBSI	NNM
Eagle Food Centers	EGLE	NNM
Eagle Geophysical	EGEO	NNM
Eagle Hardware & Garden	EAGL	NNM
Eagle Pacific Indus	EPII	NSC
Eagle Point Software	EGPT	NNM
Eagle USA Airfreight	EUSA	NNM
Earth Sciences	ESCI	NSC
Earthgrains Co	EGR	NYS
Earthlink Network	ELNK	NNM
EarthShell Corp	ERTH	NNM
Easco Inc	ESCO	NNM
East Texas Financial Svcs	ETFS	NNM
Eastbrokers Intl	EASTE	NSC
Eastbrokers Intl Wrrt'A'	EASWE	NSC
Eastco Industrial Safety	ESTO	NSC
Eastco Indust'l Safety Wrrt'B'	ESTOZ	NSC
Eastern AmerNatlGasTr'SPERs'	NGT	NYS
Eastern Co	EML	ASE

Issue	Ticker	Exchange
Eastern Enterprises	EFU	NYS
Eastern Environmental Svc	EESI	NNM
Eastern Util Assoc	EUA	NYS
Eastern Virginia Bankshares	EVBS	NSC
EastGroup Properties Inc	EGP	NYS
Eastgroup Prop 9.00%'A'Pfd	EGP PrA	NYS
Eastmain Resources	ER	TS
Eastman Chemical	EMN	NYS
Eastman Kodak	EK	NYS
Eastwind Group	EWNDC	NSC
Eateries Inc	EATS	NNM
Eaton Corp	ETN	NYS
Eaton Vance	EV	NYS
EBI Cap Tr I 8.50% Pfd	EBS Pr	ASE
ECC International	ECC	NYS
ECCS, Inc	ECCS	NSC
Echelon Corp	ELON	NNM
Echelon International	EIN	NYS
Echo Bay Mines	ECO	ASE
EchoCath Inc'A'	ECHTA	NSC
EchoCath Inc Wrrt'A'	ECHTW	NSC
EchoCath Inc Wrrt 'B'	ECHTZ	NSC
EchoCath Inc Unit	ECHTU	NSC
EchoStar Communications'A'	DISH	NNM
EchoStar Comm6.75% CvPfd'C'	DISHP	NNM
ECI Telecom Ltd	ECILF	NNM
Eclipse Surgical Tech	ESTI	NNM
Eclipsys Corp	ECLP	NNM
Eco Soil Systems	ESSI	NNM
Ecogen Inc	EECN	NNM
Ecolab Inc	ECL	NYS
Ecological Recycling	ECRE	BB
Ecology/Environment'A'	EEI	ASE
Econ Ventures	EOV	VS
Economic Investment Tr Ltd	EVT	TS
ECOS Group	ECOS	BB
EcoScience Corp	ECSC	NSC
EcoTyre Technologies	ETTIE	NSC
ECsoft Group ADR	ECSGY	NNM
Ecuadarian Minerals Corp	EMC	TS
Edac Technologies	EDAC	NNM
EDAP TMS S.A. ADS	EDAPY	NNM
Edelbrock Corp	EDEL	NNM
Edge Petroleum	EPEX	NNM
Edify Corp	EDFY	NNM
Edison Bros Stores	EDBR	NNM
Edison Bros Strs Wrrt	EDBRW	NSC
Edison Control	EDCO	NNM
Edison Intl	EIX	NYS
EDnet Inc	DNET	BB
EDO Corp	EDO	NYS
EDP-Electricidade Portugal ADS	EDP	NYS
Edperbrascan Corp'A'	EBC	ASE
Education Management	EDMC	NNM
Educational Development	EDUC	NNM
Educational Insights	EDIN	NNM
Educational Medical	EDMD	NNM
Edusoft Ltd	EDUSF	NNM
EduTrek Intl 'A'	EDUT	NNM
Edwards(AG)Inc	AGE	NYS

Issue	Ticker	Exchange
EEX Corp	EEX	NYS
EFC Bancorp	EFC	ASE
Effective Mgmt Systems	EMSI	NNM
Effective Mgmt Sys'Wrrt'	EMSIW	NNM
EFI Electronics	EFIC	NSC
EFTC Corp	EFTC	NNM
Eftek Corp	EFTX	BB
EG&G Inc	EGG	NYS
Egan Systems	EGNS	BB
Egghead.com Inc	EGGS	NNM
Eidos PLC ADR	EIDSY	NNM
8X8 Inc	EGHT	NNM
800-JR Cigar	JRJR	NNM
800 Travel Systems	IFLI	NSC
800 Travel Sys Wrrt	IFLIW	NSC
1838 Bond-Deb Trad'g	BDF	NYS
Einstein/Noah Bagel	ENBX	NNM
EIS International	EISI	NNM
Ek Chor China Motorcycle	EKC	NYS
Ekco Group	EKO	NYS
El Callao Mining	ECM	VS
El Paso Electric	EE	ASE
El Paso Energy	EPG	NYS
El Paso Energy Cap Tr4.75%Cv'C	EPG PrC	NYS
El Paso Tenn 8.25% Jr'A' Pfd	EPG Pr	NYS
Elamex S.A.de C.V. Cl I	ELAMF	NNM
Elan Corp ADS	ELN	NYS
Elantec Semiconductor	ELNT	NNM
Elbit Ltd	ELBTF	NNM
Elbit Medical Imaging	EMITF	NNM
Elbit Systems	ESLTF	NNM
Elbit Vision Systems	EVSNF	NNM
Elcom Intl	ELCO	NNM
Elcor Corp	ELK	NYS
Elcotel Inc	ECTL	NNM
Elcotel Inc 99'Wrrt	ECTLW	NNM
Elder-Beerman Stores	EBSC	NNM
ElderTrust SBI	ETT	NYS
Electric & Gas Technology	ELGT	NNM
Electric Fuel	EFCX	NNM
Electric Lightwave'A'	ELIX	NNM
Electro Rent	ELRC	NNM
Electro Scientific Ind	ESIO	NNM
Electrochemical Ind(1952)	EIL	ASE
Electrocon Intl	EPLTF	NSC
Electroglas Inc	EGLS	NNM
Electrohome Ltd	EL.X	TS
Electrolux AB Cl'B'ADR	ELUXY	NNM
Electromagnetic Sci	ELMG	NNM
Electronic Arts	ERTS	NNM
Electronic Clearing House	ECHO	NSC
Electronic Data Systems	EDS	NYS
Electronic Designs	EDIX	NSC
Electronic Fuel Control	SAVE	BB
Electronic Processing	EPIQ	NNM
Electronic Retailing Sys	ERSI	NNM
Electronic Systems Technology	ELST	BB
Electronic Tele Comm'A'	ETCIA	NSC
Electronics Boutique Hldgs	ELBO	NNM
Electronics For Imaging	EFII	NNM

Issue	Ticker	Exchange
Electroscope Inc	ESCP	NNM
Electro-Sensors	ELSE	NSC
Electrosource Inc	ELSI	NSC
Elegant Illusions	EILL	NSC
Elephant & Castle Group	PUBSF	NSC
Elf Aquitaine ADS	ELF	NYS
Elf Overseas Ltd 7.625% Pfd'B'	EOL PrB	NYS
Elf Overseas Ltd 8.50%Pfd'A'	EOL PrA	NYS
Eli Eco Logic Inc	ELI	TS
Elk Associates Funding	EKFG	NSC
Ellett Brothers	ELET	NNM
Ellsworth Cv Growth/Income	ECF	ASE
Elmer's Restaurants	ELMS	NSC
Elmira Savings Bank	ESBK	NSC
Elron Electr Ind Ord	ELRNF	NNM
Elron Electr Ind Wrrt	ELRWF	NNM
Elsag Bailey Process Auto N.V.	EBY	NYS
Elscint Ltd(New)	ELT	NYS
Elsevier NV ADS	ENL	NYS
ELTEK Ltd	ELTKF	NNM
Eltrax Systems	ELTX	NSC
Eltron Intl	ELTN	NNM
ELXSI Corp	ELXS	NNM
EMB Corp	EMBU	BB
Embotelladora Andina ADS	AKO.A	NYS
Embotelladora Andina'B'ADS	AKO.B	NYS
Embrex Inc	EMBX	NNM
Embryo Development	EMBR	NSC
EMC Corp	EMC	NYS
EMC Group	EMCB	BB
EMC Insurance Group	EMCI	NNM
EMCEE Broadcast Products	ECIN	NNM
Emco Ltd	EMLTF	NNM
EMCCN	MCON	NNM
EMCOR Group	EMCG	NNM
EMCORE Corp	EMKR	NNM
Emerald Finl Corp	EMLD	NNM
Emergency Filtration	EMFP	BB
Emerging Communications	ECM	ASE
Emerging Germany Fund	FRG	NYS
Emerging Mexico Fund	MEF	NYS
Emerging Mkts Fltg Rt Fd	EFL	NYS
Emerging Mkts Income Fund	EMD	NYS
Emerging Mkts Income Fund II	EDF	NYS
Emerging Mkts Infrastructure	EMG	NYS
Emerging Mkts Telecommun Fd	ETF	NYS
Emeritus Corp	ESC	ASE
Emerson Electric	EMR	NYS
Emerson Radio	MSN	ASE
Emgold Mining	EMR	VS
Emisphere Technologies	EMIS	NNM
EMJ Data Systems Ltd	EMJ	TS
Emmis Communications'A'	EMMS	NNM
Emons Transportation Group	EMON	NSC
Empi Inc	EMPI	NNM
Empire Dist Elec	EDE	NYS
Empire Dist El,4 3/4% Pfd	EDE PrA	NYS
Empire Dist El,5% Pfd	EDE PrB	NYS
Empire Federal Bancorp	EFBC	NNM
Empire Ltd Cl'A'	EMP.A	TS

Issue	Ticker	Exchange
Empire of Carolina	EMP	ASE
Empire of Carolina Cv'A'Pfd	EMP PrA	ASE
Empire of Carolina Wrrt	EMP.WS	ASE
Employee Solutions	ESOL	NNM
Empresa Nac'l De El(Chile)ADS	EOC	NYS
Empresas ICA Sociedad ADS	ICA	NYS
Empresas La Moderna SA ADS	ELM	NYS
Empresas Telex-Chile ADS	TL	NYS
Empyrean Diagnostics	EMD	BB
Emulex Corp	EMLX	NNM
Emultek Ltd	EMU	ASE
En Pointe Tech	ENPT	NNM
Enamelon Inc	ENML	NNM
ENCAD Inc	ENCD	NNM
Encal Energy	ECA	NYS
Encore Medical	ENMC	NNM
Encore Medical Wrrt	ENMCW	NNM
Encore Wire	WIRE	NNM
Endesa SAADS	ELE	NYS
Endocardial Solutions	ECSI	NNM
ENDOcare Inc	ENDO	NSC
Endogen Inc	ENDG	NSC
Endorex Corp	DOR	ASE
Endosonics Corp	ESON	NNM
Enerchem Intl	ECH	TS
Enercorp Inc	ENCP	NSC
Energen Corp	EGN	NYS
Energis PLC ADS	ENGSY	NNM
Energy BioSystems	ENBC	NNM
Energy Conv Devices	ENER	NNM
Energy East	NEG	NYS
Energy Research	ERC	ASE
Energy Search	EGAS	NSC
Energy Search Wrrt	EGASW	NSC
Energy West	EWST	NNM
EnergyNorth Inc	EI	NYS
EnergySouth Inc	ENSI	NNM
Enersis S.A. ADS	ENI	NYS
Enertec Resource Services	ERS	TS
Enesco Group	ENC	NYS
E-Net Inc	ETEL	NSC
ENEX Resources	ENEX	BB
Engel General Developers	ENGEF	NNM
Engelhard Corp	EC	NYS
Engex Inc	EGX	ASE
Engineered Support Sys	EASI	NNM
Engineering Animation	EAII	NNM
Engineering Measure't	EMCO	NNM
Engle Homes	ENGL	NNM
Enhance Financial Svcs Grp	EFS	NYS
Enhanced Services	ESVS	NSC
ENI S.p.A. ADS	E	NYS
ENlighten Software Sol	SFTW	NNM
Ennis Business Forms	EBF	NYS
Enron $10.50 Cv 2nd Pfd	ENE PrJ	NYS
Enron Corp	ENE	NYS
Enron Capital LLC'MIPS'	ENE PrC	NYS
Enron Cap Res 9% 'A' Pfd	ENE PrA	NYS
Enron Cap Tr I 8.30%'TOPrS'	ENE PrT	NYS
Enron Cap Tr II 8.125%'TOPrS'	ENE PrR	NYS

Issue	Ticker	Exchange
Enron Cp 6.25% Exch Nts'98	EXG	NYS
Enron Oil & Gas	EOG	NYS
ENSCO Intl	ESV	NYS
Ensec Intl	ENSC	BB
ENSERCH Dep Adj cm'F'Pfd	ENS PrF	NYS
ENStar Inc	ENSR	NNM
Entergy Ark Cap I 8.50%'QUIPS'	EAI PrA	NYS
Entergy Corp	ETR	NYS
Entergy Gulf States $1.75 Pref	GSU Pr	NYS
Entergy Gulf States $4.40 Pfd	GSU PrB	NYS
Entergy Gulf States $4.52 Pfd	GSU PrG	NYS
Entergy Gulf States $5.08 Pfd	GSU PrE	NYS
Entergy Gulf States $8.80 Pfd	GSU PrK	NYS
Entergy Gulf States Dep Adj'B'	GSU PrD	NYS
Enter Gulf St Cp I 8.75%'QUIPS	EGS PrA	NYS
Entergy London Cap 8.625%'QUIP	ELO PrA	NYS
Entergy Louis Cp I 9% 'QUIPS'	LPL PrB	NYS
Enterprise Cap Tr I 7.44%'TOPr	PEG PrS	NYS
Enterprise Cap Tr III 7.25%'TO	PEG PrR	NYS
Enterprise Federal Bancorp	EFBI	NNM
Enterprise Oil ADS	ETP	NYS
Enterprise Oil Pref 'B' ADS	ETP PrB	NYS
Enterprise Products Partners	EPD	NYS
Enterprise Software	ENSW	NNM
Entertainment Properties Tr	EPR	NYS
EntreMed Inc	ENMD	NNM
Entrust Technologies	ENTU	NNM
EnvirodyneIndustries	EDYN	NSC
Envirogen Inc	ENVG	NSC
Environmental Elements	EEC	NYS
Environmental Power	POWR	NSC
Environmental Remediation Hld	ERHC	BB
Environmental Safeguards	EVV	ASE
Environmental Technologies	EVTC	NNM
Environmental Tectonics	ETC	ASE
Enviro-Recovery	EVRE	BB
EnviroSource Inc	ENSO	NNM
Envirotest Systems'A'	ENR	ASE
Envoy Corp	ENVY	NNM
Enzo Biochem	ENZ	ASE
ENZON Inc	ENZN	NNM
EOTT Energy Partners L.P.	EOT	NYS
EP MedSystems	EPMD	NNM
Epitope Inc	EPTO	NNM
EPIX Medical	EPIX	NNM
EPL Technologies	EPTG	NNM
Equality Bancorp	EBI	ASE
EqualNet Communications	ENET	NNM
EQUANT N.V. ADS	ENT	NYS
Equifax Inc	EFX	NYS
Equinox Systems	EQNX	NNM
Equitable Cos	EQ	NYS
Equitable Fed Svgs Bank	EQSB	NNM
Equitable Resources	EQT	NYS
Equitable Resources Cap Tr 7.3	ERE	NYS
Equitech Intl	EQTL	BB
Equitex Inc	EQTX	NSC
Equitrac Corp	ETRC	NNM
Equity Corp Intl	EQU	NYS
Equity Income Fund	ATF	ASE

Issue	Ticker	Exchange
Equity Inns	ENN	NYS
Equity Inns 9.50%'A'Pfd	ENN PrA	NYS
Equity Marketing	EMAK	NNM
Equity Office Properties Tr	EOP	NYS
Equity Office Prop 8.98% Pfd	EOP PrA	NYS
Equity Oil	EQTY	NNM
Equity One	EQY	NYS
Equity Residential Prop Tr	EQR	NYS
Equity Res Prop Tr 7.25% Dep P	EQR PrG	NYS
Equity Res Pr Tr8.60%Dep Pfd	EQR PrD	NYS
Equity Res Prop Tr 9.125% Pfd	EQR PrC	NYS
Equity Res Pr Tr 9.125%'B'Pfd	EQR PrB	NYS
Equity Res Pr Tr 9.375%'A'Pfd	EQR PrA	NYS
Equity Res Prop Tr 9.65% Pfd	EQR PrF	NYS
Equity Res Prop'E'Cv Pfd	EQR PrE	NYS
Equivest Finance	EQUI	NSC
Equus Gaming LP	EQUUS	NSC
Equus II Inc	EQS	NYS
Erawest Inc	ERAW	BB
ERC Industries	ERCI	NSC
Ergo Science	ERGO	NNM
Ergovision Inc	ERGV	BB
Ericsson(LM)Tel'A'ADS	ERICZ	NSC
Ericsson(LM)Tel'B'ADS	ERICY	NNM
Erie Indemnity 'A'	ERIE	NNM
ERLY Indus	ERLYE	NNM
Esat Telecom Group ADS	ESAT	NNM
ESB Financial	ESBF	NNM
ESC Medical Systems	ESCMF	NNM
Escalade Inc	ESCA	NNM
Escalon Medical Corp	ESMC	NNM
Escalon Med Corp Wrrt'A'	ESMCW	NNM
Escalon Med Corp Wrrt'B'	ESMCL	NNM
ESCO Electronics	ESE	NYS
Esenjay Exploration	ESNJ	NSC
Esenjay Exploration Wrrt'B'	ESNJZ	NSC
ESG Re Ltd	ESREF	NNM
Eshed Robotec 1982 Ltd	ROBOF	NSC
Eskimo Pie	EPIE	NNM
eSoft Inc	ESFT	NSC
Espey Mfg & Electr	ESP	ASE
Espirito Santo Finl ADS	ESF	NYS
Espirito Santo Oversecs 8.50%	ESB PrA	NYS
Esprit Telecom Grp ADR	ESPRY	NNM
Esquire Communications	ESQS	NSC
ESS Technology	ESST	NNM
ESSEF Corp	ESSF	NNM
Essex Bancorp	ESX	ASE
Essex County Gas	ECGC	NNM
Essex Intl	SXC	NYS
Essex Property Trust	ESS	NYS
Esterline Technologies	ESL	NYS
Etec Systems	ETEC	NNM
Ethan Allen Interiors	ETH	NYS
Ethical Holdings Ltd ADS	ETHCY	NNM
Ethika Corp	ETKA	BB
Ethyl Corp	EY	NYS
E'town Corp	ETW	NYS
Etz Lavud Ltd 'A'	ETZ.A	ASE
Etz Lavud Ltd Ord	ETZ	ASE

Issue	Ticker	Exchange
Eufaula BancCorp	EUFA	NSC
Euphonix Inc	EUPH	NNM
Euro Tech Holdings	CLWTF	NSC
Euro Tech Hlds Wrrt	CLWWF	NSC
Euronet Services	EEFT	NNM
Euro-Nevada Mining	EN	TS
Europa Cruises	KRUZ	NSC
Europe Fund	EF	NYS
European Micro Hlds	EMCC	NNM
European Warrant Fund	EWF	NYS
Euroweb International	EWEB	NSC
EV Environmental	EVEN	BB
Evans Inc	EVAN	NNM
Evans Systems	EVSI	NNM
Evans&Sutherl'd Computer	ESCC	NNM
Even Resources	EVN	VS
Eventemp Corp	ETMP	BB
EVEREN Capital	EVR	NYS
Everest Medical	EVMD	NSC
Everest Reinsurance Hldgs	RE	NYS
Evergreen Bancorp	EVGN	NNM
Evergreen Resources	EVER	NNM
EVI Weatherford	EVI	NYS
Evolving Systems	EVOL	NNM
Exabyte Corp	EXBT	NNM
Exactech Inc	EXAC	NNM
Exar Corp	EXAR	NNM
Excalibur Technologies	EXCA	NNM
EXCEL Communications	ECI	NYS
Excel Industries	EXC	NYS
Excel Maritime Carriers(New)	EXM	ASE
Excel Realty Trust	XEL	NYS
Excel Rlty Tr 8.50% Cv Pfd	XEL PrA	NYS
Excel Rlty Tr 8.625%Dep Pfd	XEL PrB	NYS
Excel Switching	XLSW	NNM
Excel Technology	XLTC	NNM
Excelsior Inc Shares	EIS	NYS
Excelsior-Henderson Motorcycle	BIGX	NNM
Excite Inc	XCIT	NNM
EXCO Resources	EXCO	BB
Execustay Corp	EXEC	NNM
Executive Risk	ER	NYS
Executive Telecard Ltd	EXTL	NNM
Executone Info Sys	XTON	NNM
EXEL Limited'A'(New)	XL	NYS
Exide Corp	EX	NYS
Exigent Intl	XGNT	BB
Exodus Communications	EXDS	NNM
Exogen Inc	EXGN	NNM
Expatriate Resources	EXR	VS
Expeditors Intl,Wash	EXPD	NNM
Expert Software	XPRT	NNM
Exploration Co	TXCO	NSC
Exponent Inc	EXPO	NNM
Express Scripts 'A'	ESRX	NNM
Exten Industries	EXTI	BB
Extended Stay Amer	ESA	NYS
Extended Systems	XTND	NNM
Extendicare Inc	EXE.A	NYS
EXX Inc 'A'	EXX.A	ASE

Issue	Ticker	Exchange
EXX Inc 'B'	EXX.B	ASE
Exxon Corp	XON	NYS
Eyemakers Inc	EYEM	BB
E-Z EM Inc 'B'	EZM.B	ASE
E-Z EM Inc'A'	EZM.A	ASE
Ezcony Interamerica	EZCOF	BB
EZCORP Inc'A'	EZPW	NNM
F&M Bancorp	FMBN	NNM
F&M Bancorporation, Inc	FMBK	NNM
F&M National Corp	FMN	NYS
F.Y.I. Inc	FYII	NNM
Fab Indus	FIT	ASE
Fabri-Centers Amer'A'	FCA.A	NYS
Fabri-Centers Amer'B'	FCA.B	NYS
Factory Card Outlet	FCPY	NNM
FactSet Research Systems	FDS	NYS
Factual Data	FDCC	NSC
Factual Data Wrrt	FDCCW	NSC
Fahnestock Viner Hldgs'A'	FVH	NYS
FAI Insurances Ltd ADS	FAI	NYS
Fair Isaac & Co	FIC	NYS
Fairchild Corp 'A'	FA	NYS
Fairfield Communities	FFD	NYS
Fairfield Minerals	FFD	TS
Fairway Enteprises	FWAE	BB
Falcon Products	FCP	NYS
Falcon Ventures	FNV	VS
Falconbridge Ltd	FL	TS
Fall River Gas	FAL	ASE
Fallbrook Natl Bank	FBRK	NSC
Falmouth Bancorp	FCB	ASE
Family Bargain	FBAR	NSC
Family Bargain 9.5% Cv'A'Pfd	FBARP	NSC
Family Dollar Stores	FDO	NYS
Family Golf Centers	FGCI	NNM
Family Steak Houses Fla	RYFL	NNM
Famous Dave's of America	DAVE	NNM
Fancamp Resources	FNM	VS
Fansteel Inc	FNL	NYS
Fantom Technologies	FTMTF	NNM
Farm Energy	FECPF	BB
Farm Family Holdings	FFH	NYS
Farmer Bros	FARM	NNM
Farmers Capital Bank	FFKT	NSC
Farmers Grp Cap 8.45%'QUIPS'	FIG PrA	NYS
Farmers Grp Cap II 8.25%'QUIPS	FIG PrB	NYS
Farmstead Tel Group	FTG	ASE
Farmstead Tel Group Wrrt	FTG.WS	ASE
Farmstead Tel Grp Wrrt'A'	FTG.WS.A	ASE
Farmstead Tel Grp Wrrt'B'	FTG.WS.B	ASE
FARO Technologies	FARO	NNM
Faroudja Inc	FDJA	NNM
Farr Co	FARC	NNM
Farrel Corp	FARL	NNM
Fastenal Co	FAST	NNM
FaxSav Inc	FAXX	NNM
FB Cap 9.75% cm Pfd	FSBIP	NNM
FBL Financial Group 'A'	FFG	NYS
FCB Financial	FCBF	NNM
FCNB Corp	FCNB	NNM

Issue	Ticker	Exchange
FCNB Cap Tr 8.25% Pfd	FCNBP	NNM
FDP Corp	FDPC	NNM
FDX Corp	FDX	NYS
Featherlite Inc	FTHR	NNM
Fed One Bancorp	FOBC	NNM
Fedders Corp	FJC	NYS
Fedders Corp'A'	FJA	NYS
Federal Agricultural Mtge'A'	FAMCA	NSC
Federal Agricultural Mtge'C'	FAMCK	NNM
Federal Home Loan	FRE	NYS
Fed'l Home Ln Mtg 6.125% Pfd	FRE PrC	NYS
Fed'l Home Ln Mtg 6.14% Pfd	FRE PrD	NYS
Fed'l Home Ln Mtg 6.72% Pfd	FRE PrA	NYS
Fed'l Home Ln Mtg Var Rt Pfd	FRE PrB	NYS
Federal Natl Mtge	FNM	NYS
Federal Natl Mtge 6.41% Pfd	FNM PrA	NYS
Federal Natl Mtge 6.45% Pfd	FNM PrC	NYS
Federal Natl Mtge 6.50% Pfd	FNM PrB	NYS
Federal Rlty Inv Tr SBI	FRT	NYS
Fed'l Rlty Inv Tr 7.95%'A'Pfd	FRT PrA	NYS
Federal Screw Works	FSCR	NSC
Federal Signal	FSS	NYS
Federal Trust Corp	FDTR	NSC
Federal-Mogul	FMO	NYS
Federated Dept Stores	FD	NYS
Federated Dept Strs 'C' Wrrt	FD.WSC	NYS
Federated Dept Strs 'D' Wrrt	FD.WSD	NYS
Federated Investors 'B'	FII	NYS
FEI Co	FEIC	NNM
FelCor Lodging Trust	FCH	NYS
FelCor Lodging Tr $1.95 Pfd	FCH PrA	NYS
FelCor Lodging Tr 9% Dep Pfd	FCH PrB	NYS
Female Health	FHC	ASE
FemRx Inc	FMRX	NNM
Ferrellgas Partners L.P.	FGP	NYS
Ferro Corp	FOE	NYS
Ferrofluidics Corp	FERO	NNM
FFD Financial	FFDF	NNM
FFLC Bancorp	FFLC	NNM
FFP Marketing	FMM	ASE
FFP Partners L.P.	FFP	ASE
FFW Corp	FFWC	NSC
FFY Financial	FFYF	NNM
Fiat SpA ADR	FIA	NYS
Fiat SpA Preference ADR	FIA Pr	NYS
Fiat SpA Savings ADR	FIA PrA	NYS
FiberChem Inc	FOCS	BB
FiberMark Inc	FMK	NYS
FiberNet Telecom Grp	FTGX	BB
Fiberstars Inc	FBST	NNM
Fidelity Advisor Emer'g Asia	FAE	NYS
Fidelity Advisor Korea Fund	FAK	NYS
Fidelity Bancorp	FBCI	NNM
Fidelity Bancorp (PA)	FSBI	NNM
Fidelity Bankshares	FFFL	NNM
Fidelity Cap Tr 8.375% Pfd	FFFLP	NNM
Fidelity Capital/Grp Hlds	FCGH	BB
Fidelity Fed Bancorp	FFED	NNM
Fidelity Finl Ohio	FFOH	NNM
Fidelity National	LION	NNM

Issue	Ticker	Exchange
Fidelity Natl Finl	FNF	NYS
Fields Aircraft Spares	FASI	NSC
Fieldworks Inc	FWRX	NNM
Fifth Third Bancorp	FITB	NNM
Fila Holdings ADS	FLH	NYS
Filene's Basement	BSMT	NNM
FileNet Corp	FILE	NNM
Film Roman	ROMN	NNM
Financial Bancorp	FIBC	NNM
Financial Federal	FIF	NYS
Financial Industries	FNIN	NSC
Financial Sec Assurance Hldg	FSA	NYS
FIND/SVP Inc	FSVP	NSC
Fine Air Svcs	BIGF	NNM
Fine Host	FINE	BB
fine.com Intl	FDOT	NNM
Finet Holdings	FNHC	NSC
Finger Lakes Financial	SBFL	NSC
Fingerhut Companies	FHT	NYS
Finish Line 'A'	FINL	NNM
FinishMaster Inc	FMST	NNM
Finl Sec Assurance 7.375%Sr'QU	FSD	NYS
Finlay Enterprises	FNLY	NNM
Finning Intl	FTT	TS
FINOVA Fin Tr 5.50%Cv'TOPrS'	FNV PrA	NYS
FINOVA Group	FNV	NYS
Firearms Training Sys'A'	FATS	NNM
Firetector Inc	FTEC	NSC
First Albany Cos	FACT	NNM
First Alliance 'A'	FACO	NNM
First Amer (Tenn)	FAM	NYS
First Amer Finl	FAF	NYS
First Amer Hlth Concepts	FAHC	NNM
First Amer Railways	FTRN	BB
First America Cap Tr 8.50% Pfd	FBA PrT	NYS
First Australia Fund	IAF	ASE
First Australia Prime	FAX	ASE
First Aviation Svcs	FAVS	NNM
1st Bancorp (IN)	FBCV	NSC
First Bancorp (NC)	FBNC	NNM
First Bk Philadelphia PA	FBKP	NSC
First Banking S.E. Georgia	FBCG	NNM
First Banks America	FBA	NYS
First Bankshares	FBSI	NNM
First Bell Bancorp	FBBC	NNM
1st Bergen Bancorp	FBER	NNM
First Brands Corp	FBR	NYS
First Carnegie Deposit	SKBO	NSC
First Cash	PAWN	NNM
First Charter Corp	FCTR	NNM
First Chicago NBD	FCN	NYS
First Chi NBD 7.5%PfdPurUnits	FCN PrU	NYS
First Chi NBD Adj Div'B'Pfd	FCN PrB	NYS
First Chi NBD Adj Div'C'Pfd	FCN PrC	NYS
First Citizens BancShares'A'	FCNCA	NNM
First Citizens Cp	FSTC	NNM
First Coastal	FCME	NSC
First Coastal Bankshares	FCBK	NNM
First Colonial Group	FTCG	NNM
First Colonial Ventures	FCVL	BB

Issue	Ticker	Exchange
First Commerce Bancshares 'B'	FCBIB	NSC
First Commerce Bancshares'A'	FCBIA	NSC
First Commonwealth	FCWI	NNM
First Commonwealth Finl	FCF	NYS
First Commonwealth Fund	FCO	NYS
First Community Bkg Svcs	FCBS	NSC
First Consulting Grp	FCGI	NNM
First Data	FDC	NYS
First Defiance Fin'l	FDEF	NNM
First Dynasty Mines	FDYMF	BB
First Entertainment Holding	FTET	BB
First Essex Bancorp	FESX	NNM
First Fed Bancorp	FFBZ	NNM
First Fed Bancorp(MN)	BDJI	NSC
First Fed Bancshares (AR)	FFBH	NNM
First Federal Capital	FTFC	NNM
First Fed Finl (KY)	FFKY	NNM
First Fed S & L (CT)	FFES	NNM
First Fed Svgs Bk Siouxland	FFSX	NSC
First Financial	FTFN	NNM
First Finl Bancorp	FFBI	BB
First Finl Bancorp(OH)	FFBC	NNM
First Financial Bankshares	FFIN	NNM
First Finl Corp Ind	THFF	NNM
First Financial Fund	FF	NYS
First Finl Hldgs	FFCH	NNM
First Franklin Corp	FFHS	NNM
First Georgia Holding	FGHC	NNM
First Hawaiian	FHWN	NNM
First Health Group	FHCC	NNM
First Independence Del	FFSL	NSC
First Indiana Corp	FISB	NNM
First Industrial Rlty Tr	FR	NYS
First Indl Rlty Tr7.90%Dep Pfd	FR PrE	NYS
First Indl Rlty Tr 7.95%Dep Pf	FR PrD	NYS
First Indl Rlty Tr 8.625% Dep	FR PrC	NYS
First Indl Rlty Tr 8.75% Dep P	FR PrB	NYS
First Indl Rlty Tr 9.50% Pfd	FR PrA	NYS
First Intl Bancorp	FNCE	NNM
First Investors Finl Svcs Grp	FIFS	NNM
First Israel Fund	ISL	NYS
First Kansas Finl	FKAN	NNM
First Keystone Financial	FKFS	NNM
First Lancaster Bancshrs	FLKY	NSC
First Leesport Bancorp	FLPB	NSC
First Liberty Fin'l	FLFC	NNM
First Long Island	FLIC	NSC
First M&F Corp	FMFC	NNM
First Marathon 'A'	FMS.A	TS
First Marathon 'C'	FMS.C	TS
First Mariner Bancorp	FMAR	NNM
First Maritime Mining	FMM	TS
First Maryland Banc 7.875% Pfd	FMB Pr	NYS
First Merchants Corp	FRME	NNM
First Midwest Bancorp	FMBI	NNM
First Midwest Financial	CASH	NNM
First Montauk Financial	FMFK	BB
First Mutual Bancorp	FMBD	NNM
First Mutual Svgs (WA)	FMSB	NNM
First National Corp	FNC	ASE

Issue	Ticker	Exchange
First Northern Capital	FNGB	NNM
First Oak Brook Bancshrs'A'	FOBBA	NNM
First Palm Beach Bancorp	FFPB	NNM
First Philippine Fund	FPF	NYS
First Philson Finl	FPB	ASE
First Preferred Cap Tr 9.25% P	FBNKO	NNM
First Priority Grp	FPGP	NSC
First Quantum Minerals	FM	VS
First Regional Bancorp	FRGB	NNM
First Republic Bank	FRC	NYS
First Savings Bancorp	SOPN	NNM
First Security	FSCO	NNM
First SecurityFed Finl	FSFF	NNM
First Sierra Finl	FSFH	NNM
First Silver Reserve	FSR	VS
First Source Bancorp	FSLA	NNM
First Source Corp	SRCE	NNM
1st Source CapTrl 9% Pfd	SRCEP	NNM
1st Source Cp Tr II FltRt Pfd	SRCEO	NNM
First South Africa	FSACF	NNM
First South Africa Wrrt'A'	FSAWF	NSC
First South Africa Wrrt'B'	FSAZF	NSC
First Southern Bancshares	FSTH	NNM
First State Bancorporation	FSNM	NNM
First Sterling Banks	FSLB	NNM
First Team Sports	FTSP	NNM
First Tenn Natl	FTEN	NNM
First Union Corp	FTU	NYS
First Union RE EqSBI	FUR	NYS
First Union RE Eq/Mtg Sr'A'Pfd	FUR PrA	NYS
First United Bancshrs	UNTD	NNM
First United Corp	FUNC	NNM
First Victoria Natl Bank	FVNB	NNM
First Virginia Banks	FVB	NYS
First Virtual Hlds	FVHI	NNM
First Wash Realty Trust	FRW	NYS
First Wash Rlty 9.75% Cv Pfd	FRW Pr	NYS
First Washington Bancorp	FWWB	NNM
First West Virginia Bancorp	FWV	ASE
First Western Bancorp	FWBI	NNM
First Years	KIDD	NNM
Firstar Corp	FSR	NYS
FirstBank Corp	FBNW	NNM
FirstBank Puerto Rico	FBP	NYS
Firstcity Financial	FCFC	NNM
Firstcity Finl 'B' Pfd	FCFCP	NNM
FirstEnergy Corp	FE	NYS
FirstFed Amer Bancorp	FAB	ASE
FirstFed Bancorp	FFDB	NSC
FirstFed Financial	FED	NYS
Firstlink Communications	FLCI	NSC
Firstlink Communicat'ns Wrrt	FLCIW	NSC
Firstmark Corp	FIRM	NSC
FirstMerit Corp	FMER	NNM
FIRSTPLUS Finl 7.25%'TIMES'	TIM	ASE
FIRSTPLUS Finl Grp	FP	NYS
FirstService Corp (Vtg)	FSRVF	TS
FirstSpartan Financial	FSPT	NNM
Firstwave Technologies	FSTW	NNM
Fischer Imaging	FIMG	NNM

Issue	Ticker	Exchange
Fischer-Watt Gold	FWGO	BB
Fiserv Inc	FISV	NNM
Fisher Scientific Intl(New)	FSH	NYS
Fix-Corp Intl	FIXC	BB
Flag Financial	FLAG	NNM
Flagstar Bancorp	FLGS	NNM
Flagstar Cap 8.50%'A'Pfd	FLGSP	NNM
Flamel Technologies ADS	FLMLY	NNM
Flamemaster Corp	FAME	NNM
Flanders Corp	FLDR	NNM
Flanigan's Enterprises	BDL	ASE
Fleet Cap Tr I 8.00%'TOPrS'	FLT PrH	NYS
Fleet Cap Tr III 7.05%'TOPrS'	FLT PrI	NYS
Fleet Cap Tr IV 7.17%'TOPrS'	FLT PrJ	NYS
Fleet Financial Group	FLT	NYS
Fleet Fin'l 6.75% Dep Pfd	FLT PrG	NYS
Fleet Fin'l 7.25% Dep Pfd	FLT PrF	NYS
Fleet Fin'l 9.35% Dep Pfd	FLT PrE	NYS
Fleet Fin'l Grp Wrrt	FLT.WS	NYS
Fleetwood Enterpr	FLE	NYS
Fleming Cos	FLM	NYS
Fletcher Challenge Bldg ADS	FLB	NYS
Fletcher Challenge Cda'A'	FCC.A	TS
Fletcher Challenge Ener ADS	FEG	NYS
Fletcher Challenge Forest ADS	FFS	NYS
Fletcher Challenge Paper ADS	FLP	NYS
Fletcher's Fine Foods	FLCHF	NNM
FlexiInternational Software	FLXI	NNM
Flexsteel Indus	FLXS	NNM
Flextronics Intl	FLEXF	NNM
FLIR Systems	FLIR	NNM
Florida Banks	FLBK	NNM
Florida East Coast Indus	FLA	NYS
Florida Panthers Hlds	PAW	NYS
Florida Progress	FPC	NYS
Florida Public Utilities	FPU	ASE
Florida Rock Indus	FRK	NYS
Florsheim Group	FLSC	NNM
Flour City Intl	FCIN	NNM
Flow International	FLOW	NNM
Flowers Indus	FLO	NYS
Flowserve Corp	FLS	NYS
Fluor Corp	FLR	NYS
Fluor Daniel/GTI	FDGT	NNM
Flushing Financial	FFIC	NNM
FMC Corp	FMC	NYS
FMS Financial	FMCO	NNM
FNB Corp	FNBP	NNM
FNB Corp (PA)	FBAN	NNM
FNB Corp 7.5% Cv'B' Pfd	FBANP	NSC
FNB Corp(NC)	FNBN	NNM
FNB Financial Svcs	FNBF	NNM
FNB Rochester Corp	FNBR	NNM
Foamex International	FMXI	NNM
Focal Inc	FOCL	NNM
Focus Enhancements	FCSE	NSC
Foilmark Inc	FLMK	NNM
FONAR Corp	FONR	NSC
Fonix Corp	FONX	NSC
Fonorola Inc	FON	TS

Issue	Ticker	Exchange
Fonorola Inc	FON.A	TS
Food Extrusion	FODX	BB
Food Lion Inc Cl'A'	FDLNA	NNM
Food Lion Inc Cl'B'	FDLNB	NNM
Food Technology Svc	VIFL	NSC
Foodarama Supermkts	FSM	ASE
Foodmaker Inc	FM	NYS
Foothill Independent Banc	FOOT	NNM
Footstar Inc	FTS	NYS
For Better Living	FBTR	BB
4 Kids Entertainment	KIDE	NNM
Forcenergy Inc	FEN	NYS
Ford Motor	F	NYS
Ford Motor Dep'B'Pfd	F PrB	NYS
Ford Mtr Cap Tr I 9.00%'TOPrS'	F PrT	NYS
4 Front Technologies	FFTI	NNM
FORE Systems	FORE	NNM
Foreign/Colon'l Emg MidEast Fd	EME	NYS
Foreland Corp	FORL	NSC
Foremost Corp,Amer	FOM	NYS
Forest City Ent Cv Cl'B'	FCE.B	NYS
Forest City Enterp Cl'A'	FCE.A	NYS
Forest Labs	FRX	ASE
Forest Oil	FST	NYS
Formation Capital	FCO	TS
Formula Systems(1985)ADR	FORTY	NNM
Formulab Neuronetics ADR	FNCLY	NSC
Forrester Research	FORR	NNM
Forsoft Ltd	FORSF	NNM
Fort Bend Hldg	FBHC	NNM
Fort Dearborn Inc Sec	FTD	NYS
Fort James	FJ	NYS
Fort Thomas Finl	FTSB	NSC
Forte Software	FRTE	NNM
Fortis Inc	FTS	TS
Fortis Securities	FOR	NYS
Fortress Group	FRTG	NNM
Fortune Brands	FO	NYS
Fortune Brands $2.67 Cv Pfd	FO PrA	NYS
Fortune Energy	FEY	TS
Fortune Financial Sys	FFSY	BB
Fortune Natl	FRNC	BB
Fortune Natural Res	FPX	ASE
Fortune Natural Res Wrrt	FPX.WS	ASE
Forum Retirem't Ptnrs	FRL	ASE
Forward Air	FWRD	NNM
Forward Industries(NY)	FORD	NSC
Forzani Group Ltd	FGL	TS
Fossil Inc	FOSL	NNM
Foster (LB)	FSTR	NNM
Foster Wheeler	FWC	NYS
Fotoball USA Inc	FUSA	NNM
Fotoball USA Wrrt	FUSAW	NNM
Foundation Health Systems'A'	FHS	NYS
Fountain Powerboat Ind	FPWR	NNM
Four Media	FOUR	NNM
Four Seasons Hotels	FS	NYS
Fourth Shift	FSFT	NNM
FPIC Insurance Grp	FPIC	NNM
FPL Group	FPL	NYS

Issue	Ticker	Exchange
Fracmaster Ltd	FMA	NYS
France Growth Fund	FRF	NYS
France Telecom ADS	FTE	NYS
Franchise Finance Cp Amer	FFA	NYS
Franchise Mtge Acceptance	FMAX	NNM
Franco-Nevada Mining	FN	TS
Franc-Or Resources	FOR	TS
Frankfort First Bancorp	FKKY	NNM
Franklin Bank N.A.	FSVB	NNM
Franklin Capital	FKL	ASE
Franklin Consol Mining	FKCM	NSC
Franklin Covey	FC	NYS
Franklin Electric	FELE	NNM
Franklin Electronic Pub	FEP	NYS
Franklin Finance 8.70% Pfd 'A'	FSVBP	NNM
Franklin Multi-Income Tr	FMI	NYS
Franklin Ophthalmic Instrument	FKLN	NSC
Franklin Resources	BEN	NYS
Franklin Select Realty Tr	FSN	ASE
Franklin Universal Tr	FT	NYS
Freddie Mac 5% non-cm Pfd	FRE PrF	NYS
FREDDIE MAC 6.688%'98 Debs	FWG	NYS
Frederick Brewing	BLUE	NSC
Fred's Inc 'A'	FRED	NNM
Freedom Securities	FSI	NYS
Freepages Group ADR	FREEY	NNM
Freeport McMoRan O/G Rlty	FMR	NYS
Freeport McMoRan Sulphur	FSC	NYS
Freep't McMoRan Copper&Gold'B'	FCX	NYS
Freep't-McMoRan Copper&Gold'A'	FCX.A	NYS
Freept-McMo Cp/Gld'A'Dep Pfd	FCX PrA	NYS
Freept-McMo Cp/Gld'B'Dep Pfd	FCX PrB	NYS
Freept-McMo Cp/Gld'C'Dep Pfd	FCX PrC	NYS
Freept-McMo Cp/Slvr'D'Dep Pfd	FCX PrD	NYS
Freight Connection	FTCN	BB
Fremont Corp	BYCL	NSC
Fremont Genl	FMT	NYS
Fremont Genl Fin I 9%'TOPrS'	FMT Pr	NYS
French Fragrances	FRAG	NNM
Frequency Electrs	FEI	ASE
Fresenius Medical AG ADS	FMS	NYS
Fresenius Medl AG Pref ADS	FMS Pr	NYS
Fresh America	FRES	NNM
Fresh Choice	SALD	NNM
Fresh Del Monte Produce	FDP	NYS
Fresh Foods	FOOD	NNM
Fresh Juice	FRSH	NSC
Freshstart Venture Capital	FSVC	NSC
Friede Goldman Intl	FGII	NNM
Friedman Billings Ramsey Gp'A'	FBG	NYS
Friedman Indus	FRD	ASE
Friedman's Inc'A'	FRDM	NNM
Friendly Ice Cream	FRND	NNM
Frisby Technologies	FRIZ	NSC
Frisch's Restaurants	FRS	ASE
Frisco Bay Industries	FBAYF	NNM
Fritz Companies	FRTZ	NNM
Fronteer Finl Hldgs	FDIR	NSC
Frontier Adjusters of Amer	FAJ	ASE
Frontier Airlines	FRNT	NSC

Issue	Ticker	Exchange
Frontier Corp	FRO	NYS
Frontier Finl	FTBK	NNM
Frontier Insurance Gr	FTR	NYS
Frontier Oil	FTO	NYS
Frontline Communications	FCCN	NSC
Frontline Communicat'ns Wrrt	FCCNW	NSC
Frontline Ltd ADS	FRONY	NNM
Frozen Food Express	FFEX	NNM
FRP Properties	FRPP	NNM
Fruit of The Loom'A'	FTL	NYS
FSF Financial	FFHH	NNM
FSI International	FSII	NNM
FTI Consulting	FTIC	NNM
Fuel Tech N.V.	FTEKF	NSC
Fuisz Technologies	FUSE	NNM
Fuji Photo Film ADR	FUJIY	NSC
Full House Resorts	FHRI	NSC
Fuller (HB)	FULL	NNM
Fulton Bancorp	FTNB	NNM
Fulton Financial	FULT	NNM
Fun Cosmetics	FCSM	BB
Funco Inc	FNCO	NNM
Fund Amer Enterpr Hldgs	FFC	NYS
Fundtech Ltd	FNDTF	NNM
Furniture Brands Intl	FBN	NYS
Furon Co	FCY	NYS
Furr's/Bishop's Inc	CHI	NYS
Fusion Medical Technologies	FSON	NNM
Future Shop Ltd	FSS	TS
Futurebiotics Inc	VITK	NSC
Futuremedia PLC ADS	FMDAY	NSC
FutureNet Inc	FNET	BB
FVC.com Inc	FVCX	NNM
FX Energy Inc	FXEN	NNM
G & K Services Cl'A'	GKSRA	NNM
G & L Realty Corp	GLR	NYS
G-III Apparel Group	GIII	NNM
G&L Realty 10.25% Cm Pfd	GLR PrA	NYS
G&L Realty 9.80%cm Pfd	GLR PrB	NYS
GA Financial	GAF	ASE
Gabelli Conv Sec Fd 8% Pfd	GCV Pr	NYS
Gabelli Conv Securities Fd	GCV	NYS
Gabelli Eq Tr 7.25%Tax Adv Pfd	GAB Pr	NYS
Gabelli Equity Trust	GAB	NYS
Gabelli Global Multimedia 7.92	GGT Pr	NYS
Gabelli Global Multimedia Tr	GGT	NYS
Gables Residential Tr 8.30% Pf	GBP PrA	NYS
Gables Residential Trust	GBP	NYS
Gadzooks Inc	GADZ	NNM
Gainsco Inc	GNA	NYS
GalaGen Inc	GGEN	NNM
Galaxy Foods	GALX	NSC
Galey & Lord Inc	GNL	NYS
Galileo Corp	GAEO	NNM
Galileo Intl	GLC	NYS
Galileo Technology	GALTF	NNM
Gallagher(Arthur J.)	AJG	NYS
Gallaher Group ADS	GLH	NYS
Gallery of History	HIST	NSC
Galoob Toys	GAL	NYS

Issue	Ticker	Exchange
Galveston's Steakhouse	SIZL	NSC
GameTech International	GMTC	NNM
Gaming Lottery	GLCCF	NNM
Gamma Biologicals	GBL	ASE
Gannett Co	GCI	NYS
Gantos Inc	GTOS	NNM
Gap Inc	GPS	NYS
Garan Inc	GAN	ASE
Garden Botanika	GBOT	NNM
Garden Fresh Restaurant	LTUS	NNM
Garden Ridge	GRDG	NNM
Gardenburger Inc	GBUR	NNM
Gardner Denver	GDI	NYS
Gargoyles Inc	GOYL	BB
Gart Sports	GRTS	NNM
Gartner Group'A'	GART	NNM
GaSonics International	GSNX	NNM
Gaston Federal Bancorp	GBNK	NNM
GateField Corp	GATEC	NSC
Gateway 2000	GTW	NYS
GATX Corp	GMT	NYS
GATX Corp,$2.50 Cv Pfd	GMT Pr	NYS
Gaylord Container'A'	GCR	ASE
Gaylord Container Wrrt	GCR.WS	ASE
Gaylord Entertainment	GET	NYS
Gaz Metropolitain L.P.	GZM.UN	TS
GB Foods	GBFC	NSC
GBB Cap9.75% Trust Pfd	GBBKP	NNM
GBC Bancorp	GBCB	NNM
GBCI Cap Tr 8.75% Pfd	GLDBP	NNM
GC Companies	GCX	NYS
GCB Cap Trust 10% Pfd	GFLSP	NNM
Geac Computer	GAC	TS
Geerlings & Wade	GEER	NNM
Gehl Co	GEHL	NNM
GelTex Pharmaceuticals	GELX	NNM
Gemstar Intl	GMSTF	NNM
Gencor Indus	GX	ASE
GenCorp	GY	NYS
Gendis Inc	GDS.A	TS
Gene Logic	GLGC	NNM
Genelabs Technologies	GNLB	NNM
GeneMedicine Inc	GMED	NNM
Genentech Inc	GNE	NYS
Gener S.A. ADS	CHR	NYS
Genesco Inc	GCO	NYS
Genesee & Wyoming'A'	GNWR	NNM
Genesee Corp'B'	GENBB	NNM
Genesis Dev & Constr'A'	GDCOF	NSC
Genesis Dev & Constr Wrrt'A'	GDCWF	NSC
Genesis Dev & Constr Wrrt'B'	GDCZF	NSC
Genesis Dev & Constr Unit	GDCUF	NSC
Genesis Direct	GEND	NNM
Genesis Energy L.P.	GEL	NYS
Genesis Hlth Ventures	GHV	NYS
Genesis Microchip	GNSSF	NNM
Genesys Telecommunications	GCTI	NNM
Geneva Steel Co 'A'	GNV	NYS
Genicom Corp	GECM	NNM
Genisys Reservation Sys	GENS	NSC

Issue	Ticker	Exchange
Genisys Reservat'n Sys Wrrt'A'	GENSW	NSC
Genisys Reservat'n Wrrt'B'	GENSZ	NSC
Genl Amer Inv Tax-Adv 7.20% Pf	GAM Pr	NYS
Genl Amer Investors	GAM	NYS
Genl Automation	GA	ASE
Genl Bearing	GNRL	NSC
Genl Binding	GBND	NNM
Genl Cable	GCN	NYS
Genl Cable plc ADS	GCABY	NNM
Genl Chemical Group	GCG	NYS
Genl Cigar 'A'	MPP	NYS
Genl Communication'A'	GNCMA	NNM
Genl Credit	LOAN	NSC
Genl Credit Wrrt	LOANW	NSC
Genl DataComm Ind	GDC	NYS
Genl Dynamics	GD	NYS
Genl Electric	GE	NYS
Genl Employ Enterpr	JOB	ASE
Genl Growth Properties	GGP	NYS
Genl Growth Prop 7.25%Dep Pfd	GGP PrA	NYS
Genl Housewares	GHW	NYS
Genl Instrument	GIC	NYS
Genl Magic	GMGC	NNM
Genl Magnaplate	GMCC	NNM
Genl Microwave	GMW	ASE
Genl Mills	GIS	NYS
Genl Motors	GM	NYS
General Motors 7.92% Dep Pfd	GM PrD	NYS
General Motors 9.12% Dep Pfd	GM PrG	NYS
General Motors 9.125% Dep Pfd	GM PrQ	NYS
Genl Motors Cap Tr 8.67%'TOPrS'	GM PrX	NYS
Genl Motors Cap Tr 9.87%'TOPrS'	GM PrY	NYS
Genl Motors Cl'H'	GMH	NYS
Genl Nutrition	GNCI	NNM
Genl Re Corp	GRN	NYS
Genl Scanning	GSCN	NNM
Genl Semiconductor	SEM	NYS
Genl Signal	GSX	NYS
Genl Surgical Innovations	GSII	NNM
Genlyte Group Inc	GLYT	NNM
Gennum Corp	GND	TS
Genome Therapeutics	GENE	NNM
Genovese Drug Str'A'	GDX.A	ASE
GenRad, Inc	GEN	NYS
Genset ADR	GENXY	NNM
Gensia Sicor	GNSA	NNM
Gensym Corp	GNSM	NNM
Genta Inc	GNTA	NSC
Gentex Corp	GNTX	NNM
Gentia SoftwareADS	GNTIY	NNM
Gentle Dental Svc	GNTL	NSC
Gentner Communications	GTNR	NSC
Gentra Inc	GTA	TS
Genuine Parts	GPC	NYS
Genus Inc	GGNS	NNM
Genzyme Corp-Genl Div	GENZ	NNM
Genzyme Corp-Tissue Repair	GENZL	NNM
Genzyme Transgenics	GZTC	NNM
GeoCities	GCTY	NNM
Geomaque Explorations	GEO	TS

Issue	Ticker	Exchange
Geon Co	GON	NYS
GeoResources Inc	GEOI	NSC
Georgia Gulf Corp	GGC	NYS
Georgia Power 6.875%'PINES'	GPD	NYS
Georgia Pwr Adj'A'Pfd(2nd'93Sr	GPE PrL	NYS
Georgia Pwr Cap 9%'MIPS'	GPE PrM	NYS
Georgia Pwr Cap Tr I 7.75% Pfd	GPE PrT	NYS
Georgia Pwr Cap Tr II 7.60% Pf	GPE PrU	NYS
Georgia Pwr CapTr III 7.75%'QU	GPE PrV	NYS
Georgia-Pacific (Ga-Pac Grp)	GP	NYS
Georgia-Pacific (Timber Grp)	TGP	NYS
GeoScience Corp	GSCI	NNM
Geotek Communications	GOTKQ	BB
GeoTel Communications	GEOC	NNM
GeoWaste, Inc	GEOW	NSC
Geoworks Corp	GWRX	NNM
Gerber Childrenswear	GCW	NYS
Gerber Scientific	GRB	NYS
German Amer Bancorp	GABC	NNM
Germany Fund	GER	NYS
Geron Corp	GERN	NNM
Getchell Gold	GGO	ASE
Getty Images	GETY	NNM
Getty Petroleum Mktg	GPM	NYS
Getty Realty	GTY	NYS
Getty Realty $1.775 Cv Pfd	GTY PrA	NYS
GFSB Bancorp	GUPB	NSC
Giant Cement Holding	GCHI	NNM
Giant FoodCl'A'	GFS.A	ASE
GIANT Group	GPO	NYS
Giant Industries	GI	NYS
Gibbs Construction	GBSE	NSC
Gibbs Construction Wrrt	GBSEW	NSC
Gibraltar Packaging Group	PACK	NNM
Gibralter Steel	ROCK	NNM
Gibson Greetings	GIBG	NNM
Giga Information Grp	GIGX	NNM
Giga-tronics Inc	GIGA	NNM
Gilat Communications	GICOF	NNM
Gilat Satellite Networks	GILTF	NNM
Gildan Activewear'A'	GIL	ASE
Gilead Sciences	GILD	NNM
Gillette Co	G	NYS
Gilman & Ciocia Inc	GTAX	NNM
Gilman & Ciocia Wrrt	GTAXW	NSC
Ginsite Materials	GSIT	BB
Gish Biomedical	GISH	NNM
GK Intelligent Sys	GKI	ASE
Glacier Bancorp	GBCI	NNM
Glacier Water Services	HOO	ASE
Glacier Water Tr 9.0625%cm Pfd	HOO PrA	ASE
Glamis Gold Ltd	GLG	NYS
Glas-Aire Indus Grp Ltd	GLAR	NSC
Glassmaster Co	GLMA	NSC
Glatfelter (P. H.)	GLT	ASE
Glaxo Wellcome plc ADR	GLX	NYS
GLB Bancorp	GLBK	NSC
Gleason Corp	GLE	NYS
Glenayre Technologies	GEMS	NNM
Glenborough Realty Tr 7.75% Cv	GLB PrA	NYS

Issue	Ticker	Exchange
Glenborough Realty Trust	GLB	NYS
Glenway Fin'l	GFCO	NNM
Gliatech Inc	GLIA	NNM
Glimcher Realty Trust	GRT	NYS
Glimcher Realty Tr 9.25% Pfd	GRT PrB	NYS
Global Casinos	GBCS	NSC
Global Connections	GLCO	BB
Global Crossing Ltd	GBLX	NNM
Global DirectMail	GML	NYS
Global High Inc Dollar Fd	GHI	NYS
Global Imaging Sys	GISX	NNM
Global Industrial Tech	GIX	NYS
Global Industries	GLBL	NNM
Global Intellicom	GBIT	NSC
Global Maintech	GLBM	BB
Global Marine	GLM	NYS
Global Med Technologies	GLOB	BB
Global Motorsport Group	CSTM	NNM
Global Ocean Carriers	GLO	ASE
Global One Distr & Merch	GOGO	BB
Global Partners Income Fd	GDF	NYS
Global Payment Tech	GPTX	NNM
Global Pharmaceutical	GLPC	NSC
Global Small Cap Fund	GSG	ASE
Global Sports	GSPT	NSC
Global Telecomm Solutions	GTST	NSC
Global Tele Solutions Wrrt	GTSTW	NSC
Global TeleSystems Grp	GTSG	NNM
Global Vacation Grp	GVG	NYS
Globalink Inc	GNK	ASE
Globalstar Telecommunications	GSTRF	NNM
Global-Tech Appliances	GAI	NYS
Globe Business Resources	GLBE	NNM
Globecomm Systems	GCOM	NNM
Globelle Corp	GLP	TS
GlobeNet Intl	GNII	BB
Globix Corp	GBIX	NSC
go2net Inc	GNET	NSC
Gold Banc	GLDB	NNM
Gold Fields S.Africa ADR	GLDFY	NSC
Gold Reserve	GLDR	NSC
Gold Standard	GSTD	NSC
Goldcorp Inc 'A'	GG.A	NYS
Goldcorp Inc 'B'	GG.B	NYS
Golden Books Family Ent	GBFE	NNM
Golden Eagle Group	GEGP	NSC
Golden Eagle Group Wrrt	GEGPW	NSC
Golden Enterprises	GLDC	NNM
Golden Genesis	GGGO	NSC
Golden Isles Finl Hldg	GIFH	NSC
Golden Knight Resources	GKRVF	NSC
Golden Phoenix Mineral	GPXM	BB
Golden Queen Mining	GQM	TS
Golden Rule Resources	GNU	TS
Golden Star Resources	GSR	ASE
Golden State Bancorp	GSB	NYS
Golden State Bcp Cv'A'Pfd	GSB PrA	NYS
Golden St Bncrp Litigation Wrr	GSBNZ	NNM
Golden State Bcp Wrrt	GSBNW	NSC
Golden State Vintners'B'	VINT	NNM

Issue	Ticker	Exchange
Golden Triangle Ind	GTII	NSC
Golden West Finl	GDW	NYS
Goldfield Corp	GV	ASE
Goldstate Corp	GDSA	BB
Golf Innovations	GFIO	BB
Golf Training Systems	GTSX	BB
Golf Training Systems'Unit'	GTSXU	NSC
Golf Trust of America	GTA	ASE
Golfgear Intl	GEAR	BB
Good Guys Inc	GGUY	NNM
Good Times Restaurants	GTIM	NSC
Good Times Restaur Wrrt 'A'	GTIMW	NSC
Good Times Restaurants Wrrt'B'	GTIMZ	NSC
Goodheart-Willcox	GWOX	BB
Goodrich (B.F.)	GR	NYS
Goodrich Petroleum	GDP	NYS
Goodrich Petrol 8% Cv'A'Pfd	GDPAP	NSC
Goodyear Tire & Rub	GT	NYS
Goody's Family Clothing	GDYS	NNM
Goran Capital	GNCNF	NNM
Gorman-Rupp	GRC	ASE
Gothic Energy	GOTH	NSC
Gothic Energy Wrrt	GOTHZ	NSC
Gottschalks Inc	GOT	NYS
Gourmet's Choice Coffee	GMCH	BB
Government Technology Svcs	GTSI	NNM
Go-Video	VCR	ASE
GP Strategies	GPX	NYS
GPU Inc	GPU	NYS
Grace (W.R.) & Co	GRA	NYS
Graco Inc	GGG	NYS
Gradall Industries	GRDL	NNM
Gradco Systems	GRCO	NNM
Graham Corp	GHM	ASE
Graham-Field Health	GFI	NYS
Grainger (W.W.)	GWW	NYS
Granatelli(J.T.)Lubricants	LUBR	BB
Grand Adventures Tour & Travel	GATT	NSC
Grand Casinos	GND	NYS
Grand Central Silver Mines	GSLM	NSC
Grand Court Lifestyles	GCLI	NNM
Grand Havana Enterprises	PUFF	NSC
Grand Havana Ent Wrrt 'B'	PUFFZ	NSC
Grand Havana Ent Wrrt'A'	PUFFW	NSC
Grand Met Del L.P. 9.42% Pfd	GRM PrA	NYS
Grand Premier Financial	GPFI	NNM
Grand Toys Intl	GRIN	NSC
GrandeTel Technologies	GTTIF	NNM
Granite Broadcasting	GBTVK	NNM
Granite Brdcst $1.9375 Cv Pfd	GBTVP	NNM
Granite Construction	GVA	NYS
Granite Golf Group	GGGI	BB
Granite State Bankshares	GSBI	NNM
Gray Communic Sys'B'	GCS.B	NYS
Gray Communications Systems	GCS	NYS
Grayd Resource Corp	GYD	VS
GRC International	GRH	NYS
Grease Monkey Hldg	GMHC	BB
Great American Bancorp	GTPS	NNM
Great Atl & Pac Tea	GAP	NYS

Issue	Ticker	Exchange
Great Basin Gold	GBGLF	NSC
Great Central Mines NL ADS	GTCMY	NSC
Great Lakes Aviation	GLUXC	NSC
Great Lakes Chemical	GLK	NYS
Great Lakes Power	GLZ	TS
Great Lakes REIT	GL	NYS
Great North'n Iron Ore	GNI	NYS
Great Pee Dee Bancorp	PEDE	NNM
Great Plains Software	GPSI	NNM
Great Southern Bancorp	GSBC	NNM
Great Train Store	GTRN	NNM
Great West Lifeco	GWO	TS
Great Westn Fin I 8.25%'TOPrS'	GWF PrT	NYS
Greater Bay Bancorp	GBBK	NNM
Greater China Fund	GCH	NYS
Greater Community Bancorp	GFLS	NNM
Greater Del Valley Svgs	ALLB	NSC
Green Mountain Coffee	GMCR	NNM
Green Mountain Pwr	GMP	NYS
Green Oasis Environmental	GRNO	BB
Green Street Financial	GSFC	NNM
Green(Daniel) Co	DAGR	NSC
Greenbriar Corp	GBR	ASE
Greenbrier Cos	GBX	NYS
Greenlight Communications	GLCT	BB
Greenman Technologies	GMTI	NSC
GreenMan Technologies'Wrrt'	GMTIW	NSC
GreenPoint Finl	GPT	NYS
Greenstone Resources Ltd	GRERF	NNM
Greenwich Street CA Muni Fd	GCM	ASE
Greenwich Street Muni Fund	GSI	NYS
Greg Manning Auctions	GMAI	NSC
Greif Bros 'B'	GBCOB	NNM
Greif Bros Cl'A'	GBCOA	NNM
Gresham Resources	GRC	VS
Grey Advertising	GREY	NNM
Grey Wolf	GW	ASE
Greyhound Lines	BUS	ASE
Griffin Land & Nurseries	GRIF	NNM
Griffon Corp	GFF	NYS
Grill Concepts	GRIL	NSC
Gristede's Sloan's	GRI	ASE
Groen Bros Aviation	GNBA	BB
Group 1 Automotive	GPI	NYS
Group 1 Software	GSOF	NNM
Group Long Distance	GLDI	NSC
Group Long Distance Wrrt	GLDIW	NSC
Group Maintenance Amer	MAK	NYS
Group V Corp	GRPV	BB
Groupe AB ADS	ABG	NYS
Groupe Danone ADS	DA	NYS
Grove Property Trust	GVE	ASE
Grow Biz International	GBIZ	NNM
Growth Fund of Spain	GSP	NYS
Growth Industries	CRUZ	BB
Grubb & Ellis	GBE	NYS
Grupo Casa Autrey ADS	ATY	NYS
Grupo Elektra GDS	EKT	NYS
Grupo Financiero Serfin ADS	SFN	NYS
Grupo Imsa ADS	IMY	NYS

Issue	Ticker	Exchange
Grupo Indl Durango ADS	GID	NYS
Grupo Indl Maseca ADS	MSK	NYS
Grupo Iusacell S.A.'D'ADS	CEL.D	NYS
Grupo Iusacell S.A.'L'ADS	CEL	NYS
Grupo Mex de Desarrollo'L'ADS	GMD	NYS
Grupo Mex Desarr 'B'ADS	GMD.B	NYS
Grupo Radio Centro ADS	RC	NYS
Grupo Simec ADS	SIM	ASE
Grupo Televisa S.A.GDS	TV	NYS
Grupo Tribasa S.A. ADS	GTR	NYS
Gryphon Holdings	GRYP	NNM
GS Financial	GSLA	NNM
GS Finl Prd LP E-SIGNS 2002	GSA	NYS
GSB Financial	GOSB	NNM
GSE Systems	GSES	NNM
GST Telecommunications	GSTX	NNM
GSW Inc'A'	GSW.A	TS
GT Bicycles	GTBX	NNM
GT Interactive Software	GTIS	NNM
GTE Calif 4.50% cm Pfd	GTELO	NSC
GTE Calif 4.50% cm Pfd	GTELP	NSC
GTE Calif 5% cm Pfd	GTELN	NSC
GTE Corp	GTE	NYS
GTE Delaware L.P.'A"MIPS'	GTE PrZ	NYS
GTE Delaware L.P.'B"MIPS'	GTE PrY	NYS
GTE Fla $1.25 Pfd	GLF PrA	NYS
GTE Fla $1.30cm B Pfd	GLF PrB	NYS
GTECH Holdings	GTK	NYS
GTI Corp	GGTI	NNM
GTS Duratek	DRTK	NNM
Guangshen Railway ADS	GSH	NYS
Guarantee Life Cos	GUAR	NNM
Guaranty Bancshares	GNTY	NNM
Guaranty Fedl Bancshares	GFED	NNM
Guaranty Financial	GSLC	NNM
Guardian Intl	GIIS	BB
Guardian Technologies Intl	GRDN	NSC
Guardian Technologies Wrrt	GRDNW	NSC
Gucci Group N.V.	GUC	NYS
Guess Inc	GES	NYS
Guest Supply	GSY	NYS
Guidant Corp	GDT	NYS
Guilford Mills	GFD	NYS
Guilford Pharmaceuticals	GLFD	NNM
Guitar Center	GTRC	NNM
Gulf Can ResAdjcm Ser 1 Pref	GOU PrA	NYS
Gulf Canada Resources	GOU	NYS
Gulf Indonesia Resources	GRL	NYS
Gulf Island Fabrication	GIFI	NNM
Gulf Pwr Cap Tr I 7.625%'QUIPS	GUP PrA	NYS
Gulf Pwr Cap Tr II 7.00% 'QUIP	GUP PrB	NYS
Gulf West Banks	GWBK	NNM
GulfMark Offshore	GMRK	NNM
Gulfstream Aerospace	GAC	NYS
Gulfwest Oil	GULF	NSC
Gull Laboratories	GUL	ASE
GumTech Intl	GUMM	NSC
Gundle/SLT Environmental	GSE	NYS
Gunther Intl	SORT	NSC
Gymboree Corp	GYMB	NNM

Issue	Ticker	Exchange
Gyrodyne Company America	GYRO	NSC
GZA GeoEnvironmental Tech	GZEA	NNM
H&Q Healthcare Inv	HQH	NYS
H&Q Life Sciences Investors	HQL	NYS
H&R Enterprises	HRNT	BB
H.D.Vest	HDVS	NNM
H.E.R.C. Products	HERC	NSC
H.T.E. Inc	HTEI	NNM
Habersham Bancorp	HABC	NNM
Hach Co	HACH	NNM
Hach Co 'A'	HACHA	NNM
Hadco Corp	HDCO	NNM
Haemacure Corp	HAE	TS
Haemonetics Corp	HAE	NYS
Haggar Corp	HGGR	NNM
Hagler Bailly	HBIX	NNM
Hahn Automotive Warehouse	HAHN	NNM
Hain Food Group	HAIN	NNM
Haley Industries	HLY	TS
Halifax Corp	HX	ASE
Hall, Kinion & Assoc	HAKI	NNM
Halliburton Co	HAL	NYS
Hallmark Capital	HALL	NNM
Hallmark Finl Svcs	HAF.EC	ECM
Hallwood Consolidated Res.	HCRC	NNM
Hallwood Energy Ptnrs L.P.	HEP	ASE
Hallwood Energy Ptnrs L.P.'C'	HEP.C	ASE
Hallwood Group	HWG	NYS
Hallwood Rlty Ptnrs L.P.(New)	HRY	ASE
HA-LO Industries	HMK	NYS
Halsey Drug	HDG	ASE
Halstead Energy	HSNR	NSC
Halter Marine Group	HLX	ASE
Hambrecht & Quist Group	HQ	NYS
Hamilton Bancorp	HABK	NNM
Hammons(John Q)Hotels'A'	JQH	NYS
Hampshire Group Ltd	HAMP	NNM
Hampton Indus	HAI	ASE
Hancock Fabrics	HKF	NYS
Hancock Holding	HBHC	NNM
Handleman Co	HDL	NYS
Hanger Orthopedic Grp	HGR	ASE
Hanna(M.A.)Co	MAH	NYS
Hannaford Bros	HRD	NYS
Hanover Capital Mtg	HCM	ASE
Hanover Capital Mtg Unit	HCM.U	ASE
Hanover Capital Mtg Wrrt	HCM.WS	ASE
Hanover Compressor	HC	NYS
Hanover Direct	HNV	ASE
Hanover Gold	HVGO	NSC
Hansen Natural	HANS	NSC
Hanson plc ADR	HAN	NYS
Happy Kids	HKID	NNM
Harbinger Corp	HRBC	NNM
Harbor Federal Bancorp	HRBF	NNM
Harbor Florida Bancshares	HARB	NNM
Harcourt General	H	NYS
Harcourt Genl'A'cm CvStk	H PrA	NYS
Hardin Bancorp	HFSA	NSC
Harding Lawson Assoc Grp	HRDG	NNM

Issue	Ticker	Exchange
Hardinge Inc	HDNG	NNM
Harken Energy	HEC	ASE
Harland (John H.)	JH	NYS
Harley-Davidson	HDI	NYS
Harleysville Group	HGIC	NNM
Harleysville Natl	HNBC	NNM
Harleysville Savings Bank	HARL	NNM
Harmac Pacific	HRC	TS
Harman International	HAR	NYS
Harmart Organization	HMAT	BB
Harmon Indus	HRMN	NNM
Harmonic Lightwaves	HLIT	NNM
Harmony Gold Mining ADR	HGMCY	NNM
Harmony Holdings	HAHO	NSC
Harnischfeger Indus	HPH	NYS
Harold's Stores	HLD	ASE
Harrah's Entertainment	HET	NYS
Harrington Fin'l Grp	HFGI	NNM
Harris & Harris Group	HHGP	NNM
Harris Corp	HRS	NYS
Harris Financial	HARS	NNM
Harris Pfd Cap 7.375%ExchPfd'A	HBC Pr	NYS
Harrodsburg First Finl Bancorp	HFFB	NNM
Harrowston Inc	HBW.A	TS
Harry's Farmers Market	HARY	NNM
Harsco Corp	HSC	NYS
Hartco Enterprises	HTC	TS
Harte-Hanks Inc	HHS	NYS
Hartford Cap I 7.70% 'QUIPS'	HIG PrQ	NYS
Hartford Cap II 8.35%'QUIPS'	HIG PrB	NYS
Hartford Finl Svcs Gp	HIG	NYS
Hartford Life 'A'	HLI	NYS
Hartford Life Cap 7.20%'TruPS'	HLI PrA	NYS
Hartmarx Corp	HMX	NYS
Harvest Home Finl	HHFC	NSC
Harvest Restaurant Grp	ROTI	NSC
Harvest Restaurant Grp Cv Pfd	ROTIP	NSC
Harvest Restaurant Grp Wrrt	ROTIW	NSC
Harvest Restaurant Grp Wrrt	ROTIZ	NSC
Harvey Electronics	HRVE	NSC
Harvey Electronics Wrrt	HRVEW	NSC
Harvey Entertainment	HRVY	NNM
Harveys Casino Resorts	HVY	NYS
Hasbro Inc	HAS	ASE
Haskel Intl 'A'	HSKL	NNM
Hastings Entertainment	HAST	NNM
Hastings Mfg	HMF	ASE
Hathaway Corp	HATH	NNM
Hatteras Income Sec	HAT	NYS
Hauppauge Digital	HAUP	NNM
Hauser Inc	HAUS	NNM
Haven Bancorp	HAVN	NNM
Haverty Furniture	HVT	NYS
Haverty Furniture'A'	HVT.A	NYS
Hawaii El Cap Trl 8.36%'TOPrS'	HE PrS	NYS
Hawaiian Airlines	HA	ASE
Hawaiian Elec Indus	HE	NYS
Hawaiian Natural Water	HNWC	NSC
Hawaiian Natural Water Wrrt	HNWCW	NSC
Hawk Corp 'A'	HWK	NYS

Issue	Ticker	Exchange
Hawker Pacific Aerospace	HPAC	NNM
Hawker Siddeley Cda	HSC	TS
Hawkins Chemical	HWKN	NNM
Hawks Industries	HAWK	NSC
Hawthorne Finl	HTHR	NNM
Hayes Corp	HAYZ	NNM
Hayes Lemmerz Intl	HAZ	NYS
Haywood Bancshares	HBS	ASE
HBO & Co	HBOC	NNM
HCB Bancshares	HCBB	NNM
HCC Insurance Hldgs	HCC	NYS
HCIA Inc	HCIA	NNM
Headlands Mortgage	HDLD	NNM
Headway Corporate Res	HDWY	NSC
Health Care & Retirement	HCR	NYS
Health Care Prop Inv	HCP	NYS
Hlth Care Prop 7.875%'A'Pfd	HCP PrA	NYS
Health Care REIT	HCN	NYS
Hlth Fitness Corp	HFIT	NSC
Health Management Assoc	HMA	NYS
Health Management Systems	HMSY	NSC
Health Power	HPWR	NNM
Health Risk Management	HRMI	NNM
Health Systems Design	HSDC	NNM
HealthCare Finl Partners	HCFP	NNM
Healthcare Imaging Services	HISS	NNM
Healthcare Realty Tr	HR	NYS
Healthcare Recoveries	HCRI	NNM
HealthCare REIT 8.875% Pfd'B'	HCN PrB	NYS
Healthcare Svcs Group	HCSG	NNM
Healthcare Tech Ltd	HCTLF	NSC
Health-Chem	HCH	ASE
Healthcor Holdings	HCORE	NSC
Healthcore Med Solutions'A'	HMSI	NSC
Healthcore Med Solut'ns Wrrt'A	HMSIW	NSC
HealthCore Medical Solut'ns Unit	HSMIU	NSC
HealthDesk Corp	HDSK	NSC
HealthDesk Corp Wrrt	HDSKW	NSC
Healthdyne Info Enterprises	HDIE	NNM
HealthPlan Services	HPS	NYS
Healthplex Inc	HPLX	BB
HealthRite Inc	HLRT	NSC
HEALTHSOUTH Corp	HRC	NYS
HealthWatch Inc	HEAL	NSC
Healthworld Corp	HWLD	NNM
Healthy Planet Prod	HPP	ASE
Hearst-Argyle Television 'A'	HTV	NYS
Heartland Express	HTLD	NNM
Heartland Partners L.P. 'A'	HTL	ASE
Heartland Wireless Commun	HART	NNM
HeartlandTechnology	HTI	ASE
Heartport Inc	HPRT	NNM
HEARx Ltd	EAR	ASE
Hecla Mining	HL	NYS
Hecla Mining Sr'B'Cv Pfd	HL PrB	NYS
HECO Cap I 8.05%'QUIPS'	HE PrQ	NYS
Hector Communications	HCT	ASE
Heftel Broadcasting'A'	HBCCA	NNM
HEI Inc	HEII	NNM
HEICO Corp	HEI	ASE

Issue	Ticker	Exchange
HEICO Corp 'A'	HEI.A	ASE
Heilig-Meyers	HMY	NYS
Heinz (H.J.)	HNZ	NYS
Heinz $1.70 cm Cv Pfd	HNZ Pr	NYS
Heist(C.H.)Corp	HST	ASE
Helen of Troy Ltd	HELE	NNM
Helisys Inc	HELI	BB
Helix Technology	HELX	NNM
Heller Financial 'A'	HF	NYS
Heller Finl 8.125% Sr'A' Pfd($	HF PrA	NYS
Hello Direct	HELO	NNM
Helm Capital	HHH	ASE
Helmerich & Payne	HP	NYS
Helmstar Group	HLM	ASE
Help At Home	HAHI	NSC
Help At Home Wrrt	HAHIW	NSC
Helpmate Robotics Unit	HELPU	BB
HemaCare Corp	HEMA	NSC
Hemagen Diagnostics	HMGN	NSC
Hemagen Diagnostics Wrrt	HMGNW	NSC
HemaSure Inc	HMSR	BB
Hemispherx BioPharma	HEB	ASE
Hemispherx Biopharma Wrrt'A'	HEB.WS	ASE
Hemlock Federal Fin'l	HMLK	NNM
Hemosol Inc	HML	TS
Henley Healthcare	HENL	NSC
Henry(Jack) & Assoc	JKHY	NNM
Herbalife Intl DECS 2001	HERBL	NNM
Herbalife Intl'A'	HERBA	NNM
Herbalife Intl'B'	HERBB	NNM
Hercules, Inc	HPC	NYS
Heritage Bancorp	HBSC	NNM
Heritage Bank	HBVA	NSC
Heritage Commerce	HTBK	NNM
Heritage Financial	HFWA	NNM
Heritage Propane Ptnrs L.P.	HPG	NYS
Heritage U.S.Govt Income Fd	HGA	NYS
Herley Industries	HRLY	NNM
Herley Indus Wrrt	HRLYW	NNM
Hershey Foods	HSY	NYS
Hertz Corp'A'	HRZ	NYS
Hertz Technology Group	HERZ	NSC
Hertz Technology Group Wrrt 'A	HERZW	NSC
Heska Corp	HSKA	NNM
Heuristic Development Grp	IFIT	NSC
Heuristic Dvp Grp Unit	IFITU	NSC
Heuristic Dvp Grp Wrrt'A'	IFITW	NSC
Heuristic Dvp Grp Wrrt'B'	IFITZ	NSC
Hewlett-Packard	HWP	NYS
Hexcel Corp	HXL	NYS
HF Bancorp	HEMT	NNM
HF Financial	HFFC	NNM
HFNC Financial	HFNC	NNM
Hibbett Sporting Goods	HIBB	NNM
Hibernia Corp Cl'A'	HIB	NYS
Hibernia Foods plc ADS	HIBNY	NSC
Hibernia Foods 'Unit'	HIBUF	NSC
Hibernia Foods Wrrt'C'	HIBWF	NSC
Hibernia Foods Wrrt'D'	HIBZF	NSC
Hickok Inc 'A'	HICKA	NSC

Issue	Ticker	Exchange
Hickory Tech	HTCO	NNM
High Country Bancorp	HCBC	NSC
High Income Advantage	YLD	NYS
High Income Advantage II	YLT	NYS
High Income Advantage III	YLH	NYS
High Income Opp Fd	HIO	NYS
High Plains Corp	HIPC	NNM
High Point Finl	HPFC	NNM
High River Gold Mines	HRG	TS
High Yield Income Fd	HYI	NYS
High Yield Plus Fund	HYP	NYS
Highland Bancorp	HBNK	NNM
Highlands Insurance Group	HIC	NYS
Highveld Steel & VanadiumADR	HSVLY	NSC
Highway Holdings	HIHOF	NNM
Highway Holdings Wrrt	HIHWF	NNM
HighwayMaster Communic	HWYM	NNM
Highwood Resources Ltd	HIWDF	NSC
Highwoods Properties	HIW	NYS
Highwoods Properties 8% Sr'B'	HIW PrB	NYS
Highwoods Properties 8.0% Dep	HIW PrD	NYS
Hilb,Rogal & Hamilton	HRH	NYS
Hilite Industries	HILI	NNM
Hillenbrand Indus	HB	NYS
Hills Stores	HDS	NYS
Hills Stores Sr'A' Cv Pfd	HDS Pr	NYS
Hillsborough Resources	HLB	TS
Hilton Hotels	HLT	NYS
Hilton Hotels 8% 'PRIDES'	HLT PrP	NYS
Hines Horticulture	HORT	NNM
Hingham Instn For Savings	HIFS	NNM
Hirel Holdings	HIRL	BB
Hi-Rise Recycling Sys	HIRI	NSC
Hirsch Intl Corp'A'	HRSH	NNM
Hi-Shear Technology	HSR	ASE
Hitachi,Ltd ADR	HIT	NYS
Hi-Tech Pharmacal	HITK	NNM
Hitox Corp	HTXA	NSC
HL&P Cap Tr I 8.125% Pfd	HOU PrA	NYS
HLM Design	HLMD	NSC
HMG Worldwide	HMGC	NSC
HMG/Courtland Prop	HMG	ASE
HMI Industries	HMII	NNM
HMN Financial	HMNF	NNM
HMT Technology	HMTT	NNM
HNC Software	HNCS	NNM
Hoechst AG ADS	HOE	NYS
Hoenig Group	HOEN	NNM
Holiday RV Superstores	RVEE	NNM
Hollinger Inc Retract Cm Shs	HLGCF	NNM
Hollinger Intl'A'	HLR	NYS
Hollinger Intl 9.75% Dep'PRIDE	HLR PrP	NYS
Hollis-Eden Pharmaceuticals	HEPH	NSC
Holly Corp	HOC	ASE
Hollywood Casino'A'	HWCC	NNM
Hollywood Entertainment	HLYW	NNM
Hollywood Park	HPK	NYS
Hollywood Productions	FILM	NSC
Hollywood Productions Wrrt	FILMW	NSC
Hologic Inc	HOLX	NNM

Issue	Ticker	Exchange
HoloPak Technologies	HOLO	NNM
Holophane Corp	HLP	NYS
Holts Cigar Holdings	HOLT	NNM
Home Bancorp	HBFW	NNM
Home Bancorp Elgin	HBEI	NNM
Home Building Bancorp	HBBI	BB
Home Centers	HOMEF	NNM
Home Choice Hldgs	HMCH	NNM
Home City Financial	HCFC	NSC
Home Depot	HD	NYS
Home Fed Bancorp	HOMF	NNM
Home Finl Bancorp	HWEN	NNM
Home Health Corp of Amer	HHCA	NNM
Home Loan Finl	HLFC	NNM
Home Port Bancorp	HPBC	NNM
Home Products Intl	HPII	NNM
Home Properties of NY	HME	NYS
Home Security Intl	HSI	ASE
Home State Oil & Gas	HSOG	NSC
HomeBase Inc	HBI	NYS
HomeCapital Investment	HCAPE	NSC
Homecom Communications	HCOM	NSC
HomeGold Financial	HGFN	NNM
Homeland Holding	HMLD	NNM
Homeowners Financial	HOFC	NSC
Homeowners Finl Wrrt	HOFCW	NSC
Homeseekers.com	HMSK	BB
Homestake Mining	HM	NYS
Homestead Bancorp	HSTD	NSC
Homestead Village	HSD	NYS
Hometown Auto Retailers'A'	HCAR	NNM
HON Indus	HNI	NYS
Honda Motor ADR	HMC	NYS
Honeywell, Inc	HON	NYS
Hong Kong Telecom ADR	HKT	NYS
Hooper Holmes	HH	ASE
HopFed Bancorp	HFBC	NNM
Horace Mann Educators	HMN	NYS
Horizon Bancorp(WV)	HZWV	NNM
Horizon Financial	HRZB	NNM
Horizon Financial Svcs	HZFS	NSC
Horizon Grp Properties	HGPI	NSC
Horizon Health Corp	HORC	NNM
Horizon Medical Products	HMPS	NNM
Horizon Offshore	HOFF	NNM
Horizon Organic Hldg	HCOW	NNM
Horizon Pharmacies	HZP	ASE
Horizontal Ventures	HVNV	NSC
Hormel Foods	HRL	NYS
Hospitality Properties Trust	HPT	NYS
Hospitality Worldwide Svcs	HWS	ASE
Host America	CAFE	NSC
Host America Wrrt	CAFEW	NSC
Host Funding 'A'	HFD	ASE
Host Marriott	HMT	NYS
Host Marriott Services	HMS	NYS
Hot Topic	HOTT	NNM
Houghton Mifflin	HTN	NYS
Househld Cap Tr 7.25% Tr Pfd	HI PrP	NYS
Househld Cap Tr 8.25% 'TOPrS'	HI PrT	NYS

Issue	Ticker	Exchange
Househld Cap Tr 8.70% Trust Pf	HI PrY	NYS
Household 8.25% cm Dep Pfd	HI PrZ	NYS
Household Intl	HI	NYS
Household Intl,$4.30 Pfd	HI PrO	NYS
Household Intl,$4.50 Pfd	HI PrN	NYS
Household Intl,5% Pfd	HI PrM	NYS
Houshld 7.35% cm Dep Pfd	HI PrJ	NYS
Houston Exploration	THX	NYS
Houston Indus	HOU	NYS
Houston Industries 7% 'ACES'	HXT	NYS
Hovnanian Enterpr Cl'A'	HOV	ASE
Howell Corp	HWL	NYS
Howell Corp $3.50 Cv'A'Pfd	HWLLP	NSC
Howmet International	HWM	NYS
Howtek Inc	HOWT	NSC
HPSC Inc	HPSC	NNM
HRPT Properties Tr SBI	HRP	NYS
HS Resources	HSE	NYS
HSB Group	HSB	NYS
Huaneng Power Intl ADS	HNP	NYS
Hub Group 'A'	HUBG	NNM
Hubbell Cl'A'	HUB.A	NYS
Hubbell Inc Cl'B'	HUB.B	NYS
HUBCO Inc	HUBC	NNM
Hudson General	HGC	ASE
Hudson Hotels	HUDS	NNM
Hudson River Bancorp	HRBT	NNM
Hudson Technologies	HDSN	NNM
Hudson's Bay Co	HBC	TS
Huffy Corp	HUF	NYS
Hughes Supply	HUG	NYS
Human Genome Sciences	HGSI	NNM
Human Pheromone Sciences	EROX	NSC
Humana Inc	HUM	NYS
HumaScan Inc	HMSC	NSC
HumaTech Inc	HUMT	BB
Hummingbird Communications	HUMCF	NNM
Humphrey Hospitality Tr Inc	HUMP	NSC
Hungarian Broadcasting	HBCO	NSC
Hungarian Broadcasting Wrrt	HBCOW	NSC
Hungarian Tel & Cable	HTC	ASE
Hunt Corp	HUN	NYS
Hunt(JB)Transport	JBHT	NNM
Huntco Inc'A'	HCO	NYS
Huntingdon LifeSciences ADR	HTD	NYS
Huntington Bancshares	HBAN	NNM
Huntway Refining	HWY	NYS
Hurco Companies	HURC	NNM
HurricaneHydrocarbons'A'	HHLAF	TS
Hussman Intl	HSM	NYS
Hutchinson Technology	HTCH	NNM
Hvide Marine 'A'	HMAR	NNM
Hyal Pharmaceutical	HYALF	NNM
Hyal Pharmaceutical	HPC.X	TS
Hybrid Networks	HYBRE	NNM
Hycor Biomedical	HYBD	NNM
Hydromer Inc	HYDI	BB
Hydron Technologies	HTEC	NNM
Hypercom Corp	HYC	NYS
Hyperion 1999 Term Trust	HTT	NYS

Issue	Ticker	Exchange
Hyperion 2002 Term Trust	HTB	NYS
Hyperion 2005 Inv Grd Oppt Tr	HTO	NYS
Hyperion Solutions	HYSL	NNM
Hyperion Telecommunications'A'	HYPT	NNM
Hyperion Total Return Fd	HTR	NYS
HyperMedia Communications	HYPR	NSC
Hypertension Diagnostics	HDII	NSC
Hypertension Diag Wrrt 'A'	HDIIW	NSC
Hypertens'n Diagnostic Unit	HDIIU	NSC
Hyseq Inc	HYSQ	NNM
Hytek Microsystems	HTEK	NSC
I.C. Isaacs & Co	ISAC	NNM
I.I.S. Intelligent Info	IISLF	NNM
I.S.G. Technologies	ISGTF	NNM
i2 Technologies	ITWO	NNM
IA Corp	IACP	NNM
IAC Cap Tr 8.25% 'TOPrS'	IAC PrA	NYS
IAT Multimedia	IATA	NNM
Iatros Health Network	IHNI	NSC
Ibis Technology	IBIS	NNM
IBP, Inc	IBP	NYS
IBS Interactive	IBSX	NSC
Ican Minerals	IMI	TS
ICC Technologies	ICGN	NNM
ICF Kaiser International	ICF	NYS
ICG Communications	ICGX	NNM
ICH Corp	IH	ASE
ICHOR Corp	ICHR	NSC
ICHOR Corp Wrrt	ICHRW	NSC
ICN Pharmaceuticals	ICN	NYS
ICO Global Communications	ICOGF	NNM
ICO Inc	ICOC	NNM
ICO Inc 6.75% Cv Dep Pfd	ICOCZ	NNM
Icon CMT	ICMT	NNM
ICON Plc ADS	ICLRY	NNM
ICOS Corp	ICOS	NNM
ICOS Vision Sys	IVISF	NNM
ICT Group	ICTG	NNM
ICTS Intl NV	ICTSF	NNM
ICU Medical	ICUI	NNM
ID Biomedical	IDBEF	NSC
Idaho Power	IDA	NYS
IDEC Pharmaceuticals	IDPH	NNM
Identix Inc	IDX	ASE
IDEX Corp	IEX	NYS
IDEXX Laboratories	IDXX	NNM
IDG Books Worldwide'A'	IDGB	NNM
IDM Environmental	IDMC	NNM
IDM Environmental Wrrt'A'	IDMCW	NNM
IDT Corp	IDTC	NNM
IDX Systems	IDXC	NNM
IEC Electronics	IECE	NNM
IES Util 7.875%JrSubDebs	IEU	NYS
I-Flow Corp	IFLO	NSC
IFR Systems	IFRS	NNM
IFS Intl	MNYC	NSC
IFS Intl Cv Pfd'A'	MNYPV	NSC
IFS Intl Wrrt'A'	MNYCW	NSC
IFX Corp	FUTR	NSC
IGEN Intl	IGEN	NNM

Issue	Ticker	Exchange
IGI Inc	IG	ASE
IHOP Corp	IHOP	NNM
IIC Industries	IICR	NSC
II-VI Inc	IIVI	NNM
Ikon Office Solutions	IKN	NYS
Ikon Office Solutions $5.04 Cv	IKN PrB	NYS
IKOS Systems	IKOS	NNM
IL Fornaio (America)	ILFO	NNM
ILEX Oncology	ILXO	NNM
I-Link Inc	ILNK	NSC
Illinois Pwr 4.08% Pfd	IPC PrA	NYS
Illinois Pwr 4.20% Pfd	IPC PrB	NYS
Illinois Pwr 4.26% Pfd	IPC PrC	NYS
Illinois Pwr 4.42% Pfd	IPC PrD	NYS
Illinois Pwr 4.70% Pfd	IPC PrE	NYS
Illinois Pwr Cap 9.45%'MIPS'	IPC PrM	NYS
Illinois Pwr Fin I 8% 'TOPrS'	IPC PrT	NYS
Illinois Superconductor	ISCO	NNM
Illinois Tool Works	ITW	NYS
Illinova Corp	ILN	NYS
ILOG S.A. ADR	ILOGY	NNM
ILX Resorts	ILX	ASE
Image Entertainment	DISK	NNM
Image Guided Tech	IGTI	NSC
Image Sensing Systems	ISNS	NSC
IMAGE Software	ISOL	NSC
Image Systems	IMSG	NSC
ImageMatrix Corp	IMCX	NSC
ImageMatrix Corp Wrrt	IMCXW	NSC
ImageMax Inc	IMAG	NNM
Imagyn Medical Tech'A'	IMTI	NSC
i-Mall Inc	IMAL	NSC
Imark Technologies	MAXX	NSC
Imark Technologies Wrrt	MAXXW	NSC
Imasco Ltd	IMS	TS
Imatec Ltd	IMEC	NNM
Imation Corp	IMN	NYS
Imatron Inc	IMAT	NNM
Imax Corp	IMAXF	NNM
IMC Global	IGL	NYS
IMC Global Wrrt	IGL.WS	NYS
IMC Mortgage	IMCC	NNM
ImClone Systems	IMCL	NNM
IMCO Recycling	IMR	NYS
Immediate Entertainment Grp	IEGP	BB
ImmuCell Corp	ICCC	NSC
Immucor Inc	BLUD	NNM
ImmuLogic Pharmaceutical	IMUL	NNM
Immune Response	IMNR	NNM
Immunex Corp	IMNX	NNM
ImmunoGen Inc	IMGN	NNM
Immunomedics Inc	IMMU	NNM
IMNET Systems	IMNT	NNM
IMP, Inc	IMPX	NNM
IMPAC Commercial Hldgs	ICH	ASE
IMPAC Mtge Hldgs	IMH	ASE
Impath Inc	IMPH	NNM
IMPCO Technologies	IMCO	NNM
Imperial Bancorp	IMP	NYS
Imperial Chem Ind ADR	ICI	NYS

Issue	Ticker	Exchange
Imperial Credit	ICII	NNM
Imperial Credit Comm'l Mtg	ICMI	NNM
Imperial Ginseng Prod	IGPFF	NNM
Imperial Holly Corp	IHK	ASE
Imperial Metals	IPM	TS
Imperial Oil Ltd	IMO	ASE
IMS Health	RX	NYS
Imtec Inc	IMTC	NSC
Imutec Pharma	IMUTF	NSC
IMX Corp	IMXN	BB
In Focus Systems	INFS	NNM
In Home Health Inc	IHHI	NNM
INA Investment Sec	IIS	NYS
InaCom Corp	ICO	NYS
InAmerica Corp	INAO	BB
Inca Pacific Resources	IP	VS
Inco Homes	INHM	NSC
Inco Ltd	N	NYS
Inco Ltd 5.50% Cv'E' Pfd	N PrE	NYS
Inco Ltd Cl'VBN' Shrs	NVB	NYS
Income Opportunities Fd 1999	IOF	NYS
Income Opportunities Fd 2000	IFT	NYS
Income Opportunity Rlty	IOT	ASE
Incomnet Inc	ICNT	NSC
InControl Inc	INCL	NNM
INCYTE Pharmaceuticals	INCY	NNM
Independence Brewing	IBCO	NSC
Independence Brewing Wrrt	IBCOW	NSC
Independence Community Bank	ICBC	NNM
Independence Fed Svgs Bk	IFSB	NSC
Independence Hldg	INHO	NNM
Independent Bank	IBCP	NNM
Independent Bank 9.25% TrPfd	IBCPP	NNM
Independent Bank(MA)	INDB	NNM
Independent Bankshares	IBK	ASE
Independent Cap Tr 9.28% CmPfd	INDBP	NNM
Independent Energy Hldgs ADS	INDYY	NNM
India Fund	IFN	NYS
India Growth Fund	IGF	NYS
Indiana Energy	IEI	NYS
Indiana Mich Pwr 8%JrSubDebs	IMJ	NYS
Indiana Mich Pwr7.60%JrSubebs	IMK	NYS
Indiana United Bancorp	IUBC	NNM
Indigo Aviation ADS	IAABY	NNM
Indigo N.V.	INDGF	NNM
Individual Investor Group	INDI	NNM
Indonesia Fund	IF	NYS
Indo-Pacific Energy	INDX	BB
Indus Intl	IINT	NNM
Industrial Acoustics	IACI	NNM
Industrial Bancorp	INBI	NNM
Industrial Data Systems	IDS	ASE
Industrial Distribution Grp	IDG	NYS
Industrial Holdings	IHII	NNM
Industrial Hldgs Wrrt'B'	IHIIZ	NNM
Industrial Hlds Wrrts 'C'	IHIIL	NNM
Industrial Holdings Wrrt'D'	IHIIW	NNM
Industrial Rubber Products	INRB	NSC
Industrial Scientific	ISCX	NNM
Industrial Svcs America	IDSA	NSC

Issue	Ticker	Exchange
Industrias Bachoco ADSUnit	IBA	NYS
Industrie Natuzzi ADS	NTZ	NYS
Industri-Matematik Intl	IMIC	NNM
IndyMac Mortgage Hldgs	NDE	NYS
Inference Corp 'A'	INFR	NNM
Infinite Machines	IMCI	NSC
Infinite Machines Wrrt	IMCIW	NSC
Infinity Inc	IFNY	NSC
Infinium Software	INFM	NNM
INFOCURE Corp	INC	ASE
Infodata Systems	INFD	NSC
Infonautics Inc'A'	INFO	NNM
Information Analysis	IAIC	NNM
Information Holdings	IHI	NYS
Information Mgmt Assoc	IMAA	NNM
Information Mgmt Resources	IMRS	NNM
Information Mgmt Tech'A'	IMTKA	NNM
Information Mgmt Tech Wrrt'A'	IMTKW	NSC
Information Res Engineering	IREG	NNM
Information Resources	IRIC	NNM
Information Storage Devices	ISDI	NNM
Informat'n Advantage Software	IACO	NNM
Informix Corp	IFMX	NNM
Infosafe Systems'A'	ISFEA	NSC
Infosafe Sys Wrrt'A'	ISFEW	NSC
Infosafe Sys Wrrt'B'	ISFEZ	NSC
Infosafe Sys Units'99	ISFEU	NSC
Infoseek Corp	SEEK	NNM
infoUSA Inc'A'	IUSAA	NNM
infoUSA Inc'B'	IUSAB	NNM
Infu-Tech, Inc	INFU	NNM
ING Groep ADS	ING	NYS
Ingersoll-Rand	IR	NYS
Ingersoll-Rand 6.75% Inc'PRIDE	IR Prl	NYS
Ingersoll-Rand Growth 'PRIDES'	IR PrG	NYS
Ingles Markets'A'	IMKTA	NNM
Ingram Micro'A'	IM	NYS
Inhale Therapeutic Sys	INHL	NNM
Initio Inc	INTO	NSC
Inkine Pharmaceutical	INKP	NSC
Inktomi Corp	INKT	NNM
Inland Entertainment	INLD	NNM
Inland Resources	INLN	NSC
Inland Steel Indus	IAD	NYS
Inmark Enterprises	IMKE	NSC
Inmet Mining	IMN	TS
InnerDyne Inc	IDYN	NNM
Innkeepers USA Trust	KPA	NYS
Innodata Corp	INOD	NSC
InnoPet Brands	INBC	BB
InnoServ Technologies	ISER	NNM
Innotrac Corp	INOC	NNM
Innova Corp	INVA	NNM
Innovasive Devices	IDEA	NNM
Innovative Gaming Corp Amer	IGCA	NNM
Innovative Med'l Svcs	PURE	NSC
Innovative Medl Svcs Wrrt 'A'	PUREW	NSC
Innovative Tracking Solutions	IVTX	BB
Innovative Valve Tech	IVTC	NNM
Innovex Inc	INVX	NNM

Issue	Ticker	Exchange
Innovir Laboratories	INVR	NSC
Innovo Group	INNO	NSC
Innovus Corp	INUS	BB
INOTEK Technologies	INTK	BB
Inprise Corp	INPR	NNM
Input/Output Inc	IO	NYS
INSCI Corp	INSI	NSC
Insight Enterprises	NSIT	NNM
InSight Health Svcs	IHSC	NSC
Insignia Financial Grp'A'	IFS	NYS
Insignia Solutions ADS	INSGY	NNM
Insignia Systems	ISIG	NSC
Insilco Holding	INSL	BB
InSite Vision	ISV	ASE
Insituform East	INEI	NNM
Insituform Technol'A'	INSUA	NNM
INSO Corp	INSO	NNM
INSpire Insurance Solutions	NSPR	NNM
Insteel Industries Inc	III	NYS
Instron Corp	ISN	ASE
Instrumentarium 'B' ADR	INMRY	NSC
Instrumentation Lab ADR	ILABY	NNM
Insurance Auto Auctions	IAAI	NNM
Insured Muni Income Fd	PIF	NYS
Intasys Corp	INTAF	NSC
Integ Inc	NTEG	NNM
Integra Inc	IGR	ASE
Integra LifeSciences	IART	NNM
Integral Systems	ISYS	NSC
IntegraMed America	INMD	NNM
Integrated Carbonics	ICCN	BB
Integrated Circuit Sys	ICST	NNM
Integrated Device Tech	IDTI	NNM
Integrated Electrical Svcs	IEE	NYS
Integrated Health Svcs	IHS	NYS
Integrated Measurement Sys	IMSC	NNM
Integrated Medical Resources	IMRI	NNM
Integrated Orthopaedics	IOI	ASE
Integrated Packaging Assembly	IPAC	NNM
Integrated Process Equipment	IPEC	NNM
Integrated Security Sys	IZZI	NSC
Integrated Sensor Solutions	INSR	NNM
Integrated Silicon Solution	ISSI	NNM
Integrated Spatial Info	ISSSC	NSC
Integrated Surgical Systems	RDOC	NSC
Integrated Surgical Sys Wrrt	RDOCW	NSC
Integrated Sys Consulting Gp	ISCG	NNM
Integrated Systems Inc	INTS	NNM
Integrated Technology USA	ITH	ASE
Integrated Tech USA Wrrt	ITH.WS	ASE
Integrity Inc'A'	ITGR	NNM
Intek Global	IGLC	NSC
Intel Corp	INTC	NNM
Intelect Communications	ICOM	NNM
InteliData Technologies	INTD	NNM
Intelispan Inc	IVPN	BB
Intellicall Inc	ICL	NYS
Intellicell Corp	FONE	NSC
IntelliCorp Inc	INAI	NSC
Intelligent Controls	ITC.EC	ECM

Issue	Ticker	Exchange
Intelligent Med'l Imaging	IMII	NNM
Intelligent Polymers Unit	IXP.U	ASE
Intelligent Systems	INS	ASE
Intelligroup Inc	ITIG	NNM
IntelliQuest Info Group	IQST	NNM
Intensiva Healthcare	IHCC	NNM
Interaction Resources	INR	TS
Interactive Entertainment	IELSF	NSC
Interactive Flight Tech'A'	FLYT	NNM
Interactive Magic	IMGK	NNM
Interactive Multimedia	IMNI	BB
InterAmericas Communications	ICCA	NSC
InterCapital Cal Ins Muni Inc	IIC	NYS
InterCapital Cal Qual Muni Sec	IQC	NYS
InterCapital Inc Sec	ICB	NYS
InterCapital Ins Cal Muni Sec	ICS	NYS
InterCapital Ins Muni Bd Fd	IMB	NYS
InterCapital Ins Muni Income	IIM	NYS
InterCapital Ins Muni Sec	IMS	NYS
InterCapital Ins Muni Tr	IMT	NYS
InterCapital N.Y.Qual Muni Sec	IQN	NYS
InterCapital Qual Muni Income	IQI	NYS
InterCapital Qual Muni Inv	IQT	NYS
InterCapital Qual Muni Sec	IQM	NYS
Intercardia Inc	ITRC	NNM
Intercargo Corp	ICAR	NNM
InterCept Group	ICG	ASE
Interchange Finl Svcs	ISB	ASE
Intercontl Life	ILCO	NSC
Intercorp Excelle	RENEF	NSC
Intercorp Excelle Wrrt	RENWF	NSC
Interdigital Communications	IDC	ASE
Interface Inc'A'	IFSIA	NNM
Interface Systems	INTF	NNM
Interferon Sciences	IFSC	NNM
Intergold Corp	IGCO	BB
Intergraph Corp	INGR	NNM
Intergroup Corp	INTG	NNM
Interim Services	IS	NYS
Interiors Inc 'A'	INTXA	NSC
Interiors Inc Cv'A' Pfd	INTXP	NSC
Interiors Inc Wrrt 'C'	INTXL	NSC
Interiors Inc Wrrt'B'	INTXZ	NSC
Interlake Corp	IK	NYS
Interleaf Inc	LEAF	NNM
Interlink Computer Sciences	INLK	NNM
Interlink Electronics	LINK	NNM
INTERLINQ Software	INLQ	NNM
Interlott Technologies	ILI	ASE
Intermagnetics Genl	IMG	ASE
Intermedia Communications	ICIX	NNM
Intermet Corp	INMT	NNM
Internacional De Ceramica ADS	ICM	NYS
Internet Communications	INCC	NSC
Interneuron Pharmaceuticals	IPIC	NNM
Interphase Corp	INPH	NNM
Interplay Entertainment	IPLY	NNM
Interpool, Inc	IPX	NYS
Interpore Intl	BONZ	NNM
Interpublic Grp Cos	IPG	NYS

Issue	Ticker	Exchange
INTERSOLV	ISLI	NNM
Interstate Bakeries	IBC	NYS
Interstate Energy	LNT	NYS
Interstate Genl L.P.	IGC	ASE
Interstate Natl Dealer Svcs	ISTN	NNM
Interstate/Johnson Lane	IJL	NYS
Intersystems Inc	II	ASE
Intersystems Inc Wrrt	II.WS	ASE
InterTan Inc	ITN	NYS
Intertape Polymer Group	ITP	ASE
Inter-Tel Inc	INTL	NNM
Intervest Bancshares'A'	IBCA	NSC
Intervisual Books'A'	IVBK	NNM
InterVoice	INTV	NNM
InterVU Inc	ITVU	NNM
InterWest Bancorp	IWBK	NNM
Interwest Home Medical	IWHM	NSC
inTest Corp	INTT	NNM
Intevac Inc	IVAC	NNM
Intimate Brands 'A'	IBI	NYS
Intl Aircraft Investors	IAIS	NNM
Intl Airline Support Grp	YLF	ASE
Intl Aluminum	IAL	NYS
Intl Aqua Foods	IAF	TS
Intl Assets Holding	IAAC	NSC
Intl Bancshares	IBOC	NNM
Intl Briquettes Hldg	IBHVF	NNM
Intl Bus. Machines	IBM	NYS
Intl Bus.Mach 7 1/2% Dep Pfd	IBM PrA	NYS
Intl Business Schools	IBSDF	NSC
Intl Comfort Products	ICP	ASE
Intl CompuTex	ICIQ	NNM
Intl Curator Resources	IC	TS
Intl Diversified Industries	IDII	BB
Intl Electronics	IEIB	NSC
Intl Fibercom Inc	IFCI	NSC
Intl Flavors/Fragr	IFF	NYS
Intl Game Technology	IGT	NYS
Intl Home Foods	IHF	NYS
Intl Integration	ICUB	NNM
Intl Isotopes	INIS	NSC
Intl Lottery & Totalizator	ITSI	NNM
Intl Manufacturing Services'A'	IMSX	NNM
Intl Microcomputer Sftwr	IMSI	NNM
Intl Mining & Exploration	IMEF	BB
Intl Multifoods	IMC	NYS
Intl Network Svcs	INSS	NNM
Intl Paper	IP	NYS
Intl Pursuit	IPJ	TS
Intl Rectifier	IRF	NYS
Intl Remote Imaging	IRI	ASE
Intl Road Dynamics 'A'	IRD.A	VS
Intl Shipholding	ISH	NYS
Intl Specialty Products(New)	ISP	NYS
Intl Speedway 'A'	ISCA	NNM
Intl Sports Wagering	ISWI	NSC
Intl Sports Wagering Wrrt	ISWIW	NSC
Intl Technology	ITX	NYS
Intl Tech 7% Cv Exch Dep Pfd	ITX Pr	NYS
Intl Telecomm Data Systems	ITDS	NNM

Issue	Ticker	Exchange
Intl Thunderbird Gaming	INB	TS
Intl Total Services	ITSW	NNM
Intl Wallcoverings	IWL	TS
Intl Wellness Assn	IWAX	BB
Intl Yogurt	YOCM	NSC
IntraNet Solutions	INRS	NSC
Intrav Inc	TRAV	NNM
Intrawest Corp	IDR	NYS
Intrenet Inc	INET	NSC
INTRUST Cap Tr 8.24% cm Pfd	IKT PrA	ASE
Intuit Inc	INTU	NNM
Invacare Corp	IVCR	NNM
Invesco Global Health Sci	GHS	NYS
Investment Grade Muni Inc	PPM	NYS
Investment Tech Group	ITGI	NNM
Investors Finl Svcs	IFIN	NNM
Investors Group	IGI	TS
Investors Real Estate Tr SBI	IRETS	NSC
Investors Title Co	ITIC	NNM
InVision Technologies	INVN	NNM
Invivo Corp	SAFE	NNM
Iomed Inc	IOX	ASE
Iomega Corp	IOM	NYS
IONA Technologies ADR	IONAY	NNM
Ionic Fuel Technology	IFTI	NSC
Ionic Fuel Technology Wrrt'A'	IFTIW	NSC
Ionic Fuel Technology Wrrt'B'	IFTIZ	NSC
Ionica Group ADS	IONCY	NNM
Ionics Inc	ION	NYS
IPALCO Enterprises	IPL	NYS
IPC Holdings	IPCRF	NNM
IPC Information Sys	IPI	ASE
IPI Inc	INST	NSC
IPL Energy	IPPIF	NNM
IPSCO Inc	IPS	NYS
Ipswich Svgs Bk Mass	IPSW	NNM
IQ Software	IQSW	NNM
Irata Inc'A'	IRATA	NSC
Irex Corp	IREX	BB
IRI International	IIR	NYS
IRIDEX Corp	IRIX	NNM
Iridium World Communications'A	IRIDF	NNM
Irish Investment Fund	IRL	NYS
Iron Mountain	IMTN	NNM
Iroquois Bancorp	IROQ	NNM
IRSA Inversiones y Rep GDS	IRS	NYS
IRT Property	IRT	NYS
Irvine Apartment Communities	IAC	NYS
Irvine Sensors	IRSN	NSC
Irwin Finl	IRWN	NNM
Irwin Finl Cum Tr 9.25% Pfd	IRWNP	NNM
Irwin Naturals/4Health	HHHH	NNM
Irwin Toy	IWT	TS
Irwin Toy'A'	IWT.A	TS
ISB Financial	ISBF	NNM
Isco Inc	ISKO	NNM
ISG Intl Software Group	SISGF	NNM
Isis Pharmaceuticals	ISIP	NNM
Isleuth Com	SLEU	BB
ISOCOR	ICOR	NNM

Issue	Ticker	Exchange
Isolyser Co	OREX	NNM
Isomet Corp	IOMT	NSC
ISPAT Intl 'A'	IST	NYS
Israel Land Dvlp ADS	ILDCY	NNM
Isramco Inc	ISRL	NSC
Isramco Inc Wrrt'A'	ISRLW	NSC
Isramco Inc Wrrt'B'	ISRLZ	NSC
ISS Group	ISSX	NNM
i-STAT	STAT	NNM
Istituto Mobiliare Ital ADS	IMI	NYS
Istituto Nazionale ADS	INZ	NYS
Italy Fund	ITA	NYS
ITC DeltaCom	ITCD	NNM
ITC Learning	ITCC	NNM
ITEQ Inc	ITEQ	NNM
ITEX Corp	ITEX	NSC
ITI Technologies	ITII	NNM
ITLA Capital	ITLA	NNM
Ito Yokado Ltd ADR	IYCOY	NNM
Itron Inc	ITRI	NNM
Itronics Inc	ITRO	BB
ITT Educational Svcs	ESI	NYS
ITT Industries	IIN	NYS
IUB Cap Tr 8.75% Pfd	IUBCP	NNM
Ivaco Inc'A'	IVA.A	TS
Ivaco Inc'B'	IVA.B	TS
IVAX Corp	IVX	ASE
IVC Industries	IVCO	NSC
IVC Industries Wrrt	IVCOW	NSC
Ivex Packaging	IXX	NYS
IVI Checkmate	CMIV	NNM
Iwerks Entertainment	IWRK	NNM
IWI Holdings Ltd	JEWLF	NSC
IXC Communications	IIXC	NNM
J & J Snack Foods	JJSF	NNM
J & L Specialty Steel	JL	NYS
J D Edwards	JDEC	NNM
J. Alexander's Corp	JAX	NYS
J.Bird Music Grp	JBRD	BB
J.T.'s Restaurants	JTSR	BB
J2 Communications	JTWO	NSC
Jabil Circuit	JBL	NYS
Jackpot Enterprises	J	NYS
Jacksonville Bancorp	JXVL	NNM
Jacksonville Svgs Bank	JXSB	NSC
Jaclyn, Inc	JLN	ASE
Jaco Electronics	JACO	NNM
Jacobs Engr Group	JEC	NYS
Jacobson Stores	JCBS	NNM
Jacor Communications	JCOR	NNM
Jacor Communic Wrrt	JCORZ	NNM
Jacor Communic Wrrt	JCORM	NNM
Jagged Edge Mtn Gear	JEMG	BB
Jakarta Growth Fund	JGF	NYS
JAKKS Pacific	JAKK	NNM
Jalate Ltd	JLT	ASE
James River Bankshares	JRBK	NNM
Jameson Inns	JAMS	NNM
Jameson Ins 9.25%cm'A'Pfd	JAMSP	NNM
Jan Bell Marketing	JBM	ASE

Issue	Ticker	Exchange
Jan Bell Marketing Wrrt	JBM.WS	ASE
Jannock Ltd	JANNF	NNM
Janus Amer Group	JAGI	NSC
Japan Airlines Co Ltd ADR	JAPNY	NSC
Japan Equity Fund	JEQ	NYS
Japan OTC Equity Fund	JOF	NYS
Jardine Fleming China Reg Fd	JFC	NYS
Jardine Fleming India Fund	JFI	NYS
Jason Inc	JASN	NNM
Javelin Systems	JVLN	NSC
Jayhawk Acceptance	JACCQ	NNM
JB Oxford Holdings	JBOH	NSC
JBI Cap Tr I 9.25% Pfd	JEFFP	NNM
JCP&L Cap L.P.8.56%'MIPS'	JYP PrZ	NYS
JDA Software Group	JDAS	NNM
JDN Realty	JDN	NYS
Jean Philippe Fragrances	JEAN	NNM
JeffBanks Inc	JEFF	NNM
Jefferies Group	JEF	NYS
Jefferson Savings Bancorp	JSBA	NNM
Jefferson Smurfit	JJSC	NNM
Jefferson Smurfit Grp ADS	JS	NYS
Jefferson-Pilot	JP	NYS
Jefferson-Pilot 7.25% 'ACES'	NBX	NYS
Jeffersonville Bancorp	JFBC	NSC
Jenkon Intl	JNKN	NSC
Jenna Lane	JLNY	NNM
Jenna Lane Wrrt	JLNYW	NNM
Jenny Craig	JC	NYS
Jenson Intl	JENS	BB
Jerry's Famous Deli	DELI	NNM
Jersey Cent P&L 4%cmPfd	JYP Pr	NYS
Jersey Cent P&L 7.88% Pfd	JYP PrE	NYS
JetFax Inc	JTFX	NNM
JetForm Corp	FORMF	NNM
Jetronic Indus	JET	ASE
Jevic Transportation	JEVC	NNM
Jewett-Cameron Trading	JCTCF	NSC
JG Industries	JGIN	NSC
Jilin Chemical Ind ADS	JCC	NYS
Jinpan Intl	JST	ASE
JLG Indus	JLG	NYS
JLK Direct Distribution'A'	JLK	NYS
JLM Couture	JHPC	NSC
JLM Industries	JLMI	NNM
JMAR Technologies	JMAR	NNM
JMAR Technologies Wrrt	JMARW	NNM
JMC Group	JMCG	NNM
John Alden Financial	JA	NYS
John Hancock Bk/Thrift Opp	BTO	NYS
John Hancock Inc Sec	JHS	NYS
John Hancock Inv Tr	JHI	NYS
John Hancock Patr Gl Div Fd	PGD	NYS
John Hancock Patr Pfd Div Fd	PPF	NYS
John Hancock Patr Prem Dv Fd	PDF	NYS
John Hancock Patr Prem Dv II	PDT	NYS
John Hancock Patr Sel Div Tr	DIV	NYS
John Nuveen 'A'	JNC	NYS
Johns Manville Corp	JM	NYS
Johnson & Johnson	JNJ	NYS

Issue	Ticker	Exchange
Johnson Controls	JCI	NYS
Johnson Worldwide'A'	JWAIA	NNM
Johnston Industries	JII	NYS
Johnstown America Indus	JAII	NNM
Jones Apparel Group	JNY	NYS
Jones Intercable	JOIN	NNM
Jones Intercable Cl'A'	JOINA	NNM
JONES PHARMA	JMED	NNM
Jordex Resources	JDX	TS
Jos.A. Bank Clothiers	JOSB	NNM
Jostens Inc	JOS	NYS
Joule Inc	JOL	ASE
Journal Register	JRC	NYS
Joutel Resources	JTL	TS
JP Realty	JPR	NYS
JPE Inc	JPEI	BB
JPM Co	JPMX	NNM
JPS Packaging	JPSP	NNM
JPS Textile Group	JPST	NNM
JSB Financial	JSB	NYS
Judge Group	JUDG	NNM
JumboSports Inc	JSI	NYS
Juniper Group	JUNI	NSC
Juno Lighting	JUNO	NNM
Just For Feet	FEET	NNM
Just Great Coffee	JGCI	BB
Just Like Home	JLHCC	BB
Just Toys	JUST	NNM
Justin Indus	JSTN	NNM
JWGenesis Financial	JWG	ASE
K mart	KM	NYS
K Swiss Inc 'A'	KSWS	NNM
K&G Men's Center	MENS	NNM
K2 Design	KTWO	NSC
K2 Design Wrrt	KTWOW	NSC
K2 Inc	KTO	NYS
Kafus Environmental Indus	KS	ASE
Kaire Holdings	KAHI	BB
Kaiser Aluminum	KLU	NYS
Kaiser Ventures	KRSC	NNM
Kaman Corp Cl'A'	KAMNA	NNM
Kaneb Pipe Line Ptnrs L.P.	KPP	NYS
Kaneb Services	KAB	NYS
Kaneb Svcs Adj Rt'A'Pfd	KAB PrA	NYS
Kankakee Bancorp	KNK	ASE
Kansas City Life Ins	KCLI	NSC
Kansas City Pwr & Lt	KLT	NYS
Kansas City P&L 3.80% Pfd	KLT PrA	NYS
Kansas City P&L 4.35% Pfd	KLT PrD	NYS
Kansas City P&L 4.50% Pfd	KLT PrE	NYS
Kansas City So. Ind	KSU	NYS
Kansas City So. Ind 4% Pfd	KSU Pr	NYS
Karrington Health	KARR	NSC
Karts Intl	KINT	NSC
Karts Intl Wrrt	KINTW	NSC
Kasper A.S.L. Ltd	KASP	NNM
Katy Indus	KT	NYS
Katz Digital Technologies	KTZ	ASE
Kaufman & Broad 8.0% Inc'PRIDE	KBH Prl	NYS
Kaufman & Broad Gwth'PRIDES'	KBH PrG	NYS

Issue	Ticker	Exchange
Kaufman & Broad Home	KBH	NYS
Kaydon Corp	KDN	NYS
Kaye Group	KAYE	NNM
Kaynar Technologies	KTIC	NNM
KBK Capital	KBK	ASE
KCPL Financing I 8.30%'TOPrS'	KLT PrT	NYS
KCS Energy Inc	KCS	NYS
Keane Inc	KEA	ASE
Keebler Foods	KBL	NYS
Keithley Instruments	KEI	NYS
Kelley Oil & Gas	KOGC	NNM
Kelley O&G $2.625 Cv Ex Pfd	KOGCP	NNM
Kellogg Co	K	NYS
Kellstrom Industries	KELL	NNM
Kellwood Co	KWD	NYS
Kelly Services'A'	KELYA	NNM
Kelly Services'B'	KELYB	NNM
Kelman Technologies	KTI	TS
KEMET Corp	KMET	NNM
Kemper High Income	KHI	NYS
Kemper Interm Gvt Tr	KGT	NYS
Kemper Multi-Mkt Income	KMM	NYS
Kemper Muni Income	KTF	NYS
Kemper Strategic Income	KST	ASE
Kemper Strategic Muni Tr	KSM	NYS
Kenan Transport	KTCO	NNM
Kendle Intl	KNDL	NNM
KENETECH Cp 8.25% Cv Dep Pfd	KWNDZ	NNM
Kennametal, Inc	KMT	NYS
Kennedy-Wilson Inc	KWIC	NNM
Kenneth Cole Productions'A'	KCP	NYS
Kensey Nash	KNSY	NNM
Kent Electronics	KNT	NYS
Kent Financial Svcs	KENT	NSC
Kentek Information Sys	KNTK	NNM
Kentucky Electric Steel	KESI	NNM
Kentucky First Bancorp	KYF	ASE
Kentucky Pwr 8.72% Sr'A'Debs	KPC	NYS
KeraVision Inc	KERA	NNM
Kerr-McGee	KMG	NYS
Kestrel Energy	KEST	NSC
Kettle River Resources	KRR	TS
Kevco Inc	KVCO	NNM
Kewaunee Scientific	KEQU	NNM
Key Anacon Mines	KEY	TS
Key Energy Group	KEG	NYS
Key Production	KP	NYS
Key Technology	KTEC	NNM
Key Tronic Corp	KTCC	NNM
KeyCorp	KEY	NYS
Keystone Automotive Industries	KEYS	NNM
Keystone Consol Ind	KES	NYS
Keystone Financial	KSTN	NNM
KFX Inc	KFX	ASE
Killearn Properties	KPI	ASE
Kilroy Realty	KRC	NYS
Kimball Intl Cl'B'	KBALB	NNM
Kimberly-Clark	KMB	NYS
Kimco Realty	KIM	NYS
Kimco Realty 7.5%Cv Dep Pfd	KIM PrD	NYS

Issue	Ticker	Exchange
Kimco Rlty 7.75% Sr'A' Dep Pfd	KIM PrA	NYS
Kimco Rlty 8.375% Sr'C'Dep	KIM PrC	NYS
Kimco Rlty 8.50% Sr'B'Dep Pfd	KIM PrB	NYS
Kimmins Corp	KVN	NYS
Kinark Corp	KIN	ASE
Kinder Morgan Egy Ptnrs L.P.	ENP	NYS
King Pharmaceuticals	KING	NNM
King Power Intl	KPG	ASE
King World Prod'ns	KWP	NYS
Kings Road Entmt	KREN	NSC
Kinnard Investments	KINN	NNM
Kinross Gold	KGC	NYS
Kirby Corp	KEX	NYS
Kirin Brewery ADS	KNBWY	NSC
Kirlin Holding	KILN	NSC
Kit Mfg	KIT	ASE
Kitty Hawk	KTTY	NNM
Klamath First Bancorp	KFBI	NNM
KLA-Tencor Corp	KLAC	NNM
Kleinwort Benson Aus	KBA	NYS
KLLM Transport Sv	KLLM	NNM
KLM Royal Dutch Air	KLM	NYS
Klondex Mines Ltd	KDX	VS
Klondike Gold	KG	VS
Kmart Fin I 7.75% Tr Cv Pfd	KM Pr	NYS
KMG Chemicals	KMGB	NSC
KN Energy	KNE	NYS
Knape & Vogt Mfg	KNAP	NNM
Knickerbocker (L.L.)	KNIC	NNM
Knight Transportation	KNGT	NNM
Knight/Trimark Grp'A'	NITE	NNM
Knight-Ridder Inc	KRI	NYS
Knightsbridge Tankers	VLCCF	NNM
Knoll Inc	KNL	NYS
Knox Nursery	KNUR	BB
Koala Corp	KARE	NNM
Kofax Image Products	KOFX	NNM
Koger Equity	KE	ASE
Kohl's Corp	KSS	NYS
Kollmorgen Corp	KOL	NYS
Komag Inc	KMAG	NNM
Konover Property	KPT	NYS
Koo Koo Roo	KKRO	NNM
Kookaburra Resources	KOB	TS
Koor Indus Ltd ADS	KOR	NYS
Kopin Corp	KOPN	NNM
Korea Electric Power ADS	KEP	NYS
Korea Equity Fund	KEF	NYS
Korea Fund	KF	NYS
Korean Investment Fund	KIF	NYS
KOS Pharmaceuticals	KOSP	NNM
Koss Corp	KOSS	NNM
Kranzco Realty Trust	KRT	NYS
Kranzco Realty Tr 9.50% Pfd	KRT PrD	NYS
Kranzco Realty Tr B-1 9.75%CvP	KRT Pr	NYS
Krause's Furniture	KFI	ASE
Kreisler Mfg	KRSL	NSC
Kroger Co	KR	NYS
Kroll-O'Gara Co	KROG	NNM
Kronos Inc	KRON	NNM

Issue	Ticker	Exchange
KRUG International	KRG	ASE
KSB Bancorp	KSBK	NSC
K-Tel International	KTEL	NNM
KTI Inc	KTIE	NNM
K-Tron Intl	KTII	NNM
Kuala Healthcare	KUAL	NSC
Kubota Corp ADR	KUB	NYS
Kuhlman Corp	KUH	NYS
Kulicke & Soffa Ind	KLIC	NNM
Kushner-Locke	KLOC	NNM
Kushner-Locke Wrrt	KLOCZ	NNM
K-V Pharmaceutical Cl'A'	KV.A	ASE
K-V Pharmaceutical Cl'B'	KV.B	ASE
KVH Industries	KVHI	NNM
Kyocera Corp ADR	KYO	NYS
Kyzen Corp 'A'	KYZN	NSC
Kyzen Corp Wrrt'A'	KYZNW	NSC
L-3 Communications Hldgs	LLL	NYS
La Jolla Pharmaceutical	LJPC	NNM
La Jolla Pharmaceutical Wrrt	LJPCW	NNM
La Teko Resources Ltd	LAORF	NSC
Lab Holdings	LABH	NNM
LaBarge Inc	LB	ASE
LabOne Inc	LABS	NNM
Labor Ready	LBOR	NNM
Laboratorio Chile ADS	LBC	NYS
Laboratory Corp Amer Hldgs	LH	NYS
Laboratory Corp Am Hldgs Wrrt	LH.WS	NYS
Laboratory Corp8.50%Sr'A'CvExc	LH PrA	NYS
Laboratory Specialists Amer	LABZ	NSC
LaboratoryCorp8.50%Sr'B'Cv'PIK	LH PrB	NYS
Laclede Gas	LG	NYS
Laclede Steel	LCLD	NNM
LaCrosse Footwear	BOOT	NNM
LADD Furniture	LADF	NNM
Ladish Co	LDSH	NNM
Lady Luck Gaming'A'	LUCK	NNM
Lafarge Corp	LAF	NYS
LaForza Automotibles	LFZA	BB
Laidlaw Inc	LDW	NYS
Laidlaw One 5.75% Ex Nts 2000	UXL	NYS
Lake Ariel Bancorp	LABN	NNM
Lakehead Pipe Line Ptnrs L.P.	LHP	NYS
Lakeland Cap Tr Pfd	LKFNP	NNM
Lakeland Financial	LKFN	NNM
Lakeland Indus	LAKE	NNM
Lakeview Financial	LVSB	NNM
Lam Research	LRCX	NNM
Lamalie Associates	LAIX	NNM
La-Man Corp	LAMN	NSC
Lamar Advertising 'A'	LAMR	NNM
Lamaur Corp	LMAR	NNM
Laminaire Corp	THMZD	BB
Laminating Technologies	LAMT	NSC
Laminating Technologies Wrrt'A	LAMTW	NSC
Laminco Resources	LMR	TS
Lamson & Sessions	LMS	NYS
Lan Chile ADS	LFL	NYS
Lancaster Colony	LANC	NNM
Lance, Inc	LNCE	NNM

Issue	Ticker	Exchange
Lancer Corp	LAN	ASE
Lancer Orthodontics	LANZ	NSC
Landamerica Financial Grp	LFG	NYS
Landauer Inc	LDR	ASE
LandCARE USA	GRW	NYS
Landec Corp	LNDC	NNM
Landmark Bancshares	LARK	NNM
Landmark Systems	LDMK	NNM
Landry's Seafood Restaurants	LDRY	NNM
Lands' End	LE	NYS
Landstar System	LSTR	NNM
Langer Biomechanics Grp	GAIT	NSC
LanOptics Ltd	LNOPF	NNM
LanVision Systems	LANV	NNM
Laramide Resources	LAM	TS
Larscom Inc'A'	LARS	NNM
Larson Davis	LDII	NNM
Las Vegas Disct Golf/Tennis	LVDG	NSC
Las Vegas Entmt Ntwk	LVEN	NSC
LaSalle Hotel Properties	LHO	NYS
LaSalle Partners	LAP	NYS
LaSalle Re Holdings	LSH	NYS
LaSalle Re Hldg 8.75% Pfd	LSH PrA	NYS
Laser Corp	LSER	NSC
Laser Mortgage Mgmt	LMM	NYS
Laser Power	LPWR	NNM
Laser Storm	LAZR	BB
Laser Storm 'Unit'	LAZRU	NSC
Laser Technology	LSR	ASE
Laser Vision Centers	LVCI	NNM
Lasergate Systems	LSGTE	NSC
Laser-Pacific Media	LPAC	NSC
Laserscope	LSCP	NNM
Lasersight Inc	LASE	NNM
LASMO plc ADS	LSO	NYS
LASMO plc Sr'A'Pref ADS	LSO PrA	NYS
Lason Inc	LSON	NNM
Latex Resources Wrrt	LATXW	NSC
Latin Amer Casinos	LACI	NNM
Latin Amer Casinos Wrrt	LACIW	NNM
Latin America Equity Fd	LAQ	NYS
Latin America Inv Fd	LAM	NYS
Latin America Smaller Cos Fd	LLF	NYS
Latin American Discovery Fd	LDF	NYS
Lattice Semiconductor	LSCC	NNM
Lauder (Estee) Co	EL	NYS
Lauder(Estee)Co 6.25%'TRACES'	ECT	NYS
Laurel Cap Group	LARL	NSC
Laurentian Bank, Canada	LB	TS
Lawrence Savings Bank	LSBX	NNM
Lawson Products	LAWS	NNM
Lawter Intl	LAW	NYS
Layne Christensen Co	LAYN	NNM
La-Z Boy	LZB	NYS
Lazare Kaplan Intl	LKI	ASE
LCA-Vision	LCAV	NSC
LCC Intl'A'	LCCI	NNM
LCS Industries	LCSI	NNM
Leading Edge Packaging	LEPI	NNM
Leadville Corp	LEAD	BB

Issue	Ticker	Exchange
Leak-X Environmental	LEAK	BB
Leap Group	LEAP	NNM
Lear Corp	LEA	NYS
Learning Co	TLC	NYS
Learning Tree Intl	LTRE	NNM
LeaRonal Inc	LRI	NYS
Leasing Solutions	LSN	NYS
Leather Factory	TLF	ASE
LEC Technologies	LECEC	NSC
LEC Tech Wrrt'C'	LCEHC	NSC
LEC Tech Wrrt'D'	LECIC	NSC
LEC Tech cm Cv'A'Pfd	LECPC	NSC
Lechters Inc	LECH	NNM
LeCroy Corp	LCRY	NNM
LecTec Corp	LECT	NNM
Lee Enterprises	LEE	NYS
Leeds Federal Bankshares	LFED	NNM
Legacy Software	LGCY	NSC
Legato Systems	LGTO	NNM
Legg Mason Inc	LM	NYS
Leggett & Platt	LEG	NYS
Lehman Br Gl Tel'SUNS' 2000	SXT	ASE
Lehman Br Holdings	LEH	NYS
Lehman Br Hldg 5.0%'YEELDS'	YCS	ASE
Lehman Br Hldg 5.67%Dep Pfd	LEH PrD	NYS
Lehman Br Hldg 5.94%Dep Pfd	LEH PrC	NYS
Lehman Br Hldg 8.30%'QUICS'	LEQ	NYS
Leisureways Mktg Ltd	LMLAF	NSC
Leitch Technology	LTV	TS
Lennar Corp	LEN	NYS
Leon's Furniture	LNF	TS
Leopardus Resources	LEP	VS
Lernout & Hauspie Speech Pds	LHSPF	NNM
LESCO Inc	LSCO	NNM
Letchworth Indep Bancshares	LEBC	NSC
Let's Talk Cellular/Wireless	LTCW	NNM
Leucadia National	LUK	NYS
LeukoSite Inc	LKST	NNM
Level 3 Communications	LVLT	NNM
Level 8 Systems	LVEL	NNM
Level One Communications	LEVL	NNM
Levelland Energy & Resources	LVL	VS
Leviathan Gas PL Ptnrs LP	LEV.P	NYS
Leviathan Gas PL Ptnrs LP	LEV	NYS
LEX2000 Inc	LXTO	BB
Lexford Residential Tr SBI	LFT	NYS
Lexington B&L Finl	LXMO	NSC
Lexington Corporate Prop Tr	LXP	NYS
Lexington Global Assets Mgrs	LGAM	NNM
Lexington Healthcare	LEXI	NSC
Lexington Healthcare Wrrt	LEXIW	NSC
Lexmark Intl Group'A'	LXK	NYS
LG Technologies Group	LGM	TS
LG&E Energy	LGE	NYS
LHS Group	LHSG	NNM
Libbey Inc	LBY	NYS
Liberte Investors	LBI	NYS
Liberty ALL-STAR Eqty	USA	NYS
Liberty ALL-STAR Growth Fd	ASG	NYS
Liberty Bancorp	LIBB	NNM

Issue	Ticker	Exchange
Liberty Corp	LC	NYS
Liberty Financial Cos	L	NYS
Liberty Homes Cl'A'	LIBHA	NNM
Liberty Homes Cl'B'	LIBHB	NNM
Liberty Mint	LIBY	BB
Liberty Property Trust	LRY	NYS
Liberty Property Tr 8.80% Pfd	LRY PrA	NYS
Liberty Technologies	LIBT	NNM
Liberty Term Trust-1999	LTT	NYS
LIDAK Pharmaceuticals'A'	LDAKA	NNM
Life Financial	LFCO	NNM
Life Med Sciences	CHAI	NNM
Life Med Sciences Wrrt'A'	CHAIW	NNM
Life Med Sciences Wrrt'B'	CHAIZ	NNM
Life Re	LRE	NYS
Life Re Cap Tr II 6% Eq Sec	LRN	NYS
Life Technologies	LTEK	NNM
Life USA Holdings	LUSA	NNM
LifeCell Corp	LIFC	NNM
Lifecore Biomedical	LCBM	NNM
Lifeline Systems	LIFE	NNM
LifePoint Inc	LFPT	BB
LifeQuest Medical	LQMD	NSC
Lifestream Technologies	LFST	BB
Lifetime Hoan	LCUT	NNM
Lifeway Foods	LWAY	NSC
Lifschultz Industries	LIFF	NSC
Ligand Pharmaceuticals 'B'	LGND	NNM
Ligand Pharmaceuticals Wrrt	LGNOW	NNM
Lightbridge Inc	LTBG	NNM
LightPath Technologies 'A'	LPTHA	NSC
LightPath Technol Wrrt 'A'	LPTHW	NSC
LightPath Technol Wrrt 'B'	LPTHZ	NSC
LightPath Technologies Unit	LPTHU	NSC
Lihir Gold ADS	LIHRY	NNM
Lillian Vernon	LVC	ASE
Lilly (Eli)	LLY	NYS
Lilly CtgntPymt Units	HYU	ASE
Lilly Industries'A'	LI	NYS
Limited Inc	LTD	NYS
Linamar Corp	LNR	TS
LINC Capital	LNCC	NNM
Lincare Holdings	LNCR	NNM
Lincoln Electric Hldgs	LECO	NNM
Lincoln Natl Corp	LNC	NYS
Lincoln Natl $3.00 Cv Pfd	LNC Pr	NYS
Lincoln Natl 7.40%'TOPrS'	LNC PrZ	NYS
Lincoln Natl Cp I 8.75%'QUIPS'	LNC PrX	NYS
Lincoln Natl Cp II 8.35%'TOPrS	LNC PrY	NYS
Lincoln Natl Cv Sec	LNV	NYS
Lincoln Natl Growth'PRIDES'	LNC PrG	NYS
Lincoln Natl Income Fd	LND	NYS
Lincoln Snacks	SNAX	NSC
LincolnNatl 7.75% Inc'PRIDES'	LNC PrI	NYS
Lindal Cedar Homes	LNDL	NNM
Lindberg Corp	LIND	NNM
Lindsay Mfg	LNN	NYS
Linear Technology Corp	LLTC	NNM
Linens'n Things	LIN	NYS
Linkon Corp	LKOM	BB

Issue	Ticker	Exchange
Lion Brewery	MALT	NNM
Lion Industries (USA)	LNUS	BB
Liposome Co	LIPO	NNM
Liqui-Box Corp	LIQB	NNM
Liquidation World	LIQWF	NNM
Litchfield Financial	LTCH	NNM
Liteglow Industries	LTGL	BB
Lithia Motors'A'	LMTR	NNM
LittelFuse Inc	LFUS	NNM
Littelfuse Inc Wrrt'A'	LFUSW	NNM
Little Falls Bancorp	LFBI	NNM
Little Switzerland	LSVI	NNM
Litton Indus	LIT	NYS
Litton Indus,$2 B Pfd	LIT PrB	NYS
Liuski International	LSKI	NNM
Livent Inc	LVNTE	NNM
Liz Claiborne	LIZ	NYS
LJL Biosystems	LJLB	NNM
LL&E Royalty Tr UBI	LRT	NYS
LMI Aerospace	LMIA	NNM
LNR Property	LNR	NYS
Loblaw Cos	L	TS
Local Financial	LO	ASE
Lockheed Martin	LMT	NYS
LodgeNet Entertainment	LNET	NNM
Loehmann's Inc	LOEH	NNM
Loewen Group	LWN	NYS
Loewen Group Cap Ser'A' 'MIPS'	LWN Pr	NYS
Loews Cineplex Entertain't	LCP	NYS
Loews Corp	LTR	NYS
Log Point Technologies	LGPT	BB
Logal Educational Softwr&Sys	LOGLF	NNM
Logan's Roadhouse	RDHS	NNM
Logansport Financial	LOGN	NSC
Logic Devices	LOGC	NNM
Logility Inc	LGTY	NNM
LogiMetrics Inc 'A'	LGMTA	BB
Logistec Corp	LGT.A	TS
Logistec Corp Cl 'B'	LGT.B	TS
Logitech Intl ADR	LOGIY	NNM
Logitek Inc	LGTK	BB
LoJack Corp	LOJN	NNM
London Financial	LONF	BB
London Intl Group plc ADS	LONDY	NNM
London Pacific Grp ADS	LPGLY	NNM
Lone Star Indus	LCE	NYS
Lone Star Indus Wrrt	LCE.WS	NYS
Lone Star Intl Energy	LNST	BB
Lone Star Steakhouse/Saloon	STAR	NNM
Lone Star Technologies	LSS	NYS
Long Beach Finl	LBFC	NNM
Long Distance Direct Hldgs	LDDI	BB
Long Island Bancorp	LISB	NNM
Long Island Comm Bank	LGCB	NNM
Longs Drug Stores	LDG	NYS
Longview Fibre	LFB	NYS
Loral Space Communications	LOR	NYS
Loronix Info Systems	LORX	NNM
Louis Dreyfus Natural Gas	LD	NYS
Louisiana Pacific	LPX	NYS

Issue	Ticker	Exchange
Louisville G&E 5% Pfd	LGASP	NSC
Lowe's Cos	LOW	NYS
Lowrance Electronics	LEIX	NNM
LSB Bancshares(NC)	LXBK	NNM
LSB Financial	LSBI	NNM
LSB Industries	LSB	NYS
LSB Ind $3.25 Cv Exch Pfd	LSB PrC	NYS
LSI Industries	LYTS	NNM
LSI Logic	LSI	NYS
LTC Properties	LTC	NYS
LTC Properties 9.0% 'B'Pfd	LTC PrB	NYS
LTC Properties 9.50%'A'Pfd	LTC PrA	NYS
LTV Corp	LTV	NYS
LTX Corp	LTXX	NNM
Lubrizol Corp	LZ	NYS
Luby's Cafeterias	LUB	NYS
LucasVarity PLC ADS	LVA	NYS
Lucent Technologies	LU	NYS
Lucille Farms	LUCY	NSC
Lucor Inc 'A'	LUCR	NSC
Lufkin Industries	LUFK	NNM
Lukens Medical	LUKN	NSC
Lumen Technologies	LNM	NYS
Lumisys Inc	LUMI	NNM
Lumonics Inc	LUM	TS
Lunar Corp	LUNR	NNM
Lund International	LUND	NNM
Luther Medical Products	LUTH	NSC
Luxottica Group ADS	LUX	NYS
Luxtec Corp	LXU.EC	ECM
LVMH Moet Henn Lou Vttn ADS	LVMHY	NNM
LXR Biotechnology	LXR	ASE
Lycos Inc	LCOS	NNM
Lydall, Inc	LDL	NYS
Lynch Corp	LGL	ASE
Lynx Therapeutics	LYNX	NNM
Lyondell Chemical	LYO	NYS
Lysander Gold	LYS	VS
M.H.Meyerson & Co	MHMY	NNM
M H Meyerson & Co Wrrt	MHMYW	NNM
M&FWorldwide	MFW	NYS
M&T Bank	MTB	NYS
M.B.A. Holdings	MBAI	BB
M.D.C. Hldgs	MDC	NYS
M.S. Carriers	MSCA	NNM
M/A/R/C Inc	MARC	NNM
M/I Schottenstein Homes	MHO	NYS
MACC Private Equities	MACC	NNM
MacDermid, Inc	MRD	NYS
Mace Security Intl	MACE	NNM
Macerich Co	MAC	NYS
Mac-Gray Corp	TUC	NYS
Mack-Cali Realty	CLI	NYS
Mackenzie Financial	MKFCF	NNM
Mackie Designs	MKIE	NNM
MacMillan-Bloedel	MMBLF	NNM
MacNeal-Schwendler	MNS	NYS
MacroChem Corp	MCHM	NNM
Macromedia Inc	MACR	NNM
Macronix Intl ADR	MXICY	NNM

Issue	Ticker	Exchange
Macrovision Corp	MVSN	NNM
Mactell Corp	MTLL	BB
Madden (Steven) Ltd	SHOO	NNM
Made2Manage Systems	MTMS	NNM
Madeco S.A. ADS	MAD	NYS
Madge Networks N.V.	MADGF	NNM
Madison Bancshares Group	MADB	NSC
Madison Enterprises	MNP	VS
Madison Gas & Elec	MDSN	NNM
Madoc Mining	XMX	VS
MAF Bancorp	MAFB	NNM
Magainin Pharmaceuticals	MAGN	NNM
Magal Security Systems Ltd	MAGSF	NNM
Magellan Health Svcs	MGL	NYS
Magellan Petroleum	MPET	NSC
Magic Software Enterprises	MGICF	NNM
Magicworks Entertainment	MJK	ASE
Magna Intl Cl'A'	MGA	NYS
MagneTek Inc	MAG	NYS
Magnum Hunter Resources	MHR	ASE
Magyar Tavkozlesi ADS	MTA	NYS
Mahaska Investment	OSKY	NNM
Mahoning Natl Bancorp	MGNB	NNM
MAI Systems	NOW	ASE
Maid Aide	MDAN	BB
Mail-Well Inc	MWL	NYS
Main St. & Main	MAIN	NNM
Main Street AC	MFITQ	BB
Main Street Bancorp	MBNK	NNM
Maine Public Service	MAP	ASE
MainStreet Financial	MSBC	NNM
Maintenance Depot	MDPO	BB
Major Genl Resources	MGJ	VS
Makita Corp ADS	MKTAY	NNM
Malan Realty Investors	MAL	NYS
Malaysia Fund	MF	NYS
Malette Quebec	MQI	TS
Malibu Entmt Intl	MBE	ASE
Malibu Inc	MALB	BB
Mallinckrodt Inc	MKG	NYS
Mallinckrodt Inc 4% Pfd	MKG Pr	NYS
Mallon Resources	MLRC	NNM
Mama Tish's Italian Spcl's Wrr	MAMAW	NSC
Managed Care Solutions	MCSX	NNM
Managed High Inc Portfolio	MHY	NYS
Managed High Yield Fd	PHT	NYS
Managed High Yield Plus Fd	HYF	NYS
Managed Muni Portfolio	MMU	NYS
Managed Muni Portfolio II	MTU	NYS
Manatron Inc	MANA	NSC
Manchester Equipment	MANC	NNM
Mandorin Goldfields	EMT	VS
Manhattan Associates	MANH	NNM
Manhattan Bagel	BGLSQ	NSC
Manhattan Scientifics	MHTX	BB
Manitowoc Company	MTW	NYS
Manor Care	MNR	NYS
Manpower Inc	MAN	NYS
Mansfield Minerals	MDR	VS
Mansur Industries	MANS	NSC

Issue	Ticker	Exchange
Manufactured Home Communities	MHC	NYS
Manugistics Group	MANU	NNM
MAPICS Inc	MAPX	NNM
MapInfo Corp	MAPS	NNM
Maple Leaf Foods	MFI	TS
Marathon Finl	MFCV	NNM
Marcam Solutions	MRCM	NNM
Marcum Natural Gas Svcs	MGAS	NNM
Marcus Corp	MCS	NYS
Margate Industries	CGUL	NSC
Margo Caribe	MRGO	NSC
Marin Holdings	MNHC	BB
Marine Drilling	MRL	NYS
Marine Management Sys	MMSY	NSC
Marine Mgmt Sys Wrrt	MMSYW	NSC
Marine Petrol Tr	MARPS	NSC
Marine Transport	MTLX	NNM
MarineMax Inc	HZO	NYS
Mariner Cap Tr Pfd	FMARP	NNM
Mariner Post-AcuteNetwork	MPN	NYS
Marion Capital Holdings	MARN	NNM
Marisa Christina	MRSA	NNM
Maritime Tel & Tel	MTT	TS
Maritrans Inc	TUG	NYS
Mark IV Industries	IV	NYS
Mark Solutions	MCSI	NSC
Mark VII	MVII	NNM
Markel Corp	MKL	NYS
Marker Intl	MRKR	NNM
Market-America	MARK	BB
Market Facts	MFAC	NNM
Market Financial	MRKF	NSC
Market Guide	MARG	NSC
Marketing Services Group	MSGI	NSC
Marketspan Corp	MN	NYS
Marketspan Corp 7.95% Pfd	MN PrA	NYS
Marks Bros Jewelers	MBJI	NNM
MarkWest Hydrocarbon	MWHX	NNM
Marlton Technologies	MTY	ASE
Marquee Group	MRT	ASE
Marquette Medical Systems	MARQ	NNM
Marriott Intl 'A'	MAR	NYS
Marsh & McLennan	MMC	NYS
Marsh Supermkts'A'	MARSA	NNM
Marsh Supermkts'B'	MARSB	NNM
Marshall & Ilsley	MRIS	NNM
Marshall Indus	MI	NYS
Marshall Minerals	MMC	TS
Martek Biosciences	MATK	NNM
Marten Transport	MRTN	NNM
Martin Color-Fi	MRCF	NNM
Martin Industries	MTIN	NNM
Martin Marietta Materials	MLM	NYS
Maryland Fed Bancorp	MFSL	NNM
Masco Corp	MAS	NYS
MascoTech, Inc	MSX	NYS
Masisa S.A.ADS	MYS	NYS
Mason Oil	MSNO	BB
Mason-Dixon Bancshares	MSDX	NNM
Mason-Dixon Cap Tr10.07% Pfd	MSDXP	NNM

Issue	Ticker	Exchange
Mason Dixon Cap Tr 8.40%Pfd	MSDXO	NNM
Mass Hlth & Edu Tax-Exempt Tr	MHE	ASE
MASSBANK Corp	MASB	NNM
MassMutual Corp Inv	MCI	NYS
MassMutual Part'n Inv	MPV	NYS
MasTec Inc	MTZ	NYS
Mastech Corp	MAST	NNM
Master Glaziers Karate Intl	KICK	BB
Master Graphics	MAGR	NNM
Matav-Cable Sys ADS	MATVY	NNM
MATEC Corp(New)	MXC	ASE
Material Sciences	MSC	NYS
Matewan BancShares	MATE	NNM
Matewan Bancshrs 7.5% Cv'A'Pfd	MATEP	NNM
MathSoft Inc	MATH	NSC
Matlack Systems	MLK	NYS
Matria Healthcare	MATR	NNM
Matritech Inc	NMPS	NNM
Matrix Capital	MTXC	NNM
Matrix Energy	MEI	VS
Matrix Pharmaceutical	MATX	NNM
Matrix Service	MTRX	NNM
Matsushita El Ind ADR	MC	NYS
Mattel, Inc	MAT	NYS
Mattel Inc$0.4125Dep'C'Cv Pfd	MAT Pr	NYS
Matthews Intl 'A'	MATW	NNM
Matthews Studio Equip Group	MATT	NNM
Mattson Technology	MTSN	NNM
Maui Land & Pineapple	MLP	ASE
Mauna Loa Macadamia'A'	NUT	NYS
Maverick Tube	MAVK	NNM
Mavesa, S.A. ADS	MAV	NYS
Max & Erma's Restaurants	MAXE	NNM
Maxam Gold Corp	MXAM	BB
Maxco Inc	MAXC	NNM
Maxcor Finl Group	MAXF	NNM
Maxicare Health Plans	MAXI	NNM
Maxim Group	MXG	NYS
Maxim Integrated Prod	MXIM	NNM
Maxim Pharmaceuticals	MMP	ASE
Maxim Pharma'l Wrrt	MMP.WS	ASE
MAXIMUS Inc	MMS	NYS
Maxtor Corp	MXTR	NNM
Maxus Energy $2.50 Pfd	MXS PrA	NYS
Maxwell Shoe'A'	MAXS	NNM
Maxwell Technologies	MXWL	NNM
Maxx Petroleum(New)	MMX	ASE
MAXXAM Inc	MXM	ASE
Maxxim Medical	MAM	NYS
Maxxon Inc	MXON	BB
May & Speh Inc	SPEH	NNM
May Dept Stores	MAY	NYS
Mayflower Cooperative Bank	MFLR	NNM
Maynard Oil	MOIL	NNM
Mays (JW)	MAYS	NNM
Maytag Corp	MYG	NYS
Mazel Stores	MAZL	NNM
MB Capital I 8.75% cm Pfd	MFC PrA	ASE
MBIA Inc	MBI	NYS
MBLA Financial	MBLF	NNM

Issue	Ticker	Exchange
MBNA Capital C 8.25%'TOPrS'	KRB PrC	NYS
MBNA Corp	KRB	NYS
MBNA Corp 7.50% Sr'A'Pfd	KRB PrA	NYS
MBNA Corp Adj Rt'B'Pfd	KRB PrB	NYS
MC Shipping	MCX	ASE
McChip Resources	MCS	TS
McClain Industries	MCCL	NNM
McClatchy Co 'A'	MNI	NYS
McCormick & Co	MCCRK	NNM
McDermott (J.Ray) S.A.	JRM	NYS
McDermott Inc $2.20 cm Cv A Pf	MDE PrA	NYS
McDermott Intl	MDR	NYS
McDonald & Co Invest	MDD	NYS
McDonald's Corp	MCD	NYS
McDonald's Cp 7.50% Jr Sub Deb	MCW	NYS
McDonald's Cp 7.50% Sub Deb	MCJ	NYS
McGowen Resources	MCGR	BB
McGrath RentCorp	MGRC	NNM
McGraw-Hill Companies	MHP	NYS
McHenry Metals Golf	GLFN	BB
MCI Cap I 8%'QUIPS'	MCICP	NNM
MCI Communications Corp	MCIC	NNM
McKesson Corp	MCK	NYS
McLeodUSA Inc'A'	MCLD	NNM
McM Corp	MCMC	NSC
McMoRan Oil & Gas	MOXY	NNM
MCN Energy Gp	MCN	NYS
MCN Egy 8.00% FELINE'PRIDES'	MCN Prl	NYS
MCN Egy 8.75%'PRIDES'	MCE	NYS
MCN Financing I 8.625% 'TOPrS'	MCN PrA	NYS
MCN Mich L.P. 9.375% Pfd	MCN PrT	NYS
McRae Indus'A'	MRI.A	ASE
McRae Indus Cv 'B'	MRI.B	ASE
McWhorter Technologies	MWT	NYS
MDC Communications Cl'A'	MDQ	ASE
MDS Inc 'A'	MHG.A	TS
MDS Inc 'B'	MHG.B	TS
MDSI Mobile Data Solutions	MDSIF	NNM
MDU Resources Group	MDU	NYS
Mead Corp	MEA	NYS
Meade Instruments	MEAD	NNM
Meadow Valley	MVCO	NNM
Meadow Valley 'Wrrt'	MVCOW	NNM
Meadowbrook Insurance Grp	MIG	NYS
Meadowbrook Rehab Grp'A'	MBRK	NNM
Meadowcraft Inc	MWI	NYS
Measurement Specialties	MSS	ASE
MECH Financial	MECH	NNM
Mechanical Dynamics	MDII	NNM
Mecklermedia Corp	MECK	NNM
Mecon Inc	MECN	NNM
Med/Waste Inc	MWDS	NSC
Medallion Financial	TAXI	NNM
MedAmicus Inc	MEDM	NSC
Medaphis Corp	MEDA	NNM
Medar Inc	MDXR	NNM
Medarex Inc	MEDX	NNM
MedCare Technologies	MCAR	NSC
Medco Research	MRE	ASE
Med-Design Corp	MEDC	NSC

Issue	Ticker	Exchange
Med-Emerg International	MDERF	NSC
Med-Emerg Intl Wrrt	MDEWF	NSC
MedEra Life Science	MEDRF	NSC
Medeva ADR	MDV	NYS
Medford Bancorp	MDBK	NNM
Media 100	MDEA	NNM
Media Arts Group	ARTS	NNM
Media Forum Intl	MFMI	BB
Media General Cl'A'	MEG.A	ASE
Media Logic	TST	ASE
MediaConcepts Inc	MDCE	BB
Medialink Worldwide	MDLK	NNM
MediaOne Fin Tr I 9.30%'TOPrS'	UMG PrA	NYS
MediaOne Fin Tr II 9.50%'TOPrS	UM PrB	NYS
MediaOne Fin'A' 7.96%'TOPrS'	UMG PrX	NYS
MediaOne Fin'B' 8.25%'TOPrS'	UMG PrY	NYS
MediaOne Group	UMG	NYS
MediaOne Group CvSr'D'Pfd	UMG PrD	NYS
MediaOne Grp 6.25% 'PIES'	UMX	NYS
Medical Action Industries	MDCI	NNM
Medical Alliance	MAII	NNM
Medical Assurance	MAI	NYS
Medical Dynamics	MEDY	NSC
Medical Graphics	MGCC	NSC
Medical Ind of America	MIOA	NSC
Medical Manager	MMGR	NNM
Medical Resources	MRII	NNM
Medical Resources Mgmt	MRMC	BB
Medical Science Sys	MSSI	NSC
Medical Sterilization	MSTI	BB
MedicalControl Inc	MDCL	NNM
Medicis Pharmaceutical 'A'	MDRX	NNM
Medicore,Inc	MDKI	NNM
Medi-Ject Corp	MEDJ	NNM
MedImmune Inc	MEDI	NNM
Medirisk Inc	MDMD	NNM
Medis El Ltd	MDSLF	NSC
Meditrust Corp(Unit)	MT	NYS
Meditrust Corp 9.00% Dep Pfd	MT Pr	NYS
Mediware Information Sys	MEDW	NSC
Medix Resources	MDIXC	BB
MedPartners Inc	MDM	NYS
MedPartners 6.50% 'TAPS'	MDX	NYS
MedPlus Ohio	MEDP	NNM
MedQuist Inc	MEDQ	NNM
Medstone Intl	MEDS	NNM
Medtox Scientific	TOX	ASE
Medtronic, Inc	MDT	NYS
Medwave Inc	MDWV	NSC
Megabios Corp	MBIO	NNM
Mego Financial	MEGO	NNM
Mego Mortgage	MMGC	NNM
Melita Intl	MELI	NNM
Mellon Bank Corp	MEL	NYS
MemberWorks Inc	MBRS	NNM
MEMC Electronic Materials	WFR	NYS
Memco Software	MEMCF	NNM
Memotec Communications	MCM	TS
Menley & James Inc	MENJ	NSC
Men's Wearhouse	SUIT	NNM

Issue	Ticker	Exchange
Mentor Corp	MNTR	NNM
Mentor Graphics	MENT	NNM
Mentor Income Fund	MRF	NYS
MEPC Intl Cap 9.125%'QUIPS'	MUK PrA	NYS
MER Telemanagement Solutions	MTSLF	NNM
Mercantile Bancorp	MTL	NYS
Mercantile Bankshares	MRBK	NNM
Mercer Intl SBI	MERCS	NNM
Merchants Bancorp	MBIA	NNM
Merchants Bancshares (VT)	MBVT	NNM
Merchants Group	MGP	ASE
Merchants NY Bancorp	MBNY	NNM
Merck & Co	MRK	NYS
Mercury Air Group	MAX	ASE
Mercury Computer Sys	MRCY	NNM
Mercury General	MCY	NYS
Mercury Interactive	MERQ	NNM
Mercury Waste Solutions	MWSI	NSC
Meredith Corp	MDP	NYS
Merge Technologies	MRGE	NSC
Meridian Data	MDCD	NNM
Meridian Diagnostics	KITS	NNM
Meridian Gold	MDG	NYS
Meridian Industrial Trust	MDN	NYS
Meridian Indl Tr Wrrt	MDN.WS	ASE
Meridian Ind'l Tr 8.75% Pfd	MDN PrD	NYS
Meridian Insurance Gp	MIGI	NNM
Meridian Medical Tech	MTEC	NNM
Meridian Point Rlty Tr 83	MPTBS	NSC
Meridian Resource	TMR	NYS
Meridian Technologies	MNI	TS
Merisel, Inc	MSEL	NNM
MeriStar Hospitality	MHX	NYS
Meristar Hotels & Resorts	MMH	NYS
Merit Holding	MRET	NNM
Merit Medical Systems	MMSI	NNM
Meritor Automotive	MRA	NYS
Merix Corp	MERX	NNM
Merrill Corp	MRLL	NNM
Merrill Lynch	MER	NYS
Merrill Lynch & Co'MITTS'2001	MIX	NYS
Merrill Lynch & Co'MITTS'2002	MIM	NYS
Merrill Lynch & Co'MITTS'2004	RUM	ASE
Merrill Lynch & Co'MITTS'2005	MLF	ASE
Merrill Lynch & Co'MITTS'2007	IEM	NYS
Merrill Lynch 9% Sr'A'Dep Pfd	MER PrA	NYS
Merrill Lynch Tech'MITTS' 2001	TKM	NYS
Merrill Lyn 6.00%'STRYPES'	MCO	NYS
Merrill Lyn 6.25%'STRYPES'	IML	NYS
Merrill Lyn 7.25%'STRYPES'	MLB	NYS
Merrill Lyn 7.875%'STRYPES'	BOB	NYS
Merr Lyn Cap Tr I 7.75%'TOPrS'	MER PrB	NYS
Merr Lyn Dep 7.75% 'STEERS','9	FWJ	NYS
Merr Lyn Dow Jones'MITTS'2002	DJM	NYS
Merrill Lyn Euro 'MITTS' '99	MEE	NYS
Merrill Lyn Gl Tel'MITTS' '98	MLC	NYS
Merrill Lyn Hlt/Bio'MITTS'2001	MLH	ASE
Mer Lyn Maj 11 Intl'MITTS'2002	EEM	ASE
Mer Lyn Maj8 Eur Ind'MITTS'200	MEM	ASE
Merrill Lyn Nikkei'MITTS'2002	JEM	NYS

Issue	Ticker	Exchange
Mer Lyn Oracle'ProGros'2003	OPG	ASE
Mer Lyn Pref Cp Trll 8%'TOPrS'	MER PrC	NYS
Mer LynPrefCpTrlll 7%'TOPrS'	MER PrD	NYS
Mer LynPrefCpTrlV7.12%'TOPrS'	MER PrE	NYS
Mer Lyn Telebras'ProGroS'2005	PGT	ASE
Mer Lyn Top Ten Yld'MITTS'2006	MTT	ASE
Merrill Merchants Banchrs	MERB	NNM
Merrimac Industries	MRM	ASE
Merry Land & Inv Sr'A'Cv Pfd	MRY Pr	NYS
Merry Land & Inv Sr'C'Cv Pfd	MRY PrC	NYS
Merry Land & Invest	MRY	NYS
Merry Land & Invest 7.625%'E'P	MRY PrE	NYS
Mesa Air Group	MESA	NNM
Mesa Laboratories	MLAB	NNM
Mesa Royalty Tr UBI	MTR	NYS
Mesaba Holdings	MAIR	NNM
Mesabi Tr Ctfs SBI	MSB	NYS
Mestek Inc	MCC	NYS
META Group	METG	NNM
MetaCreations Corp	MCRE	NNM
Metal Management	MTLM	NNM
Metalclad Corp	MTLC	NSC
Metallica Resources	METLF	NSC
Metalore Resources	MET	TS
Metals USA	MUI	NYS
Metamor Worldwide	MMWW	NNM
Metatec Corp	META	NNM
Met-Ed Capital L.P.'MIPS'	MTT PrZ	NYS
Meteor Industries	MTE	ASE
Meteor Industries Wrrt	MTE.WS	ASE
Methanex Corp	MEOHF	NNM
Methode Electronics'A'	METHA	NNM
Methode Electronics'B'	METHB	NNM
Met-Pro Corp	MPR	NYS
Metra Biosystems	MTRA	NNM
Metricom Inc	MCOM	NNM
Metrika Systems	MKA	ASE
Metris Cos	MTRS	NNM
Metro Global Media	MGMA	NSC
Metro Information Svcs	MISI	NNM
Metro Networks	MTNT	NNM
Metro One Telecommun	MTON	NNM
Metro Tel Corp	MTRO	NSC
MetroBanCorp	METB	NSC
Metrocall Inc	MCLL	NNM
MetroGas S.A. Cl'B'ADS	MGS	NYS
Metro-Goldwyn-Mayer	MGM	NYS
Metrologic Instruments	MTLG	NNM
Metromedia Fiber Network'A'	MFNX	NNM
Metromedia Intl Grp	MMG	ASE
Metromedia Intl Grp 7.25% Cv P	MMG Pr	ASE
MetroNet Communications 'B'	METNF	NNM
Metropolitan Cap Tr 8.60% Pfd	METFP	NNM
Metropolitan Finl	METF	NNM
Metropolitan Health Networks	MDPA	NSC
Metropolitan Health Ntwk Wrrt	MDPAW	NSC
Metro-Richelieu Inc'A'	MRU.A	TS
Metrotrans Corp	MTRN	NNM
Metrowerks Inc	MTWKF	NNM
MetroWest Bank	MWBX	NNM

Issue	Ticker	Exchange
Mettler-Toledo Intl	MTD	NYS
Metzler Group	METZ	NNM
Mexico Eqty & Income Fd	MXE	NYS
Mexico Fund	MXF	NYS
Meyer (Fred) Inc	FMY	NYS
MFB Corp	MFBC	NNM
MFC Bancorp	MXBIF	NNM
MFP Technology Svcs	MFP	TS
MFRI, Inc	MFRI	NNM
MFS Charter Income Tr	MCR	NYS
MFS Gvt Mkts Income Tr	MGF	NYS
MFS Interm Income SBI	MIN	NYS
MFS Multimkt Income	MMT	NYS
MFS Municipal Inc Tr	MFM	NYS
MFS Special Value Trust	MFV	NYS
MGC Communications	MGCX	NNM
MGI PHARMA, Inc	MOGN	NNM
MGI Properties	MGI	NYS
MGIC Investment	MTG	NYS
MGM Grand	MGG	NYS
Miami Computer Supply	MCSC	NNM
Miami Subs	SUBS	NNM
Michael Anthony Jewelers	MAJ	ASE
Michael Foods	MIKL	NNM
Michaels Stores	MIKE	NNM
Michigan Finl Corp	MFCB	NNM
Micrel Inc	MCRL	NNM
Micrion Corp	MICN	NNM
Micro Component Tech	MCTI	NNM
Micro Focus Grp ADS	MIFGY	NNM
Micro Linear	MLIN	NNM
Micro Therapeutics	MTIX	NNM
Micro Warehouse	MWHS	NNM
MicroAge Inc	MICA	NNM
Microcell Telecomm'B'	MICTF	NNM
Microchip Technology	MCHP	NNM
Microcide Pharmaceuticals	MCDE	NNM
Microdyne Corp	MCDY	NNM
Microfield Graphics	MICG	NSC
Microfluidics International	MFIC	NNM
Microframe Inc	MCFR	NSC
Micrografx Inc	MGXI	NNM
Micro-Integration	MINT	NSC
Microlog Corp	MLOG	NNM
Micromuse Inc	MUSE	NNM
Micron Electronics	MUEI	NNM
Micron Technology	MU	NYS
Micronetics Wireless	NOIZ	NSC
MicroProse Inc	MPRS	NNM
MICROS Systems	MCRS	NNM
Micros To Mainframes	MTMC	NNM
Microsemi Corp	MSCC	NNM
Microsoft Corp	MSFT	NNM
Microsoft Cp 2.75% Cv Ex Pfd'A	MSFTP	NNM
Microstar Software	MSS	TS
MicroStrategy Inc'A'	MSTR	NNM
Microtel Intl	MCTL	NSC
Microtest Inc	MTST	NNM
MicroTouch Systems	MTSI	NNM
Microvision Inc	MVIS	NNM

Issue	Ticker	Exchange
Microvision Inc Wrrt	MVISW	NNM
Microware Systems	MWAR	NNM
Microwave Filter	MFCO	NSC
Microwave Power Devices	MPDI	NNM
Mid Am Inc	MIAM	NNM
Mid Atlantic Medical Svcs	MME	NYS
Mid Penn Bancorp	MBP	ASE
Mid-Amer Apart Communities	MAA	NYS
Mid-Am Apt Comm'ties 8.875% Pf	MAA PrB	NYS
Mid-Am Apt Comm'ties 9.375% Pf	MAA PrC	NYS
Mid-Am Apt Comm'ties 9.5% Pfd	MAA PrA	NYS
Mid-America Bancorp	MAB	ASE
MidAmer Energy Fin I 7.98%'QUI	MEC PrA	NYS
MidAmerican Energy Hldg	MEC	NYS
Midas Inc	MDS	NYS
Mid-Atlantic Commty BankGp	MABG	NSC
Mid-Atlantic Realty Trust SBI	MRR	NYS
Mid-Coast Bancorp	MCBN	NSC
Midcoast Energy Resources	MRS	ASE
Middle Bay Oil	MBOC	NSC
Middleby Corp	MIDD	NNM
Middlefield Bancorp	MBN	TS
Middlesex Water	MSEX	NNM
Mid-Iowa Financial	MIFC	NSC
Midland Bank A1/A2 UnitADS	MIB PrA	NYS
Midland Bank B1/B2 Unit ADS	MIB PrB	NYS
Midland Bank C1/C2 Unit ADS	MIB PrC	NYS
Midland Bank D1/D2 Unit ADS	MIB PrD	NYS
Midland Co	MLA	ASE
Midland Resources	MLD	ASE
Midland Res Inc Wrrt	MLD.WS	ASE
Midland Walwyn	MWI	TS
MidSouth Bancorp	MSL	ASE
MidSouth Bancorp Sr'A'Cv Pfd	MSL Pr	ASE
Midway Airlines	MDWY	NNM
Midway Games	MWY	NYS
Midwest Banc Hlds	MBHI	NNM
Midwest Bancshares	MWBI	NSC
Midwest Express Holdings	MEH	NYS
Midwest Grain Products	MWGP	NNM
Mikasa Inc	MKS	NYS
Mikohn Gaming	MIKN	NNM
Mikron Instrument	MIKR	NSC
Mikros Systems	MKRS	BB
Milestone Scientific	MS	ASE
Milkway Networks	MKY	TS
Millbrook Press	MILB	NSC
Millennium Chemicals	MCH	NYS
Millennium Electronics	MILM	NSC
Millennium Pharmaceuticals	MLNM	NNM
Millennium Sports Mgmt	MSPT	NSC
Millennium Sports Mgmt Wrrt'A'	MSPTW	NSC
Miller (Herman)	MLHR	NNM
Miller Building Sys	MBSI	NNM
Miller Exploration	MEXP	NNM
Miller Industries	MLR	NYS
Millicom Intl Cellular S.A.	MICCF	NNM
Million Dollar Saloon	MLDS	BB
Millipore Corp	MIL	NYS
Mills Corp	MLS	NYS

Issue	Ticker	Exchange
Milltronics Ltd	MLS	TS
Milton Federal Financial	MFFC	NNM
Miltope Group	MILT	NNM
MIM Corp	MIMS	NNM
MindSpring Enterprises	MSPG	NNM
Mine Safety Appl	MNES	NNM
Minerals Technologies	MTX	NYS
MiniMed Inc	MNMD	NNM
Mining Services Intl	MSIX	NNM
Minnesota Brewing	MBRW	NSC
Minnesota Min'g/Mfg	MMM	NYS
Minnesota Muni Inc Portfolio	MXA	ASE
Minnesota Muni Term Tr-II	MNB	ASE
Minnesota Muni Term Trust	MNA	NYS
Minnesota Power	MPL	NYS
Minn Power 5% cm Pfd	MPL PrA	ASE
Minntech Corp	MNTX	NNM
Minorco ADR	MNRCY	NSC
Minuteman Int'l	MMAN	NNM
MIPS Technologies	MIPS	NNM
Mirage Resorts	MIR	NYS
Mirage Resource	MGP	TS
Miramar Mining	MAENF	NNM
Miravant Medical Technologies	MRVT	NNM
Mirtronics Inc	MNT	TS
Mishibishu Gold	MGO	VS
Misonix Inc	MSON	NSC
Mission Capital 8.50% 'MIPS'	ME PrB	NYS
Mission Capital 9.875%'MIPS'	ME PrA	NYS
Mission WestProp	MSW	ASE
Mississippi Chemical	GRO	NYS
Mississippi Pwr 6.32% Dep Pfd	MP PrC	NYS
Mississippi Pwr 6.65% Dep Pfd	MP PrB	NYS
Miss Pwr Cp Tr I 7.75%'TOPrS'	MP PrD	NYS
Mississippi Valley Bancshares	MVBI	NNM
Mississippi View Holding	MIVI	BB
Misty Mountain Gold	MGLCF	NSC
Mitcham Indus	MIND	NNM
Mitchell Bancorp	MBSP	NSC
Mitchell Energy/Dev'A'	MND.A	NYS
Mitchell Energy/Dev'B'	MND.B	NYS
Mitec Telecom	MTM	TS
Mitek Systems	MITK	NSC
Mitel Corp	MLT	NYS
Mitsui & Co ADR	MITSY	NNM
Mity-Lite Inc	MITY	NNM
MK Gold	MKAU	NNM
MLC Holdings	MLCH	NNM
MMC Networks	MMCN	NNM
MMI Companies	MMI	NYS
MNB Bancshares	MNBB	NSC
Mobil Corp	MOB	NYS
Mobile America	MAME	NNM
Mobile Mini	MINI	NNM
Mobile Mini Wrrt'B'	WINIZ	NSC
MobileVest Inc	MOBV	BB
Mobius Management Sys	MOBI	NNM
ModaCAD Inc	MODA	NNM
Modern Controls	MOCO	NNM
Modern Medl Modalities	MODM	NSC

Issue	Ticker	Exchange
Modern Med Modalities Wrrt'A'	MODMW	NSC
Modine Mfg	MODI	NNM
Modtech Inc	MODT	NNM
Mod-U-Kraf Homes	MODU	BB
Moffat Communications	MOF	TS
Mohawk Industries	MHK	NYS
Molecular Biosystems	MB	NYS
Molecular Devices	MDCC	NNM
Molecular Dynamics	MDYN	NNM
Molex Inc	MOLX	NNM
Molex Inc'A'	MOLXA	NNM
Molson Cos Cl'A'	MOL.A	TS
Molson Cos Cl'B'	MOL.B	TS
Molten Metal Technology	MLTNQ	BB
Molycor Gold	MOR.V	VS
Monaco Coach	MCCO	NNM
Monaco Finance'A'	MONFA	NNM
Monarch Avalon	MAHI	NSC
Monarch Casino & Resort	MCRI	NNM
Monarch Cement	MCEM	BB
Monarch Dental	MDDS	NNM
Monarch Machine Tool	MMO	NYS
Mondavi(Robert)'A'	MOND	NNM
Moneysworth & Best Shoe Care	MWB	TS
Mongolia Gold Resources	MGR	VS
Monmouth Capital	MONM	NSC
Monmouth R.E. Inv Cl'A'	MNRTA	NNM
Monocacy Bancshares	MNOC	NNM
Monongah Power 4.50%cm C Pfd	MPN PrC	ASE
Monongahela Pwr 4.4% Pfd	MPN PrA	ASE
Monongahela Pwr 8% 'QUIDS'	WVQ	NYS
Monro Muffler Brake	MNRO	NNM
Monsanto Co	MTC	NYS
Montana Power	MTP	NYS
Montana Pwr Cap I 8.45%'QUIPS'	MTP PrA	NYS
Montedison S p A ADS	MNT	NYS
Montedison Bearer Svg Pfd ADS	MNT Pr	NYS
Monterey Bay Bancorp	MBBC	NNM
Monterey Homes	MTH	NYS
Monterey Pasta	PSTA	NNM
Montgomery Financial	MONT	NSC
Montgomery St Inc Sec	MTS	NYS
Moog Cl'A'	MOG.A	ASE
Moog, Inc Cl'B'	MOG.B	ASE
Moore Corp Ltd	MCL	NYS
Moore Medical Corp	MMD	ASE
Moore Products	MORP	NNM
Moore-Handley,Inc	MHCO	NNM
Morgan (J.P.)	JPM	NYS
Morgan(JP)6.625% Dep'H'Pfd	JPM PrH	NYS
Morgan(JP) Adj Rt'A'Pfd	JPM PrA	NYS
Morgan Funshares	MFUN	NSC
Morgan Grenfell Smallcap	MGC	NYS
Morgan Group	MG	ASE
Morgan J.P. Index Fd 2.50%'Com	JPO	ASE
Morgan Keegan Inc	MOR	NYS
Morgan Products Ltd	MGN	NYS
Morgan Stan Fin 7.80% Cp Uts	MSZ	NYS
Morgan Stan Fin 7.82% Cp Uts	MSU	NYS
Morgan Stan Fin 8.20% Cp Uts	MSP	NYS

Issue	Ticker	Exchange
Morgan Stan Fin 8.40% Cp Uts	MSE	NYS
Morgan Stan Fin 9% Cp Uts	MSV	NYS
Morgan Stan Global Opt Bd Fd	MGB	NYS
Morgan Stan Russia/New Eur Fd	RNE	NYS
Morgan Stan Dean Witter	MWD	NYS
MorganStanDW 6%Appl Mat'PERQS'	APP	ASE
Morgan StanDW10%AdMcrPERQS	RPA	ASE
Morgan StanDW 2003'BRIDGES'	BGS	NYS
Morgan StanDW 3%'CPS'2000	SPS	ASE
Morgan StanDW6%Telebras'PERQS'	TBM	ASE
Mor Sta Dean Wit 7.375% Dep Pf	MWD PrD	NYS
Mor Sta Dean Wit 7.75% Dep Pfd	MWD PrE	NYS
MSDW CapTr I 7.10%Cap Sec	MWC	NYS
Mor Sta Dean Wit Dep Adj'A'Pfd	MWD PrF	NYS
Mor StaDW DJ 2004'BRIDGES'	BDJ	NYS
Mor StaDW DJ Euro 2004'BRIDGES	BRX	NYS
Morgan StanDW'PEEQS'	MPQ	ASE
Morgan Stanley Africa Inv Fd	AFF	NYS
Morgan Stanley Asia-Pac Fund	APF	NYS
Morgan Stanley Emer'g Mkt Debt	MSD	NYS
Morgan Stanley Emerging Mkt	MSF	NYS
Morgan Stanley Hi Yld Fd	MSY	NYS
Morgan Stanley India Inv Fd	IIF	NYS
Morgan's Foods	MR	ASE
Morrison Health Care	MHI	NYS
Morrison Knudsen	MK	NYS
Morrison Knudsen Wrrt	MK.WS	NYS
Morrow Snowboards	MRRW	NNM
Mortgage Bankers Hldg	MBHC	BB
Morton International	MII	NYS
Morton's Restaurant Group	MRG	NYS
Mosaid Technologies	MSD	TS
Mosaix Inc	MOSX	NNM
Mossimo Inc	MGX	NYS
Mothers Work	MWRK	NNM
MotivePower Indus	MPO	NYS
Moto Photo	MOTO	NSC
Motor Cargo Industries	CRGO	NNM
Motor Club of Amer	MOTR	NNM
Motorcar Parts & Accessories	MPAA	NNM
Motorola, Inc	MOT	NYS
MotorVac Technologies	MVAC	NSC
Mountain Province Mining	MPVIF	NSC
Movado Group	MOVA	NNM
Movie Gallery	MOVI	NNM
Movie Star Inc	MSI	ASE
MovieFone Cl'A'	MOFN	NNM
Moyco Technologies	MOYC	NNM
MP&L Cap I 8.05% 'QUIPS'	MPL Pr	NYS
Mpact Immedia	IFM	TS
MPM Technologies	MPML	NSC
MPSI Systems	MPSI	NSC
MPW Industrial Svcs	MPWG	NNM
MRS Technology	MRSIQ	NNM
MRV Communications	MRVC	NNM
MSB Financial	MSBF	NSC
MSC Industrial Direct'A'	MSM	NYS
MSR Exploration	MSR	ASE
M-Sys Flash Disk Pioneers Ltd	FLSHF	NNM
MTI Technology	MTIC	NNM

Issue	Ticker	Exchange
MTR Gaming Group	MNTG	NSC
MTS Systems	MTSC	NNM
Mueller (Paul) Co	MUEL	NNM
Mueller Industries	MLI	NYS
Multicanal Participacoes ADS	MPARY	NNM
Multi-Color Corp	LABL	NNM
Multigraphics Inc	MTI	ASE
MultiMedia Access	MMAC	NSC
MultiMedia Access Wrrt	MMACW	NSC
Multimedia Games	MGAM	NSC
Multimedia Games Wrrt'A'	MGAMW	NSC
Multimedia Games Wrrt'B'	MGAMZ	NSC
Multiple Zones Intl	MZON	NNM
Multivision Communications	MTV	VS
Muni Mtge & Equity L.L.C.	MMA	NYS
MuniAssets Fund	MUA	NYS
Municipal Advantage Fund	MAF	NYS
Municipal High Income Fd	MHF	NYS
Municipal Income Opp Tr	OIA	NYS
Municipal Income Opp Tr II	OIB	NYS
Municipal Income Opp Tr III	OIC	NYS
Municipal Income Trust	TFA	NYS
Municipal Income Trust II	TFB	NYS
Municipal Income Trust III	TFC	NYS
Municipal Partners Fund	MNP	NYS
Municipal Partners Fund II	MPT	NYS
Municipal Prem Income Tr	PIA	NYS
MuniEnhanced Fund	MEN	NYS
MuniHoldings Cal Insured Fund	CLH	NYS
MuniHoldings Cal Insured Fund	MUC	NYS
MuniHoldings Fla Insured Fund	MUF	NYS
MuniHoldings Fla Insured Fund	MFL	NYS
MuniHoldings Fund	MHD	NYS
MuniHoldings Fund II	MUH	NYS
MuniHoldings Insured Fund	MUS	NYS
MuniHoldings N.J. Insured Fund	MUJ	NYS
MuniHoldings N.Y. Fund	MUN	NYS
MuniHoldings N.Y. Insured Fund	MHN	NYS
MuniInsured Fund	MIF	ASE
MuniVest Florida Fund	MVS	NYS
MuniVest Fund	MVF	ASE
MuniVest Fund II	MVT	NYS
MuniVest MI Insured Fund	MVM	NYS
MuniVest NJ Fund	MVJ	NYS
MuniVest PA Insured Fund	MVP	NYS
MuniYield Arizona Fund	MZA	ASE
MuniYield CA Insured Fund	MIC	NYS
MuniYield CA Insured Fund II	MCA	NYS
MuniYield California Fund	MYC	NYS
MuniYield FL Insured Fund	MFT	NYS
MuniYield Florida Fund	MYF	NYS
MuniYield Fund	MYD	NYS
MuniYield Insured Fund	MYI	NYS
MuniYield MI Insured Fund	MIY	NYS
MuniYield Michigan Fund	MYM	NYS
MuniYield New Jersey Fund	MYJ	NYS
MuniYield NJ Insured Fund	MJI	NYS
MuniYield NY Insured Fund	MYN	NYS
MuniYield NY Insured Fund II	MYT	NYS
MuniYield Pennsylvania Fund	MPA	NYS

Issue	Ticker	Exchange
MuniYield Quality Fund	MQY	NYS
MuniYield Quality Fund II	MQT	NYS
Murdock Communications	MURC	BB
Murphy Oil	MUR	NYS
Musicland Stores	MLG	NYS
Mustang Software	MSTG	NNM
Mutual Risk Management	MM	NYS
Mutual Savings Bank	MSBK	NNM
MVBI Cap Trust Flt Rt Pfd	MVBIP	NNM
MVP Holdings	MVPHD	BB
MVSI Inc	MVSI	NNM
M-Wave Inc	MWAV	NSC
Mycogen Corp	MYCO	NNM
Myers Indus	MYE	ASE
Mylan Labs	MYL	NYS
Mylex Corp	MYLX	NNM
MYR Group	MYR	NYS
Myriad Genetics	MYGN	NNM
MySoftware Co	MYSW	NNM
Mystic Financial	MYST	NNM
N.U. Pizza Holding	NUZA	BB
N2K Inc	NTKI	NNM
NAB Asset Corp	NABC	NSC
NABI	NABI	NNM
Nabisco Holdings'A'	NA	NYS
Nabors Industries	NBR	ASE
NAC Re Corp	NRC	NYS
NACCO Indus Cl'A'	NC	NYS
NACT Telecommunications	NACT	NNM
NAI Technologies	NATL	NNM
NAI Tech Wrrt	NATLW	NSC
Nalco Chemical	NLC	NYS
NAM Corp	NAMC	NSC
NAM Corp Wrrt	NAMCW	NSC
Nam Tai Electronics	NTAIF	NNM
Nam Tai Electronics Wrrt	NTAWF	NNM
Namibian Minerals	NMCOF	NNM
Nanogen Inc	NGEN	NNM
Nanometrics Inc	NANO	NNM
Nanophase Technologies	NANX	NNM
Napco Security Sys	NSSC	NNM
NaPro BioTherapeutics	NPRO	NNM
Nara Bank Natl Assoc	NARA	NNM
NASB Financial	NASB	BB
Nash Finch Co	NAFC	NNM
Nashua Corp	NSH	NYS
Nastech Pharmaceutical	NSTK	NNM
Natex Corp	NATX	BB
Nathan's Famous	NATH	NNM
Nations Bal Target Mat Fd	NBM	NYS
Nations Gvt Inc Term Tr 2003	NGI	NYS
Nations Gvt Inc Term Tr 2004	NGF	NYS
NationsBank Corp	NB	NYS
Nationsrent Inc	NRI	NYS
Nationwide Finl Svcs'A'	NFS	NYS
Nationwide Health Prop	NHP	NYS
Natl Australia Bk ADR	NAB	NYS
Natl Auto Finance	NAFIE	NNM
Natl Bancorp(AK)	NBAK	NNM
Natl Bancshares Texas	NBT	ASE

Issue	Ticker	Exchange
Natl Beverage	FIZ	ASE
Natl Bk of Canada	NA	TS
Natl City Bancorp'n	NCBM	NNM
Natl City Bancshares	NCBE	NNM
Natl City Corp	NCC	NYS
Natl Commerce Bancorp	NCBC	NNM
Natl Computer Sys	NLCS	NNM
Natl Data	NDC	NYS
Natl Datacomputer	IDCP	NSC
Natl Dentex	NADX	NNM
Natl Discount Brokers Grp	NDB	NYS
Natl Energy Group	NEGX	NNM
National Environmental Svc	NESC	NSC
Natl Equipment Svcs	NSV	NYS
Natl Fuel Gas	NFG	NYS
Natl Gas & Oil	NLG	ASE
Natl Golf Properties	TEE	NYS
Natl Health Investors	NHI	NYS
Natl Hlth Inv 8.50%Cv Pfd	NHI Pr	NYS
Natl Health Realty	NHR	ASE
Natl Healthcare	NHC	ASE
Natl Healthcare Mfg	NHMCF	NSC
Natl Home Centers	NHCI	NNM
Natl Home Health Care	NHHC	NNM
Natl Inc Rlty Tr SBI	NIRTS	NNM
Natl Information Group	NAIG	NNM
Natl Instruments	NATI	NNM
Natl Media Corp	NM	NYS
Natl Medical Finl Svcs	NMFS	NSC
Natl Mercantile Bancorp	MBLA	NSC
Natl Mercantile Bancorp 6.50%	MBLAP	NSC
Natl Penn Bancshares	NPBC	NNM
Natl Power PLC ADS	NP	NYS
Natl Presto Indus	NPK	NYS
Natl Processing	NAP	NYS
Natl Propane Partners L.P.	NPL	NYS
Natl R.V.Holdings	NRVH	NNM
Natl Realty L.P.	NLP	ASE
Natl Record Mart	NRMI	NNM
Natl Registry	NRID	NSC
Natl Research	NRCI	NNM
Natl Rural Util Co-Op 8%'QUICS'	NRU	NYS
Natl Rural Util Co-Op7.65%'QUICS'	NRV	NYS
Natl Sea Products	NSP	TS
Natl Security Group	NSEC	NNM
Natl Semiconductor	NSM	NYS
Natl Service Indus	NSI	NYS
Natl Steel 'B'	NS	NYS
Natl Technical Sys	NTSC	NNM
Natl TechTeam Inc	TEAM	NNM
Natl Vision Associates	NVAL	NNM
Natl Western Life Ins'A'	NWLIA	NNM
Natl Westminster ADS	NW	NYS
Natl Westminster Bk Ex Cap Sec	NWX PrA	NYS
Natl Westminster Pref'A' ADS	NW PrA	NYS
Natl Westminster Pref'B'ADS	NW PrB	NYS
Natl Westminster Pref'C'ADS	NW PrC	NYS
Natl Wireless Hldgs	NWIR	NSC
NatlAustr Bk7.875%ExCaps	NAU	NYS
Natl-Oilwell Inc	NOI	NYS

Issue	Ticker	Exchange
Natl-Standard	NSD	NYS
Natrol Inc	NTOL	NNM
Natural Alternatives Intl	NAII	NNM
Natural Health Trends	NHTC	NSC
Natural Microsystems	NMSS	NNM
Natural Wonders	NATW	NNM
Nature's Sunshine Prod	NATR	NNM
Nautica Enterprises	NAUT	NNM
Navarre Corp	NAVR	NNM
Navidec Inc	NVDC	NSC
Navidec Inc Wrrt	NVDCW	NSC
Navigant Intl	FLYR	NNM
Navigators Group	NAVG	NNM
Navistar Intl	NAV	NYS
Navistar Intl Cv Jr D Pref	NAV PrD	NYS
NB Capital 8.35% Dep Pfd	NBD	NYS
NB Capital Tr I 7.84%'TOPrS'	NB PrA	NYS
NBT Bancorp	NBTB	NNM
NBTY Inc	NBTY	NNM
NCBE Cap Tr I 8.25% Pfd	NCBEP	NNM
NCH Corp	NCH	NYS
NCI Building Systems	NCS	NYS
NCO Group	NCOG	NNM
NCR Corp	NCR	NYS
NCS Healthcare 'A'	NCSS	NNM
NEC Corp ADR	NIPNY	NNM
Needler Group	NGL	TS
Neff Corp'A'	NFF	NYS
NEI WebWorld	NEIP	NSC
NEI WebWorld Wrrt	NEIPW	NSC
Neiman-Marcus Group	NMG	NYS
Nelvana Ltd	NTV	TS
Nematron Corp	NEMA	NNM
Neogen Corp	NEOG	NNM
NeoMagic Corp	NMGC	NNM
NeoMedia Technologies	NEOM	NSC
Neopath Inc	NPTH	NNM
Neopharm Inc	NEO	ASE
Neopharm Inc Wrrt	NPRMW	NSC
Neoprobe Corp	NEOP	NNM
NeoRx Corp	NERX	NNM
NeoRx $2.4375 Cv Exch Pfd	NERXP	NSC
Neose Technologies	NTEC	NNM
NeoTherapeutics Inc	NEOT	NNM
NeoTherapeutics Wrrt	NEOTW	NNM
Neoware Systems	NWRE	NNM
Neoware Systems Wrrt	NWREW	NNM
Nera AS ADS	NERAY	NNM
Nestle S.A. ADS	NSRGY	BB
Net 1 UEPS Technologies	NUEP	BB
Net.B@nk Inc	NTBK	NSC
NetCom Systems AB ADR	NECSY	NNM
Netegrity Inc	NETE	NSC
NetGravity Inc	NETG	NNM
NetLive Communications	NETLC	NSC
NetLive Communications Wrrt	NETWC	NSC
NetManage Inc	NETM	NNM
NetMed Inc	NMD	ASE
Netopia Inc	NTPA	NNM
Netplex Group	NTPL	NSC

Issue	Ticker	Exchange
Netrix Corp	NTRX	NNM
Netscape Communications	NSCP	NNM
Netsmart Tech	NTST	NSC
Netsmart Tech Wrrt'A'	NTSTW	NSC
NetSpeak Corp	NSPK	NNM
Netter Digital Entertainment	NETT	NSC
Netter Digital Entm't Wrrt	NETTW	NSC
NetVantage Inc 'A'	NETVA	NNM
NetVantage Inc 'Unit'	NETVU	NSC
Network Appliance	NTAP	NNM
Network Associates	NETA	NNM
Network Computing Devices	NCDI	NNM
Network Connection	TNCX	NSC
Network Equip Tech	NWK	NYS
Network Event Theater	NETS	NSC
Network Peripherals	NPIX	NNM
Network Six	NWSS	NNM
Network Solutions 'A'	NSOL	NNM
Network Systems Intl	NESI	NSC
Networks North	NETN	NSC
Neurocrine Biosciences	NBIX	NNM
Neurogen Corp	NRGN	NNM
Neuromedical Systems	NSIX	NNM
Neutral Posture Ergonomics	NTRL	NNM
Nevada Power	NVP	NYS
NevStar Gaming	NVST	NSC
NevStar Gaming Wrrt	NVSTW	NSC
New Amer Healthcare	NAH	NYS
New Amer Hi Income Fd	HYB	NYS
New Brunswick Scient	NBSC	NNM
New Century Energies	NCE	NYS
New Century Fin'l	NCEN	NNM
New Dimension Software	DDDDF	NNM
New England Bus Svc	NEB	NYS
New England Comm Bancorp'A'	NECB	NNM
New England El Sys	NES	NYS
New England Rlty Assoc L.P.	NEWRZ	NSC
New Era of Networks	NEON	NNM
New Frontier Media	NOOF	NSC
New Frontier Media Wrrt	NOOFW	NSC
New Germany Fund	GF	NYS
New Hampshire Thrift	NHTB	NNM
New Holland N.V.	NH	NYS
New Horizon Kids Quest	KIDQ	NSC
New Horizons Worldwide	NEWH	NNM
N.J. Eco Dvl Auth 7.6% Bonds	NJP	NYS
New Jersey Resources	NJR	NYS
New Mexico/Ariz Land	NZ	ASE
New Millennium Communic	NWML	BB
New Plan Rlty Tr SBI	NPR	NYS
New South Africa Fund	NSA	NYS
New South Cap Tr 8.50% Pfd	NBS PrA	ASE
New Valley	NVYL	BB
New West Eyeworks	NEWI	NSC
New World Coffee & Bagels	NWCI	NNM
N.Y. Bagel Enterprises	NYBS	NNM
New York Health Care	NYHC	NSC
N.Y. State E&G, 3.75% Pfd	NGE Pr	NYS
N.Y. State E&G 7.40% Pfd	NGE PrE	NYS
N.Y. State E&G Adj Rt B Pfd	NGE PrD	NYS

Issue	Ticker	Exchange
New York Tax Exempt Income	XTX	ASE
New York Times Cl'A'	NYT	NYS
Newbridge Networks	NN	NYS
NewCare Health	NWCA	NSC
Newcom Inc	NWCM	NSC
Newcom Inc Wrrt	NWCMW	NSC
Newcor Inc	NEWC	NNM
Newcourt Credit Group	NCT	NYS
Newell Co	NWL	NYS
Newfield Exploration	NFX	NYS
Newfoundland Cap'A'	NCC.A	TS
Newfoundland Cap'B'	NCC.B	TS
Newhall Land/Farming	NHL	NYS
Newhawk Gold Mines	NHG	TS
Newmark Homes	NHCH	NNM
NewMil Bancorp	NMSB	NNM
Newmont Gold	NGC	NYS
Newmont Mining	NEM	NYS
Newpark Resources	NR	NYS
Newport Corp	NEWP	NNM
Newport News Shipbuilding	NNS	NYS
Newport Petroleum	NPP	TS
Newriders Inc	NWRD	BB
News Communications	NCOME	NSC
News Corp Ltd ADS	NWS	NYS
News Corp Ltd Pfd ADS	NWS Pr	NYS
Newscp Overseas Ltd Adj Pref	NOP PrB	NYS
Newscp Overseas Ltd Pref	NOP PrA	NYS
NewsEdge Corp	NEWZ	NNM
NewSouth Bancorp	NSBC	NNM
NewStar Media	NWST	NSC
Newstar Resources	NERIF	NNM
NewTel Enterprises	NEL	TS
Nexar Technologies	NEXR	NNM
NeXstar Pharmaceuticals	NXTR	NNM
Nextel $1.015 STRYPES Trust	MNX	ASE
NEXTEL Communic'ns'A'	NXTL	NNM
NextHealth Inc	NEXT	NNM
NEXTLINK Communications'A'	NXLK	NNM
Nexus Telecomm Sys Ltd	NXUSF	NSC
NFC plc ADS	NFC	ASE
NFO Worldwide	NFO	NYS
NHancement Technologies	NHAN	NSC
Niagara Bancorp	NBCP	NNM
Niagara Corp	NIAG	NNM
Niagara Mohawk Pwr	NMK	NYS
Niag Moh Pwr 3.40% Pfd	NMK PrA	NYS
Niag Moh Pwr 3.60% Pfd	NMK PrB	NYS
Niag Moh Pwr 3.90% Pfd	NMK PrC	NYS
Niag Moh Pwr 4.10% Pfd	NMK PrD	NYS
Niag Moh Pwr 4.85% Pfd	NMK PrE	NYS
Niag Moh Pwr 5.25% Pfd	NMK PrG	NYS
Niag Moh Pwr 6.10% Pfd	NMK PrH	NYS
Niag Moh Pwr 7.72% Pfd	NMK PrI	NYS
Niagara Moh Pwr 9.50% Pfd	NMK PrM	NYS
Niagara Mohawk Pwr Adj C Pfd	NMK PrK	NYS
Niagara Moh Pwr Adj Rt A Pfd	NMK Pr	NYS
NICE-Systems ADR	NICEY	NNM
Nicholas Financial	NICKF	NSC
Nichols Research	NRES	NNM

Issue	Ticker	Exchange
Nicollet Process Engr	NPET	BB
NICOR Inc	GAS	NYS
Nielsen Media Research(New)	NMR	NYS
NII Norsat Intl	NSATF	NSC
NIKE, Inc Cl'B'	NKE	NYS
Nine West Group	NIN	NYS
99(Cents) Only Stores	NDN	NYS
Nippon Tel & Tel ADS	NTT	NYS
NIPSCO Cap Mkt 7.75% Debt Sec	NIC	NYS
NIPSCO Industries	NI	NYS
Nissan Motor Co ADR	NSANY	NSC
Nitches Inc	NICH	NSC
Nitinol Medical Tech	NMTI	NNM
NL Industries, Inc	NL	NYS
NMBT Corp	NMBT	NSC
NN Ball & Roller	NNBR	NNM
Nobel Education Dynamics	NEDI	NNM
Nobel Insurance	NOBLF	NNM
Nobility Homes	NOBH	NNM
Noble Affiliates	NBL	NYS
Noble Drilling Corp	NE	NYS
Noble International	NIL	ASE
Noel Group	NOEL	NNM
Noga Electro-Mechanical	NOGAF	NSC
Noga Electro-Mech Wrrt	NOGWF	NSC
Noise Cancellation Tech	NCTI	NNM
Nokia Corp ADS	NOK.A	NYS
Noland Co	NOLD	NNM
Noma Industries 'A'	NMA.A	TS
Noma Industries'B'	NMA.B	TS
Northern States Pwr	NSP	NYS
No'n St Pwr Minn,$3.60 Pfd	NSP PrA	NYS
No'n St Pwr Minn,$4.08 Pfd	NSP PrB	NYS
No'n St Pwr Minn,$4.10 Pfd	NSP PrC	NYS
No'n St Pwr Minn,$4.11 Pfd	NSP PrD	NYS
No'n St Pwr Minn,$4.16 Pfd	NSP PrE	NYS
No'n St Pwr Minn,$4.56 Pfd	NSP PrG	NYS
Noodle Kidoodle	NKID	NNM
Nooney Realty Trust	NRTI	NNM
NorAm Fin I 6.25% Cv'TOPrS'	NAE PrT	NYS
Noranda Forest	NF	TS
Noranda Inc	NOR	TS
Nord Pac Ltd	NORPF	NNM
Nord Resources	NRD	NYS
Nordic Amer Tanker Shipping	NAT	ASE
Nordson Corp	NDSN	NNM
Nordstrom, Inc	NOBE	NNM
Norfolk Southern	NSC	NYS
NorfolkSo'nRy$2.60cmPfd	NSR Pr	NYS
Norland Medical Systems	NRLD	NNM
Norrell Corp	NRL	NYS
Norsk Hydro A.S. ADS	NHY	NYS
Norstan, Inc	NRRD	NNM
Nortech Systems	NSYS	NNM
Nortek Inc	NTK	NYS
Nortel Inversora 10%'MEDS'	NRT	NYS
Nortel Inversora Sr'B'Pfd ADS	NTL	NYS
North Amer Scientific	NASI	NNM
North Amer Technologies Group	NATK	NSC
North American Vaccine	NVX	ASE

Issue	Ticker	Exchange
North Bancshares	NBSI	NNM
North Carolina Nat Gas	NCG	NYS
North Carolina Railroad	NORA	BB
North Central Bancshares	FFFD	NNM
North Coast Energy	NCEB	NSC
North Coast Life Ins Cv'A'Pfd	NCLIP	NSC
North County Bancorp	NCBH	NNM
North East Insurance	NEIC	NSC
North Europn Oil Rty Tr	NET	NYS
North Face	TNFI	NNM
North Fork Bancorp	NFB	NYS
North Pittsburgh Systems	NPSI	NNM
North Valley Bancorp	NOVB	NNM
Northeast Bancorp	NBN	ASE
Northeast Digital Networks	GSMI	NSC
Northeast Digital Ntwks Wrrt'A	GSMIW	NSC
Northeast Indiana Bancorp	NEIB	NNM
NorthEast Optic Network	NOPT	NNM
Northeast Pennsylvania Finl	NEP	ASE
Northeast Utilities	NU	NYS
Northern Bank Commerce	NBOC	NSC
Northern Border Ptnrs L.P.	NBP	NYS
North'n Ind Pub Sv Adj Rt A Pf	NI PrA	NYS
North'n Ind Pub Sv,4 1/4%cmPfd	NI Pr	ASE
Northern Orion Explorations	NNO	TS
Northern States Finl	NSFC	NSC
Northern Technol Intl	NTI	ASE
Northern Telcm Ltd	NT	NYS
Northern Trust	NTRS	NNM
Northfield Laboratories	NFLD	NNM
Northfield Minerals	NFM	TS
Northgate Explor	NGX	NYS
Northland Cranberries'A'	CBRYA	NNM
Northrim Bank	NRIM	NNM
Northrop Grumman	NOC	NYS
Northstar Computer Forms	NSCF	NNM
Northway Financial	NWFI	NNM
Northwest Airlines	NWAC	NNM
Northwest Bancorp	NWSB	NNM
Northwest Equity Corp	NWEQ	NSC
Northwest Natural Gas	NWNG	NNM
Northwest Pipe	NWPX	NNM
Northwest Teleproductions	NWTL	BB
Northwestern Corp	NOR	NYS
Northwestern Steel & Wire	NWSW	NNM
Norton Drilling Svcs	NORT	NSC
Norton McNaughton	NRTY	NNM
Norwall Group	NGI	TS
Norwest Corp	NOB	NYS
Norwood Financial	NWFL	NNM
Norwood Promotional Prd	NPPI	NNM
Notify Corp	NTFY	NSC
Notify Corp Unit	NTFYU	NSC
Notify Corp Wrrt	NTFYW	NSC
NOVA Corp	NIS	NYS
NOVA Corp(Cda) (New)	NCX	NYS
Nova Scotia Power	NSI	TS
NovaCare	NOV	NYS
NovaCare Employee Svcs	NCES	NNM
Novadigm Inc	NVDM	NNM

Issue	Ticker	Exchange
Novamerican Steel	TONSF	NNM
Novametrix Med Sys	NMTX	NNM
Novametrix Med Sys Wrrt'B'	NMTXZ	NNM
NovaStar Financial	NFI	NYS
Novatek Intl 'Unit'	NVTKU	NSC
NovAtel Inc	NGPSF	NNM
Novavax Inc	NOX	ASE
Novel Denim Holdings	NVLDF	NNM
Novell Inc	NOVL	NNM
Novellus Systems	NVLS	NNM
Noven Pharmaceuticals	NOVN	NNM
Novitron Intl	NOVI	NNM
Novo-Nordisk A/S ADR	NVO	NYS
Novoste Corp	NOVT	NNM
NPB Cap Trust 9% Pfd	NPBCP	NNM
NPC Intl	NPCI	NNM
NPS Pharmaceuticals	NPSP	NNM
NQL Drilling Tools'A'	NQL.A	TS
NS Group	NSS	NYS
NS&L Bancorp	NSLB	NSC
NSA International	NSAI	BB
NSC Corp	NSCC	NNM
NSD Bancorp	NSDB	NNM
NSP Financing I 7.875%'TOPrS'	NSP PrT	NYS
NSS Bancorp	NSSY	NNM
nSTOR Technologies	NSO	ASE
NTL Inc	NTLI	NNM
NTN Communications	NTN	ASE
NTN Communications Wrrt	NTN.WS	ASE
Nu Horizons Electronics	NUHC	NNM
Nu Skin Enterprises'A'	NUS	NYS
NuCo2 Inc	NUCO	NNM
Nucor Corp	NUE	NYS
Nuevo Energy	NEV	NYS
Nuevo Fin I$2.875'TECONS'	NEV PrT	NYS
NUI Corp	NUI	NYS
Nuinsco Resources Ltd	NWI	TS
Nu-kote Holding'A'	NKOT	NNM
Numac Energy	NMC	ASE
Number Nine Visual Tech	NINE	NNM
NuMED Home Hlth Care	NUMD	NSC
Numerex Corp	NMRX	NNM
NuOasis Resorts	NUOA	BB
NUR Macroprinters	NURTF	NNM
Nutmeg Fedl Svgs & Loan	NTMG	NSC
Nutmeg Fedl S&L 8% CvPfd'B'	NTMGP	NSC
Nutraceutical Intl	NUTR	NNM
NutraMax Products	NMPC	NSC
Nutrition For Life Intl	NFLI	NNM
Nutrition For Life Intl Wrrt	NFLIW	NNM
Nutrition Medical	NMED	NSC
Nutrition Mgmt Svcs'A'	NMSCA	NSC
Nuveen AZ Prem Inc Muni Fd	NAZ	NYS
Nuveen CA Inv Qual Muni	NQC	NYS
Nuveen CA Muni Mkt Oppt	NCO	NYS
Nuveen CA Muni Val Fd	NCA	NYS
Nuveen CA Perf Plus Muni	NCP	NYS
Nuveen CA Prem Inc Muni	NCU	ASE
Nuveen CA Qual Income Muni	NUC	NYS
Nuveen CA Select Qual Muni	NVC	NYS

Issue	Ticker	Exchange
Nuveen CT Prem Inc Muni	NTC	NYS
Nuveen FL Inv Qual Muni	NQF	NYS
Nuveen FL Qual Income Muni	NUF	NYS
Nuveen GA Prem Inc Muni	NPG	ASE
Nuveen Ins CA Prem Inc Muni	NPC	NYS
Nuveen Ins CA Prem Inc Muni 2	NCL	NYS
Nuveen Ins CA Sel Tax-Free Inc	NXC	NYS
Nuveen Ins FL Prem Inc Muni	NFL	NYS
Nuveen Ins Muni Oppt Fd	NIO	NYS
Nuveen Ins NY Prem Inc Muni	NNF	NYS
Nuveen Ins NY Sel Tax-Free Inc	NXN	NYS
Nuveen Ins Prem Inc Muni 2	NPX	NYS
Nuveen Ins Quality Muni	NQI	NYS
Nuveen Inv Quality Muni	NQM	NYS
Nuveen MA Prem Inc Muni Fd	NMT	NYS
Nuveen MD Prem Inc Muni Fd	NMY	NYS
Nuveen MI Prem Inc Muni	NMP	NYS
Nuveen MI Qual Income Muni	NUM	NYS
Nuveen MO Prem Inc Muni	NOM	ASE
Nuveen Muni Advantage Fd	NMA	NYS
Nuveen Muni Income Fd	NMI	NYS
Nuveen Muni Mkt Oppt	NMO	NYS
Nuveen Muni Value Fd	NUV	NYS
Nuveen NC Prem Inc Muni	NNC	NYS
Nuveen NJ Inv Qual Muni	NQJ	NYS
Nuveen NJ Prem Inc Muni	NNJ	NYS
Nuveen NY Inv Qual Muni	NQN	NYS
Nuveen NY Muni Val Fd	NNY	NYS
Nuveen NY Perform Plus Muni	NNP	NYS
Nuveen NY Qual Income Muni	NUN	NYS
Nuveen NY Select Qual Muni	NVN	NYS
Nuveen OH Qual Income Muni	NUO	NYS
Nuveen PA Inv Qual Muni	NQP	NYS
Nuveen PA Prem Inc Muni 2	NPY	NYS
Nuveen Perform Plus Muni	NPP	NYS
Nuveen Prem Income Muni	NPI	NYS
Nuveen Prem Income Muni 2	NPM	NYS
Nuveen Prem Income Muni 4	NPT	NYS
Nuveen Prem Insured Muni Inc	NIF	NYS
Nuveen Prem Muni Income	NPF	NYS
Nuveen Qual Income Muni Fd	NQU	NYS
Nuveen Select Maturities Muni	NIM	NYS
Nuveen Select Qual Muni	NQS	NYS
Nuveen Select Tax-Free Inc	NXP	NYS
Nuveen Select Tax-Free Inc 2	NXQ	NYS
Nuveen Select Tax-Free Inc 3	NXR	NYS
Nuveen TX Qual Income Muni	NTX	NYS
Nuveen VA Prem Inc Muni Fd	NPV	NYS
Nuveen WA Prem Inc Muni Fd	NPW	ASE
NuWave Technologies	WAVE	NSC
NuWave Technologies Wrrt	WAVEW	NSC
Nvest L.P.	NEW	NYS
nVIEW Corp	NVUE	NNM
N-Viro International	NVIC	NSC
n-Vision Inc	NVSN	NSC
n-Vision Inc Wrrt	NVSNW	NSC
NVP Cap I 8.20%'QUIPS'	NVP Pr	NYS
NVR Inc	NVR	ASE
NWPS Cap Fin 8.125% Tr Sec 1	NOR PrA	NYS
Nycomed Amersham ADS	NYE	NYS

Issue	Ticker	Exchange
Nyer Medical Group	NYER	NSC
NYMAGIC, Inc	NYM	NYS
Nymox Pharmaceutical	NYMXF	NNM
O&Y Properties	OYP	TS
O.I. Corp	OICO	NNM
O.T. Mining	OTMN	BB
Oacis Healthcare Hldgs	OCIS	NNM
Oak Hill Financial	OAKF	NNM
Oak Indus	OAK	NYS
Oak Technology	OAKT	NNM
Oak Tree Medical Systems	MOAK	BB
Oakhurst Co	OAKC	BB
Oakley Inc	OO	NYS
Oakwood Homes	OH	NYS
OAO Technology Solutions	OAOT	NNM
Obie Media	OBIE	NSC
Object Design	ODIS	NNM
Objective Communications	OCOM	NNM
Objective Sys Integrators	OSII	NNM
ObjectShare Inc	OBJS	NNM
ObjectSoft Corp	OSFT	NSC
ObjectSoft Corp Wrrt	OSFTW	NSC
Ocal Inc	OCAL	NNM
Occidental Petrol'm	OXY	NYS
Occidental Petr $3 Cv Pfd	OXY PrA	NYS
Occupational Health & Rehab	OHRI	NSC
Oce NV ADR	OCENY	NNM
Ocean Bio-Chem	OBCI	NSC
Ocean Energy	OEI	NYS
Ocean Financial	OCFC	NNM
Ocean Optique Dstr	OPTQ	NSC
Oceaneering Intl	OII	NYS
Ocelot Energy'A'	OCE.A	TS
Ocelot Energy'B'	OCE.B	TS
OCG Technology	OCGT	BB
O'Charley's Inc	CHUX	NNM
Octel Corp	OTL	NYS
Ocular Sciences	OCLR	NNM
Ocwen Asset Investment	OAC	NYS
Ocwen Financial	OCN	NYS
Odetics,Inc'A'	ODETA	NNM
Odetics,Inc'B'	ODETB	NNM
ODS Networks	ODSI	NNM
Odwalla Inc	ODWA	NNM
Odyssey Petroleum Cp	OILYF	NSC
OEA Inc	OEA	NYS
OEC Compression	OECC	NSC
OEC Medical Sys	OXE	NYS
Office Depot	ODP	NYS
Officeland Inc	OFLDF	NSC
Officeland Inc Wrrt	OFLUF	NSC
OfficeMax Inc	OMX	NYS
Offshore Logistics	OLOG	NNM
Ogden Corp	OG	NYS
Ogden Corp $1.875 cm Cv Pfd	OG Pr	NYS
OGE Energy	OGE	NYS
Oglebay Norton	OGLE	NNM
Ohio Art	OAR	ASE
Ohio Casualty	OCAS	NNM
Ohio Edison 3.90% Pfd	OEC PrA	NYS

Issue	Ticker	Exchange
Ohio Edison 4.44% Pfd	OEC PrC	NYS
Ohio Edison 4.56% Pfd	OERC PrD	NYS
Ohio Edison 7.75% Cl'A'Pfd	OEC PrM	NYS
Ohio Edison Fin Tr 9.00% Pfd	OEC PrT	NYS
Ohio Edison, 4.40% Pfd	OEC PrB	NYS
Ohio Power 7.375% Sr Notes	OJB	NYS
Ohio Power 7.92% Jr Sub Debs	OJA	NYS
Ohio Power 8.16% Jr Sub Debs	OPJ	NYS
Ohio Valley Banc Corp	OVBC	NNM
OHSL Financial	OHSL	NNM
Oil Dri Amer Cl'A'	ODC	NYS
Oilgear Co	OLGR	NNM
OIS Optical Imaging Sys	OVON	NSC
Old Dominion Freight Line	ODFL	NNM
Old Guard Group	OGGI	NNM
Old Kent Finl	OKEN	NNM
Old Natl Bancorp(Ind)	OLDB	NNM
Old Republic Intl	ORI	NYS
Old Second Bancorp	OSBC	NNM
Olicom A/S	OLCMF	NNM
Olicom A/S Wrrt	OLCWF	NNM
Olin Corp	OLN	NYS
OLS Asia Hlds ADS	OLSAY	NNM
OLS Asia Hlds ADS Wrrt	OLSWF	NNM
Olsten Corp	OLS	NYS
Olympic Cascade Finl	NATS	NSC
Olympic Steel	ZEUS	NNM
OM Group	OMP	NYS
Omega Financial	OMEF	NNM
Omega Health Systems	OHSI	NNM
Omega Healthcare Investors	OHI	NYS
Omega Healthcare 8.625%'B'Pfd	OHI PrB	NYS
Omega Healthcare 9.25%'A' Pfd	OHI PrA	NYS
Omega Orthodontics	ORTH	NSC
Omega Orthodontics Wrrt	ORTHW	NSC
Omega Protein	OME	NYS
Omega Research	OMGA	NNM
Omega Worldwide	OWWI	NNM
OMI Corp(New)	OMM	NYS
OMNI Energy Svcs	OMNI	NNM
OMNI U.S.A.	OUSA	NSC
Omnicare, Inc	OCR	NYS
Omnicom Group	OMC	NYS
Omnipoint Corp	OMPT	NNM
OmniQuip Intl	OMQP	NNM
OMNIS Technology	OMNS	BB
Omtool Ltd	OMTL	NNM
On Assignment	ASGN	NNM
On Command	ONCO	NNM
On Command Wrrt'A'	ONCOW	NNM
On Command Wrrt'B'	ONCOZ	NNM
On Stage Entertainment	ONST	NSC
On Stage Entertainm't Wrrt	ONSTW	NSC
ON Technology	ONTC	NNM
ONCOR Inc	ONC	ASE
OncorMed Inc	ONM	ASE
1-800 Contacts	CTAC	NNM
One Liberty Properties	OLP	ASE
One Liberty Prop $1.60 Cv Pfd	OLP Pr	ASE
One Price Clothing Strs	ONPR	NNM

Issue	Ticker	Exchange
One Valley Bancorp	OV	NYS
Oneida Ltd	OCQ	NYS
OneLink Communications	ONEL	BB
ONEOK Inc	OKE	NYS
OneWave Inc	OWAV	NNM
OneWorld Systems	OWLD	NNM
OnHealth Network	ONHN	NSC
Onix Systems	ONX	ASE
Online System Svcs	WEBB	NSC
Online System Svcs Wrrt	WEBBW	NSC
On-Point Technology Sys	ONPT	NNM
ONSALE Inc	ONSL	NNM
On-Site Sourcing	ONSS	NSC
On-Site Sourcing Unit	ONSSU	NSC
On-Site Sourcing Wrrt	ONSSW	NSC
Ontrack Data Intl	ONDI	NNM
Ontro Inc	ONTR	NSC
Ontro Inc Wrrt	ONTRW	NSC
Onyx Acceptance	ONYX	NNM
ONYX Pharmaceuticals	ONXX	NNM
O'okiep CopperADR	OKP	ASE
Open Market	OMKT	NNM
Open Plan Systems	PLAN	NNM
Open Text	OTEXF	NNM
Open-Joint/Vimpel Commun ADS	VIP	NYS
OpenROUTE Networks	OPEN	NNM
Ophidian Pharmaceuticals	OPHD	NSC
Ophidian Pharm'l Wrrt	OPDWS	NSC
Ophthalmic Imaging Sys	OISI	BB
Opinion Research	ORCI	NNM
Oppenheimer Multi-Sector	OMS	NYS
Opta Food Ingredients	OPTS	NNM
Optek Technology	OPTT	NNM
Optelecom Inc	OPTC	NSC
OPTi Inc	OPTI	NNM
Optical Cable	OCCF	NNM
Optical Coating Lab	OCLI	NNM
Optical Security Group	OPSC	NSC
Optical Sensors	OPSI	NNM
Optika Imaging Sys	OPTK	NNM
Optima Petroleum	OPPCF	NNM
Optimal Robotics'A'	OPMRF	NNM
Optimax Industries	OPMX	BB
OPTION CARE	OPTN	NNM
OptiSystems Solutions	OPTLF	NNM
OptiSystems Solutions Wrrt	OPTWF	NNM
Optomedic Med Technologies	KPLNF	NSC
Optomedic Med Tech Wrrt	KPLNWF	NSC
Oracle Corp	ORCL	NNM
OraLabs Holdings	OLAB	NSC
Orange Natl Bancorp	OGNB	NNM
Orange PLC ADR	ORNGY	NNM
Orange/Rockland Util	ORU	NYS
Orange-Co	OJ	NYS
OraVax Inc	ORVX	NNM
Orbit International	ORBT	NNM
ORBIT/FR Inc	ORFR	NNM
Orbital Engine ADS	OE	NYS
Orbital Sciences Corp	ORB	NYS
Orbotech Ltd Ord	ORBKF	NNM

Issue	Ticker	Exchange
OrCAD Inc	OCAD	NNM
Orckit Communications	ORCTF	NNM
Oregon Steel Mills	OS	NYS
Oregon Trail Finl	OTFC	NNM
O'Reilly Automotive	ORLY	NNM
Organic Food Products	OFPI	NSC
Organogenesis Inc	ORG	ASE
Orient Packaging Hlds	ORPK	BB
Oriental Finl Group	OFG	NYS
Oriole Homes 'B'	OHC.B	ASE
Oriole HomesCv'A'	OHC.A	ASE
Orion Capital	OC	NYS
Orlando Predators Enter'mt	PRED	NSC
Orlando Predators Enter'mt Wrrt	PREDW	NSC
Orleans Homebuilders	OHB	ASE
Orleans Resources	OLS	MS
OroAmerica Inc	OROA	NNM
Orphan Medical Inc	ORPH	NNM
Ortec Intl	ORTC	NSC
Ortec Intl Wrrt'B'	ORTCZ	NSC
Ortel Corp	ORTL	NNM
Orthalliance Inc'A'	ORAL	NNM
Orthodontic Centers of Amer	OCA	NYS
Orthodontix Inc	OTIX	NSC
Orthofix International	OFIXF	NNM
OrthoLogic Corp	OLGC	NNM
Oryx Energy Co	ORX	NYS
Oryx Technology	ORYX	NSC
Oryx Technology Wrrt	ORYXW	NSC
Oshap Technologies Ltd	OSHSF	NNM
Oshawa Grp Cl'A'	OSH.A	TS
Oshkosh B'Gosh Cl'A'	GOSHA	NNM
Oshkosh Truck	OTRKB	NNM
Oshman's Sporting Gds	OSH	ASE
OSI Pharmaceuticals	OSIP	NNM
OSI Systems	OSIS	NNM
Osicom Technologies Inc	FIBR	NSC
Osmonics, Inc	OSM	NYS
Osteotech Inc	OSTE	NNM
Ostex Intl	OSTX	NNM
O'Sullivan Corp	OSL	ASE
O'Sullivan Industries Hldg	OSU	NYS
OTR Express	OTRX	NNM
Ottawa Financial	OFCP	NNM
Otter Tail Power	OTTR	NNM
Outback Steakhouse	OSSI	NNM
Outdoor Systems	OSI	NYS
Outlook Group	OUTL	NNM
OutSource Intl	OSIX	NNM
Overland Data	OVRL	NNM
Overseas Filmgroup	OSFG	BB
Overseas Shiphldg	OSG	NYS
Ovid Technologies	OVID	NNM
Owens & Minor	OMI	NYS
Owens-Corning	OWC	NYS
Owens-Illinois	OI	NYS
Owens-Illinois $2.375 Cv Pfd	OI PrA	NYS
Owosso Corp	OWOS	NNM
Oxboro Medical Intl	OMED	NSC
Oxford Health Plans	OXHP	NNM

Issue	Ticker	Exchange
Oxford Indus	OXM	NYS
Oxford Tax Exempt Fund II LP	OTF	ASE
OXiGENE Inc	OXGN	NNM
Oxigene Inc Wrrt	OXGNW	NNM
OXIS International	OXIS	NNM
OYO Geospace	OYOG	NNM
OzEmail Ltd ADR	OZEMY	NNM
P G Energy $2.25 Dep Pfd	PGWCZ	NSC
P&F Indus'A'	PFINA	NNM
P.A.M. Transportation Svcs	PTSI	NNM
P.T. Telekomunikasi ADS	TLK	NYS
PAB Bankshares	PAB	ASE
Pac G&E 5%cmRed1stA Pfd	PCG PrE	ASE
Pac Telesis Fin I 7.56%'TOPrS'	PAC PrT	NYS
Pac Telesis Fin II 8.50%'TOPrS	PAC PrU	NYS
PACCAR Inc	PCAR	NNM
PACE Health Mgmt	PCES	BB
Pacer Technology	PTCH	NSC
Pacholder Fund	PHF	ASE
Pacific Aerospace & Elect	PCTH	NNM
Pacific Aerospace & Elect Wrrt	PCTHW	NNM
Pacific Amber Resources	PCR	VS
Pacific Am'n Inc Shrs	PAI	NYS
Pacific Bank N.A.	PBSF	NNM
Pacific Biometrics	PBMI	NSC
Pacific Biometrics Wrrt	PBMIW	NSC
Pacific Capital Bancorp	PABN	NNM
Pacific Century Finl	BOH	NYS
Pacific Coast Apparel	ACAJ	BB
Pacific Crest Capital	PCCI	NNM
Pacific Dunlop Ltd ADR	PDLPY	NNM
Pacific Ent $4.36 Pfd	PET PrA	ASE
Pacific Ent $4.40 Pfd	PET PrB	ASE
Pacific Ent $4.50 Pfd	PET PrC	ASE
Pacific Ent $4.75 Pfd	PET PrD	ASE
Pacific Gas & El 4.36% Pfd	PCG PrI	ASE
Pacific Gas & El 4.50% Pfd	PCG PrH	ASE
Pacific Gas & El 4.80% Pfd	PCG PrG	ASE
Pacific Gas & El 5 1/2% Pfd	PCG PrB	ASE
Pacific Gas & El 5% Pfd	PCG PrC	ASE
Pacific Gas & El 5% Pfd	PCG PrD	ASE
Pacific Gas & El 6% Pfd	PCG PrA	ASE
Pacific Gas & El 6.30% Pfd	PCG PrZ	ASE
Pacific Gas & El 6.57% Pfd	PCG PrY	ASE
Pacific Gas & El 7.04% Pfd	PCG PrU	ASE
Pacific Gateway Exchange	PGEX	NNM
Pacific Gateway Prop	PGP	ASE
Pacific Gulf Properties	PAG	NYS
Pacific Pharmaceuticals	PHA	ASE
Pacific Res & Engineering	PXE	ASE
Pac Res & Engineering Wrrt	PXE.WS	ASE
Pacific Sunwear of Calif	PSUN	NNM
Pacific Vangold Mines	PVM	VS
PacificAmerica Money Center	PAMM	NNM
PacifiCare Health Sys'A'	PHSYA	NNM
PacifiCare Health Sys'B'	PHSYB	NNM
PacificHealth Laboratories	PHLI	NSC
PacifiCorp	PPW	NYS
PacifiCorp 5% Pfd	PPW Pr	ASE
PacifiCorp 8.375% 'QUIDS'	PCQ	NYS

Issue	Ticker	Exchange
PacifiCorp 8.55%'QUIDS'	PCX	NYS
PacifiCorp Cap I 8.25%'A"QUIP	PPW PrA	NYS
PacifiCorp Cap II 7.70% Tr Pfd	PPW PrB	NYS
Pacrim Information Sys	PAKR	BB
PageMart Wireless 'A'	PMWI	NNM
Paging Network	PAGE	NNM
Paging Partners	PPAR	NSC
Paging Partners Wrrt	PPARW	NSC
Paine Webber Gp Stk Index Sec	SIS	ASE
Paine Webber Group	PWJ	NYS
PairGain Technologies	PAIR	NNM
Pakistan Investment Fd	PKF	NYS
Palatin Technologies	PLTN	NSC
PalEx Inc	PALX	NNM
Pall Corp	PLL	NYS
Pallet Management Sys	PALT	BB
Palm Harbor Homes	PHHM	NNM
Palmer Resources	PMD	VS
Palmer(Arnold)Golf	APGC	BB
Palomar Med Tech	PMTI	NSC
Pameco Corp'A'	PCN	NYS
Pamida Holdings	PAM	ASE
Pamrapo Bancorp	PBCI	NNM
Pan American Resources	PAN	MS
Pan Amer Silver	PAASF	NNM
Pan Pacific Retail Prop	PNP	NYS
Pan Smak Pizza	PZZ	VS
PANACO Inc	PANA	NNM
Panamerican Beverages'A'	PB	NYS
PanAmSat Corp	SPOT	NNM
Panavision Inc(New)	PVI	NYS
PanCanadian Petroleum	PCP	TS
Pancho's Mexican Buffet	PAMX	NNM
Panda Project	PNDA	NNM
Pandora Industries	PDR	VS
Pangea Goldfields	PGD	TS
Pan-Global Enterprises	PGE	VS
Panhandle Royalty	PANRA	NSC
Panterra Minerals	PNA	VS
Panther Resources	PTHR	BB
Papa John's Intl	PZZA	NNM
Paper Warehouse	PWHS	NNM
PAR Technology	PTC	NYS
Paracelsian Inc	PRLN	NSC
Paracelsian Inc Wrrt	PRLNW	NSC
Paracelsus Healthcare	PLS	NYS
Paradigm Advanced Tech	PRAV	BB
Paradigm Medical Industries	PMED	NSC
Paradigm Medical Ind Wrrt	PMEDW	NSC
Paradigm Technology	PRDM	NSC
Paradise Holdings	PRDQE	NSC
Paradise Inc	PARF	BB
Paradise Music & Entertainment	PDSE	NSC
Paradise Music & Entertnmt Wrrt	PDSEW	NSC
Paragon Trade Brands	PTB	NYS
Para-Link Inc	PLNK	BB
Parallel Petroleum	PLLL	NNM
Paramark Enterprises	TJCI	BB
Parametric Technology	PMTC	NNM
Paramount Financial	PARA	NSC

Issue	Ticker	Exchange
Paramount Resources Ltd	POU	TS
Paramount Ventures & Fin 'A'	PVF	VS
Paravant Computer Sys	PVAT	NNM
Paravant Computer Sys Wrrt	PVATW	NNM
Pardee Resources	PDER	BB
PAREXEL Intl	PRXL	NNM
Paris Corp	PBFI	NSC
Park Bancorp	PFED	NNM
Park Electrochemical	PKE	NYS
Park National Corp	PRK	ASE
Parker Drilling	PKD	NYS
Parker-Hannifin	PH	NYS
ParkerVision Inc	PRKR	NNM
Parkland Industries Ltd	PKI	TS
Park-Ohio Holdings	PKOH	NNM
Parkvale Financial	PVSA	NNM
Parkway Properties	PKY	NYS
Parkway Properties 8.75%'A'Pfd	PKY PrA	NYS
Parlex Corp	PRLX	NNM
Parlux Fragrances	PARL	NNM
PartnerRe Ltd	PRE	NYS
PartnerRe Ltd 8% cm Pfd	PRE PrA	NYS
Parts Source	ACEP	NSC
Party City	PCTY	NNM
Pathfinder Bancorp	PBHC	NSC
Pathobiotek Diagnostics	PBTK	BB
PathoGenesis Corp	PGNS	NNM
Pathways Group	PTHW	BB
Patient Infosystems	PATI	NNM
Patina Oil & Gas	POG	NYS
Patina Oil & Gas 7.125% Pfd	POG Pr	NYS
Patina Oil & Gas Wrrt	POG.WS	NYS
Patrick Indus	PATK	NNM
Patriot Amer Hospitality(New)	PAH	NYS
Patriot Bank	PBIX	NNM
Patriot Natl Bk	PNBK	NSC
Patterson Dental	PDCO	NNM
Patterson Energy	PTEN	NNM
Paul Harris Stores	PAUH	NNM
Paula Financial	PFCO	NNM
Paulin (H) & Co 'A'	PAP.A	TS
Paulin (H) & Co 'B'	PAP.B	TS
Paulson Capital	PLCC	NSC
Paul-Son Gaming	PSON	NNM
Pawnmart Inc	PMRT	NSC
Pawnmart Inc Wrrt'A'	PMRTW	NSC
Pawnmart Inc Wrrt'B'	PMRTZ	NSC
Paxar Corp	PXR	NYS
Paxson Communications 'A'	PAX	ASE
Paychex,Inc	PAYX	NNM
Payless ShoeSource	PSS	NYS
Paymentech Inc	PTI	NYS
PBOC Holdings	PBOC	NNM
PC Connection	PCCC	NNM
PC DOCS Gp Intl	DOCSF	NNM
PC Quote	PQT	ASE
PC Service Source	PCSS	NNM
PC411 Inc	PCFR	NSC
PC411 Inc Unit	PCFRU	NSC
PC411 Wrrt	PCFRW	NSC

Issue	Ticker	Exchange
PCA Intl	PCAI	BB
PCC Cap I 9.375% cm Tr Pfd	PCCIP	NNM
PCC Group	PCCG	NSC
PCD Inc	PCDI	NNM
P-COM Inc	PCMS	NNM
PDK Labs Inc	PDKL	NSC
PDK Labs $0.49 Cv'A'Pfd	PDKLP	NSC
PDS Financial	PDSF	NNM
PDS Financial Wrrt	PDSFW	NNM
Peak Intl	PEAKF	NNM
Peak Technologies 'A'	PKT.A	VS
Peak Trends Tr'TrENDS'2001	PTT	ASE
Peapod Inc	PPOD	NNM
Pease Oil & Gas	WPOG	NSC
Pease Oil & Gas Wrrt'B'	WPOGW	NNM
PEC Israel Economic	IEC	NYS
Pechiney ADS	PY	NYS
Peco En Cap TrII8.00%'QUIPS'	PE PrX	NYS
PECO Energy L.P. MIPS'A'	PE PrZ	NYS
PECO Energy	PE	NYS
PECO Energy, $4.30 Pfd	PE PrB	NYS
PECO Energy,$3.80 Pfd	PE PrA	NYS
PECO Energy,$4.40 Pfd	PE PrC	NYS
PECO Energy,$4.68 Pfd	PE PrD	NYS
Pediatric Services of Amer	PSAI	NNM
Pediatrix Medical Group	PDX	NYS
Peekskill Financial	PEEK	NNM
Peerless Carpet	PRG	TS
Peerless Group	PLSS	NNM
Peerless Mfg	PMFG	NNM
Peerless Systems	PRLS	NNM
Pegasus Communications'A'	PGTV	NNM
Pegasus Systems	PEGS	NNM
Pegasystems Inc	PEGA	NNM
Pelican Properties Intl	PELP	BB
Pelsart Resources ADR	PELRY	NSC
Pen Interconnect	PENC	NNM
Pen Interconnect Wrrt	PENCW	NNM
Pendaries Petroleum	PDR	ASE
Penederm Inc	DERM	NNM
Penelec Capital L.P. 'MIPS'	PEC PrZ	NYS
Penford Corp	PENX	NNM
Penn Engr & Mfg	PNN	NYS
Penn Engr & Mfg'A'	PNN.A	NYS
Penn Manufacturers'A'	PMFRA	NNM
Penn National Gaming	PENN	NNM
Penn Octane	POCC	NSC
Penn Traffic	PNF	NYS
Penn Treaty American	PTAC	NNM
Penn Virginia	PVA	NYS
Penn West Petroleum	PWT	TS
Penn-America Group	PNG	NYS
PennCorp Financial Group	PFG	NYS
PennCorp Finl $3.375 Pfd	PFG Pr	NYS
Penney (J.C.)	JCP	NYS
PennFed Cap Tr I 8.90%cmPfd	PFSBP	NNM
PennFed Financial Svcs	PFSB	NNM
Pennfirst Cap Tr 8.625% cm Pfd	ESBFP	NNM
Pennsylvania Enterpr	PNT	NYS
Pennsylvania RE Inv Tr SBI	PEI	NYS

Issue	Ticker	Exchange
Pennwood Bancorp	PWBK	NSC
Pennzoil Co.	PZL	NYS
Penobscot Shoe	PSO	ASE
Penske Motorsports	SPWY	NNM
Pentacon Inc	JIT	NYS
Pentair, Inc	PNR	NYS
Pentech International	PNTK	NNM
Pentegra Dental Group	PEN	ASE
Pentland Firth Ventures	PFO	TS
Penton Media	PME	NYS
Penwest Pharmaceuticals	PPCOV	NNM
Peoples Bancorp	PEBO	NNM
People's Bancorp	TSBS	NNM
Peoples Bancorp(IN)	PFDC	NNM
People's Bancshares	PBKB	NNM
People's Bancshrs Cap Tr 9.76%	PBKBP	NNM
Peoples Banctrust	PBTC	NSC
People's Bank	PBCT	NNM
Peoples Bank (NC)	PEBK	NNM
Peoples Bank Indianapolis	PPLS	NNM
People's Choice TV	PCTV	BB
Peoples Energy	PGL	NYS
Peoples Financial	PFFC	NNM
Peoples Heritage Finl Gr	PHBK	NNM
Peoples Holding	PHC	ASE
Peoples Home Savings Bank	PHSB	NNM
People's Pfd Cap 9.75% Sr'A'Pf	PPCCP	NNM
Peoples Telephone Co	PHO	ASE
PeopleSoft Inc	PSFT	NNM
Peoples-Sidney Fin'l	PSFC	NNM
Pep Boys-Man,Mo,Ja	PBY	NYS
PepsiCo Inc	PEP	NYS
Pepsi-Cola Puerto Rico Bott'B'	PPO	NYS
Pepsi-Gemex S.A.	GEM	NYS
Perceptron Inc	PRCP	NNM
Perclose Inc	PERC	NNM
Percon Inc	PRCN	NNM
Peregrine Systems	PRGN	NNM
PerfectData Corp	PERF	NSC
Performance Food Group	PFGC	NNM
Performance Technologies	PTIX	NNM
Perfumania Inc	PRFM	NNM
Pericom Semiconductor	PSEM	NNM
Perini Corp	PCR	ASE
Perini Corp Dep Cv Exch Pfd	PCR Pr	ASE
Periphonics Corp	PERI	NNM
Peritus Software Services	PTUS	NNM
Perkin-Elmer	PKN	NYS
Perkin-Elmer Wrrt G	PBIOW	NSC
Perle Systems	PERLF	NSC
Perma Fix Enviro Svcs	PESI	NSC
Perma-Fix Envir'l Svcs Wrrt'B'	PESIZ	NSC
Permanent Bancorp	PERM	NNM
Permian Basin Rty Tr	PBT	NYS
Perrigo Co	PRGO	NNM
Perry County Financial	PCBC	NSC
Personnel Group of America	PGA	NYS
Personnel Management	TPMI	NNM
Perusahaan PT IndoSat ADS	IIT	NYS
Pervasive Software	PVSW	NNM

Issue	Ticker	Exchange
Pet Quarters	PDEN	BB
Petco Animal Supplies	PETC	NNM
Petersen Cos 'A'	PTN	NYS
Petro-Canada Variable Vtg	PCZ	NYS
PetroCorp	PETR	NNM
PetroFina S.A. ADS	FIN	NYS
PetroFina S.A. Wrrt	FIN.WS	NYS
Petroglyph Energy	PGEI	NNM
Petroleum & Resources	PEO	NYS
Petroleum Development	PETD	NNM
Petroleum Geo-Svcs A/S ADS	PGO	NYS
Petroleum Heat & Pwr'A'	HEAT	NNM
Petroleum Helicopters	PHELK	NSC
Petroleum Helicopters (Vtg)	PHEL	NSC
Petromet Resources	PNTGF	NNM
Petrominerals Corp	PTRO	NSC
Petrorep Resources	PRR	TS
Petsec Energy ADS	PSJ	NYS
PETsMART Inc	PETM	NNM
PFBI Cap Trust 9.75% Pfd	PFBIP	NNM
Pfeiffer Vacuum Technol ADS	PV	NYS
PFF Bancorp	PFFB	NNM
Pfizer, Inc	PFE	NYS
PG&E Cap I 7.90%'QUIPS'	PCG PrCA	ASE
PG&E Corp	PCG	NYS
Pharmaceutical Mktg Svcs	PMRX	NNM
Pharmaceutical Product Devlpmt	PPDI	NNM
Pharmaceutical Resources	PRX	NYS
Pharmacia & Upjohn	PNU	NYS
Pharmacopeia Inc	PCOP	NNM
Pharmacyclics Inc	PCYC	NNM
PharmaPrint Inc	PPRT	NNM
PharmChem Laboratories	PCHM	NNM
PharMerica Inc	DOSE	NNM
Pharmhouse Corp	PHSE	NSC
Phar-Mor Inc	PMOR	NNM
Pharmos Corp	PARS	NSC
PHC Inc'A'	PIHC	NSC
PHC Inc Wrrt	PIHCW	NSC
Phelps Dodge	PD	NYS
Philadelphia Consol Hldg	PHLY	NNM
Phil Consol/PCHC Fin Gr'PRIDES'	PHLYL	NNM
Phil Consol/PCHC Fin Inc'PRIDES'	PHLYZ	NNM
Phila Suburban	PSC	NYS
Philip Morris Cos	MO	NYS
Philip Services	PHV	NYS
Philippine L-D Tel Pfd GDS	PHI PrA	NYS
Philippine Long D Tel ADS	PHI	NYS
Philips ElectronicsNV	PHG	NYS
Philips Intl Realty	PHR	NYS
Phillips (R.H.) Inc	RHPS	NNM
Phillips(R.H.)Inc'Wrrt'	RHPSW	NNM
Phillips 66 Cap I 8.24%'TOPrS'	P PrC	NYS
Phillips Petroleum	P	NYS
Phillips-Van Heusen	PVH	NYS
Phoenix Canada Oil	PCO	TS
Phoenix Gold Intl	PGLD	NNM
Phoenix Intl	PHXX	NNM
Phoenix Intl Life Sciences'A'	PHX	TS
Phoenix Investment Partners	PXP	NYS

Issue	Ticker	Exchange
Phoenix Technologies	PTEC	NNM
PhoneTel Technologies	PHN	ASE
Phosphate Res Ptnrs LP	PLP	NYS
Photo Control	PHOC	NSC
Photoelectron Corp	PECX	NNM
Photomatrix Inc	PHRX	NSC
Photon Dynamics	PHTN	NNM
Photran Corp	PTRN	NNM
Photronics, Inc	PLAB	NNM
PHP Healthcare	PPH	NYS
PhyCor Inc	PHYC	NNM
PhyMatrix Corp	PHMX	NNM
Physician Reliance Network	PHYN	NNM
Physicians Resource Group	PRG	NYS
Physicians' Specialty	ENTS	NNM
Physio-Control Intl	PHYS	NNM
Physiometrix Inc	PHYX	NNM
PIA Merchandising Svcs	PIAM	NNM
Piccadilly Cafeterias	PIC	NYS
PICO Hldgs	PICO	NNM
Pico Products	PPI	ASE
PictureTel Corp	PCTL	NNM
Piedmont Bancorp	PDB	ASE
Piedmont Natural Gas	PNY	NYS
Piemonte Foods	PIFI	NSC
Pier 1 Imports	PIR	NYS
Pierce Leahy	PLH	NYS
Piercing Pagoda	PGDA	NNM
Pilgrim Amer Capital	PACC	NNM
Pilgrim America Prime Rt	PPR	NYS
Pilgrim's Pride'B'	CHX	NYS
Pillowtex Corp	PTX	NYS
Pilot Network Svcs	PILT	NNM
PIMCO Advisors Hldgs L.P.	PA	NYS
PIMCO Comml Mtg Sec Tr	PCM	NYS
Pinkerton's Inc	PKT	NYS
Pinnacle Banc Group	PINN	NNM
Pinnacle Bancshares	PLE	ASE
Pinnacle Business Mgmt	PCBM	BB
Pinnacle Data Systems	PNDS	BB
Pinnacle Micro	PNCL	BB
Pinnacle Systems	PCLE	NNM
Pinnacle West Capital	PNW	NYS
Pioneer Commercial Fdg	PCFC	NSC
Pioneer Commercial Fdg Wrrt	PCFCW	NSC
Pioneer Cos 'A'	PIONA	NNM
Pioneer Electron ADR	PIO	NYS
Pioneer Group	PIOG	NNM
Pioneer Hi-Bred Intl	PHB	NYS
Pioneer Interest Shs	MUO	NYS
Pioneer Natural Res	PXD	NYS
Pioneer Railcorp	PRRR	NSC
Pioneer Std Electr	PIOS	NNM
Piranha Interactive Publish'g	PRAN	NSC
Piranha Interactive Publ Wrrt	PRANW	NSC
Piranha Interactive Publ Unit	PRANU	NSC
Pitney Bowes	PBI	NYS
Pitney Bowes $2.12 Cv Pref	PBI Pr	NYS
Pitt-DesMoines Inc	PDM	ASE
Pitts & W Va RR SBI	PW	ASE

Issue	Ticker	Exchange
Pittsburgh Home Cap Tr 8.56% P	PHFCP	NNM
Pittsburgh Home Finl	PHFC	NNM
Pittston BAX Group	PZX	NYS
Pittston Brinks Grp	PZB	NYS
Pittston Minerals Group	PZM	NYS
Pittway Corp	PRY	NYS
Pittway Corp'A'	PRY.A	NYS
Pivot Rules	PVTR	NSC
Pivot Rules Wrrt	PVTRW	NSC
Pixar	PIXR	NNM
PixTech Inc	PIXT	NNM
Pizza Inn	PZZI	NNM
PJ America	PJAM	NNM
Placer Dome Inc	PDG	NYS
Placer Dome 8.625% 'COPrS'	PDG PrA	NYS
Plains Resources	PLX	ASE
Plaintree Systems	LANPF	NNM
Planar Systems	PLNR	NNM
Planet Hollywood Intl'A'	PHL	NYS
Planet Polymer Technologies	POLY	NSC
Plantronics Inc	PLT	NYS
Plasma Therm	PTIS	NNM
Platinum Entertainment	PTET	NNM
Platinum Software	PSQL	NNM
PLATINUM technology	PLAT	NNM
Playboy Enterprises Cl'B'	PLA	NYS
Playboy Enterprises'A'(vtg)	PLAA	NYS
Play-By-Play Toys&Novelties	PBYP	NNM
Playcore Inc	PCO	ASE
Players International	PLAY	NNM
PlayStar Corp	PSCK	BB
Playtex Products	PYX	NYS
PLC Cap 8.25% 'TOPrS'	PL PrT	NYS
PLC Capital LLC 'A' 'MIPS'	PL PrM	NYS
PLC Systems	PLC	ASE
PLD TeleKom	PLDI	NNM
Plexus Corp	PLXS	NNM
PLM International	PLM	ASE
Plum Creek Timber L.P.	PCL	NYS
Pluma Inc	PLU	NYS
Plymouth Rubber Cl'B'	PLR.B	ASE
Plymouth Rubber'A'vtg	PLR.A	ASE
PMC Capital	PMC	ASE
PMC Commercial Tr	PCC	ASE
PMCC Financial	PFC	ASE
PMC-Sierra Inc	PMCS	NNM
PMI Group	PMA	NYS
PMR Corp	PMRP	NNM
PMT Services	PMTS	NNM
PNB Financial Grp	PNBF	NNM
PNC Bank Corp	PNC	NYS
PNC Bank Cp $1.60 Cv C Pfd	PNC PrC	NYS
PNC Bank Cp $1.80 Cv D Pfd	PNC PrD	NYS
Pocahontas Bancorp	PFSL	NNM
Poco Petroleums	POC	TS
Poe & Brown	PBR	NYS
Pogo Producing	PPP	NYS
Pohang Iron & Steel ADS	PKX	NYS
Point of Care Technologies	PCIT	BB
Point of Sale	POSIF	NNM

Issue	Ticker	Exchange
Point West Capital	PWCC	NNM
Pointe Financial	PNTE	NNM
Polaris Industries	PII	NYS
Polaroid Corp	PRD	NYS
Policy Mgmt Systems	PMS	NYS
Polk Audio	PKA	ASE
Pollution Research & Control	PRCC	NSC
Polo Ralph Lauren'A'	RL	NYS
Polyair Inter Pak	PPK	TS
Polycom Inc	PLCM	NNM
Polydex Pharmaceuticals	POLXF	NSC
PolyGram N.V.	PLG	NYS
PolyMedica Corp	PM	ASE
Polymer Group	PGI	NYS
Polymer Research America	PROA	NSC
Polyphase Corp	PLY	ASE
PolyVision Corp	PLI	ASE
Pomeroy Computer Resources	PMRY	NNM
Ponder Industries	PNDR	NSC
Pool Energy Services	PESC	NNM
Poore Brothers	POOR	NSC
Pope & Talbot	POP	NYS
Pope Resources L.P.	POPEZ	NNM
Popular Inc	BPOP	NNM
Popular 8.35% Mthly Inc Pfd	BPOPP	NNM
Porta Systems	PSI	ASE
PortaCom Wireless	PCW	VS
Portland Genl Elec 8.25% 'QUID	PGB	NYS
Portugal Fund	PGF	NYS
Portugal Telecom ADS	PT	NYS
Positron Fiber Sys	PFSCF	NNM
Possis Medical	POSS	NNM
Post Properties	PPS	NYS
Post Properties 7.625% Sr 'C'	PPS PrC	NYS
Post Properties 7.625%Sr'B'	PPS PrB	NYS
Post Properties 8.50% Sr'A'	PPS PrA	NYS
Potash Corp Saskatchewan	POT	NYS
Potlatch Corp	PCH	NYS
Potomac Edison 8.00% 'QUIDS'	PEQ	NYS
Potomac Electric Pwr	POM	NYS
Potomac El Pwr Tr 7.375%'TOPrS	POM PrT	NYS
Potters Financial	PTRS	NSC
Powell Indus	POWL	NNM
Power Corp of Canada	POW	TS
Power Financial	PWF	TS
Power Integrations	POWI	NNM
PowerCerv Corp	PCRV	NNM
PowerGen PLC ADS	PWG	NYS
Powerhouse Technologies	PWRH	NNM
Power-One	PWER	NNM
Powertel Inc	PTEL	NNM
Powerwave Technologies	PWAV	NNM
PP&L Cap 8.20%'TOPrS'	PPL PrC	NYS
PP&L Cap Tr II 8.10%'TOPrS'	PPL PrD	NYS
PP&L Inc 4.40% Pfd	PPL PrA	NYS
PP&L Inc 4.50% Pfd	PPL PrB	NYS
PP&L Resources	PPL	NYS
PPG Indus	PPG	NYS
PPT Vision	PPTV	NNM
Prab Inc	PRAB	BB

Issue	Ticker	Exchange
Praegitzer Industries	PGTZ	NNM
Praxair Inc	PX	NYS
Precept Business Svcs'A'	PBSIA	NSC
Precept Business Svcs Wrrt'A'	PBSWV	NSC
Precision Auto Care	PACI	NNM
Precision Castparts	PCP	NYS
Precision Drilling	PDS	NYS
Precision Optics	POCI	NSC
Precision Response	PRRC	NNM
Precision Standard	PCSN	NSC
Precision Systems	PSYS	NSC
Preferred Employers Hlds	PEGI	NSC
Preferred Income Fund	PFD	NYS
Preferred Income Mgmt Fund	PFM	NYS
Preferred Income Oppt Fd	PFO	NYS
Preferred Networks	PFNT	NNM
Preiss Byron Multimedia	CDRM	NSC
Preiss Byron Multimedia Wrrt	CDRMW	NSC
Prema Systems	PRES	BB
Premark Intl	PMI	NYS
Premdor Inc	PI	NYS
Premier Bancshares	PMB	ASE
Premier Cap Tr I 9.00% cm Pfd	PMB Pr	ASE
Premier Concepts	FAUX	NSC
Premier Concepts Wrrt	FAUXW	NSC
Premier Farnell PLC ADS	PFP	NYS
Premier Farnell $1.35 Pref ADS	PFP Pr	NYS
Premier Finl Bancorp	PFBI	NNM
Premier Laser Systems'A'	PLSAE	NNM
Premier Laser Systems Wrrt'B'	PLSZE	NNM
Premier National Bancorp	PNB	ASE
Premier Parks	PKS	NYS
Premier Parks 7.50%Cv'PIES'	PKS PrA	NYS
Premier Research Worldwide	PRWW	NNM
Premiere Technologies	PTEK	NNM
PREMIS Corp	PMIS	BB
Premisys Communications	PRMS	NNM
Premium Cigars Intl	PCIG	NSC
Premiumwear Inc	PWA	NYS
Prentiss Properties Trust	PP	NYS
Pre-Paid Legal Svcs	PPD	ASE
President Casinos	PREZ	NNM
Presidential Life	PLFE	NNM
Presidential Rlty Cl'A'	PDL.A	ASE
Presidential Rlty Cl'B'	PDL.B	ASE
Presley Cos 'A'	PDC	NYS
Presstek Inc	PRST	NNM
Prestige Bancorp	PRBC	NNM
Prestige Financial	PRFN	NNM
Preview Travel	PTVL	NNM
PRI Automation	PRIA	NNM
Price Communications	PR	ASE
Price Enterprises	PREN	NNM
Price Enter 8.75% Pfd	PRENP	NNM
PriceSmart Inc	PSMT	NNM
Pride Automotive Gp	LEAS	NSC
Pride Automotive Gp'Wrrt'	LEASW	NSC
Pride International	PDE	NYS
Prima Energy	PENG	NNM
Primadonna Resorts	PRMA	NNM

Issue	Ticker	Exchange
Primark Corp	PMK	NYS
Prime Bancorp	PBNK	NNM
Prime Bancshares	PBTX	NNM
Prime Capital	PMCP	NSC
Prime Group Realty Tr	PGE	NYS
Prime Grp Realty Tr 9.0% Pfd	PGE PrB	NYS
Prime Hospitality	PDQ	NYS
Prime Medical Services	PMSI	NNM
Prime Resources Grp	PRU	ASE
Prime Retail	PRT	NYS
Prime Retail 10.50%cm'A'Pfd	PRT PrA	NYS
Prime Retail 8.5%Ptc Cv'B'Pfd	PRT PrB	NYS
PRIMEDIA Inc	PRM	NYS
PrimeEnergy Corp	PNRG	NSC
PrimeSource Corp	PSRC	NNM
Primex Technologies	PRMX	NNM
Primus Telecomm Grp	PRTL	NNM
Princeton Dental Mgmt	PDMC	NSC
Princeton Dental Mgmt Wrrt	PDMCW	NSC
Princeton Media Group	PMGIF	NSC
Princeton Natl Bancorp	PNBC	NNM
Princeton Video Image	PVII	NNM
Printrak Intl	AFIS	NNM
Printronix Inc	PTNX	NNM
Printware Inc	PRTW	NNM
Priority Healthcare 'B'	PHCC	NNM
Prism Solutions	PRZM	NNM
Proactive Technologies	PTE	ASE
ProBusiness Services	PRBZ	NNM
Procept Inc	PRCT	NSC
Procom Technology	PRCM	NNM
Procter & Gamble	PG	NYS
ProCyte Corp	PRCY	NNM
Pro-Dex Inc	PDEX	NSC
Producers Entertainment Grp	TPEG	NSC
Producers Entmt 8.50% Cv'A'Pfd	TPEGP	NSC
Producers Entertainm't Grp Wrr	TPEGZ	NSC
Producers Entmt Grp Wrrt'B'	TPEGW	NSC
Productivity Technologies	PRAC	NSC
Pro-Fac Co-op 'A' Pfd	PFACP	NNM
Professional Bancorp	MDB	ASE
Professional Dental Tech	PRO.EC	ECM
Professional Detailing	PDII	NNM
Professional Staff ADS	PSTFY	NNM
Professional Transportation Gr	TRUC	NSC
Professional Trans Grp Wrrt	TRUCW	NSC
Professionals Group	PICM	NNM
Proffitt's Inc	PFT	NYS
Profile Technologies	PRTK	NSC
Profit Recovery Grp Intl	PRGX	NNM
Progen Industries	PGLAF	NSC
Progenics Pharmaceuticals	PGNX	NNM
Progenitor Inc	PGEN	NNM
Progenitor Wrrt	PGENW	NNM
Programmer's Paradise	PROG	NNM
Progress Finl	PFNC	NNM
Progress Software	PRGS	NNM
Progressive Corp,Ohio	PGR	NYS
Project Software & Dvlp	PSDI	NNM
Projectavision Inc	PJTV	NSC

Issue	Ticker	Exchange
ProLogis Trust	PLD	NYS
ProLogis Trust 7% Cv Pfd	PLD PrB	NYS
ProLogis Trust 9.00% Pfd	PLD PrD	NYS
ProLogis Trust 9.40% Pfd	PLD PrA	NYS
Prolong International	PRL	ASE
ProMedCo Management	PMCO	NNM
Promus Hotel	PRH	NYS
Property Cap Tr	PCT	ASE
Prophet 21 Inc	PXXI	NNM
Prosoft I-Net Solutions	POSO	NSC
Prospect Street Hi Income(New)	PHY	NYS
Protection One	ALRM	NNM
Protective Life 6.5% 'PRIDES'	PL PrP	NYS
Protective Life Corp	PL	NYS
Protein Design Labs	PDLI	NNM
Protein Polymer Tech	PPTI	NSC
Protein Polymer Technol Wrrt	PPTIW	NSC
Protocol Systems	PCOL	NNM
ProtoSource Corp	PSCO	NSC
ProtoSource Corp Wrrt	PSCOW	NSC
PROVANT Inc	POVT	NNM
Provena Foods	PZA	ASE
Providence & Worcester RR	PWX	ASE
Providence Energy	PVY	NYS
Provident Bankshares	PBKS	NNM
Provident Companies	PVT	NYS
Provident Financial Group	PFGI	NNM
Provident Finl Hldg	PROV	NNM
Providian Financial	PVN	NYS
Provigo Inc	PGV	TS
Province Healthcare	PRHC	NNM
Proxim Inc	PROX	NNM
ProxyMed Inc	PILL	NNM
PRT Group	PRTG	NNM
PS Business Parks	PSB	ASE
PS Financial	PSFI	NNM
PS Group Holdings	PSG	NYS
PSB Bancorp	PSBI	NNM
PSC Inc	PSCX	NNM
PSCO Cap Tr I 7.60%'TOPrS'	PSR PrC	NYS
PSE&G Cap Tr I 8.625%'QUIPS'	PEG PrU	NYS
PSE&G Cap Tr II 8.125%'QUIPS'	PEG PrT	NYS
PSI Energy 6.875% Pfd	CIN PrJ	NYS
PSI Energy, 4.32% Pfd	CIN PrC	NYS
PSI Energy,4.16%cmPfd(25)vtg	CIN PrB	NYS
PSINet Inc	PSIX	NNM
PSO Cap 8.00%'TOPrS'	PST PrA	NYS
PSS World Medical	PSSI	NNM
PST Vans	PSTV	NNM
PSW Technologies	PSWT	NNM
Psychemedics Corp	PMD	ASE
PT Pasifik Sat Nusantara ADS	PSNRY	NNM
PT. Tri Polyta Indonesia ADS	TPI	NYS
PTI Holding	PTII	NSC
Public Svc Enterpr	PEG	NYS
Pub Sv E&G 4.08% Pfd	PEG PrA	NYS
Pub Sv E&G 4.18% Pfd	PRG PrB	NYS
Pub Sv E&G 4.30% Pfd	PEG PrC	NYS
Pub Sv E&G 5.05% Pfd	PEG PrD	NYS
Pub Sv E&G 5.28% Pfd	PEG PrE	NYS

Issue	Ticker	Exchange
Pub Sv E&G 5.97% Pfd	PEG PrW	NYS
Pub Sv E&G 6.75% Pfd	PEG PrY	NYS
Public Svc E&G Cap 8.00%'MIPS'	PEG PrX	NYS
Public Svc E&G Cap 9.375% 'MIP	PEG PrZ	NYS
Pubbs Worldwide	HUBS	BB
Pubco Corp	PUBO	NSC
Public Storage	PSA	NYS
Public Storage 10% cm'A'Pfd	PSA PrA	NYS
Public Storage 10%'E'Pfd	PSA PrE	NYS
Public Storage 8.0% 'J' Dep Pf	PSA PrJ	NYS
Public Storage 8.45%'H'Dep Pfd	PSA PrH	NYS
Public Storage 8.625%'I'Dep Pf	PSA PrI	NYS
Public Storage 8.875% Dep Pfd	PSA PrG	NYS
Public Storage 9.20%cm'B'Pfd	PSA PrB	NYS
Public Storage 9.50%'D'Pfd	PSA PrD	NYS
Public Storage 9.75% 'F' Pfd	PSA PrF	NYS
Public Storage Adj Rt'C'Pfd	PSA PrC	NYS
Public Svc New Mexico	PNM	NYS
Public Svc No Car	PGS	NYS
Publishing Co North Amer	PCNA	NSC
Puerto Rican Cement	PRN	NYS
Puget Sound Energy	PSD	NYS
Puget Sound Egy 7.45%Sr II Pfd	PSD PrC	NYS
Puget Sound Egy 8.50%Sr III Pf	PSD PrA	NYS
Puget Sound Egy Adj Rt'B'Pfd	PSD PrB	NYS
Pulaski Bank	PULB	NSC
Pulaski Furniture	PLFC	NNM
Pulaski Savings Bank	PLSK	NSC
Pulitzer Publishing	PTZ	NYS
Pulse Bancorp	PULS	NNM
PulsePoint Communications	PLPT	NNM
Pulte Corp	PHM	NYS
Puma Technology	PUMA	NNM
Pure World Inc	PURW	NNM
Purus Inc	PURS	BB
Putnam Cal Inv Grade Muni	PCA	ASE
Putnam Cv Opp Inc Tr	PCV	NYS
Putnam Dividend Income	PDI	NYS
Putnam Hi Income Cv/Bd Fd	PCF	NYS
Putnam Hi Yield Muni	PYM	NYS
Putnam Inv Grade Muni Tr	PGM	NYS
Putnam Inv Grade Muni Tr II	PMG	NYS
Putnam Inv Grade Muni Tr III	PML	ASE
Putnam Managed Hi Yield Tr	PTM	NYS
Putnam Managed Muni Income	PMM	NYS
Putnam Master Income Tr	PMT	NYS
Putnam Master Interm Income	PIM	NYS
Putnam Muni Opport Tr	PMO	NYS
Putnam NY Inv Grade Muni	PMN	ASE
Putnam Premier Income Tr	PPT	NYS
Putnam Tax-Free Hlth Care Fd	PMH	NYS
PVC Container Corp	PVCC	NNM
PVF Capital Corp	PVFC	NSC
PWG Capital Tr I 8.30% Pfd	PWJ PrA	NYS
PWG Capital Tr II 8.08% Pfd	PWJ PrB	NYS
PXRE Corp	PXT	NYS
Pyramid Breweries	PMID	NNM
Pyramid Oil	PYOL	BB
Q C Optics	OPC	ASE
Q C Optics Wrrt	OPC.WS	ASE

Issue	Ticker	Exchange
Q.E.P. Co	QEPC	NNM
QAD Inc	QADI	NNM
QCF Bancorp	QCFB	NNM
QIAGEN N V	QGENF	NNM
Qlogic Corp	QLGC	NNM
QLT Phototherapeutics	QLTIF	NNM
Q-Med Inc	QEKG	NSC
QMS Inc	AQM	NYS
QRS Corp	QRSI	NNM
QRS Music	QRSM	BB
QSound Labs	QSNDF	NSC
QSR Ltd	QSRTF	NSC
Quad City Hldgs	QCHI	NSC
Quad Systems Corp	QSYS	NNM
QuadraMed Corp	QMDC	NNM
Quadrax Corp	QDRXQ	BB
Quaker Chemical Corporation	KWR	NYS
Quaker City Bancorp	QCBC	NNM
Quaker Fabric	QFAB	NNM
Quaker Oats	OAT	NYS
Quaker State Corp	KSF	NYS
QUALCOMM Inc	QCOM	NNM
Quality Dining	QDIN	NNM
Quality Semiconductor	QUAL	NNM
Quality Systems	QSII	NNM
Qualix Group	FTSW	NNM
QualMark Corp	QMRK	NSC
Quanex Corp	NX	NYS
Quanta Services	PWR	NYS
Quantum Corp	QNTM	NNM
Quarterdeck Corp	QDEK	NNM
Quebec Tel Group	QTG	TS
Quebecor Cl'A'	PQB	ASE
Quebecor Cl'B'	QBR.B	TS
Quebecor Printing	PRW	NYS
Queen Sand Resources	QSRI	NSC
Queens County Bancorp	QCSB	NNM
QueryObject Systems	QUOB	NSC
Quest Diagnostics	DGX	NYS
Quest Intl Res	QIXXF	NSC
Questa Oil & Gas	QUES	NSC
Questar Corp	STR	NYS
QuesTech Inc	QTEC	NSC
Questron Technology	QUST	NSC
Questron Tech Ser IV Wrrt	QUSTW	NSC
Quickturn Design Sys	QKTN	NNM
Quidel Corp	QDEL	NNM
Quidel Corp Wrrt	QDELW	NNM
Quigley Corp	QGLY	NNM
Quik Pix	QPIX	BB
Quiksilver, Inc	ZQK	NYS
Quilmes Ind(Quinsa) ADS	LQU	NYS
Quinenco S.A. ADS	LQ	NYS
Quintel Entertainment	QTEL	NNM
Quintiles Transnational	QTRN	NNM
Quipp Inc	QUIP	NNM
Quixote Corp	QUIX	NNM
Quizno's Corp	QUIZ	NSC
Quorum Health Group	QHGI	NNM
Qwest Communications	QWST	NNM

Issue	Ticker	Exchange
R & B Inc	RBIN	NNM
R & G Financial 'B'	RGFC	NNM
R&B Falcon	FLC	NYS
R.H. Donnelley(New)	RHD	NYS
R.O.C. Taiwan Fund SBI	ROC	NYS
Racing Champions	RACN	NNM
Racing Champions Wrrt	RACNW	NNM
Racom Systems	RCOM	NSC
Racom Systems Unit	RCOMU	NSC
Racom Systems Wrrt	RCOMW	NSC
Racotek Inc	RACO	NNM
Rada Electronics Industries	RADIF	NNM
RADCOM Ltd	RDCMF	NNM
Radiant Systems	RADS	NNM
Radica Games	RADAF	NNM
RadiSys Corp	RSYS	NNM
Radius Inc	RDUS	NSC
Rag Shops	RAGS	NNM
Ragan (Brad)	BRD	ASE
Ragen Mackenzie Grp	RMG	NYS
RailAmerica Inc	RAIL	NNM
RailTex Inc	RTEX	NNM
Railworks Corp	RWKS	NNM
Rainbow Rentals	RBOW	NNM
Rainbow Technologies	RNBO	NNM
Rainforest Cafe	RAIN	NNM
Ralcorp Holdings	RAH	NYS
Rally's Hamburgers	RLLY	NNM
Rally's Hamburgers Wrrt	RLLYW	NNM
Ralston Purina 7.0%'SAILS'	IBX	NYS
Ralston-Purina Group	RAL	NYS
Ramapo Financial	RMPO	NNM
Rambus Inc	RMBS	NNM
Ramco Energy ADS	RCO	ASE
Ramco-Gershenson Prop Tr	RPT	NYS
Ramsay Health Care	RHCI	NNM
Ramtron Int'l	RMTR	NNM
Rand A Technology	RND	TS
Rand Capital	RAND	NSC
Randers Group	RGI.EC	ECM
Randgold & Exploration ADR	RANGY	NNM
Range Resources	RRC	NYS
Ranger Oil Ltd	RGO	NYS
Rank Group plc ADR	RANKY	NSC
Rankin Automotive Grp	RAVE	NNM
Rare Hospitality Intl	RARE	NNM
Raritan Bancorp	RARB	NNM
Rational Software	RATL	NNM
Rauma Oy ADS	RMA	NYS
Raven Indus	RAVN	NNM
Rawlings Sporting Goods	RAWL	NNM
Raychem Corp	RYC	NYS
Raymond James Finl	RJF	NYS
Rayonier Inc	RYN	NYS
Rayovac Corp	ROV	NYS
Rayrock Yellowknife Res	RAY	TS
Raytech Corp	RAY	NYS
Raytel Medical	RTEL	NNM
Raytheon Co 'A'	RTN.A	NYS
Raytheon Co'B'	RTN.B	NYS

Issue	Ticker	Exchange
R-B Rubber Products	RBBR	NSC
RBI Cap Tr I 9.10% Pfd	REPBP	NNM
RCM Strategic Global Gvt Fund	RCS	NYS
RCM Technologies	RCMT	NNM
RCN Corp	RCNC	NNM
RDO Equipment'A'	RDO	NYS
Reader's Digest $1.93'TRACES'	RDT	NYS
Reader's Digest Assn'A'	RDA	NYS
Reader's Digest Assn'B'	RDB	NYS
Reading Entertainment	RDGE	NNM
Read-Rite Corp	RDRT	NNM
Real del Monte Mining	RDMMF	NSC
Real Goods Trading	RGTC	NSC
Realco Inc	RLCO	NNM
Realco Inc Wrrt	RLCOW	NNM
Reality Interactive	RINT	BB
RealNetworks Inc	RNWK	NNM
Realty Income	O	NYS
Realty Information Grp	RIGX	NNM
Realty Refund SBI	RRF	NYS
Reckson Associates Realty	RA	NYS
Reckson Assoc Rlty 7.625%Cv'A'	RA PrA	NYS
Reconditioned Systems	RESY	NSC
Recoton Corp	RCOT	NNM
Recovery Engineering	REIN	NNM
Recovery Network	RNET	NSC
Recovery Network Wrrt	RNETW	NSC
Recycling Industries	RECY	NNM
Red Brick Systems	REDB	NNM
Red Hot Concepts	RHCS	NSC
Red Roof Inns	RRI	NYS
Redaurum Ltd	RRK	TS
Redfern Resources	RFR	TS
Redhook Ale Brewery	HOOK	NNM
Redwood Empire Bancorp	REB	ASE
Redwood Trust	RWT	NYS
Redwood Trust 9.74% Cv Pfd	RWT PrB	NYS
Reebok Intl	RBK	NYS
Reed Intl P.L.C. ADS	RUK	NYS
Reeds Jewelers	RJI	ASE
REFAC Technology Develop	REF	ASE
Reflectix Inc	RECT	BB
Regal Beloit	RBC	ASE
Regency Bancorp	REFN	NNM
Regency Realty	REG	NYS
Regeneron Pharmaceuticals	REGN	NNM
Regent Assisted Living	RGNT	NNM
Regions Financial	RGBK	NNM
Regis Corp	RGIS	NNM
Registry Magic	RMAG	NSC
RehabCare Group	RHBC	NNM
Rehabilicare Inc	REHB	NNM
Reinsurance Group of Amer	RGA	NYS
Reinsurance Group of Amer'A'	RGA.A	NYS
Reitmans Canada	RET	TS
Reko Intl Group	REK	TS
Reliability Inc	REAL	NNM
Reliance Acceptance Gp	RACCQ	BB
Reliance Bancorp	RELY	NNM
Reliance Bancshares	RELI	NSC

Issue	Ticker	Exchange
Reliance Group Hldgs	REL	NYS
Reliance Steel & Aluminum	RS	NYS
ReliaStar Financial	RLR	NYS
ReliaStar Fin I 8.20%'TOPrS'	RLR PrA	NYS
ReliaStar Fin II 8.10%'TOPrS'	RLR PrB	NYS
Reliv' International	RELV	NNM
RELM Wireless	RELM	NNM
RELTEC Corp	RLT	NYS
REMEC Inc	REMC	NNM
Remedy Corp	RMDY	NNM
RemedyTemp Inc 'A'	REMX	NNM
Remington Oil & Gas 'A'	ROILA	NNM
Remington Oil & Gas 'B'	ROILB	NNM
Renaissance Cap Growth & Inc F	RENN	NNM
Renaissance Energy	RES	TS
Renaissance Entertainment	FAIR	NSC
Renaissance Entmt Wrrt'A'	FAIRW	NSC
Renaissance Entmt Wrrt'B'	FAIRZ	NSC
Renaissance Golf Products	FGLFD	BB
Renaissance Worldwide	REGI	NNM
RenaissanceRe Holdings	RNR	NYS
Renal Care Group	RCGI	NNM
Renex Corp	RENX	NNM
Reno Air	RENO	NNM
Reno Air Sr'A'CvExchPfd	RENOP	NNM
Rental Service	RSV	NYS
Rent-A-Wreck America	RAWA	NSC
Rentech Inc	RNTK	NSC
Renters Choice	RCII	NNM
Rentrak Corp	RENT	NNM
Rent-Way	RWAY	NNM
Repligen Corp	RGEN	NNM
Repsol Intl Cap Ltd 7.45% Pref	REP PrA	NYS
Repsol S.A. ADS	REP	NYS
Reptron Electronics	REPT	NNM
Republic Bancorp	RBNC	NNM
Republic Bancorp 'A'	RBCAA	NNM
Republic Bancshares	REPB	NNM
Republic Banking Corp(Fla)	RBCF	NNM
Republic Engineered Steels	REPS	NNM
Republic First Bancorp(PA)	FRBK	NNM
Republic Group	RGC	NYS
Republic Industries	RII	NYS
Republic New York	RNB	NYS
Republic NY $1.8125 cm Pfd	RNB PrE	NYS
Republic NY $2.8575 cm Pfd	RNB PrF	NYS
Republic NY Adj Rt Dep Pfd	RNB PrD	NYS
Republic Security Finl	RSFC	NNM
Republic Services 'A'	RSG	NYS
Res-Care Inc	RSCR	NNM
Research Engineers	RENG	NNM
Research Frontiers	REFR	NNM
Research Inc	RESR	NNM
Research Partners Intl	RPII	NNM
ResMed Inc	RESM	NNM
Resort World Enterprises	RERT	BB
ResortQuest Intl	RZT	NYS
Resound Corp	RSND	NNM
Resource America'A'	REXI	NNM
Resource Asset Invstmt	RAS	ASE

Issue	Ticker	Exchange
Resource Bancshares Mtg Gp	RBMG	NNM
Resource Bankshares	RBV	ASE
Respironics Inc	RESP	NNM
Response Oncology	ROIX	NNM
Response USA	RSPN	NSC
Response USA Wrrt'A'	RSPNW	NSC
Response USA Wrrt'B'	RSPNZ	NSC
Restoration Hardware	RSTO	NNM
Restrac Inc	RTRK	NNM
Resurgence Properties	RPIA	NSC
Retrospettiva Inc	RTRO	NNM
Retrospettiva Inc Wrrt	RTROW	NNM
Reunion Industries	RUNI	NSC
Reuters Group ADS	RTRSY	NNM
Revenue Properties Ltd	RPCLF	NNM
Revlon Inc'A'	REV	NYS
Rex Stores	RSC	NYS
Rexall Sundown	RXSD	NNM
Rexam Plc ADR	REXMY	NSC
Rexhall Indus	REXL	NNM
Rexx Environmental	REX	ASE
Reynolds & Reynolds'A'	REY	NYS
Reynolds Metals	RLM	NYS
RF Industries	RFIL	NSC
RF Micro Devices	RFMD	NNM
RF Monolithics	RFMI	NNM
RF Power Products	RFP	ASE
RFS Hotel Investors	RFS	NYS
Rheometric Scientific	RHEM	BB
Rhodia ADS	RHA	NYS
Rhone-Poul Overseas 8.125%Pref	RPO PrA	NYS
Rhone-Poulenc ADR	RP	NYS
Rhone-Poulenc ADR Wrrts	RP.WS	NYS
Ribi ImmunoChem Res	RIBI	NNM
RiboGene Inc	RBO	ASE
Ribozyme Pharmaceuticals	RZYM	NNM
Rica Foods	RICA	NSC
Rich Coast Inc	KRHC	NSC
Richardson Electronics	RELL	NNM
Richey Electronics	RCHY	NNM
Richfood Hldgs	RFH	NYS
Richfood Holdings Wrrt	RFHWV	NSC
Richmond County Financial	RCBK	NNM
Richmont Mines	RIC	ASE
Richton Intl	RHT	ASE
Rick's Cabaret Intl	RICK	NSC
Rick's Cabaret Intl'Wrrt'	RICKW	NSC
Riddell Sports	RIDL	NNM
Ride Inc	RIDE	NNM
Ridgeview Inc	RIDG	NNM
Rigel Energy	RJL	TS
Riggs Natl Corp	RIGS	NNM
Right Mgmt Consultants	RMCI	NNM
Right Start	RTST	NNM
RightCHOICE Managed Care'A'	RIT	NYS
RIGL Corp	RIGN	BB
Rimage Corp	RIMG	NNM
Rio Algom Ltd	ROM	ASE
Rio Algom Ltd9.375%'COPrS'	ROM Pr	NYS
Rio Hotel & Casino	RHC	NYS

Issue	Ticker	Exchange
Rio Tintoplc ADS	RTP	NYS
Risk Capital Holdings	RCHI	NNM
RIT Technologies	RITTF	NNM
Ritchie Bros Auctioneers	RBA	NYS
Rite Aid	RAD	NYS
Rival Co	RIVL	NNM
Rivendell Winery N.Y.	RWNYD	BB
River Valley Bancorp	RIVR	NSC
Riverside Forest Pds	RFP	TS
Riverside Group, Inc	RSGIC	NSC
Riverview Bancorp	RVSB	NNM
Riviana Foods	RVFD	NNM
Riviera Holdings	RIV	ASE
Riviera Tool	RTC	ASE
RJR Nabisco Holdings	RN	NYS
RJR Nabisco 10% 'TOPrS'	RN PrT	NYS
RJR Nabisco Sr'B'Dep Pfd	RN PrB	NYS
RLI Corp	RLI	NYS
RMH Teleservices	RMHT	NNM
RMI Titanium	RTI	NYS
Roadhouse Grill	GRLL	NNM
Roadway Express	ROAD	NNM
Roanoke Electric Steel	RESC	NNM
Roanoke Gas	RGCO	NNM
Robbins & Myers	RBN	NYS
Roberds Inc	RBDS	NNM
Robert Half Intl	RHI	NYS
Roberts Pharmaceutical	RPC	ASE
Roberts Realty Investors	RPI	ASE
Robertson-Ceco Corp	RHH	NYS
Robinson Nugent	RNIC	NNM
Robocom Systems	RIMS	NNM
Robotic Vision Sys	ROBV	NNM
Roche Holdings ADS	ROHHY	BB
Rochester Gas & El	RGS	NYS
Rochester Medical	ROCM	NNM
Rock Bottom Restaurants	BREW	NNM
Rock Financial	RCCK	NNM
Rock of Ages'A'	ROAC	NNM
Rockford Industries	ROCF	NNM
Rockshox Inc	RSHX	NNM
Rock-Tenn 'A'	RKT	NYS
Rockwell Intl	ROK	NYS
Rockwell Medical Tech	RMTI	NSC
Rockwell Medical Tech Wrrt	RMTIW	NSC
Rocky Mtn Choc Factory	RMCF	NNM
Rocky Mountain Internet	RMII	NSC
Rocky Mountain Internet Wrrt	RMIIW	NSC
Rocky Shoes & Boots	RCKY	NNM
Rofin-Sinar Technologies	RSTI	NNM
Rogers Cantel MobComm'B'	RCN	NYS
Rogers Commun Cl'A'	RCI.A	TS
Rogers CommunCl'B'	RG	NYS
Rogers Corp	ROG	ASE
Rogue Wave Software	RWAV	NNM
Rohm & Haas	ROH	NYS
ROHN Industries	ROHN	NNM
Rollerball Intl	ROLL	NSC
Rollins Inc	ROL	NYS
Rollins Truck Leasing	RLC	NYS

Issue	Ticker	Exchange
Romac Intl	ROMC	NNM
RomTech	ROMT	NSC
Ronson Corp	RONC	NSC
Room Plus	PLUS	NSC
Room Plus Wrrt	PLUSW	NSC
Roper Industries	ROP	NYS
Rose Corp	TRSEF	NSC
Rosedale Decorative Pds	ROSDF	NSC
Roslyn Bancorp	RSLN	NNM
Ross Stores	ROST	NNM
Ross Systems	ROSS	NNM
Ross Technology	RTEC	BB
Rostelecom Telecommun ADS	ROS	NYS
Rothmans Inc	ROC	TS
Rotonics Manufacturing	RMI	ASE
Rottlund Co	RH	ASE
Rouge Industries 'A'	ROU	NYS
Rouse Capital 9.25%'QUIPS'	RSE PrZ	NYS
Rouse Co	RSE	NYS
Rouse Co 6.00% Cv Pfd	RSE PrB	NYS
Rowan Cos	RDC	NYS
Rowe Furniture	ROW	NYS
Royal Appliance Mfg	RAM	NYS
Royal Bancshares(PA)'A'	RBPAA	NNM
Royal BankCanada	RY	NYS
Royal Bk Scotland Ex Cap Sec	RBS PrX	NYS
Royal Bk Scotland Pfd'B'ADS	RBS PrB	NYS
Royal Bk Scotland Pfd'C'ADS	RBS PrC	NYS
Royal Bk Scotland Pfd'D' ADS	RBS PrD	NYS
Royal Bk Scotland Pfd'E'ADS	RBS PrE	NYS
Royal Bk Scotland Pfd'F' ADS	RBS PrF	NYS
Royal Bk Scotland Pfd'G'ADS	RBS PrG	NYS
Royal Caribbean Cruises	RCL	NYS
Royal Carib Cru $3.625 Cv Pfd	RCL Pr	NYS
Royal Dutch Petrol	RD	NYS
Royal Gold Inc	RGLD	NNM
Royal Group Tech	RYG	NYS
Royal LePage	RLG	TS
Royal Oak Mines	RYO	ASE
Royal Olympic Cruise Line	ROCLF	NNM
Royal Precision	RIFL	NNM
Royal PTT Nederland ADS	KPN	NYS
Royale Energy	ROYL	NNM
Royce Global Trust	FUND	NNM
Royce Global Tr 7.45% Pfd	RGL Pr	ASE
Royce Micro-Cap Tr	OTCM	NNM
Royce Micro-Cap Tr7.75% Pfd	ROY Pr	ASE
Royce Value Trust	RVT	NYS
Royce Value Tr 7.30% Pfd	RVT PrA	NYS
Royce Value Tr 8.00% Pfd	RVT Pr	NYS
RPC Inc	RES	NYS
RPM, Inc	RPM	NYS
RSI Systems	RSIS	NSC
RSL Communications 'A'	RSLCF	NNM
RTI, Inc	RTIIC	NSC
RTO Enterprises	RTO	TS
RTW Inc	RTWI	NNM
Rubbermaid, Inc	RBD	NYS
Ruby Tuesday	RI	NYS
Ruddick Corp	RDK	NYS

Issue	Ticker	Exchange
Rural Cellular 'A'	RCCC	NNM
Rural/Metro Corp	RURL	NNM
Rush Enterprises	RUSH	NNM
Rushmore Financial Grp	RFGI	NSC
Russ Berrie & Co	RUS	NYS
Russell Corp	RML	NYS
Russell Metals	RUSMF	TS
Rutherford-Moran Oil	RMOC	NNM
RVM Industries	RVMI	BB
RWD Technologies	RWDT	NNM
Ryan Energy Tech	RYN	TS
Ryanair Holdings ADS	RYAAY	NNM
Ryan's Family Stk Hse	RYAN	NNM
Ryder System	R	NYS
Ryerson Tull 'A'	RT	NYS
Ryland Group	RYL	NYS
S & K Famous Brands	SKFB	NNM
S I Technologies	SISI	NSC
S L Ventures Inc	SLVM	BB
S Y Bancorp	SYI	ASE
S&T Bancorp	STBA	NNM
S.I. Handling Sys	SIHS	NNM
S2 Golf	GOLF	NSC
S3 Inc	SIII	NNM
Saatchi & Saatchi ADS	SSA	NYS
Saba Petroleum	SAB	ASE
Sabine Royalty Tr UBI	SBR	NYS
Sabratek Corp	SBTK	NNM
SABRE Group Holdings 'A'	TSG	NYS
SAC Technologies	SACM	NSC
SAES Getters S.p.A ADS	SAESY	NNM
Saf T Lock	LOCK	NSC
SAFECO Corp	SAFC	NNM
Safeguard Health Enterpr	SFGD	NNM
Safeguard Scientifics	SFE	NYS
SafeScience Inc	SAFS	NSC
Safeskin Corp	SFSK	NNM
Safetech Industries	SFTH	BB
Safety 1st Inc	SAFT	NNM
Safety Components Intl	ABAG	NNM
Safety-Kleen Corp	SK	NYS
Safeway Inc	SWY	NYS
Saga Communications 'A'	SGA	ASE
Saga Petroleum ADS 'A'	SPM.A	NYS
Saga Petroleum ADS 'B'	SPM.B	NYS
Saint Andrews Golf	SAGC	NSC
Saint Andrews Golf Wrrt	SAGCW	NSC
St. Francis Capital	STFR	NNM
St. Helena Gold Mines ADR	SGOLY	NSC
St. Joe Co	JOE	NYS
St. John Knits	SJK	NYS
St. Joseph Lt & Pwr	SAJ	NYS
St. Jude Medical	STJ	NYS
St. Laurent Paperboard	SPI	TS
St. Mary Land Exploration	MARY	NNM
St. Paul Bancorp	SPBC	NNM
St. Paul Cos	SPC	NYS
St. Paul Cos LLC 6%Cv'MIPS'	SPC PrM	NYS
Saks Holdings	SKS	NYS
Salant Corp	SLT	NYS

Issue	Ticker	Exchange
Salient 3 Communic'A'	STCIA	NNM
Salient Systems	SLTS	BB
Salisbury Bancorp	SAL	ASE
Saliva Diagnostic Systems	SALVD	BB
Salomon Bros 2008 WW Dlr Gvt	SBG	NYS
Salomon Bros Fund	SBF	NYS
Salomon Bros High Income Fd	HIF	NYS
Salomon Bros High Income Fd II	HIX	NYS
Salomon Bros W W Income Fd	SBW	NYS
Salomon SB 6.25%'DECS'2001	CXB	NYS
Salomon SB Hldg Eq Nts 2001	XSB	NYS
Salomon SB Hldg Eq Nts 2005	ASB	ASE
Salomon SB Nikkei'MITTS'2002	NXS	NYS
Salton/Maxim Housewares	SALT	NNM
Samoth Capital	SCF	TS
Samsonite Corp	SAMC	NNM
San Andreas Resources	SAO	TS
San Diego G&E 4.40% Pfd	SDO PrC	ASE
San Diego G&E 4.50% Pfd	SDO PrB	ASE
San Diego G&E 5% Pfd	SDO PrA	ASE
San Diego Gas & El $1.82 Pref	SDO PrH	ASE
San Juan Basin Rty Tr	SJT	NYS
Sanchez Computer Assoc	SCAI	NNM
Sand Technology Sys'A'	SNDCF	NNM
Sandata Inc	SAND	NSC
Sanderson Farms	SAFM	NNM
SanDisk Corp	SNDK	NNM
Sands Regent	SNDS	NNM
Sandwich Bancorp	SWCB	NNM
Sandy Spring Bancorp	SASR	NNM
Sanfilippo,John B & Son	JBSS	NNM
SangStat Medical	SANG	NNM
Sanguine Corp	SGNC	BB
Sanmina Corp	SANM	NNM
Santa Barbara Bancorp	SABB	NNM
Santa Cruz Gold	SCG	TS
Santa Cruz Operation	SCOC	NNM
Santa Fe Energy Res	SFR	NYS
Santa Fe EnergyTr 'SPERs'	SFF	NYS
Santa Fe Financial	SFEF	NSC
Santa Fe Gaming	SGM	ASE
Santa Fe Gaming 8% Ex Pfd	SGM Pr	ASE
Santa Fe Intl	SDC	NYS
Santa Isabel ADS	ISA	NYS
Santander Fin Pref 'J'	BSF PrJ	NYS
Santander Fin Pref'A'(25.92)	BSF PrA	NYS
Santander Fin Pref'B'	BSF PrB	NYS
Santander Fin Pref'C'	BSF PrC	NYS
Santander Fin Pref'D'	BSF PrD	NYS
Santander Fin Pref'E'	BSF PrE	NYS
Santander Fin Pref'F'	BSF PrF	NYS
Santander Fin Pref'G'	BSF PrG	NYS
Santander Fin Pref'H'	BSF PrH	NYS
Santander Overseas Bk 'D'Pfd	OPR PrD	NYS
Santos Ltd ADR	STOSY	NSC
SANYO Electric Ltd ADS	SANYY	NSC
SAP Aktiengesellschaft ADS	SAP	NYS
Sapiens Intl N.V.	SPNSF	NNM
Sapient Corp	SAPE	NNM
Sara Lee Corp	SLE	NYS

Issue	Ticker	Exchange
Saratoga Beverage Group'A'	TOGA	NSC
Saratoga Brands	STGA	NSC
Saskatchewan Wheat Pool 'B'	SWP.B	TS
Sasol Ltd ADR	SASOY	NSC
SatCon Technology	SATC	NNM
Saturn Solutions	SDQ	TS
Saucony Inc'A'	SCNYA	NNM
Saucony Inc'B'	SCNYB	NNM
Sauer Inc	SHS	NYS
Saul Centers	BFS	NYS
Savanna Resources	SAVRF	BB
Savannah Bancorp	SAVB	NNM
Savannah El & Pwr 6.64% Pfd	SAV PrB	NYS
Saville Systems ADS	SAVLY	NNM
Savoir Technology Grp	SVTG	NNM
Sawako Corp ADR	SWKOY	NNM
Sawtek Inc	SAWS	NNM
Saxton Inc	SXTN	NNM
Sbarro Inc	SBA	NYS
SBC Communications	SBC	NYS
SBC Commun 7.75%'DECS' 2001	XTS	NYS
SBE Inc	SBEI	NNM
SBI Cap Tr 9.30% Cm Pfd	OKSBO	NNM
SBI Communications	SBID	BB
SBM Industries	SBM	ASE
SBS Technologies	SBSE	NNM
SCANA Corp	SCG	NYS
Scandinavia Co	SCF	ASE
Scandinavian Broadcstg Sys	SBTVF	NNM
Scan-Graphics	SCNG	NSC
Scania AB'A'ADS	SCV.A	NYS
Scania AB'B'ADS	SCV.B	NYS
Scan-Optics	SOCR	NNM
ScanSource Inc	SCSC	NNM
ScanSource Inc Wrrt	SCSCW	NSC
Scantek Medical	SKML	BB
ScanVec Co	SVECF	NNM
SCB Computer Technology	SCBI	NNM
SCC Communications	SCCX	NNM
SCE&G Trust I 7.55% Pfd	SAC PrT	NYS
Schawk Inc'A'	SGK	NYS
Scheib (Earl)	ESH	ASE
Scheid Vineyards'A'	SVIN	NNM
Schein (Henry)	HSIC	NNM
Schein Pharmaceutical	SHP	NYS
Scherer Healthcare	SCHR	NNM
Schering-Plough	SGP	NYS
Schick Technologies	SCHK	NNM
Schlotzsky's Inc	BUNZ	NNM
Schlumberger Ltd	SLB	NYS
Schmitt Industries	SMIT	NNM
Schneider Corp(New)	SCD	TS
Schnitzer Steel Ind'A'	SCHN	NNM
Scholastic Corp	SCHL	NNM
School Specialty	SCHS	NNM
Schuff Steel	SHUF	NNM
Schuler Homes	SHLR	NNM
Schulman (A.)	SHLM	NNM
Schultz Sav-O Stores	SAVO	NNM
Schwab(Chas)Corp	SCH	NYS

Issue	Ticker	Exchange
Schweitzer-Mauduit Intl	SWM	NYS
SCI Systems	SCI	NYS
SciClone Pharmaceuticals	SCLN	NNM
Science Dynamics	SIDY	NSC
Scientific Games Hldgs	SG	NYS
Scientific Technologies	STIZ	NNM
Scientific-Atlanta	SFA	NYS
Scios Inc	SCIO	NNM
Scitex Corp, Ord	SCIXF	NNM
SCM Microsystems	SCMM	NNM
Scoop Inc	SCPI	BB
Scope Indus	SCP	ASE
SCOR ADS	SCO	NYS
Scotland Bancorp	SSB	ASE
Scotsman Industries	SCT	NYS
Scott Technologies Cl'A'	SCTTA	NNM
Scott Technologies Cl'B'	SCTTB	NNM
Scott/Stringfellow Finl	SCOT	NNM
Scottish Power ADS	SPI	NYS
Scotts Co 'A'	SMG	NYS
Scott's Liquid Gold	SGD	NYS
Scottsdale Technologies	SDNI	BB
SCP Pool	POOL	NNM
SCPIE Holdings	SKP	NYS
Scripps(E.W.)'A'	SSP	NYS
Scudder Global Hi Inc Fd	LBF	NYS
Scudder New Asia Fd	SAF	NYS
Scudder New Europe Fund	NEF	NYS
Scudder Spain&Portugal Fund	IBF	NYS
SDL Inc	SDLI	NNM
Sea Containers Ltd Cl'A'	SCRA	NYS
Sea Containers Ltd Cl'B'	SCR B	NYS
Seaboard Corp	SEB	ASE
SeaChange Intl	SEAC	NNM
Seacoast Banking FL'A'	SBCFA	NNM
SEACOR Smit	CKH	NYS
Seagate Technology	SEG	NYS
Seagram Co. Ltd	VO	NYS
Seagull Energy	SGO	NYS
Sealed Air	SEE	NYS
Sealed Air $2.00 Cv Pfd 'A'	SEE PrA	NYS
SeaMED Corp	SEMD	NNM
Sears Canada	SCC	TS
Sears,Roebuck	S	NYS
Seattle FilmWorks	FOTO	NNM
Seaway Food Town	SEWY	NNM
Secom General	SECM	NNM
Second Bancorp	SECD	NNM
Second Cup	SKL	TS
Second Natl Financial	SEFC	NSC
Sector Communications	SECT	NSC
Secure Computing	SCUR	NNM
Security Assoc Intl	IDL	ASE
Security Bank	SBCM	NSC
Security Bank Hldg	SBHC	NNM
Security Capital Grp'A'	SCZ.A	NYS
Security Capital Grp'B'	SCZ.B	NYS
Security Capital Grp Wrrt	SCZ.WS	NYS
Security Dynamics Technologies	SDTI	NNM
Security First Corp	SFSL	NNM

Issue	Ticker	Exchange
Security First Network Bank	SFNB	NNM
Security Natl Finl 'A'	SNFCA	NNM
SED Intl Holdings	SECX	NNM
Sedgwick Group ADS	SED	NYS
SEEC Inc	SEEC	NNM
SEEQ Technology	SEEQ	NNM
Seer Tech	SEER	NNM
Segue Software	SEGU	NNM
SEI Investments	SEIC	NNM
Seibels Bruce Group	SBIG	NNM
Seiler Pollution Ctl Sys	SEPCE	NSC
Seitel Inc	SEI	NYS
Selas Corp of Amer	SLS	ASE
Select Appointments ADR	SELAY	NNM
SELECT Software Tools ADR	SLCTY	NNM
Selective Insurance Gr	SIGI	NNM
Selfcare Inc	SLF	ASE
Seligman Quality Muni Fd	SQF	NYS
Seligman Select Muni Fund	SEL	NYS
Sel-Leb Marketing	SELB	NSC
Sel-Leb Marketing Wrrt	SELBW	NSC
SEMCO Energy	SMGS	NNM
Semele Group	VSLF	NNM
Semiconductor Laser Intl	SLIC	NSC
Semiconductor Laser Wrrt	SLICW	NSC
Semitool Inc	SMTL	NNM
Sempra Energy	SRE	NYS
Semtech Corp	SMTC	NNM
SEMX Corp	SEMX	NNM
Seneca Foods Cl'A'	SENEA	NNM
Seneca Foods Cl'B'	SENEB	NNM
Senetek Plc ADS	SNTKY	NSC
Senior High Income Portfolio	ARK	NYS
Sensormatic Elect	SRM	NYS
Sento Corp	SNTO	NSC
Sentry Technology	SKV	ASE
Sentry Technology 5%'A'Pfd	SKV PrA	ASE
Senvest Capital	SEC	TS
Sepracor Inc	SEPR	NNM
Sequa Corp Cl'A'	SQA.A	NYS
Sequa Corp'B'	SQA.B	NYS
Sequa $5cm Cv Pfd	SQA Pr	NYS
Sequent Computer Sys	SQNT	NNM
SEQUUS Pharmaceuticals	SEQU	NNM
SeraCare Inc	SRK	ASE
Serengeti Eyewear	SOLRC	NSC
Serengeti Eyewear 'Wrrt'	SOLWC	NSC
Serologicals Corp	SERO	NNM
Service Corp Intl	SRV	NYS
Service Experts	SVE	NYS
Service Merchandise	SME	NYS
ServiceMaster Co	SVM	NYS
Servico Inc	SER	NYS
Servotronics, Inc	SVT	ASE
Seven Seas Petroleum	SEV	ASE
Sevenson Enviro Svcs	SEVN	NNM
7th Level Inc	SEVL	NNM
SFS Bancorp	SFED	NNM
SFX Entertainment'A'	SFXE	NNM
SGL Carbon AG ADS	SGG	NYS

Issue	Ticker	Exchange
SGV Bancorp	SGVB	NNM
Shaman Pharmaceuticals	SHMN	NNM
Shandong Huaneng Pwr ADS	SH	NYS
Shanghai Petrochemical ADS	SHI	NYS
Shared Medical Sys	SMS	NYS
Shared Tech Cellular	STCL	NSC
Sharper Image	SHRP	NNM
Shaw Communications	SJR	NYS
Shaw Communic 8.45% 'COPrS'	SJR PrA	NYS
Shaw Communications 8.50%'COPr	SJR PrB	NYS
Shaw Group	SGR	NYS
Shaw Indus	SHX	NYS
Sheffield Pharmaceuticals	SHM	ASE
Shelby Williams Ind	SY	NYS
Sheldahl, Inc	SHEL	NNM
Shell Canada'A'vtg	SHC	TS
Shell Transp/Trad ADR	SC	NYS
Shells Seafood Restaurants	SHLL	NNM
Sheridan Energy	SHDN	NSC
Sheridan Healthcare	SHCR	NNM
Sherwin-Williams	SHW	NYS
Sherwood Brands 'A'	SHD	ASE
Sherwood Brands Wrrt	SHD .WS	ASE
Shiloh Industries	SHLO	NNM
Shire Pharmaceuticals ADS	SHPGY	NNM
Shiva Corp	SHVA	NNM
Shoe Carnival	SCVL	NNM
Shoe Pavilion	SHOE	NNM
ShoLodge Inc	LODG	NNM
Shoney's Inc	SHN	NYS
Shop at Home	SATH	NSC
Shopko Stores	SKO	NYS
Shopping.com	IBUY	BB
Shore Financial	SHBK	NNM
Shoreline Financial	SLFC	NNM
Shorewood Packaging	SWD	NYS
Showpower Inc	SHO	ASE
Showscan Entertainment	SHOWE	NNM
Shuffle Master	SHFL	NNM
Shurgard Storage Centers	SHU	NYS
Shurgard Storage 8.80% Pfd'B'	SHU PrB	NYS
SI Diamond Technology	SIDT	BB
SI Fin Tr I 9.50%'TRUPS'Units	SB PrG	NYS
SIBIA Neurosciences	SIBI	NNM
Sidus Systems	SSM	TS
Siebel Systems	SEBL	NNM
Siebert Finl	SIEB	NSC
Siem Industries	NXA	ASE
Sierra Health Services	SIE	NYS
Sierra Pac Pwr Cp 8.60%'TOPrS'	SRP PrT	NYS
Sierra Pacific Resources	SRP	NYS
SierraWest Bancorp	SWBS	NNM
SIFCO Indus	SIF	ASE
SIGA Pharmaceuticals	SGPH	NSC
SIGCORP, Inc	SIG	NYS
Sight Resource	VISN	NNM
Sight Resource Wrrt	VISNZ	NNM
Sight Resource Wrrt	VISNZ	NNM
Sigma Designs	SIGM	NNM
Sigma-Aldrich	SIAL	NNM

Issue	Ticker	Exchange
Sigmatron International	SGMA	NNM
Signal Apparel	SIA	NYS
Signal Corp	SGNL	NNM
Signal Corp 6.5% Cv'B' Pfd	SGNLO	NSC
Signal Technology	STZ	ASE
Signature Brands(Nev)	FLVR	BB
Signature Eyewear	SEYE	NNM
Signature Inns	SGNS	NNM
Signature Inns $1.70 Pfd'A'	SGNSP	NNM
Signet Group ADR	SIGYY	NNM
Silcorp Ltd	SIL	TS
Siler Assets Inc	CILV	BB
Silgan Holdings	SLGN	NNM
Silicom Ltd	SILCF	NSC
Silicon Gaming	SGIC	NNM
Silicon Graphics	SGI	NYS
Silicon Storage Tech	SSTI	NNM
Silicon Valley Bancshrs	SIVB	NNM
Silicon Valley Group	SVGI	NNM
Silicon Valley Research	SVRI	NNM
Siliconix Inc	SILI	NNM
Silver Diner	SLVR	NNM
Silver Standard Resources	SSRIF	NSC
Silver Star Intl	SVSR	BB
Silverado Foods	SLV	ASE
Silverado Gold Mines	GOLDF	BB
Silverleaf Resorts	SVR	NYS
Simione Central Hlds	SCHI	NNM
Simmons First Cap Tr9.12%cmPfd	SFNCP	NNM
Simmons First Natl	SFNCA	NNM
Simon DeBartolo Group	SPG	NYS
Simon DeBartolo 8.75%'B'Pfd	SPG PrB	NYS
Simon Transportation Svcs'A'	SIMN	NNM
Simpson Indus	SMPS	NNM
Simpson Manufacturing	SSD	NYS
SIMS Communications	SIMS	NSC
Simula Inc	SMU	NYS
Simulations Plus	SIMU	NSC
Simware Inc	SIMWF	NNM
Sinclair Broadcast Group'A'	SBGI	NNM
Sinclair Broadcast$3.00'D'CvPf	SBGIP	NNM
Singapore Fund	SGF	NYS
Singer Co N.V.	SEW	NYS
SIPEX Corp	SIPX	NNM
Sirco Intl	SIRC	NSC
Sirena Apparel Group	SIRN	NNM
Sirrom Capital	SIR	NYS
SIS Bancorp	SISB	NNM
SITEL Corp	SWW	NYS
Six Rivers Natl Bank	SIXR	NNM
Sizeler Property Inv	SIZ	NYS
Sizzler International	SZ	NYS
SJG Cap Tr 8.35% Pfd	SJI PrT	NYS
SJNB Financial	SJNB	NNM
SJW Corp	SJW	ASE
SK Telecom ADS	SKM	NYS
Skaneateles Bancorp	SKAN	NNM
SKF AB ADR	SKFRY	NNM
Sky Network Television ADS	NZSKY	NNM
SkyePharma PLC ADS	SKYEY	NNM

Issue	Ticker	Exchange
Skyline Corp	SKY	NYS
Skyline Multimedia Entmt	SKYL	NSC
SkyMall Inc	SKYM	NNM
SkyTel Communications	SKYT	NNM
SkyWest Inc	SKYW	NNM
SL Green Realty	SLG	NYS
SL Green Realty 8.00% 'PIERS'	SLG PrA	NYS
SL Industries	SL	NYS
Slade's Ferry Bancorp	SFBC	NSC
SLI Inc	SLI	NYS
SLM Holding	SLM	NYS
SM&A Corp	WINS	NNM
Smallworldwide ADS	SWLDY	NNM
Smart & Final Inc	SMF	NYS
Smart Choice Automotive Grp	SMCHD	NSC
Smart Choice Automotive Wrrt	SMCHW	NSC
SMART Modular Tech	SMOD	NNM
SmarTalk TeleServices	SMTK	NNM
Smartflex Systems	SFLX	NNM
SmarTire Systems	SMTR	BB
SmartServ Online	SSOL	BB
SMC Corp	SMCC	NNM
SMED International	SMEDF	NNM
Smedvig Cl'A'ADS	SMV.A	NYS
Smedvig Cl'B' ADS	SMV.B	NYS
Smith (A.O.)	AOS	NYS
Smith (A.O.) Cl'A'	SMC.A	ASE
Smith Barney Inter Muni Fd	SBI	ASE
Smith Barney Muni Fund	SBT	ASE
Smith Corona	SCCO	NSC
Smith Intl	SII	NYS
Smith Micro Software	SMSI	NNM
Smith(Charles E.)Res Rlty	SRW	NYS
Smithfield Cos	HAMS	NSC
Smithfield Foods	SFDS	NNM
SmithKline Beecham ADS	SBH	NYS
Smith-Midland	SMID	NSC
Smith-Midland Wrrt	SMIDW	NSC
Smithway Motor Xpress'A'	SMXC	NNM
Smucker (J.M.) Cl'A'	SJM.A	NYS
Smucker (J.M.) Cl'B'	SJM.B	NYS
Snap-On Inc	SNA	NYS
SNB Bancshares	SNBJ	NNM
Snyder Comm $1.68 'STRYPES'	STX	NYS
Snyder Communications	SNC	NYS
Snyder Oil Corp	SNY	NYS
So Union Financing 9.48%'TOPrS	SUG PrA	NYS
Sobieski Bancorp	SOBI	NSC
Sociedad Quimica Y Minera ADS	SQM	NYS
Sodak Gaming	SODK	NNM
Sodexho Marriott Svcs	SDH	NYS
Sofamor/Danek Group	SDG	NYS
SofTech Inc	SOFT	NNM
Softnet Systems	SOF	ASE
SoftQuad Intl	SWEBF	NNM
Software AG Systems	AGS	NYS
Software Publ Corp Hldgs	SPCO	NSC
Software Spectrum	SSPE	NNM
software.net	BYND	NNM
SOFTWORKS Inc	SWRX	NNM

Issue	Ticker	Exchange
Sola International	SOL	NYS
Solectron Corp	SLR	NYS
Soligen Technologies	SGT.EC	ECM
Solitario Resources	SLR	TS
Solomon-Page Group Ltd	SOLP	NSC
Solomon-Page Grp Wrrt	SOLPW	NSC
SoloPoint Inc	SLPT	NSC
Solutia Inc	SOI	NYS
Somanetics Corp	SMTS	NSC
Somerset Group	SOMR	NNM
Somnus Medical Tech	SOMN	NNM
Sonat, Inc	SNT	NYS
Sonesta Intl Hotels	SNSTA	NNM
Sonic Automotive'A'	SAH	NYS
Sonic Corp	SONC	NNM
Sonic Foundry	SFO	ASE
Sonic Foundry Wrrt	SFO.WS	ASE
Sonic Solutions	SNIC	NNM
Sonics & Materials	SIMA	NSC
Sonics & Materials Wrrt	SIMAW	NSC
Sonoco Products	SON	NYS
SonoSight Inc	SONO	NNM
Sonus Corp	SSN	ASE
SONUS Pharmaceuticals	SNUS	NNM
Sony Corp ADR	SNE	NYS
SOS Staffing Svcs	SOSS	NNM
Sotheby's Hldgs Cl'A'	BID	NYS
Sound Advice	SUND	NNM
Sound Source Interactive	SSII	NSC
Sound Source Interactive Wrrt	SSIIW	NSC
Source Capital	SOR	NYS
Source Capital'A'	SOCC	NSC
Source Capital $2.40 Pfd	SOR Pr	NYS
Source Information Mgmt	SORC	NNM
Source Media	SRCM	NNM
Source One Mtg 8.42%'A'Pfd	SOM PrA	NYS
Source One Mtg 9.375%'QUICS'	SMQ	NYS
South Alabama Bancorp	SABC	NSC
South Carolina Cmnty Banc	SCCB	NSC
So.Carolina E&G 5%cmPfd(52 1/2	SAC Pr	NYS
South China Indus(Cda)	SGC	TS
South Jersey Indus	SJI	NYS
South Street Finl	SSFC	NNM
South Texas Drilling & Explor	STXD	BB
Southam Inc	STM	TS
SouthBanc Shares	SBAN	NNM
Southdown, Inc	SDW	NYS
Southern Africa Fund	SOA	NYS
Southern Banc(AL)	SRN	ASE
South'n Cal Ed 4.08% Pfd	SCE PrB	ASE
South'n Cal Ed 4.24% Pfd	SCE PrC	ASE
So'n Cal Ed 4.32% cm Pfd(28.75	SCE PrD	ASE
South'n Cal Ed 4.78% Pfd	SCE PrE	ASE
So Cal Edison 8.375%'QUIDS'	SCE.Q	ASE
Southern Cap Tr 8.25% Pfd	SBN PrA	ASE
Southern Co	SO	NYS
South'n Co Cap Tr III 7.75%'QU	SO PrA	NYS
Southern Co Cap Tr V 7.125%'TO	SO PrB	NYS
Southern Community Bancshs	SCBS	NSC
Southern Energy Homes	SEHI	NNM

Issue	Ticker	Exchange
Southern Finl Bancorp	SFFB	NNM
Southern Mineral	SMIN	NNM
Southern Missouri Bancorp	SMBC	NNM
Southern New Eng Telecom	SNG	NYS
Southern Pac Petrol ADS	SPPTY	NSC
Southern Pacific Funding	SFC	NYS
Southern Peru Copper	PCU	NYS
Southern Scottish Inns	SSCT	BB
Southern Security Life Ins	SSLI	NSC
Southern Union	SUG	NYS
SouthernEra Resources Ltd	SUF	TS
SouthFirst Bancshares	SZB	ASE
Southland Corp	SLCM	NNM
Southside Bancshares	SBCO	NSC
Southside Bancshares Inc	SBSI	NNM
Southside Cap Tr 8.50% Pfd	SBSIP	NNM
SouthTrust Corp	SOTR	NNM
Southwall Technologies	SWTX	NNM
Southward Energy	SWN	TS
Southwest Airlines	LUV	NYS
Southwest Bancorp	SWBT	NNM
Southwest Bancorp(OK)	OKSB	NNM
Southwest Bcp 9.2% cm 'A'Pfd	OKSBP	NNM
Southwest Gas	SWX	NYS
So West Gas Cap I 9.125%'TOPrS	SWX PrA	NYS
Southwest Georgia Finl	SGB	ASE
Southwest National	SWPA	NNM
Southwest Securities Grp	SWS	NYS
Southwest Water Co	SWWC	NNM
Southwestern Energy	SWN	NYS
Southwest'n Bell Tel 6.78% Deb	DSW	NYS
Sovereign Bancorp	SVRN	NNM
Sovran Self Storage	SSS	NYS
Sowest'n Pub Sv Cap 7.85% 'TOP	SPS PrT	NYS
SpaceDev Inc	SPDV	BB
SPACEHAB Inc	SPAB	NNM
SpaceLabs Medical	SLMD	NNM
Spacetec IMC	SIMC	NNM
Spaghetti Warehouse	SWH	NYS
Spain Fund	SNF	NYS
Span-America Med Sys	SPAN	NNM
Spanlink Communications	SPLK	NSC
Spar Aerospace	SPZ	TS
Sparta Foods	SPFO	NSC
Sparta Pharmaceuticals	SPTA	NSC
Sparta Pharmaceuticals Wrrt'A'	SPTAW	NSC
Sparta Pharmaceuticals Wrrt'B'	SPTAZ	NSC
Sparta Pharmaceuticals Wrrt'C'	SPTAL	NSC
Sparta Surgical	SPSG	BB
Spartan Motors	SPAR	NNM
Spartech Corp	SEH	NYS
Sparton Corp	SPA	NYS
Spatial Technology	STY	ASE
Spatializer Audio Labs	SPAZ	NSC
Special Devices	SDII	NNM
Special Metals	SMCX	NNM
Specialized Health Prods Intl	SHPI	NSC
Specialty Care Network	SCNI	NNM
Specialty Catalog	CTLG	NNM
Specialty Chemical Res	CHM	ASE

Issue	Ticker	Exchange
Specialty Equipment	SPEQ	NNM
Specialty Teleconstructors	SCTR	NNM
Spectra Grp of Great Rests	SPA	TS
Spectra Grp of Great Rests'A'	SPA.A	TS
Spectral Diagnostics	DIAGF	NNM
SpectraLink Corp	SLNK	NNM
SpecTran Corp	SPTR	NNM
Spectranetics Corp	SPNC	NNM
Spectra-Physics Lasers	SPLI	NNM
SpectraScience Inc	SPSI	NSC
Spectrian Corp	SPCT	NNM
Spectrum Control	SPEC	NNM
Spectrum Signal Processing	SSPIF	NNM
SpectRx Inc	SPRX	NNM
Speedfam Intl	SFAM	NNM
Speedware Corp	SPW	TS
Speedway Motorsports	TRK	NYS
Speizman Ind	SPZN	NNM
Spelling Entertainment Grp	SP	NYS
Spice Entertainment Cos	SPZE	NSC
Spiegel Cl'A'	SPGLA	NNM
Spieker Properties	SPK	NYS
Spieker Prop $1.97'C'Pfd	SPK PrC	NYS
Spieker Prop 8.00%'E'Pfd	SPK PrE	NYS
Spieker Prop 9.45%'B' Pfd	SPK PrB	NYS
Spinnaker Industries	SKK	ASE
Spinnaker Industries'A'	SKK.A	ASE
Spire Corp	SPIR	NNM
Spiros Dvlp Corp II Units	SDCO	NNM
Splash Technology Hldgs	SPLH	NNM
Sport Chalet	SPCH	NNM
Sport Supply Group	GYM	NYS
Sport Supply Grp Wrrt	GYM.WS	ASE
Sport-Haley	SPOR	NNM
Sports Authority	TSA	NYS
Sports Club	SCY	ASE
Sportsline USA	SPLN	NNM
Sportsman's Guide	SGDE	NNM
Sportsstar Marketing	SSMK	BB
SPR Inc	SPRI	NNM
Springs Industries'A'	SMI	NYS
Sprint Corp	FON	NYS
Sprint Corp $1.50 Cv Ser 1 Pfd	FON Pr	NYS
Sprint Corp $1.50 Cv Ser 2 Pfd	FON PrA	NYS
Sprint Corp 8.25%'DECS' 2000	FXN	NYS
SPS Technologies	ST	NYS
SPS Transaction Services	PAY	NYS
SPSS Inc	SPSS	NNM
SPX Corp	SPW	NYS
Spyglass Inc	SPYG	NNM
SQL Financials Intl	SQLF	NNM
SRS Labs	SRSL	NNM
SS&C Technologies	SSNC	NNM
SSBH Cap I 7.20% 'TruPS'	SSR	NYS
SSE Telecom	SSET	NNM
STAAR Surgical	STAA	NNM
Stac Inc	STAC	NNM
Stackpole Ltd	SKD	TS
Staff Builders 'A'	SBLI	NNM
Staff Leasing	STFF	NNM

Issue	Ticker	Exchange
StaffMark Inc	STAF	NNM
Stage II Apparel	SA	ASE
Stage Stores	SGE	NYS
Stake Technology	STKLF	NSC
Standard & Poor's Dep Receipts	SPY	ASE
Standard & Poor's MidCap Dep R	MDY	ASE
Standard Automotive	AJX	ASE
Standard Auto 8.50% Cv Pfd	AJX Pr	ASE
Standard Commercial	STW	NYS
Standard Fdg Corp	SFUN	NSC
Standard Management	SMAN	NNM
Standard Microsystems	SMSC	NNM
Standard Motor Prod	SMP	NYS
Standard Pacific	SPF	NYS
Standard Products	SPD	NYS
Standard Register	SR	NYS
Standex Intl	SXI	NYS
Stanford Telecommun	STII	NNM
Stanley Furniture	STLY	NNM
Stanley Works	SWK	NYS
Staples Inc	SPLS	NNM
Star Banc Corp	STB	NYS
Star Buffet	STRZ	NNM
Star Data Systems	STY	TS
Star Gas Ptnrs L.P.	SGU	NYS
Star Multi Care Svcs	SMCS	NNM
Star Technologies	STRR	BB
STAR Telecommunications	STRX	NNM
Starbase Corp	SBAS	NSC
Starbucks Corp	SBUX	NNM
Starcraft Corp	STCR	NNM
Starlog Franchise	SIFI	NSC
Starmet Corp	STMT	NNM
Starnet Commun Intl	SNMM	BB
Starnet Intl	SNTU	BB
Starrett (L.S.)'A'	SCX	NYS
Startec Global Comm	STGC	NNM
StarTek Inc	SRT	NYS
Starter Corp	STA	NYS
Starwood Financial Tr'A'SBI	APT	ASE
Starwood Hotels & Resorts	HOT	NYS
State Auto Financial	STFC	NNM
State Bancorp	STBC	NSC
State Financial Svcs'A'	SFSW	NNM
State Street Corp	STT	NYS
StateFed Financial	SFFC	NSC
Staten Island Bancorp	SIB	NYS
Statewide Financial	SFIN	NNM
Station Casinos	STN	NYS
Station Casinos $3.50 Cv Pfd	STN Pr	NYS
STB Systems	STBI	NNM
Stearns & Lehman Inc	SLHN	NSC
Steel Dynamics	STLD	NNM
Steel of West Virginia	SWVA	NNM
Steel Technologies	STTX	NNM
Steelcase Inc'A'	SCS	NYS
Stein Mart	SMRT	NNM
Steiner Leisure	STNRF	NNM
Steinway Musical Instruments	LVB	NYS
Stelco Inc'A'	STE.A	TS

Issue	Ticker	Exchange
Stepan Co	SCL	NYS
Stepan Co 5.50% Cv Pfd	SCL Pr	NYS
Stephan Co	TSC	ASE
Stericycle Inc	SRCL	NNM
SteriGenics Intl	STER	NNM
Sterile Recoveries	STRC	NNM
STERIS Corp	STRL	NNM
Sterling Bancorp	STL	NYS
Sterling Bancshares	SBIB	NNM
Sterling Bancshs Cap Trl 9.28%	SBIBP	NNM
Sterling Cap Tr I 9.50% Pfd	STSAO	NNM
Sterling Capital	SPR	ASE
Sterling Commerce	SE	NYS
Sterling Financial	SLFI	NNM
Sterling Finl (WA)	STSA	NNM
Sterling Software	SSW	NYS
Sterling Vision	ISEE	NNM
Stet Hellas Telecomm ADS	STHLY	NNM
Stevens Intl Cl'A'	SVG.A	ASE
Stevens Intl Cl'B'	SVG.B	ASE
Stewart & Stevenson	SSSS	NNM
Stewart Enterprises'A'	STEI	NNM
Stewart Information Sv	STC	NYS
Stifel Financial	SF	NYS
Stillwater Mining	SWC	ASE
Stimsonite Corp	STIM	NNM
Stirling Cooke Brown Hlds	SCBHF	NNM
STM Wireless	STMI	NNM
STMicroelectronics N.V.	STM	NYS
Stocker & Yale	STKR	NSC
Stokely-Van Camp 5% Pref	SVC Pr	NYS
Stolt Comex Seaway	SCSWF	NNM
Stolt Comex Seaway ADR	SCSAY	NNM
Stolt-Nielsen S.A.	STLTF	NNM
Stolt-Nielsen S.A. ADS	STLBY	NNM
Stone & Webster	SW	NYS
Stone Container	STO	NYS
Stone Container Cv Ex Pfd	STO PrE	NYS
Stone Energy	SGY	NYS
Stone Street Bancorp	SSM	ASE
Stoneridge Inc	SRI	NYS
Storage Computer	SOS	ASE
Storage Technology	STK	NYS
Storage Trust Realty	SEA	NYS
Storage USA	SUS	NYS
Storm High Performance Sound	SHPE	BB
Stormedia 'A'	STMD	NNM
Stratasys Inc	SSYS	NNM
Strategia Corp	SAA	ASE
Strategic Diagnostics	SDIX	NNM
Strategic Distribution	STRD	NNM
Strategic Global Income Fd	SGL	NYS
Strategic Solutions Group	SSGI	NSC
Stratesec Inc	SFT	ASE
Strattec Security	STRT	NNM
Stratus Computer	SRA	NYS
Stratus Properties	STRS	NNM
Strayer Education	STRA	NNM
Streicher Mobile Fueling	FUEL	NSC
Streicher Mobile Fueling Wrrt	FUELW	NSC

Issue	Ticker	Exchange
Stride Rite	SRR	NYS
Striker Industries	SKRI	NSC
Stroud Resources	SDR	TS
Strouds Inc	STRO	NNM
Structural Dynamics Res	SDRC	NNM
Stryker Corp	SYK	NYS
Student Ln Mktg Adj Rt A Pfd	SLM PrA	NYS
Student Loan Corp	STU	NYS
Sturm Ruger	RGR	NYS
STV Group	STVI	NNM
Styling Technology	STYL	NNM
SubMicron Systems	SUBM	BB
Suburban Bancshares	SBNK	NSC
Suburban Lodges America	SLAM	NNM
Suburban Propane Ptnrs L.P.	SPH	NYS
Success Bancshares	SXNB	NNM
Success Cap Tr 8.95% Pfd	SXNBP	NNM
Successories Inc	SCES	NNM
Suffolk Bancorp	SUBK	NNM
SUGEN Inc	SUGN	NNM
Suiza Foods	SZA	NYS
Sulcus Hospitality Tech	SUL	ASE
Sulzer Medica ADS	SM	NYS
Sumitomo Bank (CA)	SUMI	NNM
Summa Four	SUMA	NNM
Summa Industries	SUMX	NNM
Summit Bancorp	SUB	NYS
Summit Bancshares	SBIT	NNM
Summit Bank	SBGA	NNM
Summit Design	SMMT	NNM
Summit Financial	SUMM	NSC
Summit Holding Southeast	SHSE	NNM
Summit Medical System	SUMT	NNM
Summit Properties	SMT	NYS
Summit Resources Ltd	SUI	TS
Summit Technology	BEAM	NNM
Sun Bancorp	SUBI	NNM
Sun Bancorp (NJ)	SNBC	NNM
Sun Cap Trust 9.85% Pfd	SNBCP	NNM
Sun Co	SUN	NYS
Sun Communities	SUI	NYS
Sun Cut Floral Network	BUDS	BB
Sun Energy Ptnrs L.P.	SLP	NYS
Sun Healthcare Group	SHG	NYS
Sun Holding	SHLD	BB
Sun Hydraulics	SNHY	NNM
Sun Intl Hotels Ord	SIH	NYS
Sun Microsystems	SUNW	NNM
Sun Television & Appliances	SNTV	NNM
Sunair Electronics	SNR	ASE
SunAmer Cap II 8.35% 'TOPrS'	SAI PrV	NYS
SunAmer Cap III 8.30% 'TOPrS'	SAI PrW	NYS
SunAmerica 8.5%'PERCS'Units	SIP	NYS
SunAmerica Inc	SAI	NYS
SunAmerica Dep'E'Pfd	SAI PrE	NYS
Sunbase Asia	SNBS	NNM
Sunbeam Corp	SOC	NYS
Sunburst Hospitality	SNB	NYS
Suncor Energy	SU	NYS
Sundance Homes	SUNH	NNM

Issue	Ticker	Exchange
Sundstrand Corp	SNS	NYS
SunGard Data Systems	SDS	NYS
Sunglass Hut Intl	RAYS	NNM
SunPharm Corp	SUNP	NSC
Sunquest Information Sys	SUNQ	NNM
Sunrise Assisted Living	SNRZ	NNM
Sunrise Intl Leasing	SUNL	NNM
Sunrise Medical	SMD	NYS
Sunshine Mining & Refining	SSC	NYS
Sunshine Mng & Refining Wrrt	SILVW	NNM
Sunshine Mining & Refining Wrrt	SILVZ	NNM
SunSource Cap 11.60% Trust Pfd	SDP Pr	NYS
SunSource Inc	SDP	NYS
SunStar Healthcare	SUNS	NSC
Sunstone Hotel Investors	SSI	NYS
Sunterra Corp	OWN	NYS
SunTrust Banks	STI	NYS
Super Vision Intl'A'	SUPVA	NSC
Super Vision Intl Wrrt'A'	SUPVW	NSC
Super Vision Intl Wrrt'B'	SUPVZ	NSC
Superconductor Technologies	SCON	NNM
SuperGen Inc	SUPG	NNM
SuperGen Inc Wrrt	SUPGW	NNM
Superior Consultant Hlds	SUPC	NNM
Superior Energy Svcs	SESI	NNM
Superior Indus Intl	SUP	NYS
Superior Natl Insurance Grp	SNTL	NNM
Superior Services	SUPR	NNM
Superior Telecom	SUT	NYS
Superior Uniform Group	SGC	ASE
Supermercados Unimarc ADS	UNR	NYS
Super-Sol Ltd ADS	SAE	NYS
Supertel Hospitality	SPPR	NNM
Supertex Inc	SUPX	NNM
Supervalu Inc	SVU	NYS
Suprema Specialties	CHEZ	NNM
Supreme Industries'A'	STS	ASE
Supreme International	SUPI	NNM
Surety Capital	SRY	ASE
Surge Components	SRGEV	NSC
Surge Components Wrrt	SRGWV	NSC
Surgical Laser Tech	SLTI	NNM
SurModics Inc	SRDX	NNM
Surrey Inc	SOAP	NSC
Surrey Inc Wrrt	SOAPW	NSC
Susquehanna Bancshares	SUSQ	NNM
Sussex Bancorp	SBB	ASE
Sutron Corp	STRN	BB
Sutton Resources	STTZF	NNM
Suzy Shier	SZS	TS
SVB Cap I 8.25% Pfd	SIVBP	NNM
SVB Financial Svcs	SVBF	NNM
SVI Holdings	SVI	ASE
Swank Inc	SNKI	NSC
Swedish Match AB ADR	SWMAY	NNM
SWEPCO Cap 7.875%Trust Pfd'A'	SWO PrA	NYS
Swift Energy	SFY	NYS
Swift Transportation	SWFT	NNM
Swisher International Grp 'A'	SWR	NYS
Swiss Army Brands	SABI	NNM

Issue	Ticker	Exchange
Swiss Helvetia Fund	SWZ	NYS
SWISSRAY Intl	SRMI	NSC
Sybase Inc	SYBS	NNM
Sybron Chemicals	SYC	ASE
Sybron Intl	SYB	NYS
Sykes Enterprises	SYKE	NNM
Sylvan Inc	SYLN	NNM
Sylvan Learning Systems	SLVN	NNM
Symantec Corp	SYMC	NNM
Symbol Technologies	SBL	NYS
Symbollon Corp'A'	SYMBA	NSC
Symix Systems	SYMX	NNM
Symmetricom Inc	SYMM	NNM
Symons Intl Group	SIGC	NNM
Symphonix Devices	SMPX	NNM
Syms Corp	SYM	NYS
Synagro Technologies	SYGRU	NSC
Synalloy Corp	SYNC	NNM
Synaptic Pharmaceutical	SNAP	NNM
Synaptx Worldwide	SYTX	BB
Synbiotics Corp	SBIO	NNM
Sync Research	SYNX	NNM
Syncor Int'l	SCOR	NNM
Synergy Brands	SYBR	NSC
Synergy Renewable Res	SRRIF	NSC
Synetic Inc	SNTC	NNM
Synex Intl	SXI	TS
Synopsys Inc	SNPS	NNM
Synovus Financial	SNV	NYS
SYNSORB Biotech	SYBBF	NNM
Syntel Inc	SYNT	NNM
Syntellect Inc	SYNL	NNM
Synthetech Inc	NZYM	NNM
Synthetic Industries	SIND	NNM
Syntroleum Corp	SYNM	NNM
Sypris Solutions	SYPR	NNM
SyQuest Technology	SYQT	NNM
Sysco Corp	SYY	NYS
Syscomm Intl	SYCM	NNM
System Software	SSAX	NNM
Systems & Computer Tech	SCTC	NNM
SystemSoft Corp	SYSF	NNM
T B Wood's	TBW	NYS
T J International	TJCO	NNM
T R Financial	ROSE	NNM
T&W Financial	TWFC	NNM
T.J.T. Inc	AXLE	NSC
T.J.T. Inc Wrrt	AXLEW	NSC
T.Rowe Price Assoc	TROW	NNM
Tab Products	TBP	ASE
TAC Inc	TACK	BB
Taco Cabana'A'	TACO	NNM
Tadeo Holdings	TDEO	NSC
Tadeo Holdings Wrrt'A'	TDEOW	NSC
Tadiran Limited ADS	TAD	NYS
Tadiran Telecomm	TTELF	NNM
Tag Heuer International ADS	THW	NYS
Tag-It Pacific	TAG	ASE
Taiga Forest Products	TFP	TS
Taitron Components'A'	TAIT	NNM

Issue	Ticker	Exchange
Taiwan Equity Fd	TYW	NYS
Taiwan Fund	TWN	NYS
Taiwan Semiconductor Mfg ADS	TSM	NYS
Take-Two Interactive Sftwr Wrr	TTWOW	NSC
Take-Two Interactive Software	TTWO	NSC
Talbots Inc	TLB	NYS
Talisman Energy	TLM	NYS
TALX Corp	TALX	NNM
TAM Restaurants	TAMR	NSC
TAM Restaurants Wrrt	TAMRW	NSC
Tandy Brands Accessories	TBAC	NNM
Tandy Corp	TAN	NYS
Tandycrafts, Inc	TAC	NYS
Tanger Factory Outlet Ctrs	SKT	NYS
Tanger Fac Outlt Cv Dep Pfd	SKT PrA	NYS
Tangram Enterprise Solutions	TESI	NSC
Tanisys Technology	TNSU	NSC
Tappan Zee Fin'l	TPNZ	NNM
Targeted Genetics	TGEN	NNM
Taro Pharmaceutical Ind	TAROF	NNM
Tarragon Oil & Gas	TN	TS
Tarragon Realty Investors	VIPT	NSC
Tarrant Apparel Group	TAGS	NNM
Taseko Mines	TKOCF	NNM
Tasty Baking	TBC	NYS
Tasty Fries Inc	FRYA	BB
TAT Technologies Ltd	TATTF	NSC
Tatham Offshore	TOFF	NNM
Taubman Centers	TCO	NYS
Taubman Centers 8.30% Pfd	TCO PrA	NYS
TAVA Technologies	TAVA	NNM
Taylor Devices	TAYD	NSC
TBA Entertainment	TBAE	NNM
TBA Entertainment'Wrrt'	TBAEW	NNM
TBC Corp	TBCC	NNM
TCA Cable TV	TCAT	NNM
TCBY Enterprises	TBY	NYS
TCC Industries	TEL	NYS
TCF Financial	TCB	NYS
TCI Commun Fin I 8.72%'TOPrS'	TFI Pr	NYS
TCI Commun Fin II 10% Tr Sec	TFI PrA	NYS
TCI Commun Fin IV 9.72% TrSec	TFI PrB	NYS
TCI Communic 4.25% Exch Pfd	TCICP	NNM
TCI Intl	TCII	NNM
TCI Music'A'	TUNE	NSC
TCI Satellite Entertainm't'A'	TSATA	NNM
TCI Satellite Entertainm't'B'	TSATB	NNM
TCP Reliable	TCPN	BB
TCSI Corp	TCSI	NNM
TCW Conv Sec Fund	CVT	NYS
TCW/DW Term Trust 2000	TDT	NYS
TCW/DW Term Trust 2002	TRM	NYS
TCW/DW Term Trust 2003	TMT	NYS
TDK Corp ADS	TDK	NYS
TDS Cap II 8.04%'TOPrS'	TDS PrB	ASE
TDS Capital I 8.50% 'TOPrS'	TDS PrA	ASE
TEAM America	TMAM	NNM
Team Communications Grp	TMTV	NSC
Team, Inc	TMI	ASE
TearDrop Golf	TDRP	NSC

Issue	Ticker	Exchange
Tech Data Corp	TECD	NNM
Tech Electro Indus Unit	TELEU	NSC
Tech Electro Industries	TELE	NSC
Tech Electro Industries Wrrt	TELEW	NSC
Tech Flavors & Fragrances	TFF	TS
Tech Laboratories	TCHL	BB
Tech/Ops Sevcon	TO	ASE
Techdyne Inc	TCDN	NNM
Techdyne Inc Wrrt	TCDNW	NNM
Teche Holding	TSH	ASE
TechForce Corp	TFRC	NNM
Techne Corp	TECH	NNM
Technical Chemicals & Products	TCPI	NNM
Technical Communications	TCCO	NNM
Techniclone Corp	TCLN	NSC
Technisource Inc	TSRC	NNM
Technitrol Inc	TNL	NYS
Technology Research	TRCI	NNM
Technology Solutions	TSCC	NNM
Tech-Sym	TSY	NYS
Teck Corp 'B'	TEK.B	TS
Teck Corp Cl'A'	TEK.A	TS
Tecnomatix Technologies Ltd	TCNOF	NNM
TECO Energy	TE	NYS
TecSyn International	TSN	TS
Tecumseh Products Cl'A'	TECUA	NNM
Tecumseh Products Cl'B'	TECUB	NNM
Teekay Shipping	TK	NYS
Tefron Ltd	TFR	NYS
Tegal Corp	TGAL	NNM
TEI Inc	TANK	NNM
Tejon Ranch	TRC	ASE
Tekelec	TKLC	NNM
Tekgraf Inc 'A'	TKGFA	NNM
Tekgraf Inc Wrrt	TKGFW	NNM
Teknowledge Corp	TEKC	BB
Tektronix Inc	TEK	NYS
Tel Argentina-France Tel'B'ADS	TEO	NYS
Telco Systems	TELC	NNM
TelCom Semiconductor	TLCM	NNM
Tel-Com Wireless Cable TV	TCTV	NSC
Tele Brasil-Telebras Hldrs ADS	TBH	NYS
Tele Commun-TCI Vent Gp'A'	TCIVA	NNM
Tele Commun-TCI Vent Gp'B'	TCLBV	NNM
Tele Danmark A/S ADS	TLD	NYS
TeleBanc Cap Tr II 9.0% Pfd	TBFCP	NNM
TeleBanc Financial	TBFC	NNM
Telebyte Technology	TBIT	BB
TeleClone Inc	TCL	TS
Telecom Corp New Zealand ADS	NZT	NYS
Telecom Cp N.Zealand Install A	NZTPP	NYS
Telecom Italia SpA Ord ADS	TI	NYS
Telecom Italia SpA Svg ADS	TI.A	NYS
Tele-Comm Inc 'A' Liberty Medi	LBTYA	NNM
Telecomm Industries	TCMM	BB
TeleComm TCI Grp 6% Exch Pfd	TCOMP	NNM
Tele-Comm'B'Liberty Media	LBTYB	NNM
Tele-Communic'A'TCI Group	TCOMA	NNM
Tele-Communications Intl	TINTA	NNM
Tele-Communic'B'TCI Group	TCOMB	NNM

Issue	Ticker	Exchange
Telecomun Brasil-Telebras ADS	TBR	NYS
Teledata Communication	TLDCF	NNM
TeleData World Services	TWOS	BB
Teleflex Inc	TFX	NYS
Telefonica De Argentina ADS	TAR	NYS
Telefonica del Peru ADS	TDP	NYS
Telefonica S.A. ADS	TEF	NYS
Telefonos de Mex'A'ADR	TFONY	NSC
Telefonos de Mex'L'ADS	TMX	NYS
Telegen Corp	TLGN	BB
Teleglobe Inc	TGO	NYS
Telegroup Inc	TGRP	NNM
Telekon Advanced Systems	TKV	MS
TelePad Corp 'A'	TPADA	NSC
TelePad Corp Wrrt 'D'	TPADL	NSC
TelePad Corp Wrrt'C'	TPADM	NSC
Telepanel Systems	TLSIF	NSC
Telepartner A/S ADS	TPARY	NSC
Telepartner A/S Wrrt	TPAYW	NSC
Telephone & Data Sys	TDS	ASE
Telescan Inc	TSCN	NSC
Telesoft Corp	TSFT	NSC
TeleSpectrum Worldwide	TLSP	NNM
Telesystem Intl Wireless	TIWIF	NNM
TeleTech Holdings	TTEC	NNM
Teletouch Communications(New)	TLL	ASE
Teletouch Communicns Wrrt'A'	TLL.WS	ASE
TeleVideo Inc	TELV	NNM
Telewest Commun plc ADS	TWSTY	NNM
Telident Inc	TLDT	NSC
Teligent Inc 'A'	TGNT	NNM
Tellabs, Inc	TLAB	NNM
Tellurian Inc	TLRNC	NSC
Tellurian Inc Wrrt	TLRWC	NSC
Tels Corp	TELS	NSC
Tel-Save Holdings	TALK	NNM
Telscape Intl	TSCP	NNM
Telstra Corp ADS	TLS PP	NYS
Teltrend Inc	TLTN	NNM
Teltronics Inc	TELT	NSC
Telular Corp	WRLS	NNM
Telus Corp	T	TS
Telxon Corp	TLXN	NNM
Template Software	TMPL	NNM
Temple-Inland	TIN	NYS
Templeton China World Fd	TCH	NYS
Templeton Dragon Fd	TDF	NYS
Templeton Emerg Mkts	EMF	NYS
Templeton Emerg Mkts Apprec	TEA	NYS
Templeton Emerg Mkts Income	TEI	NYS
Templeton Global Gvts	TGG	NYS
Templeton Global Income	GIM	NYS
Templeton Russia Fund	TRF	NYS
Templeton Vietnam&SE Asia Fd	TVF	NYS
Temtex Indus	TMTX	NNM
Tenajon Resources	TJS	VS
TENERA Inc	TNR	ASE
Tenet Healthcare	THC	NYS
Tengasco Inc	TNGO	BB
Tenke Mining	TNK	TS

Issue	Ticker	Exchange
Tennant Co	TANT	NNM
Tenneco Inc	TEN	NYS
Tenn Val Auth 7.50%'QUIDS'	TVB	NYS
Tenn Val Auth 8.00%'QUIDS'	TVA	NYS
Tenn Val Auth'PARRS' 'D'	TVC	NYS
Tenney Engineering 'B'	TNGI	BB
Teppco Ptnrs L.P.	TPP	NYS
Tera Computer	TERA	NNM
Teradyne Inc	TER	NYS
Terayon Communications Sys	TERN	NNM
Terex Corp	TEX	NYS
Terra Industries	TRA	NYS
Terra Nitrogen Com L.P. Uts	TNH	NYS
Terra Nova (Bermuda)Hldg	TNA	NYS
Terrace Holdings	THIS	NSC
Terrace Holdings Wrrt	THISW	NSC
Tesco Corp	TESOF	NNM
Tesma Intl 'A'	TSMAF	NNM
Tesoro Petroleum	TSO	NYS
Tesoro Petroleum 7.25% Cv 'PIE	TSO PrA	NYS
TESSCO Technologies	TESS	NNM
TesseracT Group	TSST	NNM
Tetra Tech	WATR	NNM
TETRA Technologies	TTI	NYS
Teva Pharm Indus ADR	TEVIY	NNM
Texaco Cap LLC'B'Adj MIPS	TXC PrB	NYS
Texaco Capital LLC 'MIPS'	TXC PrA	NYS
Texaco Inc	TX	NYS
Texarkana First Financial	FTF	ASE
Texas Biotechnology	TXB	ASE
Texas Biotechnology Wrrt	TXB.WS	ASE
Texas Equipment	TEXQ	BB
Texas Indus	TXI	NYS
Texas Instruments	TXN	NYS
Texas Micro	TEXM	NNM
Texas Pac Ld Tr	TPL	NYS
Texas Regional Banc'A'	TRBS	NNM
Texas Util Elec'A'Dep Pfd	TUE PrA	NYS
Texas Util Elec'B'Dep Pfd	TUE PrB	NYS
Texas Utilities	TXU	NYS
Texas Utilities Growth'PRIDES'	TXU PrG	NYS
Texas Utilities Income'PRIDES'	TXU PrI	NYS
Texfi Indus	TXF	NYS
Texoil Inc	TXLI	NSC
Textron Cap I 7.92% Tr Sec	TXT PrT	NYS
Textron, Inc	TXT	NYS
Textron, $1.40 Cv B Pfd	TXT PrB	NYS
Textron, $2.08 Cv A Pfd	TXT PrA	NYS
TF Financial	THRD	NNM
TFC Enterprises	TFCE	NNM
TGC Industries	TGCI	NSC
TGC Indus Wrrt	TGCIW	NSC
TGC Indus 8% Cv Pfd	TGCIP	NSC
Thackeray Corp	THK	ASE
Thai Capital Fund	TC	NYS
Thai Fund	TTF	NYS
Theragenics Corp	TGX	NYS
TheraTech Inc	THRT	NNM
Thermacell Technologies	VCLL	NSC
Thermacell Tech Wrrt	VCLLW	NSC

Issue	Ticker	Exchange
Thermadyne Holdings	TDHC	NNM
Thermatrix Inc	TMXI	NNM
Thermedics Detection	TDX	ASE
Thermedics Inc	TMD	ASE
Thermo BioAnalysis	TBA	ASE
Thermo Cardiosystems	TCA	ASE
Thermo Ecotek	TCK	ASE
Thermo Electron	TMO	NYS
Thermo Fibergen	TFG	ASE
Thermo Fibertek	TFT	ASE
Thermo Instrument Sys	THI	ASE
Thermo Opportunity Fd	TMF	ASE
Thermo Optek	TOC	ASE
Thermo Power	THP	ASE
Thermo Remediation	THN	ASE
Thermo Sentron	TSR	ASE
Thermo Tech Technologies	TTRIF	NSC
Thermo Terratech	TTT	ASE
Thermo Vision	VIZ	ASE
Thermo Voltek	TVL	ASE
THERMOGENESIS Corp	KOOL	NSC
ThermoLase Corp	TLZ	ASE
ThermoLase Corp Unit	TLZ.U	ASE
ThermoQuest Corp	TMQ	ASE
ThermoSpectra Corp	THS	ASE
Thermotrex Corp	TKN	ASE
Thermwood Corp	THM	ASE
THINK New Ideas	THNK	NNM
Thinking Tools	TSIM	NSC
Third Cdn Gen Invstmt	THD	TS
Thistle Group Hldgs	THTL	NNM
Thomas & Betts	TNB	NYS
Thomas Group	TGIS	NNM
Thomas Indus	TII	NYS
Thomas Nelson	TNM	NYS
Thomas Nelson 'B'	TNM.B	NYS
Thomaston Mills'A'	TMSTA	NNM
Thomaston Mills'B'	TMSTB	NNM
Thomson Corp	TOC	TS
Thor Industries	THO	NYS
Thoratec Laboratories	THOR	NNM
Thorn Apple Valley	TAVI	NNM
Thorn plc ADS	THRNY	NNM
Thornburg Mortgage Asset	TMA	NYS
Thornburg Mtg Asset 9.68% Pfd	TMA PrA	NYS
THQ Inc	THQI	NNM
3CI Complete Compliance	TCCC	NSC
3Com Corp	COMS	NNM
3D Labs	TDDDF	NNM
3D Systems	TDSC	NNM
3Dfx Interactive	TDFX	NNM
3DO Company	THDO	NNM
3DX Technologies	TDXT	NNM
Three Rivers Finl	THR	ASE
Three-Five Systems	TFS	NYS
ThrustMaster Inc	TMSR	NNM
THT Inc	TXHI	NSC
TIB Financial	TIBB	NNM
Tidel Technologies	ATMS	NSC
Tidewater Inc	TDW	NYS

Issue	Ticker	Exchange
Tier Technologies 'B'	TIER	NNM
Tiffany & Co	TIF	NYS
TIG Holdings	TIG	NYS
TII Indus	TIII	NNM
Timber Lodge Steakhouse	TBRL	NSC
Timberland Bancorp	TSBK	NNM
Timberland Co Cl'A'	TBL	NYS
Timberline Software	TMBS	NNM
Time War Cp I 8.78% Pfd Tr Sec	TWX PrT	NYS
Time Warner Inc	TWX	NYS
Times Mirror 4.25%'PEPS'2001	TME	NYS
Times Mirror 'A'	TMC	NYS
Timken Co	TKR	NYS
Timminco Ltd	TIM	TS
Tipperary Corp	TPY	ASE
Titan Corp	TTN	NYS
Titan Corp $1 cm Cv Pfd	TTN Pr	NYS
Titan Energy	IMPN	BB
Titan Exploration	TEXP	NNM
Titan Intl	TWI	NYS
Titan Motorcycle of Amer	TMOT	BB
Titan Pharmaceuticals	TTNP	NSC
Titan Pharmaceuticals Unit	TTNPU	NSC
Titanium Metals	TIE	NYS
Tivoli Indus Inc	TVLI	NSC
TJX Companies	TJX	NYS
TJX Co's $7.00 Cv'E'Pfd	TJX PrE	NYS
TKO Resources	TK	VS
TLC The Laser Center	LZRCF	NNM
TM Century	TMCI	BB
TMBR/Sharp Drilling	TBDI	NNM
TMCI Electronics	TMEI	NSC
TMCI Electronics Wrrt	TMEIW	NSC
TMP Worldwide	TMPW	NNM
T-NETIX Inc	TNTX	NNM
TNP Enterprises	TNP	NYS
TNR Technical	TNRK	BB
Toastmaster Inc	TM	NYS
Today's Man	TMAN	NNM
Today's Man Wrrt	TMANW	NNM
Todd Shipyards	TOD	NYS
Todd-AO Corp'A'	TODDA	NNM
Todhunter Intl	THT	ASE
Tofutti Brands	TOF	ASE
Tokheim Corp	TOK	NYS
Tokio Marine/Fire ADR	TKIOY	NNM
Toledo Ed 8.84%cm Pfd(25)	TED PrE	NYS
Toledo Edison $2.365 Pfd	TED PrF	NYS
Toledo Edison 10% Pfd	TED PrD	ASE
Toledo Edison 4 1/4% Pfd	TE PrB	ASE
Toledo Edison 7.76% Pfd	TED PrC	ASE
Toledo Edison 8.32% Pfd	TED PrA	ASE
Toledo Edison Adj A Pfd	TED PrK	NYS
Toledo Edison Adj Rt B Pfd	TED PrL	NYS
Toll Brothers	TOL	NYS
Tollgrade Communications	TLGD	NNM
Tom Brown	TMBR	NNM
Tomkins plc ADS	TKS	NYS
Tommy Hilfiger	TOM	NYS
Tomorrow's Morning	TOMM	BB

Issue	Ticker	Exchange
Tompkins Cty Trustco	TMP	ASE
Toolex Intl NV	TLXAF	NNM
Tootsie Roll Indus	TR	NYS
Top Air Mfg	TPC	ASE
Top Image Svs Wrrt	TISWF	NSC
Top Image Systems	TISAF	NSC
Top Source Technol	TPS	ASE
Topps Co	TOPP	NNM
Tops Appliance City	TOPS	NNM
Torch Energy Royalty Trust	TRU	NYS
Torchmark Capital 'MIPS'	TMK PrM	NYS
Torchmark Corp	TMK	NYS
Toreador Royalty	TRGL	NNM
Toro Co	TTC	NYS
Toromont Industries	TIH	TS
Toronto-Dominion Bk	TD	NYS
Torotel, Inc	TTL	ASE
Torrey Pines Nevada	TPNN	BB
Torstar Corp'B'	TS.B	TS
Tosco Corp	TOS	NYS
TOTAL 'B' ADS	TOT	NYS
Total Containment	TCIX	NNM
Total Control Products	TCPS	NNM
Total Entain't Restaurant	TENT	NNM
Total Renal Care Hldgs	TRL	NYS
Total Research	TOTL	NSC
Total System Svcs	TSS	NYS
Total-Tel USA Communic	TELU	NNM
Totta & Acores Fin 8.875% Pref	BTA PrA	NYS
Touchstone Applied Science	TASA	NSC
TouchStone Software	TSSW	NNM
Tower Air	TOWR	NNM
Tower Automotive	TWR	NYS
Tower Realty Trust	TOW	NYS
Tower Semiconductor	TSEMF	NNM
Tower Tech	TTMT	NSC
Town & Country Trust	TCT	NYS
Towne Services	TWNE	NNM
Toy Biz'A'	TBZ	NYS
Toymax International	TMAX	NNM
Toyota Motor Corp ADR	TOYOY	NSC
Toys R Us	TOY	NYS
Tracer Petroleum	TCXXF	NSC
Tracer Pete Wrrt	TCXWF	NSC
Track Data Corp	TRAC	NNM
Track 'n Trail	TKTL	NNM
Tractor Supply	TSCO	NNM
Trailer Bridge	TRBR	NNM
Trak Auto	TRKA	NNM
Tramford International	TRFDF	NNM
Tramford Intl Wrrt	TRFWF	NNM
Trammell Crow	TCC	NYS
Trans Energy	TSRG	NSC
Trans Energy Wrrt	TSRGW	NSC
Trans Global Svcs	TGSI	NSC
Trans World Airlines	TWA	ASE
Trans World Airlines Wrrt	TWA.WS	ASE
Trans World Entertainment	TWMC	NNM
Transact Technologies	TACT	NNM
Transaction Network Svcs	TNSI	NNM

Issue	Ticker	Exchange
Transaction Sys Architects'A'	TSAI	NNM
TransAlta Corp	TA	TS
Transamerica Corp	TA	NYS
Transamerica Del L.P.'MIPS'	TA PrA	NYS
Transamerica Inc Shrs	TAI	NYS
Transatlantic Holdings	TRH	NYS
TransCanada Cap 8.75%'TOPrS'	TCL Pr	NYS
TransCanada P.L.	TRP	NYS
TransCanada P.L.Ltd 8.50%'COPr	TRP PrC	NYS
Transcend Services	TRCR	NNM
Transcend Therapeutics	TSND	NNM
Transcoastal Marine Svcs	TCMS	NNM
Transcom Intl ADR	TRIXY	NSC
Transcontinental Rlty	TCI	NYS
Transfinancial Holdings	TFH	ASE
TRANSGENE ADS	TRGNY	NNM
Trans-Global Resource NL ADR	TGBRY	NSC
Transglobe Energy	TGLEF	NSC
Trans-Industries Inc	TRNI	NNM
Transit Group	TRGP	NSC
Transit Group Wrrt	TRGPW	NSC
Transition Systems	TSIX	NNM
Transkaryotic Therapies	TKTX	NNM
Trans-Lux	TLX	ASE
Transmation, Inc	TRNS	NNM
Transmedia Asia Pacific	MBTA	NSC
Transmedia Europe Inc	MBTE	BB
Transmedia Network	TMN	NYS
TransMontaigne Inc	TMG	ASE
Transnational Financial	TFN	ASE
Transnational Industries	TRSN	BB
Transocean Offshore	RIG	NYS
Trans-Orient Petroleum	TEPUF	BB
Transport Corp Amer	TCAM	NNM
Transportacion Maritima ADS	TMM	NYS
Transportadora De Gas ADS	TGS	NYS
Transportation Components	TUI	NYS
TransPro Inc	TPR	NYS
Transpt'n Marit Part Ctfs ADS	TMM.A	NYS
TransTechnology	TT	NYS
TransTexas Gas	TTG	NYS
TranSwitch Corp	TXCC	NNM
Transworld HealthCare	TWHH	NNM
Tranz Rail Hlds ADS	TNZRY	NNM
Travel Ports Amer	TPOA	NNM
Travel Services Intl	TRVL	NNM
Travelers Cap I 8.00% Tr Pfd	TRV PrE	NYS
Travelers Cap IV 6.85%'TruPS'	TRV PrN	NYS
Travelers Group	TRV	NYS
Travelers Group 8.08% Dep Pfd	TRV PrJ	NYS
Travelers Group 8.40% Dep Pfd	TRV PrK	NYS
Travelers Grp 5.864% Dep Pfd	TRV PrM	NYS
Travelers Grp 6.213% Dep Pfd	TRV PrG	NYS
Travelers Grp 6.231% Dep Pfd	TRV PrH	NYS
Travelers Grp 6.365% Dep Pfd	TRV PrF	NYS
Travelers P&C Cap I 8.08% Pfd	TAP PrA	NYS
Travelers P&C Cap II 8.00% Pfd	TAP PrB	NYS
Travelers Prop Casualty 'A'	TAP	NYS
Travis Boats & Motors	TRVS	NNM
TRC Cos	TRR	NYS

Issue	Ticker	Exchange
Treadco Inc	TRED	NNM
Treasury Intl	TREY	BB
Tredegar Indus	TG	NYS
TREEV Inc	TREV	NNM
TREEV Inc $2.00 Cv Pfd	TREVP	NNM
TREEV Inc Wrrt	TREVW	NNM
Trega Biosciences	TRGA	NNM
Treminco Resources	TMO	TS
Tremont Corp	TRE	NYS
Trend-Lines 'A' Inc	TRND	NNM
Trendwest Resorts	TWRI	NNM
Trenwick Group	TREN	NNM
Trex Medical	TXM	ASE
Triad Guaranty	TGIC	NNM
Triangle Bancorp	TGL	NYS
Triangle Broadcasting	GAAY	BB
Triangle Imaging Grp	TRIG	BB
Triangle Pharmaceuticals	VIRS	NNM
Triarc Cos Cl'A'	TRY	NYS
Triathlon Brdcst 9% Pfd	TBCOL	NNM
Triathlon Broadcasting 'A'	TBCOA	NNM
Tribune Co.	TRB	NYS
Tribune Co 6.25%'DECS' 2001	TRD	NYS
TriCo Bancshares	TCBK	NNM
Trico Marine Svcs	TMAR	NNM
TRICOM SA ADR	TDR	NYS
Tricon Global Restaurants	YUM	NYS
Tri-Continental	TY	NYS
Tri-Continental, $2.50 Pfd	TY Pr	NYS
Tricord Systems	TRCD	NSC
Tri-County Bancorp	TRIC	NSC
Tridel Enterprises	TDZ	TS
Trident Intl	TRDT	NNM
Trident Microsystems	TRID	NNM
Trident Rowan Grp	TRGI	NNM
Trident Rowan Grp Wrrt	TRGIW	NNM
Tridex Corp	TRDX	NNM
Trigen Energy	TGN	NYS
Trigon Healthcare	TGH	NYS
Trikon Technologies	TRKN	NNM
Trillion Resources	TLNOF	NSC
Trimac Corp	TMA	TS
Trimark Holdings	TMRK	NNM
Trimble Navigation Ltd	TRMB	NNM
Trimedyne Inc	TMED	NNM
Trimeris Inc	TRMS	NNM
Trimin Capital	TMN	TS
Trimin Enterprises	TRM	TS
TriNet Corporate Rlty Tr	TRI	NYS
TriNet Cp Rlty 8.00%'C'Pfd	TRI PrC	NYS
TriNet Corp Rlty 9.2%'B' Pfd	TRI PrB	NYS
TriNet Cp Rlty Tr 9.375% Pfd	TRI PrA	NYS
Trinitech Systems	TSI	ASE
Trinity Biotech plc ADS	TRIBY	NSC
Trinity Biotech plc Wrrt'B'	TRIZF	NSC
Trinity Indus	TRN	NYS
Trion Inc	TRON	NNM
Trio-Tech Intl	TRTC	NSC
Triple P N.V.	TPPPF	NSC
Triple S Plastics	TSSS	NNM

Issue	Ticker	Exchange
Tripos Inc	TRPS	NNM
TriQuint Semiconductor	TQNT	NNM
TRISM Inc	TRSM	NNM
Tristar Aerospace	TSX	NYS
Tristar Corp	TSAR	NSC
Triton Energy	OIL	NYS
Triumph Group	TGI	NYS
TrizecHahn Corp	TZH	NYS
TrizecHahn Wrrt'A'	TZH.WS	NYS
TRM Copy Centers	TRMM	NNM
TRO Learning	TUTR	NNM
Trojan Technologies	TUV	TS
Tropical Sportswear Intl	TSIC	NNM
True North Communicns	TNO	NYS
Truevision Inc	TRUV	NNM
Trump Hotels & Casino Res	DJT	NYS
Trust Co of New Jersey	TCNJ	NNM
Trustco Bk Corp NY	TRST	NNM
Trustmark Corp	TRMK	NNM
TRW Inc	TRW	NYS
TRW Inc,$4.40 Cv II Pref	TRW PrB	NYS
TRW Inc,$4.50 Cv II Pref	TRW PrD	NYS
TSB Intl	TSB	TS
Tseng Labs	TSNG	NNM
TSI Inc	TSII	NNM
TSI Intl Software	TSFW	NNM
TSR Inc	TSRI	NNM
TST/Impreso	TSTI	NNM
TTI Team Telecom Intl	TTILF	NNM
TU Elec Cap III 8.00%'QUIPS'	TUE PrO	NYS
TU Electric Cap I 8.25%'TOPrS'	TUE PrM	NYS
Tubby's Inc	TUBY	NSC
Tuboscope Inc	TBI	NYS
TubosDeAceroMex ADR	TAM	ASE
Tudor Ltd	TDR	TS
TuFco International	TUFC	BB
Tufco Technologies	TFCO	NNM
Tultex Corp	TTX	NYS
Tupperware Corp	TUP	NYS
TurboChef Technologies	TRBO	NSC
Turbodyne Technologies	TRBD	NSC
Turkish Investment Fund	TKF	NYS
Turner Corp	TUR	ASE
Tuscarora Inc	TUSC	NNM
TV Azteca,S.A. ADS	TZA	NYS
TV Communicat'n Network	TVCN	BB
TV Filme	PYTV	NNM
TVG Technologies	TVGTF	NSC
TVG Technologies Wrrt'A'	TVGWF	NSC
TVG Technologies Wrrt'B'	TVGZF	NSC
TVG Technologies Wrrt'C'	TVGLF	NSC
TVX Gold	TVX	NYS
Tweeter Home Entertainm't	TWTR	NNM
20th Century Indus	TW	NYS
24/7 Media	TFSM	NNM
Twin City Bancorp	TWIN	NSC
Twin Disc	TDI	NYS
Twin Gold	TWG	TS
Twinlab Corp	TWLB	NNM
2002 Target Term Trust	TTR	NYS

Issue	Ticker	Exchange
TXI Cap Tr I $2.75'SpuRS'	TXI PrS	NYS
Tyco International	TYC	NYS
Tyler Corp	TYL	NYS
Tyson Foods Cl'A'	TSN	NYS
UAL Corp	UAL	NYS
UAL Corp 12.25% Dep'B'Pfd	UAL PrB	NYS
UAL Cp Cap Tr I 13.25%'TOPrS'	UAL PrT	NYS
UAP Inc 'A'	UAP.A	TS
UBICS Inc	UBIX	NNM
UCAR International	UCR	NYS
UCI Medical Affiliates	UCIA	NSC
UDS Cap I 8.32% 'TOPrS'	UDS PrA	NYS
UFP Technologies	UFPT	NNM
UGI Corp	UGI	NYS
Ugly Duckling	UGLY	NNM
UICI	UICI	NNM
Ulster Petroleums	ULP	TS
Ultimate Electronics	ULTE	NNM
Ultimate Software Grp	ULTI	NNM
Ultradata Corp	ULTD	NNM
UltraData Systems	ULTR	NNM
Ultrafem Inc	UFEMQ	BB
Ultrak Inc	ULTK	NNM
Ultralife Batteries	ULBI	NNM
Ultramar Diamond Shamrock	UDS	NYS
Ultratech Stepper	UTEK	NNM
UMB Financial	UMBF	NNM
Unapix Entertainment	UPX	ASE
Uncle B's Bakery	UNCB	BB
Unibanco Banc/Unibanco HldGDS	UBB	NYS
UniCapital Corp	UCP	NYS
Unico American	UNAM	NNM
Unico Inc(NM)	UNRC	NSC
Unicom Corp	UCM	NYS
UniComp Inc	UCMP	NNM
Unidigital Inc	UNDG	NNM
UNIDYNE Corp	UDYN	NSC
UNIFAB Intl	UFAB	NNM
Unifi, Inc	UFI	NYS
UniFirst Corp	UNF	NYS
Uniflex Inc	UFX	ASE
Uniforet Inc'A'	UNF.A	TS
Unify Corp	UNFY	NNM
Unigene Laboratories	UGNE	NNM
Unigraphics Solutions'A'	UGS	NYS
UniHolding Corp	UHLD	NSC
Unihost Corp	UNH	TS
Unilab Corp	ULB	ASE
Unilever ADR	UL	NYS
Unilever N.V.	UN	NYS
Unimar Indonesian Ptc Units	UMR	ASE
Unimark Group	UNMG	NNM
Uni-Marts Inc	UNI	ASE
Unimed Pharmaceuticals	UMED	NNM
Union Acceptance'A'	UACA	NNM
Union Bancorp	UBCD	NNM
Union Bankshares	UBSH	NNM
Union Bankshares Ltd	UBSC	NNM
Union Camp	UCC	NYS
Union Carbide	UK	NYS

Issue	Ticker	Exchange
Union Community Bancorp	UCBC	NNM
Union Electric, $3.50 Pfd	UEP PrA	NYS
Union Electric, $4.00 Pfd	UEP PrC	NYS
Union Electric, $4.50 Pfd	UEP PrD	NYS
Union Electric, $4.56 Pfd	UEP PrE	NYS
Union Financial Bancshares	UFBS	NSC
Union Natl Bancorp	UNNL	NSC
Union Pacific	UNP	NYS
Union Pacific Resources Group	UPR	NYS
Union Planters	UPC	NYS
Union Planters 8% Cv'E'Pfd	UPCPO	NNM
UnionBanCal Corp	UNBC	NNM
Uniphase Corp	UNPH	NNM
Unique Casual Restaurants	UNIQ	NNM
Unique Mobility	UQM	ASE
Uniroyal Technology	UTCI	NNM
Uniroyal Technology Wrrt	UTCIW	NNM
Uniservice Corp'A'	UNSRA	NSC
Uniservice Corp'A'Wrrt	UNSRW	NSC
Unisource Energy	UNS	NYS
Unisource Worldwide	UWW	NYS
Unisys Corp	UIS	NYS
Unisys $3.75cm Cv A Pfd	UIS PrA	NYS
Unit Corp	UNT	NYS
Unit Instruments	UNII	NNM
United Amer Healthcare	UAH	NYS
United Asset Mgmt	UAM	NYS
United Auto Group	UAG	NYS
United Bancorp Ohio	UBCP	NSC
United Bankshares	UBSI	NNM
Utd Cap Fd L.P.9.625% CapSec'A	UIL PrA	NYS
United Capital Corp	AFP	ASE
United Community Finl	UCFC	NNM
United Cos Financial	UC	NYS
United Cos Fin'l 6.75%'PRIDES'	UCFCP	NYS
United Dental Care	UDCI	NNM
United Dominion Indus	UDI	NYS
United Dominion Rlty Tr	UDR	NYS
Utd Dominion Rlty 8.60%'B'Pfd	UDR PrB	NYS
Utd Dominion Rlty 9.25% 'A' Pf	UDR PrA	NYS
United Fedl Savings Bank	UFRM	NSC
United Financial	UBMT	NNM
United Fire & Casualty	UFCS	NNM
United Foods Cl'A'	UFD.A	ASE
United Foods Cv Cl'B'	UFD.B	ASE
United Grain Growers Ltd	UGG	TS
United Healthcare	UNH	NYS
United Heritage Corp	UHCP	NSC
United Illuminating	UIL	NYS
United Industrial	UIC	NYS
United Intl Hldgs'A'	UIHIA	NNM
United Investors Realty Tr	UIRT	NNM
United Keno Hill Mines Ltd	UKH	TS
United Kingdom Fund	UKM	NYS
United Leisure Corp	UTDL	NSC
United Mobile Homes	UMH	ASE
United Natl Bancorp	UNBJ	NNM
United Natural Foods	UNFI	NNM
United News & Media ADR	UNEWY	NNM
United Oklahoma Bankshares	UOBI	BB

Issue	Ticker	Exchange
United PanAm Finl	UPFC	NNM
United Park City Mns	UPK	NYS
United Payors/United Providers	UPUP	NNM
United Rentals	URI	NYS
United Retail Group	URGI	NNM
United Road Services	URSI	NNM
United Sec Bancorp (WA)	USBN	NNM
United Shields	UNSC	BB
U.S. Automotive Mfg	USAM	NSC
U.S. Bancorp	USB	NYS
U.S. Bancorp Wrrt	FBSWW	NSC
U.S. Bioscience	UBS	ASE
U.S. Can	USC	NYS
U.S. Cellular	USM	ASE
U.S. Diagnostic Inc	USDL	NNM
U.S. Energy	USEG	NNM
U.S. Energy Systems	USEY	NSC
U.S. Energy Systems Wrrt	USEYW	NSC
U.S. Exploration	UXP	ASE
U.S. Filter	USF	NYS
U.S. Foodservice	UFS	NYS
U.S. Franchise Systems'A'	USFS	NNM
U.S. Global Investors'A'	GROW	NSC
U.S. Gold Corp	USGL	NSC
U.S. Home	UH	NYS
U.S. Home & Garden	USHG	NNM
U.S. Home&Garden Tr 9.40%Pfd	UHG PrA	ASE
U.S. Industries	USI	NYS
U.S. Lime & Minerals	USLM	NNM
U.S. Office Products	OFIS	NNM
U.S. Pawn	USPN	NSC
U.S. Physical Therapy	USPH	NNM
U.S. Plastic Lumber	USPL	NSC
U.S. Rentals	USR	NYS
U.S. Restaurant Properties	USV	NYS
U.S. Restaurant Prop $1.93 Cv	USV PrA	NYS
U.S. Satellite Broadcasting 'A	USSB	NNM
U.S. Surgical	USS	NYS
U.S. Timberlands LP Unit	TIMBZ	NNM
U.S. Trust	USTC	NNM
U.S. Vision	USVI	NNM
U.S. Wireless	USWC	NSC
U.S. Xpress Enterprises'A'	XPRSA	NNM
United Stationers	USTR	NNM
United Technologies	UTX	NYS
United Television	UTVI	NNM
United Tennessee Bankshares	UTBI	NSC
United Trust	UTIN	NSC
United Utilities ADS	UU	NYS
United Video Satellite Gp'A'	UVSGA	NNM
United Water Res	UWR	NYS
United Wisconsin Svcs	UWZ	NYS
United-Guardian Inc	UG	ASE
Unitel Video	UNV	ASE
UNITIL Corp	UTL	ASE
Unitog	UTOG	NNM
Unitrin Inc	UNIT	NNM
Unitrode Corp	UTR	NYS
Unity Bancorp	UBI	ASE
Unity Bancorp Wrrt	UBI.WS	ASE

Issue	Ticker	Exchange
UNIVEC Inc	UNVC	NSC
UNIVEC Inc Wrrt	UNVCW	NSC
Universal Amer Finl	UHCO	NNM
Universal Amer Finl Wrrt	UHCOW	NNM
Universal Automotive Inds	UVSL	NSC
Universal Auto Ind Wrrt	UVSLW	NSC
Universal Beverages Hldgs	UVBV	BB
Univl Corp	UVV	NYS
Univl Display	PANL	NSC
Universal Display Wrrt	PANLW	NSC
Univl Electronics	UEIC	NNM
Univl Foods	UFC	NYS
Univl Forest Products	UFPI	NNM
Univl Health Realty	UHT	NYS
Univl Health Svs Cl'B'	UHS	NYS
Universal Ice Blast	UIBI	BB
Univl International	UNIV	NNM
Univl Mfg	UFMG	NSC
Univl Security Instr	USEC	NSC
Univl Stainless/Alloy Prods	USAP	NNM
Univl Standard Healthcare	UHCI	NNM
University Bancorp	UNIB	NSC
uniView Technologies	UVEW	NSC
Univision Communic 'A'	UVN	NYS
Uno Restaurant Corp	UNO	NYS
Unocal Corp	UCL	NYS
UNOVA Inc	UNA	NYS
UNUM Corp	UNM	NYS
UNUM Corp 8.80% 'MIDS'	UND	NYS
UOL Publishing	UOLP	NNM
Upper Peninsula Energy	UPEN	NNM
Uralsvyazinform Joint Stk ADR	UVYZY	BB
Uranium Resources	URIX	NNM
Urban Outfitters	URBN	NNM
Urban Shopping Centers	URB	NYS
UroCor Inc	UCOR	NNM
Urologix Inc	ULGX	NNM
UroMed Corp	URMD	NNM
UroQuest Medical	UROQ	NNM
URS Corp	URS	NYS
Urstadt Biddle Properties	UBP	NYS
Urstadt Biddle Properties'A'	UBP.A	NYS
Ursus Telecom	UTCC	NNM
US 1 Indus	USO	NYS
US Airways Group	U	NYS
US LEC Corp'A'	CLEC	NNM
U S Liquids	USL	ASE
US SerVis	USRV	NNM
US WATS	USWI	NSC
U S West	USW	NYS
USA Bridge Constr of N.Y.	USBR	NNM
USA Bridge Constr of N.Y. Wrrt	USBRW	NNM
USA Detergents	USAD	NNM
U.S.A. Floral Products	ROSI	NNM
USA Networks	USAI	NNM
USA Truck	USAK	NNM
USABancShares 'A'	USAB	NSC
USABG Corp	USBGD	NSC
USANA Inc	USNA	NNM
USB Cap II 7.20%'TOPrS'	USB PrA	NYS

Issue	Ticker	Exchange
U.S.B. Holdings	UBH	ASE
USBANCORP Cap Tr 8.45% Pfd	UBANP	NNM
USBANCORP Inc (PA)	UBAN	NNM
U.S.-China Indl Exchange	CHDX	NNM
U.S.-China Indl Exchange Wrrt'A'	CHDXW	NSC
U.S.-China Indl Exchange Wrrt'B'	CHDXZ	NSC
USCI Inc	USCM	NNM
USCS Intl	USCS	NNM
USDATA Corp	USDC	NNM
USEC Inc	USU	NYS
USFreightways	USFC	NNM
USG Corp	USG	NYS
U-Ship Inc	USHP	NSC
USLIFE Income Fund	UIF	NYS
USN Communications	USNC	NNM
USP Real Est Inv Tr SBI	USPTS	NSC
UST Corp	USTB	NNM
UST Inc	UST	NYS
UStel Inc	USTL	NSC
Ustel Inc Wrrt	USTLW	NSC
USTMAN Technologies	USTX	NSC
USWeb Corp	USWB	NNM
USX Cap I 6.75%Cv'QUIPS'	X PrZ	NYS
USX Capital LLC 'MIPS'	XLC Pr	NYS
USX Corp 6.50% Cv Pfd	X PrA	NYS
USX-Marathon Grp	MRO	NYS
USX-U.S. Steel Group	X	NYS
Utah Medical Products	UM	NYS
UTI Energy	UTI	ASE
UtiliCorp Capital 8.875%'MIPS'	UCU PrC	NYS
UtiliCorp United	UCU	NYS
UTILX Corp	UTLX	NNM
UTS Energy	UTS	TS
V Band Corp	VBAN	BB
V.F. Corp	VFC	NYS
V.I. Technologies	VITX	NNM
VAALCO Energy	VEIX	NSC
Vacu-dry Co	VDRY	NNM
Vail Resorts	MTN	NYS
Valassis Communications	VCI	NYS
Valdor Corp	VALD	BB
Valence Technology	VLNC	NNM
Valero Energy	VLO	NYS
Valhi Inc	VHI	NYS
Vallen Corp	VALN	NNM
Valley Fair	VALL	BB
Valley Forge	VF	ASE
Valley Forge Scientific	VLFG	NSC
Valley Natl Bancorp	VLY	NYS
Valley Natl Gases	VNGI	NNM
Valley Resources	VR	ASE
Valley Systems	VALE	NSC
Valmet Corp ADS	VA	NYS
Valmont Indus	VALM	NNM
Valspar Corp	VAL	NYS
Value City Dept Stores	VCD	NYS
Value Line	VALU	NNM
ValueStar Inc	VSTR	BB
ValueVision Intl'A'	VVTV	NNM
Van Kam Am Cap Adv Mun II	VKI	ASE

Issue	Ticker	Exchange
Van Kam Am Cap Adv Muni	VKA	NYS
Van Kam Am Cap Adv PA Mun	VAP	NYS
Van Kam Am Cap Bd	ACB	NYS
Van Kam Am Cap CA Muni	VKC	ASE
Van Kam Am Cap CA Qual Mun	VQC	NYS
Van Kam Am Cap CA Val Mun	VCV	NYS
Van Kam Am Cap Cv Sec	ACS	NYS
Van Kam Am Cap FL Mun Op	VOF	ASE
Van Kam Am Cap FL Qual Mun	VFM	NYS
Van Kam Am Cap Hi Inc	VIT	NYS
Van Kam Am Cap Hi Inc II	VLT	NYS
Van Kam Am Cap Inc Tr	ACD	NYS
Van Kam Am Cap Ins Muni	VIM	NYS
Van Kam Am Cap Inv Gr Mun	VGM	NYS
Van Kam Am Cap Inv Grade	VIG	NYS
Van Kam Am Cap InvGr CA Mun	VIC	NYS
Van Kam Am Cap InvGr FL Mun	VTF	NYS
Van Kam Am Cap InvGr NJ Mun	VTJ	NYS
Van Kam Am Cap InvGr NY Mun	VTN	NYS
Van Kam Am Cap InvGr PA Mun	VTP	NYS
Van Kam Am Cap MA Val Mun	VMV	ASE
Van Kam Am Cap Mun Inc	VMT	NYS
Van Kam Am Cap Mun Opp II	VOT	NYS
Van Kam Am Cap Mun Tr	VKQ	NYS
Van Kam Am Cap Muni Opp	VMO	NYS
Van Kam Am Cap NJ Val Mun	VJV	ASE
Van Kam Am Cap NY Qual Mun	VNM	NYS
Van Kam Am Cap NY Val Mun	VNV	NYS
Van Kam Am Cap OH Qual Mun	VOQ	NYS
Van Kam Am Cap OH Val Mun	VOV	ASE
Van Kam Am Cap PA Qual Mun	VPQ	NYS
Van Kam Am Cap PA Val Mun	VPV	NYS
Van Kam Am Cap Sel Sec Mun	VKL	ASE
Van Kam Am Cap Sr Income	VVR	NYS
Van Kam Am Cap Str Sec Mun	VKS	NYS
Van Kam Am Cap Value Muni	VKV	NYS
Vanguard Cellular Sys	VCELA	NNM
Vans Inc	VANS	NNM
Vanstar Corp	VST	NYS
Vantive Corp	VNTV	NNM
Varco Int'l	VRC	NYS
Varian Associates	VAR	NYS
VariFlex Inc	VFLX	NNM
Vari-L Company	VARL	NNM
Vari-lite Intl	LITE	NNM
Varlen Corp	VRLN	NNM
VASCO Corp	VASC	BB
Vasomedical Inc	VASO	NSC
Vastar Resources	VRI	NYS
Vaughn Communications	VGHN	NNM
VBC Cap 9.5% Cm Pfd	VTRAO	NNM
VDC Corp	VDC	ASE
VDI Media	VDIM	NNM
Veba Corp ADS	VEB	NYS
Veeco Instruments	VECO	NNM
Velcro Indus NV	VELCF	NSC
Venator Group	Z	NYS
Vencor Inc(New)	VC	NYS
Vengold Inc	VENGF	NNM
Ventana Medical Sys	VMSI	NNM

Issue	Ticker	Exchange
Ventas Inc	VTR	NYS
Ventra Group	VTA	TS
Venture Seismic Ltd	VSEIF	NNM
Venturi Tech Enterprises	VTIX	BB
Venturian Corp	VENT	NNM
Venus Exploration	VENX	NSC
Veramark Technologies	VERA	NNM
Verdant Brands	VERD	NNM
Verilink Corp	VRLK	NNM
Verio Inc	VRIO	NNM
Verisign Inc	VRSN	NNM
Veritas DGC	VTS	NYS
VERITAS Software	VRTS	NNM
Verity Inc	VRTY	NNM
Vermont Fin'l Svcs	VFSC	NNM
Vermont Pure Hldgs Ltd	VPUR	NSC
Vermont Teddy Bear	BEAR	NSC
Vernitron $1.20 Exch Pfd	VRNTP	NSC
Versacold Corp	ICE	TS
Versant Corp	VSNT	NNM
Versar Inc	VSR	ASE
Vertel Corp	VRTL	NNM
Vertex Communic'ns	VTEX	NNM
Vertex Industries	VETX	BB
Vertex Pharmaceuticals	VRTX	NNM
Vesta Insurance Group	VTA	NYS
Vestaur Securities	VES	NYS
Vestcom Intl	VESC	NNM
Veterinary Ctrs of Amer	VCAI	NNM
VHS Network	VHSN	BB
Viacom Inc Cl'A'	VIA	ASE
Viacom Inc Cl'B'	VIA.B	ASE
Viacom Inc'99 Wrrt	VIA.WS.E	ASE
Viad Corp	VVI	NYS
Viad Corp $4.75 cm Pfd	VVI Pr	NYS
ViaGrafix Corp	VIAX	NNM
ViaSat Inc	VSAT	NNM
VIASOFT Inc	VIAS	NNM
Viatel Inc	VYTL	NNM
VIB Corp	VIBC	NNM
Vical Inc	VICL	NNM
Vicon Indus	VII	ASE
Vicor Corp	VICR	NNM
VICORP Restaurants	VRES	NNM
VidaMed Inc	VIDA	NNM
Video Display	VIDE	NNM
Video Services	VS	ASE
Video Update	VUPDA	NNM
Video Update Wrrt'B'	VUPDZ	NNM
VideoLabs Inc	VLAB	NSC
Videonics Inc	VDNX	NNM
VideoServer Inc	VSVR	NNM
Videotron Group Ltd	VDO	TS
View Tech Inc	VUTK	NNM
Viisage Technology	VISG	NNM
Village Bancorp	VBNK	NSC
Village Super Market'A'	VLGEA	NNM
VIMRx Pharmaceuticals	VMRX	NNM
VIMRx Pharmaceuticals Wrrt	VMRXW	NNM
Vina Concha y Toro ADS	VCO	NYS

Issue	Ticker	Exchange
Vincam Group	VCAM	NNM
Vinings Invstmt Prop	VIPIS	BB
Vintage Petroleum	VPI	NYS
Vion Pharmaceuticals	VION	NSC
Vion Pharmaceuticals 'Unit'	VIONU	NSC
Vion Pharmaceuticals Wrrt'A'	VIONW	NSC
Vion Pharmaceuticals Wrrt'B'	VIONZ	NSC
Viragen (Europe) Ltd	VERP	NSC
Viragen Inc	VRGN	NNM
Virco Mfg	VIR	ASE
Virgin Express Hldgs ADS	VIRGY	NNM
Virginia Commerce Bank	VCBK	NNM
Virginia El & Pwr $5 Pfd	VEL PrE	NYS
Virginia El & Pwr 7.15% Sr Not	VEA	NYS
Virginia Gas	VGCO	NNM
Virginia Gas Wrrt	VGCOW	NNM
Va Pwr Cap Tr 1 8.05% Pfd	VEL PrT	NYS
ViroPharma Inc	VPHM	NNM
VirtualFund.com Inc	VFND	NNM
Vishay Intertechnology	VSH	NYS
Visible Genetics	VGINF	NNM
Visio Corp	VSIO	NNM
Vision Twenty-One	EYES	NNM
Visioneer Inc	VSNR	NNM
Vision-Sciences Inc	VSCI	NSC
Vista Bancorp	VBNJ	NNM
Vista Gold	VGZ	ASE
VISTA Info Solutions	VINF	NSC
Vista Medical Technologies	VMTI	NNM
Vistana Inc	VSTN	NNM
Visual Data	VDAT	NSC
Visual Data Wrrt	VDATW	NSC
Visual Edge Systems	EDGE	NSC
Visual Edge Sys Wrrt	EDGEW	NSC
Visual Networks	VNWK	NNM
VISX Inc	VISX	NNM
Vita Food Products	VSF	ASE
Vita Food Products Wrrt	USF.WS	ASE
Vital Signs	VITL	NNM
VitalCom Inc	VCOM	NNM
Vitalink Pharmacy	VTK	NYS
Vitech America	VTCH	NNM
Vitesse Semiconductor	VTSS	NNM
Vitran Corp	VTNAF	NNM
Vitro,Sociedad Anonima ADS	VTO	NYS
Vivid Technologies	VVID	NNM
Vivus Inc	VVUS	NNM
Vlasic Foods Intl	VL	NYS
VLSI Technology	VLSI	NNM
VocalTec Commun Ltd	VOCLF	NNM
Vodafone Group ADR	VOD	NYS
Vodavi Technology	VTEK	NNM
Voice Control Systems	VCSI	NNM
Voice It Worldwide	MEMO	BB
Volt Info Sciences	VOL	NYS
Volvo AB 'B' ADR	VOLVY	NNM
V-ONE Corp	VONE	NNM
Vornado Realty Trust	VNO	NYS
Vornado Rlty $3.25 Cv'A'Pfd	VNO PrA	NYS
Voxel	VOXQE	NSC

Issue	Ticker	Exchange
Voxel Wrrt	VXWQE	NSC
Voxware Inc	VOXW	NNM
Voyageur Arizona Muni Income	VAZ	ASE
Voyageur CO Ins Muni Income	VCF	ASE
Voyageur FL Insured Muni Inc	VFL	ASE
Voyageur Minn Muni Income	VMN	ASE
Voyageur Minn Muni Income II	VMM	ASE
Voyageur Minn Muni Income III	VYM	ASE
VRB Bancorp	VRBA	NNM
VSE Corp	VSEC	NNM
VSI Enterprises	VSIN	NSC
VSI Holdings	VIS	ASE
Vtel Corp	VTEL	NNM
Vulcan Int'l Corp	VUL	ASE
Vulcan Materials	VMC	NYS
VWR Scientific Products	VWRX	NNM
Vyrex Corp	VYRX	NSC
Vyrex Corp Wrrt	VYRXW	NSC
Vysis Inc	VYSI	NNM
W D-40 Co	WDFC	NNM
Wabash National	WNC	NYS
Wachovia Corp	WB	NYS
Wackenhut Corp Cl'A'	WAK	NYS
Wackenhut Corp'B'	WAK B	NYS
Wackenhut Corrections	WHC	NYS
Wacoal Corp ADS	WACLY	NSC
Waddell & Reed Fin'l 'A'	WDR	NYS
Wainwright Bank & Trust	WAIN	NNM
Wajax Ltd(New)	WJX	TS
Walbro Capital Cv Tr 8%Pfd	WALBP	NNM
Walbro Corp	WALB	NNM
Walden Residential Prop	WDN	NYS
Walden Res Prop 9.16%'B' Pfd	WDN PrB	NYS
Walden Res Prop'S'9.20% Pfd	WDN PrS	NYS
Walgreen Co	WAG	NYS
Walker Interactive Sys	WALK	NNM
Wall Data	WALL	NNM
Wall Street Deli	WSDI	NNM
Wallace Computer Svc	WCS	NYS
Wal-Mart Stores	WMT	NYS
Walnut Financial Services	WNUT	NNM
Walshire Assurance	WALS	NNM
Walter Industries	WLT	NYS
Wandel & Goltermann Tech	WGTI	NNM
Wang Laboratories	WANG	NNM
Wang Labs Wrrt	WANGW	NNM
Warnaco Group'A'	WAC	NYS
Warner Chilcott Lab ADS	WCRXY	NNM
Warner-Lambert	WLA	NYS
Warp 10 Technologies	WARPF	NSC
Warrantech Corp	WTEC	NNM
Warren Bancorp	WRNB	NNM
Warwick Community Bancorp	WSBI	NNM
Warwick Valley Telephone	WWVY	NNM
Washington Banking	WBCO	NNM
Washington Federal	WFSL	NNM
Washington Gas Lt	WGL	NYS
Washington Homes	WHI	NYS
Washington Mutual	WAMU	NNM
Washington Mutual 7.60% 'E' Pf	WAMUM	NNM

Issue	Ticker	Exchange
Washington Post'B'	WPO	NYS
Washington REIT SBI	WRE	ASE
Washington Savings Bank	WSB	ASE
Washington Scientific	WSCI	NNM
Washington Trust Bancorp	WASH	NNM
Washington Water Pwr	WWP	NYS
Wash Wtr Pwr Cp I 7.875%'TOPrS	WWP PrA	NYS
Waste Connections	WCNX	NNM
Waste Industries	WWIN	NNM
Waste Management(New)	WMI	NYS
Waste Mgmt Intl plcADS	WME	NYS
Waste Systems Intl	WSII	NSC
Waste Technology	WTEK	NSC
WasteMasters Inc	WAST	NSC
Waterford Wedgwood plcADS	WATFZ	NNM
Waterlink Inc	WLK	NYS
Waters Corp	WAT	NYS
Waters Instruments	WTRS	NNM
Waterside Capital	WSCC	NSC
Watkins-Johnson	WJ	NYS
Watsco Inc Cv Cl'B'	WSO.B	ASE
Watsco, Inc	WSO	NYS
Watson Pharmaceuticals	WPI	NYS
Watts Industries'A'	WTS	NYS
Wausau-Mosinee Paper	WMO	NYS
Wave Technologies Intl	WAVT	NNM
WavePhore Inc	WAVO	NNM
Wavetech Intl	ITEL	NSC
Waxman Indus	WAX	NYS
Wayne Bancorp (NJ)	WYNE	NNM
Wayne Bancorp (OH)	WNNB	NSC
Wayne Svgs Bancshares	WAYN	NSC
WBK 10%'STRYPES' Trust	WPK	NYS
Webb (Del) Corp	WBB	NYS
Webco Industries	WEB	ASE
WEBS,Australia Index Series	EWA	ASE
WEBS,Austria Index Series	EWO	ASE
WEBS,Belgium Index Series	EWK	ASE
WEBS,Canada Index Series	EWC	ASE
WEBS,France Index Series	EWQ	ASE
WEBS,Germany Index Series	EWG	ASE
WEBS,Hong Kong Index Series	EWH	ASE
WEBS,Italy Index Series	EWI	ASE
WEBS,Japan Index Series	EWJ	ASE
WEBS,Malaysia(Free)Index Serie	EWM	ASE
WEBS,Mexico(Free)Index Series	EWW	ASE
WEBS,Netherlands Index Series	EWN	ASE
WEBS,Singapore(Free)Index Seri	EWS	ASE
WEBS,Spain Index Series	EWP	ASE
WEBS,Sweden Index Series	EWD	ASE
WEBS,Switzerland Index Series	EWL	ASE
WEBS,U.K. Index Series	EWU	ASE
Webster City Fed Svgs Bk	WCFB	NSC
Webster Financial	WBST	NNM
Webster Pfd Cap 8.625% Pfd'B'	WBSTP	NNM
Weeks Corp	WKS	NYS
Weeks Corp 8.00% cm'A'Pfd	WKS PrA	NYS
Wegener Corp	WGNR	NSC
Weider Nutrition Intl'A'	WNI	NYS
Weingarten Rlty SBI	WRI	NYS

Issue	Ticker	Exchange
Weingarten Rlty Inv 7.44% Pfd	WRI PrA	NYS
Weirton Steel	WS	NYS
Weis Markets	WMK	NYS
Weitzer Homebuilders 'A'	WTZRA	BB
WellCare Management Group	WELL	NSC
Wellco Enterprises	WLC	ASE
Wellington Properties Trust	WLPT	NSC
Wellman Inc	WLM	NYS
Wellpoint Hlth Networks	WLP	NYS
Wells Fargo	WFC	NYS
Wells Fargo Adj Rt'B'Pfd	WFC PrB	NYS
Wells Financial	WEFC	NNM
Wellsford Real Properties	WRP	ASE
Wells-Gardner Electr	WGA	ASE
Wendt-Bristol Health Svcs	WMD	ASE
Wendt-Bristol Health Wrrts	WMD.WS	ASE
Wendy's Fin $2.50 'TECONS'(51.	WEN PrT	NYS
Wendy's Intl	WEN	NYS
Werner Enterprises	WERN	NNM
Wesbanco Inc	WSBC	NNM
Wescast Industries 'A'	WCSTF	NNM
Wesco Financial	WSC	ASE
Wesley Jessen VisionCare	WJCO	NNM
West Co	WST	NYS
West Coast Bancorp (OR)	WCBO	NNM
West Coast Entertainment	WCEC	NNM
West Marine	WMAR	NNM
West Penn Pwr 4 1/2%cmPfd	WSP Pr	NYS
West Penn Pwr 8.00% 'QUIDS'	WQP	NYS
West TeleServices	WTSC	NNM
Westamerica Bancorporation	WABC	NNM
Westbank Corp	WBKC	NNM
Westbridge Capital	WBC	NYS
Westco Bancorp	WCBI	NNM
Westcoast Energy	WE	NYS
Westcorp, Inc	WES	NYS
Westell Technologies'A'	WSTL	NNM
Westerbeke Corp	WTBK	NSC
WesterFed Financial	WSTR	NNM
Western Bancorp	WEBC	NNM
Western Beef Inc	BEEF	NNM
Western Country Clubs	WCCI	NSC
Western Digital	WDC	NYS
Western Gas Resources	WGR	NYS
Western Gas Res$2.28 cm Pfd	WGR Pr	NYS
Western Gas Res $2.625 Cv Pfd	WGR PrA	NYS
Western Inv RE Tr SBI	WIR	ASE
Western Ohio Finl	WOFC	NNM
Western Oil & Tire Dstr	WOTD	BB
Western Power & Equip	WPEC	NNM
Western Puerto Rico 7.125%Pfd	WBPRP	NNM
Western Res Cap 7.875%'QUIPS'	WR PrA	NYS
Western Res Cap II 8.50% 'QUIP	WR PrB	NYS
Western Resources	WR	NYS
Western Staff Services	WSTF	NNM
Western Star Trucks Hldg	WSH	ASE
Western Water	WWTR	NNM
Western Wireless'A'	WWCA	NNM
Westernbank Puerto Rico	WBPR	NNM
Westfield America	WEA	NYS

Issue	Ticker	Exchange
Westinghouse Air Brake	WAB	NYS
Westmark Group Hldgs	WGHI	NSC
Weston (George) Ltd	WN	TS
Weston(Roy F)'A'	WSTNA	NNM
Westower Corp	WTW	ASE
Westower Corp Wrrt	WTW.WS	ASE
Westpac Banking ADS	WBK	NYS
Westpoint Stevens	WPSN	NNM
Westvaco Corp	W	NYS
Westwood Corp	WNMP	NSC
Westwood Homestead Finl	WEHO	NNM
Westwood One	WONE	NNM
Wet Seal Cl'A'	WTSLA	NNM
Weyco Group	WEYS	NNM
Weyerhaeuser Co	WY	NYS
WFS Financial	WFSI	NNM
Wheaton River Minerals	WRM	TS
WHG Bancshares	WHGB	NSC
Whirlpool Corp	WHR	NYS
White Cap Industries	WHCP	NNM
White Pine Software	WPNE	NNM
Whitewing Labs	WWLI	NSC
Whitewing Labs Wrrt	WWLIW	NSC
Whitman Corp	WH	NYS
Whitman Education Group	WIX	ASE
Whitney Holding	WTNY	NNM
Whittaker Corp	WKR	NYS
Whittman-Hart Inc	WHIT	NNM
Whole Foods Market	WFMI	NNM
WHX Corp	WHX	NYS
WHX Corp'A'Cv Pfd	WHX Pr	NYS
WHX Corp'B'Cv Pfd	WHX PrB	NYS
Wickes Inc	WIKS	NNM
WICOR, Inc	WIC	NYS
WideCom Group	WIDEF	NSC
WideCom Group Wrrt	WIDWF	NSC
Wild Oats Markets	OATS	NNM
Wiley(John)Sons 'A'	JW.A	NYS
Wiley(John)Sons 'B'	JW.B	NYS
Willamette Indus	WLL	NYS
Willamette Vy Vineyards	WVVI	NSC
Willbros Group	WG	NYS
William Resources	WIM	TS
Williams Coal Seam Gas Rlty	WTU	NYS
Williams Controls	WMCO	NNM
Williams Cos	WMB	NYS
Williams Industries	WMSI	NNM
Williams-Sonoma	WSM	NYS
Willis Corroon GroupADS	WCG	NYS
Willis Lease Finance	WLFC	NNM
Wilmar Industries	WLMR	NNM
Wilmington Trust Corp	WILM	NNM
Wilshire Finl Svcs	WFSG	NNM
Wilshire Oil Texas	WOC	NYS
Wilshire Real Estate Inv Tr	WREI	NNM
Wilsons The Leather Experts	WLSN	NNM
Wind River Systems	WIND	NNM
Windarra Minerals	WRA	TS
Windmere-Durable Hldgs	WND	NYS
Windsor Energy	WNS	ASE

Issue	Ticker	Exchange
Winfield Capital	WCAP	NSC
Winland Electronics	WLET	NSC
Winmax Trading Group	WNMX	BB
Winn-Dixie Stores	WIN	NYS
Winnebago Indus	WGO	NYS
WinsLoew Furniture	WLFI	NNM
Winstar Communications	WCII	NNM
Winston Hotels	WXH	NYS
Winston Hotels 9.25% cm'A'Pfd	WXH PrA	NYS
Winston Resources	WRS	ASE
Winter Sports	WSKI	BB
Winton Financial	WFI	ASE
Wintrust Financial	WTFC	NNM
Wireless One	WIRL	NNM
Wireless Telecom	WTT	ASE
Wisc Pwr/Lt 4 1/2cm Pfd(107)vt	WIS Pr	ASE
Wisconsin Central Trans	WCLX	NNM
Wisconsin Energy Corp	WEC	NYS
Wiser Oil	WZR	NYS
Witco Corp	WIT	NYS
Wiztec Solutions	WIZTF	NNM
WLR Foods Inc	WLRF	NNM
WMC Ltd ADS	WMC	NYS
WMF Group	WMFG	NNM
WMS Industries	WMS	NYS
Wolf (Howard B)	HBW	ASE
Wolohan Lumber	WLHN	NNM
Wolverine Tube	WLV	NYS
Wolverine World Wide	WWW	NYS
Wood Bancorp	FFWD	NSC
Woodhead Indus	WDHD	NNM
Woodroast Systems	WRSI	NSC
Woodward Governor	WGOV	NNM
Workflow Management	WORK	NNM
Workgroup Technology	WKGP	NNM
World Acceptance	WRLD	NNM
World Access	WAXS	NNM
World Airways	WLDA	NNM
World Color Press	WRC	NYS
World Fuel Services	INT	NYS
World Heart	WHRTF	NSC
World of Science	WOSI	NNM
WorldCom Inc	WCOM	NNM
WorldCorp Inc	WOA	NYS
Worldtalk Communications	WTLK	NNM
Worldtex Inc	WTX	NYS
Worldwide Dollarvest Fund	WDV	NYS
Worldwide Entertain't & Sports	WWES	NSC
Worldwide Entertain't&Sports U	WWEUV	NSC
Worldwide Entertain't&Sports W	WWESW	NSC
Worldwide Equipment	WWDE	BB
Worldwide Medical	WMED	BB
Worthington Foods	WFDS	NNM
Worthington Indus	WTHG	NNM
WPI Group	WPIC	NNM
WPP Group ADS	WPPGY	NNM
WPS Resources	WPS	NYS
WPSR Cap Tr I 7.00% Pfd	WPS PrA	NYS
Wrigley, (Wm) Jr	WWY	NYS
WRP Corp	WRPC	NSC

Issue	Ticker	Exchange
WSFS Financial	WSFS	NNM
WTD Industries	WTDI	NNM
WVS Financial	WVFC	NNM
Wyant Corp	WYNT	NNM
Wyman-Gordon	WYMN	NNM
Wynn's Intl	WN	NYS
XATA Corp	XATA	NNM
X-Cal Resources	XCL	TS
X-Ceed Inc	XCED	NSC
XCL Ltd	XCL	ASE
Xeikon N.V. ADR	XEIKY	NNM
Xenometrix Inc	XENO	BB
Xenova Group ADS	XNVAY	NNM
Xerox Corp	XRX	NYS
XETA Corp	XETA	NNM
XeTel Corp	XTEL	NNM
XGA Golf Intl	XGAG	BB
Xicor Inc	XICO	NNM
Xilinx Inc	XLNX	NNM
Xin Net	XNET	BB
Xionics Document Tech	XION	NNM
Xiox Corp	XIOX	NSC
Xircom Inc	XIRC	NNM
XOMA Corp	XOMA	NNM
Xomed Surgical Products	XOMD	NNM
XOX Corp	XOXC	BB
X-Rite Inc	XRIT	NNM
XTRA Corp	XTR	NYS
XXsys Technologies	XSYS	NSC
Xybernaut Corp	XYBR	NSC
Xybernaut Corp Unit	XYBRU	NSC
Xybernaut Corp Wrrt	XYBRW	NSC
Xylan Corp	XYLN	NNM
Yahoo Inc	YHOO	NNM
Yamana Resources	YRI	TS
Yankee Energy System	YES	NYS
Yanzhou Coal Mining ADS	YZC	NYS
Yardville Natl Banc	YANB	NNM
YBM Magnex Intl	YBM	TS
Yellow Corp	YELL	NNM
Yes Entertainment	YESS	NNM
YieldUP Intl	YILD	NSC
YieldUp Intl Wrrt'B'	YILDZ	NSC
Yonkers Financial	YFCB	NNM
York Financial	YFED	NNM
York Group	YRKG	NNM
York International	YRK	NYS
York Research	YORK	NNM
Yorkshire Cap Tr 8.08% TrSec	YCT	NYS
Young & Rubicam	YNR	NYS
Young Broadcasting'A'	YBTVA	NNM
Young Innovations	YDNT	NNM
Youth Services Int'l	YSII	NNM
YPF Sociedad Anonima ADS	YPF	NYS
Z Seven Fund	ZSEV	NNM
Zale Corp	ZLC	NYS
Zanart Entmt 'Unit'	ZANAU	NSC
Zapata Corp	ZAP	NYS
Zaring National	ZHOM	NNM
ZCL Composites	ZCL	TS

Issue	Ticker	Exchange
Zebra Technologies'A'	ZBRA	NNM
Zeigler Coal Holding	ZEI	NYS
Zemex Corp	ZMX	NYS
Zeneca Group ADR	ZEN	NYS
Zenith Natl Insurance	ZNT	NYS
Zenix Income Fund	ZIF	NYS
Zenon Environmental	ZEN	TS
ZEON Corp	ZEON	BB
Zevex International	ZVX	ASE
Zi Corp	ZICAF	NSC
Ziegler Cos	ZCO	ASE
Ziff-Davis Inc	ZD	NYS
Zila Inc	ZILA	NNM
Zindart Ltd ADR	ZNDTY	NNM
Zing Technologies	ZING	NNM
Zions Bancorp	ZION	NNM
Zitel Corp	ZITL	NNM
ZMAX Corp	ZMAX	NSC
Zoll Medical	ZOLL	NNM
Zoltek Co	ZOLT	NNM
Zomax Optical Media	ZOMX	NNM
Zonagen Inc	ZONA	NNM
Zoom Telephonics	ZOOM	NNM
Zoran Corp	ZRAN	NNM
Zulu Tek	ZULU	BB
Zweig Fund	ZF	NYS
Zweig Total Return Fd	ZTR	NYS
Zydeco Energy	ZNRG	NNM
Zydeco Energy Wrrt	ZNRGW	NNM
Zygo Corp	ZIGO	NNM
ZymeTx Inc	ZMTX	NNM

About the Author

Standard & Poor's, a division of The McGraw-Hill Companies, is the nation's leading securities information company. It provides a broad range of financial services, including the respected debt ratings and stock rankings, advisory services, data guides, and the most closely watched and widely reported gauges of stock market activity—the S&P 500, S&P MidCap 400, S&P SmallCap 600, and the S&P Super Composite 1500 stock price indexes. Standard & Poor's products are marketed around the world and used extensively by financial professionals and individual investors.